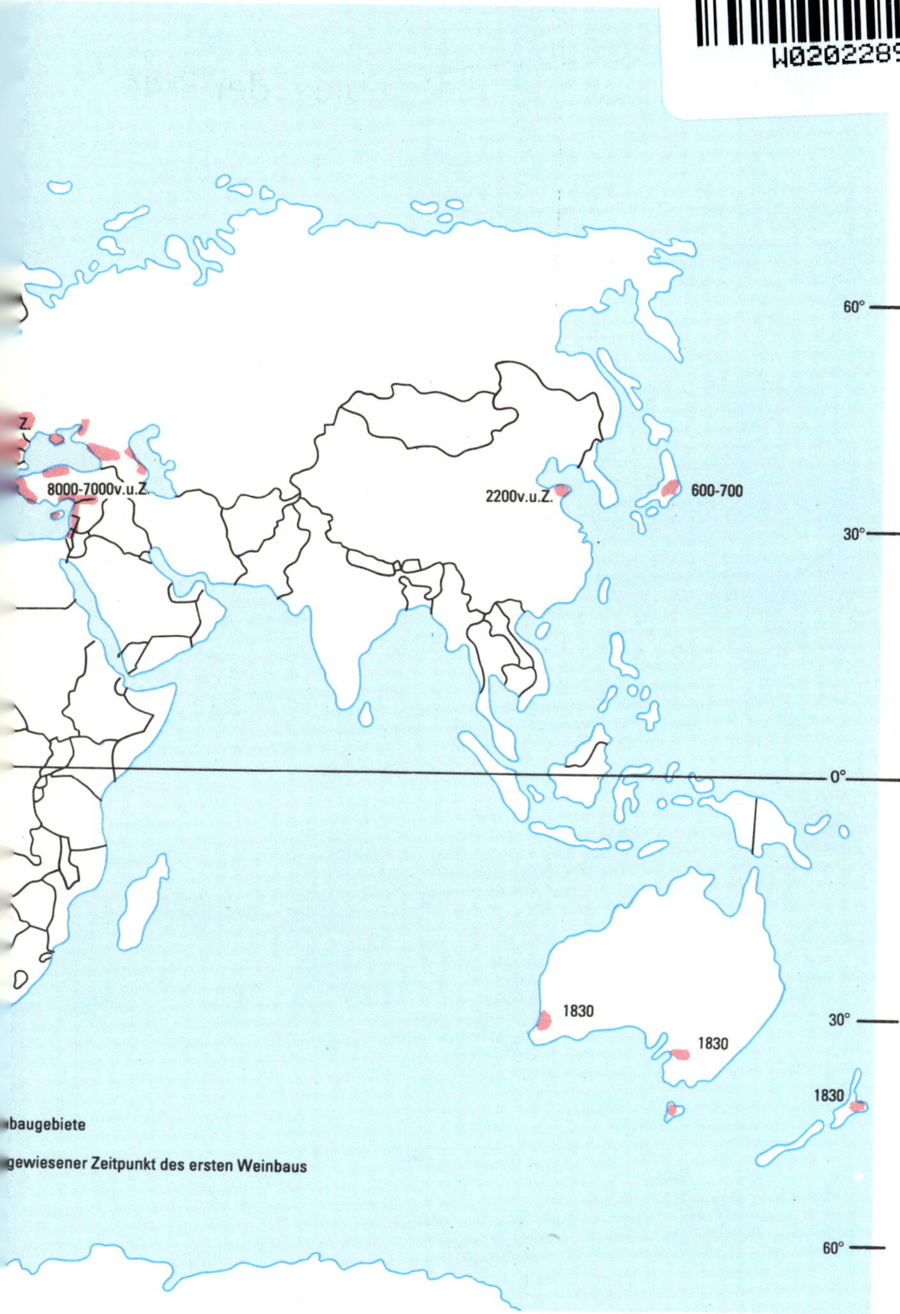
Z.
8000-7000v.u.Z.
2200v.u.Z.
600-700
60°
30°
0°
1830
1830
1830
30°
60°
baugebiete
gewiesener Zeitpunkt des ersten Weinbaus

BI-Lexikon
Der Wein

102 Textabbildungen und 65 Tabellen

104 Fotos auf 40 Tafeln sowie 8 Karten

herausgegeben von

KARL-DIETHER GUSSEK

BIBLIOGRAPHISCHES INSTITUT LEIPZIG

Autoren

Dr. Friedrich A. Gollmick, Jena (1)
Dipl.-Ing. Andre Gussek, Naumburg (2)
Prof. Dr. sc. agr. Karl-Diether Gussek, Halle (3)
Dipl.-Ing. Jörg Jenichen, Dresden (4)
Dr. rer. nat. Hermann Oswald, Jena (5)
Herbert Petzold, Wurzen (6)
Ing. Volkmar Reinhold, Dresden (7)
Dipl.-Ing. Günter Rühle, Meißen (8)
Dipl.-Ing. Klaus Wildner, Jena (9)

Gutachter

Dr. rer. nat. Harald Bocker, Jena

Der Wein / hrsg. von Karl-Diether Gussek. – 1. Aufl. –
Leipzig : Bibliographisches Institut, 1990. –
400 S. : 206 Ill. (z. T. farb.)
(BI-Lexikon)
ISBN 3-323-00321-7
NE: Gussek, Karl-Diether [Hrsg.]; GT

ISBN 3-323-00321-7

4257/01007590
Printed in the German Democratic Republic
Gesamtherstellung: Karl-Marx-Werk,
Graphischer Großbetrieb Pößneck V 15/30
Verantwortliche Lektorin: Gudrun Thomas-Petersein
Bildredaktion: Elke Kubitzki
Technische Redaktion: Monika Thiel
Herstellung: Karin Fleischer
Schutzumschlag und Einbandgestaltung: Rolf Kunze
Best.-Nr. 578 452 3
DDR 29,80 M

BI-Lexikon Der Wein

Vorwort

Das Lexikon wendet sich an die Freunde des Weins und diejenigen, die es werden möchten. Es enthält Wissenswertes rund um den Wein und soll einen Einblick geben in die überlieferte achttausendjährige Geschichte des Weins und das Verständnis für den Wein und seinen Genuß sowohl wekken als auch ausprägen. Funkelnder Wein ist nicht nur eines der begehrtesten und ältesten Nahrungs- und Genußmittel, mit ihm verbindet sich auch ein guter Teil der Kulturgeschichte der Menschen überhaupt.

Der Wein begleitete aufs engste von Anfang an die Menschheitsentwicklung auch in ihren Mythen. In ganz eigentümlicher Weise spiegelt sich im Wein die friedfertige Aneignung der Natur durch den Menschen wider. Unsere Beziehungen erschöpfen sich jedoch nicht im Verständnis seiner Erzeugung und im sinnenfrohen Genießen beim Trinken. Der „Gute Tropfen" als Förderer festlich-heiterer Geselligkeit brachte seit jeher die Menschen einander näher. Das in vino veritas – im Wein ist Wahrheit – half dem Menschen, über das Finden von Lebensweisheiten die Wirklichkeit auch geistig in Besitz zu nehmen. So wurde der Wein auch unversiegbares Thema der künstlerischen Aneignung der Welt.

Im Lexikon wird versucht, über diese Bindungen der Menschen zum Wein ein kultiviertes Verhältnis zu ihm herzustellen, um das rechte Maß im Genuß zu finden. Der Weinkenner weiß, daß sich vieles, was zum Wein zu sagen wäre, nur in poetischer Ausdrucksweise gebührend würdigen ließe, eine Form, die einem Lexikon im Grunde nicht angemessen ist; wir haben versucht, beides miteinander zu verbinden.

Die Stichwörter sind nicht vordergründig für den Fachmann zusammengestellt. Es erscheinen auch nicht, mit einigen Ausnahmen von Spitzenweinen, einzelne Weine als Stichwort. Sie sind gegebenenfalls in den zutreffenden Länderartikeln zu finden. An Rebsorten wurden vor allem wirtschaftlich bedeutende europäische Sorten aufgenommen Die vielen, kaum übersehbaren Synonyma können – abgesehen davon, daß oft eine exakte Beschreibung überhaupt fehlt – z. T. über Verweise zum Stichwort lenken.

Ein besonderes Problem stellen die unterschiedlichen statistischen Angaben zu gleichen Sachverhalten dar. Um ein zwischen den Ländern vergleichbares Material zu besitzen, wurde in erster Linie auf die Angaben des Office international de la vigne et du vin, Paris, zurückgegriffen, obwohl die Landesstatistiken oft genauer sind. Ebenso muß der Leser den raschen Wandel der Rechtsvorschriften berücksichtigen.

Die Fachausdrücke der Weinansprache wurden bis auf einige z. T. gesetzlich fixierte nicht als eigene Stichwörter aufgenommen, sondern in einem entsprechenden Sammelartikel charakterisiert. Morphologie und Physiologie der Rebe sind aus der Sicht des Weintrinkenden weitestgehend unter dem Sammelstichwort „Rebstock" behandelt.

Da auf den Etiketten oft Merkmale des Weins in Verbindung mit dem Bezugswort Wein (z. B. vino rosado) stehen, kann auch unter dem Adjektiv nachgeschlagen werden.

Unser Dank gilt folgenden Konsultanten: Ing. N. Lippoczy, Prof. Dr. sc. G. Müller, Prof. Dr. sc. R. Nilius, Prof, Dr. sc. Dr. J. Prasse, Prof. Dr. sc. H. Schmalz, Prof. Dr. sc. W. Siegmund-Schulze, Prof. Dr. sc. Th. Wetzel und Dipl.-Germanist R. Ziemann.

Wir wünschen uns, daß dieses Lexikon dazu beiträgt, die Kenntnisse um den Wein sowie die Fähigkeiten zu seinem Genuß und damit die Freude am Wein zu fördern, denn es ist „mit ihm wie mit allen köstlichen Gaben und Künsten. Er will geliebt, gesucht, verstanden und mit Mühen gewonnen sein“ (Hermann Hesse).

Der Herausgeber

Bildquellenverzeichnis

Die Zeichnungen im Text wurden nach Angaben der Autoren angefertigt von Traudl Schneehagen, Leipzig; Harald Stier, Leipzig und Joachim Zindler, Leipzig

Die Karten der Tafeln 25, 30–35, 40 und die Vorsatzkarte erarbeiteten Prof. Dr. Walter Roubitschek, Halle, und Bernd Kellermann, Halle

Das hintere Vorsatz gestaltete Fred Schindler, Leipzig

Die Tafelfotos wurden zur Verfügung gestellt von
ADN-Zentralbild (Häßler, Beer, Lehmann); 21/1–4; 29/1; 38/1; 39/4
BI-Archiv; 10/2; 12/1; 16; 28/1; 38/2
Deutsche Fotothek, Dresden; 9, 10/1,3; 12/2,3; 13; 38/4
Deutsche Weininformation, Mainz; 28/2,3
Paul Florstedt, Halle; 17/1–6; 19/1; 22/1–3
Renate Grote, Pattensen; 29/3
Marlies Hanowski, Pattensen; 36/1,2
Wilfried Kirsch, Wittenberg; 5
Elke Kubitzki, Leipzig; 36/3
Christian Kupfer, Naumburg; 11; 23/1,2; 26/3,4; 37/2,4
Dr. R. Leiteritz, Coswig; 18/1–5; 19/2–6
Prof. Dr. Joachim Nitschmann, Kleinmachnow; 27/1,2
Herbert Petzold, Wurzen; 1/1–6; 2/1–6; 3/1–6; 4/1–6
Roger Rössing, Leipzig; 15; 20; 24/1–3; 26/1,2; 29/4; 37/1,4,5
Dietbert Schönfelder, Stuttgart; 29/2
TASS, Moskau; 39/1
Staatliches Museum zu Berlin; 8/1
Städtische Kunsthalle, Mannheim; 8/2
Heidemarie Vogel, Leipzig; 7/2; 14
Hans-Martin Walcha, Berlin; 6/1–4; 7/1
Britta Wolters, Sarstedt; 39/3
Bernd Wurlitzer, Berlin; 38/3; 39/2

A

Abbau ↑ Altern des Weins
Abbeeren ↑ Entrappen
abboccato [ital.]: milder Wein mit Restsüße von 10–20 g Restzucker je Liter. (3)

Abfüllen, *tirage* [franz.]: Abziehen des Weins vom Faß auf Flaschen oder andere Verpackungsformen (z. B. ↑ Kartonagenverpackung, in den USA auch Dosen). In der Schwaumweinherstellung wird die ↑ Cuvée mit der Fülldosage auch als Tirage bezeichnet. Teilschritte des Prozesses sind:
– die *Flaschenwäsche* ist abhängig vom Flaschenzustand (Neuglas oder Altglas); in Kleinbetrieben Handreinigung bis zu vollautomatischen, bürstenlosen Flaschenwaschmaschinen; Ziel ist eine innen und außen von Schmutz befreite keimfreie Flasche;
– zum *Abfüllen* werden Rundfüller verschiedener Bauart und Leistung eingesetzt (Vakuumsysteme – schonende Weinfüllung und Gegendrucksysteme – Hochleistungsfüller und Abfüllung kohlendioxidhaltiger Getränke);
– der ↑ *Flaschenverschluß* erfolgt unmittelbar nach dem A. (Minimierung des Sauerstoffeinflusses mittels Naturkorken, ↑ Kronenverschluß, Schraubverschluß (Pilfer-Proof-Verschluß) oder ↑ Plaststopfen);
– die *Flaschenausstattung* umfaßt die Etikettierung und Stanniolierung (Schmuckkappe – bei Schraubverschlüssen nicht notwendig) nach den geltenden Gesetzen bzw. Normativen;
– zur *Flaschenverpackung* werden heute Wellpappfaltschachteln und Schrumpffolien verwendet. Durch zusätzliches palettieren kann der Transport rationalisiert werden;
– die *Flaschenlagerung* gehört nicht mehr unmittelbar zum Abfüllprozeß, ist jedoch wichtig, um die während des Füllprozesses bzw. des Flaschentransportes gestörte Harmonie des Weins wieder herzustellen.
Restsüße Weine erfordern als biologisch „anfällige" Getränke (Gefahr der Nachgärung) ein *steriles A.* oder eine Warmabfüllung. Steriles A. wird durch eine Weinfiltration mit Entkeimungsschichten (Zurückhaltung von Hefe und Minimierung von Bakterien) oder die moderne Membranfiltration gewährleistet, bei der selbst Bakterien zurückgehalten werden, sowie das Entkeimen sämtlicher mit dem Wein in Kontakt kommender Geräte und Materialien (Filtergerät, Pumpen, Schläuche, Leitungen, Füller, Verschließmaschine, Flaschenverschlüsse). Zu beachten ist auch die Infektionsmöglichkeit über die Luft. Als zusätzliche Sicherung der sterilen Abfüllung ist der Einsatz des Konservierungsmittels ↑ Sorbinsäure zugelassen, welches eine Hefeentwicklung und -tätigkeit unterdrückt.
Im Wein vorkommende Mikroorganismen werden durch eine Warmabfüllung (50–55 °C bei 4–5 min Verweildauer im Plattenwärmeaustauscher) mit großer Sicherheit abgetötet. Der Wein muß aber vor dem A. schon wärmebehandelt werden, um einer möglichen Ausfällung thermolabiler Stickstoffverbindungen vorzubeugen.
Umstritten ist die mögliche Beeinträchtigung von Geruch und Geschmack, weshalb sich dieses Verfahren bisher auf Konsumweine (Markenweine) und teilweise Qualitätsweine beschränkt.
Das A. trockener Weine (ohne Rest-

süße) stellt nicht so hohe Anforderungen an sterile Bedingungen, die aber aus Gründen der Hygiene und der Qualität nicht vernachlässigt werden sollten. (2)

Abfüller: Bezeichnung auf dem Etikett, wenn nur der abfüllende Betrieb die Garantie für den von ihm auf Flaschen gezogenen Wein übernimmt. (3)

Abgang, *Schwanz, Schweif:* der nachhaltige Geschmacks- und Geruchseindruck, den der Wein beim Schlucken, besonders auf der hinteren Zunge und dem Gaumen, hinterläßt. Ein geschmacklich angenehmer, langer A. mit anhaltender Intensität ist sehr begehrt und ein Gütemerkmal hervorragender Weine. Der Geruch, das Aroma, wird in diesem Fall besonders auf dem indirekten Weg (Retroolfaktion) über den Rachenraum zur Nasenmuschel hin wahrgenommen. Weine ohne Nachgeschmack werden auch *kurz* genannt. (3)

Ablagerung ↑ Depot

Ableger, *Einleger:* Jungrebe, gewonnen durch Einlegen (Absenken) einjähriger verholzter Reben des Mutterstocks, mit dem sie bis zu seiner Rodung in einer 30–40 cm tiefen, mit Komposterde aufgefüllten Grube verbunden bleiben. In älteren Weinbergen mit unveredelten Reben werden diese A. als *Einschleifen, Einschleifer* oder *Schleifreben* bezeichnet und die Art der vegetativen Vermehrung als *Vergruben* (Abb.). In Weinberglagen der DDR sind aber nur auf reblausresistente Unterlagen veredelte Reben zulässig. (3)

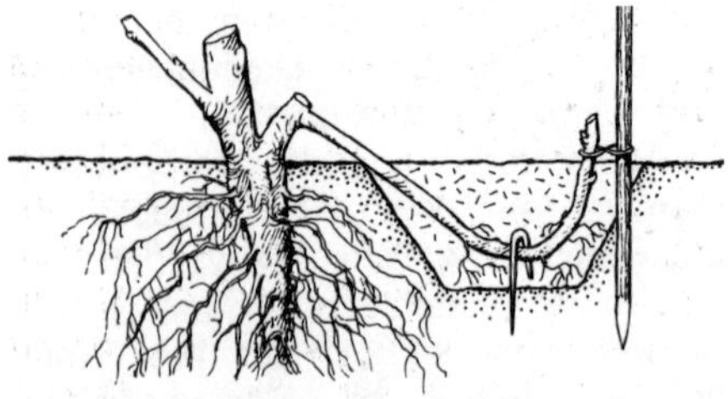

Ableger; vegetative Vermehrung durch Absenken einer Rebe

Ablösen von Etiketten. Bei wasserlöslichen Klebstoffen ist die Flasche so lange in warmes Wasser zu legen, bis sich das Etikett ablöst. Nach dem Abwischen des restlichen Klebstoffs trocknet man es zwischen Löschblättern oder nach Glattstreichen auf Sprelacartplatten und bügelt gegebenenfalls glatt. Bei wasserunlöslichen Klebstoffen wird die Flasche mit heißem Wasser gefüllt, das Etikett mit dem Fön heiß angeblasen oder mit Leichtbenzin beträufelt (Farbechtheit prüfen!) und im Wechsel mit einer dünnen Klinge abgehoben. (3)

abocado [span.]: halbsüß

Abstich: kellertechnische Maßnahme bei der Weinbehandelung. Um dem Zersetzungsprozeß vorzubeugen und ein mögliches ↑ Böcksern zu vermeiden, wird nach Abschluß der alkoholischen Gärung der Jungwein von der abgesetzten Hefe und dem Trub getrennt.

Mit der Art und Weise und dem Zeitpunkt des A. ist die Weinbeschaffenheit deutlich beeinflußbar. Ausgangspunkt ist das Wissen um die große Empfindlichkeit des Jungweins in dieser Phase gegenüber Sauerstoff und die nicht gegebene Stabilität der Weininhaltstoffe (z. B. Zucker, Säuren, Bukettstoffe).

Der erste A. *(Hefe-A.)* dient dem Abtrennen von Hefe und Trub und weniger der Klärung. Er erfolgt technisch durch Ablassen, Abpumpen, Separation oder Kieselgurfiltration. Der zweite A. *(Schönungs-A.)* hat die Trennung des geschönten (geklärten) Weins (↑ Blauschönung) vom Schönungstrub mittels Separation und Filtration zum Ziel. Er soll etwa 6 bis 8 Wochen nach dem Hefe-A. erfolgen. Für den Normalfall gilt die Regel: Mit dem ersten (A.) nicht eilen, mit dem zweiten (A.) nicht weilen.

Bei gesunden Jungweinen wird der A. reduktiv, d. h. bei möglichst geringer Lufteinwirkung durchgeführt. Wichtig ist das sofortige Auffüllen des Weins, um eine Luftblase (schädlicher Sauerstoffeinfluß) und Kohlensäureentbindung zu verhindern. Nach Analyse des Säuregehalts (sensorisch oder analytisch) ist die Höhe der Zugabe von Schwefliger Säure zu treffen, um einen biologischen Säureabbau anzuregen oder zu hemmen. Ein A. mit Lufteinfluß (↑ Belüften) ist notwendig bei böcksernden Jungweinen, schleimigen bzw. zähen Jungweinen und eventuell bei schweren, extraktreichen, bukettierten Weinen.
Noch wichtiger ist der Zeitpunkt des A. Man unterscheidet zwischen frühem A. (0 bis 14 Tage), normalem A. (14 bis 30 Tage) und spätem A. (2 bis 3 Monate nach Gärabschluß). (2)

Abziehen ↑ Abfüllen, ↑ Abstich

AC, AOC [franz.]: Abk. für ↑ **A**ppellation d'**O**rigine **C**ontrôlée. (3)

adamado [port.]: Bezeichnung für mildsüßen, weichen, sanften, besonders abgelagerten Wein. (3)

adega [port.]: Firmenkeller

Adel: Bezeichnung für Weine besonderer Güte (ein Wein hat A.). (3)

adstringierend: zusammenziehend; Eigenschaft insbesondere von Rotweinen mit höherem Polyphenolgehalt (dazu gehört auch das Tannin, ein Gerbstoff), der aber bei der Lagerung abgebaut wird. (2)

afrothis oinos [griech.]: Schaumwein

Agostenga ↑ 'Grüne Seidentraube'

Agraffen: Drahtbügel, A.körbchen oder -klammern zum Festhalten der Sektkorken. (3)

Ägypten. Die Rebkultur des Landes hat eine vieltausendjährige Geschichte. Bereits vor mehr als 5000 Jahren wurden in Ä. Reben angebaut und eine 3000 Jahre alte Inschrift aus dem Grab Tutenchamuns: „Jahr fünf, Wein vom Gute Tutenchamuns von dem westlichen Fluß. Vorsteher der Weinbauer C. H. A." zeigt, daß der Weinbau im Altertum eine bedeutende Rolle gespielt hat. Auch zur Zeit der Griechen und Römer lieferte Ä. noch große Mengen an Wein. Am bekanntesten war der Wein vom Mareotis-See; der Wein von Theben war wegen seiner Süße berühmt. Mit dem Vordringen des Islam (90% der Bevölkerung sind Moslems, die keinen Wein trinken) verfiel in zunehmendem Maße die Rebkultur und beschränkt sich heute im wesentlichen auf den Anbau von Tafeltrauben.
In Ä. wurden 1985 auf 29000 ha Reben angebaut, das sind 1,1% der landwirtschaftlichen Nutzfläche. Davon werden nur 15000 hl Wein gekeltert, jedoch 1 Mill. dt Tafeltrauben produziert. An Rosinen wurden 59000 dt importiert.
Heute befindet sich, an die alte Tradition anschließend, das größte Weingut des Landes westlich von Alexandria im Gebiet des Mareotis-Sees und ist mit seinen Kellereianlagen mit den Weinbrennereien Alexandrias in der Egyptian Vineyards & Distilleries CO organisiert. Die übrigen Kulturen liegen, durch Kleinerzeuger bewirtschaftet, zerstreut im Niltal und einigen Oasen. An europäischen Sorten werden ↑ 'Sauvignon Blanc', ↑ 'Grenache' und ↑ 'Cabernet Sauvignon' kultiviert. Auch 'Muskat d'Alexandrie' und weitere Muskattrauben (↑ 'Gelber Muskateller') werden zur Erzeugung von Likörweinen angebaut. 'Fayoumi' und 'Belledi', zwei alte ägyptische Sorten, sind auch heute noch im Ertrag, erstere in der Oase El Fayoum als Tafeltraube. Nach einigen Autoren soll 'Fayoumi' die Urform des ↑ 'Weißen Gutedel' sein.
Die ägyptischen Weine tragen keine Herkunftsbezeichnungen und im allgemeinen auch keine Jahrgangsangaben. Sie haben stattdessen Markennamen, die oft auf das Weingut oder die Rebsorte schließen lassen, z. B. Château

Gianaclis, Castel Nestor oder Muskat d'Egypte. (1)

à la propriété [franz.]: Erzeugerabfüllung

alb [rum.]: weiß

Albanien. Der Weinbau in A. geht, wie in den meisten Anrainerländern des Mittelmeeres, auf die Phöniker, Griechen und Römer zurück. Die Reblaus kam verhältnismäßig spät ins Land, vernichtete die Reben jedoch fast vollständig. Erst nach dem ersten Weltkrieg begann der Wiederaufbau durch den Einsatz von Pfropfreben. Jetzt (1985) sind in A. 12000 ha, das sind 1,08% der landwirtschaftlichen Nutzfläche, in Kultur. Eine genaue Angabe ist jedoch schwierig, da auf großen Flächen sogenannte rankende Reben als Zwischenkulturen (↑ Baumerziehung) angebaut werden. Es wurden 1985 220000 hl Wein und 390000 dt Tafeltrauben erzeugt, das entspricht 0,07 bzw. 0,51% der Weltproduktion. Das Land exportiert 115000 hl Wein, fast die Hälfte seiner Produktion.

Das Klima in A. ist im allgemeinen sehr gut für den Weinbau geeignet, die Böden sind allerdings sehr unterschiedlich. Es gibt mittlere und schwere Verwitterungsböden, aber auch leichte, warme, gut durchlüftete Sandböden. Entsprechend der Höhenlagen ist das Land in vier Weinbauzonen eingeteilt. In der ersten Zone, sie umfaßt die Flachland- und Hügelgebiete an der Adria bis zu einer Höhe von 300 m, werden hauptsächlich Tafeltrauben und Rebsorten zur Bereitung von Rotweinen und natürlichen Likörweinen angebaut. Im südlichen Teil dieser Zone werden auch kernlose Sorten für die Rosinenproduktion verwendet. In der zweiten Zone, dem Hügelland zwischen 300 m und 600 m, werden ebenfalls Tafeltrauben, aber auch Trauben für die Bereitung von Rot- und Weißweinen angebaut. In der dritten und vierten Zone (400–800 m bzw. 800–1000 m) werden frühe und sehr frühe Sorten zur Tafeltraubengewinnung und zur industriellen Verwendung (Destillation) kultiviert. Angebaut werden lokale Traubensorten wie 'Debin', 'Kotek', 'Serin' und 'Wljosch', aber auch ausländische, wie ↑ 'Aligote', ↑ 'Barbera', ↑ 'Mavrud', ↑ 'Rkaziteli' und 'Schiroka Melnischka'. Die Tafeltrauben stammen von 'Aorus-Ali', ↑ 'Chasselas doré', 'Muskat Hamburg' (↑ 'Gelber Muskateller') oder einheimischen Sorten, wie 'Chelme', 'Lanichak' u.a. Rosinen werden z.B. aus den Sorten 'Kischmisch belyi', 'Kischmisch tschornyi' oder 'Sultania' hergestellt. (1)

Alben ↑ 'Weißer Elbling'

Aldehyde: durch Oxidation primärer Alkohole entstandene Stoffgruppe (Alkanole). Viele A. fungieren als Aromastoffe und kommen in der Traube sortenverschieden vor. Bekannt ist Acetaldehyd, der im Kreislauf der ↑ alkoholischen Gärung entsteht und bei höherer Konzentration zu negativen Geschmacks- und Geruchseigenschaften führt. (2)

Algerien. Das Land verdankt den Phönikern seine ersten Weinstöcke und die ersten Kenntnisse der Weinbereitung. Im 7.Jh. wurden die Weinberge von den Römern übernommen und trotz der beginnenden Islamisierung auch weiter betrieben.

Im 18. Jh. liegt die Blüte des algerischen Weinbaus, stieg doch die Anbaufläche von 2600 ha im Jahr 1830 auf 30000 ha im Jahr 1880. Begründet ist

Weinanbau in Algerien (1985)

Rebfläche [1000 ha]	192
Traubenproduktion [1000 dt]	3631
davon Tafeltrauben	1100
Weinproduktion [1000 hl]	1750
Weinexport [1000 hl]	1300
Pro-Kopf-Verbrauch [l]	1,2

diese Entwicklung in der Tatsache, daß französische Winzer nach Ausbruch der Reblausepidemie in ihrer Heimat in der damaligen Kolonie A. zu günstigen Bedingungen einen Neubeginn wagen konnten. Seit dieser Zeit war ein steter Anstieg an Menge und Qualität des Weins zu verzeichnen. Das Ende der Kolonisationsperiode hat wie die Islamisierung einen Rückgang in der Weinkultur bewirkt (Tab.).

In A. gibt es heute sieben bedeutende Weinbaugebiete: Ain Bessem Bouira, Dahra, Coteaux de Mascara, de Tlemcen, du Zaccar, Medea, Monts du Tessalah. Weine aus diesen Gebieten werden als Vins d' Appellation d'Origine Garantie gehandelt.

Der algerische Weinbau ist auf die bergige bis gebirgige Küstenlandschaft begrenzt, die günstige klimatische Verhältnisse bietet. Hauptsächlich werden rote Rebsorten wie 'Grenache', ↑ 'Pinot Noir', ↑ 'Cabernet Sauvignon', ↑ 'Carignan', 'Cinsault', ↑ 'Syrah', 'Mourvedre', 'Alicante Bouchet', ↑ 'Cabernet Franc', 'Morastel' angebaut. Von den weißen Rebsorten sind die Sorten 'Clairette', 'Tarranah' und 'Ugni Blanc' im Weinbaugebiet Tlemcen erwähnenswert.

In allen Weinbaugebieten werden neben tiefgefärbten, starken Rotweinen (Alkoholmindestgehalt in Weinbaugebieten Dahra, Mascara 12,5 Vol.-%) mit intensivem Duft auch erstklassige Gewächse erzeugt, deren Haupteigenschaft ein delikates Bukett ist. Bekannt und häufig anzutreffen sind die überall produzierten Roséweine. Während in der Küstenebene große Mengen an Konsumweinen bereitet werden, wachsen in der Hochebene (500–900 m) die besseren und guten Weine und in der Gebirgszone (1000–1500 m) vorzügliche Rotweine.

Im Jahr 1968 wurde das Nationalamt der Kommerzialisierung von Weinprodukten (O.N.C.V.) gegründet, welches sich sehr um die qualitative Entwicklung des Weinbaus, der Kellerwirtschaft und des Handels bemüht. Großes Gewicht wird auf ein immer höheres Qualitätsniveau exportwürdiger Flaschenweine gelegt. Man ist bestrebt, nicht nur Lieferant tiefgedeckter Rotweine für Verschnittzwecke in europäische Qualitätsgebiete zu sein.

A. ist nach Portugal und Spanien drittgrößter Korkproduzent der Welt. ↑ Tafel 31 und 39. (2)

Alicante: in Spanien und Frankreich Bezeichnung für verschiedene als Keltertrauben verwendete Sorten. A. als Gewächshaustraube, früher stark verbreitet als Tafeltraube in den Treibhäusern in Belgien, Holland und England, ist eine sehr große, lockerbeerige Traube mit großen, ovalen, schwarzroten bis schwarzblauen, hell bereiften Beeren mit festem, etwas säuerlichem Fleisch. Der starkwachsende Rebstock bringt schon bei Zapfenschnitten sehr hohe Erträge. Die Trauben sind am Stock und auch abgeerntet gut haltbar. (6)

Aligote: weiße Kelterrebe, die besonders in Burgund und in der UdSSR (Moldauische SSR) angebaut wird. Sie ergibt hohe Erträge bei guter Qualität. Die Weine sind leicht, mit geringer Herbheit und werden gern jung getrunken. A.weine der UdSSR haben einen Alkoholgehalt von 9,5–13 Vol.-% und einen Säuregehalt von 6–8 g/l. (3)

Alkoholaufnahme, Alkoholabbau: physiologische Vorgänge im menschlichen Körper bei der Aufnahme und Verarbeitung von Alkohol. Die Weine enthalten vor allem Ethanol in Mengen von 50 bis über 200 g/l sowie höhere Alkohole in sehr geringen Mengen, die aber vom Organismus bedeutend schwerer abzubauen sind. Geringfügige Mengen des Alkohols werden bereits durch die Mundschleimhaut und die Speiseröhre und etwa 20% durch die Schleimhaut des Magens aufgenommen. Im oberen Dünndarm gelangen die restlichen 80% in die Blutbahn. Die Aufnahmegeschwindigkeit wird gesteigert durch wachsenden Alkoholgehalt der Getränke, stärkere Durchblutung der Schleimhäute sowie dementsprechend bei zunehmendem Wärme- und Kohlensäuregehalt der Getränke und Speisen. So erhöhen heißer Glühwein, Rotwein, der kohlensäurereiche ↑ Federweiße oder dazu getrunkenes kohlensäurereiches Bier die Aufnahmegeschwindigkeit infolge Gefäßerweiterungen. Ebenso beschleunigt ein leerer Magen die Alkoholaufnahme. Der Höhepunkt der Resorption liegt in diesem Fall etwa eine halbe bis anderthalbe Stunde nach der Aufnahme. Gegenteilige Umstände verringern sie entsprechend, wobei bei fettreichem Mageninhalt ein kleiner Teil des Alkohols auch vorübergehend noch gebunden wird. Wird Wein allerdings in größeren Mengen direkt nach einer Mahlzeit getrunken, dann gelangt der Alkohol durch den geöffneten Magenausgang rascher in den Dünndarm und wird schneller resorbiert. Saure, stark gewürzte Speisen, Milch und Milchprodukte verzögern die Resorption, während Wasser sie beschleunigt. Etwa im Verlauf von ein bis zwei Stunden ist der Alkohol vom Blut aufgenommen und für Stunden im Körper verteilt, wobei in der Leber und im Gehirn höhere Gehalte ermittelt wurden.

Vom aufgenommenen Alkohol werden etwa 10% direkt mit der Atemluft (Fahne), dem Schweiß und dem Harn über die Niere und gegebenenfalls mit der Muttermilch ausgeschieden. 90% werden in der Leber abgebaut. Ein Enzym, die Alkoholdehydrogenase, wandelt den überwiegenden Teil in den gleichfalls giftigen Acetaldehyd um, der anschließend durch weitere Enzyme zu Essigsäure oxidiert wird. Ein gewisser Anteil des Acetaldehyds dringt aber bis in die Nervenzellen vor, behindert ihre Sauerstoffversorgung und verursacht die bekannten Katererscheinungen. In weiteren komplizierten Abbauvorgängen werden die Endprodukte Kohlendioxid (CO_2) und Wasser (H_2O) durch die Nieren und auch über die Muskeln ausgeschieden. Bei diesen Verbrennungsvorgängen werden je Gramm Alkohol etwa 30 J an Energie frei. Gleichzeitig werden aber auch bis zu 90% des für den normalen Stoffwechsel benötigten Sauerstoffs verbraucht, was zur Verzögerung aller anderen Verbrennungsvorgänge führt. Je Kilogramm Körpermasse werden beim Mann in der Stunde etwa 0,1 und bei der Frau 0,085 g verbrannt. Demnach baut ein 70–80 kg schwerer Mann stündlich 7–9 g Alkohol ab. Das entspricht der Alkoholmenge von 0,1 l Wein mittleren Alkoholgehalts. Würde davon eine Literflasche getrunken (70–80 g Alkohol), müssen für den Alkoholabbau 9 bis 10 Stunden veranschlagt werden. Allerdings werden für den Abbau im Zentralnervensystem fast doppelt soviel Stunden gebraucht. Als grobe Orientierung kann gelten: Um wieder frei von Alkohol zu sein, braucht man so viel Stunden, wie man Gläser getrunken hat. Bei jeweils einem Glas je Stunde schafft der Körper den unmittelbaren Abbau. Nach einem Vollrausch sind meist 24 Stunden notwendig, um den Körper auf den normalen Blutalkoholspiegel zu bringen. Aus diesen physiologischen Prozessen resultiert auch oft eine ungeschädigte Leber bei sog. Quartals- oder Wochenendsäufern, deren Leber in der verbleibenden Zeit alle Stoffwechselrückstände wieder aufarbeiten kann. Wird kontinuierlich über diese Grenzen hinaus getrunken, dann häufen sich, da alle anderen Verbrennungsvorgänge gedrosselt werden, unverbrannte Fette in der Leber an. Alter,

Geschlecht, individuelle Merkmale und der akute Gesundheitszustand beeinflussen vor allem über die Reaktivierung der abbauenden Enzyme die Intensität der Abbauvorgänge. ↑ Alkoholismus, ↑ Alkoholvergiftung, ↑ Gesundheit und Wein, ↑ Mittel gegen Trunkenheit. (3)

alkoholfreier Wein: nach Wein schmeckendes Getränk ohne Alkohol oder mit minimalem Alkoholgehalt. Schon die Griechen und Römer verdünnten den Wein mit Wasser oder Säften und senkten damit den Alkoholgehalt. Auch durch Erhitzen wurde der Alkohol flüchtig gemacht; in Georgien beispielsweise warf man glühende Holzkohle in den Wein. Heute wird in Georgien das Getränk *Gwinissa* (aus Wein Gefertigtes) hergestellt, das in Farbe, Geruch und Geschmack an Traubenwein erinnert. Der Alkoholgehalt beträgt nur 0,5 Vol.-%.

1986 wurde ein entalkoholisierter Riesling mit etwa 24 g Extrakt und 8,9 g Säure/l in Hattenheim (BRD) vorgestellt. Auch in der Schweiz wird alkoholfreier Schaumwein produziert. Generell werden dazu heute Weine in einem Vakuum erhitzt, bei dem sich der Alkohol schon bei 35–40 °C verflüchtigt und die Geschmacks- sowie Bukettstoffe noch nicht zerstört werden. Derselbe Effekt kann durch Filtrieren unter Druck als Ultrafiltration bzw. durch Einfrieren und durch Absorption des Alkohols mit entsprechenden Stoffen (Polymere und ionenaustauschende Harze) sowie durch Kombination der Methoden erzielt werden.

↑ Punsche, wie ↑ Sangria, sind mit ihren Zusätzen von Säften und Sodawassern dem a.W. ähnlich. (3)

Alkoholgehalt: Gehalt an Ethanol (C_2H_5 OH) im Wein; er wird in Gramm je Liter, aber heute meist in Volumenprozent angegeben. 7,95 g Ethanol/l entsprechen 1 Vol.-%.

Als *vorhandener A.* wird das im Erzeugnis tatsächlich enthaltene Ethanol bezeichnet. Unter *potentiellem A.* versteht man den A., der durch vollständiges Vergären des in den Trauben oder im Most oder Wein enthaltenen Zuckers gebildet werden könnte (1 g Zucker = 0,47 g Alkohol). Der *Gesamt-A.* ist die Summe von vorhandenem und potentiellem A.; er entspricht dem *natürlichen A.* eines Erzeugnisses vor jeglicher Anreicherung (↑ Verbessern). (2)

Alkoholiker: eine vom Alkohol abhängige Person, bei der im Komplex körperliche, geistige und soziale Störungen sichtbar sind und als echte Krankheit auftreten. Der eigentliche A. ist der süchtige Trinker. Der Weg zum A. führt oft unbemerkt über den unregelmäßigen Konsum größerer Mengen Alkohol zum gewohnheitsmäßigen, ständig über die zuträgliche Grenze hinausgehenden Alkoholgenuß (↑ Alkoholmißbrauch). Unter allen Alkoholgefährdeten stellen aber die Weintrinker den geringsten Anteil von A. Bei der körperlichen Abhängigkeit kommt es zur Anpassung an gesteigerte Alkoholdosen; werden diese abgesetzt, treten Entzugserscheinungen auf wie Zittern, Schlafstörungen, starke Reizbarkeit und Schwäche. Entzugserscheinungen können durch erneut aufgenommenen Alkohol nur kurzfristig gebessert werden. Tritt neben die physische Abhängigkeit die psychische, dann wird der A. wirklich süchtig und verfällt dem Alkoholismus. A. werden durch die heimtückische Vergiftung körperlich und psychisch hochgradig krank. Ihre Lebenserwartung verringert sich um 15% und mehr. Jugendliche und Kinder sind am stärksten gefährdet. A. sind meist zunehmend für jede gesellschaftliche Arbeit unbrauchbar und eine soziale und materielle Belastung. Sowohl der Elends- als auch der Wohlstands-A. neigen ob ihrer verlorenen Selbstkritik

und vernichteten Persönlichkeit stärker zum Selbstmord. Die Alkoholabhängigkeit ist eine verwerfliche, ernstzunehmende, die Gesellschaft gefährdende soziale Erscheinung, der energisch entgegengetreten werden muß.
Der Behandlung von Alkoholkranken sowie ihrer Wiedereingliederung in die Gesellschaft wird große Aufmerksamkeit geschenkt. Die Heilungsaussichten verbesserten sich durch gezielte Mäßigkeitsbewegungen, autogenes, individuelles und Gruppentraining und medikamentöse Behandlung (besonders um den Körper unverträglich gegenüber Alkohol zu machen). Nur eine totale Abstinenz kann Rückfälle verhindern. (3)

alkoholische Gärung: biochemischer Vorgang, bei dem durch ↑ Hefen *(Saccharomyces cerevisiae)* gebildete Enzyme (zusammengefaßt als Zymase bezeichnet) den Traubenzucker bei Sauerstoffabwesenheit unter Energiefreisetzung zu Ethanol und Kohlendioxid abbauen. Ist bei sonst gleichen Bedingungen Sauerstoff im Substrat enthalten, atmet die Hefe und vermehrt sich stark. Die a. G. ist der wesentlichste Prozeß der Weinwerdung durch die Ethanolbildung. Daneben sind aber auch Nebenprodukte der a. G. wie ↑ Glycerol, ↑ Essigsäure (↑ Essigstich), Bernsteinsäure, höhere Alkohole, ↑ Aldehyde und ↑ Ester (↑ Bukett) wichtig für die Art des Weins.
In der Kellerwirtschaft kennt man heute die *Spontangärung,* bei der die traubeneigenen Hefen vieler Arten und Gattungen aus dem jeweiligen Weinberg die a. G. einleiten, und die Vergärung mit Reinzuchthefen, bei der auf ein Gemisch von ausgewählten, gärkräftigen Hefestämmen zurückgegriffen wird. Die *Reinzuchtgärung* setzt sich vor allem in Großbetrieben und bei Anfall von faulen, kranken, auch edelfaulen Trauben bzw. Most immer mehr durch, erfordert aber einen zusätzlichen Technik- und Technologieaufwand. Für Klein- und Mittelbetriebe und die Vergärung von gesundem Most ist Spontanvergärung immer noch die kostengünstigste Variante, die darüber hinaus bei der Bereitung von Lageweinen ein Höchstmaß an Individualität jedes Weins gewährleistet. Auf jedem Weinberg hat sich durch die meist jahrzehntelange Rebenkultur, das spezielle ↑ Lokalklima und die Bodenverhältnisse eine ganz bestimmte, nur diesem Weinberg eigene Hefepopulation herausgebildet, die letztlich auch dem Wein eine geschmackliche Nuance geben kann.
Die a. G. unterteilt sich in zwei Phasen. Die *Hauptgärung* (stürmische Gärung) setzt bei günstigen Bedingungen zwei bis drei Tage nach Befüllen des Behälters ein, dauert etwa sechs Tage und ist durch beträchtliche Kohlendioxidfreisetzung gekennzeichnet. Sie geht in die gemäßigte *Nachgärung* über, bei der die Zuckerreste vergoren werden, der größte Teil der Hefe jedoch schon zu Boden sinkt. Dieser Prozeß kann bis etwa 20 Tage dauern.
Die moderne Kellerwirtschaft kann heute durch eine ↑ gelenkte Gärung sichern, daß der Gärprozeß sich nicht selbst überlassen wird. Vor allem durch Temperaturregelung kann ein übermäßiges Entziehen von Bukettstoffen mit dem Kohlendioxidgas vermieden und die Alkoholausbeute gesteigert werden. ↑ Gärungsunterbrechung (2)

Alkoholismus, *Trunksucht:* chronische, krankhafte Neigung zum ↑ Alkoholmißbrauch. Anlaß für den A. sind oft soziale Probleme, seelische Konflikte, Mißerfolge, Krankheit, Ängste, aber auch Willensschwäche. A. entsteht oft unbemerkt durch gewohnheitsmäßigen, jahrelangen, über die zuträgliche Grenze hinausgehenden Alkoholkonsum, der dann zu wachsenden körperlichen, psychischen und sozialen Schäden führt. A. scheint im Hypothalamus des Gehirns Veränderungen herbeizuführen, die Suchterscheinungen hervorrufen. A. ist eine echte behandlungsbedürftige Krankheit, die über Schädigungen der Leber, der Nieren, des Magens, des Herzens sowie des Nervensystems zu Bewegungsstörungen, Lähmungen, zur Zerstörung der Persönlichkeit und damit zur Invalidität und zum Tod führen kann. Wenn der A. auch meist durch die Aufnahme hochprozentiger alkoholischer Getränke entsteht, so kann er doch durch Weingenuß aufrechterhalten werden. (3)

Alkoholmißbrauch: vereinzelter oder gehäufter, über die zuträgliche Grenze hinausgehender Genuß alkoholischer Getränke. A. ist auch der Genuß von Alkohol direkt vor oder während der Arbeitszeit, als Teilnehmer im Straßenverkehr, ganz besonders beim Führen von Kraftfahrzeugen, sowie durch Kinder, Jugendliche, Schwangere und Kranke mit Alkoholunverträglichkeit. Für Verkehrsteilnehmer bedeutet jeglicher Alkoholgenuß, auch der von Wein, grundsätzlich eine Gefahr. Ein hoher Prozentsatz von Verkehrsunfällen und besonders auch solcher mit tödlichem Ausgang sind auf Alkoholgenuß zurückzuführen.

Da die Grenze der Fahrtüchtigkeit bei 0,5–0,8 ‰ Blutalkoholgehalt liegt, ist für Fahrzeugführer absolute Abstinenz zu fordern. Ein Blutalkoholgehalt von 0,8 ‰ wird erreicht, wenn etwa 0,85 g Alkohol/kg Körpermasse aufgenommen werden. Ein 75 kg schwerer Mann muß dazu 60 g reinen Alkohol aufnehmen. Zwei Stunden nach der Aufnahme zeigen die Blutalkoholwerte bei gleichzeitiger Aufnahme einer Mahlzeit erst Werte zwischen 0,45–0,55 ‰ an. Bei Frauen ergeben sich etwa die gleichen Werte bei vier Fünfteln der aufgenommenen Menge. Werdende und stillende Mütter sollten Wein möglichst nicht trinken. A. geht meist dem ↑ Alkoholismus voraus und führt für die Gesellschaft zu fast den gleichen negativen Erscheinungen wie dieser. (3)

Alkoholometer ↑ Aräometer

Alkoholverbot, *Prohibition:* Verbot von Herstellung und besonders Verkauf alkoholischer Getränke. Das Trinken von Alkohol und damit auch von Wein wird schon bekämpft, solange es Alkohol gibt. Der babylonische König Hammurapi (1728–1686 v. u. Z.) drohte Tempelfrauen den Feuertod an, wenn sie je eine Weinschenke betraten. Ramses II. wandte sich (1250 v. u. Z.) gegen die auch bei Frauen eingerissene Sitte des Frühschoppens. Aristoteles (384–322 v. u. Z.) und Hippokrates (um 460–370 v. u. Z.) nannten Trunksucht einen Wahnsinn. Plutarch (46–119) schrieb, „Trinker bringen Trinker zur Welt".

Es gab Zeiten in Athen, da wurden Sklaven, die betrunken zum Dienst kamen, hingerichtet. Den jungen Spartanern wurde an betrunkenen Sklaven die verheerende Wirkung des Alkohols demonstriert. Die Spartaner vernichteten auch alle Rebstöcke; Römern war zeitweilig bis zum Alter von 26 bzw. 30 Jahren Alkoholgenuß überhaupt untersagt. Im alten Indien wurde Trinkern kochender Wein eingeflößt. In China drohte früher Trinkern die Todesstrafe. An mittelalterlichen Feudalhöfen war für die Damen teilweise durch Trinkordnungen geregelt, wieviel Wein sie täglich trinken durften. Weinverbote sind besonders aus altägyptischer und frühchristlicher Zeit und aus dem Koran (Islam) überliefert. Rodungen der Weinberge wurden unter anderem von den Westgoten in Spanien vorgenommen.

Das Herstellen alkoholischer Getränke war schon sehr früh und sehr oft ein Privileg der Herrschenden bzw. des Staates, oder es wurden Konzessionen gegen entsprechendes Entgelt erteilt und die alkoholischen Getränke selbst mit Steuern und hohen Preisen belegt. Speziell das Trinken von Wein wurde zu verschiedenen Zeiten und in verschiedenen Regionen verboten bzw. über die ↑ Ausschankrechte begrenzt. Bisher haben alle diese Regelungen auch im 20. Jh. (z. B. USA 1919 bis 1933, Finnland, Iran, Islam allgemein) aber nie zur absoluten Abstinenz, auch nicht für Wein, geführt und sehr oft waren heimliche, unkontrollierte Exzesse die Folge. Völlige A. für Erwachsene erwiesen sich nicht nur als undurchführbar, sondern sind auch medizinisch gar nicht erwünscht. Der mäßige, die zuträgliche Grenze nicht überschreitende Weingenuß ist primär eine gesellschaftliche Erziehungsfrage und kann durch entsprechende Regelungen stimuliert werden. Absolutes A. ist jedoch für alle Fahrzeugführer nicht nur während der Fahrten, sondern auch entsprechend lange vor Antritt der Fahrten zu fordern (↑ Alkoholmißbrauch). (3)

Alkoholvergiftung: durch übermäßigen Alkoholgenuß hervorgerufene physische und psychische Veränderung der Persönlichkeit. Die A. verläuft in mehreren Stadien, die durch unterschiedlichen Gehalt des Blutes an Ethanol gekennzeichnet sind (Tab.). Die Werte über 2,5 ‰ rechnen zur schweren A., bei 4 ‰ kann durch Atemlähmung und Kreislaufschock der Tod eintreten. Der Grad der A. hängt unter anderem aber auch von der Körpermasse ab. Eine Dosis von 7,8 g Alkohol/kg Körpermasse ist tödlich. Höhere Alkohole (Fuselöle), Ethylester, verschiedene Fruchtsäureester sowie Acetate der Alkohole, die dem Wein das Bukett geben, sind zwar weitaus giftiger als Ethanol, im Wein aber nur in 200- bis 300fach geringerer Konzentration als Ethanol enthalten. Sie werden zusammen mit diesem gut resorbiert, aber z. T. an das Protein der Nervenzellen gebunden und schließlich verzögert abgebaut

Blutalkoholwerte, Phasen und Symptome von Alkoholvergiftungen

Blutalkoholkonzentration in ‰	physische und psychische Erscheinungen
0,02–0,03	physiologisch normaler Blutalkoholgehalt
0,04–0,5	Wärmegefühl, beginnende Hautrötung, Wohlbehagen, stärkere Einbildungskraft, geschärfte Sinne, gewecktes Gedächtnis, gewandtes Sprechen mit kräftiger Stimme, gesteigerte Mitteilsamkeit
0,6–1,0	beschleunigte Bewegungsaktivität, größere Leichtigkeit der willkürlichen Muskelbewegungen, Hautrötung, sich allmählich verlangsamende gedankliche Prozesse, gehobene Stimmung bei weiter gestiegenem Wohlbehagen, angeregte Phantasie, gesteigerte seelische Erlebnisfähigkeit, Lösung seelischer Spannungen sowie Vergessen von Sorgen und Gram, wachsender Lebensmut, größere Teilnahme an und mehr Nachsicht mit anderen, selbstgefälliges Ausplaudern eigener Angelegenheiten; erhöhtes Unfallrisiko, Grenze der Fahrtüchtigkeit bei 0,5–0,8 ‰, eingeschränkte Arbeitsfähigkeit
1,01–1,5	Erregung des Subkortex und Ausschalten bestimmter Zentren psychischer Tätigkeit, euphorische Stimmung bei Enthemmung sowie zunehmendem Verlust von Urteils- und Kritikvermögen, impulsive Handlungen, Kraftmeiereien bei unbegründeter zunehmender Selbstsicherheit, Verlust der Aufmerksamkeit beim Zuhören, Taktlosigkeit, banaler Rausch; beginnender Verlust der Arbeitsfähigkeit

Blutalkoholkonzentration in ‰	physische und psychische Erscheinungen
1,6–2,0	Blässe, stark verringerte Wahrnehmung und verlängerte Reaktionszeit, Sprach-, Gleichgewichts- und Gedächtnisstörungen; diametraler Stimmungswechsel von grenzenloser Ausgelassenheit über rührseliges Jammern bis zum wütenden Zorn, der Händel sucht und niedere Instinkte erregt; Aggresivität in Wort und Tat; Schamlosigkeit, Übelkeit, Rausch mit stärkerer Erregung
2,1–2,5	zunehmende Störung des gesamten zentralen Nervensystems, kleiner Puls, schwere Sinnesstörungen, Erbrechen, starker Rauschzustand mit Orientierungs- und Koordinierungsverlust
2,6–3,5	Lähmungserscheinungen, Atmungsstörungen, fast volle Bewußtseins- und Gedächtnistrübung, Volltrunkenheit
3,6–4,0	tiefes Koma mit Kreislaufschock
4,1–5,0	Lebensgefahr, Tod durch Lähmung des Kreislauf- und Atmungszentrums

und ausgeschieden. Durch Sauerstoffmangel werden die Nervenzellen rascher geschädigt und es treten die sog. Katererscheinungen, wie Kopfschmerzen, Schwindel, Lichtempfindlichkeit, Kreislaufschwäche, Blässe, Zittern, Brechreiz, Verstimmung, Abgeschlagenheit, auch kombiniert mit Magenschleimhautreizungen, auf. Auch Enzymreaktionen werden gestört. Die Symptome verstärken sich bei Tabakrauchen, da hierbei die gleichen oder ähnliche Stoffe an die Nervenzellen angelagert werden. Gleichzeitige Einnahme von Psychopharmaka, wie Narkose-, Schlaf-, Beruhigungs-, Antriebs-, Enthemmungs-, Wachhalte- und Hochdruckmittel, steigert ebenfalls die Vergiftungserscheinungen. Kalkstickstoff, Glycoldinitrat, Anilin sowie weitere Stoffe wirken ähnlich, wie auch umgekehrt der Alkohol den Körper gegen diese Stoffe empfindlicher macht. (3)

Alleinimporteur: anerkannte Importfirma, die das Alleinvertriebsrecht für den Wein bzw. die Weine eines Winzerbetriebs oder einer Winzergenossenschaft im Ausland hat. (3)

all'origine [ital.]: Originalabfüllung

Altern des Weins: Lebensstadium des Weins. Der Prozeß des A. beginnt, wenn der ↑ Ausbau abgeschlossen ist und sich die Geschmackseigenschaften des Weins nivellieren. Alternde Weine bekommen einen hauchfeinen, bitterlichen Geschmack, dessen Intensität und Frische nachläßt, wie auch insgesamt das Bukett. Besonders Weißweine mit mittlerem oder niedrigem Alkoholgehalt verlieren nach wenigen Jahren (progressiv) ihre ursprünglichen Qualitäten. Überalterte Weine werden firnig, ölig, dunkel, schal und ausdruckslos (↑ Firne). Der gleiche Wein, nur in einer anderen Flasche, kann unterschiedlich altern, auch wenn die Flaschen nebeneinander lagerten. Das ist vor allem auch auf die Beschaffenheit der ↑ Korken zurückzuführen. Während in der einen Flasche über Jahrzehnte, manchmal auch über Jahrhunderte hinweg, noch Wein verblieb, ist in der anderen Essig entstanden oder eine sirupartige Substanz. Wann der Wein seinen Höhepunkt erreicht, kann kaum vorausgesagt werden; es ist nur durch Probieren festzustellen. So war ein 1987 getrunkener, 3buttiger Tokayer von 1952 noch höchster Genuß und weitere Flaschen dieses Jahrgangs konnten in Ruhe weiterreifen.

Selbstverständlich gehören neben sauberem Abfüllen optimale Lagerbedingungen zu einem optimalen A.; mehrmaliges Umlagern in andere Keller schadet meist. ↑ Archiv, ↑ Archivweine, ↑ Füllhöhe der Flaschen (3)

alternative Anbaumethoden ↑ biologisch-(dynamische) Wirtschaftsweise

amabile [ital.]: Bezeichnung für lieblichen, angenehmen, nicht zu schweren Wein von leicht süßem Geschmack. (3)

Amarone ↑ Ripassoweine

ambelonas [griech.]: Weinberg

ambotellado [span.]: abgefüllt

ambré [franz.]: bernsteinfarbener Wein

american champaign, *californian champaign:* Schaumwein aus den USA. (3)

american vines: nach den Gesetzen der USA Bezeichnung für sämtliche in den USA hergestellten Weine. Meist aber werden die Weine auf den Etiketten nach den Anbaugebieten, z. B. californian vines, bezeichnet. Dagegen werden Verschnitte aus mehreren nordamerikanischen Anbaugebieten als a. v. gekennzeichnet. Eine weitere engere Auffassung läßt die Bezeichnung a. v. nur für aus amerikanischen Rebsorten (wie 'Delaware', 'Elvira') gekelterte Weine zu. (3)

amerikanische Rebsortenunterlagen: aus Amerika stammende reblausresistente Rebsorten, auf die die europäischen Rebsorten zum Schutz gegen Reblausbefall gepfropft werden. ↑ Direktträger (3)

Amontillado: bernsteinfarbener, vollmundiger, milder Sherrytyp, der nicht mehr ganz trocken und mit Haselnußgeschmack bei 17–18 Vol.-% Alkohol ein gefragter Likörwein ist. A. entwickelt sich meist aus alterndem ↑ Fino. ↑ Sherry (3)

Amoroso: leichter gesüßter, durch Zusatz dunkler Weine bernsteinfarbener ↑ Sherry. Die Bezeichnung wird kaum noch benutzt. (3)

amouröse Weine, *vins d'amour:* Weine, deren Genuß in besonderem Maße erotische Gefühle und Empfindungen verstärkt. Die a. W. können sowohl leichtere Weine sein, die fröhlich und unbeschwert stimmen als auch schwere, die rasch „heißes Blut" hervorrufen. Es handelt sich dabei vor allem um die Spitzengewächse unter den Weißen, wie die meisten Auslesen, Beeren- und Trockenbeerenauslesen (die Ausbruchweine), aber auch die Spätlesen großer Jahre der 'Silvaner'-, 'Ruländer'-, 'Weißburgunder'-, 'Traminer'-, 'Muskat'-, 'Riesling'- und auch 'Riesling' × 'Silvaner'-Rebsorten. Zu den reifen, süßen, durch Säure zur vollendeten Harmonie geführten a. W. gehören unter anderem die Tokaji-Aszú-Weine, die Beerenauslesen aus den französischen Spitzenlagen von Sauternes und Barsac, die österreichischen aus Gumpoldskirchen, Neuburg sowie der Ruster Ausbruch, aus der BRD die Weine aus dem Rheingau, aus Baden, der Pfalz und Rheinhessen.

Als besonders verführerisch gelten die großen und so süffigen Naturlikörweine wie die rumänischen Cotnari und Murfatlar (mit 16–18 Vol.-% Alkohol, etwa 40 g Restzucker/l und einem Säuregehalt von 5 g/l), die italienischen von den Inseln Elba und Sardinien, der Toscana (Moscadello) u. a. Aber auch die aufgespriteten edlen Dessertweine des Südens sind wahre „Elixiere des Teufels", wie die Port-, Sherry-, Malaga-, Madeira-, Marsala-, Samos-, Malvasiaweine. Ein besonders vollblütiges Spitzengewächs ist der Xeres aus der Krimkelterei Massandra. (3)

Ampelographie: Rebsortenkunde. Sie bestimmt, beschreibt und klassifiziert die Rebsorten nach einem Bestimmungsschlüssel anhand vererbbarer Gemeinsamkeiten und charakteristischer Unterschiede im Erscheinungstyp (morphologische Merkmale der

Triebspitzen, Zweige, Blätter, Trauben und Beeren) in verwandte Familien und Sorten. Bis heute sind im wesentlichen nur regionale A. erschienen. Meist fehlen exakte Bestimmungsschlüssel und ein gemeinsames wissenschaftliches Klassifikationssystem, so daß es sich

Amphora des Amasis; Satyrn bei der Weinernte (530–520 v. u. Z.)

in der Regel um mehr oder weniger exakte botanische Beschreibungen handelt. ↑ Tab. im Schutzumschlag (3)

Ampelologe: Wissenschaftler der Rebsortenkunde (3)

Ampelos: nach dem letzten großen Epos der Antike, der Dionysiaka des Nonnos (5. Jh. u. Z.), der Liebling des Gottes Dionysos. Nach dem Tod des A. vergoß Dionysos heiße Tränen. Als er jedoch den Wein genoß, der aus der Rebe stammte, die dem Leib des toten A. entsprungen war, erheiterte sich sein Gemüt wieder. (3)

Amphora [griech., Doppelträger]: ein zweihenkliges bauchiges Gefäß, meist aus Ton (oft mit Bemalung), aber auch aus Bronze, Silber, Gold, Holz oder Glas, das außer zur Lagerung und zum Transport von Wein und Öl auch als Aschen- und Wahlurne genutzt wurde

(Abb.). Besonders spitz endende A. wurden zur Aufbewahrung von Wein verwendet. Sie wurden mit den Spitzen einfach in den (Keller-)Boden gesetzt. Als Hohlmaß faßte eine A. bei den Griechen 19,4 l und bei den Römern später 26,25 l. Noch heute vergraben die georgischen Weinbauern amphorenähnliche Tongefäße, sog. Kwewri, in die Erde. Der darin aufbewahrte Wein wird mit Schöpfkellen entnommen. Auch in Spanien wird in der Nähe von Córdoba der Montilla, ehe er in die Solera kommt, in übermannshohen irdenen Gefäßen (Tinajas) gelagert. (3)

Amphorenflasche: Formflasche in der Gestalt einer ↑ Amphora. Sie werden z. B. in Rumänien und in Frankreich verwendet. ↑ Glasflaschen (3)

amtliche Prüfungsnummer, *A.P.-Nr.:* Kennzeichnung der Weine in der BRD, die bei der amtlichen ↑ Qualitätsprüfung nach dem ↑ Fünf-Punkte-Prüfverfahren mindestens die Qualitätszahl von 1,5 erreichten. Die A.P.-Nr. gibt mit Ziffern in fünf Blöcken auf dem Etikett verschlüsselt an:

5 Prüfstelle
51 Anbaugemeinde – Erzeugerort
123 Erzeuger – Abfüllbetrieb
009 Abfüllpartie
84 Jahr des Prüfungsantrages

Alle Qualitätsweine müssen die A.P.-Nr. erwerben. ↑ staatliche Prüfnummer (3)

anada [span.]: **1.** Jahrgangsbezeichnung, die aussagt, wieviel Jahre n a c h der Ernte der Wein abgefüllt wurde. 3° ano bedeutet, daß der Wein im dritten Jahr nach der Ernte auf Flaschen gefüllt wurde.
2. Verfahren, bei dem ↑ Sherry ohne besondere Eingriffe im Faß reift; auch als *Jahrgangsalterung* bezeichnet. (3)

Anbaugebiet ↑ Weinbaugebiet

Anbaugrenze ↑ Anbauzonen der Weinrebe

Anbauzonen der Weinrebe: warme, gemäßigte Klimazonen, die sich zwischen dem 30. und 50. nördlichen Breitengrad (Europa, Nordafrika, Asien und Nordamerika) mit etwa 75% der Rebfläche sowie zwischen dem 30. und 40. südlichen Breitengrad (Südafrika, Südamerika, Australien und Neuseeland) mit etwa 25% der Rebfläche erstrecken. Optimale Bedingungen findet die Weinrebe zwischen dem 35. und 40. nördlichen Breitengrad. In den zwischen diesen beiden Gürteln liegenden Zonen erlangte der Weinanbau keine Bedeutung, obwohl er auch dort in klimatisch günstigen Höhenlagen, wie in Mexiko und Kuba, betrieben wird.
Jenseits des 50. nördlichen Breitengrads eignen sich nur entsprechende ↑ Lokalklimate in Lagen nicht über 300 m NN für den Weinanbau. Im Anbaubereich des 50. nördlichen Breitengrades – vor allem darüber, wie in der DDR und Südengland – wirkt wohl das Reizklima fördernd auf die ↑ Güte des Weins, andererseits wird das Anbaurisiko infolge der sehr niedrigen Wintertemperaturen, Spät- und Frühfröste, nassen Frühjahre (↑ Verrieseln der Blüte), Sommer und Herbste (geringe Sonnenscheindauer) außerordentlich hoch. Die Erträge können um das Zehnfache und mehr schwanken, die Zuckergehalte außerordentlich niedrig sein und unter Umständen droht auch das Ausfrieren der Rebanlage. Dagegen kann im Süden um den 40. bis 50. nördlichen Breitengrad der Weinanbau noch bei 800 bis 1500 m NN betrieben werden.
In den günstigen Anbaugebieten gedeiht Wein auch auf Böden, die für andere Kulturpflanzen wenig geeignet sind. Dem sind jedoch wegen des hohen Aufwandes an lebendiger Arbeit (schwer mechanisierbar) wirtschaftliche Grenzen gesetzt. ↑ Karte im Vorsatz (3)

añejo [span.]: alt

annata [ital.]: Jahrgang des Weins

año [span.]: Jahr

Anreichern ↑ Verbessern

Anschnitt: im zeitigen Frühjahr erfolgender Ertragsschnitt (↑ Rebschnitt). Je mehr Augen stehenbleiben, desto mehr Triebe entstehen und um so höher ist die Ertragsmenge. Gleichzeitig verringert sich jedoch die Güte und die Schwächung des Rebstockes nimmt zu. (3)

AOC, AC: Abk. für ↑ **A**ppellation d' **O**rigine **C**ontrôlée. (3)

Aperitif [franz., appetitanregend]: Bezeichnung für meist alkoholische Getränke, die vor dem Essen zum Einstimmen getrunken werden (Wein, weinhaltige Getränke, Cocktail, Schaumwein, Fruchtsaftkombinationen, Wermut, harte Alkohole u. a.). Der eigentliche A. besteht aus aromatischem Wein, der mit reinem Alkohol aufgespritet und mit Bitterstoffen sowie aromatischen Essenzen versetzt wurde. Bekannte Marken sind Byrrh, Campari, Cincano, Lillet, St. Raphael.
Getränke mit sehr starkem Eigengeschmack und Alkoholgehalten über 20 Vol.-% sollten als A. gemieden werden, da sie den Geschmack der Speisen überdecken bzw. abstumpfen. Frische, leichte Weißweine, aber auch eine Beerenauslese, z. B. ein Tokajerwein bzw. ein Sherry in Dessertweingläsern ausgeschenkt, sind ebenfalls als A. geeignet. (3)

Äpfelsäure, *Monohydroxybernsteinsäure:* eine der beiden wertbestimmenden Säuren, die im Wein in der Größenordnung von 3–20 g/l vorkommen (↑ Weinsäure). Der Gehalt an Ä. unterliegt großen Schwankungen, vor allem ist er abhängig von der Traubensorte und dem Reifezustand. Frühreife Sorten (z. B. ↑ 'Weißer Gutedel', ↑ 'Müller-Thurgau') enthalten oft mehr Ä. als Weinsäure. Während der Reife der Trauben nimmt der Gehalt der Ä. schneller ab als der Gehalt an Weinsäure. Ausgereifte Trauben, ebenso spätreife Trauben, enthalten demzufolge in der Regel mehr Weinsäure. Durch ↑ Entsäuern im Anschluß an die ↑ alkoholische Gärung kann die Ä. in die weniger saure Milchsäure und in Kohlendioxid umgewandelt werden. – Die Salze der Ä. heißen *Malate.* (2)

Apfelwein: weltweit, speziell in der kühlgemäßigten Zone und schon seit der Antike verbreitetes alkoholisches (über 5 Vol.-%) weinähnliches Getränk aus Äpfeln. Griechen und Römern war der A. ebenso bekannt wie den Germanen.
Im 16. Jh. wurde der Raum um Frankfurt/Main ein Zentrum der A.herstellung und der A. ein Volksgetränk. Auch heute noch werden dort jährlich etwa 30 Mill. l abgefüllt und in Hessen insgesamt etwa 70 Mill. l. Selbst die leicht ausgebauchte Keramikkanne mit dem langen weiten Hals und kräftigem Henkel hat sich als das Ausschankgefäß für A. unter dem Namen Bembel ebenso wie der schon im Mittelalter übliche gerippte Glasbecher gehalten.
Die Hauptgärung des A. dauert etwa 4 bis 6 Wochen, wobei etwa 1,5 dt Äpfel mit harmonischer Mischung von Fruchtzucker (mindestens 45°Oe), Aroma und Säure 100 l A. ergeben. ↑ Cidre (3)

appellation [franz.]: Herkunft, Herkunftsgebiet. *A. communale* ist die kontrollierte Herkunft aus einer Gemeinde, einem Gebiet *(a. générique)* bzw. einem Distrikt *(a. régionale).* (3)

Appellation d'Origine Contrôlée, AC, AOC [franz.]: Bezeichnung für Qualitätswein mit kontrollierter Herkunftsbezeichnung als höchste Qualitätsstufe, wobei das „d'Origine" durch das Gebiet, den Distrikt, die Gemeinde oder die Lage ersetzt werden kann und auf dem Etikett zu vermerken ist. Über 340 AOC-Weine machen über 16% der Gesamtproduktion Frankreichs aus. AOC-Weine werden nur auf ganz bestimmten, rechtlich fixierten Flächen (mehr als 42000 Katasterflächen in über 3400 Gemeinden) erzeugt. Nur die genaue, festgelegte geografische Bezeichnung ist auf dem Etikett anzugeben. Außerdem sind mit den AOC-Weinen weitere Regelungen verbunden, wie Ausschluß ungeeigneter Böden, Anbau standortgerechter Rebsorten, bei Verschnitten teilweise das Verhältnis der Rebsorten, Einhalten bestimmter Anbaumethoden (Anzahl der Rebstöcke je Hektar, Erziehungs- und Schnittformen), zulässige Höchsterträge je Hektar etwa zwischen 35 und 60 hl (französisches Motto: Je weniger Trauben der Rebstock trägt, desto besser der Wein) sowie technologische Vorschriften der Weinbereitung (Mindestalkoholgehalt, minimaler und maximaler Restzuckergehalt). Je enger territorial abgegrenzt das Herkunftsgebiet ist, umso höher sind die Anforderungen und dementsprechend auch meist die Qualität der Weine.

AOC-Weine unterliegen einer Qualitätsanalyse und Sinnenprobe und haben daher in der Regel eine gleichbleibende Qualität. Auch französische Schaumweine, die nach der Méthode Champenoise in ↑ Flaschengärung aus Weinen des kontrollierten Anbaugebietes hergestellt werden, wie die ↑ Crémants, erhalten diese Qualitätsstufe zugesprochen. (3)

ára [ung.]: Preis

Aräometer, *Alkoholometer, Senkwaage, Sinkspindel:* meist aus Glas geblasenes Instrument, dessen Unterteil beschwert ist und mit dem nach dem Archimedischen Prinzip die Dichte einer Flüssigkeit gemessen werden kann. Da sich diese z. B. mit dem Verhältnis von Wasser zu Alkohol bzw. auch Säure ändert, werden die A. so skaliert, daß mit ihrem Eintauchen in den Wein der Alkohol- bzw. Säuregehalt abgelesen werden kann. Hohe Zucker- und Mineralgehalte verfälschen die Ergebnisse stark. Das wichtigste A. für den Winzer bzw. Kellermeister ist die ↑ Mostwaage nach F. Oechsle. (3)

Arbeiten im Weinberg. Alle im Laufe eines Jahres durchzuführenden Verrichtungen, Arbeitsgänge und -verfahren hängen vom gewählten Produktionsverfahren ab. Dieses wiederum wird von vielen zusammenwirkenden Faktoren bestimmt, wie dem Boden-

Rebwachstum und Jahresarbeiten im Weinberg

Januar bis März	
Winterruhe bzw. -starre; später langsames Steigen der Pflanzensäfte	Je nach Witterung Beginn des Rebschnittes als Anschnitt zur Verjüngung der Reben und als entscheidender Ertragsschnitt; etwa 90% des letztjährigen Zuwachses werden entfernt und zurück bleiben zwei oder drei Fruchttriebe und einige kurze Zapfen (je nach ↑ Erziehungsform); Räumen des Schnittholzes durch Häckseln sowie Kompostieren bzw. Verbrennen oder auch zur Rotte liegenlassen; Kellerarbeiten Weiterführen des Rebschnittes; schadhafte Pfähle, Gerüste, Drähte ausbessern bzw. auswechseln; je nach Witterung Beginn der Bodenlockerung, wie Hacken, Grubbern und Mulchen; Düngung, Unkrautbekämpfung und erste Pflanzenschutzmaßnahmen gegen überwinternde Schadinsekten Beenden des Frühjahrsschnittes; Weiterführen der Bodenlockerung und Düngung, wobei alle zwei bis drei Jahre organischer Dünger ausgebracht wird; Unkrautbekämpfung und Pflanzenschutzmaßnahmen weiterführen; Reben biegen und anbinden

April/Mai	
mit Erwärmen des Bodens steigt der Saft und tritt an den Schnittstellen hervor, die Rebe weint; die Knospen schwellen, Schossen, Laubwachstum sowie die Anlage neuer Knospen beginnen	Bodenlockerung als Aushauen um den Rebstock; Austriebsspritzung gegen Schädlinge; Beenden von Biegen und Anbinden, Frostschutzmaßnahmen gegen Spätfröste; bei Neuanlagen junge Pfropfreben pflanzen; Einsaaten zwischen den Zeilen bei Begrünung Weiteres Aushauen um den Rebstock; Schädlingsbekämpfung; Entfernen von unfruchtbaren Schossern und überzähligen Trieben, um den tragenden Trieben Raum und Licht zur Entwicklung sowie entsprechende Bedingungen zur Ertragsbeschränkung zu schaffen
Juni bis August	
Öffnen der Blüte; intensives Laubwachstum; Beerenausbildung; zum Ende dieses Zeitabschnittes Abschluß des Holz-(Trieb-)wachstums sowie Ausbildung der Gescheinanlagen in den neuen Winterknospen	Schädlingskontrolle und -bekämpfung als Vorblütenbehandlung; herabhängende Reben aufbinden; Laubarbeiten zum Ausgeizen unerwünschter Triebe; Bodenarbeiten besonders zur Unkrautbekämpfung; bei Begrünung Grasmähen und Mulchen weiteres Aufbinden; Laubarbeiten, besonders Gipfeln, d. h. Kürzen (Kappen) der langen Triebe sowie Auslauben üppigen Blattwerkes; Schädlingsbekämpfung als Nachblüten- und Sommerbehandlung; eventuell weitere Bodenlockerung; Bewässern eventuell weiteres Auslauben und Gipfeln; meist letzte Schädlingsbekämpfung als Abschlußspritzung zur Traubenwäsche gegen Mehltau und die Sommergeneration der Kräuselmilben
September/Oktober	
Beerenreife; Herbstverfärbung bzw. -vergilbung; Vollreife bei mehr und mehr konstant bleibendem Zucker- und Säuregehalt; mögliche Traubenfäule; Verholzen der Triebe	Eventuell letzte Laubarbeiten und Bodenarbeiten vor der Lese; Schließen der Weinberge; Reinigen der Erntegefäße; Prüfen des Reifegrades; je nach Witterung Beginn der Lese frühreifer Sorten Hauptlese und Kellerarbeiten; für Neuanpflanzungen eventuell schon Roden und Beginn des Rigolens bzw. Ersatzstöcke pflanzen
November/Dezember	
Überreife und Edelfäule; Beginn der Winterruhe	Spätlesen und Auslesen; Bodenarbeiten eventuell zum Anhäufeln der Rebstöcke als Frostschutz; eventuell Abbinden der Triebe; Weiterführen des Rigolens; Ausbessern von Terrassenmauern und Meliorationsanlagen; Kellerarbeiten eventuell Eisweinlesen; Bodenarbeiten; Kellerarbeiten; Maschinen und Geräte warten bzw. instandsetzen; je nach Witterung eventuell Beginn des Rebschnittes als Anschnitt

Klima-Komplex, dem jährlichen Witterungsverlauf, der Flächengestaltung, besonders ihrer Hangneigung sowie ihrer zusammenhängenden Größe, der Rebsorte und ihren ↑ Erziehungsformen, der ↑ Technisierung und dem angestrebten Intensitätsgrad der Bewirtschaftung einschließlich des Aufwandes an Dünge- und Pflanzenschutzmitteln. In den meisten Fällen, besonders in Steillagen, beanspruchen die Produktionsverfahren noch einen sehr hohen Handarbeitsaufwand. Eine alte Regel besagt: Siebzehnmal im Lauf eines Jahres hat der Winzer arbeitend um den Rebstock zu gehen. Generell sind die A.i.W. aber durch die Technisierung leichter geworden und der strohhutbe-

deckte, die schwere Hacke schwingende Winzer gehört der Vergangenheit an. Schere und Hacke bleiben jedoch die entscheidenden Handarbeitsgeräte.
Trotz der Mannigfaltigkeit der Produktionsverfahren kann von einem bestimmten Arbeitsrhythmus im Weinberg ausgegangen werden (Tab.). ↑ Tafel 21 (3)

Archiv, *Weinbibliothek, -galerie, -kabinett, -kollektion, -museum, -sammlung, Önothek, Vinothek, Sacrista, Schatzkammer:* ausgewählte Sammlung von (Spitzen-)Weinen – meist, aber nicht nur – der eigenen Produktion, für folgende Zwecke:
– Beobachten des Ausbaus (des Verhaltens) der Weine über viele Jahre (Erfahrungen und Schlußfolgerungen für die Behandlung kommender Weine);
– Kredenzen für besondere Anlässe und Ehrengäste;
– Verkauf wertvoller alter, vollreifer Spitzenweine.
Eines der größten und wertvollsten A. (ohne Verkauf) besitzt die volkseigene Massandrakelterei, eine Betriebsvereinigung auf der Krim, die etwa 1 Mill. Exponate von Jahrgängen aus den letzten zwei Jahrhunderten umfaßt. Den Grundstein dafür legte der russische Fürst L. Golyzin, der unter anderem die strenge Sortenselektion einführte und einen Stamm hochqualifizierter Fachleute heranbildete. Er erwarb Spitzenweine aus fast allen weinanbauenden Ländern, so daß heute noch im A. 1775er Jeres de la Fronta lagert, der 1975 verkostet und voller Leben mit zauberhafter Milde befunden wurde. Aber auch Madeira Ribero Sakki (1887), Saperawi Feodossija (1883), Aligote (1919), Napareuli (1942) befinden sich neben anderen Spitzenweinen im A. Als sich 1941 die faschistische Invasion auch der Krim näherte, wurden fast 60000 Flaschen und viele Fässer evakuiert, die nach Kriegsende wieder zurückgeführt werden konnten.
In der Regel werden von allen Kellereien jährlich, nach einer Verkostung der faßreifen Weine, größere Flaschenposten in A. eingelagert, die dann in immer größeren Zeitabständen (10 bis 50 Jahre) auf ihren Reifegrad hin zu verkosten sind. Über das Ergebnis wird ein Verkostungsprotokoll angefertigt, das wissenschaftlich und für die Praxis der Weinbehandlung ausgewertet wird. Meist darf der älteste Mitarbeiter die Flasche des ältesten Weins öffnen und als erster verkosten. Das Verkosten wird auch mit dem notwendigen Neuverkorken der Flaschen verbunden. Für die ↑ Lagerung von Weinen im A. sind entsprechende gut gelüftete Kellerräume mit konstanten Temperaturen um etwa 12–14 °C notwendig.
In Ungarn bewahrt das Forschungsinstitut für Weinbau und Kellerwirtschaft Sammlungen von Spitzenweinen aller hervorragenden Weinanbaugebiete und Jahrgänge zu den genannten Zwecken auf. Im Weinmuseum von Badacsonyi auf der Nordseite des Balaton können auch solche Spitzenweine wie der 5buttige Tokaji Aszú bzw. Tokaji Aśzu Essenz der Jahrgänge 1922, 1937, 1947, 1951 u. a. gekauft werden, wobei der Käufer ein Ursprungszeugnis erhält. In den betriebseigenen Gaststätten des staatlich-sozialistischen Tokajer Weinkombinats können ebenfalls Tokajerweine ehrwürdigen Alters erworben werden.
Neben den weinproduzierenden Betrieben richten auch der Weinhandel und renommierte Weinrestaurants A. ein. So hatte die frühere Warschauer Weinhandlung Fukier (ein Zweigunternehmen der Augsburger Fugger), die schon im 16. Jh. Tokajerweine handelte, in ihrem A. vor dem zweiten Weltkrieg 328 Flaschen Tokajer Ausbruch aus dem Jahre 1606 und mehrere Tausend

Flaschen der Jahrgänge 1668, 1682, 1736 und 1811 aufbewahrt.
Weltberühmt ist auch die Schatzkammer (etwa 36000 Flaschen mit über 200 Sorten) des über 560 Jahre alten Bremer Ratskellers, in dem noch Ende der 70er Jahre 1727er Rüdesheimer Apostelheim (1914 für eine Flasche 16 Mark) aus dem Rheingau verkostet wurde. Seit der Wende vom 19. zum 20. Jh. lagern in diesem A. Weine von vielen großen Jahrgängen.
Auch Weinfreunde legen sich privat ein A. an. Wenn die zweckmäßige Lagerung gewährleistet ist, können Spitzenweine in ihrer Jugend zu erschwinglichen Preisen gekauft werden und Jahrzehnte in eigener Vinothek aufbewahrt werden. ↑ Tafel 17 (3)

Archivweine: 1. in Flaschen aufbewahrte Weine älterer und ältester Jahrgänge, die im ↑ Archiv bzw. in Ungarn im Weinmuseum und die kostbarsten manchmal auch in entsprechenden Tresors aufbewahrt werden (↑ Vinothek). Das Aufbewahren ältester Weine ist eher ein Kult, der zudem mit dem größten Wagnis verbunden ist. Schon mit einem Alter von 50 Jahren und darunter kann aus dem einen Wein Essig oder Moder geworden sein, während ein anderer bei zartester Süße vollendet duftet und den Trinker mit dem „leicht morbiden Charme des Alters" betört. Besonders Trockenbeerenauslesen, große Rotweine, Sherry, Madeira, Portweine u. ä. erreichen nicht selten ein so ausdrucksvolles hohes Alter. Doch selbst Weine gleichen Jahrgangs und gleicher Herkunft verhalten sich unterschiedlich. Während die eine Flasche schon üble Verschleißerscheinungen zeigt bzw. „mausetot" ist, steht eine andere noch immer in voller Blüte. Einmalig ist die in London in der zweiten Hälfte unseres Jahrhunderts geöffnete und getrunkene Flasche Steinwein von 1540 aus dem Keller König Ludwigs von Bayern. Das Jahr 1540 war ein außergewöhnlich heißes und trockenes Jahr. Der Wein lagerte zuvor 200 Jahre in Würzburg in einem Faß, in das wahrscheinlich auch andere Weine kamen, und wurde dann auf Flaschen gezogen. Er war dunkel wie Madeira, schwach, aber noch lebendig. Vorher hatte man 1820er ↑ Johannisberger und 1857er Rüdesheimer Flaschen geöffnet: sie zeigten keine Spuren von Weingeschmack mehr. Schon Plinius (23–79 u. Z.) will 200 Jahre alten, eingedickten Wein gesehen haben und an der Tafel von Caligula (Caesar Germanicus 12/24–41 u. Z.) soll 160jähriger Wein getrunken worden sein.
Geöffnete A. sollten sofort probiert werden. Kommt einem die Fülle eines ausgereiften Weins gleich entgegen, sollte man ihn weder offen stehen lassen noch dekantieren. Es ist möglich, daß der Wein dann bereits nach einer Stunde alles verloren hat, was er zeigte. Uneingeschränkte Ehrfurcht vor A. ist nicht angebracht. Der Nimbus, der A. umgibt, ist oft darauf zurückzuführen, daß nicht Tatsachen, sondern Meinungen über Tatsachen das Bewußtsein der Menschen bestimmen (Epiktet, um 50–138 u. Z.). ↑ Altern des Weines.
2. in der ČSSR Qualitätsstufe hochwertiger, ausgereifter und sortenreiner Weine, die staatlich kontrolliert werden und einen höheren Preis bekommen. (3)

Argentinien. Mit Anfängen in der spanischen Kolonisation im 16. Jh. hat A. eine vergleichsweise junge Weinbaugeschichte. Im Zuge dieser Eroberung gelangte die Rebe über Peru und Chile im Jahre 1557 nach Santiago del Estero.
Katholische Priester und Mönche waren die Träger der Weinkultur. Durch die optimalen Boden- und Klimaverhältnisse – kontinentaler Charakter mit geringen Niederschlägen (etwa 200 bis

300 mm/Jahr) – begünstigt, verbreitete sich der Weinanbau besonders längs der Andenkette sehr schnell.

Die Weingewinnung erfolgte damals noch mit primitivsten Mitteln, aber schon in außergewöhnlicher Qualität. Der Anfang des 19. Jh. einsetzende Einwandererstrom aus Europa und die Einigung und Befriedung des Landes im Jahre 1853 brachten dem Weinbau enormen Aufschwung durch die Anwendung neuer Kulturtechniken und die Einfuhr neuer Rebsorten. Der Bau der Eisenbahn nach Mendoza und San Juan in den Jahren 1878 bis 1885 ermöglichte den schnellen Transport großer Mengen in die Verbraucherzentren, die teilweise über 1000 km vom Herstellungsort entfernt lagen.

Ende des 19. Jh. kamen erneut viele Einwanderer aus den traditionellen Weinbauländern Italien, Spanien und Frankreich, die ihre heimischen Rebsorten und Bräuche schnell verbreiteten.

Weinanbau in Argentinien (1985)

Rebfläche [1000 ha]	295 (0,14% der LN)
Traubenproduktion [1000 dt]	22529
davon Keltertrauben	22241
Tafeltrauben	178
Rosinentrauben	110
Weinproduktion [1000 hl]	15741
Weinexport [1000 hl]	196
Tafeltraubenexport [1000 dt]	8
Pro-Kopf-Verbrauch [l]	60,1

A. gilt als der fünftgrößte Weinproduzent der Welt. Gegenwärtig sind 0,14% der landwirtschaftlichen Nutzfläche mit Reben besetzt. Das entspricht etwa 3% der Weltweinbaufläche und 31% der auf der südlichen Halbkugel liegenden Rebflächen. Von dieser Fläche sind 84% mit Keltertrauben, 15,7% mit Tafeltrauben und 0,3% mit Trauben zur Rosinengewinnung bebaut. 45% der Keltertrauben werden für Roséwein, 31% für Rotwein, 23% für Weißwein und 1% für Sherry, Portwein u. a. verwendet (Tab.). Pro Kopf der Bevölkerung werden 0,72 hl Wein erzeugt, während der Pro-Kopf-Verbrauch je Jahr 1976–1980 über 88 l und 1985 bei 60,05 l lag. Der Export betrug 1985 mit 196000 hl 1,3% der Weinproduktion. Wichtige Exportländer sind UdSSR, Jugoslawien, BRD, Großbritannien, Belgien, Japan und die DDR, die z. B. Weine aus der Provinz Mendoza bezogen hat. Tafeltrauben und Rosinen werden nach Nordamerika und Europa exportiert.

Der Import von Wein ist mit 4000 hl (1984) verschwindend gering.

Die Weinwirtschaft steht an dritter Stelle der gesamten nationalen Wirtschaft. Ein Drittel der Ernte wird durch Weingroßerzeuger aufgekauft. Dreiviertel der Produktion werden über 1200 km nach Buenos Aires transportiert und dort verarbeitet. Inlandverbrauch und Export reichen nicht aus, die produzierte Weinmenge zu kompensieren. Deshalb versucht die Regierung, durch Gesetz die jährlich produzierte Weinmenge auf etwa 22 Mill. hl zu beschränken oder als eingedickten Traubensaft zu exportieren, aus dem in Japan Wein hergestellt werden soll.

A. nutzt die Weinrebe außer zur Weinherstellung und Tafeltraubenproduktion für Mistelle, Mostkonzentrate, Weintraubenkompott, Konfitüren, Früchtebrot, Weinstein, Weinsteinsäure, Essig, Speiseöl, Weinfarben, Aromen, physikalische Bodenverbesserer, Weinlaubkonserven und Preßspanplatten für die Möbelindustrie.

Die Weinproduktion ist in A. im wesentlichen auf Traubenerzeuger und Verarbeitungsbetriebe, Bodegas genannt, beschränkt, die z.T. gewaltige Ausmaße haben, aber meist sehr weit von den

Weinfeldern entfernt liegen. 1986 gab es 48626 Weinanbaubetriebe und 1832 Bodegas mit einer Lagerkapazität von 68 Mill. hl. Größter Betrieb dieser Art ist die Bodega Penãflor mit einer Lagerkapazität von 2 Mill. hl. Teilweise gibt es in diesen Betrieben Gärgefäße mit 1000–10000 hl Fassungsvermögen. Der größte Teil der produzierten Weine ist Konsumwein.

1955 wurde ein neues Weingesetz erlassen und gleichzeitig in Mendoza das Argentinische Weinbauinstitut mit 42 Außenstellen im gesamten Land gegründet. Es übt im Auftrag des Staates Kontroll- und Polizeifunktion aus, fördert Weinbau, -industrie und -handel und verfügt über 10 Laboratorien mit modernsten Einrichtungen und Methoden. Das Institut überwacht alle Etappen des Weinbauprozesses von der Rebsortenauswahl bis zum Transport und Weinkleinhandel. Die Exportprodukte werden einer strengen Kontrolle unterzogen. Außerdem betreibt das Institut eine ausgedehnte Forschung hinsichtlich des Weinbaus und der Weinherstellung.

Das Weinbaugebiet A. umfaßt die gesamte gemäßigte Zone. Vorherrschend ist ein trockenes Kontinentalklima mit geringem Niederschlag, großer Sonneneinstrahlung und fast völlig fehlenden Winden. Die Trockenheit wirkt sich vorteilhaft auf die Gesundheit der Weinstöcke aus, während die starken Temperaturschwankungen eine gute Reife bewirken. Die Böden reichen von sandig bis tonig, sind aber größtenteils leicht und tief. Aufgrund der knappen Niederschläge verwendet man mittels eines Bewässerungssystems das Schmelzwasser der Anden zur Versorgung der Weinpflanzungen. Außerdem sind etwa 30000 gebohrte Tiefbrunnen in Betrieb. Als Anbauformen gibt es hohe (10%) und niedrige (39%) Spaliere, das Pergolasystem Parral Cuyano (50%) und unterschiedliche andere (1%).

Der Weinbau existiert in bedeutender Form in den Provinzen Mendoza, San Juan, Rio Negro, Neuquen. La Rioja, Salta, Jujuy und Catamarca. Diese Provinzen umfassen 99,21% des gesamten Weinbaus. *Mendoza* war vor reichlich einem Jahrhundert noch Wüste und ist heute mit 208075 ha Rebfläche (70,6%) und 27390 Weingütern das bedeutendste Anbaugebiet des Landes. Der Weinbau befindet sich am Osthang der Anden auf einer Höhe von 600–1300 m über dem Meeresspiegel. Von hier kommen auch Tafeltrauben, Rosinen und Mostkonzentrate. So exportiert Mendoza 56% des Rot- und 15% des Weißwein-Mostkonzentrates. An den Ausläufern des Maipu-Berges wächst Südamerikas bester Wein.

San Juan ist mit 60215 ha Rebfläche (20,4%) und 11508 Weingütern die zweitgrößte Weinbauprovinz. Hier sind Rekordernten bis zu 700 dt/ha möglich. Es herrschen weiße Trauben mit 41% neben den roten (9%) und Rosé- sowie Tafeltrauben (45%) vor. Die Erzeugung von Weinmosten für Konzentrate hat in San Juan große Bedeutung. Gleichzeitig reifen in diesem Klima sehr gute Likörweine, die der Grundstoff für Mistelle, Wermutwein und Süßmost sind.

Rio Negro und *Neuquen* mit zusammen 10007 ha Rebfläche und 2312 Weingütern stehen an dritter Stelle; sie sind die südlichsten Anbaugebiete des Landes. Die Weine sind rassiger und eleganter als die der nördlichen Anbaugebiete. Es gibt Tafel- und Qualitätsweine erstaunlicher Güte.

La Rioja ist mit 8941 ha (3,03%) und 4509 Weingärten eines der ältesten Anbaugebiete. Geringe Wasservorkommen beschränken hier die Produktion.

Salta, Jujuy und *Catamarca* im Nordwesten des Landes umfassen 5303 ha (1,8%) und 2914 Weingüter. Die Weinzone Saltas liegt in den Calchaquitälern und erzeugt vor allem Weißweine mit delikatem Aroma. Das im Süden Jujuys liegende Weinbaugebiet ist Erzeuger der frühesten Tafeltrauben für den Frischkonsum.

Catamarca hat zwei Weinbaugebiete: El Valle (das Tal) und den Westen der Provinz. Das Tal mit seinen hohen Sommertemperaturen produziert Erstlingstafeltrauben und Ausgangsweine für berühmte Branntweine. Im Westen werden sehr gute Regionalweine und Rosinen erzeugt.

In A. werden Rotweine (vino tinto), Roséweine (Rosados), Schillerweine (vino clarete), Likörweine, Wermutwein und Schaumwein produziert. Die Rotweine sind meist besser als die Weiß- und Roséweine. Sie zeichnen sich durch Milde und Geschmeidigkeit aus. Insgesamt haben die Weine ein arteigenes Bukett und Aroma. Sie wirken frisch und fruchtig; ihr Alkoholgehalt liegt bei etwa 12–14%. Aufgrund des Klimas sind sie voller Extrakt aber säurearm. Etwa 95% der Weine sind Tischweine auf hohem Niveau. Resultierend aus den langen Transportwegen und der gemeinsamen Lagerung in großen Gebinden sind es vorwiegend egalisierte Konsumweine, d. h. die Geschmacksnuancen der einzelnen Teilmengen werden nivelliert. Bei ihrer Herstellung ist eine Mischung weißer und blauer Trauben durchaus üblich, so z. B. beim Criollo, der etwa 60% Anteil an der Gesamtproduktion hat. Seit 1960 wird in Mendoza auch Schaumwein guter Qualität hergestellt.

Im Gegensatz zur europäischen Weinherstellung werden auch die weißen Trauben auf der Maische vergoren. In jüngerer Zeit steigt der Anteil an Finos (Qualitätsweine). Im Unterschied zu den Tafelweinen werden sie vor Ort auf Flaschen gefüllt und zeigen dadurch ihren regionalen Charakter. Das Nationale Weinbauinstitut läßt nur 5% der Produktion als Finos zu. Eine Zuckerung der Moste oder Weine ist verboten, während der Verschnitt verschiedener Jahrgänge erlaubt ist. Am meisten wird die Rebsorte ↑ 'Malbec' zur Herstellung von Qualitäts- und Tischrotweinen verwendet, die in A. Weine bester Qualität hervorbringt. Weiterhin sind 'Cabernet', ↑ 'Cabernet Sauvignon', ↑ 'Cabernet Franc', ↑ 'Pinot Noir' und ↑ 'Barbera' zu erwähnen. Bei den Weißweinen gehobener Qualität spielen besonders ↑ 'Weißer Riesling', ↑ 'Sauvignon Blanc', ↑ 'Semillon Blanc' und ↑ 'Chenin Blanc' eine große Rolle. Das trifft auch für die Likörweine zu. In La Rioja entstehen ausgesprochene Regionalweine. Es sind dies vorwiegend süße Weißweine mit wenig Säure, aber starkem

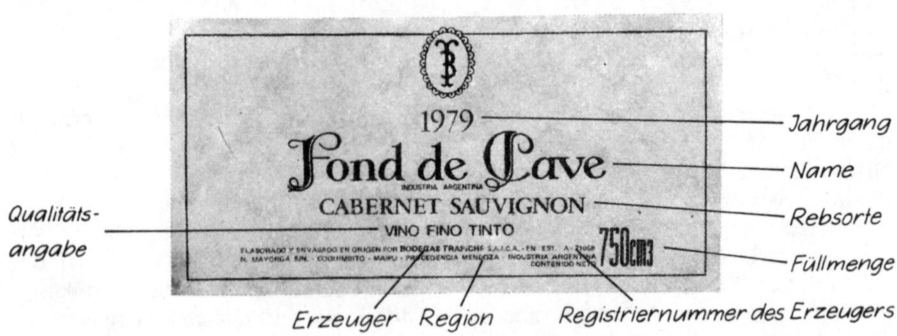

Argentinisches Flaschenetikett

Aroma und hohem Alkoholgehalt. Ebenso erzeugt Salta Qualitäts- und Regionalweine, vor allem weiße, die sich durch ihre Blume und ihr delikates Aroma auszeichnen.
Der Cabernet ist ein sehr gerbstoffreicher Wein, während der Sauvignon trocken, kräftig, körperreich, fruchtig und ausdrucksvoll erscheint. Die Rieslinge geraten trockener und stärker, aber es fehlt ihnen die Eleganz ihrer nördlichen europäischen Verwandten. Bei den Inlandkonsumenten wächst die Vorliebe für Weißweine. Vorzugsweise werden Flaschenabfüllungen bis zu einem Liter gehandelt. Ausnahmen machen Rio Negro und La Pampa, wo vorwiegend Korbflaschen von 5–10 l Inhalt gekauft werden.
Da der Wein in A. ein Volksgetränk ist, achten die Verbraucher im allgemeinen nicht besonders auf Qualität. Abb. (4)

Armagnac: französischer Branntwein aus dem gleichnamigen Weinanbaugebiet mit seinen drei Bereichen Bas-Armagnac, Ténaréze und Haut-Armagnac. Er wird im Gegensatz zum ↑ Cognac nur einmal gebrannt. Die Jahresproduktion mit etwa 20 Mill. Flaschen (40 Vol.-%) wird nur aus abgezogenen Weinen weißer Rebsorten gewonnen und auch in Eichenfässern gelagert. Die Altersangaben auf dem Etikett werden wie beim Cognac gehandhabt. Wenn ein Jahrgang angegeben wird, kommt der gebrannte Wein nur aus diesem Jahrgang. (3)

Aroma: 1. Gemisch flüchtiger Substanzen, die dem Wein seinen unverwechselbaren Charakter verleihen.
2. typische Geruchsempfindung beim Riechvorgang und beim Trinken des Weins, da über den Rachenraum die Bukettstoffe in die Nase gelangen und den bestimmten Geruchseindruck hervorrufen. Das A. hat also auch eine geschmackliche Komponente. ↑ Bukett (2)

aromatisch: ein Wein mit großer Fülle von Duft- und Geschmackstoffen. (3)

aromatisierter Wein: ein ↑ weinhaltiges Getränk, bei dem im Unterschied zum ↑ Kräuterwein die eingesetzten Rohstoffe, wie Fruchtsäfte, Pflanzenextrakte, Aromastoffe, Honig u. a., insgesamt geschmackbestimmend sind. Der Weinanteil muß mindestens 70% betragen. (3)

arrope ↑ Dicksaft

Art: Bezeichnung für einen Wein, der für ein Anbaugebiet und die entsprechende Sorte typische Eigenschaften zeigt (A. hat), wobei *artig* darüber hinaus einen gefälligen Wein seines Typs bezeichnet. (3)

assemblage [franz.]: Bezeichnung für das Mischen von Weinen, bei dem der ↑ Verschnitt besser als jeder Teil seiner Komponenten ist. (3)

asztali bor [ung.]: Bezeichnung für Tafel- bzw. Tischwein unterster Qualitätsstufe. Er hat einen Alkoholgehalt von 8–11 Vol.-% und Mindestmostgewichte von 64°Oe. A.b. kann auch in Literflaschen verkauft werden. Ganz einfacher Wein wird als kimért bor bezeichnet. (3)

aszú ↑ Ausbruch

Äthiopien. Der Weinbau in Ä. ist einige hundert Jahre alt; Missionare und Händler brachten die Rebe ins Land. Eine gewisse Bedeutung erlangte der Weinbau aber erst um die Jahrhundertwende, als italienische und griechische Farmer die ersten Weinfelder anlegten. 1979 wurde ein staatliches Förderungsprogramm zur Ausdehnung des Weinbaus auf 500 ha beschlossen, das entspricht 0,85% der landwirtschaftlichen Nutzfläche. 1984 betrug die Rebfläche etwa 200 ha. Sie wird von sechs Staatsbetrieben bewirtschaftet, die von der Horticultural Development Cooperation in Addis Abeba betreut werden. Export und Import erfolgen durch die Staatskellerei Awash Wineries in Addis Abeba.
Die Weinanbaugebiete sind Guder, Du-

kam, Zwai (größtes Weinbaugebiet), Niwa Era/Muti Jegu und Abadir. Der Anbau erfolgt in Höhen bis 2000 m (Guder). Aufgrund des günstigen Klimas (man spricht von 13 Monaten Sonnenschein) und mit Zusatzbewässerung lassen sich bei Tafeltrauben mehrere Ernten im Jahr erzielen. Neben den alten Sorten 'Tekur' (italienische Rebsorte 'Sangiovese'), 'Nechul', 'Nech Debul Bul' u. a. werden Sorten aus Armenien, Italien und Sizilien wie ↑ 'Merlot', 'Grenache', 'Chenin Blanc', 'French Colombard' getestet. Bekannte äthiopische Weinsorten sind die Rotweine Amba, Gouder und Dukam, die Weißweine Soave Kemila, Awash Cristal und der Roséwein Abadir-Rosé.

Um den Inlandbedarf zu decken und z. T. auch Exportverpflichtungen zu erfüllen, werden Rosinen zur zusätzlichen Weinherstellung importiert. Sehr beliebt in Ä. ist *Tetsch,* ein Honigwein.

Mit moderner Kellertechnik und dem Bestreben nach qualitativ hochwertigen Weinen versucht man, verstärkt in das Exportgeschäft zu kommen. Abb. (7)

attestierter Winzer-Wy [ostschweiz.]: Zusatzetikett als Güteausweis für Weine, die von einer Kommission geprüft und verkostet wurden. (3)

Auerbachs Keller: Gaststätte in Leipzig, die durch Goethes Faustdichtung weltberühmt wurde. Sie wurde von dem aus Auerbach in der Oberpfalz stammenden Medizinprofessor und Rektor der Leipziger Universität, Dr. H. Stromer, als Auerbachs Hof 1530 in Nachfolge seines schon 1525 begründeten Weinschanks errichtet (↑ Zechjahrhundert der Deutschen). Über dem Weinkeller befand sich einer der damals großartigsten Handelshöfe. Nach verschiedenen Kaufherren und Adligen erwarb schließlich A. Mädler den Weinkeller, der kurz vor dem ersten Weltkrieg zusätzlich eine Großgaststätte und die Mädlerpassage erbauen ließ. Unter dem alten

Äthiopisches Flaschenetikett

Weinkeller befindet sich noch ein Raum, von dem behauptet wird, daß früher hier ein Geheimgang endete, den die Professoren der Universität benutzten.

Nach der Überlieferung wurde der junge Student Goethe 1765 durch zwei auf Holz gemalte und 1625 durch den damaligen Besitzer Dr. Vetzer angebrachte Bilder zur Historie des Dr. Faust (eines Zeitgenossen von H. Stromer) angeregt. Diese Bilder lokalisierten den Faßritt und das anschließende Zechgelage des Dr. Faust eindeutig auf den alten Weinkeller. Auch eigene Zechgelage nach dem Motto „Ohne Wein und ohne Weiber hol der Teufel unsere Leiber" (noch heute ist ein Schuldschein Goethes für 2 Flaschen Champagner in A. K. zu sehen) inspirierten Goethe, die bestimmte Szene in A. K. zu verlegen; es sollte die einzige genau bezeichnete Örtlichkeit der Dichtung bleiben.

Im Weinkeller ist auch der aus einem Lindenstamm geschnitzte Hängeleuchter mit Faustens Faßritt, hier in Begleitung wohlproportionierter Hexen, zu bewundern. Alte Gästebücher und im großen Restaurant die Gemälde von B. Best, v. Hofmann, Rentsch, H. Schulze und Mathieu Molitor sowie die beiden Bronzegruppen in der Mädlerpassage am Kellereingang, ebenfalls von Molitor, unterstreichen das historische Fluidum des alten Weinkellers, der 1980 restauriert wurde. (3)

Aufbessern ↑ Verbessern

Aufbewahren von Weintrauben Eine längere Lagerung (bis Januar/Februar) frischer Tafeltrauben ist im Kühl- oder Gefrierschrank, in Kühlhäusern oder in luftigen, trockenen, kühlen Räumen möglich. In jedem Fall läßt man die Trauben, solange sie nicht abfallen, faulen oder von Frost geschädigt werden können, am Rebstock. Zum A.v.W., z. B. auf Dachböden, werden gesunde Trauben ausgewählt und, ohne daß sie sich berühren, auf Stroh gelagert, auf Schnüren oder Latten aufgereiht (Abb.) oder mit einem abgeschnittenen Stück Rebholz einzeln in Salzwassergefäße gestellt. Sie halten sich auf diese Weise oft wochenlang. (3)

Aufspriten: verschiedene Verfahren des Zusatzes von höher konzentriertem Alkohol, ↑ Branntwein, auch Rohrzukkerbranntwein und Likören zu Wein und Most (auch noch nicht durchgegorenem). Das A. dient der Alkoholanreicherung der Weine über die möglichen, durch die Hefen entstandenen 15–18 Vol.-% hinaus und bzw. oder der Erhöhung der ↑ Restsüße (↑ Madeira, ↑ Malaga, ↑ Marsala, ↑ Portwein, ↑ Sherry, ↑ stummer Most). Gespritete Weine sind sehr haltbar und teilweise unsterblich. In einigen Ländern, so auch in der DDR, ist A. verboten. (3)

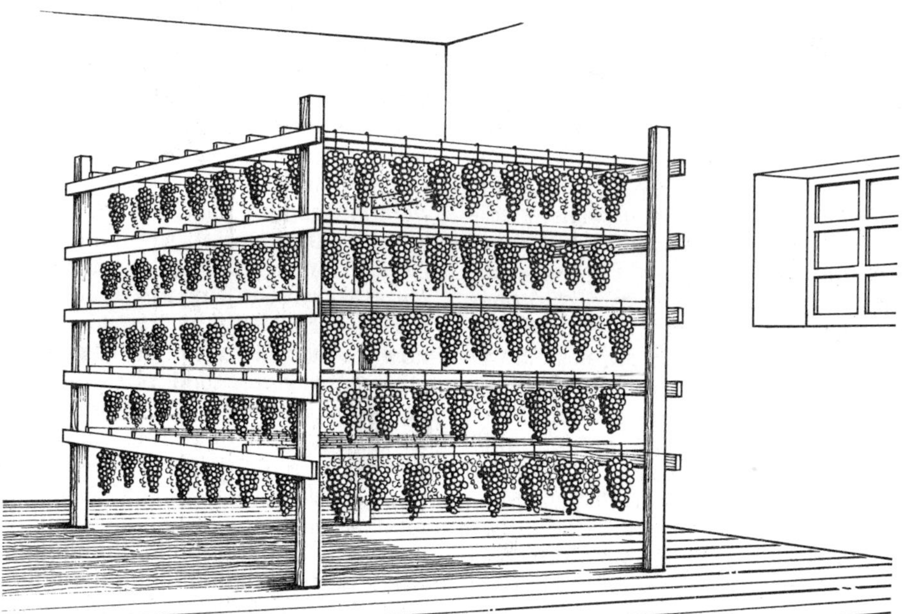

Aufbewahren von Weintrauben

Aufzuckern: Zusatz von Zucker vor der Gärung zum Most, um einen natürlichen Mangel an Traubenzucker auszugleichen und einen Mindestalkoholgehalt zu garantieren. ↑ Verbessern (2)

Ausbau: Prozeß der Reife ↑ junger Weine zwischen Abschluß der Hauptgärung und Beginn des ↑ Alterns. Beginnend mit der alkoholischen Gärung des Traubenmostes laufen z. T. noch ungeklärte physikalisch-chemische, biochemische und biologische Prozesse im Wein ab, die sich in verschiedenen voneinander abgrenzbaren Stadien – Geburt, Jugend, Reife, Alter, Tod – widerspiegeln.

Der A. beginnt im Faß und kann dort in drei bis sechs Monaten bei kleinen oder bei großen Weinen (z. B. Tokajer, Bordeaux) erst in fünf und mehr Jahren abgeschlossen sein. Er setzt sich in der Flasche fort und kann sich bei Weinen höchster Güte über Jahrzehnte erstrecken. Während des A. laufen selbsttätige Vorgänge ab, wie Absetzen von Trübresten als ↑ Depot, Ausscheiden von ↑ Weinstein, Abbau von Säuren, teilweise erneute leichte Gärprozesse im Frühjahr und Herbst. Bei oxidativem A. finden weitere biochemische Prozesse statt (manchmal unterstützt durch Oberflächenhefen), die unter anderem auch zu neuen Aromaten führen. Die meisten Weine baut man aber reduktiv, d. h. möglichst ohne Sauerstoffzutritt, und durch Arbeitsgänge wie Abstich, Schwefeln, Schönen, Filtrieren, Stabilisieren u. a. aus. Der gleiche Wein nach verschiedenen Verfahren ausgebaut, erhält unterschiedliche Eigenschaften auch in bezug auf seine ↑ Lagerfähigkeit. Aber auch Wein der gleichen Rebsorte baut bei gleichem Verfahren unterschiedlich nach Lage, Jahrgang (Witterungsverlauf), Leseart und Steuerung des Gärprozesses aus. Mit dem A. entwickelt der Wein generell einen immer ausgeprägteren und differenzierteren Geschmack. Seine Farbe wird kräftiger, das Bukett intensiver und für den jeweiligen Wein typischer und verfeinerter. Sensorisch wird ein junger Wein leichter, beschwingter und frischer, ein alter harmonisch abgerundeter und voller empfunden. Das Bukett junger Weine ist fruchtig, wie bei Pflaume, Granatapfel, Johannisbeere, Stachelbeere, Pfirsich, Himbeere, Erdbeere, Quitte, Banane, Kirsche und Feige. Ein zwei- bis fünfjähriger Wein nimmt mehr das Bukett von Blumen an, ein fünf- bis dreißigjähriger duftet oft nach Mandeln, Nüssen, Vanille, Honig, Karamel u. ä. Ein über 30jähriger verbreitet ein Bukett von Trüffeln und Pilzen, das allerdings später auch bei Spitzenweinen schwindet. Damit stimmt die Aussage, je älter ein Wein, desto besser ist er, nur sehr bedingt. Entscheidend bleibt der erzielte Reifegrad: Rote Weine bauen länger aus als weiße, Spitzenweine wiederum generell länger als weniger gute. Während der eine Wein noch viele Jahre zum A. benötigt, ist ein anderer schon nach zwei Jahren ruiniert.

Heute werden sehr gern auch kurzlebige, frische, leichte und spritzige Weine getrunken. Die meisten Weine werden nach ein bis zwei Jahren getrunken. Die leichten Weißweine der DDR und auch die meisten landläufigen der BRD, ČSSR, Ungarns und Österreichs haben ihren Höhepunkt nach dem zweiten Herbst erreicht, munden aber auch davor und noch danach. Einige Weine, auch Spitzengewächse, sind als junge Weine nicht mit Genuß trinkbar. Dazu gehören viele Sorten des roten Bordeaux, deren hoher Gerbsäuregehalt erst mit den Jahren abgebaut wird. Von den genannten Merkmalen hängt dann auch das Altern der Weine ab, wobei der A. und das Altern ebenfalls durch die Art der ↑ Lagerung der Weine mitbestimmt werden. (3)

Ausbeeren ↑ Ziselieren

Ausbrechen: Entfernen der nicht benötigten, überzähligen Triebe aus Beiaugen und der unfruchtbaren Triebe auf der Trag- oder Bogrebe. ↑ Rebstock (3)

Ausbruch, *aszú* [ung.]: eine Trockenbeerenauslese von nur edelfaulen, überreifen und eingeschrumpften Beeren. Dem A. kann Most oder auch Wein derselben Rebsorten zur besseren Auslaugung des Zuckers und der Extraktstoffe zugesetzt werden. In Österreich ebenso wie in Ungarn ist A. eine Prädikatsweinstufe, für die in Österreich 138 °Oe notwendig sind. A.weine sind Weine allerhöchster Güte, die viele Jahre für ihren ↑ Ausbau benötigen und auch fast unbegrenzt haltbar sind (z. B. der ↑ Tokaji Aszú). Sie werden wie die Likörweine aus kleinen Gläsern getrunken. (3)

ausgebaut: Bezeichnung für einen voll entwickelten Wein auf dem Höhepunkt seines Reifeprozesses; danach beginnt das Altern des Weins. (3)

ausgegoren ↑ durchgegorener Wein

Ausgeizen ↑ Laubarbeiten

Aushängeschilder ↑ Ausstecken

Auslauben: Entfernen allzu üppigen Blattwerkes im Juli/August. ↑ Arbeiten im Weinberg (3)

Ausleger ↑ Ausstecken

Auslese: eine Spätlese, bei der vollreife, makellose, meist schon edelfaule Trauben unter Aussonderung nicht vollreifer, fehlerhafter und kranker Beeren gewonnen werden. Das Mindestmostgewicht muß je nach Anbaugebiet und Rebsorte z. B. in der BRD zwischen 83 und 105 °Oe aufweisen (Rheingau-Riesling 95 °Oe). Der edelreife Geschmack ist gegenüber der Spätlese schon deutlich spürbar, ebenso die Restsüße. A.weine besitzen ein umfangreiches Bukett und sind für besondere Anlässe geeignet. Sie benötigen für ihren Ausbau Jahre und sind auch meist über zehn Jahre haltbar. In der BRD und Österreich werden sie als gehobene offizielle Qualitätsweine eingestuft. (3)

Auslesezüchtung, *Selektion:* Auslese wertvoller Mutterstöcke aus dem Bestand und deren kontrollierte Vermehrung. Die Selektion der klassischen Rebsorten hat zu besseren Ergebnissen geführt als die Kreuzungszüchtung. ↑ Züchtung von Reben (3)

Ausone: 1. *Ausonius*, gallisch-romanischer Dichter und Konsul (309–393 u. Z.), der auf seinen Weinberg im Bordelais (Lupiac) stolzer war, als auf seine literarischen Werke. In einem 367 entstandenen Gedicht Mosella schildert er eine Rhein-Mosel-Reise von Bingen nach Trier und damit ohne Zweifel das erste Mal den Weinbau auf deutschem Boden.

„... Blicke nun auf zur Schönheit der rebenbestandenen Hänge/ und erfreue dein Herz am Geschmack des fröhlichen Bacchus!/ ... Und mir kommt die Garonne in den Sinn, wo mein eigener Weinberg/ grün sich spiegelt im hellen Schimmer der munteren Wasser.“

2. Spitzenrotwein (Premier Cru) der Welt aus Bordeaux. (3)

Ausschank: im weiteren Sinne gewerbliches Bereitstellen des Weins aus dem Faß oder der Flasche zum Trinken. In der traditionellen ↑ Weinschenke wird Wein heute noch direkt vor den Augen der Trinkenden aus dem Faß in eine Weinkanne oder das Glas gezapft. In manchen Weinbaugebieten, z. B. in Ungarn oder der ČSSR, schenken die Winzer noch direkt in den Weinkellern ihrer Weinberge aus. Im Restaurant wird heute eigentlich nur am Tisch aus der Flasche ausgeschenkt oder an der Theke in das Schoppenglas. ↑ Ausschankrechte, ↑ Ausstecken (3)

Ausschankkonservator: Verschluß für geöffnete Wein- und Schaumweinflaschen, der den Zutritt von Luft und das Entweichen von Kohlendioxid sowie Duftstoffen aus der Flasche verhindert

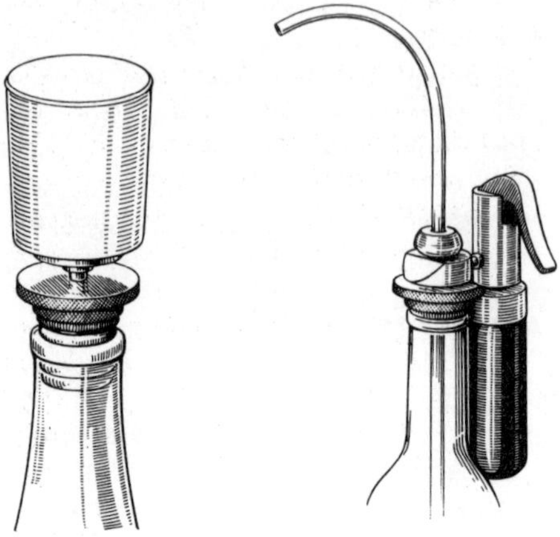

Ausschankkonservator für Sekt *(links)* und Wein *(rechts)*

und den Inhalt vor Oxidation schützt (Abb.). (3)

Ausschankrecht, *Schankrecht, Schankgerechtsame:* ursprüngliches Recht der Weinbauern, ihren selbsterzeugten Wein auch ohne Abgaben auszuschenken. Dieses Recht blieb in verschiedenen Landstrichen den Winzern erhalten, auch nachdem sich eine Vielzahl von ↑ Weinschenken auftaten, die ihren Wein nicht selbst erzeugten, aber A. erhielten. A. besorgten sich auch die Feudal- und Kirchenherren.

Zunehmend griff das aufsteigende Bürgertum der Städte nach dem A. So besaß z. B. Lucas Cranach, der reiche Maler und Bürgermeister von Wittenberg, das A. Es war meist mit bestimmten Vorschriften verbunden, z. B. der Beschränkung des Ausschanks auf bestimmte Tage, abendliche Schließungszeiten, Ausschankverbote an Sonn- und Feiertagen, während der kirchlichen Messen und Predigten, Verwendung nur behördlich geeichter Trinkgefäße.

Das A., die *Konzession,* wurde den Gastwirten nur erteilt, wenn sie den Wirtseid geleistet hatten, der die Kenntnis aller betreffenden Verordnungen voraussetzte. Im Lauf der Zeit erteilten dann die entsprechenden Einrichtungen der feudalen bzw. bürgerlichen Staaten die entsprechenden Konzessionen und erließen eine Flut von Gesetzen, die in vielerlei Hinsicht mit dem Ausschank von Wein verbunden waren, aber kaum noch etwas mit dem ursprünglichen A. zu tun hatten. (3)

Ausstecken: eine alte Sitte, nach der ein Weinbauer, der das ↑ Ausschankrecht besitzt, an seinem Haus oder Weinkeller, sofern Wein vorhanden ist, ein Zeichen aussteckt (Abb.). Bereits im 1. Jh. v. u. Z. zeigten mit grünem Laubwerk umwundene Stangen in Rom den Weinausschank an. Meister Eckhart schrieb um 1300: „Der taverner stözet uz einen reif zu einem Zeichen, wenn er win verkoufen wil.“ Karl der Große begründete die ↑ Straußwirtschaften. Jeder Wirt mußte zum Zeichen des Ausschanks eigener Weine sichtbar einen Strauß oder Kranz aushängen. Als Zeichen des Ausschanks haben sich bis heute erhalten Reif, Kanne, Kranz, Ast, Zweig, Buschen (Magerbuschen, Brunnerbuschen in Bozen), Mey und Schouff (altdeutsch), buntfarbige Papierfahnen, der Stuhl vor der Tür, das Stroh- oder Heubund an einer Stange der ungarischen Csárda bzw. im alten Rußland ein Eimer, in Spanien ein Besen oder weißer Lappen an der Posada. Ein weißes oder rotes Band zeigt an, ob es sich um Weiß- oder Rotwein handelt. Strohbündel weisen mancherort auf einen Einjährigen und grüne Zweige auf einen ↑ Heurigen hin. Auch Schilder (Tafeln), teilweise mit dem Namen und dem Preis der Weinsorte, werden beim Anzapfen neuer Fässer ausgehängt oder Name und Preis stehen auf den Papierfahnen, die oft vor jedem Weinkeller in den Weinbergen hängen. Der grüne Kranz, der Krug, die Kanne oder Flasche, Schoppenglas und Faß,

Rebstock und Traube, kunstvoll als Aushänger gestaltet (geschmiedet) und oft vergoldet, sind nicht nur zum Wahrzeichen vieler ↑ Weinschenken geworden, sondern haben ihnen auch oft den Namen gegeben. Vom A. her stammt auch die Redewendung: Guter Wein bedarf keines Kranzes. (3)

Austernsekt: Bezeichnung für einen qualitativ hochwertigen Schaumwein, der besonders auch zu Austern gereicht werden kann. (3)

Australien. Die ersten weißen Siedler, die nach A. kamen, brachten auch die Weinrebe mit. Der erste Gouverneur dieser englischen Kolonie, Arthur Phillip, legte 1788 den ersten Weinberg in der Nähe von Sidney an. Einen bedeutenden Anteil am Weinbau in A. hat auch der Schweizer Hubert de Castella,

Ausstecken; Wirtshausschild in Szentendre (Ungarn)

der 1848 mit 20000 Pflanzreben einwanderte.

Die gesamte Anbaufläche in A. umfaßte 1985 64000 ha, das sind 1,14% der landwirtschaftlichen Nutzfläche und 0,66% der Weltweinbaufläche, von denen 8,869 Mill. dt Trauben geerntet wurden. Von dieser Menge entfielen 63% auf Keltertrauben, 3,8% auf Tafeltrauben und 33% auf Trauben für die Rosinenproduktion. Wein wurden 4,026 Mill. hl gekeltert, wovon nur 90000 hl exportiert wurden. Importiert wurden 131000 hl. Der Inlandverbrauch entspricht einem Konsum von 20,5 l/Kopf der Bevölkerung. A. produzierte 751000 dt Rosinen, von denen 530000 dt, also 71%, exportiert wurden. Dagegen wurden von der Tafeltraubenproduktion mit 57000 dt nur 17% exportiert.

Da es in A. im Durchschnitt sehr trokken ist, konzentriert sich der Weinbau auf die Gebiete zwischen 32 und 38° südlicher Breite. In Südostaustralien liegen 80% der Rebfläche, und zwar in den Staaten Viktoria, Neusüdwales und Südaustralien. An der Ostküste liegen kleinere Weinbaugebiete in Queensland und an der Südküste in Westaustralien.

Das wohl bekannteste Weinbaugebiet von A. liegt im Barossa-Valley. Es wurde etwa ab 1850 von deutschen Einwanderern besiedelt. Neben trockenen Rot- und Weißweinen werden hier auch Likörweine und „Portwein“ erzeugt. In der Südregion werden ↑ 'Cabernet Sauvignon' und 'Shiraz' angebaut, aus denen trockene Rotweine gekeltert werden. Bei Mildura im Staat Viktoria werden von intensiv bewässerten Flächen vorwiegend Trauben für die Schaumweinproduktion geerntet. Das älteste Weinbaugebiet in A. liegt in Neusüdwales. In dem feuchten und kühlen Klima werden qualitativ hochwertige Rot- und Weißweine erzeugt. In Westaustralien werden zwar seit über

hundert Jahren Reben kultiviert, aber erst in letzter Zeit größere Plantagen angelegt. Aus 'Cabernet Sauvignon', ↑ 'Malbec' und 'Shiraz' werden hier alkohol- und extraktreiche Rotweine und aus ↑ 'Semillon Blanc' und ↑ 'Verdelho' kräftige Weißweine gekeltert. In vielen Jahren wird fast die Hälfte der Ernte verspritet.
Die Bezeichnungen der australischen Weine sind den europäischen angelehnt. Man findet hier ↑ Sherry, ↑ Madeira, ↑ Claret, Moselle und Burgundy. Aus dem ↑ 'Weißen Riesling' werden unter der Bezeichnung Hock sich rasch entwickelnde gute Konsumweine erzeugt, die schnell verbraucht werden müssen.
Weine der besseren Qualitäten werden auch nach den Rebsorten genannt und mit Herkunftsgebiet und Jahrgang ausgezeichnet. (1)

Autrichien ↑ 'Blauer Portugieser'

Auvergnas Gris: in Frankreich Bezeichnung für ↑ 'Ruländer'. (3)

Auxerrois: dem ↑ 'Weißen Burgunder' ähnliche Keltertraube, die wahrscheinlich aus Frankreich stammt, wo sie noch verbreitet ist. Die Lesereife liegt mit und nach ↑ 'Silvaner' vor 'Weißer Burgunder'. Trauben, Beeren, Lage- und Bodenansprüche sind diesem ähnlich. Infolge zu geringer Erträge (60 hl/ha) ist der Anbau rückläufig. A. ist anfällig für Maifröste, die dünnschaligen Beeren für Fäulnis. Der Wein ist körperreich mit duftigem Bukett. Das Mostgewicht liegt bei 75–90 °Oe, der Säuregehalt ist gering (7–8 g/l). (6)

Azidität ↑ Säuregrad

B

bA: Abk. für **b**estimmte **A**nbaugebiete. (3)

Bacchanal: römisches Kultfest zu Ehren des Weingottes ↑ Bacchus. Ursprünglich war das ausgelassene, erotisch ungebundene Kultfest nur für Frauen zugelassen. Mit Beginn des 2. Jh. v. u. Z. feierten in Italien die ärmeren Schichten und in deren Gefolge auch Sklaven im Geheimen das Bacchusfest. Ähnlich wie bei den griechischen ↑ Dionysien suchten sie in der Ekstase des Mysteriums ihre Sehnsucht auf ein besseres Leben nach dem Tod und damit ihr diesseitiges Seelenheil zu befriedigen. Vor allem aus Furcht vor staatsgefährdenden Verschwörungen versuchte der römische Senat, wie in einem original im vollen Wortlaut (Bronzetafel in Wien) erhaltenen Beschluß (Senatus Consultus de Bacchanalilus) von 186 v. u. Z. zu lesen ist, das B. zu verbieten und verfolgte die Feiernden. Es wurden strengere Regelungen eingeführt, nach denen sich die Teilnehmer an den B. bei den Behörden des Senats melden mußten. B. wurden später zum Synonym für Gelage mit unmäßigem Weingenuß, die meist in Orgien ausarteten. (3)

Bacchant: Teilnehmer an einem ↑ Bacchanal; heute Bezeichnung für einen Trinkbruder und trunkenen, ausgelassenen Schwärmer. (3)

Bacchantinnen: Frauen aus dem Gefolge des ↑ Dionysos (röm. Bacchus), die ihn verehrten und ihm huldigten. (3)

bacchantisch: Bezeichnung für ausgelassen, ausschweifend, rasend, trunken. (3)

Bacchus: 1. lateinischer Name des griechischen Gottes ↑ Dionysos.
2. neuere Rebsorte ('Silvaner' × 'Riesling') × 'Müller-Thurgau' der BRD mit

dezenter Muskatnote und sehr hohen, sicheren Erträgen. Sie verlangt tiefgründigen, nährstoffhaltigen frischen Boden. Die erzielbaren Mostgewichte betragen 70–80 °Oe, die mittleren Säuregehalte 8–9 g/l. B. ergibt extraktreiche, fruchtige und harmonische Weine. (3)

Bacchuskult ↑ Bacchanal

Bacharach: berühmte Weinlage am Mittelrhein, von der schon im Mittelalter beste Weine kamen. Heute steht B. für die südlichsten Bereiche des Anbaugebietes Mittelrhein. (3)

Badener ↑ 'Blauer Portugieser'

bag in box [engl.] ↑ Kartonagenverpackung

Balg: Schale der Weinbeere, die bei blauen Rebsorten die Farbstoffe enthält. Der B. ist bei den einzelnen Rebsorten unterschiedlich dick und mit einer hauchdünnen Wachsschicht überzogen (bereift). (3)

Balthasar: in der Champagne eine 12,8-l-Flasche. (3)

Barbaresco: italienischer rubin- bis granatroter DOCG-Spitzenrotwein aus der Rebsorte ↑ 'Nebbiolo' und ihren örtlichen Spielarten im Piemont mit 12,5–14 Vol.-% Alkohol, 5,5–7,5 g/l Gesamtsäure sowie ähnlichem Charakter wie der ↑ Barolo. Die vorgeschriebene Lagerzeit beträgt mindestens zwei Jahre und davon eines in Eichen- oder Kastanienholzfässern. Der B. baut bis zu zehn Jahren aus. Vor dem Trinken sollte die Flasche mehrere Stunden geöffnet bzw. dekantiert werden. (3)

Barbera: blaue Kelterrebsorte, die besonders in Norditalien (Piemont) verbreitet ist, aber auch in Argentinien und den USA (Kalifornien) angebaut wird. Die Weine sind sehr unterschiedlich in der Güte und können trocken sowie mit hoher Restsüße, extraktarm aber auch kräftig sein. In der Jugend sind sie säurereich und verfeinern ihren Geschmack mit der Reife bis zur Güte von Spitzenweinen. (3)

Barolo: italienischer robuster rubin- bis granatroter DOCG-Spitzenwein aus der Rebsorte ↑ 'Nebbiolo' und ihren örtlichen Spielarten im Piemont mit 13–15,5 Vol.-% Alkohol und 5,5–8 g/l Gesamtsäure. B. hat einen trockenen, vollmundigen, samtartigen Charakter und ein Veilchen-, Mandel- oder Rosenbukett, wobei eine tabak- bzw. lakritz- oder bitumenartige Geruchsmischung nicht selten ist. 33–45 hl/ha werden von etwa 1300 Winzern auf rund 1200 ha erzeugt. Die vorgeschriebene Lagerzeit beträgt mindestens drei und für DOCG-riserva mindestens fünf Jahre, davon zwei in Eichen- bzw. Kastanienholzfässern. Manche B. lagern bis zu zehn Jahre, wie der Monfortino von Conterno, um überhaupt, dann allerdings hervorragend, zu munden. B. hält sich bis zu 40 Jahren. Er wird auch in Italien als König der Weine gepriesen. In schwächeren Jahrgängen gerät er aber leicht aus dem geschmacklichen Gleichgewicht. B. ist mehrere Stunden vor dem Trinken zu öffnen bzw. zu dekantieren (Vorsicht damit bei sehr altem B.!). (3)

barrique [franz.]: Weinfaß mit etwa 200 l Rauminhalt; ↑ Faß, ↑ Holzgeschmack (3)

Baudelaire, *Charles:* französischer Dichter (1821–1867); er schrieb in „Die künstlichen Paradiese" über den Wein als Rauschmittel. Er grenzte ihn von Haschisch und Opium ab, indem er neben den „niederschmetternden Wonnen und ... entnervenden Bezauberungen" auch die tiefe(n) Freude(n) des Weines ..., diese zweite Jugend, die der Mensch aus ihm schöpft, ... die mächtige Wiederbelebungskraft ... (und) intime Rolle im Leben der Menschheit" pries. (3)

Baumerziehung [franz. en hautins]: das Hochziehen der Reben an Bäumen. Bis in das 19. Jh. war B. noch weit verbreitet; genutzt wurden Ulmen, Pappeln, Eschen, Ahorn, Pflaumen-, Birnen-, Apfel-, Feigen-, Nuß-, Maulbeer- und Olivenbäume. Besonders in der Toscana war über Jahrhunderte die Mischkultur (coltura mista) als intensive dreistökkige Bodennutzung (Ölbau, Wein und Weizen sowie andere einjährige Fruchtarten) im Gebrauch. Das Sprichwort: „Wer trinkt, ißt nicht" deutet darauf hin, daß bei einseitiger Förderung einer Fruchtart andere dementsprechend im Ertrag zurückbleiben. Schon vor unserer Zeitrechnung und schließlich in der klassischen Zusammenfassung der antiken Lehren durch Petrus de ↑ Crescentiis im 4. Buch seiner Ruralium commodorum libri XII (1449 deutsche Übersetzung) wird die B. ausführlich behandelt. In Italien (Campanien, Eturien, Teilen der Po-Ebene) und Portugal wird heute noch in geringem Ausmaß die arbeitsaufwendige B. (enforcado) zur Produktion des ↑ Vinho verde betrieben. (3)

Alte Baumkelter

Baumkelter: altertümliches Gerät aus Holz zur Gewinnung des Preßsaftes aus den Weintrauben mit Hilfe eines hölzernen Hebelarmes (Abb.). Bereits die Griechen und Römer benutzten B. mit einem oft über 10 m langen Baumstamm oder Holzbalken. Meist wurde dieser Hebelarm noch mit Steinen oder Metallgewichten belastet. B. sind heute nur noch sehr selten in südosteuropäischen Ländern in Gebrauch. Sie wurden schon sehr früh durch die hölzerne *Spindelkelter,* bei der durch Herunterdrehen der Spindel der Druck auf das Preßgut ausgeübt wurde, abgelöst. Die Spindelkelter ist in ihrer hölzernen und auch besonders metallenen Ausführung speziell bei Kleinwinzern üblich, die ihre Reben selbst keltern. Aus der römischen Bezeichnung torcular für die B. leitet sich die volkstümliche Bezeichnung *Torkel* ab. ↑ Tafel 29 (3)

Beaujolais [franz.] ↑ Burgund

Becher: Urform der ↑ Trinkgefäße für den Wein. Vom B. leitet sich auch das Bechern als Synonym für zügiges Zechen in Gesellschaft ab. Obwohl heute Wein vor allem aus Gläsern getrunken wird, sind doch in verschiedenen Weinbaugebieten, besonders Südeuropas (u. a. Bulgarien, ČSSR, UdSSR), oft noch B. aus Steinzeug im alltäglichen Gebrauch. Farbe und Klarheit des Weins können in B. allerdings nicht beurteilt werden. (3)

Beere, *Weinbeere:* die Frucht des Weinstocks, d.h. der Rebe. Fleisch und Saft der B. sind fast ausnahmslos farblos, außer bei ↑ Färbertrauben. (3)

Beerenauslese: eine Spätlese, bei der im Gegensatz zur ↑ Auslese die einzelnen überreifen, edelfaulen Beeren und Trauben mit gänzlich edelfaulen Beeren scharf getrennt vom übrigen Erntegut gelesen werden. Das Mostgewicht muß je nach Anbaugebiet und Rebsorte z.B. in der BRD zwischen 101 und 125 und in Österreich 127 °Oe aufweisen (z. B. Rheingau Riesling 125 °Oe). B. haben einen hohen Gehalt natürlicher Restsüße und einen typischen Geschmack, der den der Rebsorte überlagert. Die Alkoholgehalte von B. sind meist geringer als bei anderen Weinen. Die Weine der B. sind selten, sehr teuer und Jahrzehnte lagerfähig, wobei sie schon für ihren ↑ Ausbau 15 bis 20 Jahre benötigen. In der BRD und Österreich verkörpern sie eine hohe offizielle Stufe von Qualitätsweinen. B. sind Weine für besondere Gelegenheiten. ↑ Trockenbeerenauslese (3)

Beerenwein ↑ Fruchtweine

Beerliwein [schweiz.]: Bezeichnung für Rotweine, die ohne die gerbstoffreichen Stiele gekeltert werden. (3)

Beheizung: das Entzünden von Feuern oder das Aufstellen von Heizöfchen in den Weinbergen, um die Vernichtung der Jahrestriebe durch Spätfröste im Frühjahr zu verhindern. ↑ Beregnung (3)

bekmes [georg.]: Traubenmostkonzentrat

Belüften: kellertechnische Maßnahme zum Beseitigen bzw. Reduzieren von ↑ Weinkrankheiten und ↑ Weinfehlern. Belüftet werden lind- oder zähgewordene Weine und solche, die böcksern. Zur technischen Realisierung werden die Weine von oben in den Behälter (Gebinde) gepumpt oder aus dem Gebinde über eine Brause in ein Auffanggefäß abgestochen. Wichtig ist beim B. nicht nur das Abtrennen der schädlichen Substanzen (Schleimstoffe, Böckserstoffe), sondern auch die anschließende verstärkte Aufnahme von Schwefeldioxid (SO_2) zur endgültigen Unterdrückung des Fehlers oder der Krankheit. (2)

Beregnung: künstliche Bewässerung
– zur Ertrags- und Qualitätssteigerung im Weinbau bei Niederschlagsmangel in sonst günstigen Lagen. Im Tokajer Weinanbaugebiet in Ungarn beispielsweise wird das Wasser in Speicher auf die Berghöhen gepumpt zum gesteuerten Beregnen bzw. Berieseln vieler Hektar Rebfläche. Neuere Steuerungssysteme gestatten mit Hilfe von Durchflußsensoren wahlweise über Automaten bzw. Funkfernsteuerung (bis 10 km) und direkten manuellen Eingriff eine dosierte B., auch mit Zusatz von Düngerstoffen. Anschlüsse an beliebig viele Feldsatelliten mit eigenen, zentral überwachten Steuerungssystemen und an Datenübertragungssysteme sind möglich.

Bewässerte Rebflächen brachten in Spanien 1971–1976 einen um 75% höheren Ertrag als unbewässerte. Zum Erhalt der Güte des Weins besteht aber genauso wie in Frankreich Bewässerungsverbot. In Rumänien stiegen die Erträge durch Bewässerungen um 14–50% und in der BRD um 20–35%.
– zur Bekämpfung der Frühjahrsfröste. Die beim Gefrieren des Rieselwassers frei werdende Wärme schützt den Rebstock. (3)

Bereich ↑ Weinbaugebiet

Bergwein: Bezeichnung für Weine aus Steillagen. In Österreich nach Rechtsvorschrift ein Wein aus Terassen- bzw. Steillagen mit einer Hangneigung über 26%. (3)

Besenwirtschaft ↑ Straußwirtschaft

bestockte Rebfläche: die gesamte, mit tragenden und nichttragenden Reben bepflanzte Fläche. (3)

Betontank, *Tank, Gebinde:* Behältnis vor allem zur Lagerung von Wein. Mit B. sind die räumlichen Gegebenheiten gut auszunutzen. Zur Vergärung sind B. wegen ihres meist großen Volumens (bis zu 2000 hl) und der geringen Wärmeleitfähigkeit nicht geeignet, da die entstehende Gärungswärme nur mit großem Aufwand zu entfernen ist. (2)

Bewässerung ↑ Beregnung

bianco [ital.]: weiß

Biegen: das Biegen und Anheften der langen Trag- oder Bogreben nach dem ↑ Rebschnitt, um den Austrieb aller Augen auszulösen. (3)

Biela Klevanjka ↑ 'Weißer Burgunder'

bijelo, belo [jugoslaw.]: weiß

biologisch-(dynamische) Wirtschaftsweise: in einigen Ländern propagierte Anbaumethode, nach der der Wein keine mineralische Düngung und in der Regel auch keinen agrochemischen Pflanzenschutz erhält. Nur organischer Dünger und biologischer Pflanzenschutz sollen zulässig sein und damit alle gesundheitsschädigenden Stoffe vom Wein fernhalten. Die b.W. soll in erster Linie der Sicherung und Erweiterung der Absatzmärkte dienen.

Auch der Weinanbau benötigt eine harmonische Zuführung aller Nährstoffe und die nährstoffhaltende Kraft (die Bodenfruchtbarkeit) des Bodens sowie den Schutz der Rebe vor Schädlingen und Krankheiten. Das kann aber nur durch ausgewogene mineralische und organische Düngung, Humuszufuhr und Pflanzenschutzmaßnahmen erreicht werden. (3)

biologischer Säureabbau ↑ Entsäuern

Biowein: Modebezeichnung für Weine, deren Anbau und kellertechnische Behandlung ohne den Einsatz chemischer Produkte betrieben wurde. ↑ biologisch-(dynamische) Wirtschaftsweise (3)

Birnenwein: beliebter ↑ Fruchtwein mit mindestens 5 Vol.-% Alkohol. Er ist kühl zu trinken und kann auch für ↑ Bowlen genutzt werden. (3)

Bischof: erhitzter Weißwein, der mit Zucker, Zitrone, Nelken und Zimt als ↑ Glühwein getrunken wird. (3)

biser [jugoslaw.]: Perlwein

Bitzeln: Kohlendioxidperlen des Weins als Zeichen nicht abgeschlossener Gärung. (3)

Bitzler ↑ Federweißer

bjalo vino [bulg.]: Weißwein

Black Hamburg ↑ 'Blauer Trollinger'

blanc, blanche [franz.]: weiß

Blanc de blanc: französischer ↑ Weißwein, der ausschließlich aus dem Most weißer Rebsorten hergestellt und besonders für ↑ Champagner eingesetzt wird. (3)

Blanc de noir [franz.]: ein weißer Champagner, der aus den blauen Rebsorten ↑ 'Pinot Noir' und ↑ 'Pinot Meunier', die hell gekeltert werden, hergestellt wird. (3)

blanco [span.]: weiß

Blauburgunder ↑ 'Blauer Spätburgunder'

Blauer Affentaler: alte, im württembergischen Anbau rückläufige, aussterbende Keltertraube, nicht verwandt mit ↑ 'Blauer Arbst' und keine Spielart von ↑ 'Blauer Spätburgunder'. Die mittelgroßen, länglichen, lockerbeerigen Trauben mit den rundlichen, rotblauschaligen Beeren reifen spät und ergeben einen durch Säure kernigen Tischwein. (6)

Blauer Aramon: vor allem in Südfrankreich verbreitete Tafel- und Keltertraube für leichtere Roséweine. Die starkwüchsigen Reben sind sehr ertragreich, da nicht nur die Haupttriebe, sondern auch Geiztriebe und Triebe aus Beiaugen fruchtbar sind. (6)

Blauer Arbst: alte, im Anbau aussterbende Keltertraube (Spielart von ↑ 'Blauer Spätburgunder'), die nur noch in Baden im Altanbau vorkommt. Die robuste Rebe wächst stark, die Traubenreife liegt spät, die Trauben ergeben einen milden Rotwein. (6)

Blauer Frühburgunder: robuste Tafeltraube, die kaum noch als Keltertraube angebaut wird und wahrscheinlich eine Mutation von ↑ 'Blauer Spätburgunder' ist, mit dessen Sortenmerkmalen, außer der Frühreife, sie weitgehend übereinstimmt. B. F. reift am Spalier bereits ab August. Die Trauben sind klein, rundlich, walzenförmig, dichtbeerig, die Beeren rundoval, dunkelblau, hell bereift, dickschalig, mäßig süß, ohne ausgeprägtes Aroma, wohlschmeckend. Der Rebstock wächst mittelstark und ist für Kurz- und Langschnitte geeignet. Er ist wenig anfällig für Krankheiten; das Holz ist frostwiderstandsfähig, weshalb die Sorte als Tafeltraube für Grenzlagen des Freilandanbaus Bedeutung hat. ↑ Tafel 2 (6)

Blauer Hängling: ehemals im Taubertal verbreitete blauschalige Keltertraube, heute rückläufig und im Aussterben begriffen. (6)

Blauer Limberger, *Blaufränkisch, Kekfrankos, Orna Frankovska:* Keltertraube nicht bekannten Ursprungs. Im 19. Jh. kam sie von Österreich in den deutschen Anbau, wo sie heute nur noch in Württemberg, stärker in Österreich, Ungarn und Jugoslawien, angebaut wird. Die Reife ist spät, kurz vor oder mit 'Blauer Spätburgunder'. Die mittelgroßen, geschulterten, lockerbeerigen Trauben haben mittelgroße, runde, dickschalige, schwarzblaue, hell bereifte, etwas süßherbe Beeren. Der Rebstock wächst stark, er ist für kurze und lange Schnitte und für geringe Lagen- und Bodenansprüche noch geeignet. Bei Weitraumerziehung bringt er Erträge von 70–80 hl/ha mit 70–80 °Oe und einem Säuregehalt um 7–8 g/l. Die Blüte ist anfällig für ↑ Verrieseln bei ungünstigem Blühwetter, sonst wenig anfällig bei ausreichender Winterfrosthärte bis −20 °C. Der dunkelrote, frische, etwas herb fruchtige, rassige, würzige, kernige bis feurige, nicht zu alkoholreiche Wein verträgt lange Lagerzeit. (6)

Blauer Portugieser, *Vöslauer, Badener, Oporto, Autrichien:* alte Kelter- und Tafeltraube ungewisser Herkunft. Sie stammt keinesfalls aus Portugal, vermutlich aus Ungarn oder Niederösterreich, wo sie seit Jahrhunderten noch heute im Anbau ist. Verbreitet ist sie noch stark in der BRD, Österreich, Ungarn, Jugoslawien sowie in der DDR und Frankreich in kleineren Beständen. Die Reife und Lese im Weinberg liegt je nach der Lage früh bis mittelfrüh, vor, mit oder kurz nach 'Müller-Thurgau'. Bei Frühlesen, meist wegen Fäulnisgefahr vorgenommen, kann das Mostgewicht nur 55–65 °Oe und der Säuregehalt bis 12 g/l betragen und ergibt Roséweine. Bei späteren Lesen können tiefrote Weine mit 60–80 °Oe und 6–8 g/l Säuregehalt gewonnen werden. Als Tafeltrauben am Wandspalier liegt die Reife im September. Die dichtbeerigen, mittelgroßen bis großen Trauben haben mittelgroße, rundlichovale, dünnschalige, tief dunkelblaue, hellgrau bereifte, süße, ohne ausgeprägtes Aroma wohlschmeckende Beeren mit blasser Beerensaftfarbe. In nassen Jahren neigen sie zur Fäulnis. Der Rebstock wächst sehr stark und stellt an Boden und Lage nur geringe Ansprüche, vorteilhaft sind tiefgründige, lockere, trockene Böden (auch Sand-, Kalk- und Mergelböden), keinesfalls nasse und ausgesprochene Frostlagen. Der starke Wuchs verlangt eine weiträumige ↑ Erziehungsform mit hohem Stamm und hier genügen Zapfen- und Streckerschnitte, die auch im Spalierweinbau oder an ↑ Pergolen zu verwenden sind. Diese kurzen Schnitte geben dem Laub volle Entwicklung und Besonnung und wirken dem Mehltaubefall entgegen, zu dem das Laub neigt. Das Holz reift schlecht aus und ist im Winter immer frostgefährdet. Harte Winter können totale Stockausfälle verursachen, Maifröste Triebschäden. Der Ertrag ist sehr hoch und kann 130–160 hl/ha bringen. Die Weine sind angenehme, mildsüffige, fast neutrale, bukettarme, frühreife, wenig lagerfähige, hellrote, aus guten Jahrgängen auch tiefrote, leicht an Burgunder erinnernde beliebte Tafel- und Schoppenweine. Sie werden auch als ↑ Schillerweine oder ↑ Roséweine gekeltert und häufig zum Verschnitt benutzt. *'Grauer Portugieser'* mit den gleichen Eigenschaften wie der B.P. wird in Niederösterreich angebaut. Die Trauben sind mittelgroß, dichtbeerig, die Beeren mittelgroß, rundlich, dünnschalig, graurötlich, hell bereift, süß, wohlschmeckend. Eine Auslese aus ihm ist der ebenfalls in Niederösterreich angebaute *'Grüne Portugieser'*. ↑ Tafel 2 (6)

Blauer Silvaner: einst stärker im Bodenseegebiet verbreitete Keltertraube ungeklärter Herkunft (Mutation vom ↑ 'Blauen Spätburgunder' oder vom ↑ 'Silvaner'); heute ohne Anbaubedeutung. (6)

Blauer Spätburgunder, *Pinot Noir, Klevner:* eine alte, vermutlich aus Frankreich (Burgund) stammende Keltertraube mit heute weltweiter Verbreitung. Sie ist Haupt- und Spitzensorte edelster Rotweine und Muttersorte vieler Spielarten ähnlicher Typen, z. B. der Sorten ↑ 'Weißer Burgunder', ↑ 'Ruländer', ↑ 'Blauer Frühburgunder'. Die Lese kann vor ↑ 'Silvaner', sollte aber besser nach ihm erfolgen. Die Trauben sind mittelgroß, walzenförmig, auch geschultert, dichtbeerig, die Beeren kaum mittelgroß, rundoval, dünnschalig, dunkel violettblau, hell bereift, mit weichem, saftigem, süß-aromatischem Fleisch und hell bis hellrosa Saft. Neue, wertvolle Klonauslesen wachsen mittelstark bis stark. Die Lagen- und Bodenansprüche für Qualitätsweine sind hoch. B. S. ist wie 'Silvaner' nur für lockere, warme, gut erwärmbare, tiefgründige, nährstoffreiche, genügend feuchte Böden geeignet und braucht weiträumige Erziehung mit längeren Bogreben, um Beerenfäule zu vermeiden. Alte, teils degenerierte Bestände brachten Erträge von nur 40–50 hl/ha, neue Klone können bis 100 hl/ha mit 80–90 °Oe und 6–8 g/l Säuregehalt ergeben. Die Anfälligkeit gegen Pilzkrankheiten ist mäßig, die Blüten sind gegen naßkalte Witterung, die Triebe gegen Maifröste empfindlich; die Frostwiderstandsfähigkeit des Holzes ist gut.

Die Weine bester Lagen sind rubinrot, vollmundig, samtig, körper- und alkoholreich, mit wenig Säure, feinaromatischem, an Bittermandel anklingendem Bukett, langsam ausbauend (ab viertem Jahr trinkfähig), lange lagerfähig. Französische Herkünfte sind die edelsten Rotweine der Welt. Späte Burgunder ↑ Weißherbste werden vorwiegend in Baden in der Maische früher gekeltert als die zur Rotweinkelterung belassenen Trauben und geben goldig-hellrötliche, frische, elegante, harmonische, kräftige Qualitätsweine. Rot-Weiß-Weine werden nur vom B. S. nach altem, französischem Kelterverfahren im Rheingau als goldfarbene, bukettreiche Weißweine erzeugt. ↑ Tafel 2 (6)

Blauer Trollinger, *Groß-Vernatsch, Frankentaler, Black Hamburg:* eine alte, vielleicht schon zur Römerzeit bekannte Tafel- und Keltertraube, die heute als Keltertraube in Württemberg und Südtirol, als Gewächshaustraube 'Black Hamburg' in England, Belgien und Holland im Anbau ist. Reife und Lese sind sehr spät (Ende Oktober), im Weinberg nach dem 'Riesling', und nicht immer voll ausreifend. Die Trauben sind sehr groß, pyramidal, lockerbeerig, die Beeren groß, rundlich, dickschalig, vollreif dunkelblau, hell bereift. Das Fleisch ist gallertig, fleischig, prall, mäßig süß,

wohlschmeckend, der Saft hellrötlich. Der Rebstock wächst sehr stark, braucht wärmste Lagen, auch als Tafeltraube am Hausspalier, und warme, humose, nährstoffreiche Böden (auch für trockenere, kalkhaltige geeignet, da B. T. nicht anfällig für Chlorose ist) sowie eine weiträumige Erziehung mit langen Bogreben (bei Kurzschnitten nicht fruchtbar). Der Ertrag ist hoch, 100–150 hl/ha mit Mostgewichten um 70°Oe und 7–10 g/l Säuregehalt. Das Holz ist für Frost anfällig, Laub und Trauben für Pilzkrankheiten.
Die Weine werden speziell in Württemberg weiß als leicht bekömmliche Schillerweine gekeltert, als Rotwein hellrot, frisch, rassig, pikant, kernig mit eigenem Bukett. Weine der besten Jahrgänge sind tiefrot, elegant, zart muskatig. ↑ Tafel 4 (6)

Blaufränkisch ↑ 'Blauer Limberger'

Blauschönung: Verfahren, um in Wein enthaltene Schwermetalle, wie Eisen, Kupfer und Zink, in unlösliche Verbindungen zu überführen und abzuscheiden. Der Begriff rührt von der tiefblauen Färbung des Niederschlages her. B. ist in einigen Ländern nicht zugelassen, z. B. in Frankreich, weil sich in mit Kaliumhexacyanoferrat(II) überschönten Weinen die nach Bittermandel riechende giftige Blausäure bilden kann. Jeder blaugeschönte Wein muß daher auf überschüssige Schönungsmittel untersucht werden. Ein weiterer Effekt der B. ist die Verringerung des Stickstoffgehalts im Wein, wodurch eine nachträgliche Eiweißtrübung vermindert wird. Gleichzeitig stellt sich durch die B. eine gewisse Weinreifung ein. (2)

Blaustengler, *Kéknyelü, Weißer Pikolit:* eine sehr alte ungarische Keltertraube, die heute noch verbreitet im Balatongebiet angebaut wird. Die Trauben sind mittelgroß, geschultert, lockerbeerig, die Beeren rund, dünnschalig, gelbweiß, fein punktiert, braunfleckig, hell bereift und süß. Der Rebstock wächst stark. Die Weine sind schwer, süß, feurig, harmonisch von bester Qualität und werden in Ungarn als *Bratenweine* bezeichnet. (6)

Blender ↑ Prangerstöcke

Blindprobe: Verkostung, bei der nur durch die Sinnenprobe, ohne das Etikett des Weins zu sehen, die Güte, aber auch Rebsorte und Herkunft des Weins bestimmt werden. (3)

Blindrebe: unbewurzeltes Steckholz zur Anzucht unveredelter Freilandreben, das ohne Verschulen sofort an den endgültigen Standort des Rebstocks gepflanzt wird. (3)

Blume: Bezeichnung einer Intensitätsstufe des Weinaromas. Vorstufe der B. ist der Duft, die gesteigerte Form das ↑ Bukett. ↑ Fachausdrücke der Weinansprache (2)

Bluten, *Weinen:* das nach dem Rebschnitt im Frühjahr mehr oder weniger starke Ausscheiden von Wasser, Nährsalzen und organischen Verbindungen aus den durchschnittenen Leitungsbahnen. Diesen sogenannten Rebentränen werden heilsame Wirkungen bei Augenleiden zugeschrieben. (3)

Blüte: 1. Kurzbezeichnung für das Blühen der Weinrebe (↑ Blüten).
2. die erste (bessere) Hälfte des gekelterten Traubensaftes. (3)

Blüten. Die unscheinbaren, zart nach Reseda duftenden Einzelblüten des ↑ Rebstocks sind zum Blütenstand einer Rispe, dem Geschein vereinigt. Die Blütezeit liegt im Mai/Juli und dauert 8 bis 14 Tage. (3)

Blütenfest: in einigen Anbaugebieten im Mai/Juli gefeiertes Ereignis. Es wird neben den üblichen ↑ Winzerfesten ebenso wie die Eröffnung der Weinlese (Ban des Vendanges), z. B. in Frankreich in Bordeaux, begangen. (3)

Bocksbeutel: weltweit verbreitete flachbauchige grüne Flasche, deren Name sich vom Hodensack des Ziegenbocks, der Flasche aus Buchsbaumholz bzw. den Beutelbüchern (Buchbeutel) der Mönche ableiten soll (Abb.). Die Form des B. ist auf die ursprünglich vollkugeligen Tongefäße der Kelten zurückzuführen, die um 1400 v.u.Z. zu einer Tonflachkugelflasche verfeinert wurden und aus den Funden in Franken bekannt

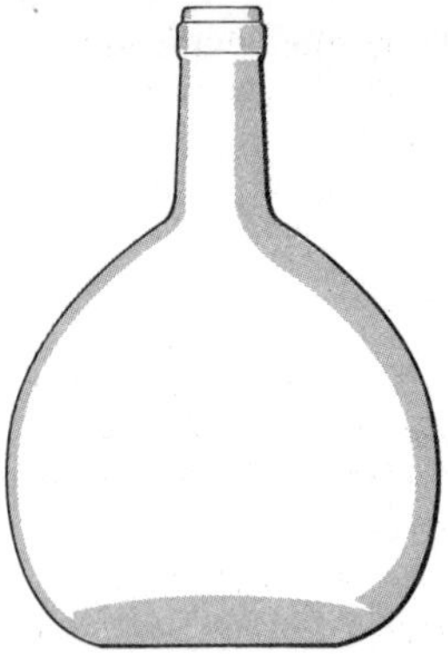

Bocksbeutel; die gedrungene Flasche wird meist für fränkische Mainweine benutzt, aber auch für chilenische Weine

sind. Die Römer nutzten die Form des B. sowohl für Keramik- als auch Glasflaschen. Als Feld- bzw. Pilgerflasche, die sich bequemer tragen ließ, fand sie in ganz Europa und auch im Vorderen Orient Verbreitung. Der B. als Flasche wurde im 18. Jh. für das fränkische Weinbaugebiet als Gütezeichen eingeführt (↑ Prämierung von Weinen).
In der BRD dürfen nur die Winzer in Franken, im Badischen Frankenland und in den Gemeinden Neuweiler, Umweg, Steinbach und Varnhalt (Ortenau) ihre Qualitäts- (↑ QbA) und Prädikatsweine in B. zu 0,5, 0,7 und auch 0,75 l abfüllen. (3)

Böckser(n): Geruchs- und Geschmacksfehler des Weins, der durch Schwefelwasserstoffverbindungen hervorgerufen wird und an faule Eier erinnert. Ursache ist elementarer Schwefel (Spritzmittelreste, Faßeinbrennen mit tropfenden Schwefelschnitten) der durch Hefen zu Schwefelwasserstoff reduziert wird (Hefe-B.). Besonders wenn Jungweine noch auf der Hefe liegen, entziehen diese dem Schwefeldioxid den Sauerstoff und geben den Wasserstoff ab. Dadurch kann H_2S entstehen. Erkennt man den B. nicht rechtzeitig, kann sich der Schwefelwasserstoff mit dem Alkohol zu übelriechenden Mercaptanen verbinden (Faul-B.). ↑ Weinfehler (2)

Bodega [span.]: **1.** hallenartiger Weinkeller zu ebener Erde mit dicken Wänden, oft durch Korkeichenmaterial isolierten Decken und einer guten Luftzirkulation mit Hilfe von Luken, die bei Sonneneinstrahlung abgedeckt werden. Die B. garantiert meist eine Raumtemperatur um 18 °C.
2. voll eingerichtete Weinkellerei bzw. ↑ Weinschenke.
3. B. cooperative bezeichnet eine Winzergenossenschaft. (3)

Bodenerosion: Abwandern des Bodens (der Krume) infolge Wasser- und Windeinwirkung. Die B. ist in den Weinbergen ein gefürchteter, oft auftretender Schaden, dem nur durch kostspielige Melioration entgegengewirkt werden kann. So können je Hektar und Jahr bis über 500 t Boden abgetragen werden. Hauptsächliche Maßnahmen sind Entwässerung durch Drainage und Abflußgräben, ↑ Terrassenkultur, Begrünung und Hecken- sowie Baumschutzstreifen. B. tritt oft nach ↑ Flurbereinigungen auf, wenn natürliche Sicherungen gegen das Abrutschen von Weinbergen mitbegradigt und weggehobelt werden. Beispielsweise rutschte in den 80er Jahren ein Weinberg bei Bernkastel auf die Moselstraße. (3)

Bodengeschmack: eigentümlicher Geschmack des Weins, der durch die besonderen Bodeneinflüsse (Schiefer, Keuper, Kies, Mergel u. a.) zustande-

Bodeneinflüsse auf den Wein

Bodenart	entscheidende Bodeneigenschaften	tendentielle Merkmale des Weins
Verwitterungsböden aus Tonschiefer, Grauwacke, Sandstein, Porphyr, Granit, Gneis	hoch erwärmbar und wärmespeichernd, wasserdurchlässig, trocken, humusbedürftig, dunkel mineralhaltig	pikant, spritzig wie Rieslinge; feurig edel, vollblumiges Bukett, ausbaufähig in der Reife (Spitzenweine aus 'Weißem Riesling')
Sand	schnell erwärmbar, gut durchlüftet, schwache Bindefähigkeit sowie geringe wasser- und nährstoffhaltende Kraft, locker, leicht zu bearbeiten, humusbedürftig, bei Flugsand (90% Sandanteil) wurzelechter Weinbau möglich	mild, leicht ('Blauer Portugieser'), oft delikat; schneller Ausbau
sandiger Lehm	bessere wasser- und nährstoffhaltende Kraft als Sand und bei höheren Sandanteilen noch gut erwärmbar	mittlere Qualitäten mit oft typisch zu unterscheidendem Geruch und Geschmack (kräftiger 'Silvaner' und 'Müller-Thurgau')
Löß	trockener als lehmige Böden, fester, tiefgründiger, gesteigerte wasser- und nährstoffspeichernde Kraft, äußerst fruchtbar	gehaltvoll; schwer, bukettreich, aber säureärmer; besserer Ausbau ('Ruländer', 'Traminer' und 'Blauer Spätburgunder')
Ton	langsame Erwärmung, schlecht durchlüftet, naß, nährstoffreich, schwer zu durchwurzeln und zu bearbeiten, verlangt Tiefenlockerung, hoher Steinanteil günstig	gehaltvoll, vollmundig, blumig, kräftig, körper- und bukettreich, langer Ausbau
Vulkanböden	hitzig, wärmespeichernd, mineralstoffhaltig	füllig, feurig, mineralstoffreich ('Ruländer' und 'Blauer Spätburgunder')
rein humose Böden	dunkel, stark nährstoff- und wasserspeichernd, gut bearbeitbar, d. h. relative Vorzüglichkeit ist für andere Fruchtarten günstiger	Massenerträge, aber ausdruckslos
Keuper (kalkhaltige Tone)	bei höherem Steingehalt besser erwärm- und durchlüftbar, nährstoffreich	voll, fruchtig, angenehme Säure ('Silvaner')
Mergel	Kalk-Ton-Verhältnis entscheidend für Erwärumungsgrad und Nährstoffgehalt, besser durchlüftbar und bearbeitbar als Ton	mild, kräftige Tischweine ('Weißer Gutedel' und 'Weißer Riesling', 'Silvaner')
Kalk- und Kreideböden	hitzig, hoher Dünger- und Wasserbedarf, über 30% Kalkgehalt ungünstige Wirkungen ('Riparia'-Unterlagen vertragen nur 15%, dagegen 'Kober 5 BB' bis 50%)	säurearm, kräftig, spritzig, kohlensäurereich, jung zu trinken

kommt. Er kann, wenn er nicht erwünscht ist, durch die Behandlung des Weins beseitigt bzw. gemildert werden. (3)

Bodensatz: verschiedene organische Bestandteile, insbesondere Hefe und Trub, die beim Pressen in den Most gelangten und sich am Boden der Fässer niederschlagen, ebenso *Metalltrub.* Der B. bleibt beim ↑ Abstich im Faß zurück und wird beim ↑ Filtrieren, Separieren und Schönen (↑ Blauschönung) abgefangen. B. in der Flasche nennt man ↑ Depot. ↑ Bruch, ↑ Weinfehler. (3)

Boden und Wein. Luft-, Wärme-, Nährstoff- und Wasserhaushalt des Bodens sowie seine davon abhängige biologische Aktivität beeinflussen nicht nur die zum Anbau geeigneten Rebsorten und die Ertragsmengen, sondern auch in bedeutendem Maße die ↑ Güte des Weins, seinen Charakter. Die Weinrebe als anspruchslose Kulturpflanze gedeiht noch auf den ärmsten Böden. Schnell erwärmbare, wasser- und luftdurchlässige (trockene, steinige) Böden bringen qualitätsvolle Weine hervor. Auf humusreichen Lehm- und Schwemmböden können Massenerträge erzielt werden. Auf leichten Böden reifen leichte und auf schweren Böden schwere, körperreiche Weine (Tab.). In jedem Fall wirken auch beim Weinanbau die naturgebundenen Einflüsse immer als Boden-Klima-Komplex zusammen mit dem jährlichen Witterungsverlauf. ↑ Bodengeschmack (3)

Bogrebe ↑ Rebstock

bor [ung.]: Wein

Bordeaux, *Bordelais:* berühmte und zugleich größte geschlossene Qualitätswein-Anbauregion der Welt im Südwesten Frankreichs. Auf einer Fläche von ungefähr 110000 ha werden durchschnittlich etwa 3,5 Mill. hl Qualitätswein mit ↑ Appellation d'Origine Contrôlée (AOC) erzeugt; das sind etwa 30% vom Gesamtaufkommen Frankreichs an AOC-Weinen. Ungefähr 70% der B.weine sind Rotweine. B. besteht aus etwa 20 großen Weinanbaugebieten. Aufgrund der beträchtlichen Dimensionen, völlig verschiedenartiger Bodenbeschaffenheit, unterschiedlicher mikroklimatischer Einflüsse und differenzierter kellertechnischer Verarbeitung gibt es unterschiedliche Weine, obwohl meist gleiche oder ähnliche Reben angebaut werden. B. bietet eine breite Palette von einfachen Qualitätsweinen bis zu international berühmten Spitzenweinen, von leicht süffigen bis zu samtig weichen, vollmundigen und körperreichen, trockenen Rotweinen sowie von fruchtigen, leichten, trockenen bis süßen, milden Weißweinen an. In B. gibt es Weine für jeden Geschmack und zu jedem Essen.

Fast alle Weine in B. sind Verschnittweine. Das Geheimnis der überragenden Qualitäten liegt nicht unwesentlich in der Zusammenstellung der Verschnittverhältnisse, die damit dem Wein den eigentlichen Charakter und die Harmonie verleihen. Trotz der Verschiedenartigkeit der einzelnen Weinanbaugebiete werden die Verschnitte bevorzugt aus folgenden Rebsorten hergestellt:

Rotweine: ↑ 'Cabernet Sauvignon' (etwa 20%), ↑ 'Cabernet Franc' (etwa 10%), ↑ 'Merlot' (etwa 30%), ↑ 'Malbec' (etwa 3%) und 'Petit Verdot' (etwa 2,5%).

Weißweine: ↑ 'Semillon' (etwa 16%), ↑ 'Sauvignon' (etwa 3%) und ↑ 'Muscadelle' (etwa 2%).

'Merlot' gibt dem Wein die Geschmeidigkeit und entwickelt sich schneller, während die 'Cabernet'-Sorten die Gerbstoffstruktur liefern, später reifen und auch längere Zeit zum Ausbau benötigen.

Mehr als 5000 abgegrenzte ↑ châteaux und darunter 162 ↑ crus classés bringen eigene Handelsmarken unter 49 Herkunftsbezeichnungen (appellation) hervor (Tab.), davon eine Appellation Fine-de-Bordeaux-Cognac und eine Mousseux-Schaumwein.

obligatorischen Angaben auf dem Etikett (Abb.).
Die Hälfte aller AOC-Weine in B. erscheinen im Handel unter Bordeaux

Herkunftsbezeichnung der fünf Gruppen der AOC-Bordeauxweine

Rotweine

Médoc und Graves	Libournais	Bordeaux und Côtes de Bordeaux
Médoc	Saint-Emilion	Bordeaux
Haut-Médoc	Saint-Georges-Saint-Emilion	Bordeaux supérieur
Graves	Montagne-Saint-Emilion	Premières Côtes de Bordeaux
Saint-Estèphe	Lussac-Saint-Emilion	Côtes de Bourg
Pauillac	Puisseguiun-Saint-Emilion	Premières Côtes de Blaye
Saint-Julien	Pomerol	Bordeaux supérieur-Côtes de Castillon
Listrac	Lalande-de-Pomerol	Saint-Foy Bordeaux
Moulis	Fronsac	Bordeaux supérieur-Côtes de Francs
Margaux	Canon-Fronsac	Graves de Vayres
		Bordeaux rosé
		Bordeaux clairet

Weißweine

süße, likörartige Weine	trockene Weine
Sauternes	Graves
Barsac	Entre-Deux-Mers
Cérons	Côtes de Blaye
Loupiac	Côtes de Bourg
Saint-Croix-du-Mont	Graves de Vayres
Cadillac	Bordeaux
Premières Côtes de Bordeaux	
Graves supérieures	
Côtes de Bordeaux-Saint-Macaire	
Saint-Foy Bordeaux	
Bordeaux supérieur	

1948 wurde die Akademie der Bordeaux-Weine gegründet, die Kenntnisse über die B.weine vermittelt und das Interesse an ihnen weckt. Ihr gehören 40 Mitglieder (Erzeuger, Weinhändler, Liebhaber) an, die auch jährlich eine Beschreibung der erzeugten Weine veröffentlichen, ihren gegenwärtigen Zustand bekanntmachen und Empfehlungen für die weitere Pflege geben. Manche B.weine aus den besten Lagen führen, auf ihren Ruf bauend, nur die

AOC und Bordeaux Supérieur AOC. Es sind relativ einfache, qualitativ sehr unterschiedliche Qualitätsweine. Seinen internationalen Ruf für Spitzenweine erlangte B. durch die insgesamt hochstehenden Qualitätsweine in den Weinanbaugebieten Médoc mit Haut-Médoc, Graves, Sauternes, St.-Emilion und Pomerol. Médoc mit Haut-Médoc ist einer der hervorragendsten Anbaugebiete für Rotweine höchster Qualität und hoher Haltbarkeit. *Pauillac* mit den Châteaux

Lafite-Rothschild, Mouton-Rothschild und Latour, *Margaux* mit dem Château Margaux, *St.-Estéphe, St.-Julien, Moulin* und *Listrac* sind die sechs besten Anbaugemeinden mit eigener AOC. Aus ihnen kommen Spitzenweine mit herrlich ausgeprägtem Bukett, fruchtigem, vollem und körperreichem Geschmack – aber nicht schwer, nach einigen Reifejahren geschmeidig und harmonisch – und einem nachhaltigen Abgang. Wie in Médoc ist auch in Graves für Rotwein die vorherrschende Rebe 'Cabernet Sauvignon', verschnitten mit 'Cabernet Franc' und 'Merlot'. Dagegen entsprechen die Weißweinreben denen von ↑ Sauternes. Die edelsüßen, fruchtigen Spitzen-Sauternes sind berühmte Trockenbeerenauslesen, bevorzugt gekeltert aus 'Sauvignon' und 'Semillon'. Die Anbaugebiete von St.-Emilion und Pomerol bieten Rotweine von schöner dunkler Farbe und delikater Geschmacksfülle an, die hauptsächlich aus 'Merlot' hergestellt werden. (9)

Bordeauxflasche, *Sauternesflasche:* kurzhalsige, hochschultrige zylindri-

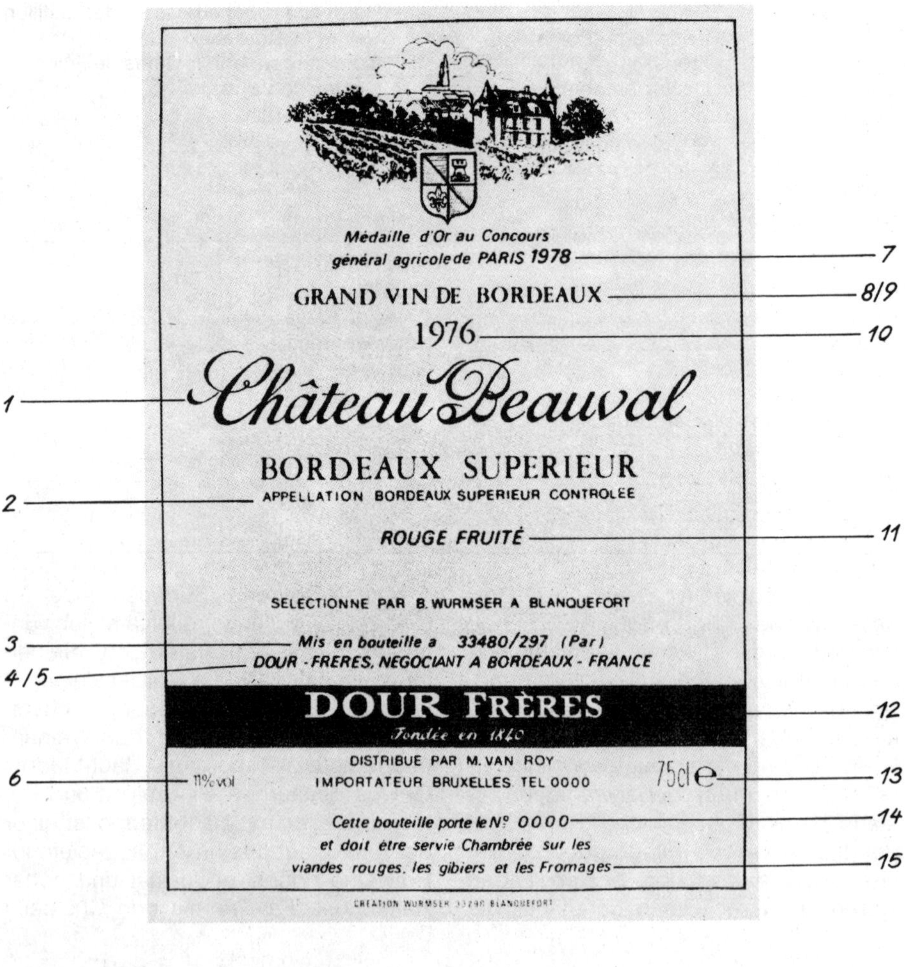

sche Flasche unterschiedlicher Größe (↑ bordelais). Für Rot- und Weißweine ist sie aus dunklem grünem Glas, für Likörweine und trockene Weißweine farblos. Sie wird heute in fast allen Ländern besonders für Cabernet- und Merlotweine, aber auch für andere Rotweine genutzt. Als braune ↑ Glasflasche ist sie in Italien für Rotweine, speziell für Chiantiweine höherer Qualität, im Gebrauch.
Das ↑ Altern der Weine verläuft umso langsamer, je größer die Flasche ist. Die Ausbuchtung im Boden der B. soll der besseren Depotablagerung dienen. Andere Erklärungen besagen, daß sie früher glastechnisch notwendig gewesen sei, die Flaschen höheren Innendrücken besser widerstehen würden, bei der Lagerung weniger Raum beansprucht würde, da die Hälse der anderen Flaschen hineinragen könnten, die Flasche ein wuchtigeres Aussehen bekäme. ↑ Flaschenformen (3)

bordelais [franz.]: **1.** im Gebiet Bordeaux traditionell genutzte Flasche mit 0,75 l Inhalt (↑ Bordeauxflasche) bzw. Bordeauxweinfaß (228 l; ↑ barrique).

Etikett von Bordeauxweinen; *gesetzlich vorgeschriebene Deklarierung:* *1* Name des Château, Clos, Domaine oder der Handelsmarke – *2* Appellation: Herstellungszone des AOC-Weins (Appellation d'Origine Contrôlée); jede Appellation entspricht den strengen Produktions-, Verkaufs- und Etikettierungsregelungen – *3* Name und Anschrift des Erzeugers und Abfüllers: Nur Etiketten mit dem Namen Château, Clos oder Domaine dürfen die Anmerkung „Mise en bouteille au château" tragen (Schloßabfüllung); auf allen übrigen steht der Vermerk: „Mis en bouteille par ...", wenn das Abfüllen getrennt vom Erzeuger, z. B. durch einen Händler, aber wirklich am angegebenen Ort (oder in unmittelbarer Nähe), wo die Trauben geerntet und gekeltert werden, geschieht – *4* Der Vermerk des Herstellungslandes „France", „Produit de France" oder „Produce of France" ist für das Ausland obligatorisch und im Inland fakultativ – *5* Wenn es sich nicht um einen Schloßabzug handelt, muß unbedingt der Name der Gemeinde, in der die Abfüllung erfolgte, auf dem Etikett vermerkt werden. Die Postleitzahl der Gemeinde ist erforderlich, wenn der Name der Gemeinde ein „höherer" Appellationsname als die Appellation des Weins ist (z. B. Pauillac 33250 für einen Médocwein) – *6* Der Vermerk des Alkoholgehaltes ist zur Zeit noch nicht unbedingt notwendig.
Zusätzlich erlaubte Informationen: *7* Die offizielle Bemerkung für den Jahrgang oder die offizielle Klassifizierung des Château, Clos oder der Domaine – *8* Der Vermerk „Grand Vin" ohne den Namen des Produktionsgebietes ist verboten und muß in jedem Fall mit „de Bordeaux" ergänzt werden. Mit dem Produktionsgebiet ist das gesamte Weinanbaugebiet von Bordeaux angesprochen, nie jedoch ein Untergebiet wie z. B. „Médoc" – *9* Der Vermerk „Grand Vin de Bordeaux" ist jedoch für Weine der Appellation Bordeaux rot und weiß nicht erlaubt. In den einzelnen Weinanbaugebieten sind verschiedene Bezeichnungen zur Qualität, Herkunft, Weinbereitungsart (geregelt durch die jeweiligen AOC) möglich, oft aber auch ohne offizielle rechtliche Bedeutung – *10* Der Jahrgang kann nach Belieben vermerkt werden, muß jedoch auf dem Etikett erscheinen, wenn eine Beurkundung oder eine Klassifizierung vermerkt ist und gilt nur für die Weine aus derselben Jahresernte – *11* Die Farben des Weins und die Weinzubereitung dürfen innerhalb der strengen Bedingungen auf dem Etikett vermerkt werden – *12* Ein kurzer Vermerk über die Firma oder das Weingut, den Besitzer bzw. die Genossenschaft (Cooperative) ist erlaubt – *13* Der europäische Code -e- garantiert den Nettoflascheninhalt – *14* Die Flasche kann numeriert sein; dabei handelt es sich jedoch nicht um eine Kontrollnummer. – *15* Anmerkungen über das Servieren und Lagern des Weins sind erlaubt

2. Adjektivform des Gebietsnamens ↑ Bordeaux. (3)

Borke: alte, abgestorbene faserförmige Streifen der Rindenschicht und des Korkgewebes der Reben an Stamm und Schenkel. Die B. ist im Frühjahr zu entfernen, da sich Schädlinge auf und unter ihr ansiedeln. (3)

bota [span.]: altes spanisches Volumenmaß für Flüssigkeiten; 1 b. = 516,09 l Wein. (3)

Botrytis ↑ Grauschimmel

Böttcher ↑ Küfer

Botten ↑ Butte

bouquet [franz.] ↑ Bukett

bouteille [franz]: runde Glasflasche, die schon im 15. Jh. vereinzelt als Weinbehältnis (Buddel) auftauchte. (3)

Bouvier-Traube: Kelter- und Tafeltraube in Österreich, eine von dem Weingutbesitzer Bouvier aus Radkersburg in der Südsteiermark zufällig entdeckte Sorte (Findling). Die sehr früh reifenden Trauben (Ende August/Anfang September) sind mittelgroß, länglich, die Beeren rund, weißlichgrün, punktiert, saftig, süß, fein muskatig. Der Rebstock wächst mittelstark und braucht längere Bogreben zum Ertrag. Die Weine sind edel, mild, körperreich, zart muskatig. (6)

Bowle: klassisches Mischgetränk aus Früchten oder Kräutern, Blüten und Gemüsesorten, Zucker (-sirup bzw. Läuterzucker), Wein, Schaumwein und bzw. oder Soda-(Selter-)wasser. Es gibt unzählige B.rezepte. Generell läßt man die Früchte mehrere Stunden in Wein, teilweise auch in wenig Weinbrand, Rum bzw. entsprechendem Fruchtlikör durchziehen und gibt vor dem Servieren den Schaumwein bzw. das Selterwasser mit einer Trinktemperatur von etwa 10 °C dazu. Natürlich mundet eine B. umso besser, je wertvoller die Zutaten sind. Frische Früchte sind konservierten vorzuziehen, sie sind nicht zu zerquetschen, damit die B. klar bleibt. B. ist besonders für warme Jahreszeiten ein beliebtes Erfrischungsgetränk. Hoher Zuckergehalt und harte Spirituosen mindern die Bekömmlichkeit. (3)

Bowlenwein: ein frischer, säurereicher, aber möglichst geschmacksneutraler Wein, der auch im Preis nicht so hoch ist. Selbstverständlich verbessern sich Geschmack und Bekömmlichkeit jeder ↑ Bowle mit der Güte des verwendeten B. (3)

branco [port.]: weiß

brandig: Geschmacksbezeichnung für sehr alkoholreiche, nicht angenehme, auch heiß servierte Weine. (3)

Branntwein ↑ Trinkbranntwein

Brasilien. Der Weinbau in B., dem größten Land Südamerikas, ist relativ jung, da die Portugiesen, um den Absatz ihrer eigenen Weine zu sichern, den Weinbau in ihren Kolonien systematisch unterdrückten. Erst nach dem ersten Weltkrieg wurde durch italienische Einwanderer die Rebkultur in größerem Umfang begonnen. Wegen des Klimas ist Weinbau nur in den südlichen Landesteilen möglich. Er befindet sich hauptsächlich in den Provinzen Rio grande de Sul, São Paulo, Rio de Janeiro und Minas Gerais. Die Anbaufläche betrug 1985 61000 ha (0,025% der landwirtschaftlichen Nutzfläche); es wurden 2750000 hl Wein erzeugt. Dazu kam eine bedeutende Menge (2197000 dt) Tafeltrauben, die im wesentlichen aus Hybriden gewonnen werden. An Rosinen wurden 39000 dt importiert. Der Pro-Kopf-Verbrauch an Wein ist bei einem Gesamtverbrauch von 2,938 Mill. hl mit 2,6 l relativ unbedeutend.

Da die hohe Luftfeuchtigkeit Pilzkrankheiten begünstigt, wurden ursprünglich nur amerikanische Hybriden wie ‘Seibel‘, ‘Niagara‘ und ‘Delaware‘ angebaut. Die daraus hergestellten Rotweine sind alkoholreich und von minderer Qualität. Es werden daher in letzter Zeit zunehmend europäische Reben wie 'Cabernet', ↑ 'Merlot' oder ↑ 'Barbera' eingesetzt, um bessere Rotweinqualitäten zu erzielen. Für Weißweine werden die Sorten ↑ 'Trebbiano' und ↑ 'Malvasia' angebaut. Ein Ursprungsbezeichnungsrecht gibt es in B. bis heute nicht. (1)

Bratenwein: Bezeichnung für Weine, die sich zu gebratenen Fleischgerichten eignen. In Ungarn ist B. eine Qualitätsstufe (↑ pecsenye bor). (3)

Braunwerden, *Maderisation:* ↑ Weinfehler, auch als brauner Bruch, Rahn-, Rohn-, Rot-, Rostig-, Fuchsig- und Laugigwerden bezeichnet. B. entsteht durch mangelnden Oxidationsschutz oder auch falsche Schwefelung. Dort, wo der Wein mit Luft in Berührung kommt, oxidiert er, verliert seine natürliche Farbe sowie Klarheit, wird gelbrot bis braunrot und schmeckt stark verändert, vor allem matt. Ältere Weine (besonders bei eingetrocknetem Korken) zeigen oft Oxidationserscheinungen. Länger offenstehende Flaschen und halbgeleerte Fässer führen rasch zum B. Geringe oxidative Prozesse laufen meist bei jedem Wein ab und werden z.B. bei ↑ Madeira, ↑ Sherry und ↑ Tokajerweinen bis zu einem gewissen Grad bewußt gelenkt. (3)

Brennwein: Wein, der zu ↑ Trinkbranntwein verarbeitet wird. (3)

Bruch: Trübung von Most und Wein durch Metalle, die mit Säuren und Gerbstoffen z. T. unlösliche Verbindungen eingehen. Rostpartikel, Abtragungen von Geräten, Spritzmittelbestandteile und überhaupt Berührungen mit Metallen können B. herbeiführen. Während Faßweine durch Klärfiltrationen (↑ Filtrieren), Nachschwefeln und ↑ Blauschönung behandelt werden können, entfällt dies für Flaschenweine. ↑ Braunwerden, ↑ Weinfehler (3)

Brunello di Montalcino: qualitativ hochwertiger, teurer rubin- bis granatroter DOC- und DOCG-Prestigewein Italiens aus dem weitgesteckten Chiantigebiet (↑ Chianti) der Toscana südlich von Siena. Bei DOCG-Anerkennung ist ein Maximalertrag von 40 dt/ha zugelassen. B.d.M. ist der einzige reinsortige ↑ Sangiovese(-grono)-Wein mit 12,5–13,5 Vol.-% Alkohol, 5,5–7,5 g/l Gesamtsäure und Veilchenbukett. Er muß mindestens vier Jahre vor dem Verkauf und davon dreieinhalb in Eichen- oder Kastanienfässern lagern. Er baut 10 bis 50 Jahre aus, wobei er sich vom tanninbetonten, streng trockenen kernigen zu einem weichen, vollen, elegant rassigen Wein mit ziegelrotem Ton und orangenfarbenen Reflexen entwickelt. Er sollte bis zu 12 Stunden vor dem Trinken geöffnet werden. (3)

brut [franz.]: Bezeichnung für besonders herbe, trockene ↑ Schaumweine mit einem Zuckergehalt von 15 g/l. Vereinzelt werden solche gering dosierten Schaumweine auch als brut de brut, extra brut, dosage zero oder ultra brut bezeichnet. Brut natur ist ein spanischer Schaumwein ohne ↑ Dosage. (3)

Bubbel ↑ Tresterwein

Bukett, *Aroma:* Bezeichnung für die Aromastoffe des Weins. Während man bei Früchten und daraus hergestellten Getränken von Aroma spricht, wird B. ausschließlich für Trauben und Wein verwendet. Der international übliche Gebrauch beider Begriffe erschwert jedoch eine eindeutige Darstellung des Sachverhaltes. Darüber hinaus spielt auch eine Rolle, daß z. B. in Frankreich der olfaktorischen Komponente, d. h. dem Geruch des Weins, eine größere Rolle zukommt, als in den deutschsprachigen Ländern Mitteleuropas. So wird in Frankreich bei jungen Weinen (bis 2 Jahre) oft von Aroma gesprochen, bei gereiften Weinen jedoch von Bukett (bzw. bouquet).

Als Aroma spricht man die Fruchtaromen, wie Apfel, Erdbeere, Himbeere, Kirsche, Pfirsich, Pflaume, Quitte,

Schwarze Johannisbeere, Stachelbeere, Banane, Feige und Orange an, während Blumen- und Kräuteraromen wie Lindenblüte, Akazie, Heckenrose, Pfingstrose, Rose und Veilchen sowie Farnkraut, Heu, Minze, Pfefferschote, Reseda, Thymian, Süßholz und Kiefer schon zum Bukett gerechnet werden, wobei diese Aromen auch für einzelne Traubensorten charakteristisch sein können.

Bei über 5jährigen Weinen finden sich dann solche Bukettstoffe wie geröstete Mandel oder Brot, Karamel, Vanille, Pfeffer, Lakritze, Muskat, Tabak, Kakao, Nelke, Honig, Zimt, Teer, Nuß, Pilze, altes Holz, Trüffeln.

Andere französische Quellen benennen Rebsorten- oder Primäraromen, wobei es Weine gibt, die auch nach der Gärung oder Reifung durch die Traubenaromen geprägt sind (z. B. Muskateller, Traminer), Gärungs- oder Sekundäraromen, die vorwiegend Ester umfassen, und Reife- oder Tertiäraromen, die durch Esterumbildung entstehen.

– *rassig, fruchtige Weine mit deutlicher Säure* (Rieslingtyp), z. B. 'Riesling', 'Kerner', 'Ehrenfelser';

– *neutrale Weine ohne deutliches B.* (Silvanertyp), z. B. 'Elbing', 'Silvaner', 'Weißburgunder';

– *leichte blumige Weine mit dezentem B.* (Müller-Thurgau-Typ), z. B. 'Gutedel', 'Bacchus', 'Müller-Thurgau';

– *Weine mit feinem B.* (Traminertyp), z. B. 'Morio Muskat', 'Muskateller', 'Muskat Ottonel', 'Siegerrebe', 'Traminer';

– *Weine mit kräftigem, dickem B.* (B.gruppe), z. B. 'Scheurebe', 'Bacchus', 'Ruländer', 'Perle';

– *hochedle, dicke Weine* (Auslesegruppe), z. B. 'Huxelrebe', 'Optima', 'Kanzler', 'Ortega', 'Noblessa'.

Bei der Gärung werden beachtliche Mengen an B.stoffen gebildet, denn die ↑ alkoholische Gärung wird von etwa 10 Fermentreaktionen begleitet, die die ursprüngliche B.basis verändern, erweitern und in ihrer Wirkung verzehnfachen. Beim ↑ Reifeprozeß auf dem Lagergefäß oder der Flasche geschieht

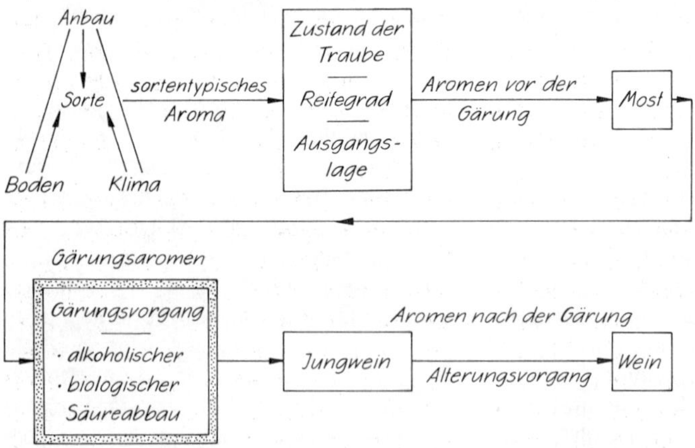

Bukett; biotechnologischer Ablauf und Bestandteile des Weinaromas

Im deutschen Sprachgebrauch sind die Bezeichnungen Trauben-B., Gärungs-B. und Lager-B. üblich.

Die Rebsorten werden z. B. nach ihrer B.art eingeteilt in

vor allem ein Umbau der Ester und Bildung von „schwereren" Estern und Aldehyden (Abb.). Bei Rotweinen spielen auch die ↑ Gerbstoffe eine wichtige Rolle bei der weiteren Aromabildung.

Die Art der Gärführung, der oxidative oder reduktive Ausbau des Weins auf den verschiedenen Gebinden, wie Holzfaß, Tank oder Zisterne, und die Länge der Lagerzeit können das B. entscheidend beeinflussen.
Die B.stoffe sind vorwiegend im Beerenfleisch, weniger in der Beerenhaut lokalisiert. Derzeitig sind etwa 400 verschiedene B.stoffe bekannt, die unter anderem zu den Gruppen der Aldeyde, Alkohole, Ester, Ketone, Phenole, Säuren und Terpene gehören. (2)

Bulgarien. Auf dem Gebiet des heutigen Bulgariens ist die Rebe schon seit der Antike heimisch. Davon zeugen zahlreiche archäologische Funde wie Weinbeeren und -kerne, Gerätschaften aus Stein oder Eisen, die beim Anbau und der Verarbeitung der Trauben benutzt wurden, Trinkgefäße und Münzen mit Darstellungen des Weinstockes und der Traube (Abb.). Auch haben sich bis heute Elemente im Brauchtum erhalten, deren Wurzeln im Dionysoskult zu suchen sind. Schriftliche Überlieferungen über den Weinbau, Trinksitten und Weinhandel gibt es in großer Zahl, so z. B. bei Homer, Archilochos, Xenophon, um nur einige zu nennen.
Das Land nördlich und südlich des Balkangebirges wurde seit Jahrtausenden von verschiedenen Thrakerstämmen besiedelt. Die Thraker sollen es auch gewesen sein, die den Zug der Weinrebe von Asien nach Europa vermittelten. Gleichzeitig haben sie lokale wildwachsende Reben kultiviert und ausgelesen und damit den Grundstock für den Weinbau auf der östlichen Balkanhalbinsel gelegt. Bereits im Altertum, zwischen dem 10. und 6. Jh. v. u. Z., hatten sich aufgrund ähnlicher natürlicher, ethnischer und agrotechnischer Bedingungen sowie durch den Kontakt der hier ansässigen Thrakerstämme mit Stämmen aus Kleinasien vier Weinbauregionen herausgebildet: die südliche

Bulgarien; Trinkhorn (Rhyton) aus dem Goldschatz von Panagjurischte (4. Jh. v. u. Z.)

(thrakische), östliche (pontische), südwestliche (mazedonische) und nördliche (mösische).
Während der Römerherrschaft war der Weinbau in Thrakien sehr verbreitet; Wein wurde nach Griechenland, Sizilien, Kleinasien und Ägypten ausgeführt. Es gab eine lateinische Nomenklatur für die Weinsorten, Gerätschaften, Gefäße u. ä.
Im Jahre 681 wurde der bulgarische Staat gegründet, nachdem Slawen und Protobulgaren von dem Land Besitz ergriffen hatten. Die von den Thrakern gesammelten Erfahrungen im Weinbau und in der Weinbereitung wurden übernommen. Unter Khan Krum (803–814) war die Trunksucht unter den Bulgaren so stark verbreitet, daß er die Vernichtung der Weinberge verfügte. Bald ließ er jedoch wieder aufreben; um die Umstände, die ihn dazu bewogen, ranken sich mehrere Legenden.
Im Mittelalter waren große Ländereien mit Rebkulturen im Besitz der Klöster,

und die Klosterweine genossen einen guten Ruf. – Während der 500jährigen Türkenherrschaft (1396–1878) durften die Bulgaren auch weiterhin Wein anbauen; in dieser Zeit wurde das Sortiment durch wertvolle Tafeltraubensorten aus Kleinasien bereichert. Die bekannteste ist wohl der 'Bolgar' (Dattelwein), der in Ungarn und Rumänien heute noch 'Afuz Ali' heißt und keinen Zweifel an seiner Herkunft läßt (↑ Tafel 4). – Nach der Befreiung des Landes vom osmanischen Joch nahm der Weinbau einen raschen Aufschwung, erlitt aber bald durch die aus Westeuropa vordringende Reblaus verheerende Rückschläge. Erst nach 1920 wurde wieder in größerem Umfang aufgerebt, hauptsächlich durch Kleinbesitzer. Die Kellerwirtschaft war ebenfalls zersplittert, nur 4,7% der Betriebe stellten jährlich mehr als 15 hl Wein her.

Nach der sozialistischen Revolution im Jahre 1944 wurden im Weinbau und in der Kellerwirtschaft neue Wege beschritten. Der Weinbau wurde zunächst auf 917 landwirtschaftliche Produktionsgenossenschaften und volkseigene Güter konzentriert, zu denen etwa 4000 Weinplantagen mit einer mittleren Größe von 25–35 ha gehörten. Seit 1970 wurden Agroindustriekomplexe geschaffen, die industrielle Produktionsmethoden durch Anlage neuer und Rekonstruktion alter Anpflanzungen ermöglichten. Rebanlagen mit einer Fläche von mehreren hundert Hektar sind keine Seltenheit. Das Traubensortiment wurde verbessert. Neben den einheimischen Sorten ↑ 'Pamid', ↑ 'Gamza', ↑ 'Mavrud', 'Schiroka Melnischka Losa' (Breite Melniker Traube) u. a. für Rotwein, ↑ 'Dimiat', 'Tscherven Misket' (Roter Misket), 'Tamianka' u. a. für Weißwein wurden große Flächen mit ↑ 'Cabernet-Sauvignon', ↑ 'Merlot', 'Rkaziteli', ↑ 'Aligote', ↑ 'Muskat Ottonel', ↑ 'Weißer Riesling', ↑ 'Chardonnay', 'Ugni Blanc' u. a. ausländischen Sorten bepflanzt. Es wurden auch neue Sorten, insbesondere Tafeltrauben mit früher Reife wie ‚Super Ran Bolgar', gezüchtet. Programmierung der Ernte, Blattdiagnostik als Grundlage für eine optimale Düngung, Tropfbewässerung und Ausbringen von Pflanzenschutzmitteln durch Feinstsprühen sowie der ständig steigende Mechanisierungsgrad haben wesentlich zur Intensivierung des Weinbaus beigetragen.

Weinanbau in Bulgarien (1985)

Rebfläche [1 000 ha]	165 (2,77% der LN)
Traubenproduktion [1 000 dt]	8054
davon Keltertrauben	7174
Tafeltrauben	880
Weinproduktion [1 000 hl]	3400
Weinexport [1 000 hl]	2074
Tafeltraubenexport [1 000 dt]	555
Pro-Kopf-Verbrauch [l]	22,5

Durch Gründung des staatlichen Weinmonopols im Jahre 1947, aus dem die staatliche Wirtschaftsvereinigung Vinprom hervorging, wurden die Rückständigkeit und Zerstückelung der Weinindustrie überwunden. Die modernen Großkellereien sind mit automatischen Fließstraßen ausgestattet, die 20–40 t Trauben in der Stunde verarbeiten können. Die Herstellung von Grundweinen für natürliche Schaumweine erfolgt bei geregelter Gärtemperatur; Weißweine werden zunehmend in temperaturgeregelten Fermentationsanlagen vergoren und bei der Rotweinproduktion Vinifikatoren eingesetzt, die die Extraktions- und Gärungsvorgänge beschleunigen. In spezialisierten Betrieben, z. B. in Sofia, Pleven und Russe, wird die Weinbearbeitung, -stabilisierung und -abfüllung vorgenommen, und beim Export konnte der Schwerpunkt von Faß- auf Flaschenwein verlagert und zunehmend eine niveauvolle Kellertechnologie erreicht werden.

Heute nimmt B. hinsichtlich der Weinanbaufläche den 14., im Weinexport den vierten und im Weinexport pro Kopf der Bevölkerung sogar den ersten Platz in der Welt ein. 2,77% der landwirtschaftlichen Nutzfläche des Landes sind mit Weinreben bepflanzt. Der Anteil des gesellschaftlichen Sektors beträgt 64% (Tab.).

Die geografische Lage B. zwischen 41 und 44° nördlicher Breite und an der Grenze zwischen gemäßigt-kontinentalem und Mittelmeerklima bietet für den Weinbau gute Voraussetzungen. Durch die Gebirge wird das Land stark gegliedert, was zusammen mit den spezifischen Klima- und Bodenverhältnissen, der Sortenstruktur und Weinbautraditionen im Jahre 1964 zu einer Einteilung in fünf Weinbaugebiete geführt hat. Dabei sind nur das Gebiet um Sofia und ein Teil der Rhodopen ausgespart und, vom Talgebiet abgesehen, die bereits in der Antike entstandenen Strukturen wiederzuerkennen. Nach der Summe der aktiven Temperaturen hat man in jedem Weinbaugebiet drei (im Talgebiet zwei) Untergebiete und sog. Mikrorayons zur Erzeugung von Markenweinen mit deklarierter geografischer Herkunft oder kontrollierter Herkunftsbezeichnung festgelegt.

Das *Ostgebiet* umfaßt 29% der Weinbaufläche B. Unter dem Einfluß des Schwarzen Meeres ist der Herbst warm und lang und der Reifegrad der Trauben entsprechend hoch, so daß aus den hier vorwiegend angebauten weißen Sorten außer trockenen, auch halbtrockene und Dessertweine hergestellt werden.

– *Trockene Weißweine:* Dimiat, Tamianka (gibt es auch mit Restsüße), Chardonnay, Aligoté, Rkaziteli, Sonnenstrand (aus 'Rkaziteli'), Sophia Chardonnay aus Schumen (mit einem Zusatz der Sorte 'Aligote'), Sophia Riesling aus Schumen, Sophia Rosé Cabernet aus Burgas (aus 'Cabernet-Sauvignon');

– *Halbtrockene Weißweine:* Targowischter Eselsmilch (aus 'Riesling', 'Feteasca' und 'Dimiat'), Klosterkeller (aus 'Dimiat'), Tamianka, Losniza, Sophia Muscat aus Schumen (aus 'Muskat Ottonel', mit Zusatz von 'Ugni Blanc');

– *Dessertweine:* Varna, Vladislavovo (weiß), Pomorie (rot);

– *Schaumweine:* Iskra (weiß und rot), Magura (weiß).

Das *Nordgebiet* besitzt gemäßigtes Kontinentalklima mit heißem Sommer und strengem Winter, so daß der sogenannte bedeckte Weinbau (Schutzmaßnahmen zur Verhütung von Frostschäden) vorherrscht. Hier werden vorzügliche rote Tisch- und Qualitätsweine erzeugt, in einigen Mikrorayons auch weiße Tisch- und Markenweine.

– *Halbtrockener Weißwein:* Hemus (aus 'Tscherven Misket');

– *Trockene Rotweine (Abb.):* Gamza aus Suchindol (auch unter der Handelsmarke Sophia), Gamza aus Pavlikeni, Gamza aus Novo Selo, Cabernet aus Pleven, Cabernet aus Swischtov, Thra-

Bulgarisches Weinetikett

kia (aus 60% 'Pamid' und 40% 'Mavrud'), Sophia Cabernet-Sauvignon aus Suchindol, Sophia Merlot aus Suchindol;
– *Halbtrockene Rotweine:* Trojaner Tröpfchen (aus ‚Gamza', Weinbaugebiet Lovetsch), Balkanfeuer (verschnitten);
– *Dessertweine:* Vratschanski Misket (weiß), Tirnovo (rot).
Das *Talgebiet* ist an den Südhängen des Balkangebirges gelegen. Von besonderer Qualität sind die Weine aus dem Rosental und dem Tal von Sungurlare.
– *Trockene Weißweine:* Misket aus Karlovo, Misket aus Sungurlare, Rosentaler Riesling;
– *Halbtrockene Weißweine:* Rosentaler Riesling Superieur, Sophia Blanc de Blanc aus Slavjanzi (aus 'Tscherven Misket');
– *Halbtrockener Rotwein:* Rosentaler Kadarka (wird aus der Sorte 'Gamza' nach einer besonderen Technologie hergestellt);
– *Dessertwein:* Slavianka (weiß);
– *Wermut:* Orpheus, Vinprom, Ciociosan (alle drei Marken gibt es in weiß und rot).
Im *Südgebiet* herrscht kontinentales Übergangsklima vor. Das Marizabekken wird durch das Balkangebirge vor kalten Nord- und Nordostwinden geschützt. Hier werden hauptsächlich gewöhnliche und hochwertige Rotweine erzeugt (60% der bulgarischen Rotweine).
– *Trockene Rotweine:* Mavrud aus Asenovgrad, Merlot aus Sakar, Mechanshijsko (aus 'Cabernet-Sauvignon'), Sophia Mavrud aus Plovdiv;
– *Halbtrockene Rotweine:* Klostergeflüster (aus 'Mavrud' und 'Cabernet-Sauvignon'), Asseniza 1230, Mariza Rubin (aus 'Merlot', Weinbaugebiet Haskovo);
– *Rote Dessertweine:* Tschirpan, Haskovo, Sliven, Korten.
Das *Südwestgebiet* ist klimatisch vom Mittelmeer beeinflußt. Hier werden hochwertige rote Tafel- und Dessertweine erzeugt. Heimisch ist in diesem Gebiet die Traubensorte 'Schiroka Melnischka Losa', die in den anderen Weinbaugebieten nicht vorkommt. Außerdem werden hier u. a. 'Cabernet-Sauvignon', 'Pamid' und 'Merlot' angebaut.
– *Trockene Rotweine:* Melnik (aus 'Schiroka Melnischka Losa'), Pamid aus Goze Deltschev, Voevodsko;
– *Halbtrockener Rotwein:* Melnik 13.
Mit dieser Auswahl ist das bulgarische Weinsortiment bei weitem nicht vollständig dargestellt. Viele Weine lassen sich auch nicht einem bestimmten Weinbaugebiet zuordnen, wie Rebentaler Goldtröpfchen (halbtrockener Weißwein), Bärenblut (halbtrockener Rotwein) oder Bisser (weißer Dessertwein).
Im Jahre 1978 wurde in B. ein Weingesetz verabschiedet. Danach werden die Weine in Abhängigkeit vom Herkunftsgebiet, der Traubensorte, der angewandten Technologie und den Qualitätsmerkmalen in gewöhnliche (obiknoweno), hochwertige (wisokokatschestweno) und Spezialweine eingeteilt. Für hochwertige Weine kann eine Herkunftsbezeichnung erteilt werden (wino ot deklariran geografski rajon). Schließlich gibt es noch hochwertige Weine mit kontrollierter Herkunftsbezeichnung (wino s kontrolirano naimenowanije sa proißchod). Diese Herkunftsbezeichnungen entsprechen weitgehend den obengenannten Mikrorayons.
Das bulgarische Weinetikett gibt im allgemeinen hinreichend Auskunft. Meist wird die Traubensorte als Bezeichnung gewählt, es kommen aber auch Phantasienamen vor. Bis auf wenige Ausnahmen findet man auch die Qualitätsstufe, den Jahrgang, den Alkoholgehalt und bei halbtrockenen Dessertweinen den Restzuckergehalt vermerkt. Die

Weine mit kontrollierter Herkunftsbezeichnung erkennt man auch an einem Siegel (Pferd im Kreis). Die Etiketten der für den Export bestimmten Weine sind in der Sprache des Ziellandes abgefaßt und den dortigen Gepflogenheiten angepaßt. Dabei werden solche Begriffe wie Spätlese oder Vollreifelese verwendet, die man auf Etiketten, die für den bulgarischen Markt bestimmt sind, nicht findet. Offenbar sind sie auch nicht im bulgarischen Weingesetz verankert, weil in B. in der Regel Mostgewichte erzielt werden, die unseren Spätlesen entsprechen. Die mit dem Markenzeichen Sophia versehenen Weine rechnen zur Qualitätsstufe mit deklarierter Herkunft.

Bulgarische Weine werden durch die staatliche Außenhandelsgesellschaft Vinimpex in mehr als 70 Länder exportiert, vor allem in sozialistische, aber auch in westliche Länder mit eigenem Weinbau. Von der Güte der bulgarischen Weine zeugen mehr als 1000 Goldmedaillen, die bei internationalen Vergleichen errungen wurden. Die meisten Auszeichnungen erhielten die Rotweine Cabernet und Gamza, von den Weißweinen der Misket.

Der Wein spielt im Leben der Bulgaren eine große Rolle. Neben den großen Weinbaubetrieben und Kellereien der staatlichen Wirtschaftsvereinigung Vinprom gibt es zahlreiche Kleinwinzer, die in ihrer Freizeit nach überlieferter Weise Wein anbauen und keltern. Ein wahres Volksfest ist der Trifon Saresan (14. Februar), dessen Ursprung auf die thrakischen Feste zu Ehren des Gottes ↑ Dionysos zurückgeht. An diesem Tag wird nach dem Vorbild des Mönches Trifon symbolisch mit dem Rebschnitt begonnen und der Weinstock mit Wein begossen, um ihn zu neuer Fruchtbarkeit anzuregen.

Institute für Weinbau und Kellerwirtschaft befinden sich in Pleven, Sofia und Plovdiv. In Pleven gibt es auch eine ↑ Vinothek, deren älteste Weine aus dem Jahre 1893 stammen, und ein Weinmuseum. ↑ Tafel 32/33 und 38 (5)

Bundesrepublik Deutschland. Die höhere Kultur der Weinbereitung gelangte mit größter Wahrscheinlichkeit erst mit den Römern in diese Gebiete. Während jedoch Reste römischer Weinberge nur am Mittelrhein und an der Ahr zu finden sind, sind Funde von römischem Weinbaugerät wesentlich zahlreicher. Auch viele Lehnwörter in der Weinfachsprache, wie Most (mustum) oder Wein (vinum), zeugen von ihrer römischen Herkunft.

Im Mittelalter dehnte sich der Weinbau bis weit nach Norden und Osten aus und hatte von der Mitte des 15. bis zur Mitte des 16. Jh. seine größte Ausbreitung. Dann begann ein Niedergang, der allmählich zu den heutigen Weinbaugebieten führte. Die Ursachen sind komplexer Natur. Neben einer Verschlechterung des Klimas waren der Fernhandel (Einfuhr süßer Weine), die Bierbrauerei und der Dreißigjährige Krieg hauptverantwortlich (↑ Geschichte des Weins).

Einen wesentlichen Einschnitt bedeutete die Einschleppung der ↑ Reblaus aus Nordamerika, die 1874 das erste Mal in Deutschland festgestellt wurde. Allerdings kam es infolge strenger Gesetzgebung über die Vernichtung der Reblausherde und der Freigabe des Anbaus der ↑ Pfropfreben 1925 nicht zu solch katastrophalen Auswirkungen wie in vielen anderen Ländern. Das Verbot des Anbaus von Hybriden (↑ Direktträger) bereits seit den dreißiger Jahren und der konsequente Einsatz der Pfropfreben nach dem zweiten Weltkrieg führten schließlich zum heutigen Qualitätsweinbau in der BRD.

Die Rebenanbaufläche in der BRD ist seit dem Jahre 1976 nahezu konstant, sie betrug 1985 100000 ha mit 93% im

Ertrag. Dabei ist der Anteil an der landwirtschaftlichen Nutzfläche (durch deren Abnahme) von 0,5% im Jahre 1975 auf 0,85% gestiegen und entspricht etwa 1% der Weltweinbaufläche. Weiße und rote Trauben wurden 1986 auf 80914 ha (87%) bzw. 12145 ha (13%) angebaut. Es wurden 1985 5,402 Mill. hl Wein gekeltert und davon 2,919 Mill. hl exportiert, dazu wurde jedoch mehr als das Dreifache (9,568 Mill. hl) importiert, getrunken wurden 15,538 Mill. hl, was einem Pro-Kopf-Verbrauch von 25,4 l entspricht.

Die Weinbaubetriebe der BRD sind überwiegend Kleinbetriebe mit einer Rebfläche unter 1 ha. Etwa zwei Drittel aller Winzer sind Feierabendwinzer (sogenannte Nebenerwerbsbetriebe), und etwa 10% sind Betriebe mit mehr als 2 ha und dürfen sich Weingut nennen. Ungefähr 300 Weingüter haben eine Anbaufläche von mehr als 10 ha. Daneben gibt es größere Güter, die Domänen. Sie sind meist im Besitz des Staates. Die größte Staatsdomäne ist mit 195 ha die Verwaltung der Staatsweingüter Eltville im Rheingau. Kleinbetriebe keltern und vermarkten ihre Weine in zunehmendem Maße selbst. Viele Kleinwinzer sind in ungefähr 330 ↑ Winzergenossenschaften (2.) organisiert, die über eine Lagerkapazität von etwa 11 Mill. hl (1985) verfügen und damit 30–40% der gesamten Ernte erfassen. Mit etwa 70000 Mitgliedern gehören ihnen ungefähr zwei Drittel aller Winzer an.

Die Weinbaugebiete der BRD sind nach dem Weingesetz von 1971 mit der Ergänzung von 1982 in 11 bestimmte Anbaugebiete für Qualitätswein (QbA) mit insgesamt 31 Bereichen und vier Anbaugebieten für Tafelwein mit zusammen acht Untergebieten eingeteilt. Dazu kommen seit 1983 für die Erzeugung von Landwein 15 gesondert umgrenzte Anbaugebiete.

Die *Qualitätsweinbaugebiete* sind: Mosel-Saar-Ruwer, Mittelrhein, Ahr, Nahe, Rheinhessen, Rheinpfalz, Rheingau, Hessische Bergstraße (diese Gebiete umfassen das Tafelweinbaugebiet Rhein und Mosel), Franken, Württemberg und Baden (jeweils identisch mit den Tafelweinbaugebieten Bayern, Neckar und Oberrhein).

Rheinhessen ist das größte Weinbaugebiet der BRD. Es umfaßt eine Ertragsrebenfläche von 23135 ha (1986) mit 21936 ha weißen und 1199 ha roten Sorten. Das Gebiet wird im Norden und Osten in weitem Bogen vom Rhein umschlossen, während es im Westen und Süden an die Gebiete Nahe und Rheinpfalz grenzt. Geologisch gehört das rheinhessische Weinland zum Mainzer Becken, das vom Westen durch den Donnersberg und den Soonwald und vom Osten durch Taunus und Odenwald vor starken Winden geschützt ist. Es herrscht ein mildes Klima. Mit einer Durchschnittstemperatur von 9,8 °C und durchschnittlichen Niederschlagsmengen von 481 mm (in Alzey) gehört dieses Gebiet zu den wärmsten und trockensten der BRD. Den Hauptanteil der Böden macht Löß aus, man findet aber auch Kalk- und Mergelböden. In den höheren Lagen tritt neben Kalk auch Granit auf. Das Land besteht zum überwiegenden Teil aus flachen Hügeln; es gibt nur wenige Steillagen wie bei Nierstein, Nackenheim und Bingen.

Während früher der ↑ 'Silvaner' die Hauptrebsorte war, ist er heute durch ↑ 'Müller-Thurgau' abgelöst worden. Der 'Silvaner' liefert hier einen reifen, milden Wein. Vielerorts ist er durch die 'Scheurebe' ersetzt, die gut ausgereifte Weine mit einem typischen Geruch nach Schwarzen Johannisbeeren ergibt. Der 'Müller-Thurgau' erreicht auf den Lößböden seine größte Fülle und das typische Aroma. Der ↑ 'Weiße Riesling' liefert, je nach Bodenbeschaffenheit, rassige und kernige Weine von Mergelböden, ein an Pfirsiche erinnerndes Bukett vom Löß oder feinwürzige, ausdrucksstarke Weine vom Rotliegenden bei Nierstein, Nackenheim und Schwabsburg. Von der Sorte ↑ 'Bacchus' kommen sichere Erträge mit guter Qualität und ein fruchtiger und feiner Wein. Der 'Kerner' bringt fruchtige, reife und kernige Weine auch in weniger guten Jahren.

Die Durchschnittserträge liegen bei 65–90 hl/ha, können in guten Lagen und Jahren jedoch auch über 100 hl/ha betragen. Eine bekannte Weinstadt in Rheinhessen ist Worms mit der Liebfrauenkirche. Der frühere Wein von der Einzellage um diese Kirche, heute als Liebfrauenmilch Madonna bezeichnet, mußte seinen Namen mit dem bekannten Typenwein Liebfrau(en)milch teilen. Diese Weinbezeichnung ist ein Phantasiename für einen Wein, der aus den Anbaugebieten Rheinhessen, Rheinpfalz oder Nahe stammen muß, hauptsächlich aus den Sorten 'Riesling', 'Silvaner' oder 'Müller-Thurgau' gekeltert ist, ein Mostgewicht von mindestens 60 °Oe und einen Restzuckergehalt von mehr als 18 g/l hat. Als Qualitätswein muß er eine amtliche Prüfungsnummer tragen.

Die *Rheinpfalz* ist heute das zweitgrößte Anbaugebiet der BRD; hier werden große Weine edelster Kreszenz gekeltert. Fast in jedem Jahr gibt es hier Auslesen, Beerenauslesen und Trokkenbeerenauslesen. Die Anbaufläche liegt bei 18443 ha für weiße und 2147 ha für rote Sorten entsprechend 20590 ha insgesamt (1986). Dieses Weinbaugebiet wird im Süden durch die französische Grenze, im Westen durch den Donnersberg, das Haardtgebirge und die Wasgauberge begrenzt. Im Norden grenzt es an das Anbaugebiet Rheinhessen, und im Osten erstreckt es sich bis zum Rhein. Es wird durchzogen von der 80 km langen Deutschen Weinstraße und gliedert sich in die Bereiche Mittelhardt/Deutsche Weinstraße und Südliche Weinstraße. Das Klima ist bemerkenswert mild (Jahresdurchschnittstemperatur 10 °C), so daß hier auch Mandeln und Feigen reifen. Charakteristisch sind auch die geringen Temperaturschwankungen zwischen Sommer und Winter. Die Böden sind sehr verschieden; man findet kräftige, feuchte Lehm- und Lößböden, aber auch dunkle Lavaerde. Gesteinsarten sind Rotliegendes, Kalkstein, Buntsandstein und Sand, daneben auch Eruptivgestein wie Basalt.

Der jahrhundertelang als Hauptrebsorte angebaute 'Silvaner' ist heute, wie in Rheinhessen, vom 'Müller-Thurgau' abgelöst und in der Fläche sogar vom 'Riesling' überholt worden. Vielgestaltig wie die Böden sind auch die Weine. So ergibt der 'Riesling' edle, volle und feinblumige Weine. Der ↑ 'Morio-Muskat' mit seinem starken Bukett ist eine Spezialität in diesem Gebiet. Ebenso entwickeln sich die Bukette der Sorten ↑ 'Traminer' und 'Gewürztraminer'. Feine, fruchtig frische aber doch kräftige Weine liefert die 'Scheurebe'. Der 'Portugieser' gibt warme und milde Weine und wird wegen der oft geringen Farbe viel als ↑ Weißherbst gekeltert.

Das größte Weinfest der BRD ist der Bad Dürkheimer Wurstmarkt, der jedes Jahr im September stattfindet. Nach Süden zu auf der Weinstraße folgen dann Orte wie Wachenheim, Deidesheim und Neustadt/Weinstraße. Bekannte Lagen sind z. B. Haardter Herzog, Gimmelsdinger Meerspinne und Ruppertsberger Nußbien. Neustadt ist bekannt durch die Landeslehr- und Forschungsanstalt für Wein- und Obstbau und die im Oktober stattfindende Wahl der Deutschen Weinkönigin der BRD. Bekannt ist auch der Neustädter Ortsteil Hambach durch das Hambacher Fest des Jahres 1832.

Flächenmäßig an dritter Stelle steht *Baden* mit 14811 ha Ertragsrebfläche (weiße Sorten 11371 ha, rote Sorten 3440 ha). Dieses Weinbaugebiet erstreckt sich am rechten Rheinufer von der Schweizer Grenze im Süden bis zur Tauber im Norden, östliche Begrenzung ist der Schwarzwald. Hier in der Oberrheinischen Tiefebene herrscht mildes Klima mit einer Jahresdurchschnittstemperatur von 10,3 °C. Die geologischen Verhältnisse sind sehr unterschiedlich; neben Gneis (Ortenau), Porphyr (Glottertal und Freiburg) und vulkanischem Tuffgestein (am Kaiserstuhl und am Hohentwiel) findet sich Muschelkalk, Ton, Mergel und Moränenschutt.

Die badischen Weine fallen im Vergleich zu denen anderer Anbaugebiete der BRD durch ihre relativ geringe Säure auf. Der 'Müller-Thurgau' ergibt hier Weine, die bei ausgeprägtem Bukett frisch und leicht wirken. Der ↑ 'Blaue Spätburgunder' bringt samtige, rubinrote Weine mit feinem Bukett. Daneben wird diese Sorte aber auch als Weißherbst gekeltert. Südlich von Freiburg im Markgräflerland wird fast ausschließlich ↑ 'Weißer Gutedel' angebaut, der einen Wein von prickelnder Frische mit wenig Säure und Alkohol ergibt. Der 'Silvaner' ist mild und lieblich, der ↑ 'Ruländer' schwer und vollmundig.

Die badischen Winzer sind zum überwiegenden Teil genossenschaftlich organisiert und die Zentralkellerei badischer Winzergenossenschaften in Breisach gilt als die größte Europas. Bemerkenswert ist, daß im nördlichen Teil, dem Madonnenländchen, das früher zu Franken gehörte, der Wein in ↑ Bocksbeuteln abgefüllt werden darf.

Das Weinbaugebiet *Mosel-Saar-Ruwer* umfaßt eine Gesamtertragsfläche von 11885 ha, die praktisch ausschließlich mit weißen Sorten bestockt ist. Der Weinbau erstreckt sich hier entlang der gesamten Mosel, soweit sie in der BRD verläuft, bis zur luxemburgischen Grenze. An den rechten Nebenflüssen von Mosel, Saar und Ruwer wird der Weinbau jeweils nur an den Strecken kurz vor der Mündung betrieben. Das Klima ist ein typisches Seeklima mit vorherrschend West- und Südwestwinden und einer mittleren Jahrestemperatur von 9,8 °C. Entsprechend der Länge des Flußtales sind die Böden sehr unterschiedlich. An der Untermosel überwiegen Grauwackeschiefer, an der Mittelmosel Verwitterungsböden der Tonschiefer des Hunsrücks und an der Untermosel rötliche (durch Eisenoxid) Grauwackeschiefer. Weinbau wird hier ausschließlich auf den Steilhängen der tief eingeschnittenen Flußtäler betrieben, was die rationelle Bewirtschaftung zwar erschwert, aber alle Voraussetzungen bietet, um die weltbekannte Qualität der Moselweine entstehen zu lassen.

Hauptrebsorte an der Mosel ist der 'Weiße Riesling', er nahm 1950 sogar über 90% der Fläche ein. Jetzt ist der Anbau zugunsten des 'Müller-Thurgau' wieder zurückgegangen. Seinen Anteil hat der 'Elbling' behauptet, der im wesentlichen zur Sektherstellung verwendet wird. Auch die Rieslingweine der Saar werden wegen ihrer Säure für die Herstellung von Rieslingsekten verwendet. Daneben wird auch der 'Kerner' angebaut. Die Rieslingweine der Mosel sind berühmt wegen ihrer spritzigen, leichten und fruchtig eleganten Art, sie sind säurebetont, nicht sehr alkoholreich und gut lagerfähig.

Von der Vielzahl bekannter Namen und Lagen können hier nur wenige genannt werden. So der Bernkasteler Doctor, der einst Bischof Beomund II. das Leben gerettet haben soll, oder Zeltinger

Himmelreich, Erdener Treppchen, Kröver Nacktarsch, Ürziger Würzgarten und Zeller Schwarze Katz.

Das Weinbaugebiet *Württemberg* hat eine Gesamtertragsfläche von 9326 ha, wovon die Hälfte mit roten Sorten bestockt ist (rote Sorten 4708 ha, weiße Sorten 4618 ha). Es wird im Süden durch die Schwäbische Alb und im Westen durch den Schwarzwald begrenzt. Der Weinbau findet sich hauptsächlich im Neckartal, daneben gibt es kleinere Flächen an der Tauber und am Bodensee. Das Klima weist sowohl kontinentale als auch maritime Züge auf, und die geschützten Südhänge der Täler sind ideal für den Weinbau. Auch hier sind die Böden sehr vielgestaltig, man findet Muschelkalk, Keuper, Mergel, Buntsandstein, Löß und Lehm. Die Zahl der angebauten Sorten ist in Württemberg, einem typischen Rotweinland, besonders groß. Die besten Rotweine liefert der 'Trollinger', sie sind ziegelrot, kernig und fruchtig; zart und fruchtig sind dagegen die Weine der 'Müllerrebe', die hier 'Schwarzriesling' genannt wird. Eine nur in Württemberg angebaute Sorte ist der 'Lemberger'. Auch 'Riesling', 'Müller-Thurgau' und 'Silvaner' liefern hier markante Weine. Angebaut wird auch der 'Kerner', eine aus Württemberg (Weinsberg) stammende Kreuzung ↑ 'Blauer Trollinger' × 'Weißer Riesling'. Bekannte Weine sind der Täleswein aus Neuffen oder der Cannstadter Zuckerle. Eine Spezialität ist der ↑ Schillerwein, der aus gemischt angebauten roten und weißen Sorten gekeltert oder durch Mischen der Moste oder Trauben dieser Sorten erzeugt wird.

Franken nimmt, nach Flächengröße, den sechsten Platz unter den Weinbaugebieten der BRD ein. Auf 4708 ha werden praktisch nur weiße Sorten angebaut (149 ha rote Sorten). Das Gebiet ist, klimatisch bedingt, kein geschlossenes Weinbaugebiet. Der Rebenanbau beschränkt sich zum überwiegenden Teil auf die West- und Südhänge der Begrenzungen der Flußtäler des Mains, der Werra, der Tauber und der fränkischen Saale und hat sich auch hier nur an günstigen Stellen halten können. Die mittlere Jahrestemperatur beträgt nur 8,6 °C, und der Ertrag wird oft von Früh- und Spätfrösten beeinträchtigt. Insgesamt gesehen findet man hier große lokalklimatische Unterschiede. An Böden gibt es Muschelkalk, Buntsandstein, Urgestein und Keuper. Hauptrebsorte im Muschelkalkgebiet (etwa 70% der Anbaufläche, im Maindreieck gelegen) ist der 'Silvaner'. Im Buntsandsteingebiet stehen die wenigen roten Sorten sowie 'Müller-Thurgau' und 'Silvaner'. Auf Urgestein und Keuper wächst in erster Linie der 'Müller-Thurgau', dessen rassige und kernige Weine eine Besonderheit sind. Frankenweine sind im allgemeinen voll durchgegoren, säurebetont und zeichnen sich durch eine feine, herzhafte Frische aus; sie haben meist einen hohen Extraktgehalt, sind sortentypisch, und die Boden-, Jahrgangs- und Lageneigenschaften treten deutlich hervor. Typisch für den Frankenwein ist der ↑ Bocksbeutel; diese Flaschenform ist besonders geschützt und darf nur hier und in einem Teil Badens verwendet werden. Berühmte Lagen sind in der Nähe von Würzburg Leiste, Abtsleite und Stein. Eine charakterliche Ähnlichkeit gibt es zwischen diesen trockenen sogenannten Steinweinen und den Weinen des Saale-Unstrut-Gebietes.

Das Anbaugebiet *Nahe* ist mit 4313 ha Ertragsfläche fast ebenso groß wie Franken. Auch hier wird vorwiegend Weißwein erzeugt (nur 83 ha rote Sorten). Der Weinbau beginnt an der Mündung der Nahe in den Rhein, erstreckt sich naheaufwärts bis Martinstein und zieht sich bis in die Täler der Nebenflüsse der Nahe. Das Klima ist, dank der geschützten Lage, warm und relativ niederschlagarm durch die abschirmende Wirkung des Hunsrücks, damit also gut für den Weinbau geeignet. Die Böden sind vielgestaltig; so findet man an der oberen Nahe verwittertes Eruptivgestein und an der mittleren und unteren Nahe Sand, Lehm, Letten, Buntsandstein, Schiefer und Porphyr.

Die Weine der Nahe liegen in ihrem Charakter zwischen denen der Mosel und denen des Rheingaues. Hauptrebsorte ist der 'Müller-Thurgau', gefolgt von 'Riesling' und 'Silvaner'. Die Weine der oberen Nahe, besonders die rassigen Rieslingweine, sind frisch und stahlig. Die Weine von den Schieferböden sind elegant und rassig, feurig dagegen die der Vulkanböden. Hauptort für den Naheweinbau ist Bad Kreuznach mit einer Weinbaulehranstalt und auch einigen größeren Weingütern.

Der *Rheingau* mit 2708 ha (davon 150 ha rote Sorten) gehört zu den kleineren Weinbaugebieten der BRD. Er wird nach Süden und Westen vom Rhein und nach Norden vom Taunus begrenzt. Nach Osten reicht er bis Wiesbaden, und an der Mainmündung gehört noch die Großlage Daubhaus dazu. Der Rheingau hat ein mildes, geschütztes Klima (9,8 °C mittlere Jahrestemperatur); er ist das wichtigste und bekannteste Gebiet der BRD für Qualitätsweine. Die Böden sind vielfältig und nährstoffreich (Lehm, Ton, Mergel, Löß, aber auch Quarzit, Sandstein und Schiefer). Mit fast 80% ist die Hauptrebsorte der 'Weiße Riesling', der aus diesem Gebiet stammen soll und hier auch seine Qualität und Geschmacksvielfalt voll zur Geltung bringen kann. In ihrer ganzen Vollendung zeigen sich diese Weine oft erst nach mehrjährigem Lagern auf der Flasche.

Im Rheingau wurde 1775 im Kloster ↑ Johannisberg die ↑ Edelfäule und die ↑ Spätlese entdeckt. Bis heute begründen die Spätlesen und Auslesen den Weltruhm der Rheingauer Weine. Ebenfalls hier (im Kloster Eberbach) entstand die Bezeichnung ↑ Kabinett. Bekannte Namen im Rheingau sind: Rüdesheim, Schloß Johannisberg, Kloster Eberbach und Eltville. Eine Besonderheit ist auch der Rotweinanbau bei Aßmannshausen; dieser Wein wirkt mit seiner Säure fast wie ein Weißwein.

Das Gebiet *Mittelrhein* (725 ha weiße und 8 ha rote Sorten) zählt zu den drei kleinsten Weinbaugebieten der BRD. Es erstreckt sich am Rhein etwa von Bingen bis Königswinter bei Bonn und ein Stück in die Lahnmündung hinein. Das Klima ist mild und gehört zu den wärmsten der BRD. Die Böden werden hauptsächlich durch die Verwitterung von Schiefer und Grauwacke gebildet. Hauptrebsorte ist auch hier der 'Weiße Riesling'. Die Weine sind in Geschmack und Qualität oft unterschiedlich. Sie sind mild, meist frisch und haben eine gute Blume. Im allgemeinen sind sie voller als die Moselweine.

Das Anbaugebiet *Ahr* mit 378 ha (252 ha rote und 126 ha weiße Sorten) nimmt nach der Rebfläche den vorletzten Platz ein. Es erstreckt sich über 25 km von der unteren bis zur mittleren Ahr. Von den umgebenden Höhen geschützt, herrscht ein günstiges Lokalklima, dessen Wirkung durch die dunklen Tonschieferböden noch erhöht wird. Hier im Ahrtal befindet sich das größte geschlossene Rotweinanbaugebiet der BRD. Es werden hauptsächlich der ↑ 'Blaue Spätburgunder' und der ↑ 'Blaue Portugieser' angebaut. Die Ahrrotweine haben ein feines Aroma, sind lieblich und vollmundig, allerdings oft hellfarbig und nicht sehr körperreich. Berühmte Weindörfer sind Altenahr, Rech, Ahrweiler und Bad Neuenahr.

Die *Hessische Bergstraße* (362 ha, 6 ha

Anteile der Hauptrebsorten in den Weinanbaugebieten der BRD in % (Stand 1982)

	Rheinhessen (22470 ha)	Rheinpfalz (20537 ha)	Baden (14815 ha)	Mosel-Saar-Ruwer (11631 ha)	Württemberg (9449 ha)	Franken (4714 ha)	Nahe (4264 ha)	Rheingau (2752 ha)	Mittelrhein (721 ha)	Ahr (383 ha)	Hessische Bergstraße (356 ha)
Bacchus	8					8					
Blauer Spätburgunder			20					5		32	
Elbing				9							
Faberrebe	7										
Gutedel			9								
Kerner	7	10		5	8	5	7		6		
Morio-Muskat		8									
Müllerrebe					12						
Müller-Thurgau	25	24	38	23	11	50	28	7	11	14	18
Portugieser		8								28	
Riesling		14	7	56	24		21	79	75	17	52
Ruländer			13								9
Silvaner	15	10			6	23	16				8
Scheurebe	9										
Trollinger					23						

rote Sorten) ist das kleinste Anbaugebiet der BRD. Sie liegt an den Süd- und Westhängen des Odenwaldes und erstreckt sich in einige von der Bergstraße abzweigende Täler. An Böden findet man Quarz-Porphyr und meist kalkhaltige Sand- und Lößböden. Die Hänge der Täler bieten gute klimatische Voraussetzungen für den Weinbau. Hauptrebsorte ist der 'Weiße Riesling', gefolgt von 'Müller-Thurgau' und 'Ruländer'. Die Weine sind fruchtig und blumig; ein großer Teil ist Qualitäts- und Prädikatswein. Sie werden zum größten Teil innerhalb des Gebietes verbraucht. Bekannte Weinbauorte sind Heppenheim, Bernsheim, Weinheim und Umstadt.

Die Verteilung der Ertragsrebenflächen auf die Weinbaugebiete der BRD und die Rebsorten nach der Erhebung des Weinbaukatasters 1982 zeigt die Tabelle.

Auf den Weinetiketten der BRD findet man wegen der Heterogenität der natürlichen Gegebenheiten Angaben wie besonderes Anbaugebiet, Bereich, Gemeinde und Weinberglage. Dazu kommen noch Jahrgangsangabe, Rebsorte, Geschmacksangabe und Erzeuger oder Abfüller sowie die Qualitätsstufe.

Die Weine der BRD werden in drei Güteklassen eingeteilt:

– Deutscher ↑ Tafelwein (dazu auch Deutscher ↑ Landwein);

– Qualitätswein bestimmter Anbaugebiete (QbA);

– ↑ Qualitätswein mit Prädikat. Prädikate können sein:

↑ Kabinett, ↑ Spätlese, ↑ Auslese, ↑ Beerenauslese, ↑ Trockenbeerenauslese, ↑ Eiswein (nur zum Prädikat Beerenauslese).

Für die zweite und dritte Güteklasse ist eine ↑ amtliche Prüfungsnummer vorgeschrieben. Weine, die freiwillig und erfolgreich einer organoleptischen Prüfung unterzogen wurden, erhalten das ↑ Deutsche Weinsiegel. Dieses Bezeichnungsrecht ist gesetzlich bis ins Detail geregelt; Verschnitte verschiedener Anbaugebiete sind nicht erlaubt.

Die Weinforschung und Ausbildung in der BRD wird überwiegend in staatlichen Forschungsanstalten und nicht an Universitäten betrieben. Genannt sei hier nur die Forschungsanstalt für Weinbau, Gartenbau, Getränketechnologie und Landespflege in Geisenheim, die 1872 gegründet wurde, und an der 1882 die Rebsorte 'Müller-Thurgau' gezüchtet wurde.

Eine Vielzahl von Weinfesten soll in den verschiedenen Weinbaugebieten für den Wein werben und den Absatz fördern. Auch die Wahl von Gebietsweinköniginnen und der deutschen Weinkönigin dient diesem Zweck. ↑ Tafel 25, 28 und 29 (1)

Burciak [slowak.] ↑ Federweißer

Burgund, *Bourgogne:* eine der berühmtesten Weinanbauregionen der Welt mit Spitzenweinen höchster Qualität und einer sehr langen Tradition. Die Anfänge liegen vor der Römerzeit. B. erstreckt sich als schmales Band über 260 km von Nord nach Süd und umfaßt eine Rebfläche von etwa 38000 ha, die der Qualitätseinstufung ↑ Appellation d'Origine Contrôlée (AOC) unterliegt. Dabei dürfen nur Weine aus bestimmten, genau abgegrenzten Anbaugebieten der Départements Yonne (Chablis), Côte-d'Or (Côte de Nuits und Côte de Beaune), Saône-et-Loire (Chalonnais, Mâconnais) sowie dem Bereich Villefranche-sur-Saône im Département Rhône (Beaujolais) die Bezeichnung Burgunder tragen.

In B. werden jährlich etwa 1,8 Mill hl Wein erzeugt, davon etwa 1,4 Mill. hl Rotwein, die ungefähr 100 AOC angehören.

Obwohl in B. nur vier Rebsorten angebaut werden, sind die Weine entsprechend den klar voneinander abgegrenzten und z. T. untereinander weit entfernten Anbaugebieten sowie durch die differenzierten Boden- (Mergel, Kalkton, Granit) und Klimaverhältnisse in Geschmack, Eigenschaften und Qualitäten sehr unterschiedlich. Die berühmten Spitzenrotweine werden aus der Rebe ↑ 'Pinot Noir', die Spitzenweißweine aus der ↑ 'Chardonnay' gekeltert. Die restlichen Rebsorten sind die ↑ 'Gamay' für den Beaujolais und die ↑ 'Aligoté' für einfachere weiße Burgunderweine. Die roten Spitzenburgunder sind unverkennbare, vollmundige, rubinrote und samtige Weine mit einem erlesenen Bukett und langem ↑ Abgang. Sie sind in ihrer vollkommensten Art weltweit nicht zu übertreffen. Auch die weißen Spitzenburgunder (Côte de Beaune: Montrachet, Corton-Charlemagne; Chablis) mit ihrem vollen, duftigen Bukett, ihrer Fruchtigkeit und ihrem nachhaltigem Abgang sind nicht nur die besten trockenen Weißweine Frankreichs, sondern gehören zu den besten der Welt. Chablis mit ausschließlich trockenen Weißweinen wird in vier Qualitätsstufen mit jeweils zugehöriger AOC angeboten: Chablis grand cru, Chablis premier cru, Chablis und petit Chablis.

Die berühmtesten und teuersten Rotweinraritäten kommen von der Côte de Nuits und Côte de Beaune. Sie sind auf dem Etikett bezüglich ihrer Herkunft gekennzeichnet, entweder nur durch die Weinberglage bei eigenständiger AOC, z. B. Chambertin, Clos de Vougeot u.a. – im Sprachgebrauch häufig grand cru genannt – oder durch die Premier-cru-Spitzenlage. Weine mit kommunaler AOC sind hervorragende echte Burgunder-„Dorfweine", z. B. Gevrey-Chambertin. Einfachere Weine mit regionaler AOC sind: Bourgogne oder Bourgogne Passe-tout-grain (ein Drittel 'Pinot Noir' und zwei Drittel 'Gamay').

Der Beaujolais ist der volkstümlichste Rotwein Frankreichs. Im Mittelalter als minderwertig verbannt, genießt er zunehmend internationale Popularität. Die besten Beaujolais kommen von neun Dörfern mit eigenständiger AOC. Weitere Qualitätsstufen sind: Beaujolais-Villages AOC, Beaujolais Supérieur AOC und Beaujolais AOC. Der Beaujolais Nouveau ist der neue, nach dem 15. November des Lesejahres für ein Jahr ausgeschenkte Wein. ↑ Primeur (9)

Burgunderflasche: eine zylindrische aber gedrungene, bauchige, mehr keulenförmige ↑ Glasflasche mit längerem sich allmählich verjüngendem Hals. Sie wird heute in braungrüner Farbe nicht nur in Burgund sondern überall in der Welt für mehr milde Rotweinabfüllungen genutzt. In hellgrüne B. werden auch Weißweine abgefüllt. Auch die B. hat, ähnlich der ↑ Bordeauxflasche, eine Bodenwölbung, ihr Volumen liegt bei 0,75 l. ↑ Flaschenformen (3)

Buschenschenke ↑ Straußwirtschaft

Hölzerne Butten zum Transport von Mist und Erde, wie sie z. B. von den Winzern an Elbe, Saale und Unstrut verwendet wurden

Butte, *Botten, Bütte, Hotte, Kiepe, Logel:* Traggefäß, früher aus Holz, Korbgeflecht bzw. emailliertem Metall, heute aus Plaste, das vorwiegend für die Ernte der Weintrauben genutzt wird

(Abb.). Die B. faßt als Volumenmaß für Wein etwa 40 l und damit 25–35 kg Trauben. Die Trauben werden vor allem in Steillagen mit der B. auf dem Rücken gesammelt und zu den Sammelbehältern – größere, wannenartige Gefäße (Stellbütten, Dusen) – getragen. Die B. werden weder beim Füllen noch beim Entleeren abgesetzt. Die großen Sammelgefäße stehen auf Fahrzeugen, die sie zur Kelter fahren. Heute werden anstelle der B. meist Plastewannen benutzt, die von besonderen Arbeitskräften entleert werden. B. dienen in Steillagen auch dem Transport von Erde, Kompost, Mist u.a. (3)

Buttenweine: Bezeichnung für Weine, denen eine bestimmte Anzahl (↑ Butte bzw. ↑ puttony) edelfauler ↑ Trockenbeerenauslesen zugesetzt wurden. B. sind z. B. ↑ Sauternes und ↑ Tokaji Aszú. (3)

C

Cabernet Franc: Rebsorte mit ähnlichen Eigenschaften wie ↑ 'Cabernet Sauvignon'. Ihre Weine haben weniger Körper, sind kräftiger, wenig farbig und mit weniger Bukett, gehören aber mit zu den großen französischen Bordeauxspitzenweinen. Verschnitten werden sie mit ↑ 'Merlot' und ↑ 'Cabernet Sauvignon'. (6)

Cabernet Sauvignon: französische Keltertraube für edelste Rotweine. Im Verschnitt mit ↑ 'Cabernet Franc' und ↑ 'Merlot' ergibt sie die weltberühmten Rotweine des Médoc. Die Herkunft der alten Sorte ist nicht mehr festzustellen, vermutlich führt sie bis auf die Römerzeit zurück. C.S. ist weltweit verbreitet in Süd- und Südosteuropa, Südafrika, Kalifornien, Argentinien, Chile und Australien. Die Trauben sind mittelgroß, dichtbeerig, teils geschultert, die Beeren klein, rund, dickhäutig, schwarzblau, hell bereift, sehr saftig, süß. Der Rebstock wächst kräftig, er ist anfällig für Echten Mehltau. Die Trauben können lange am Stock hängen und erreichen dann Mostgewichte über 100 °Oe bei niedrigem Säuregehalt. Die Weine sind tief gedeckt, kräftig, rassig, mit typischem Bukett, lange lagerfähig und erst dann mundreif. (6)

Cabinet ↑ Kabinett

Calvados [franz.]: bernsteinfarbener Obstbranntwein mit etwa 35–50 Vol.-% Alkoholgehalt. C. wird schon seit dem 16. Jh. meist aus einem ein Jahr gelagerten Apfelwein gebrannt und bei Spitzenqualität (↑ Appellation d'Origine Contrôlée) noch in Eichenfässern gelagert. Die Jahresproduktion, die nach ganz bestimmten Regeln erfolgt, beträgt rund 17,5 Mill. Flaschen (70 cl), von denen etwa 20% exportiert werden. (3)

cantina [ital.]: Weinkeller, Kellereiabfüllung. *C.sociale* werden die Kellerei- und Winzergenossenschaften genannt. (3)

Carignan: blaue Kelterrebsorte im Süden Frankreichs, aber auch in Algerien, Spanien, Türkei und USA (Kalifornien) verbreitet. C. bringt hohe Masseerträge, neigt aber zur Fäulnis. Aus C. werden Landweine hergestellt, die arm an Säure, Extrakt und Tannin sind und vielfach zu Verschnitten herangezogen werden. (3)

castello [ital.]: Schloß(-abfüllung)

Catawba: berühmteste einheimische blaue Kelterrebsorte der USA mit hohen Erträgen, die vor allem in Ohio und New York angebaut wird. C. ergibt einen überaus fruchtigen, aber stärker dumpfigen Wein mit Foxgeschmack. Er wird meist weiß oder blaßrot gekeltert und für die Schaumweinherstellung eingesetzt. (3)

Cato d. Ä.: römischer Staatsmann (234–149 v. u. Z.), der in seinem Werk De agri cultura (Über die Landwirtschaft) erstmalig den römischen Weinbau wissenschaftlich darstellte. Er erwähnte acht Rebsorten und gab Empfehlungen für geeignete Lagen und Arbeitsgänge. (3)

cava [span.]: **1.** schaumweinerzeugender Betrieb.

2. ein nach der französischen Champagnermethode (Flaschengärung) hergestellter Schaumwein. (3)

Celine: eine Tafeltraube von Paul Giraud in Marseille, aus Samen von 'Magdalene Angevine' gewonnen und 1889 dem Handel übergeben. Die lockerbeerige, langzylindrische, ästige, sehr frühe, mit 'Malingre' reifende Traube hat kleinere, rundliche, dünnschalige, grünlichgelbe, süße, feinaromatische Beeren. Der Rebstock wächst schwach, braucht bessere Böden und volle Düngung; er ist nicht besonders anfällig für Frost und Krankheiten. In der Erziehung sind Strecker Bogreben vorzuziehen; der Ertrag wird unterschiedlich von gering bis hoch beurteilt.

Außer dem Frischverzehr sind die Trauben auch für die häusliche Most- und Weinbereitung geeignet. An wärmeren Standorten kann C. auch freistehend, ohne Wandschutz angebaut werden. (6)

cepa [span.]: Reb-, Traubensorte

cépage [franz.]: Rebsorte

certiefied wine of origin, CWO [engl.]: südafrikanische Weine kontrollierter Herkunftsbezeichnung; entspricht den QbA-Weinen. (3)

Chambrieren: langsames Erhöhen der Temperatur der Rotweine bis zur optimalen ↑ Trinktemperatur, die früher als Zimmertemperatur, allerdings mit 16–18 °C, angesehen wurde. (3)

Champagne: nördlichstes Qualitätswein-Anbaugebiet Frankreichs; hauptsächlich im Département Marne. Die Champagnerfirmen sind in und um die Städte Reims und Epernay konzentriert. In den letzten Jahrzehnten hat die kultivierte Rebfläche, vorwiegend auf Kreideböden, stark zugenommen und betrug 1987 etwa 27000 ha, das sind mehr als 2% der Gesamtrebfläche Frankreichs. Die durchschnittliche Jahresproduktion an Champagner liegt bei etwa 180 Mill. Flaschen, wovon aber nur 25 bis 30% exportiert werden.

In der C. werden etwa zwei Drittel Rotweinreben wie ↑ 'Pinot Noir' und ↑ 'Pinot Meunier' (↑ 'Müllerrebe') und ein Drittel Weißweinreben (↑ 'Chardonnay') gelesen. Die Rotweintrauben werden hauptsächlich wie Weißweine gekeltert (↑ Rotling).

Um einen für die jeweilige Champagnerfirma typischen, über längere Zeiträume konstanten Champagnerstandard zu erhalten, werden Stillweine verschiedener Dörfer der C., verschiedener Jahrgänge und verschiedener Rebsorten zur Cuvée gemischt. Diese Cuvée sind Champagner ohne Jahrgangsangaben. Bei Spitzenweinjahrgängen wird mitunter eine Champagnerspezialität ↑ Blanc de Blancs hergestellt, die nur aus der Rebe 'Chardonnay' gekeltert wurde und häufig auch als Jahrgangschampagner angeboten wird. Die Angabe Blanc de Noirs weist darauf hin, daß der Champagner nur aus Rotweinreben, meist 'Pinot Noir', besteht. In der C. ist nur die natürliche ↑ Flaschengärung nach der Methode champenoise erlaubt.

Die Champagner reifen nach der zweiten Gärung häufig vier bis fünf Jahre in riesigen, 20–40 m tiefen Kalkgewölben bei konstanter Temperatur von etwa 10 °C und gleichmäßiger Luftfeuchtig-

keit. Vorgeschrieben ist eine Reifezeit von mindestens einem Jahr für Champagner ohne Jahrgangsangaben. Für Jahrgangschampagner beträgt die vorgeschriebene Lagerung mindestens drei Jahre.
Champagner werden in verschiedenen Geschmacksrichtungen von trocken bis süß angeboten, die auf dem Etikett verzeichnet sein müssen:

natur brut – ohne jegliche ↑ Dosage
brut – strengtrocken
extra sec – sehr trocken
sec – trocken
demi-sec – halbtrocken
doux – süß

Die Hälfte aller Champagner, besonders die berühmten Spitzenmarken, werden nur von einem guten Dutzend angesehener Firmen produziert. Auf dem Etikett sind zwei Bezeichnungen besonders wichtig: die Angabe Champagner und der Name des Herstellers. Aufgrund des langwierigen und diffizielen Herstellungsverfahrens ist der Markenname viel wichtiger als irgendeine detaillierte Herkunftsbezeichnung des Weins. Die Qualität der Champagner, einschließlich ihrer Produktions- und Handelsvorgänge, wird durch das Comité interprofessionnel du vin Champagne (C.I.V.C – Weinhandelskammer der C.) kontrolliert und gefördert.
Um Fälschungen vorzubeugen, muß auf dem Teil des Naturkorkens, der in der Flasche steckt, mindestens die Bezeichnung Champagner und bei Jahrgangschampagner der Jahrgang eingebrannt sein.
In den meisten Ländern wird der Name Champagner für Schaumweine, die in der C. nach der Méthode champenoise hergestellt wurden, als gesetzlich geschützt anerkannt.
Champagner unterliegen einer eigenständigen Appellation (d'Origine) Contrôlée (AOC).
Geringe Mengen sogenannter Stillweine werden auch als Weißweine und Rotweine angeboten. Sie unterliegen dann der AOC Coteaux Champenois. (9)

Champagner: französischer Schaumwein, der ausschließlich aus der nördlichsten Weinbauregion der ↑ Champagne stammt und das AC Champagne tragen darf. Diese Regelung gilt seit dem Vertrag von Versailles 1919. Alle übrigen französischen Schaumweine müssen anders bezeichnet werden (vin mousseux), können aber dann bei Einhalten festgelegter Qualitätsmerkmale ebenfalls das AC ihres Anbaugebietes tragen. Daneben gibt es Spezialitäten wie ↑ Crémant, ↑ Blanc de blanc und ↑ Millésimé.
Seit der genannten Regelung und dem Madrider Abkommen von 1961 müssen alle Schaumwein herstellenden Länder die Bezeichnung *Sekt* bzw. *Schaumwein* verwenden. (3)

Chaptalisieren: Zuckern des Mostes vor der Gärung bei gleichzeitiger Entsäuerung mit Kohlensaurem Kalk, ein Verfahren, das 1801 der französische Minister J. A. Chaptal empfahl. Etwa 70% der französischen Weinproduktion, besonders in den mittleren und nördlichen Anbaugebieten, werden gezuckert. ↑ Verbessern (3)

Charakter: Gesamtheit der wesentlichen, relativ gleichbleibenden Eigenschaften des Weins. Der C. des Weins wird vorwiegend durch die ↑ Rebsorte und ihre ↑ Unterlage, den Boden und den Standort bestimmt. Veränderliche Größen, die den Wein-C. maßgeblich beeinflussen, sind der Witterungsablauf im Vegetationsjahr, ↑ Arbeiten im Weinberg, Düngung, ↑ Rebschnitt, ↑ Lesearten, Technologie der Weiß- und Rotweinherstellung, Gärführung und ↑ Ausbau des Weins.
Man spricht beim Wein auch von Sorten- und Gebiets-C. ↑ Fachausdrücke der Weinansprache (2)

Charakterisierung von Weinen ↑ Fachausdrücke der Weinansprache

Chardonnay: weiße Kelterrebsorte, über deren Sortenzuordnung unterschiedliche Auffassungen bestehen. Sie wird sowohl als 'Pinot Blanc', (↑ 'Weißer Burgunder') als auch als 'Pinot Chardonnay' und in Österreich als ↑ 'Morillon' bezeichnet. Andererseits wird ihr kein selbständiger Sortencharakter zugesprochen, sondern sie soll die Ausgangsrebsorte für den 'Weißen Burgunder' sein und wird nach dem ↑ 'Weißen Riesling' als qualitativ beste weiße Rebsorte angesehen. C. liefert geringe Erträge und wird vor allem in Frankreich in Burgund, aber auch in Italien und den USA (Kalifornien) angebaut. Sie bringt in allen Ländern Weine der besten Qualität. (3)

Charmatmethode: Großtankgärverfahren als Hauptbestandeil einer Technologie der Schaumweinherstellung. ↑ Sektherstellung (3)

Chasselas ↑ 'Weißer Gutedel'

château [franz. Schloß]: in einigen Anbaugebieten Frankreichs Bezeichnung für einen Winzerbetrieb, der zur Erzeugung von Wein höherer Qualität geeignete Böden, Rebanlagen und Kellereien besitzt und den Wein selbst herstellt. C.-Bezeichnungen dienen der Benennung klar abgegrenzter Rebflächen, auf denen nicht unbedingt ein Schloß stehen muß. ↑ clos, ↑ cru, ↑ domaine (3)

Chenin Blanc: weiße Kelterrebsorte, die besonders in Frankreich, aber auch in Südafrika (als 'Steen'), Argentinien und den USA (Kalifornien) angebaut wird. Der Most besitzt hohen Zucker- und Säuregehalt. Die Weine können deshalb sehr kräftig sein und sich durch feine Honigsüße auszeichnen. Spitzenweine sind möglich, sie werden auch zur Schaumweinherstellung genutzt. (3)

cherveno vino [bulg.]: Rotwein

Cheval Bland: Spitzenrotwein der Welt aus Bordeaux (Premier Cru). (3)

Chianti: 1. Weinbaugebiet Italiens in der Toscana zwischen Florenz und Siena mit früher sehr unterschiedlichen genau abgegrenzten Lagen und etwa 7000 Winzern. Berühmte besondere Herkunftsgebiete sind Carmignano mit dem gleichnamigen Wein, Montepulciano mit dem Wein Vino Nobile und Montalcino mit dem teuren ↑ Brunello di Montalcino.

2. Bezeichnung für Rotweine aus der Toscana mit Anteilen von etwa 50–80% blauen ↑ 'Sangiovesé'-, etwa 10–30% 'Canaiolo-nero'-Trauben sowie 2–5% weißen ↑ 'Trebbiano'- oder ↑ 'Malvasia'-Trauben. C. hat einen Alkoholgehalt von 11,5–12 Vol.-% und 5–7,5 g/l Gesamtsäure, einen trockenen, vollmundigen, harmonischen, leicht tanninhaltigen Geschmack mit anhaltendem Veilchen-Mandel-Bukett. Die jährlich erzeugten etwa 130 Mill. l sehr unterschiedlicher Qualitäten machen etwa 1% der italienischen Weinproduktion aus.

C. darf nicht vor dem 1. März des der Lese folgenden Jahres verkauft werden. Eine zweite Gärung (↑ Governoverfahren) darf nur bis zum 31.12. und eine dritte (↑ Rigovernoverfahren) nur bis zum April des Folgejahres wiederholt werden.

C.weine werden in genau abgegrenzten Herkunftsgebieten erzeugt. C. Classico, der eigentliche Qualitätswein vor dem C. Rufina, stammt aus dem Landstreifen zwischen Florenz und Siena. Er baut 4 bis 10 Jahre aus und trägt als Schutzsiegel den schwarzen Hahn. C. Putto sind Weine, die zwar nicht aus dem Classico-Gebiet stammen, jedoch auch hauptsächlich aus den vielen Abarten der 'Sangiovese'-Rebe. Ihre höheren Qualitäten werden in ↑ Bordeauxflaschen angeboten. (3)

Chiantiflasche ↑ Fiasco

chiaretto [ital.]: Roséwein

Chicha ↑ Chile

Chile. Seit der Eroberung durch die Spanier wird in C. Wein angebaut. F. de Carabantes oder B. Terrasas sollen um 1535 die ersten Reben eingeführt haben. Der Qualitätsweinbau begann im Jahre 1851, als S. Ochagavia französische Winzer ins Land rief, die auch die besten Keltertraubensorten aus ihrer Heimat mitbrachten.

Nur im zentralen Teil des Landes, das sich über 4300 km in Nord-Süd-Richtung erstreckt, wird Weinbau betrieben. Er reicht etwa von der Provinz Coquimbo im Norden bis zur Provinz Biobio im Süden, also etwa vom 30. bis 38.° südlicher Breite, und hat damit bei weitem nicht die Ausdehnung wie auf der nördlichen Halbkugel. Klimatisch ist Mittel-C. als mediterran einzuordnen, wobei die Niederschlagsmenge von Süd nach Nord stark abnimmt.

Der Weinbau ist ein bedeutender Wirtschaftsfaktor in C.; er nimmt 0,4% der landwirtschaftlichen Nutzfläche des Landes ein und steht im Weltmaßstab an 16. Stelle (1,2% der Weltweinbaufläche). Von den etwa 32000 Weinbaubetrieben bewirtschaften 26000 eine Fläche bis 5 ha. Weitere statistische Angaben für das Jahr 1985 sind in der Tabelle zusammengefaßt.

Weinanbau in Chile (1985)

Rebfläche [1 000 ha]	106
Traubenproduktion [1 000 dt]	7161
davon Tafeltrauben	2800
Weinproduktion [1 000 hl]	9000
Weinexport [1 000 hl]	89
Tafeltraubenexport [1 000 dt]	2356
Pro-Kopf-Verbrauch [l]	40

In C. werden drei Weinbauzonen unterschieden; die nördliche von der Wüste Atacama bis zum Fluß Choapa, die zentrale Zone daran anschließend bis zum Fluß Maule in der gleichnamigen Provinz und die südliche bis zum Fluß Malleco in der Provinz Biobio.

Folgende Traubensorten werden hauptsächlich angebaut: ↑ 'Sémillon', ↑ 'Sauvignon', ↑ 'Pinot Blanc', 'Weißer Riesling' (für Weißwein), ↑ 'Cabernet Sauvignon', ↑ 'Merlot', ↑ 'Malbec', 'Petit Verdot', ↑ 'Pinot Noir', die der alten spanischen Sorte 'Criolla' entsprechende 'Pais' (für Rotwein), 'Italia', 'Muskat von Alexandria', 'Sultanina', 'Emperor', 'Cardinal' (als Tafeltrauben). Bei den Keltertrauben halten sich die Sorten für Weiß- und Rotwein etwa die Waage. – Die Rebkultur erfolgt in C. wurzelecht, da das Land von der Reblaus verschont blieb. Das trockene Klima verhindert auch einen Befall mit Falschem Mehltau *(Peronospora),* nur Echter Mehltau *(Oidium)* tritt gelegentlich auf. Die in vielen Weinbauländern gefürchteten Hagelschäden kommen in C. ebenfalls nicht vor. Etwa 45% der Weinbaufläche (in der nördlichen und zentralen Zone) müssen bewässert werden. Das Wasser wird von den in den Anden entspringenden Flüssen abgezweigt und durch ein umfangreiches Kanalsystem, das teilweise schon von den Inkas geschaffen wurde, den Weinbergen zugeführt. Bis heute haben sich die Weinbaumethoden nach französischem Vorbild erhalten. In letzter Zeit wurden aber auch spanische und kalifornische Verfahren übernommen. Die höchsten Erträge werden in der zentralen Zone mit 90–100 dt/ha, die niedrigsten in der südlichen Zone mit etwa 40 dt/ha erzielt.

Die in den drei Weinbauzonen erzeugten Weine unterscheiden sich beträchtlich hinsichtlich Art und Qualität. Im Norden haben die Weine viel Alkohol und Extrakt, aber wenig Säure. Bevorzugt werden hier Weine vom Sherry-, Madeira- und Portweintyp hergestellt.

Ein großer Teil der Muskattrauben wird zu Pisco gebrannt, den es in drei Typen je nach Alkoholgehalt (30–46 Vol.-%) und Lagerungsdauer gibt. – Die zentrale Zone mit den Provinzen Aconcagua, O'Higgins, Maule und der Hauptstadtregion Santiago hat den größten Anteil an der Weinbaufläche und erzeugt auch die besten Weine des Landes. Vor allem werden die aus der 'Cabernet-Sauvignon'-Traube gekelterten Rotweine gerühmt, die die besten in ganz Südamerika sind und durchaus mit europäischen Qualitätsweinen konkurrieren können. In der südlichen Zone werden hauptsächlich einfache Rotweine aus der Sorte 'Pais' gewonnen; 'Sauvignon' und 'Sémillon' bilden die Grundlage für Wermut. Eine chilenische Spezialität, die in allen drei Weinbauzonen zu finden ist, stellt die *Chicha* dar. Dabei handelt es sich um angegorenen Traubensaft, der mitunter vor der Gärung durch Kochen auf offenem Feuer noch konzentriert wird und am ehesten mit dem ↑ Federweißen zu vergleichen ist. Besonders geschätzte Chichas kommen aus der nördlichen Zone, wo sie aus Muskatellertrauben hergestellt werden.

Die besten chilenischen Weine tragen den Namen der Traubensorte. Oft werden die Weine auch nach historischen Persönlichkeiten benannt; dann wird meist auch die Traubensorte angegeben. Es gibt aber auch Bezeichnungen, die sich an europäischen Spitzenweinen orientieren wie Sautern, Chablis, Rhein. – Die chilenischen Weine werden nur nach dem Alter klassifiziert: courant – ein Jahr alt, gran vino – mindestens zwei Jahre alt, reserva – vier Jahre alt und gran vino – mindestens sechs Jahre alt. – Die wichtigsten Weinkellereien (Bodegas) haben ihren Sitz in der Umgebung von Santiago. Die größte und bekannteste von ihnen ist Concha y Toro. Der größte Teil des chilenischen Weines wird im Lande verbraucht. Exporte gehen in die USA, nach Mexiko, Argentinien, Venezuela, Kolumbien, Belgien und in die BRD. (5)

China. Bereits vor 4000 Jahren wurde in C. Wein angebaut und gekeltert. In einer alten chinesischen Chronik heißt es: „Yi Di bereitete Wein und Yu (der lengendäre Begründer der Xia-Dynastie; 21.–16. Jh. v. u. Z.) trank ihn und fand Gefallen daran" (Abb.). Ob es sich hier um Trauben- oder Reiswein handelte, sei dahingestellt. Eine weitere Legende berichtet, daß der Statthalter im Norden, Prinz Jia (5. Jh. v. u. Z.), einen großen See entleeren und mit Wein füllen ließ, in den er sich mit 3000 seiner Leute stürzte, um sich einmal „ordentlich satt zu trinken". Daraufhin wurde vom Kaiser die Ausrottung sämtlicher Weinstöcke in ganz C. verfügt und Verletzungen dieser Anordnung mit dem Tod geahndet. Auch im weiteren Verlauf hat der Weinbau in C. Perioden des Aufschwungs und des Niedergangs erfahren. Am Ende des 2. Jh. v. u. Z. kam die Weinrebe aus Persien erneut nach C. und wurde rund um den Kaiserpalast angepflanzt. Während der Han-Dynastie (206 v. u. Z.–220 u. Z.) wurde die Rebkultur mit Eifer betrieben. Im 4. bis 8. Jh. bauten buddhistische Mönche an den Hängen des Tarimbeckens zwischen Kashi, Yarkant und Aksu Wein

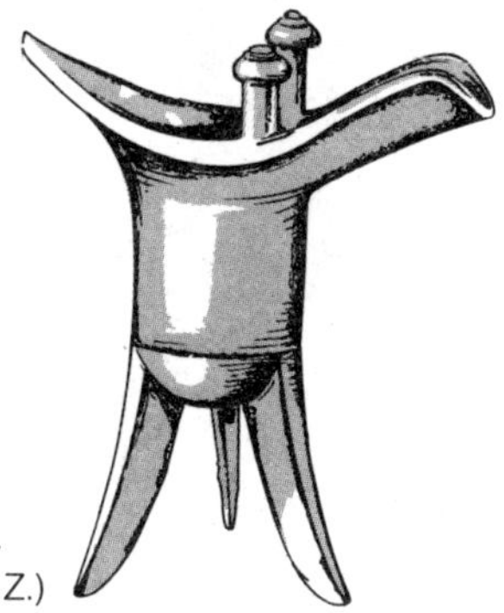

Chinesischer Bronzebecher zum Erhitzen von Wein (Shang-Yin-Dynastie, 16.–11. Jh. v. u. Z.)

an. Mit dem Vordringen des Islam in dieses Gebiet wurden die Weinberge zerstört und der Weinbau weiter nach Osten verdrängt. Zu Beginn des 14. Jh. ließ der Kaiser fast alle Weinberge aushauen und mit Getreide bestellen, doch 300 Jahre später wurden erneut Weinberge angelegt und Reben aus Turkestan u. a. Gebieten eingeführt.

Ein großer Teil der Ernte wird seit eh und je frisch verzehrt oder zu Rosinen verarbeitet, und die Kelterung erfolgte bis in unser Jahrhundert hinein mit einfachen Mitteln. Vielfach wurden die Trauben, die in den Dörfern teilweise auch an Mauern und Hauswänden angebaut wurden, von ambulanten Händlern aufgekauft, die dann Wein, oft von minderer Qualität, herstellten. Seit knapp 100 Jahren gibt es in Yantai (Chefoo) und Qingdao (Tsingtao) – beide in der Provinz Shandong – Weinbau und Kellerwirtschaft nach dem Vorbild der europäischen traditionellen Weinländer. Nach der Gründung der Volksrepublik im Jahre 1949 wurden die Bemühungen um die Weiterentwicklung des Weinanbaus und der Kellerwirtschaft intensiviert und moderne Methoden aus Frankreich, Italien u. a. Ländern übernommen. Besonderes Augenmerk wird auf die Einführung europäischer Keltertraubensorten gelegt, die teilweise mit einheimischen Sorten gekreuzt werden, um eine bessere Anpassung an die klimatischen Bedingungen zu erreichen.

Nach Angaben des Weltweininstituts in Paris betrug die Weinanbaufläche C. im Jahre 1984 34000 ha; das sind etwa 0,03% der gesamten landwirtschaftlichen Nutzfläche des Landes und 0,35% der Weltweinbaufläche. Der Ertrag belief sich auf 1,86 Mill. dt, was einem Durchschnittsertrag von 55 dt/ha entspricht. Der größte Teil der produzierten Trauben wird nach wie vor frisch gegessen oder getrocknet (1984: 80000 dt Rosinen), so daß für die Kelterung relativ wenig übrigbleibt. Pro Kopf der Bevölkerung beträgt die erzeugte Traubenmenge nur 170 g (Bulgarien 117 kg). Der Weinbau ist aber nicht über das ganze Land verteilt. Von der geografischen Lage her kommen nur die Provinzen nördlich des 30. Breitengrades in Frage, und auch hier gibt es Einschränkungen durch das Monsunklima in Küstennähe und extremes Kontinentalklima im Landesinneren.

Neben der traditionellen wurzelechten Kultur der Weinrebe werden an einigen Stellen auch veredelte Reben gepflanzt. Weit verbreitet ist die Erziehung der Weinstöcke an besonderen 10–12 m langen und etwa 2 m hohen Gerüsten, wie es teilweise noch in den mittelasiatischen Republiken der Sowjetunion üblich ist. Auf den neueren Plantagen herrscht das vertikale Spalier mit Fächer- und Halbfächerform vor. An vielen Orten ist es erforderlich, die Reben im Frühjahr und Frühsommer zu bewässern oder im Herbst von den Gerüsten abzunehmen und mit Maisstroh und einer Erdschicht vor strengen Frösten zu schützen.

Einen relativ hohen Anteil an der Weinbaufläche C. hat das Uigurische Autonome Gebiet Xinjiang im äußersten Nordwesten des Landes und dort speziell die Turpansenke. Die Trauben, vorwiegend die samenlose Sorte 'Kischmisch', werden frisch verzehrt, größtenteils aber getrocknet, wobei man sich in manchen Gegenden origineller dachloser Trockenhäuser bedient, die wie Wachtürme aussehen. Das heiße, trokkene Klima läßt die Weinbeeren oft schon am Stock zu Rosinen schrumpfen. Die Weinkelterung spielt dort offenbar keine Rolle.

Das interessanteste Weinbaugebiet stellen die Provinz Shandong und die Nachbarprovinzen dar. Hier werden Trauben, wenn auch nur ein kleiner Teil,

In China kultivierte Rebsorten.
Die am häufigsten angebauten einheimischen Sorten sind zuerst genannt. Bei den ausländischen Sorten werden zuerst die Tafeltrauben, dann die blauen und die weißen Keltertrauben aufgeführt

einheimische Sorten
Long Yan (Drachenauge)
Hei Putao (Schwarze Weintraube)
Niunai (Milch)
Hei Jixin (Schwarzes Hühnerherz)
Bai Jixin (Weißes Hühnerherz)
Hong Jixin (Rotes Hühnerherz)
Kischmisch weiß oval

ausländische Sorten
Muskat von Alexandrien
Muskat Hamburg
↑ Blauer Spätburgunder
↑ Cabernet Sauvignon
↑ Cabernet Franc
↑ Merlot
↑ Malbec
↑ Blaufränkisch
↑ Chardonnay
↑ Welschriesling

---

zu Wein vergoren. Neben den einheimischen werden versuchsweise eine ganze Anzahl europäischer Sorten kultiviert (Tab.). Allein in der Gegend von Yantai sollen 27 europäische Traubensorten gepflanzt worden sein. In der Provinz Shandong gibt es auch die meisten Weinkellereien: außer den bereits genannten in Yantai und Qingdao in Weifang, Heze und Jinan. Große Weinkellereien befinden sich noch in der Hauptstadt Beijing (Peking), in Tianjin (beides regierungsunmittelbare Städte) sowie in Tonghua (Provinz Jilin) und Shacheng (Provinz Hebei).
Die Kellerwirtschaft ist in den letzten Jahren gut vorangekommen. Sie hat offenbar auch von der zunehmenden Öffnung des Landes nach außen profitiert. Heute bietet C. eine ganze Palette von Weinen auf dem internationalen Markt an, die außer auf inländischen teilweise auch auf ausländischen Wettbewerben mit Medaillen ausgezeichnet wurden.
Die Bezeichnungen der Weine in Katalogen oder auf Etiketten sind nicht sehr aufschlußreich. Es wird angegeben, ob es sich um einen Rot-, Weiß-, Dessert- (insbesondere Port-), Schaumwein oder Wermut handelt und aus welcher Stadt oder Provinz er stammt. Oft fehlen geografische Daten gänzlich oder es wird nur „China" angegeben. Dann kann man aber oft aus dem Kellereibetrieb auf die Herkunft schließen. Die Traubensorte wird nur ausnahmsweise ausgewiesen, und Qualitätsstufen fehlen völlig. Bei alkoholischen Getränken, die für den Export bestimmt sind, trifft man neben der Transkription auf der Basis Putonghua sehr oft noch ältere Schreibweisen an. Wenn die chinesischen Bezeichnungen überhaupt übersetzt sind, dann bedient man sich bisher ausschließlich der englischen Sprache. Auf eine Besonderheit soll noch ausdrücklich hingewiesen werden. Für das deutsche Wort Wein gibt es im Chinesischen überhaupt kein Äquivalent. Wenn es in einem chinesischen Getränkekatalog auftaucht, dann kann es sich durchaus um ein Destillat handeln, das noch nicht einmal aus Weintrauben hergestellt sein muß (z. B. verbirgt sich hinter dem auch im Ausland bekannten *Five-Cereal White Wine,* chinesisch Wuliangye, ein aus fünf Getreidesorten hergestellter Schnaps mit 55 bis 60 Vol.-% Alkohol aus Yibin, Provinz Sichuan. Dagegen sind solche Spezialitäten wie Shan Putao Chiew *(Bergtraubenwein),* Kuei Hua Chen Chiew *(Zimtblütenwein),* Clove Wine *(Gewürznelkenwein)* oder Ginseng Grape Wine *(Ginsengtraubenwein)* zu den Weinen zu rechnen.
In C. liegt der Weinkonsum sehr niedrig. Bis vor wenigen Jahren wurden alkoholische Getränke nur zu ganz besonderen Anlässen, etwa zum Früh-

lingsfest oder bei Hochzeiten, getrunken und auch dann nur während der Tafel. Dabei werden hochprozentige Getränke, von denen es in C. eine große Auswahl gibt, bevorzugt. In der ganzen Welt bekannt ist unter anderem der *Maotai* (Mou Tai) mit 53–55 Vol.-% Alkohol, der nach uralten Rezepten in einem komplizierten und langwierigen Verfahren aus Sorghum (eine Hirseart) und Weizen bereitet wird. Sehr beliebt ist auch der Huang Jiu *(Gelber Wein)*, von dem es eine südliche Variante aus Reis – bekannnteste Herkunft Shaoxing (Shao Hsing) in der Provinz Zhejiang (Chekiang) – und eine nördliche Variante aus Hirse gibt. Als *Würzwein* (Jiafan oder Chia Fan) spielt er auch eine wichtige Rolle in der chinesischen Küche. – In den letzten Jahren hat der Traubenwein deutlich an Popularität gewonnen, und man darf vermuten, daß diese Tendenz parallel zum rasch steigenden Lebensstandard anhält. (5)

chopine [franz.]: Schoppen

Cidre: Apfelwein in Frankreich, der nachweislich schon im 5. Jh. getrunken wurde. Er wird heute mit ausgefeilten Technologien in 20 zugelassenen Produktionsdepartements mit verschiedenen Geschmacksrichtungen (↑ brut, ↑ sec und ↑ doux) und als C. de Qualité mit festgelegtem Gehalt an Alkohol (5–6%), Zucker und Mineralstoffen hergestellt. Schon Karl der Große beeinflußte mit einem Erlaß zur Pflege der Apfelbäume die C.herstellung. (3)

Cirfandl ↑ 'Roter Zierfandler'

CIVB: Conseil **I**nterprofessionel du **V**in de **B**ordeaux; seit 1948 ein offizielles Statut, nach dem im Kontakt zwischen Winzern, Maklern und Händlern der Weinhandel und die Verbraucher informiert und die Qualität der Weine kontrolliert sowie ihr Absatz organisiert werden. (3)

cl: Einheitenzeichen für Zentiliter; 1 cl = 0,7 l

Clairet [franz.]: Bezeichnung für einen in der Farbe etwas kräftigeren und vollmundigen ↑ Roséwein. ↑ Weißherbst (3)

Clairette, blanche: in Südfrankreich und Nordafrika verbreitete weiße Keltertraube mit hohen Erträgen aber durchschnittlicher Güte der Weine. Die Weine sind meist trocken, spritzig und duftig aber wenig fruchtig und jung zu trinken. Die Rebsorte wird daher meist zum Verschnitt genutzt. Allerdings wird aus ihr ein bekannter AOC Schaumwein, der Clairett de Die als brut hergestellt. Daneben wird unter Verwendung von ↑ 'Gelben Muskateller'-Reben ein süßer kohlendioxidhaltiger Wein erzeugt, indem er vor Abschluß der ersten und einzigen Gärung auf Flaschen gefüllt wird. (3)

Claret [engl.], Klarettwein: in England Bezeichnung für Bordeauxrotweine, die früher weniger Farbe hatten, als die meisten anderen Rotweine. Heute wird in England fast jeder Rotwein als C. bezeichnet. (3)

classico [ital.]: Bezeichnung, die die Herkunft des Weins auf das „Herz", die besten Lagen, den Kern des Ursprungsgebietes beschränkt. (3)

Clevner ↑ 'Klevner'

climats [franz.]: im Gebiet Burgund Bezeichnung für Einzelspitzenlagen, die mehreren Produzenten gehören können. (3)

clos: in einigen Anbaugebieten Frankreichs Bezeichnung für einen Winzerbetrieb, eine bestimmte Lage bzw. einen abgegrenzten Weinberg (eigentlich durch Mauern eingeschlossene Lage), in der Wein höherer Qualität hergestellt wird. ↑ château, ↑ cru, ↑ domaine (3)

CMD(T) [rum.]: Abk. für ↑ **C**ules la **M**ăturitatea **D**eplină bzw. **T**irziu. (3)

CMI [rum.]: Abk. für ↑ **C**ules la **M**ăturitatea de **I**nnobilare. (3)

Cocktail: alkoholhaltige, würzige, mit

Eis gekühlte Mischgetränke, die auch unter Verwendung von Wein bzw. Schaumwein als Wein-C. getrunken werden. ↑ weinhaltige Getränke (3)

Codorniu: spanischer Weinproduzent in Katalonien, der heute der weltweit größte Schaumweinproduzent ist. Während der Lese werden hier täglich 1 Mill. kg Trauben abgepreßt und in den Kellern 750000 hl Wein gelagert. 35 Mill. Flaschen gelangen jährlich in den Verkauf. (3)

Commandaria: berühmter, bernsteindunkler, süßer, aufgespriteter Likörwein mit Alkoholgehalten bis zu 25 Vol.-%. Er soll schon im 12. Jh. von den Tempelrittern auf Zypern hergestellt worden sein. C. wird in der Art des ↑ Marsala aus den Rebsorten 'Mavron' und 'Xynisteri' produziert, wobei einige C. bis zu 30 Jahren reifen. Zum Teil vergraben die Winzer den C. nach Urvätersitte in irdenen Amphoren in der Erde, um ihn altern zu lassen. C. kann als ↑ Aperitif oder besser als ↑ Digestif getrunken werden. (3)

contenuto [ital.]: Inhalt in Liter, der auf dem Weinetikett in Italien obligatorisch anzugeben ist. (3)

controllata [ital.]: für kontrollierte (Weine). ↑ DOC

cooperativa viticola [ital.]: Winzergenossenschaft

copita [span.] spezielles Glas für ↑ Sherry, das sich nach oben wie eine Knospe verjüngt. (3)

cosecha [span.]: Jahrgang, Ernte

côte [franz.]: (Berg-)Hang, Weinberg, Hügel(-kette); Bezeichnung für Weinanbaugebiete in bergig-hängigen Lagen, die sich meist entlang von Flüssen erstrecken. (3)

coteau [franz.]: Anhöhe, (sanfter) Hügel

Côte d'Or: durch Boden und Klima besonders begünstigte Lagen im Südosten von Paris, die das Herzstück des französischen Weinbaugebietes ↑ Burgund sind und die Côte de Beaune und Côte de Nuits umfassen. Diese Bezeichnungen erscheinen allerdings nicht auf den Etiketten, die Weine kommen unter der Bezeichnung der Gemeinden und Lagen in den Verkauf. Hier werden Spitzenweine wie die roten Pommard, Corton, Chambertin, Bonnes Mares und die weißen Montrachet, Meursault, Corton, Musigny des Burgunds erzeugt, die von zahlreichen kleinen Winzerbetrieben produziert werden und in ihrer Vielzahl kaum zu übersehen sind. (3)

Cotnari: **1.** nördlichstes rumänisches Weinbaugebiet der Weinbauregion Östliches Karpatenvorland mit etwa 5000 ha Rebfläche (↑ Rumänien). Kalkböden in günstiger windgeschützter Höhenlage mit ausgeglichenen Niederschlägen und ein langer sonnig-warmer Herbst begünstigen Trockenbeerenauslesen höchster Qualität.

2. altberühmter rumänischer edler, gelbgrüner bis goldgelber Naturlikörwein mit ausgesprochenen Spitzenqualitäten, der schon im Mittelalter Perle oder Blume der Moldau genannt wurde und auf der Pariser Weltausstellung 1889 den großen Preis erhielt. C. wird vor allem aus der Kelterrebsorte 'Grasă' (Dicktraube), aber auch zu bestimmten Anteilen aus 'Fetească Alba' (↑ 'Mädchentraube'), 'Tămiioasă Românească' (Weihrauchtraube) sowie 'Frîncusá' gekeltert. Er ist sehr körperreich mit kräftiger Blume und zeigt im Geschmack einen leichten Nuß- und Honigton bei etwa 12,5–13 Vol.-% Alkohol, wobei eine ausgeglichene Säure die beste Harmonie ergibt. C. ist erst nach zwei bis drei Jahren trinkgerecht und reift bis zu zehn Jahren und länger. Ganz hervorragend sind die Weine, die nur aus Ausbruchmost und dem Most der ersten Presse gewonnen werden. C. kann auch als Aperitif oder Digestif getrunken werden, da er nicht aufdringlich süß ist. (3)

Cots Rouge ↑ 'Malbec'
coupage [franz.]: Bezeichnung für das Verschneiden (↑ Verschnitt) schwacher Weine mit besseren. ↑ Verbessern (3)
Cream-Sherry: dunkler, rötlich-brauner, mild-süßer Sherrytyp aus↑ Oloroso und ↑ Raya. Er wird bei guter Qualität mit süßem, körperreichem ↑ 'Pedro Ximénez' gesüßt oder durch süße, eingedickte, mit Alkohol gestoppte Moste angereichert sowie generell bis zu 20 Vol.-% Alkohol aufgespritet. C. werden gern zu Dessert und Kaffee getrunken. Pal C. wird nur aus ↑ Fino bereitet. ↑ Sherry (3)
Crémant [franz.]: Qualitätsschaumwein aus der Champagne, Burgund, Elsaß und dem Loiretal, der sich durch geringen Kohlendioxiddruck auszeichnet, durch Flaschengärung hergestellt und mindestens neun Monate in der Flasche gelagert wurde. (3)
Crescentiis, *Petrus de:* Verfasser des mittelalterlichen Standardwerkes über den Landbau (Ruralium commodorum libri XII, 1304–1309). Im 4. Buch Weinrebe und Weinberge und ihr Anbau sowie Natur und Nutzen der Früchte selbst faßte C. das Wissen seiner Zeit über den Weinbau zusammen. Dieses Werk fand für die damalige Zeit eine außerordentliche Verbreitung; es wurde ins Deutsche (1449), Italienische, Englische und Polnische übersetzt. Die Holzschnitte aus der Ausgabe von Speyer (1493) und aus der von Basel (1548) werden auch heute noch gern reproduziert. (3)
criado [span.]: ausgebaut oder verschnitten
crianza [span.]: gealtert
crno, *rdeči* [jugosl.]: rot
cru [franz. croître, wachsen, Gewächs]: in einigen Anbaugebieten Frankreichs Bezeichnung für einen Winzerbetrieb, eine bestimmte Lage bzw. einen klar abgegrenzten Weinberg, die zur Erzeugung von Wein höherer Qualität geeignete Böden, Rebanlagen und Kellereien besitzen. C. bildeten sich schon im Übergang vom 16. zum 17. Jh. heraus. Sie wurden im 19. Jh. (1855 in Bordeaux) auch das erste Mal als Spitzenlagen offiziell sanktioniert und sind Qualitätsbegriffe für den Ruf der in ihnen erzeugten Weine.
Innerhalb von AC-Abgrenzungen werden zusätzliche Bezeichnungen möglich, z. B. in Burgund sowie der Champagne Premier cru und Grand cru, in Bordeaux Cru bourgeois, Cru exceptionel, ↑ Cru classé, Grand cru classé und Premier grand cru classé. Im Elsaß dürfen Weine festgelegter Lagen als c. bezeichnet werden, wenn sie aus den Rebsorgen ↑ 'Weißer Riesling', 'Gewürztraminer', 'Pinot Gris' und 'Gelber Muskateller' bereitet sind, das Mostgewicht über dem Durchschnitt des AC liegt und der Hektarertrag darunter. In der Provence gibt es seit 1953 insgesamt 23 Domänen (↑ domaine), die sich c. nennen dürfen. Auch in Italien setzt sich dieser Begriff durch. (3)
Cru classé [franz.]: Qualitätseinstufung für Spitzenweine aus ↑ Bordeaux nach einer Fünfereinteilung und zwar Premier c.c., Deuxieme (2es) c.c., Troisiéme (3es) c.c., Quatrième (4es) c.c. und Cinquième (5es) c.c. Allerdings steht auf dem Etikett meist nur Grand cru classé. Aber auch in ↑ Burgund und weiteren Weinbaugebieten gibt es Grand crus bzw. Premier crus, die nicht offiziell klassifiziert werden, aber ebenfalls hohe Güte verkörpern. Im Gebiet Côtes de Provence sind ebenfalls über 20 Winzerbetriebe offiziell als c.c. eingestuft. (3)
Crusting Port ↑ Depot
CSB [rum.]: Abk. für ↑ **C**ules la **S**tafidirea **B**oabelor. (3)
Cubitainer ↑ Kartonagenverpackung
Cules la Maturitate de Innobilare, CMI [rum.]: Qulitätswein höchster (5.) Stufe mit Prädikat 5b; eine Edelreifeauslese

(cules selectionat; Auslese) mit mindestens 119 °Oe. (3)

Cules la Maturitate Deplină, CMD [rum.]: Qualitätswein höchster (5.) Stufe mit Prädikat 5a; eine Vollreifelese (tirzia; Spätlese) mit mindestens 107 °Oe. (3)

Cules la Stafidirea Boabelor, CSB [rum.]: Qualitätswein höchster (5.) Stufe mit Prädikat 5c; ein Ausbruchwein oder eine Trockenbeerenauslese mit mindestens 127 °Oe. (3)

cules selectionat [rum.]: Auslese

cuvaison [franz.]: **1.** Fermentierungsdauer der entrappten und gequetschen Trauben auf dem Most.

2. ↑ alkoholische Gärung (3)

cuvée [franz., Kufe, Weinfaß]: Verschnitt verschiedener Weine aus verschiedenen Rebsorten, Jahrgängen und Lagen zum Herstellen von Schaumweinen bestimmter Geschmacksrichtung. In Burgund ist c. auch heute noch Bezeichnung für den Abzug von Rotwein aus einer Kufe oder mehreren derselben Herkunft.

Tete de cuvée ist die beste Partie eines Weinjahres eines Winzerbetriebes, *Premier de cuvée* (besonders in Burgund) der beste Wein einer Gemeinde. ↑ Grand cuvée vin (3)

Cuvée de prestige [franz.]: in Griechenland ältere, trotz EG-Beitritt 1979 noch gebräuchliche Bezeichnung für Spitzenweine, die eigentlich Markenweine hoher Qualität sind. (3)

cuveno vino [jugosl.]: Auslese

cuveno vrhunsko vino sa geografikim poreklom [jugosl.]: Spitzenwein der höchsten Qualitätsstufe (großer Wein). Er wird aus einer bzw. maximal zwei empfohlenen Rebsorten e i n e r Großlage gekeltert. Je nach Anbaugebiet sind die Erträge begrenzt und der Wein muß seine Eigenschaften voll ausgeprägt haben. Solche Qualitätsweine erhalten auch Leseprädikate wie Spätlese, Auslese u.a. (3)

D

Damenwein: etwas antiquierte Bezeichnung für Wein, der besonders für Damen geeignet sein soll (lieblich, mittelsüß). Heute wird bei Frauen gleiches Verständnis und gleiches Geschmacksempfinden wie bei Männern vorausgesetzt. (3)

Deckwein: besonders farbintensiver Rotwein, der zur farblichen Aufbesserung von blassen Rotweinen, besonders in den nördlichen Anbaugebieten, verwendet wird. Während z. B. in der DDR gestattet ist, ausländische Deckrotweine bis zu 25% zu verwenden, ist diese Möglichkeit der Farbverbesserung in der BRD seit dem 1. Januar 1986 auf D. aus Ländern der EG begrenzt. Qualitätsrotwein darf nur 5% D. und Qualitätsweinen mit Prädikat gar keiner zugesetzt werden. Seit Anfang der 70er Jahre sind dort Neuzüchtungen wie 'Deckrot' und 'Kolor' zum Sortenschutz angemeldet, die Farbstoffe nicht nur in der Beerenschale enthalten, sondern auch farbigen Zellsaft besitzen. Die beiden Neuzüchtungen 'Dornfelder' und 'Dunkelfelder' versprechen noch bessere Ergebnisse als die beiden vorgenannten Sorten.

Eine andere Möglichkeit ist die bessere Farbstoffausbeute der Beeren. Durchgesetzt hat sich die Maischeerwärmung auf 60 °C bei 6 bis 10 Stunden oder die Kurzhocherhitzung (KHE) auf 80–85 °C bis zu 2 min. Bei diesen Verfahren können mehr als doppelt soviele Farbstoffe wie bei der herkömmlichen Maischegärung gewonnen werden. (3)

Degorgieren: Phase der Technologie der Schaumweinherstellung, in der das Hefedepot nach der ↑ Flaschengärung entfernt wird. Seit der Jahrhundertwende werden die Hefeteilchen vereist und können wie etwa ein zweiter Korken entfernt werden. (3)

Degustation, *Weinprobe:* die Sinnen- (organoleptische) Probe des Weins, um anhand von Farbe, Klarheit, Bukett (Aroma und Blume) sowie Geschmack (einschließlich Körper und Vollmundigkeit) seine Qualität und eventuell Mängel festzustellen. Schon Horaz urteilte nach colore-odore-sapore (Farbe-Duft-Geschmack). Polnische Weinhändler machten daraus beim Tokajerkauf die Formel „cos" und bezeichneten damit die Fässer, die ihren Vorstellungen entsprachen. Die D. ist eine Kunst und setzt neben intakten Sinnesorganen Erfahrungen voraus.

Je vielfältiger die zu verkostenden Weine hinsichtlich der Rebsorten, Jahrgänge, Lagen, Anbaugebiete und Länder sind, umso fragwürdiger werden die Vergleichsmaßstäbe und die Ergebnisse. Objektiver werden D., wenn es z. B. um verschiedene Jahrgänge von Weinen aus der gleichen Rebsorte und dem gleichen Anbaugebiet geht. Hier muß der generelle Standard bekannt sein und dementsprechend ist die jeweilige Qualität des zu verkostenden Weines in Relation zu setzen.

Das Grundproblem der D. ist die Bestimmung von Standardmaßstäben für die einzelnen Merkmale der Weine, die dann gleichmäßig anzuwenden sind. Außerdem muß berücksichtigt werden, daß die moderne Kellerbehandlung heute den Charakter eines Weins stärker prägen kann als z. B. die Lagen. Das Ergebnis der D. wird aber immer auch durch individuelle Geschmacksrichtungen und Auffassungen sowie die gerade gefragte Orientierung, durch Lokalpatriotismus, das Erinnerungsvermögen des ↑ Degustators, seine Stimmungslage, Kritik- und Konzentrationsfähigkeit u. a. bestimmt. Diese subjektiven Vorstellungen machen selbst bei versiertesten Degustatoren Unterschiede von 50% und mehr in der Bewertung aus.

Für eine sorgfältige und möglichst objektive D. sind folgende Bedingungen erforderlich:

– der Degustator soll sich wohlfühlen (vor allem nicht erkältet und magenkrank sein);

– der Verkostungsraum muß wohlig temperiert, freundlich, rauch- und parfümfrei sein; D. im Keller kann durch die mit vielerlei Gerüchen geschwängerte Luft und zu große Kühle zu Fehlurteilen führen (im perfekten Verkostungssaal der Weinuniversität im Schloß von Suze-la-Rousse in Südfrankreich wird die Luft alle 7 min erneuert).

– die Geschmacksnerven dürfen durch nichts beeinträchtigt werden (nichts Saures, Süßes, Scharfes, kein Käse, kein Tabak, kein Wasser und acht Stunden vorher keine hochprozentigen Alkohole);

– ungesäuertes Brot;

– neutrale (weiße) Tischdecken;

– eine Lichtquelle, die die Farbe nicht beeinflußt, am besten Tageslicht (Kerzenlicht günstig für Klarheit, für Farbe weniger), keine Neonröhren;

– farblose, nicht geschliffene, fehlerfreie, durchsichtige, dünnwandige, glatte, einheitliche, saubere ↑ Probegläser (Abb.); auch keine farbigen Stiele;

– sauber ausgebauter, richtig temperierter und fachgerecht entkorkter Wein (↑ Flaschenöffnen);

– bei Wein aus dem Faß die Probe generell aus der Mitte des Fasses ziehen;

– schwächere (leichte) vor stärkeren (kräftigeren) Weinen;

– trockene vor feurigen und süßen Weinen (trockene Weiße vor Roten und diese vor süßen Weißweinen; neuerdings werden auch Rosé- und Rotweine vor Weißen degustiert);
– junge vor alten Weinen verkosten.
Sehr große Güteunterschiede, starke Bukettsorten und sehr süße Weine innerhalb einer Probenreihe erschweren die Bewertung. Bei der D. wird primär nur der aktuelle Zustand geprüft und von ihm aus kann auf Entwicklungstendenzen geschlossen werden.
Schrittfolge bei der Probe:
– behutsames Entkorken, dabei fühlen, ob die Flasche richtig temperiert ist (kein Schütteln der Flasche);
– vorsichtiges Füllen des Glases (höchstens ein Drittel voll);
– gegen Kerzenlicht halten und Farbton, Klarheit, Brillanz sowie Flüssigkeitszustand prüfen. Damit kann auf Sorte, Reifegrad (Alter), Behandlung, Gehalt, Extrakt (↑ Schlieren), Kohlensäure und auf eventuelle Fehler geschlossen werden. Durch leichtes Kippen des Glases vor weißem Hintergrund kann bei verblassender Farbe am Rand auf älteren Wein geschlossen werden;
– durch kreisende Bewegungen Glas leicht schwenken zum Lösen von Duft und Blume, die mit der Nase nicht durch tiefes Einziehen, sondern durch Schnüffeln geprüft werden, um Sortenbukett, aber auch Alter und Reifegrad zu ermitteln;
– mit kleinen Schlucken (erster Eindruck) Herkunft, Alter und Typ zu bestimmen versuchen;
– danach über die ganze Zunge verteilen, durch die Zähne an den Gaumen pressen und mit spitzem Mund schlürfend den Wein mit Luft durchsprudeln, um die Geschmacksstoffe voll zu erschließen, gleichzeitig abermals durch den Rachenraum zusätzlich Duftstoffe aufnehmen;
– durch Kauen (Rollen, Weinbeißen) den Wein besser auf die verschiedenen Mundpartien zur Entwicklung des Geschmacks verteilen. Ober- und Unterseite der Zunge lassen nur Temperatur und Druck erkennen, die Zungenspitze empfindet die Süße, die Seitenpapillen die Säure und das Salz, die Papillen der hinteren Zunge empfinden das Herbe, Bittere (unter anderem das Tannin). Mit dem Geschmack kann auf Säure, Zucker, Alkohol, Kohlensäure, Extrakt (Körper), Alter und Sorte geschlossen werden;
– langsam verschlucken und die Nachhaltigkeit des Geschmackseindrucks (↑ Abgang) bestimmen.
Alle diese Schritte müssen immer vollständig und gleichermaßen konzentriert mit den gleichen Mengen Wein vollzogen werden, da sonst unterschiedliche Sinneseindrücke entstehen.
Parallel dazu sind nach den geltenden ↑ Weinbewertungsschemata alle Eindrücke zu punkten und das Ergebnis mit den Fachausdrücken der Wein-

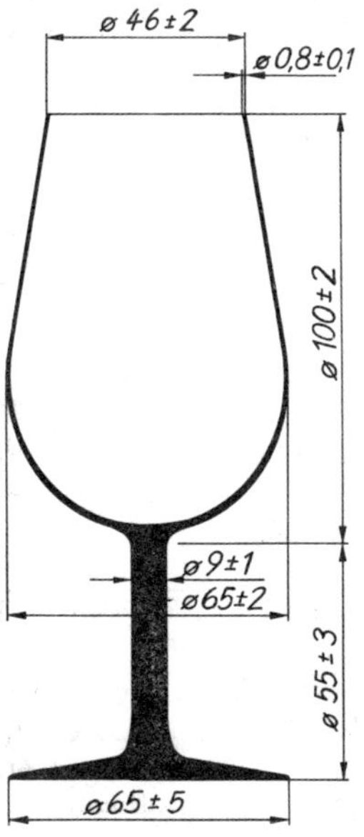

Degustationsglas

ansprache verbal auszudrücken bzw. nach dem ↑ Fünf-Punkte-Prüfverfahren der BRD vorzugehen. Mit der beruflichen D. können verschiedene Ziele verfolgt werden, wie Bewertung zum notwendigen Abstich, zum Verschneiden, zum Reifegrad, zur Mängelfeststellung, zur Gütebestimmung, für den Einsatz (Verkauf) entsprechend bestimmter Geschmacksrichtungen der Konsumenten, für Wettbewerbe und Prämierungen (dort verdeckte D.) oder für die einfache ↑ Weinverkostung.

Es ist zweckmäßig, nach den ersten fünf bis zehn Proben und dann bei den nächsten fünf bis zehn noch einmal die qualitative Bewertung zu überdenken und zu korrigieren. Danach sollten die Gruppen untereinananander verglichen werden. Auch in anderer Reihenfolge die Gruppen noch einmal zu wiederholen, erhöht die Treffsicherheit und schult das Beurteilungsvermögen. Ähnliches ergibt sich, wenn der gleiche Wein auch doppelt eingereiht wird, um mit der Identitätsprüfung eine Selbstkontrolle zu ermöglichen. Nach etwa 20 Proben wäre in einer Pause der Geschmack zu neutralisieren. Erfahrung, Konstitution und Kondition des Degustators sowie die Art der Weine lassen 80 bis 100, ja bis zu 200 Proben an einem Tag zu. Zuviel Probegläser dürfen, auch wenn sie abgedeckt werden, nicht mit einemmal gefüllt werden – der Wein wird schal. ↑ Tafel 17 (3)

Degustator: Fachmann (Weinkenner) mit langjährigen Erfahrungen und gut ausgebildeten Sinnesorganen, der Weine durch die Sinnenprobe bewertet. Der D. kann amtlich beordert sein oder berufen werden bzw. in Weinkellereien angestellt sein. (3)

Dekantieren: das vorsichtige Umfüllen von Weinen – hauptsächlich Rotweinen – die ↑ Depot bilden, in eine Karaffe. Die Flaschen können auch einen Tag vorher im Keller senkrecht aufgestellt werden, das erleichtert das D. Das Depot kann auf dem Grund schweben oder fest an den Wandungen oder in der Wölbung des Flaschenbodens sitzen. Dekantiert werden die Weine ein bis zwei Stunden vor dem Genuß in trockene, geruchs- und staubfreie, glasklare sowie wohltemperierte Gefäße. Durchlüften (Sauerstoffabsorption) bekommt sehr alten hocharomatischen Weinen meist nicht. Bei Spitzenweißweinen, vielen, vor allem nicht voll ausgereiften Rotweinen, Portweinen und Marsalas, ist D. jedoch erwünscht, weil es günstig für ihre volle Entfaltung ist. Das Umfüllen sollte nicht in der Küche oder verräucherten Räumen vorgenommen werden. Die Flasche ist ruhig zu halten (Hals auf den Karaffenrand legen) und so lange vorsichtig zu kippen, bis die Trübungen kommen; eventuell kann man eine Kerze zur besseren Sicht darunter stellen.

Vor allem in jungen Weinen hat der Sauerstoff kaum gewirkt, und D. kann ihn in wenigen Stunden zur vollen Entfaltung bringen. Mancher Rotwein entfaltet sich erst nach drei bis vier, selten auch erst nach 12 bis 24 Stunden bei geöffneter Flasche. Am besten, man prüft nach dem ↑ Flaschenöffnen Farbe, Geruch und Geschmack. Ist die erwartete Fülle aller Eindrücke vorhanden, ist Vorsicht geboten. Es ist bekannt, daß rote Burgunder- und Merlotweine den Sauerstoff weniger brauchen als andere. Andererseits können unerwünschte Kellertöne beim D. eventuell gemildert werden. Obwohl Weißweine nie ein Depot haben dürfen, gewinnt mancher Weißwein durch die Sauerstoffzufuhr beim D.

Filtern mit Kaffeefilterpapier ist unzweckmäßig, es hält Mineralien zurück und der Zelluloseton überträgt sich auf den Wein. (3)

Dekantierkörbchen: unterschiedlich gestaltete, mit einem Griff versehene, meist geflochtene Behälter, in die Rotweinflaschen schräg hineingelegt werden können, damit das ↑ Depot nicht aufgewirbelt wird. Aus den D. kann der Wein in Gläser eingeschenkt oder in Karaffen umgefüllt werden. ↑ Dekantieren (3)

demi-sec [franz.]: Bezeichnung für halbtrockene Schaumweine mit einem Zuckergehalt von 33–50 g/l (↑ doux). (3)

Denominacão de Origem, DO [port.]: kontrollierte Ursprungsbezeichnung, die meist vom Weinhandel und nicht vom Erzeuger garantiert wird. ↑ selo de garantia (3)

Denominación de Origen/Controlado, DO/C [span.]: seit 1970 Bezeichnung für Qualitätsweine kontrollierter Herkunft, die aus etwa 30 festgelegten, abgegrenzten Gebieten kommen und außerdem bestimmten, genau fixierten Anbau- und Kellereimethoden entsprechen müssen. Diese Festlegungen für Qualitätsweine entsprechen etwa den französischen AC-Weinen. Sie unterliegen jedoch weniger strengen Kriterien. (3)

Denominazione di Origine/Controllata, DO/C [ital.]: Qualitätswein kontrollierter Ursprungsbezeichnung, der aus einem gesetzlich festgelegten Qualitätsweingebiet stammen muß.

Auf dem Etikett sind Name und Standort des Abfüllers, Alkoholgehalt und Flascheninhalt auszuweisen. Auswahl der Rebsorten, Anbau- und Kellereimethoden, Möglichkeiten der Weinverbesserung sowie Höchsterträge werden ebenfalls vorgeschrieben. Etwa 200 DOC-Weine machen rund 12–13% der italienischen Weinproduktion aus. Sie entsprechen mit etwas weniger strengen Kriterien den französischen AC-Weinen. Der Zusatz *e Garantia* (DOCG) weist die höchste Qualitätsstufe mit garantierter Ursprungsbezeichnung aus. Bis 1986 wurden lediglich fünf Weine klassifiziert (↑ Barolo, ↑ Brunello di Montalcino, ↑ Barbaresco, ↑ Chianti, Vino Nobile de Mountepulciano). Außer der exakt bestimmten Herkunft bestehen Produktionsvorschriften, und mindestens alle drei Jahre wird eine staatliche sensorische Prüfung vorgenommen. Außerdem dürfen die Weine erst nach einer jeweils unterschiedlichen obligatorischen Reifezeit bis zu vier Jahren nur in Flaschen verkauft werden. (3)

Depot: feste Ausscheidungen des Weins, besonders bei ↑ Rotweinen und ↑ Likörweinen, in der Flasche. Das D. bei Rotweinen besteht überwiegend aus Farbstoffen, ↑ Gerbstoffen, Proteinen und Kristallen der Säuren und entsteht bei einem kellertechnisch einwandfrei ausgebauten Wein erst nach jahrelanger Flaschenlagerung. Ursache einer D.bildung ist meist eine *p*H-Verschiebung des Flaschenweins, durch die die Lösungsverhältnisse vieler Weinbestandteile verändert werden, so daß es zur Ausflockung kommt.

Gegen ein D. ist vom Standpunkt des Weinliebhabers nichts einzuwenden. Einige Erzeuger traditioneller Likörweine, z.B. von ↑ Portwein, führen überhaupt keine kellertechnische Behandlung durch, so daß ein zentimeterstarkes D. in der Flasche entsteht. Dieses D. ist eine Art Kruste; die betreffenden Weine werden auch *Crusting Port* genannt.

Das D. soll möglichst nicht ins Glas ausgeschenkt werden. Weine mit D. sind deshalb zu ↑ dekantieren. Ist das D. allerdings flockig und schlierig, dann könnte essigsaure Überalterung vorliegen. Fehlendes D. z.B. bei älteren Rot- und Portweinen deutet in der Regel auf stark „geputzten" Wein hin. (2)

desertno vino [jugosl.]: Dessertwein oder Likörwein

Dessertwein: verbreitete Bezeichnung für Süß- oder ↑ Südwein, der meist aufgespritet wird; heute zunehmend in manchen Ländern als ↑ Likörwein bezeichnet. (3)

Destillation: Auftrennen flüssiger Gemische durch Verdampfen der leichter flüchtigen Anteile und Kondensieren des Dampfes in einem Kühler. Die D. ist die Grundlage zur Herstellung von Spirituosen. Besonders schonende Verfahren sind *Vakuum-D.* und *Wasserdampf-D.*, bei denen auch die flüchtigen Bestandteile, z. B. die ↑ Bukettstoffe, erfaßt werden.
Die Verwendung einer Destillierkolonne (Fraktionierkolonne) ermöglicht es darüberhinaus, an verschiedenen Stellen der Kolonne Destillate mit eng beieinanderliegenden Siedepunkten zu gewinnen (z. B. Kornfeindestillat, Primasprit). (2)

Deutsche Demokratische Republik. Der Weinbau auf dem Gebiet der DDR ist nachweislich um 1000 Jahre alt und die Rebfläche betrug im 16. Jh. wahrscheinlich über 20000 ha, heute spielt er mit nur 750 ha Rebfläche in der Weltproduktion keine Rolle mehr. Geplant ist, in den nächsten Jahren die Rebflächen um mehrere hundert Hektar auszudehnen. Die DDR befindet sich an der nördlichsten Grenze der ↑ Anbauzonen der Weinreben (50 bis 54° nördlicher Breite) und deshalb kommen für einen wirtschaftlichen Weinbau nur günstige ↑ Lokalklimate in Frage, wobei ↑ Spalierwein aber bis Kap Arkona auf der Insel Rügen gedeiht. Geeignete Lokalklimate liegen im Elbeweinbaugebiet um Radebeul/Meißen und im Saale-Unstrut-Weinbaugebiet um Naumburg/Bad Kösen/Freyburg. Außerdem werden um Jessen/Schweinitz und Potsdam/Werder Reben angebaut (↑ Spreewein). Neuerdings wurde auch wieder um Jena eine Fläche aufgerebt. Bei günstigem Witterungsverlauf werden meist trockene, sorten- und lagenreine qualitativ sehr gute Weißweine produziert, die aber den wachsenden ↑ Weinkonsum in der DDR keinesfalls befriedigen können.
Der Weinbau im *Elbegebiet* ist etwa 850 Jahre alt. Im Jahre 1161 übereignete Markgraf Otto (der Reiche) der in den Mauern der Burg Misnia (Meißen) gelegenen Egidienkapelle einen Weinberg, den Sifrid, der Kapellan des damaligen Burggrafen Hermann, angelegt hatte. Die ersten Reben wurden höchstwahrscheinlich um 1100 aus Gebieten westlich der Elbe durch Mönche in das Elbtal gebracht. Besonderer Förderung erfuhr der Weinbau durch die Zisterziensermönche des Klosters Alt-Zella. Um die Mitte des 14. Jh. trugen die Höhen um Meißen bereits einen reichen Besatz an Rebanlagen. Mit Beginn des 15. Jh. erreichte der Weinbau im kursächsischen Raum mit 5000 ha Rebfläche seine größte Ausbreitung. Bedeutende Weinbaustädte waren Guben, Torgau, Senftenberg, Jessen und Schweinitz. An der Elbe um Dresden erstreckte sich der Weinbau von Pirna über Pillnitz, Wachwitz, Loschwitz, Dresden, Radebeul, Weinböhla, Niederau, Meißen, Proschwitz, Seußlitz bis Nünchritz.
Während vor 1500 der kirchliche Besitz dominierte, traten danach durch die Säkularisierung der Adel und die Landesherrschaft an diese Stelle. Nicht ohne Bedeutung waren auch der bürgerliche und bäuerliche Weinbau. Verschiedene mustergültige Weinbergordnungen (1588 unter Christian I.) und Hinweise zur Pflege der sächsischen Weinkultur (1659 Dehn-Rothenfelser, 1667 Knohll) verweisen auf die volkswirtschaftliche Bedeutung des Weinbaus, der in Sachsen nach dem Silberbergbau die zweite wirtschaftliche Stütze war.
Während der zweiten Hälfte des 16. und Anfang des 17. Jh. begann der Rückgang des Weinbaus an der Elbe. Die Gründe dafür sind im Ansteigen des Getreidepreises und der Nutzung

von Rebflächen zum Getreideanbau, der Verschlechterung des Klimas in Mitteleuropa (strenge Winter- und Frühjahrsfröste) und in der Konkurrenz von Bier, Kaffee und Branntwein zu sehen.
Mehrfache Versuche der Wiederbelebung des Weinbaus hatten nur zeitweiligen Erfolg. Der 1799 gegründeten ↑ Sächsischen Weinbausgesellschaft ist dabei eine besondere Stellung zuzuschreiben. 1840 betrug die Rebfläche in Sachsen noch 1636 ha und 8000 Einwohner beschäftigten sich mit dem Weinbau.
1887 trat zum erstenmal in der Oberlößnitz (heute Radebeul) die ↑ Reblaus auf. Sie begünstigte den pflanzlichen und ökonomischen Verfall des Weinbaus. Der weinbauliche Tiefpunkt war im Elbtal kurz nach dem ersten Weltkrieg erreicht. 1907 wurde in Seußlitz der erste Weinberg mit veredelten Pfropfreben angelegt. 1912 erfolgte die Gründung des Rebschulvereines und die Anlage einer eigenen Rebschule. 1924 legte der sich später Weinbauverein Meißen und Umgebung nennende Rebschulverein den Musterweinberg Domprobstberg an. Zur Förderung der Kleinstflächen wurde 1929 der Kleinweinbauverein Meißen und Umgebung gegründet. Er ist Vorgänger der heutigen VdgB Sächsische Winzergenossenschaft Meißen.
Beide Vereine wurden der 1938 gegründeten Sächsischen Winzergenossenschaft angeschlossen. 1956 wurde die Sächsische Winzergenossenschaft organisatorischer Bestandteil der VdgB. Heute beträgt die Weinbaufläche im Elbtal (1988) 310 ha:

VEG (Z) Weinbau Radebeul	105 ha
VdgB Winzergenossenschaft	120 ha
LPG "Karl Marx", Bockwen	2 ha
GPG „Am Weinberg", Pillnitz	1 ha
LPG (S) „Otto Grotewohl", Rade	5 ha
LPG (P) „Wilhelm Pieck", Okrilla	40 ha
LPG „1.Mai", Coswig	10 ha
LPG „Saatbau", Krögis	1 ha
VEG (G) Pesterwitz	5 ha
LPG „Hermann Matern", Jessen	6 ha
sonstige Anbauer	15 ha

Die klimatischen Bedingungen sind mit denen des Saale-Unstrut-Gebietes vergleichbar, nur die mittlere Niederschlagsmenge beträgt etwa 600 mm. Die Weinbergböden sind sehr unterschiedlich. Außer gneisartigen Verwitterungen (im Pillnitzer Gebiet) finden sich granitische und granodioritische in den Steillagen mit oftmaligen Lößauflagen (Radebeul, Meißen, Proschwitz), Buntsandsteine (Zadel) und Flußsande (Weinböhla, Niederau) sowie schwere Lößlehme (Gröbern, Seußlitz). Kalkablagerungen im Weinbaubereich kommen nur selten vor.
Die sortenreinen und auch meist lagengerechten Weine des Elbtales werden trocken ausgebaut. Spätlesen, Auslesen und Beerenauslesen werden nur in klimatisch günstigen Jahren produziert (1979 Huxelbeerenauslese 146 °Oe). Die Lagerbarkeit der Elbtalweine ist sehr unterschiedlich; im allgemeinen 3 bis 5 Jahre in Abhängigkeit von Jahrgang und Sorte, jedoch auch 20 und 30 Jahre alte Weine stellen keine Seltenheit dar. Die Qualität der Elbtalweine ist vergleichbar mit der anderer nördlicher Weinbaugebiete.
Die bekanntesten Weinlagen des Elbtales sind:
Königlicher Pillnitzer Weinberg, Hoflößnitz, Wackerbarthscher Weinberg, Paulsberg, Krappenberg, Goldener Wagen, Rote Presse, Boselberg, Kapitelberg, Domprobstberg, Rosengründchen, Fürstenberg, Ratsweinberg, Proschwitzer Katzensprung, Oberauer Gellertberg, Seußlitzer Schloßberg.
Jessen/Schweinitz ist ein kleines Weinbaugebiet bei Wittenberg, indirekt zum Elbtalgebiet gehörend. Im 13. Jh. begann der Weinanbau und umfaßte 1500 etwa 300 ha Rebfläche. Auf den kur-

sächsischen Jagdschlössern Schweinitz und Annaburg wurde nur Wein aus diesem Gebiet (Gorrenberger) gereicht. 1868 betrug die Rebfläche noch 125 ha; 1960 war sie auf den hundertsten Teil (1,25 ha) geschrumpft. Nach 1970 begann die Neuaufrebung. Die Hauptsorten sind 'Weißer Riesling' und 'Müller-Thurgau'. Der Anbau der Reben erfolgte auf kiesigen, nach Süden geneigten Endmoränen (Abb. 1).

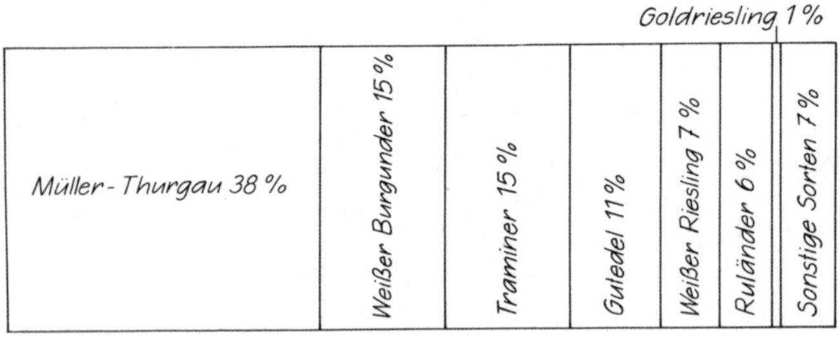

Abb. 1 Rebsortenverteilung (1988) im Elbegebiet

Der Weinbau an *Saale und Unstrut* verfügt über eine Jahrhunderte währende Tradition. Die ersten urkundlichen Nachweise sind aus dem Jahr 972 bekannt, als der deutsche Kaiser Otto II. die byzantinische Prinzessin Theophano heiratete und als Brautgeschenk auch Weinberge aus dem Raum Naumburg zusicherte. In einer Naumburger Urkunde von 1066 vergab Kaiser Heinrich IV. Weinberge bei Schmölln an den Naumburger Bischof Eberhardt und in den 80er Jahren desselben Jahrhunderts tritt der Pfalzgraf von Sachsen dem Kloster Goseck einen Weinberg ab, „der nahe der Kirche liegt". Eine weitere Ausbreitung des Weinbaus setzte mit der Bildung von Klöstern durch die Zisterziensermönche ein, so ab 1154 in Pforta, 1182 bei Porstendorf und Zwätzen bei Jena, 1186 bei Flemmingen, Naumburg.

Im 15. Jh. bis Mitte des 16. Jh. war der Höhepunkt des Weinanbaus im Thüringer Raum erreicht. Rebanlagen bedeckten die Hänge bei Zeitz, Meuselwitz, Altenburg, Schmölln, Gera, Jena (etwa 1300 ha), Saalfeld, Arnstadt, Erfurt (etwa 2000 ha), Gotha, an der Werra bei Meiningen bis Dorndorf, Eisenach, von der Hainleite und dem Kyffhäuser bis ins Mansfeldische bei Helbra und Eisleben (↑ Harzer Wein) sowie Wettin nördlich von Halle. An der Saale befanden sich Weinberge von Saalfeld bis Wettin und auch die Hänge im unteren Unstruttal wurden intensiv zum Weinanbau genutzt. Die außerordentliche Ausbreitung der Rebe (Angaben von 6000 ha bis 10000 ha) wurde auch durch eine kurfürstliche Anordnung aus dem Jahre 1500 begünstigt, die eine Einfuhr von ausländischem Wein, außer Malvasier und Rheinwein, verbot.

Die Ursachen für den Rückgang des Weinanbaus waren vielfältig (↑ Geschichte des Weinbaus). Das Saale-Unstrut-Gebiet wurde seinerzeit zum ersten reblausverseuchten Gebiet Deutschlands erklärt. Innerhalb von 13 Jahren nach dem ersten Auftreten der Reblaus 1887 in Dobichau bei Freyburg und ab 1889 bei Naumburg schrumpfte die Rebfläche von ursprünglich über 1000 ha auf eine Restfläche von 31 ha um die Jahrhundertwende zusammen. Große Verdienste um die Einführung und Durchsetzung der einzigen Bekämpfungsmethode gegen die Reblaus, das Pfropfen der europäischen Edelreiser auf die reblausresistenten ↑ amerikanischen Rebsortenunterlagen, erwarb sich die 1899 gegründete Staatliche Weinbauverwaltung Naumburg, die der Preußischen Landesweinbauverwaltung unterstand, in enger Zusammenarbeit mit der Zweigstelle der Biologischen Reichsanstalt für Rebenforschung in Naumburg. Es wurden Musterweinberge auf dem Freyburger Schweigenberg (2,7 ha), dem Gosecker Dechantenberg (2,2 ha) und den Saalhäusern (6,6 ha) angelegt. In Folge dieser Bemühungen erreichte die Rebfläche 1939 wieder 200 ha. 1934 erfolgte in Freyburg (Unstrut) die Bildung einer Winzergenossenschaft.

1952 wurde die Landesweinbauverwaltung aufgelöst und die staatlichen Weinberge, die beiden Rebveredlungsstationen in Naumburg und im Blütengrund und die Kelterei Bad Kösen zu einem Volkseigenen Gut (VEG Weinbau Naumburg) zusammengefaßt. Zu dieser Zeit waren im Saale-Unstrut-Gebiet, einschließlich der Anlagen am Süßen See, etwa 120 ha im Anbau.

Heute konzentriert sich der Weinbau in diesem Gebiet an den klimatisch begünstigten Hängen der Saale von Rannstedt und Großheringen im Bezirk Erfurt bis Burgwerben im Kreis Weißenfels. Außerdem reicht er von der Mündung der Unstrut in die Saale bei Naumburg über Freyburg flußaufwärts bis Vitzenburg und in das Gebiet der Mansfelder Seen bis Höhnstedt.

Klimatische Voraussetzungen für den Weinbau in diesen Gebieten sind:

- Jahresmitteltemperatur 9,1 °C
- mittlere Julitemperatur 18,7 °C
- mittlere Wintertemperatur höher 0 °C
- mittlere Sonnenscheindauer 1 600 Std.
- Vegetationszeit 155 Tage (Mißernte) bis 255 Tage (gute Ernte)
- mittlere Niederschlagsmenge 500 mm
- Rebflächenanlage 100–200 m über NN
- phänologischer Frühlingsbeginn 29.4.–5.5.

Die Zusammensetzung der Weinbergböden ist außerordentlich vielfältig und reicht von mittlerem Buntsandstein bei Naumburg bis Goseck über Wellenkalk des unteren Muschelkalkes um Freyburg, Myophorienmergel bei Bad Kösen bis zum Röt (Letten und Mergeln mit einzelnen Dolomitbänken) bei Dorndorf und Vitzenburg. Im Höhnstedter Gebiet herrschen Verwitterungsböden des oberen Buntsandsteins vor, die von roten Letten durchzogen sind.

1986 wurden an Saale und Unstrut etwa 414 ha Rebfläche bewirtschaftet, 227 ha (54,8%) von LPG, vom VEG Weinbau Naumburg 117 ha (28,3%) und 70 ha (16,9%) von etwa 650 Privatwinzern, die Trauben abliefern.

Durch die starken Winterfröste der letzten Jahre, insbesondere 1986/87, wurden größere Rebflächen (etwa 20%) so stark geschädigt, daß eine Rodung unumgänglich wurde (↑ Tafel 19). Die daraus folgenden notwendigen Aufrebungen werden im Vergleich zur bestehenden Rebsortenverteilung (Abb. 2) zu einigen Änderungen führen.

Es werden zur Zeit Anbauversuche mit

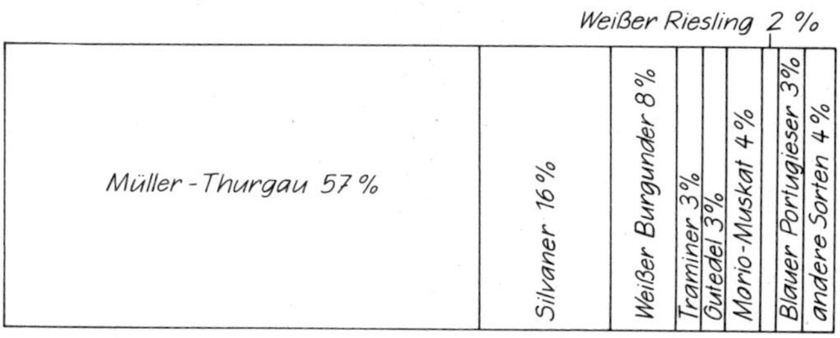

Abb. 2 Rebsortenverteilung (1986) im Saale-Unstrut-Gebiet

↑ 'Bacchus', 'Blaue Zweigeltrebe', 'Kerner', 'Faber', ↑ 'Scheurebe', ↑ 'Blauer Spätburgunder', 'Andre', ↑ 'Irsay Oliver' und 'Perle von Zaba' durchgeführt.
Die sortenreinen Weine von Saale-Unstrut, die im VEG Weinbau Naumburg und in der VdgB Winzergenossenschaft Freyburg/Unstrut (die beiden einzigen Verarbeitungsbetriebe des Anbaugebietes) gekeltert werden, sind reintönig, trocken, mild und besitzen einen durch den Boden geprägten kräftigen Geschmack. Eine Besonderheit bei der Weinbereitung ist die lagenreine Lese und Kelterung. Seit 1982 werden in klimatisch begünstigten Jahren (1982, 1983, 1986) hochwertige Spätlesen, die in der Regel einen natürlichen Restzuckergehalt besitzen, aber auch trocken ausgebaut werden, hergestellt. Dabei werden Zuckergehalte im Most von 85 bis über 120 °Oe erreicht (Mindestzuckergehalt 85 °Oe). Die Saale-Unstrut-Weine bauen bodenbedingt die Säuren oft rasch ab, so daß sich meist eine jahrelange Flaschenlagerung verbietet. Ausnahmen sind manchmal Weine der Sorten 'Silvaner', 'Weißburgunder', 'Weißer Riesling' und 'Traminer', die noch nach 7 bis 10 Jahren ihren Säuregehalt erhalten haben, sortentypisch und vollreif schmecken und ein intensives, reiches Bukett besitzen. Ihre gute Qualität konnten die Weine vom Volksweingut und der Winzergenossenschaft auf vielen internationalen Weinwettbewerben nachweisen, bei denen zahlreiche Medaillen und Diplome errungen wurden.
Bekannte Weinberge und Lagen des Saale-Unstrut-Gebietes sind: Freyburger Haineberge, Freyburger Schlüfterberg, Freyburger Schweigenberge, Gosecker Dechantenberg, Karsdorfer Hohe Gräte, Großheringer Sonnenberg, Höhnstedter Kelterberg, Naumburger Blütengrund, Naumburger Steinmeister, Saalhäuser Weinberge, Steigraer Hahnenberg und Osterberg. ↑ Tafel 9, 20, 23, 25 und 26 (8; 2)

Deutscher Schaumwein mit Kohlensäure: in der DDR nach TGL vorgeschriebene Bezeichnung für ↑ Imprägniersekt. (3)

Deutscher Sekt: in der DDR vorgeschriebene Bezeichnung für im Inland hergestellten Schaumwein. (7)

Deutsches Weinsiegel: in der BRD ein Gütezeichen der Deutschen Landwirtschaftsgesellschaft (DLG) in drei Farben, das aufgrund einer Prüfung (neutrale Verkostung) durch eine Kommission vergeben wird. Rot steht für ↑ liebliche Weine, Grün für ↑ halbtrokkene (9–18 g Restzucker/l), Gelb für ↑ trockene (bis 9 g Restzucker/l) und für ↑ Diabetikerweine (Abb.). Es werden auch gezuckerte, verschnittene, gestoppte u. a. Weine beurteilt; sobald sie klar über dem Durchschnitt ähnlicher Erzeugnisse liegen, können sie das D.W. erhalten. Es handelt sich aber immer nur um die Bestätigung einer überdurchschnittlichen Qualität der entsprechenden Qualitätsstufe und nicht um Garantien wie naturrein, unverschnitten, Mindestalkoholgehalt u. a., es findet keine chemisch-technische Analyse statt. Seit 1984 werden BRD-Weine die die ↑ amtliche Prüfungsnummer (A.P.-Nr.) oder das D.W. bekommen, nach einem neuen ↑ Fünf-Punkte-Prüfverfahren der DLG beurteilt. Das Gütezeichen für Badischen Qualitätswein sowie das

Deutsches Weinsiegel

für Fränkischen stellen höhere Qualitätsforderungen, als die für das D.W. erforderlichen. ↑ Prämierung von Weinen (3)

Diabetikerwein: trockener, durchgegorener Wein, meist mit entsprechenden Angaben zu wichtigen Inhaltstoffen. Allgemein enthalten D. je Liter höchstens 4 g unvergorenen ↑ Restzucker, 12 Vol.-% Alkohol (95 g/l) sowie einen Gesamtenergiewert von etwa 3600 kJ (840 kcal), davon Alkohol 285 kJ (66,5 kcal).
D. sind arm an verwertbaren Kohlenhydraten und können durch den Zusatz von Zyklamat bzw. Saccharin auch lieblich gestaltet werden. D. wird in der DDR unter dem Namen Vino-vit und Sonnengold gehandelt und hat je 100 ml einen Energiewert von etwa 335 kJ (80 kcal). Der Genuß von 100 ml Vino-vit ist für Diabetiker ohne Anrechnung auf die Broteinheiten erlaubt.
Das (Rücken-)Etikett von D. soll neben dem Zusatz „Für Diabetiker geeignet" auch die Anweisung „Nur nach Befragen des Arztes" neben den Analysebefunden enthalten. (2)

Dicksaft: Konzentrat von unvergorenem, durch teilweisen Wasserentzug eingedicktem sirupähnlichem Traubensaft (Traubensaft- bzw. -mostkonzentrat oder Trauben-D.) mit einer Dichte von 1,332 g/cm^3, was 332 °Oe entspricht. Um D. für klare Getränke einsetzen zu können, muß eine alkoholische Gärung unterbunden, müssen Trübungen beseitigt (Klärung) und muß der D. stabilisiert werden.
Rektifiziertes, d. h. in seine Bestandteile zerlegtes Traubenmostkonzentrat (RTK) wird durch weitgehenden Entzug von Wasser und anderen Inhaltstoffen, außer Zucker, vornehmlich in Italien erzeugt und dort für das ↑ Verbessern der Moste zugelassen. Obwohl diese Anreicherung im fertigen Wein nicht mehr nachzuweisen ist, wird davon ausgegangen, daß Geschmack u. a. typische Merkmale des Weins durch Anreicherung mit RTK beeinflußt werden. (2)

Digestif: alkoholisches Getränk, das nach dem Essen, auch zur Förderung der Verdauung, getrunken wird. (3)

Dimiat: in Bulgarien angebaute Tafel- und Keltertraube. Die fruchtigen, aromatischen Weine werden als ↑ Bowlenweine und für die Schaumweinherstellung verwendet, die großen Trauben als Tafeltrauben exportiert. ↑ Tafel 4 (6)

Dionysien: fröhlich ausgelassene, aber auch zügellos ausschweifende Kultfeste zu Ehren des griechischen Gottes ↑ Dionysos (Abb.). Äußere Gestalt und Kulthandlungen sowie der ihnen eingeräumte Inhalt wandelten sich im Lauf der Zeit und zeigten von Ort zu Ort ein mannigfaltigs farbenfreudiges Bild. Wie es scheint, waren die D. zu Beginn einfache bäuerliche Feste, die dem Arbeitsjahr folgten und mit der Weinlese im Oktober bzw. November/Dezember gefeiert wurden. Vielleicht waren die Festumzüge auch ursprünglich nur ein Vegetationszauber, um mit dem tosenden Lärm die guten Feldgeister zu wekken und die bösen zu verjagen. Später wurden D. im Herbst, im Dezember/Januar, im Februar/März und als Blütenfest gefeiert. Zur Zeit Euripides (480–406 v. u. Z.), er schuf die Tragödie Bakchai, wurden die D. bereits als staatliche Kultfeiern der Städte ordentlich geregelt. ↑ Bacchanal (3)

Dionysos: griechischer Gott der Fruchtbarkeit, der Vegetation und wahrscheinlich erst später des Weins, des Weinanbaus, der Lese sowie Kelter. Nach dem Mythos ist D. der Sohn des Göttervaters Zeus und der thebischen Königstochter Semele. Bei den Römern wird er *Bacchus* genannt. (3)

Direktträger: im Gegensatz zu ↑ Pfropfreben wurzelechte, unveredelte Reben. D. besitzen eigentlich im Großanbau

Dionysische Symbole und Opfergeräte

nur in der UdSSR mit den europäischen *Vitis-vinifera*-Sorten und in den USA mit den amerikanischen Rebsorten sowie mit den Kreuzungsprodukten dieser beiden Sortengruppen, den ↑ Hybriden, gewisse Bedeutung. D. werden auch von den Kleingärtnern vielerorts benutzt. In der DDR und weiteren Ländern ist aber ihre Anpflanzung in Weinbaulagen verboten. Da man heute in Mittel-, West- und Südeuropa die *Vitis-vinifera*-Sorten alle auf ↑ amerikanische Rebsortenunterlagen pfropft, werden meist nur die Hybriden als D. bezeichnet. (3)

DO, DO/C [span., port., ital.]: Abk. für ↑ **D**enominación de **O**rigen/**C**ontrolado, ↑ **D**enominacão de **O**rigem bzw. ↑ **D**enominazione di **O**rigine/**C**ontrollata

doce [port.]: süß

DOCG [ital.]: Abk. für ↑ **D**enominazione di **O**rigine **C**ontrollata e **G**arantia. (3)

dog [engl.]: trocken; in Ungarn auch zur Angabe der Geschmacksrichtung „trokken" benutzt. (3)

Doina: bernsteinfarbener, milder, leicht harziger Weinbrand mit zartem Bukett, der acht Jahre gelagert wird und aus der Moldauischen SSR stammt. (3)

dolce [ital.]: süß

Dôle [schweiz.]: Rotwein aus dem Weinbaugebiet Wallis mit offizieller Qualitätskontrolle, einem Mostgewicht das jedes Jahr neu festgelegt wird und 12–13 Vol.-% Alkohol. Er kann 'Pinot Noir' (↑ 'Blauer Spätburgunder') sein, wird aber meist als Verschnitt aus 'Pinot Noir' und 'Gamay' hergestellt, wobei der erstere mit mindestens 51 % immer überwiegt. D. ist körperreich, fruchtig, harmonisch, kann kellerfrisch getrunken werden aber auch 3 bis 6 Jahre lagern. (3)

domaine: in einigen Anbaugebieten Frankreichs Bezeichnung für einen Winzerbetrieb, eine bestimmte Lage oder auch einen abgegrenzten Weinberg (auch mehrerer Besitzer), der Qualitätswein und Landweine herstellen kann. ↑ château, ↑ clos, ↑ cru (3)

Dom Perignon: 1. französischer Benediktinermönch und Kellermeister

(1670–1715) der Abtei Hauvillers bei Epernay in der Champagne. Ihm wird – wohl nicht berechtigt – die Erfindung des ↑ Schaumweins zugeschrieben. Ganz sicher hatte er aber großen Einfluß darauf, daß sich das Verschneiden, die cuvée, verschiedener Weine aus weißen und blauen Trauben sowie das Nutzen dickwandiger Flaschen mit Korkverschluß anstelle ölgetränkter Wergpfropfen durchsetzte.
2. französische Champagnersorten der Firma Moët et Chandon aus Weinen der Abtei Hautvillers. (3)

doré [franz.]: goldgelb

Dorin [schweiz.]: seit 1967 Sammelbegriff für Waadtländer Weißweine aus der Rebsorte ↑ 'Weißer Gutedel' bzw. 'Chasselas'. Meist ist der D. ein trockener, fruchtiger, zartbitterer Wein. (3)

Dosage: 1. in Wein gelöster Zucker (liqueur d'expédition), der dem Schaumwein nach Gärung zugesetzt wird. Je nach gewünschter Sorte wird der Zuckergehalt festgelegt. Die Rezepte für die D. (auch Dosagelikör genannt) werden von der jeweiligen Sektkellerei streng gehütet. Durch Zusatz von Branntwein und Geschmackstoffen kann dem Schaumwein ein bestimmter Charakter verliehen werden. Viele Hersteller verzichten bei ihren besten Sorten auf die Zugabe der D. (Sans Dosage) und erhalten dann trockene Schaumweine, die auch als extra brut, Brutsauvage, Dosage zero o. ä. bezeichnet werden.
Die D. wird zum Einstellen des Zuckergehalts von ↑ Markenweinen und ↑ Standardweinen verwendet und kann, je nachdem ob würzige oder neutrale Weiß- bzw. Rotweine eingesetzt werden, auch eine beabsichtigte geringe geschmackliche Beeinflussung bewirken.
2. Die Zugabe von ↑ Süßreserve zu ↑ Stillweinen. (7)

Double-Magnumflasche: im Weinbaugebiet Bordeaux eine Flasche mit 3 l Inhalt. (3)

doux [franz.]: **1.** Bezeichnung für in der Regel gestoppte oder gesüßte Weine. Für hervorragende Weine dieser Geschmacksrichtung und die von Natur aus süßen Vins liquoreux wird meist ↑ moelleux als Bezeichnung gewählt.
2. Bezeichnung für meist anspruchslose Schaumweine mit einem Zuckergehalt von über 45 g/l. (3)

Drüberstreuer: ein guter (abgelagerter) Wein mit starkem eigenem Charakter, der an einem Weinabend den Schlußpunkt setzt. Nach oder neben ihm mundet kein anderer Wein mehr. (3)

dry sec [franz.]: Bezeichnung der Geschmacksrichtung für einen Schaumwein von noch ↑ trockenem Charakter mit einem Zuckergehalt von 17–35 g/l. Damit kann d.s. aber schon merklich süß sein. (3)

Duft ↑ Bukett

dulce [rum., span.]: sehr süß

Düngung der Reben: Zuführung von Nährstoffen (Stickstoff, Kalium, Calcium Phosphor, Magnesium u. a. Mikronährstoffe) in den Boden. Die Höhe der notwendigen D.d.R. ergibt sich generell aus dem Entzug der Nährstoffe durch die Rebstöcke, der Auswaschung aus dem Boden (bei Stickstoff 50–70% möglich), den pflanzenverfügbaren, d.h. aufgeschlossenen und aufschließbaren Nährstoffen im Boden und der Sorptionsfähigkeit der Böden. Kenntnis über die Bodenarten und ihre Zustände, Nährstoffanalysen des Bodens und der Blätter des Rebstocks, die Beobachtungen von Wuchs, Laubfarbe und Ertrag sowie die Beurteilung des Witterungsverlaufs sind Voraussetzung für eine Kalkulation der Düngung.
Die Versorgung mit organischer Substanz ist sowohl für die Nährstoff- als auch die Wasserführung der Böden von größter Bedeutung und führt zu ↑ Ökosytemen. (3)

durchgegorener Wein: ein Wein, der je Liter nicht mehr als 4 g Restzucker oder nicht über 96 g Alkohol enthält. Voraussetzung ist, daß die Gärung natürlich abgeschlossen ist. Das ist der Fall, wenn der Traubenzucker fast vollständig in Alkohol umgewandelt ist oder aber bei hohen Zuckergehalten, bei denen die Hefen schließlich ihre Aktivitäten durch erreichte Alkoholgehalte von 14–18 Vol.-% einstellen. D.W. können einen hohen Restzuckergehalt natürlicher Herkunft besitzen. ↑ Gärungsunterbrechung (3)

Durchlüften der Weine vor dem Trinken. Manche Weine verlangen zur Entfaltung von Duft und Geschmacksaroma eine gewisse Luftzufuhr, die durch zeitiges Flaschenöffnen oder ↑ Dekantieren herbeigeführt wird. Das trifft vor allem für stärkere, gerbsäurehaltige und für nach zu langer Faßreife auf Flaschen gezogene Rotweine zu. Auch unangenehme Gerüche werden damit gemildert.

Weine mit ausgewogener Gerbsäure, richtiger Faßlager- und Flaschenreife, die zu feinen, komplexen Aromen führen, benötigen nur eine gemäßigte Luftzufuhr. Ganz alte Weine werden am besten gleich nach dem Flaschenöffnen getrunken. Große bauchige Gläser ermöglichen meist, daß sich die Aromastoffe ausreichend entfalten können. (3)

Durchrieseln ↑ Verrieseln.

E

eau de vie de marc [franz.] ↑ Tresterbranntwein

edel: allgemeine Bezeichnung für Weine seltener, höchster Güte. ↑ Edelgewächs, ↑ fein (3)

Edelfäule: erwünschter Effekt durch Befall vollreifer weißer Trauben mit ↑ Grauschimmel *(Botrytis cinerea).* Voraussetzung ist wechselnde Feuchte und Wärme im Herbst, so daß es bei trockenem Wetter zur E. kommt (ung. aszú; franz. pouriture noble). Der Pilz zerstört die Schale der Trauben, begünstigt ihre Wasserverdunstung, erhöht so die Konzentration der Inhaltstoffe, besonders auch des Zuckers (Höchstwerte von 300 °Oe möglich), und gibt damit dem Wein das hochedle Aroma überreifer Weintrauben (Edelreife). Die Traubenbeeren können mit der E. aber bis zu zwei Drittel ihrer Masse verlieren, und da nicht alle Beeren gleichzeitig befallen werden, sind mehrmalige, aufwendige Lesen notwendig. Die daraus gekelterten Weine sind sehr kostbar und teuer. ↑ Tokaji Aszú und ↑ Sauternes brauchen fünf bis sechs und mehr Jahre zur Reife; sie halten sich Jahrzehnte und besitzen alle den typischen Botrytis-Geruchs- und -Geschmacksausdruck, so daß es meist sehr schwierig ist, darunter die Rebsorten zu spüren. Das hängt damit zusammen, daß durch den Pilz Stoffe verändert werden bzw. neue entstehen; er verbraucht mehr Säure als Zucker, schafft Bukettstoffe und Glycerol und soll auch ein Antibiotikum erzeugen, das die Hefen in ihrem Wachstum hemmt und dadurch die Vergärung verlangsamt, was aber auch an den hohen Zuckergehalten liegen kann. (3)

Edelfirne ↑ Firne

Edelgewächs, *edel, Edelwein, Eigengewächs, großer Wein, Hoch- und Spitzengewächs:* Bezeichnung für Weine besonderer Güte, die früher unter anderem in Verbindung mit Naturreinheit,

Auslesen, Beeren- oder Trockenbeerenauslesen und auch allgemein für durchgegorene Weine hoher Qualität verwendet werden durfte. Im EG-Bereich ist sie offiziell nicht mehr zulässig. Sie wird aber heute im allgemeinen Sprachgebrauch noch für Weine besonderer Güte verwendet. Speziell Weine ohne Fehler und von vollkommener Harmonie werden als große oder Spitzenweine bzw. als Jahrhundertweine bezeichnet. (3)

Edelreben: die europäischen Traubensorten der Art *Vitis vinifera.* (3)

Edelreife ↑ Edelfäule

Edelreiser: einjähriges, voll ausgereiftes, gesundes Rebholz von sortenechten, wertvollen Mutterstöcken, das im Einschlag überwintert zur Frühjahrsveredlung benutzt wird. ↑ Veredeln der Reben (3)

die schwarzweiße Farbe und das graubärtige, samtene Aussehen des Mauerwerks. Der E. hält die relative Luftfeuchtigkeit stabil, bei hoher Luftfeuchtigkeit nimmt er Wasser auf, bei niedriger transpiriert er Wasser. Außerdem verhindert er die Entwicklung schädlicher Pilzarten. Berühmt sind die E. in den Tokajer Weinkellern, die einen bedeutenden Anteil am Ausbau der ↑ Tokajerweine haben. (3)

Edeltrauben: Rebsorten, die Spitzenweine ermöglichen, z. B. 'Riesling', 'Gewürztraminer', 'Ruländer', 'Weißburgunder', 'Blauer Spätburgunder'. (3)

Edelwein ↑ Edelgewächs

Edelzwicker: eine elsässische trockene Weißweinspezialität, die aus verschiedenen Rebsorten (je nach Erzeuger unterschiedlich verschnitten) hergestellt wird (Abb.). (3)

Etikett für Edelzwicker

Edelreiserwurzeln: unerwünschte, abzuschneidende Tau(Tag-)wurzeln der Pfropfreben. Sie treiben aus dem Edelreis, wenn die Pfropfrebe zu tief gepflanzt und die Veredlungsstelle mit Erde bedeckt blieb. (3)

Edelschimmel: gewünschte Schimmelarten in Weinkellern. E. bewirken das besondere Fluidum in den Weinkellern,

édes [ung.]: süß

Egri Bikavér, *Erlauer Stierblut:* trockener, feuriger Rotwein mit dunkler granatroter Farbe aus Nordungarn (Eger/Erlau) mit alter Tradition und hoher Qualität (etwa 4 g Restzucker/l, 12 Vol.-% Alkohol und 5 g Gesamtsäure/l). Er ist relativ schwer, körperreich, harmonisch, von milder Herbe und feinem, würzigem Duft. E.B. ist im Verlauf von Jahrhunderten immer aus dem Most verschiedener Rebsorten gekeltert worden (u. a. 'Kadarka', 'Medoc Noir', 'Burgunder', 'Kékfrankos'). Seit den 80er Jahren werden die Rebsorten 'Kékfrankos', 'Kadarka', 'Oportor' und 'Cabernet' verwendet. E.B. ist bis zu zehn Jahren lagerfähig. Die günstigste Trinktemperatur liegt bei 18 °C. Bevorzugt eignet er sich zu dunklem Braten und zu gebratenem Geflügel. (3)

Eigengewächs ↑ Edelgewächs

Eimer: in deutschsprachigen Ländern altes Volumenmaß für Flüssigkeiten. Es schwankte sehr stark und betrug z.B. in Preußen 68,7 l und in Österreich 56,6 l. (3)

Einkauf von Wein. Wein für den individuellen Verbrauch zu erwerben ist nur über Flaschenweine zweckmäßig und in der DDR auch nur in dieser Form möglich. Sind Geschmacksrichtung und Güte der angebotenen Weine und Jahrgänge unbekannt, ist die fachgerechte Auskunft des Verkaufspersonals oder eines Weinkenners wichtig. Sicherer ist der Kauf einer Probeflasche, besonders, wenn neue Weine im Handel erscheinen. Natürlich können auch Werbeschriften oder Weinbücher Informationen bieten. Durch ↑ Weinverkostungen, besonders in den Weinbaugebieten, kann man sich einen Überblick über den Charakter der Weine verschaffen. Weine mit kontrollierter Ursprungsbezeichnung, mit Flaschen- und Prüfungsnummern, Kontrollbanderolen und auch Prämierungen sind in ihrer ↑ Qualitätsstufe zu bevorzugen. Trockene, durchgegorene Weine besitzen meist hohe Güte. Vor protzigen Etiketten mit aufreizenden Phantasienamen ist Zurückhaltung geboten.

Beachtet werden muß beim Einkauf der Anlaß, zu dem der Wein genossen werden soll. Geht es um den Bedarf vor dem Essen, dann sind Weine als Aperitif gefragt, nach dem Essen kommen Spätlesen oder zum Dessert Likörweine auf den Tisch. Wird der Wein in der Familie oder zum Abend getrunken, dann wird die eigene Geschmacksrichtung bevorzugt; für besondere Gelegenheiten kauft man Spitzenwein ein. Hat man eine eigene ↑ Vinothek bzw. einen ↑ Weinkeller mit optimalen Bedingungen, sollten verschiedene bekannte und gerade im Angebot befindliche Weine besser auch auf Vorrat gelagert werden. Weine gewinnen meist, wenn sie optimaler als im Handel gelagert werden. Außerdem ist eine mehrtägige Lagerruhe vor dem Trinken angebracht. (3)

Einkürzen ↑ Kappen

Einleger ↑ Ableger

Einschenken. Nach dem ↑ Flaschenöffnen und eventuellen ↑ Dekantieren probiert der Kellermeister oder Hausherr den ersten sog. Korkenschluck. Er prüft die Güte des Weins, die ↑ Trinktemperatur, temperiert den Wein gegebenenfalls und entfernt, wenn nötig, Korkenreste. Aus dem Dekantierkorb sollte man nicht einschenken, der Letzte könnte das ↑ Depot bekommen. Bei Rotwein ist die Flasche ein bis mehrere Stunden vorher zu öffnen. Die passenden ↑ Gläser werden am zweckmäßigsten auf einem Nebentisch höchstens dreiviertel gefüllt und dann serviert, damit sich das Bukett optimal entfalten kann. Beim E. am Platz gießt man mit der rechten Hand von rechts und hält dabei die Flasche mit dem Etikett nach oben (es darf nicht verdeckt werden). Die Flasche wird in Glasnähe gehalten, berührt aber nicht den Glasrand und wird nach dem E. kurz abgedreht, damit keine Tropfen fallen. Die Gläser werden, außer bei Schaumwein, nicht vom Tisch gehoben.

Unterschiedliche Auffassungen werden zum Nachfüllen nicht ausgetrunkener Gläser vertreten. Der gleiche Wein kann anders munden, wenn z. B. Glas und Raumtemperatur oder auch Speisen unterschiedlich sind. Beim Wechsel der Weinsorte sind auch die Gläser zu wechseln, besonders wenn rote auf weiße und wertvolle auf weniger wertvolle Weine folgen. Außerdem sind die Gläser vorher mit einer Serviette auszuwischen. Kerzenlicht auf dem Tisch reinigt die Luft und läßt Farbe und Klarheit des Weins leichter erkennen. (3)

Einschulen: in der Rebschule im Freiland das Aufschulen, Einlegen und Einsetzen des veredelten Rebholzes nach erfolgter Kallusbildung an der Veredlungsstelle. (3)

Einzellage ↑ Lage

Eiswein: ein Wein besonderer Rarität, der ausschließlich aus Trauben gewonnen wird, die bei der Lese und auch noch beim Keltern gefroren waren (erforderliche Außentemperatur ab −6 °C). Die wäßrigen Bestandteile bleiben beim Keltern als Eis zurück, so daß der Most einen sehr hohen Zucker- und Extraktgehalt hat. Die Gewinnung von E. ist wegen des nicht voraussehbaren Witterungsverlaufs sehr risikoreich (künstliches Gefrieren ist nicht gestattet). Es müssen Netze gegen Vogelfraß gespannt und ein gewisser Verlust eingeplant werden, der dadurch entsteht, daß die Stielfäule Beerenfall verursacht. E. besitzen höhere Alkohol- und Restzuckergehalte (Mostgewicht über 130 °Oe möglich) sowie hervorragende Geschmackseigenschaften, die denen der ↑ Beerenauslesen etwa gleich sind. Allerdings fehlt ihnen etwas die liebliche Samtigkeit. In der BRD und Österreich sind E. eine hohe offizielle Stufe von Qualitätsweinen. Eine Flasche Ruländer-E. kostete in den 80er Jahren 150.- und ein 1983er Rauenthaler Baiken Riesling wurde sogar für 600.- DM verkauft. (3)

elaborado y anejado por ... [span.]: erzeugt und ausgebaut bei ...

embottelado (engarrafado) de origen [span.]: Erzeugerabfüllung

embouteillé par [franz.]: abgefüllt durch ... (meist nicht der Erzeuger); *embouteilleur:* der Abfüller (3)

emfialosi [griech.]: abgefüllt

Energiewerte des Weins: Nahrungsenergiemenge im Wein. Alkoholische Getränke sind typische Dickmacher. Der Energiewert für 1 g Alkohol liegt bei 30 kJ (7,1 kcal), im Vergleich zum Zukker also noch um 75% höher. Alkohol ist reiner Betriebsstoff. Seinen „leeren" Kalorien fehlen die entscheidenden

Energiewerte ausgewählter Weine

Wein	Energiewerte in g/l			Energiegehalt in KJ			
	Alkohol g/l bzw. (Vol.-%)	Zucker	zuckerfreier Extrakt	Alkohol	Zucker	zuckerfreier Extrakt	Gesamt
Trockener Riesling	76 (9,6)	1	26	1671	13	327	2011
lieblicher Riesling	67 (8,5)	20	26	1474	251	327	2052
Beerenauslese Riesling	79 (10,0)	128	43	1738	1608	540	3886
Samos Dessert	152 (19,3)	82	37	3341	1030	465	4836

Nahrungsstoffe wie Eiweiß, essentielle Fettsäuren und Vitamine. Wollte ein Erwachsener seinen täglichen Grundumsatz mit Alkohol decken, dann müßte er 230 g davon aufnehmen (bis zu 3 l Wein), also mehr, als in 24 Stunden abgebaut werden kann.
Weinextrakt zwischen 25–200 g/l besteht aus Zucker sowie organischen Fruchtsäuren, Mineral- und Aromastoffen und kann demnach etwa 425 bis 3400 kJ enthalten. Trockene und liebliche Weine unterscheiden sich im Gesamtenergiegehalt meist wenig, da der trockene Wein erfahrungsgemäß mehr Alkohol bei weniger Zucker und der liebliche mehr Zucker bei weniger Alkohol enthält (Tab.). Dagegen steigt der Energiegehalt bei Auslesen und schweren Likörweinen fast bis auf das Doppelte an, und zwar sowohl infolge der hohen Zucker- als auch der weiteren Extraktgehalte. Bei Likörweinen nimmt auch der Alkoholgehalt stark zu, weshalb sie nur in kleinen Mengen getrunken werden sollten. Am günstigsten unter den alkoholischen Getränken sind leichte Weiß- und Rotweine. Sie enthalten je Glas (0,1 l) etwa 280 kJ (65 kcal). Trinkt man zum Essen 1 Glas (0,1 l) süßen Wermut, erhöht sich der Energiewert der Mahlzeit um 350 kJ (85 kcal). Es sollten auf keinen Fall mehr als 15% des täglichen Energiebedarfs durch den Wein aufgenommen werden. (3)

engarrafado na origem [port.]: Originalabfüllung des Erzeugers. (3)

England: größter und wichtigster Teil Großbritanniens, der am äußersten Nordrand der geografischen Zone liegt, in der Weinreben noch reifen können. Mehrere Hundert, relativ kleine Weingüter liegen z. T. weit verstreut im Süden E., besonders entlang der Südküste.
Der Weinbau in E. hat eine lange Geschichte. Bereits in der Römerzeit und im Mittelalter erfolgte ein relativ starker Weinanbau, der jedoch bis zum Ende des 19. Jh. fast gänzlich zum Erliegen gekommen war. Erst in den 50er Jahren unseres Jh. begann man erneut Anbauflächen zu kultivieren, die heute schon wieder auf etwa 400 ha angewachsen sind.
Der englische Wein ist ein sauberer, gut durchgegorener, fruchtiger Wein mit einer oft spürbaren Säure. Er ist kein großer Spitzenwein, aber den mitteleuropäischen Qualitätsweinen durchaus vergleichbar. Man darf sich dabei nicht von der Etikettenbezeichnung table wine (Tafelwein) leiten lassen. Aufgrund der Voreingenommenheit der Engländer gegenüber ihrem Wein wird er bevorzugt exportiert oder von ausländischen Weinliebhabern getrunken. Selbst in guten englischen Restaurants und in den meisten Weingeschäften wird man in der Regel bei einer Nachfrage nach englischem Wein nur mitleidig belächelt. Viele Engländer wissen überhaupt nicht, daß bei ihnen Wein – besonders Weißwein – angebaut wird. Die Hauptsorten bei Weißwein sind ↑ 'Müller-Thurgau', 'Seyval Blanc' und ↑ 'Auxerrois', bei Rotwein ↑ 'Müllerrebe' ('Wrotham Pinot').
Auch zahlreiche Neuzüchtungen finden zunehmend Eingang in den englischen Weinanbau, wie 'Reichensteiner', ↑ 'Bacchus', 'Huxelrebe' u.a. (9)

Entgeizen ↑ Laubarbeiten

Entkorken ↑ Flaschenöffnen

Entrappen, *Abbeeren:* Entfernen der Weinbeeren von ihren Stielen (Rappen). Das E. ist ein wichtiger Verarbeitungsschritt, besonders bei der Weißweinbereitung, um gerbstoffarme und damit fruchtige, abgerundete Weine bereiten zu können.
Bei der Rotweinbereitung wird vielerorts noch auf das E. verzichtet, um kräftige, gerbstoffbehaftete Weine zu erhalten. Die besonders in den Rappen lokalisierten ↑ Gerbstoffe werden wäh-

Rebsorten; *oben links* 'Ruländer‘ · *rechts* 'Riesling‘ · *Mitte links* 'Traminer‘ · *rechts* 'Silvaner‘ · *unten links* 'Roter Gutedel‘ · *rechts* 'Weißer Burgunder‘

Tafel 2

Rebsorten; *oben* 'Blauer Portugieser' · *Mitte* 'Blauer Burgunder' · *unten* 'Siegerrebe'

Rebsorten; *oben* 'Weißer Gutedel' · *Mitte* 'Müller-Thurgau' · *unten* 'Scheurebe'

Tafel 4

Rebsorten; *oben links* 'Mavrud' · *rechts* 'Blauer Trollinger' · *Mitte links* 'Bolgar' ('Afuz-Ali') · *rechts* 'Dimiat' · *unten links* 'Gamza' · *rechts* 'Hamburg Muskat'

Die Reformatoren im Weinberg des Herrn (Lucas Cranach d. Ä.)

Meißner Porzellan; *oben links* Vase „Herbst“ (Kaendler 1738) · *rechts* Zierkanne mit Weintraubendekor (1880) · *unten links* Winzerfigur (Kaendler 1740) · *rechts* Bacchus mit Gefolge (Kaendler 1754)

oben Weinkanne mit Becher (1910) · *unten* Ringglas, Römer und Daumenglas (deutsch 16./17. Jh.)

oben Weinprobe im Keller (Johann Peter Hasenclever) · *unten* Hafis vor der Schenke (Anselm F. Feuerbach)

rend der ↑ Maischegärung in den Most mazeriert und ergeben den typischen herben Rotweingeschmack. (2)

Entsäuern: spontan auftretender oder vom Küfer eingeleiteter Vorgang bei der Weinbereitung. Dabei wird der Gehalt an ↑ Weinsäure und ↑ Äpfelsäure vermindert bzw. umgewandelt. Der Gehalt an Weinsäure, die im Most meist als gesättigte Lösung von Kaliumbitartrat vorliegt und deren Lösungsvermögen durch steigende Alkoholkonzentration während der Gärung und die nachfolgende Abkühlung sinkt, wird während der Gärung schon auf natürlichem Weg vermindert (Ausfällung als Weinstein). Der Küfer kann das mit einer dosierten Zugabe von reinem gefälltem Calciumcarbonat verstärken, wenn der Most bzw. Wein noch zu sauer ist. Äpfelsäure wird durch den biologischen Säureabbau in die weniger saure Milchsäure umgewandelt. Verantwortlich für diesen Vorgang sind ↑ Milchsäurebakterien der Gattungen *Leuconostoc* und *Pediococcus.* Es sind auch schon bestimmte Spalthefen der Gattung *Schizosaccharomyces* nachgewiesen worden, die Äpfelsäure biologisch abbauen können. Durch Kalkentsäuerung kann der biologische Säureabbau eingeleitet oder forciert werden, da freiwerdendes Calcium und Kalium die Mikroorganismen zu einer verstärkten Tätigkeit anregen.
Bei der sog. Doppelsalzentsäuerung können die Gehalte beider Säuren zu gleichen Teilen vermindert werden. Das EG-Recht gestattet teilweises E. bei frischen Weintrauben, Traubenmost, teilweise gegorenem Traubenmost, Jungwein und Wein in den ↑ Weinbauzonen A, B, C Ia, C II, C IIIa, C IIIb. Ist auch ↑ Säuerung gestattet, darf beim gleichen Wein nur ein Verfahren angewendet werden. (2)

Entschleimen: einfaches Absetzenlassen des ausgepreßten Traubenmostes und Abpumpen des auf diese Weise vorgeklärten Mostes in die Gärfässer. (3)

entwickelter Wein: in der Weinansprache Bezeichnung für einen gereiften Wein, der seinen geruchlichen und geschmacklichen Höhepunkt erreicht hat. (2)

Enzyme, *Fermente:* Eiweiße mit bestimmten Wirkgruppen, die wie Katalysatoren wirken und ohne selbst eine chemische Bindung einzugehen, Richtung und Geschwindigkeit chemischer Reaktionen beeinflussen. In der Weinbeere sind mehrere E. vorhanden, die den Auf- und Abbau von Kohlenhydraten (Pektinase), die Farbstoffbildung (Polyphenoloxidasen) und die Säureumbildung steuern sowie die Aromabildung fördern (Esterasen). Neuerdings halten pektinspaltende E. immer stärker Einzug in die Kellerwirtschaft, vor allem zur Erhöhung der Preßausbeute. In der DDR sind nach TGL noch keine E. zur Maische- oder Mostbehandlung zugelassen.
Vor allem in der Fruchtsaftgewinnung spielen E. eine immer wichtigere Rolle als
– pektinolytische E. für Ausbeuteerhöhung und bessere Saftklärung;
– proteolytische E. zum Abbau labiler Eiweißstoffe;
– amylolytische E. für den Stärkeabbau zu vergärbaren Zuckern (Glycose, Maltose);
– zellulolytische E. für die Versaftung ganzer Früchte durch Verflüssigung der Zellhaut (Abbau von Zellulose).
Die Entwicklung geht zu einer Fixierung der E. auf Träger (immobilisierte E.), die wiederverwendbar sind. Damit zeichnet sich eine völlig neue Situation in der Kellerwirtschaft ab. (2)

epitrapezios oinos [griech.]: Tischwein

Erdtrauben: auf die Erde gefallene, für den Winzer nicht nutzbare Weinbeeren. (3)

Erlauer Stierblut ↑ Egri Bikavér

Ersatzrute, *Ersatzrebe:* Trieb aus einem Auge am Fuß des Stocks. Er wird jährlich auf ein Auge zurückgeschnitten und kann über den Winter leicht geschützt werden. Bei Frostschäden des Rebstocks bildet die E. die Aufbaureserve für ein neues Stamm-Schenkel-Gerüst. Bei der Rebenpflanzung bringt der schwächere Trieb im ersten Standjahr bereits die E. (3)

Ersatzzapfen ↑ Zapfen

Erste Ernte: die in der Regel im vierten Jahr nach der Pflanzung des Rebstocks anfallende erste volle Ernte, wobei auch im dritten Jahr schon erwähnenswerte Erträge gebracht werden. Entsprechend der Rebsorte, der Pflege und der Boden-Klima-Verhältnisse liegt die Nutzungsdauer eines Rebstocks zwischen 25 und 50 Jahren. Unveredelte, wurzelechte Reben (Spalierreben) werden oft 100 Jahre und älter. ↑ Jungfernwein (3)

Erträge: absolute Produktionsmengen in Dezitonnen (dt) Trauben oder Hektoliter (hl) Most bzw. Wein. Sie werden auf einen Winzerbetrieb, eine Winzergenossenschaft, eine Lage, ein Anbaugebiet, ein Land bezogen oder als ↑ Weltweinproduktion und zur Ertragsbeurteilung je Quadratmeter (m^2) bzw. je Hektar (ha) Rebfläche (manchmal auch je Rebstock) ausgewiesen. Bei der Beurteilung der Anbauflächen und ihrer E. muß berücksichtigt werden, daß es sich um Kelter-, Tafel- oder Rosinentrauben handeln kann, wobei besonders Keltertrauben auch als Tafeltrauben verkauft werden. Außerdem werden auch heute noch Reben in Mischkultur z. B. mit Oliven angebaut und damit sinken natürlich die E.

Die E. können im gleichen Anbaugebiet außerordentlich stark von Jahr zu Jahr schwanken. Besonders in nördlichen Anbaugebieten, bedingt durch unterschiedliche Witterungsverläufe, können sie um das Zehnfache variieren und manches Jahr sogar vollständig ausfallen. Die E. werden – abhängig von der bebauten Rebfläche – generell beeinflußt durch die Rebsorte, das angewandte Produktionsverfahren einschließlich der Intensität der Bewirtschaftung, den Boden-Klima-Komplex sowie den jährlichen Witterungsverlauf. Sowohl die absolute Produktionsmenge und damit der Umfang der genutzten Rebflächen als die angestrebten Hektar-E. werden vom Grad der Bedarfsdeckung sowie den Kosten der lebendigen Arbeit und den Produktionsmittel- und Erzeugnispreisen beeinflußt (↑ Ökonomie der Weinproduktion).

Da Erntemenge und Güte des Weins in unmittelbarer Beziehung stehen, werden in Frankreich, Italien u. a. Ländern teilweise die Hektarerträge im Interesse der Qualitätssicherung gezielt begrenzt. Das geschieht durch entsprechende Produktionsverfahren, z. B. veränderte Pflanzdichte, Bewässerungsverbote oder Anbau von Qualitätsrebsorten. So lagen 1982 Spitzen-E. der BRD mit 500 hl/ha etwa sechsmal höher als der zulässige Maximalertrag für französischen Landwein. In Argentinien wurden sogar 700–800 dt Trauben/ha geerntet. Besonders durch die Anwendung neuer wissenschaftlicher Erkenntnisse in bezug auf ↑ Rebschutz, ↑ Düngung, ↑ Erziehungsformen und ↑ Züchtung sind die Hektar-E. in den vergangenen Jahren stark gestiegen. Aus einer Dezitonne Trauben können etwa 0,6–0,75 dt Wein bei 0,15–0,9 dt Verlusten sowie 0,25–0,16 dt frischer Trester produziert werden. Während auf dem Gebiet der BRD 1900–1909 durchschnittlich 25 hl Most/ha produziert wurden, waren es 1970–1977 106 hl/ha. Von Anfang der 50er bis in die 70er Jahre hinein stiegen die Hektar-E. für Trauben in Frankreich, Italien und Spanien, Luxemburg und Griechenland um etwa 47–60% und in der BRD aufgrund des niedrigen Ausgangsniveaus um 154%. Damit kann für die obengenannten Länder eine durchschnittliche jährliche Zuwachsrate von über 2% errechnet werden. In Portugal war eine rückläufige bzw. stagnierende Tendenz zu verzeichnen. Allerdings wird dieses Ertragswachstum verlangsamt werden, indem die neuen Masseträger wieder durch ertragsärmere Qualitätsrebsorten ersetzt werden. Alle Angaben und Voraussagen, auch zu mehrjährigen Durchschnitten, sind wegen der wechselnden jährlichen Witterungsverläufe und ökonomischen Bedingungen unsicher und zeigen nur Tendenzen an. Dazu kommt die Unzuverlässigkeit der Statistik. 1984 waren die Erträge je Hektar in Hektolitern etwa wie folgt:

Luxemburg	120	
BRD	104	
Frankreich	60	
Italien	62	
Griechenland	39	(Ø Anfang der 80er Jahre 55 l)
Portugal	31	(Ø Anfang der 80er Jahre 45 l)
Spanien	26,5	

(3)

Ertragsrebfläche: die fruchttragende Rebfläche. (3)

Erzeugerabfüllung [franz. a la propiété]: Bezeichnung auf dem Etikett, wenn nur Trauben aus dem Besitz des Winzers oder der Winzergenossenschaft in deren voller Verantwortung verarbeitet und abgefüllt wurden. ↑ Abfüller, ↑ cantina, ↑ castello, ↑ engarrafado na origem, ↑ Etikett, ↑ fattoria (3)

Erzeugergemeinschaft: Zusammenschlüsse von Winzerbetrieben (einschließlich der Verarbeitungsbetriebe und des Handels) zwecks Anpassung an die schwankenden kapitalistischen Marktverhältnisse. Die Rechtsform der E. sind meist ↑ Winzergenossenschaften. (3)

Erziehungsformen der Reben: zusammenfassender Begriff für Zeilenbreiten, Stockabstände, angepaßte Stammhöhe, den Sorten angemessene Fruchtholzlänge und -form, die entsprechenden Stützvorrichtungen und die Art des sich daraus unmittelbar ableitenden ↑ Rebschnittes (Tab.) Die E. d. R. sollen stabile Erträge in hoher Qualität bei pflegeleichten Verfahren (hoher Mechanisierungsgrad bei minimaler Handarbeit) gewährleisten.

Merkmale gebräuchlicher Erziehungsformen der Reben

Merkmale	Rebflächengestaltung Steillage (30–50% Hangneigung)	Hang und Ebene (unter 30% Hangneigung)	Weitraumlagen (nach Lenz-Moser)
Zeilen- bzw. Reihenbreiten	1,4–1,6 m	1,6–1,8 m (Normalerziehung)	3,0–3,5 m
Stockabstände	1,0–1,6 m (Wüchsigkeit geringer auf Hängen)	1,2–1,4 m	1,2–1,6 m
Stockanzahl/ha	5000–6000	3500–5000	2500–3000
Stammhöhe	0,5–0,8 m	über 0,5–0,8 m	1,2–1,4 m
Stützvorrichtung	vorwiegend Einzelpfahl	vorwiegend Drahtrahmen	Drahtrahmen

Nach der Länge des Tragholzes werden bei den E. d. R. allgemein niedrige, mittelhohe und hohe Erziehung unterschieden. Je höher die Stämme, um so günstiger für die Mechanisierung und um so besser die Durchlüftung sowie Belichtung (schnelles Abtrocknen, Verringerung pilzlicher Erkrankungen, bessere Zuckerbildung). Bei sehr hohen E. d. R. verschlechtern sich wieder die Temperaturbedingungen in der Traubenzone.
Die *Weitraum-* und *Hocherziehung* (besonders von Lenz-Moser in Österreich

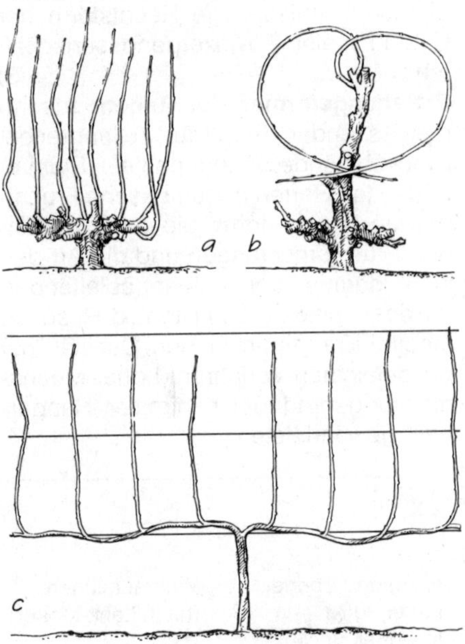

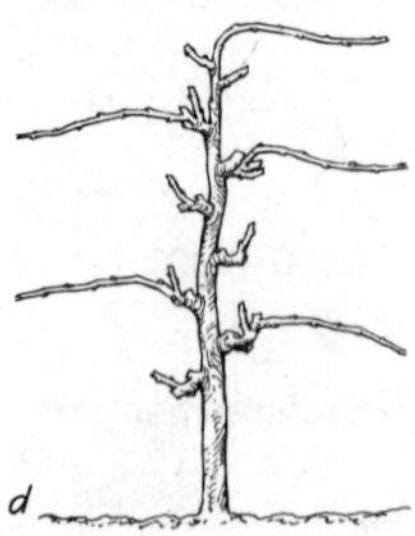

Erziehungsformen; *a)* Bock- oder Kopfschnitt; *b)* Kreiserziehung mit zwei Tragruten; *c)* Einetagenkordon (beidseitig); *d)* einschenkliger senkrechter Kordon mit Bogreben und Zapfen

entwickelt) bietet beste Mechanisierungsmöglichkeiten bei unbedeutender Verringerung der Qualität des Erntegutes. Die *Pergolaerziehung* ermöglicht ähnlich gut die Mechanisierung, auch die der Traubenernte. In südlichen Anbaugebieten werden allerdings auf ärmeren, steinigen Böden niedrige Stammhöhen, auch ohne Stützvorrichtungen, bevorzugt (Nordafrika, Südgriechenland, -italien, -frankreich, -spanien und Portugal). Lokal bildeten sich besondere E. d. R. wie Rheingauer-, Oppenheimer-, Breisgauer-, Moseler-, Markgräflererziehung u. a. heraus. Gegenwärtig setzt sich stärker die sog. *Vertikoerziehungsform* bzw. der Vertikokordon von Kraus, ČSSR, durch. Die Stöcke rücken auf etwa 60–100 cm zusammen und der Zeilenabstand beträgt 2–3 m, wobei sich die Traubenanzahl je Stock wenig verringert und damit der Ertrag je Hektar steigt. Besonders gut eignen sich 'Riesling'- und 'Burgunder'-Rebsorten für die Vertikoerziehungsform. Laub- und Bindearbeiten vereinfachen sich und die maschinelle Lese findet gleichfalls gute Voraussetzungen. Grundsätzlich aber werden die Schnittformen nach den Zeilen- und Stockabständen, den Stammhöhen und Stützvorrichtungen (Einzelpfähle, Drahtrahmen, ↑ Pergola) gewählt. Ganz selten findet man noch die arbeitsaufwendige ↑ Baumerziehung.
Die Abwandlungen der E. d. R. sind äußerst vielfältig und der Sorte sowie dem Boden-Klima-Komplex erfahrungsgemäß angepaßt (Abb.). (3)

Escherndorf: eine berühmte Weinlage in Franken in der Nähe von Würzburg (BRD), in der Weine mit nußartigem Bukett gewonnen werden. Die bekannteste Einzellage ist der Lump. Schon Goethe bevorzugte Escherndorf und schrieb 1806 mahnend an Christiane: „Sende mir noch einmal Würzburger, denn kein anderer Wein will mir schmecken und ich bin verdrießlich, wenn mir mein Lieblingstrank abgeht." (3)

espumosa[span.]: Schaumwein (Sekt)

Essen und Wein ↑ Speisen und Wein

Essenzen: konzentrierte Lösung von Geruchs- oder Geschmackstoffen natürlichen oder synthetischen Ursprungs. E. dürfen ↑ weinhaltigen Getränken und ↑ Fruchtweingetränken beigegeben werden, um neue Geruchs- und Geschmacksrichtungen zu erzielen. Bei Wein ist es in einigen Ländern (z. B. Bulgarien) gestattet, die bei der Gärung mit dem Kohlendioxid entweichenden Bukettstoffe aufzufangen und als Konzentrat wieder dem Wein zuzufügen. (2)

Essigbakterien: Mikroorganismen der Gattung *Acetobacter*, die unter Sauerstoffanwesenheit Ethanol zu Essigsäure abbauen. (2)

Essigsäuregärung: durch ↑ Essigbakterien verursachte Umwandlung von Ethanol zu Essigsäure. Voraussetzung sind Sauerstoffanwesenheit, hoher *p*H-Wert des Weins, geringe Mengen an Schwefliger Säure und relativ hohe Kellertemperaturen (ab 12 °C).

Essigstich: überhöhter Gehalt an Essigsäure, die auch flüchtige Säure genannt wird. Folgende Grenzwerte bestimmen einen Wein als essigstichig:

Weißwein	1,0 g/l
Rotwein	1,2 g/l
Likörwein	2,5 g/l
Fruchttischweine	1,0–1,2 g/l
Fruchtdessertweine	1,4 g/l

Während der alkoholischen Gärung bilden sich durch die Hefen etwa 0,2–0,4 g/l flüchtige Säuren; bei Rotweinen etwas mehr, da die hier durchgeführte Maischegärung unter stärkerer Lufteinwirkung abläuft. Zum E. kommt es durch die Tätigkeit essigsäurebildender Bakterien. Stichgefährdet sind Weine, deren Essigsäuregehalt um 0,2 g/l unter den genannten Grenzwerten liegt. Zur Vorbeugung sind folgende Maßnahmen geeignet:

– stichgefährdetes Lesegut muß schnell gekeltert und der Most vor der Gärung eventuell pasteurisiert und mit ↑ Reinzuchthefen vergoren werden;

– spundvolles Lagern des Jung- und Altweins im Gebinde;

– niedrige Temperatur (unter 10 °C), Gehalt an freier Schwefliger Säure über 20 mg/l, Alkoholwerte über 12 Vol.-% und Säuregehalte laut TGL.

Essigstichige Weine sind nicht handelsfähig, und, da nur bedingt zur Essigherstellung geeignet, in der Regel zu vernichten. Es gibt zur Zeit keine erlaubten Mittel, mit denen man den Gehalt an Essigsäure herabsetzen darf. (2)

Ester: chemische Verbindung, die durch Einwirkung von Alkoholen auf Säuren unter Wasserabspaltung gebildet wird. Die niederen E. spielen besonders bei Früchten, und damit auch bei der Traube und dem Wein, eine entscheidende Rolle als Bukettstoffe (↑ Bukett) und werden deshalb auch als Frucht-E. bezeichnet.

E. werden als Gärungsnebenprodukte während der ↑ alkoholischen Gärung gebildet und entwickeln sich als Bestandteil des Lagerbuketts im Gebinde oder auf der Flasche. (2)

estestweno penlivo vino [bulg.]: Schaumwein (Sekt)

eszencia ↑ Tokaji Aszú

Etage: Erziehungsform als am Draht bzw. Gerüst gezogene Bogrebenserie (Kordon), mit im Abstand von 80 cm übereinander befindlichen Ersatz- und Tragreben. ↑ Zapfen (3)

Ethanol: einwertiger, gesättigter, aliphatischer Alkohol mit der Summenformel C_2H_5OH, der durch die ↑ alkoholische Gärung entsteht oder durch ↑ Aufspriten zum Wein gelangt. E. ist ein wertbestimmender Bestandteil des Weins und kommt in einer Höhe von 7–22 Vol.-% vor. In der DDR herge-

Italienisches Flaschenetikett

Schweizer Flaschenetikett

stellte oder abgefüllte Weine müssen einen Mindestalkoholgehalt von 9,0 VoL.-% aufweisen. In vielen Weinbauländern (z. B. Frankreich, Spanien) werden einfache Weine (↑ Tafelwein, ↑ Tischwein, ↑ Landwein) nach ihrem Alkoholgehalt bezahlt und gehandelt. (2)

Etikett: Flaschenaufkleber aus Papier, Kunststoff, Leder oder sogar Metall (Kupfer); gewissermaßen die Geburtsurkunde zur Charakterisierung des Weins. Das E. enthält die notwendigen Angaben zur Orientierung und zum Schutz des Verbrauchers, hilft den lauteren Wettbewerb (die Konkurrenz) zu gewährleisten und die offizielle Kontrolle zu sichern.

Schon auf einer Weinkanne aus der Grabkammer des ägyptischen Königs Tutenchamun (etwa 1347/38 v. u. Z.) fand man fast alles das eingeritzt, was auf ein Wein-E. gehört: Jahrgang, Lage, Besitzer und verantwortlicher Kellermeister. Die Sumerer (4.–2. Jahrt. v. u. Z.) benutzten Stempel oder Rollsiegel, die Griechen und Römer Papier- und Markenanhänger oder sie ritzten die Angaben in die Amphoren ein. Während der Zeit des römischen Konsulats waren Sorten-, Jahrgangs- und Lagenbezeichnungen üblich. Bei Petronius (1.Jh. u.Z.) heißt es im „Gastmahl des Trimalchio“: „Sogleich wurden sorgsam gegipste, gläserne Amphoren hereingetragen, an deren Hälsen Etiketten mit der Marke Falerner Opimianer, Jahre 100 angebracht waren“. Zuerst setzt sich allerdings nur die geografische Kennzeichnung der Weine durch. Im Mittelalter waren Papieranhänger, die später auf die Glasflaschen geklebt wurden, im Gebrauch. Nach A. Senefelders Erfindung des lithografischen Flachdrucks (1798) kamen erste Flaschenschilder auf. Ihre farbige, dekorative Gestaltung setzte gleich nach Erfindung des Mehrfarbendrucks (1826) und der patentierten Chromolithografie von Engelmann (1837) sowie der Fotolithografie von Meisenbach (1882) ein.

Flaschenetikett
aus der DDR

Flaschenetikett
aus der BRD

Die grafische Gestaltung des E. folgte dem Geschmack der Zeit und ihren Kunstrichtungen. Neben den sachlichen Angaben und ab Mitte des 19. Jh. auch den Preismedaillen und Prägedrucken dominierten bald Ornamente (auch im Jugendstil) und Wappen, bald Weinlandschaften, Trinker und erotische sowie humorvolle Szenen. Den floralen Stil löste nach 1900 ein mehr abstrakter Stil ab. Das hat sich bis heute nicht geändert und so steht neben dem schlichten E. das traditionelle sowie das farbig-szenisch überladene und das im Marketing werbende E. Heute ist fast alles, was mit dem E. zusammenhängt, in den einzelnen Ländern geregelt. Erste konkrete Vorschriften zum Weinangebot brachte schon das Weingesetz von 1892. Trotzdem bleibt genügend Spielraum für die E.gestaltung (besonders auch zwischen den Ländern). Grafisches und Typografisches setzen dem visuellen Bild gewollte Schwerpunkte (Abb.).

E. zu entziffern bleibt trotz aller Regelungen eine Wissenschaft für sich. Sehr oft ist zwischen den Zeilen mehr zu lesen. Im Folgenden wird hauptsächlich auf die ausgefeiltere E.gestaltung in den EG-Ländern zurückgegriffen. Als erste Regel gilt: Was nicht ausdrücklich zugelassen ist, darf auf dem E. nicht verwendet werden, z. B. die Bezeichnungen und Begriffe Natur, naturrein, Wachstum, Originalabfüllung, feine oder feinste Auslese, Edelgewächs, Naturgewächse, Kreszenz u.a.

Das E. und auch eine Halsschleife sollten bzw. können Auskunft geben über:

– *Herkunft.* Sie bezeichnet das Land (besonders bei Export), für ↑ Landwein das entsprechend gesetzlich fixierte Landweingebiet, für ↑ Qualitätsweine (QbA) mindestens das gesetzlich fixierte Anbaugebiet (die Anbauregion) und weiterhin Bereiche, Groß- und Einzellagen bzw. in Österreich Gemeinden, Riede und Weinbaufluren. In Italien gibt ↑ classico an, daß der Wein aus besten Lagen stammt. Je genauer die Herkunft angegeben wird, desto eher kann auf bessere Güte geschlossen werden (dies besonders in Frankreich).

– *Jahrgang.* Der Wein muß mindestens zu 85% aus der Ernte des angegebenen Jahres stammen. In Italien (vecchio, riserva, riserva speciale) und Spanien sowie Portugal (reserva, gran reserva) weisen besondere Bezeichnungen Mindestlagerzeiten in Faß und Flasche aus. Je weiter im Süden die Weine gewachsen sind, um so weniger sagt der Jahrgang aus, wenn auch dort bei Spitzenqualitäten der Jahrgang nicht unterschätzt werden darf.

– *Nennvolumen.* Die Menge des Flascheninhalts ist heute z.B. in der EG für die herkömmliche Flasche auf 0,75 l festgelegt. Teure Weine kommen auch in sog. halben Flaschen zum Verkauf. Angaben können auch (besonders in Frankreich) in dl, cl und ml gemacht werden.

– ↑ *Qualitätsstufen.* Sie werden als Tafelwein, Landwein und Qualitätswein mit ihren unterschiedlichen Prädikatsstufen ausgewiesen.

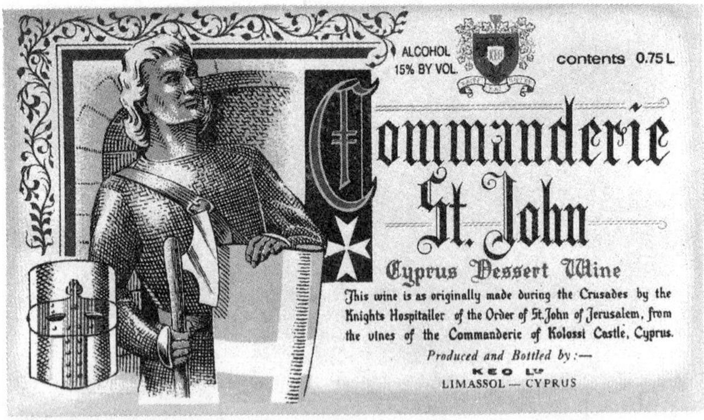

Zyprisches Flaschenetikett

In Frankreich werden daneben nicht gesetzlich geregelte Prädikate wie grand, grand vin, grand reserve, vin fin, vin nobel benutzt, eine reine Angelegenheit des Rufes und der Glaubwürdigkeit, die der Produzent (Abfüller) damit aufs Spiel setzt.

– *Prüfungsnachweis.* Die amtliche

(BRD) bzw. die staatliche (Österreich) Prüfungsnummer, Kontrollbanderole u. a. bestätigen, daß der Wein entsprechend den jeweiligen Verordnungen geprüft wurde.

Französisches Flaschenetikett

– *Erzeuger.* Eine Erzeugerabfüllung wird nach dem Namen (der Firma, des Betriebes, der Winzerkellerei, des Abgebers) sowie der Gemeinde (dem Ortsteil), ihrem Hauptsitz (Standort) bzw. dem tatsächlichen Abfüllort benannt, wenn der Wein selbständig aus selbstgewonnenen Trauben der Erzeuger(-gemeinschaft) im eigenen Betrieb aufbereitet und dort abgefüllt wurde. Der Name z. B. eines Weingutes, einer Weinkellerei, eines Schlosses oder Kastells, einer Domäne, einer Burg oder eines Klosters dürfen nur verwendet werden, wenn das Lesegut ausnahmslos von den Rebflächen dieses Betriebes stammt und die Weinbereitung auch dort erfolgte.

– *Rebsorte(n).* Die Angabe ist zulässig, wenn mindestens 85% aus Trauben der angegebenen Rebsorte stammen bzw. wenn der Wein vollständig aus zwei angegebenen Rebsorten bereitet wurde. Die Rebsorte mit dem größeren Mengenanteil soll dabei zuerst genannt werden. Gehen Verschnitte über zwei Rebsorten hinaus, ist eine Angabe nicht zulässig. Bei Tafelweinen aus Verschnitten von Weinen mehrerer Länder ist dies anzugeben, ebenso wenn Lesegut aus einem anderen Land verarbeitet wurde. Bei Anbaugebieten, die durch eine Rebsorte berühmt sind (wie ‘Riesling‘ im Rheingau oder ‘Ruwer‘ an der Mosel-Saar), werden die Rebsorten oft gar nicht mehr angegeben. In Frankreich wird die Rebsorte vor allem im Elsaß genannt. Ansonsten wird die Kunst des Verschnitts landesweit mit höchster Meisterschaft ausgeübt.

– *Weinart.* Rosé (↑ Weißherbst), vin gris clairet, ↑ Rotling wie Badisch Rotgold, ↑ Schillerwein müssen angegeben werden, während bei Weißwein und Rotwein meist vorausgesetzt wird, daß sie jedermann unterscheiden kann. Auch Likör- bzw. Dessertwein wird auf den E. besonders vermerkt. Ebenso erscheinen die Markennamen auf dem E. In Frankreich sind weitere Angaben wie vin primeur, vin noveau (↑ vin), ↑ Blanc de blanc, ↑ ambré üblich.

– *Alkoholgehalt.* Er wird in Vol.-% angegeben, in Österreich und der UdSSR offiziell für alle Weine, in Frankreich und Italien auch für DO/C- und Tafelweine. In Ungarn ist er nur für Qualitätsweine vorgeschrieben.
– *Zuckergehalt.* die Angabe ist zulässig. Sie wird z. B. in der UdSSR in g /l Restzucker angegeben. Der Zuckergehalt kommt auch zum Ausdruck in der
– *Geschmacksangabe.* Neben den Angaben↑ trocken, ↑ halbtrocken, ↑ lieblich und ↑ süß sowie dem Restzuckergehalt können auch die Gesamtsäureprozente genannt werden. E. ohne Geschmacksangabe deuten auf Weine fruchtig-süßer Art.
– *Auszeichnungen, Prämierungen, verliehene Gütezeichen.* Sie sind zugelassen und werden meist bei überdurchschnittlicher Qualität, immer bezogen auf den betreffenden Wein, als Medaillen (Preismünzen), Siegel, Banderolen, Schleifen, Halsschleifen u. a. auf oder neben dem E. der entsprechenden Weinpartie angebracht.
– *Empfehlungen an den Verbraucher.* Sie sind zulässig über die Verwendung des Weins, z.B. zu bestimmten Speisen oder als Dessert, über die Behandlung, z. B. die Trinktemperatur oder die Aufbewahrung, wie Reifezeit, Lagerfähigkeit u. a. Diese Angaben sind besonders auf dem ↑ Rückenetikett üblich. Hinweise auf Heilwirkungen sind unzulässig.
– *Geschichte des Weins oder des Winzerbetriebes.* Zulässig sind solche Angaben zur Rebsorte, dem Gründungsjahr des Winzerbetriebes oder beispielsweise seiner Familientradition, wenn sie deutlich von den gesetzlich vorgeschriebenen Angaben abgesetzt sind (Rücken-E.).
– *Eignung als ↑ Diabetikerwein.* Dazu sind Angaben zulässig, die den unvergorenen Restzucker, den Alkoholgehalt, den Alkohol- und den Gesamtenergiewert sowie den Gehalt an freier sowie gesamter Schwefliger Säure kennzeichnen (Rücken-E.).
Da es für den weniger Eingeweihten hauptsächlich vom E. abhängt, nach welcher Weinsorte er greift, ist es nicht verwunderlich, daß E. mit phantastischem Ideenreichtum gestaltet werden und daß auch hier die Versuchung zum Unredlichen groß ist ebenso wie beim Flaschenabfüllen.
Sehr oft sagt das, was weggelassen wurde, mehr über den Wein aus. Als Regel könnte gelten: „Je besser der Wein ist, um so mehr Einzelheiten über ihn sind auf dem E. zu finden." und: „Je auffälliger das E., um so vorsichtiger beurteile man die Qualität."
Was von manchen E. zu halten ist, macht folgende Geschichte deutlich: Ein Rostocker Weinhändler, dessen Weinvorrat durch einen Brand vernichtet wurde, was seine Freunde lauthals betrauerten, meinte: „Tröst ju kinners! D'Hauptsack is rettet ... die Etiketters."
Abb.; ↑ hinteres Vorsatz (3)

etos paragogis [griech.]: Jahrgang. Die Angabe ist gestattet, wenn der Wein mindestens aus 85% Trauben des betreffenden Jahrgangs gekeltert wurde. (3)

Europäerreben: alle Rebsorten der Art *Vitis vinifera L.* (3)

extra dry sec: Bezeichnung für sehr trockenen Schaumwein. Mit einem Zukkergehalt von 12–20 g/l steht er zwischen ↑ brut und ↑ sec. (3)

Extrakt: Gesamtheit der nichtflüchtigen Inhaltstoffe des Weins, die beim Verdampfen oder bei der Destillation bei 100 °C zurückbleiben. Der E. besteht im wesentlichen aus Kohlenhydraten, höheren Alkoholen, nichtflüchtigen Säuren, Gerb- und Farbstoffen, Stickstoffverbindungen und Mineralstoffen. Beim Wein spielt neben diesem Gesamt-E. der zuckerfreie E. eine Rolle, der eng mit dem qualitativen Zustand des

Weins zusammenhängt. Hochwertige Weine (Prädikatsweine) und Rotweine haben gegenüber Weißweinen generell höhere zuckerfreie E.gehalte. Für DDR-Weine gilt als Minimalwert des zuckerfreien E. bei Weißwein 16 g, bei Rotwein 20 g und bei Spätlese 25 g/l. Je höher der E.gehalt, um so vollmundiger sind in der Regel die Weine. (2)

Eszerjö ↑ 'Tausendgut'

F

Fachausdrücke der Weinansprache: Vokabular zur verbalen Charakterisierung der Weine nach der ↑ Degustation. Die Bezeichnungen sind in den einzelnen Ländern, Anbaugebieten und Institutionen von einer solchen Vielfalt, dazu oft unklar, verschwommen und nicht prägnant definiert, daß sogar der Weinfachmann oft nicht sagen kann, was durch den einzelnen Begriff ausgedrückt werden soll. Ihr übertriebener Gebrauch grenzt schon an Snobismus. Damit die Sinnesempfindungen möglichst eindeutig wiedergegeben werden können, sollten bestimmte Grundzusammenhänge beachtet werden. Junge Weißweine widerspiegeln oft grünliche *Reflexe,* ältere besitzen bernsteinfarbene Reflexe und werden mit dem Alter sowie überhaupt bei oxidativen Prozessen dunkler. Umgekehrt werden Rotweine heller. Das Bukett entwickelt sich mit dem Alter und mit oxidativen Prozessen. Bei Weinen hoher Güte ändern sich Art und Anzahl der *Aromen* und sie bauen schließlich über ↑ Firne ab. Der *Geschmack* ist bei hohen dominierenden Alkoholgehalten spirituös bzw. brandig, bei niedrigen saftig; hohe überwiegende Säuregehalte machen Weine stahlig bis sauer, niedrige weich und flach. Hohe Glycerolgehalte bringen *Fülle* durch den Extrakt und hohe vorherrschende Kohlensäuregehalte machen den Wein spitz sowie scharf, wobei fehlende Kohlensäure ihn müde macht. Bei niedrigen Gerbstoffgehalten fehlt dem Wein das „Fleisch“ und bei hohen wird er „bissig“ und adstringierend. Letztlich aber bestimmt immer das Zusammenspiel aller Eindrücke den Charakter des Weins (Tab.) (3)

Auswahl wichtiger Fachausdrücke der Weinansprache nach G. Troost. Sie sind etwa nach der Reihenfolge der Sinneseindrücke bei der Degustation in auf- und absteigender Intensität geordnet und bei den Umschlägen vom Negativen zum Positiven und umgekehrt durch einen Schrägstrich getrennt. Die häufigsten Begriffe sind in kursiver Schrift hervorgehoben

GESICHT

Farbe

Weißweine: farblos (wässrig, *weißlich, blaß*)/*hellfarbig* (hellgelb, grün), grünlichgelb, licht- oder *hellgelb*, *strohgelb*, gelb, *goldgelb* (altgold), *bernsteinfarben*/*hochfarbig*, rahn (fuchsig), braun, mißfarben bis ins Schwärzliche

Rotweine: *blaßrot*, *hellrot*, rötlich, schillernd, ziegelrot/*rubinrot*, *granatrot*, dunkelrot, feurigrot, tiefrot, gedecktrot, blaurot, schwarzrot

Roséweine: helles Rosa, *violette* Reflexe/*hellrot*, *zwiebelschalenfarbig*, *rötlich schillernd*/orangefarben

Klarheit
ohne Glanz (stumpf)/kellerhell, hell (sauber), *blank*, klar, Glanz (*glanzhell*), flacker(-hell), *spiegelblank*, *kristallklar*/Schwarzglanz (unklar, stumpf, trübe)

Trübungen (Ausscheidungen)
bauernhell, bläulich, blau, Schimmer, *Schleier*, blind, *trüb*, Art der Trübung, wie staubig-fasrig, flockig, wolkig, milchig, heftig getrübt
Art des Depots, wie flockig, körnig, streifig, kristallin

Flüssigkeitsgrad
beim Gießen oder an der Glaswand zu sehen: dünnflüssig, beweglich, normal, Schlieren, schwer, dick, ölig/zäh, lang (lind), schleimig

Kohlensäure
ruhig, still, unruhig, springend, perlend, schäumend (moussierend) Art des Mousseaux, wie anhaltend, Schaumkrone, Kohlensäurestern auf der Oberfläche, haftend, langsam oder schnell vergehend, Perlen am Glasrand

GERUCH

Reintönig
rein, sauber/*fehlerhaft*, fremd, unrein, dumpf, muffig, faulig, Korkgeruch

Duft
flüchtig/zartduftig, duftig

Blume und Bukett als Gesamteindruck
blumig, *weinig*, *fruchtig*, *würzig* und *typisches* bzw. *nichttypisches Sortenbukett* sowie Gär-, Lager-, Alters- oder Firnebukett

Aroma (auch schmeckbar)
entsprechend der Art und Menge bezeichnet nach *Früchten* (Banane, Kirsche, Erdbeere, Apfel u. a.), *Blumen* (Lindenblüte, Akazie, Heckenrose, Veilchen u. a.) sowie *Kräutern* (Minze, Vanille, Thymian u. a.)

Intensität des Buketts
klein, *bukettarm*, hübsch, nett, schön, *feinzart*, intensiv fruchtig, *ausgeprägt markant*, *würzig-kräftig-intensiv*, typisch/unangenehm, fremd, eigenartig, plump, *zu intensiv*, *aufdringlich* (parfümiert)

Entwicklung und Alter
mostig, gärig, *jung*, unfertig, heftig/entwickelt, *ausgebaut*, *reif*, abgelagert/*altedelfirn*/firn, abgebaut

GESCHMACK

Reinheit
rein/*Fremdgeschmack* nach Kork, Faß, Filter, kellertechnischen Fehlern, Krankheiten

Charakter bzw. Art
keine Art/eine nette, gefällige, harmonische, typische Sortenart, Eigenart, ehrlich (gediegene Art)
Grundgeschmack: zart, fein, gefällig, lieblich, süffig, elegant; mild, glatt, rund, voll, stoffig; herzhaft, kernig, nervig; weinig, saftig, markig, würzig, wuchtig, mächtig, groß u. a.
Charakter von Anbaugebieten, Lagen, Rebsorten, Jahrgängen

Zuckergehalt – Süße
trocken (durchgegoren), ohne Restsüße, *halbtrocken*, *leicht-halbsüß* (*lieblich*), *süß* (harmonisch, *edle-reife Süße*, honigsüß)/einseitig, *aufdringlich süß*

Frucht-Säuregehalt
fad (laff), schal, *pappig*, weich/*mild*, harmonisch, *rassig*, fest, stahlig/metallig, ziehend, *spitz*, *hart*, bissig, sauer

Kohlensäuregehalt
platt, matt/ruhig, ausgeglichen, lebendig, *frisch* (anregend), *resch*, prickelnd, *spritzig/scharf*, gestört

Gerbstoffgehalt
mager, mild, samtig, *zartherb, schöne* (*fleischige*) *Herbe/unschöne Herbe*, *streng*, *rauh* (sandig, stumpf)

Alkoholgehalt
leicht, gehaltvoll, kräftig, stark (warm), feurig/*brandig*, schnapsig, spritig

Extraktgehalt – Körper
klein (*leicht*), *zart*, rund, *vollmundig, wuchtig (viel Körper*, füllig)/leer, *dünn* (*kurz*, flach, arm)/ mostig, dick, *plump*, klotzig

Alter bzw. Entwicklungsstadium
mostig, gärig(hefig), unfertig (unreif, unentwickelt, zurück, zurückhaltend, verschlossen)/ jung, reif (entwickelt), fertig, ausgebaut, Höhepunkt/abgelagert, edelfirn/firn, alt, müde, matt, stumpf, trocken, platt, schal, leer, fertig, passé, tot

TEMPERATUR UND SINNENEINDRUCK

zu kalt, kalt, (Wein gibt noch nichts her)/trinkgerecht (Wein zeigt sich)/lau, abgestanden, warm, zu warm

REIZWIRKUNG AUF DEN SCHLEIMHÄUTEN

glatt, ölig (hoher Glycerolgehalt)/lang, zäh, schleimig/prickelnd (Kohlensäure), kratzend (Essigsäure), spritzig-brennend (Alkohol), stechend (Schweflige Säure)

HARMONIE

Ausgewogenheit aller positiven Sinneseindrücke: *rund, ausgewogen, edle elegante Harmonie/unharmonisch*, eckig

---

Falerner, *Falerno:* berühmter trockner, weißer oder auch roter Wein des alten Roms; auch „ardens" der Feurige genannt. Er wuchs östlich von Sinuessa, dem heutigen Mondragone. Schon Horaz (65 v. u. Z.–8 u. Z.) lobte ihn. Plinius meinte noch 100 Jahre später, er sei so stark, daß man ihn anzünden könne.
Wie hoch der F. geschätzt wurde, bezeugt eine aufgefundene Inschrift im Hause des Bären, einer Taberne in Pompeji, die lautet: „Trinken kannst du für ein, doch feinere Lese für zwei As, wendest du vier As an, blüht dir Falernergetränk."
Der heutige F. läßt sich angenehm trinken; ob er dem alten F. entspricht, ist schwer zu sagen. (3)

Farbdepot ↑ Depot

Farbe: visuelles Merkmal, aus dem auf die ↑ Weinart und auch die ↑ Güte geschlossen werden kann. Jeder Wein muß klar und glanzhell sein. Bei Weißweinen schwankt die F. zwischen Grünschattierungen und ausgeprägtem Goldgelb. Kräftige, bernsteinfarbene Töne oder braune Schattierungen deuten auf ↑ oxidierten Weißwein hin. Auch ↑ Likörweine sollen – außer sehr alte – mehr goldfarben und nicht braun sein. Bei Rotweinen erwartet man Rubinrot bis Schwarzrot. Violettöne zeigen ihre

Jugendlichkeit an. Blaßrote oder rötlichbraune Töne zeigen an, daß diese Weine meist ihren Höhepunkt überschritten haben. Roséweine sind in der F. am schwierigsten zu beurteilen. Violette Reflexe und rötlicher Schimmer lassen auf Güte schließen, während helles Rosa meist auf zu junge Weine und Orange auf hohes Alter hindeutet. ↑ Fachausdrücke der Weinansprache (3)

Färbertraube, *Farbtraube, Teinturier* [franz.]: farbintensive Keltertraube, wahrscheinlich aus Frankreich stammend, bei der gegenüber anderen blauen Rebsorten ein erheblicher Teil des Farbstoffs auch im Zellsaft enthalten ist. Ihre Erträge sind gering. Säure- und Farbstoffgehalt der F. sind sehr hoch, sie ergibt daher rauhe Weine und wird besonders in nördlichen Anbaugebieten nur genutzt, um Rotweine farbkräftiger zu machen. 5% Zusatz als ↑ Deckwein genügen, um tiefrote Weine zu erzielen. Um auch aus F. selbständige Rotweine zu keltern, was aber bisher nicht befriedigend gelang, wurde sie unter anderem mit 'Ruländer' ('Deckrot') und 'Blauem Spätburgunder' ('Kolor') gekreuzt. In der BRD sind derzeit knapp 60 ha F. im Anbau. ↑ 'Gamay' (3)

Faß: Lagergefäß unterschiedlicher Größe und Form (mehr oder weniger längs- bzw. rundoval, zylindrisch oder konisch). Es ist aus Dauben und Böden verschiedener Hölzer sowie Faßringen zusammengesetzt. Während vor dem 15. Jh. Fässer meist nur eine obere Öffnung besaßen, wurde später in den unteren F.boden eine Öffnung, die Pforte, eingebaut und auch der F.hahn kam dazu. Vermutlich verwendeten die Kelten ausgangs der Bronzezeit das F. als erste, denn Plinius (23/24–79 u. Z.) schreibt, daß die Räter in Südtirol Fässer in Gebrauch hatten. In Rom wurden Fässer zunächst nur zögernd für die Lagerung und mehr für den risikolosen Transport von Wein genutzt.
Seitdem wurden vom zierlichen Tischfäßchen bis zu den ↑ Riesenfässern alle Größen und auch bestimmte Extras gebaut. So steht im Georgikon Museum in Keszthely (Ungarn) ein F. mit drei Kammern, in das separat drei verschiedene Weine gefüllt werden können. Traditionell sind in den einzelnen Anbaugebieten Fässer verschiedenen Rauminhalts im Gebrauch. Beispielsweise in ↑ Tokaj-Hegyalja das kleine ↑ Gönczer Faß (136 l), in ↑ Jerez das Sherry-F. ↑ bota (516 l), in Bordeaux das Barrique-F. (225 l), im Elsaß und an der Mosel das ↑ Fuder (1 000 l) und im Rheingau das Halbstück (600 l) und das ↑ Stück (1 200 l) sowie die halben und viertel Fässer.
Holzart (unterschiedlicher Gerbsäuregehalt), Größe und Alter des F. sind Merkmale, die Einfluß auf das Werden des Weins und seine Güte haben und entsprechend dem Wissen, der Erfahrung und der daraus resultierenden Kunst des Kellermeisters eingesetzt werden. Der leichte und zugleich stärker regelbare Sauerstoffaustausch ermöglicht einen mehr oder weniger intensiven oxidativen Ausbau. Allerdings können unzureichend behandelte Fässer einen unerwünschten ↑ Faßgeschmack an den Wein weitergeben.
Seit dem Mittelalter blüht das Handwerk der ↑ Küfer, die dann besonders seit dem 17. Jh. auf Wunsch der Auftraggeber auch kunstvolle ↑ Faßböden schnitzten.
Neben Ahorn-, Lärchen-, Kastanien- und Kiefernholz wird vor allem Winterholz von 200- bis 300jährigen Eichen verschiedener Arten genutzt, wobei das Holz mehrere Jahre an der Luft trocknet. Zum Abdichten der Dauben nimmt man meist Schilf. Bis in das 18./19. Jh. hinein waren statt Eisenreifen Holzreifen zum Binden der Dauben im Ge-

brauch. Heute können Fässer auch weitgehend maschinell produziert werden. Bei entsprechender Konservierung kann ein F. mehrere 100 Jahre alt werden, wird als Wein-F. aber meist nur 30 bis 50 Jahre genutzt.
Küfer bzw. Böttcher der DDR haben in den letzten Jahren nicht nur unsere Weinkellereien, sondern auch die in der UdSSR und in Ungarn mit Fässern versorgt und manches kunstvolle F. für gesellschaftliche Einrichtungen hergestellt. Zur handwerklichen Produktion eines F. von 1000 l werden heute etwa 150 Arbeitskraftstunden benötigt. Zur Lagerung von Wein werden in unserer Zeit zunehmend mit Keramik oder Kunstharzen ausgekleidete Betontanks und solche aus Metall und Polyester, Glaslaminat u. a. Kunststoffen eingesetzt. (3)

Faßbinder ↑ Küfer

faßblank ↑ Weingrünmachen

Faßboden. Neben den Dauben oder Stäben sowie den Bändern haben ovale oder runde Weinfässer (↑ Faß) aus Holz zwei Böden, von denen bei größeren Fässern einer eine Faßtür oder -luke mit Faßriegel und -hahn besitzt. Geschichtlich und künstlerisch interessant sind die etwa seit dem 17. Jh. auftretenden verzierten F. Besonders ihr Mittelstück, die Stützen bzw. Streben, Türen, der Faßriegel und -hahn wurden mit Handwerkszeichen, Wappen der Besitzer, Sinnsprüchen, Widmungen, Wünschen und einer Vielzahl von Schnitzereien der verschiedensten Motive verziert. Da die Lebensdauer der Holzfässer nur etwas über 100 Jahre beträgt, können ältere verzierte F. heute nur noch konserviert in Museen bewundert werden, z. B. in Bratislava im Weinbaumuseum. Manche Weinkellereien lassen sich solche Fässer mit verzierten F. oder auch nur diese verzierten Böden als Schmuck für ihre Keller und Verkostungsräume anfertigen. So steht in den Budafoker Weinkellern des Hungarovin Kombinats in Budapest ein neues, in Gebrauch befindliches Riesenfaß mit einem 1974 kunstvoll vom Kossuthpreisträger J. Szabor geschnitzten F. ↑ Tafel 10 (3)

Faßgeschmack: unerwünschter muffiger Geschmackseindruck, der durch unsaubere, schlecht gereinigte Fässer hervorgerufen wird. (3)

Faßhahn: Absperrvorrichtung am unteren Rand des Faßbodens zum Ablassen des Weins. Der F. besteht aus Hahnkörper, Kücken und Knebel und wird aus Holz, Metall und Kunststoffen gefertigt. (3)

Faßmacher ↑ Küfer

Faßnummer: Bezeichnung auf im Weinkeller gelagerten Fässern, um Rebsorte, Lage, Jahrgang, Ausgangsmostgewichte, Stand der Verarbeitung, Reife u. a. festzuhalten. Die F. (auch Fuder-Nr.) war früher auf Etiketten zu finden, um die Charge und die Erzeugeroriginalabfüllung nachweisen zu können. (3)

fattoria [ital.]: Weingut(-abfüllung)

Federweißer, *Bitzler, Burciak, Matschari, (Süß-)Kretzer, Rässer, Sauser, Sturm, Suser:* **1.** Traubenmost in der Gärung. F. ist leicht, süffig, süßlich bis herb-zartbitter, warm, stark moussierend sowie trüb-milchig. Der schon entstandene Alkohol geht wegen des hohen Gehaltes an Kohlendioxid schnell ins Blut. F. wird seiner Süße und auch der vielen Vitamine und Enzyme wegen gern getrunken. Der Zeitpunkt, zu dem der F. besonders gut mundet – noch genügend Süße hat, aber auch schon alkoholhaltig ist – liegt nur bei einigen Stunden und muß genau abgepaßt werden. F. wirkt blutreinigend und abführend und wird aufgrund seiner gesundheitsfördernden Wirkung zu Kuren genutzt. Andererseits enthält er höhere Alkohole, Ester und Aldehyde, die die Stoffwechselprozesse im menschlichen Körper wesentlich mehr und ungünsti-

ger beeinflussen, als ausgebauter Wein. Seine Süße (Süffigkeit) verleitet zum Genuß großer Mengen und führt dann zum gefürchteten F.-Rausch.
2. in manchen Ländern, z. B. in der Schweiz, Bezeichnung für Weißwein, der aus blauen Trauben als ↑ Weißherbst gekeltert wurde. (3)

fehér [ung.]: weiß; *f. bor* Weißwein

Fehér Burgundii ↑ 'Weißer Burgunder'

fein: Bezeichnung für besondere Güte der Weine. Sie durfte nur bei Naturreinheit stehen und ist heute in den EG-Ländern offiziell nicht mehr gestattet. (3)

Feldwasser ↑ Tresterwein

félédes pezsgö [ung.]: halbsüßer Schaumwein

félszáraz pezsgö [ung.]: halbtrockener Schaumwein

Fendant: bekannter trockener, herzhaft fruchtiger Weißwein mit 10,5 bis 11,5 Vol.-% Alkohol aus der Kelterrebe ↑ 'Weißer Gutedel' ('Chasselas') im Kanton Wallis der Schweiz, wo sie die Hauptrebsorte stellt. *F. courant* sind einfache Tafelweine, die meist als ↑ Offenwein ausgeschenkt werden. *F. choix* besitzen bessere Qualitäten. Spitzen-F. sind durch Gemeinde- und Lagenbezeichnungen ausgewiesen. (3)

Fermente ↑ Enzyme

Feteasca Alba ↑ 'Mädchentraube'

Fetzen ↑ Kappen

Fiasco [ital.]: kugelförmige, bauchige und langhalsige, mit einem Strohmantel oder mit Bast umflochtene Korbflasche, die traditionell 2 l faßte und zum ↑ Chianti gehörte (Abb.). Geübte Korbmacher können in acht Stunden etwa 50 Körbe flechten. Trotzdem ist die Flasche heute oft schon teurer, als der darin enthaltene Wein. In die F. werden heute auch andere Weine gefüllt. (3)

Filtration des Weins: mechanischer Trennvorgang, bei dem das Unfiltrat durch Filtermittel in eine flüssige Phase (Filtrat) und eine feste Phase (Filterkuchen) getrennt wird. Die Filtration ist eine der wichtigsten und verbreitetsten Techniken zur Weinklärung, wird ökonomischer aber nur bei wenig getrübten Weinen und zur Feinklärung eingesetzt.
Man unterscheidet zwischen Siebfiltration und Adsorptionsfiltration. Bei der *Siebfiltration* werden die Trubteile an der Oberfläche des Filtermittels zurückgehalten, während bei der *Adsorptionsfiltration* die Trubteile adsorptiv durch elektrostatische Kräfte an und in dem Filterhilfsmittel gebunden werden. Als Filtermittel dienen Tücher, Beutel, Filtermasse, vorwiegend aber Filterschichten. Weitere Hilfsmittel zur F.d.W. sind Perlite, Kieselgur und Cellulose, die mit dem Filtrat auf eine Stützschicht angeschwemmt werden. Im Filtrationsverlauf baut sich im Filterapparat durch die Anschwemmung eine immer dichter werdende Schicht auf, die letztlich die Filtration beendet. Bei der Sieb- bzw. Schichtenfiltration verwendet man je Klärgrad des Weins grobfiltrierende oder feinfiltrierende Filterschichten, die bei der Sterilfiltration Hefen zurückhalten können. Die F.d.W. muß bei Zuset-

Fiasco; die bekannteste Weinflasche Italiens ist die Chiantiflasche

zen der Schicht und Erreichen einer bestimmten Druckhöhe beendet werden.
In den letzten Jahren gewinnt die Membranfiltration immer größere Bedeutung. Mit Mikromembranfiltern können nicht nur Bakterien zurückgehalten werden, sie sind auch für kolloidal gelöste Substanzen undurchlässig. Von ihrem Einsatz sind durchgreifende Verbesserungen bei den Klärungsprozessen in der Kellerwirtschaft zu erwarten. (2)

Fino [span. gut]: der hellste, feinste und trockenste Sherrytyp. Er zeichnet sich durch eine hellgoldene Strohfarbe und eleganten Mandelton aus, ist säurearm und hat einen Alkoholgehalt von 15,5–17,5 Vol.-%. F. wird kühl serviert und gehört zu den besten Aperitifs. ↑ Sherry (3)

Firne: Altersgeschmack von Weinen, die über die Spitze ihres Reifeprozesses hinaus gelagert wurden, aber noch nicht verdorben sind. Früher wurden F.weine ihrer magenstärkenden Wirkung wegen mehr getrunken. Die *Edel-F.* als erstes Stadium ist bei manchen Qualitätsweinen mitunter erwünscht. (3)

Flaschen: Behältnisse – meist für Flüssigkeiten – aus Holz, Stein, Metall, besonders aus Keramik und später auch aus Glas. Für Wein setzten sich ↑ Glasflaschen erst gegen Ende des 19. Jh. durch. (3)

Flaschenbewahrer ↑ Schenk(in)

Flaschenformen. Die heute für Wein üblichen ↑ Glasflaschen geben meist schon von ihrer Form her den ersten Hinweis auf Herkunft und Art des Weins. Vierkant- und Zwiebelformen herrschten im Mittelalter vor, weitaus älter sind die konisch-zylindrische Form der griechisch-römischen ↑ Amphore und der römische Glaskrug. Solch eine Vierkantflasche mit Saale-Unstrut-Wein von 1687, die schon mit einem Korken verschlossen wurde, steht heute noch ungeöffnet im Historischen Museum zu Speyer in der BRD. Außerdem kannte das Mittelalter neben zylindrischen und krug- bzw. karaffenförmigen auch mit Fadenglas verzierten Flaschen, phantastische F. in Tiergestalt, als Fäßchen, Vixierflaschen und Flaschen in erotischer Gestalt. Wahrscheinlich ist aus der Zwiebelflasche die dickbauchige ↑ Bouteille und der plattgedrückte ↑ Bocksbeutel entstanden.
Vorherrschend sind heute zylindrische Formen, da diese F. waagerecht raumsparend gestapelt werden kann und damit auch die Korken feucht bleiben. Am berühmtesten ist wahrscheinlich die kurzhalsige und hochschultrige ↑ Bordeauxflasche, die heute neben der gedrungenen, bauchigen ↑ Burgunderflasche eine d e r Rotweinflaschen der Welt ist.
Am bekanntesten für Weißweine sind – ausgehend vom deutschsprachigen Raum – die schlanken ↑ Schlegelflaschen. Für den Elsaß ist die in Körper und Hals schlankere Flöte (flûte) typisch. Eine charakteristische F. ist auch die aus farblosem Glas für den Tokaji Aszú und Tokaji Szamarodni mit ihrem zylindrischen kurzen Körper, dem schon in Zweidrittelhöhe beginnenden Hals und nur 0,5 l Volumen. Allerdings gab es früher in gleicher Form auch 1-l-Flaschen.
Die typische Portweinflasche ähnelt der Bordeauxflasche, nur ist ihr Hals bauchig. In Mittelitalien wird der weiße Verdicchio in eine geschwungene ↑ Formflasche gefüllt, die an römische Amphoren erinnert. In der Toscana gelangt der Chianti in der bauchigen, mit Stroh bzw. Bast umflochtenen ↑ Fiasco mit dem langen Hals in den Handel. Weine der französischen Provence, besonders auch Rosés, kommen in Formflaschen in den Handel, die unten bzw. oben eingezogen, ansonsten keulenförmig sind und manchmal auch einen schmalen Glaskragen am Hals tragen.

Abb. 1 Flaschenformen; Schaumweinflaschen *(1–3)*; Burgunderflasche *(4)*, die auch für einige italienische und jugoslawische Weine üblich ist; Bordeauxflasche *(5)*; grünes Glas wird für rote Weine, klares Glas für weiße Weine verwendet; Schlegelflasche *(6)*, wie sie z.B. an Rhein und Mosel üblich ist; braunes Glas enthält Rhein-, Nahe- und Ahrwein, grünes Mosel-, Saar- und Ruwerwein

Abb. 2 Flaschenformen; die Flötenflasche *(1)* ist schlanker als die Rhein- bzw. Moselflasche und wird besonders im Elsaß, aber auch anderswo für Weißwein benutzt; Tokajerflaschen *(2)* für Szamorodni und Aszú enthalten 0,5 l und werden aus weißem Glas hergestellt; Portweinflaschen *(3)* mit bauchigem Hals – auch als Kropfflaschen bezeichnet – sind aus dunklem Glas und enthalten 0,7 l; der weiße Verdicchio *(4)* wird in Mittelitalien in einer geschwungenen Formflasche abgefüllt; Weine der Provence in Frankreich *(5)* werden in keulenförmigen Flaschen angeboten; für Likörweine nach Art des Sherry sind Formflaschen typisch *(6)*

Der zyprische Commandaria wird in eine zylindrisch stark gestauchte, dicke Formflasche mit einem im Verhältnis zum Körper gleich langen und oft gekröpften Hals gefüllt.
Generell geben F. aber nur ungefähre Hinweise auf die Herkunft und Art der Weine, da heute viele Abfüller aus Absatzgründen für ihre anders gearteten Weine traditionelle F. verwenden. Abb.1 und 2 (3)

Flaschengärung, *Méthode classique [franz.]:* eine zur Sektherstellung notwendige Technologie. Man unterscheidet die Méthode Champenoise und das Transvasierverfahren. Bei beiden Verfahren werden der ↑ cuvée zur Einleitung der zweiten Gärung in Wein gelöster Kristall- oder Kandiszucker und Reinzuchthefe zugesetzt (Tirage), danach wird sie in Flaschen gefüllt und mit dem ↑ Tiragekorken (heute meist Kronenkorken) verschlossen. Nach Beendigung der Hauptgärung werden die Flaschen kräftig geschüttelt und liegend, je nach der zu erwartenden Qualität, ein bis fünf Jahre im Keller (8–10 °C) gelagert. Dabei setzt sich die Hefe an der unteren Flaschenwand ab. Während der Lagerung nimmt der Wein erwünschte Geschmacksstoffe von der Hefe auf und verbindet sich mit dem Kohlendioxid.
Beim *Transvasierverfahren* (auch Filterenthefung genannt) werden die Flaschen (meist Gärflaschen von 2 l Inhalt) nach Abkühlung auf 0 °C in einen Behälter entleert. Nach Zugabe der ↑ Dosage wird durch Filtrieren die Hefe ausgeschieden. Danach erfolgt das Füllen auf die Versandflasche (↑ Sektflasche) und das Verschließen (Sektkorken). Zum Vermeiden von Kohlendioxidverlust erfolgen diese Arbeitsgänge unter Gegendruck.
Bei der *Méthode champenoise* werden die Flaschen nach der Gärung und Reifung fast waagerecht in Rüttelpulte gesteckt und über vier bis sechs Wochen täglich von den Rüttlern (Rameurs) mit der Hand am Boden gefaßt, leicht geschüttelt (Anschlagen des Flaschenhalses am Rüttelpult), um eine Achteldrehung weiter gedreht und etwas steiler in das Rüttelpult gestellt. Der Hefetrub gleitet dadurch langsam in einem Faden zum Korken, ohne den Wein zu trüben. Durch Eintauchen des Flaschenhalses in eine Kältesole wird der Hefepropfen am Tiragekorken angefroren und beim Entfernen des Tiragekorkens durch den Kohlendioxiddruck herausgetrieben. Nach Zugabe der Dosage und Verschließen mit dem Expeditionskorken (Sektkorken) ist der Sekt versandfertig. Um eventuelle Fehler zu erkennen, erfolgt oft vor dem Versand noch eine Lagerung im Keller (Quarantänelager). Dieses aufwendige Verfahren liefert auch heute noch die besten Sekte. (7)

Flaschengestelle ↑ Weinschränke

Flaschengröße: Volumen, das sich traditionell für Herkunftsgebiete und Weinarten ergeben hat. Die verbreitetste F. faßt 0,75 l mit etwa acht Gläsern. Tokaji Szamorodni und Tokaji Aszú werden in 0,5-l-Flaschen, die sowjetischen Schaumweine in 0,8-l- und die Landweine meist in 1-l-Flaschen abgefüllt. Präsent- bzw. Reiseflaschen, auch Baby- oder Pikkoloflaschen genannt, fassen 0,2 l. Übergrößen sind die ↑ Jéroboam, ↑ Magnum ↑ Methusalem, ↑ Salmanazear und ↑ Nebukadnezar.
Je größer die Flasche ist, umso langsamer altert der Wein, da die Fläche der Luftberührung im Verhältnis zum Gesamtvolumen immer kleiner wird. (3)

Flaschenkrankheit: durch das Abfüllen des Weins in Flaschen mögliche Schockwirkung. Der Wein kann länger als einen Monat „krank" sein und seinen Geschmack einbüßen. Auch deshalb ist es richtiger, ihn nach dem ↑ Einkauf wenigstens 14 Tage zu lagern. Nicht jeder Wein gerät aber in diesen „aufgeregten" Zustand. (3)

Flaschenlagerung ↑ Lagern geöffneter Flaschen, ↑ Lagern von Weinen

Flaschennummer: Kennzeichnung von Abfüllchargen zum Nachweis der Herkunft. Die F. ist in einzelnen Ländern für bestimmte Weine besserer ↑ Qualitätsstufen vorgeschrieben und auf dem Etikett, der Halsschleife, wie bei den Tokajerweinen, bzw. auf den Banderolen ausgedruckt. In Österreich ist sie in der ↑ staatlichen Prüfnummer und in der BRD in der ↑ amtlichen Prüfungsnummer als Abfüllpartie enthalten. (3)

Flaschenöffnen. Flaschen sollten grundsätzlich erst nach mindestens zwei bis drei Wochen ruhiger Lagerung und Rotwein ein bis zwei Stunden vor dem Trinken geöffnet werden. Sie werden dem Lagergestell ohne Kippen, Drehen oder Schütteln entnommen und vorsichtig von Staub befreit (Alterspatina ist kein Fehler). Besonders bei Rotwein darf das umfangreiche ↑ Depot nicht aufgeschüttelt werden. Die Flaschen sollten deshalb im Tragegestell oder ↑ Dekantierkörbchen getragen werden, wobei die Öffnung der Flasche etwas höher zu halten ist als der Flaschenbauch und -boden. Allzu unansehnliche Flaschen werden in farblose, saubere, entsprechend temperierte, geruchsfreie Gefäße (Kannen, Karaffen) umgefüllt bzw. ↑ dekantiert. Kühlen Weißwein und Sekt darf man nicht allzulange in der warmen Hand halten. Eventuell ist vorher durch Kühlen die entsprechende ↑ Trinktemperatur einzustellen. Nun (ohne die Banderole abzureißen) den Kopf der Stanniol- bzw. Plastekapsel an der Wulst (etwas unterhalb des Flaschenkopfes) abheben (entweder mit dem Kapselrißband oder einem Messer). Der Wein soll beim Eingießen nicht mit der Kapsel in Berührung kommen, deshalb muß ein etwa 5 mm breiter Streifen am oberen Rand frei bleiben. Flaschenhals und Korken werden sauber gewischt (Schimmelschmutz) und dann wird mit dem ↑ Korkenzieher oder -heber ohne Kraftakt der Korken im Zentrum und gerade – nicht bis zum Korkenende – angebohrt (damit keine Krümel in den Wein fallen) und ohne Knalleffekt herausgezogen. Nach dem Ziehen den Korken beriechen. Wenn er möpselt, muffelt, schimmlig oder faulig ist, dann ist auch meist der Wein verdorben. Echte Korken können auch vom ↑ Korkwurm befallen und geschrumpft sein. Der Korken muß nach Keller, Kork und Wein riechen. Den Flaschenhals abwischen und vom verschmutzten oberen Korkende eventuell eine Scheibe abschneiden bevor man ihn gegebenenfalls wieder zum Verschließen der Flasche verwendet.

Sind Korkstücke in den Wein gefallen, empfiehlt es sich, über nichtmetallische Filter und Haarsiebe umzufüllen. Hineingestoßene Korken zieht man rasch mit dem Korkendraht heraus. Ist bei wertvollen Weinen von vornherein zu erkennen, daß der (brüchige) Korken nicht ohne Zerfall herauszuholen ist, dann nicht etwa der Flasche den Hals brechen, sondern einen glühend gemachten Draht um den Flaschenhals legen (mit feuchtem Lappen umfassen) und mit eiskaltem Lappen diese Stelle abschrecken. Meist bricht der Flaschenhals splitterlos an der so vorbehandelten Stelle ab.

Weißweinflaschen sind möglichst vor den Gästen zu öffnen, dekantierte Rotweinflaschen kann man leer auf den Tisch stellen, damit das Etikett gelesen werden kann.

Beim Öffnen von Sektflaschen ist zuerst die ↑ Agraffe (Drahtbügel) zu entfernen. Danach wird eine Serviette über den Verschluß gelegt und dieser mit der rechten Hand bei leichtem Ziehen immer in die gleiche Richtung gedreht.

Korken nicht seitlich drücken, es besteht die Gefahr des Abbrechens. Die Flasche mit der linken Hand leicht neigen und den Verschluß ohne Knall herausziehen. (3)

Flaschenöffner. Außer ↑ Korkenziehern werden heute zunehmend einfach zu handhabende Kapselöffner erforderlich, weil auch anspruchsvollere Weine ↑ Kronenverschlüsse erhalten. Diese F. liegen in vielfältiger origineller Form, aber auch als ausgesprochener Kitsch vor. Eine Sammlung befindet sich z. B. in der Barnimer Gaststätte bei Crivitz in der DDR. (3)

Flaschenregale ↑ Weinschränke

Flaschenreife: **1.** abfüllfertiger Wein. Der damit erreichte Grad des ↑ Ausbaus kann die Trinkreife oder auch nur eine Flaschenabfüllung ohne Nachtrübungen garantieren.
2. Höhepunkt des Ausbaus in der Flasche. (3)

Flaschensiegel: bei der Flaschenherstellung meist auf der Flaschenschulter eingepreßtes Signet der betreffenden Weinkellerei, z. B. der Kellerei des Agrarkombinats Nitra der ČSSR, um die spezielle Herkunft zu unterstreichen. (3)

Flaschenverschlüsse: nach Form und Material zu unterscheidende Arten des Abdichtens (Abschließens) der Flaschen. F. sollen garantieren, daß Qualität und Geschmack des Weins bei Transport und Lagerung erhalten bleiben. Im Altertum waren einfache Deckel und das Abschließen mit Öl üblich. Später verwendete man Wergpfropfen meist aus Hanf und in Öl getränkt. Im 17. und 18. Jh. setzte sich der ↑ Korken durch. Heute nimmt der Gebrauch von ↑ Kronenverschlüssen, Schraub-, Abroll- und Kapselverschlüssen (↑ Plasteverschlüsse) zu. Obwohl traditionell der Korken gern gesehen wird, erfüllen die anderen F. bei nicht zu lange lagernden Weinen (besonders bei stehend aufzubewahrenden) ihren Zweck. Metallische Schraub- (Pilfer-proof-)verschlüsse sind geschmacksneutral (Polyethyleneinlage), trocknen nicht ein, sind gasdicht und die Flaschen lassen sich problemlos öffnen. Sie sind vor allem für Wermut- und Likörweine sowie für spritzige Weine, die frisch zu trinken sind, geeignet. Allerdings sollen für ausbaufähige Weine, dazu gehören auch Likörweine, besser Korken verwendet werden. Bei Schaumweinen werden heute in großem Umfang F. aus Plast (meist Polyethylen) eingesetzt. Pikkoloflaschen (↑ Sektflaschen) werden fast ausschließlich mit Kronenkorken oder Schraubverschlüssen versehen.
Meist werden Flaschen zusätzlich mit Stanniol-, Plaste- oder Gelantineschrumpfkapseln versehen, die bestimmte Prägungen (Signets der Weinkellereien, Weinmotive) tragen. (3)

Flétri, *Mi-Flétri* [franz.]: in der Schweiz süße Likörweine als Auslese mit Edelfäule gekeltert. (3)

Flor [span., Blume]: Bezeichnung für eine besondere Oberflächenhefe, die sich in Jerez bei der Produktion von ↑ Sherry natürlich bildet. Der F. liegt als etwa 1–2 cm dicke gelblich-weiße Haut auf dem Wein in den nicht ganz gefüllten Fässern. In anderen Ländern wird die F.hefe für die Sherryproduktion eingeführt, herangezogen und weitergezüchtet. (3)

Florhefen, *Sherryhefen, Jerezhefen:* echte Weinhefen, die dem ↑ Sherry sein arttypisches, leicht bitterliches Bukett verleihen. Bei der Weinlagerung dürfen die Holzfässer jedoch nicht spundvoll gefüllt sein, da sich die F. als dicke, gelblich-weiße Hefedecke auf der Weinoberfläche bilden.
F. sind nicht mit ↑ Kahmhefen zu verwechseln, die keine echten Weinhefen sind und auch nur alkoholarme Weine infizieren können. (2)

Flöte: 1. hohes, sehr elegantes schmales (Sekt-)Glas.
2. sehr schmale ↑ Flaschenform [franz. flûte]; im Elsaß für Weißweine typisch. (3)

Flügel ↑ Traube

Fluppsel ↑ Tresterwein

Flurbereinigung: Zusammenlegen von zersplitterten Rebflächen, Begradigungen, Hangausgleich u. a., um den Arbeitsaufwand zu vermindern und einen rationelleren Technikeinsatz, ein zweckmäßigeres Wege-, Entwässerungs- und Bewässerungsnetz zu gewährleisten. Durch F. können die Bewirtschaftungskosten um 20–40% gesenkt werden. Die Kosten der F. sind aber enorm hoch. Sie rentieren sich meist nur, wenn gleichzeitig nach modernsten kulturtechnischen Verfahren neu, und zwar mit standortgerechten Qualitätssorten aufgerebt wird. Oft hat eine F. nicht nur die ↑ Ökosysteme und die Kulturlandschaft zerstört, sodern auch zur totalen Bodenerosion geführt. Die F. ist daher immer der Steigerung der Bodenfruchtbarkeit und landeskulturellen Gesichtspunkten unterzuordnen. (3)

Fogy-ár [ung.]: Verkaufspreis

Folle Blanche: in Frankreich unter verschiedenen Namen stärker verbreitete, aber auch in den USA (Kalifornien) angebaute weiße Kelterrebsorte. Sie liefert hohe Erträge, ist aber empfindlich gegen Pilzkrankheiten und Reblausbefall und wird deshalb immer mehr zurückgedrängt, besonders von 'Ugni Blanc' (↑ 'Trebbiano'). F. B. ergibt leichte, helle Weine mit wenig Aroma, aber hohem Säuregehalt. Sie wurden früher im Cognacgebiet stärker für die Branntweinproduktion eingesetzt. (3)

Formflaschen: Glasbehältnisse für Wein, die abweichend von traditionellen ↑ Flaschenformen oft absurd phantastisch gestaltet sind, um die Kauflust anzuregen. So findet man neben ausgeprägten traditionellen F. für ganz bestimmte Weine Keulen- und Amphorenflaschen, eckige, gewundene, gestauchte und andersartig deformierte F. In runden Flaschen wird z. B. der süße rote australische Burgunder und in einer rosafarbenen, herzförmigen Flasche der kalifornische Massonrotwein verkauft.
Allerdings sind so ausgefallene F., wie für den 5buttigen ↑ Tokaji Aszú Vinum Passum die eckige, farblose Medizinalflasche und für den Affentaler Weißwein eine fast dreieckige Bocksbeutelbuddel, Kennzeichen altrenommierter Weine. (3)

Fosters White Seedling: Gewächshaustafeltraube, die 1835 von dem englischen Gärtner Foster aus Samen einer Kreuzung von 'Gutedel' × 'Black Morocco' gewonnen und nach Mitte des 19. Jh. in allen Ländern mit Weintreibhäusern verbreitet wurde. Die Trauben sind groß, konisch, verästelt, lockerbeerig, die Beeren oval, hellgelb, das Fleisch süß, weich, sehr saftig feinwürzig. Der Rebstock wächst stark und ist auch im ungeheizten Haus frühreifend und reichtragend. In Weinbaugebieten reift die Sorte an warmen Mauern ohne Glasschutz spät (im Oktober noch ausreifend). Im Haus trägt sie schon am Zapfen, im Freiland ist auf mittlere Bogreben zu schneiden. (6)

Foxgeschmack ↑ Fuchsgeschmack

Frankenriesling ↑ 'Silvaner'

Frankentaler ↑ 'Blauer Trollinger'

Frankreich. Der Weinanbau hat in diesem Land eine über 2000 Jahre alte Tradition. Seine Anfänge gehen wahrscheinlich bis etwa 600 Jahre v. u. Z. auf Anpflanzungen griechischer Kolonialisten im Midi und Côtes-du-Rhône zurück. Die römischen Legionen fanden im Innern F. bereits Weinanbau mit einheimischen Reben vor und beeinflußten seine Entwicklung maßgeblich durch ihre Erfahrungen und den hohen Stand der Werkzeugentwicklung. Die

heutigen Hauptrebsorten scheinen durch wiederholte Selektion aus einheimischen Wildreben hervorgegangen zu sein.
Mit einem Anteil von über 20% an der ↑ Weltweinproduktion war F. 1985 der führende Weinproduzent (Tab.). Jeder sechste Franzose ist an der Weinherstellung beruflich beteiligt; sie ist folglich ein maßgeblicher Wirtschaftsfaktor des Landes. Wein wird in 80 der 95 Départements angebaut. Der Ruhm F. als Weinland wurde jedoch durch die hervorragenden Qualitätsweine geprägt.

Weinanbau in Frankreich (1985)

Rebfläche [1 000 ha]	1 064
Traubenproduktion [1 000 dt]	91 572
davon Keltertrauben	89 603
Tafeltrauben	1 969
Weinproduktion [1 000 hl]	69 249
Weinexport [1 000 hl]	11 617
Tafeltraubenexport [1 000 dt]	285
Pro-Kopf-Verbrauch [l]	80

Es werden mehr gute Weine und in einer außerordentlichen Vielfalt erzeugt als in irgendeinem anderen Land der Erde. Unterschiedliche Bodenverhältnisse, spezielle lokalklimatische Bedingungen, ausgewählte Rebsorten sowie Tradition in der Weinbereitung, Weinbehandlung und im Genuß des Weins charakterisieren die Spitzenstellung. Nicht nur der Wein selbst, auch die Einstellung der Menschen zum Wein kennzeichnet F. als Weinnation. Für den Franzosen ist der Wein ein tägliches Getränk und ein Begleiter zum Essen. Weltweit werden häufig Weinqualitäten an französischen Wertmaßstäben gemessen und auch französische Rebsorten angebaut. Diese Popularität wird in überwiegendem Maße durch die konsequente Qualitätspolitik der meisten Hersteller geprägt, die oft schon über Generationen optimalen Rebanbau mit kompromißloser Kellerwirtschaft verbinden.
Das einzige Bindeglied für den riesigen Umfang der Weinanbaugebiete mit seiner Vielfalt an Rebsorten ist die grundsätzliche Klassifizierung aller französischen Weine in vier ↑ Qualitätsstufen:
– *Weine mit ↑ Appellation d'Origine Contrôlée* (AOC). Zu dieser obersten Qualitätsstufe, eingeführt 1935, gehören alle Spitzenweine. Die AOC garantiert nur die Herkunft und die Echtheit eines Weins.
– ↑ *Vin Délimité de Qualité Supérieure* (VDQS). Diese Klassifikation wurde 1949 eingeführt und bezeichnet gute Qualitätsweine. Zur äußerlichen Kennzeichnung befindet sich auf dem Etikett ein rechteckiges Gütezeichen mit einer Hand, die ein Weinglas hält.
– ↑ *Vin de pays* – Landweine – sind Tafelweine (↑ Vin de table) aus bestimmten Herkunftsgebieten.
– *Autres vin de table* – weitere Tafelweine. Sie werden manchmal auch Vin ordinaire bzw. Vin de consommation und auch Vin de courante genannt.
Das Besondere der französischen Qualitätsweine besteht darin, daß sich die meisten Weinbauern mit der Selbstbegrenzung im Hektarertrag identifizieren, also Qualität auf Kosten der Quantität in den Mittelpunkt stellen. So wird bei Spitzenweinen in ↑ Burgund der zulässige Höchstertrag von 30 hl/ha und in ↑ Bordeaux von 40 hl/ha meist wesentlich unterschritten. Innerhalb einiger Anbaugebiete werden die besten Weine territorial klassifiziert. Erste Klassifizierungen erfolgten bereits vor fast 200 Jahren in Bordeaux. Die ältesten, vielleicht auch bekanntesten, offiziellen Klassifikationen stammen von 1855 aus den Anbaugebieten Médoc und Sauternes (Region Bordeaux). In Médoc wurden 61 châteaux in die Stufen eins bis fünf – premier cru bis cinquième cru –

aufgenommen (außerdem noch das Château Haut-Brion aus Graves). Die Klassifizierung wurde von einem Gremium erfahrener Weinmakler auf der Grundlage der damals erzielten Preise, Bewertungslisten, der Bodeneignung u. a. vorgenommen. Sie wurde in den vergangenen mehr als 130 Jahren nur in einer Position verändert. 1973 wurde durch Ministerialerlaß Château Mouton-Rothschild aufgrund der hervorragenden Qualität vom zweiten cru – deuxiéme cru – in einen premier cru gewandelt und damit dem großen Konkurrenten Château Lafite-Rothschild gleichgestellt. Die Abstufung bis zum fünften cru hat noch nie bedeutet, daß Weine der fünften Stufe auch fünftklassige Weine sind. Im Gegenteil, diese klassifizierten Weine von Médoc (↑ cru classé) sind auch heute noch in der Mehrheit die Spitzenweine, die bei neuen Einstufungen weit vorn – vielleicht in einzelnen Stufen ausgetauscht – liegen würden. Die Klassifizierung des Médoc wurde in der Vergangenheit nach unten fortgesetzt, indem nahezu 500 châteaux in die Stufen cru exceptionnel, cru bourgeois supérieur und cru bourgeois eingeordnet wurden. Weine mit Bezeichnungen unterhalb dieser Klassifikation, wie cru artisan und cru paysan, werden heute nicht mehr verwendet; sie gehören meist nur regionalen AOC an. Alle Versuche, eine Gesamtklassifikation für Bordeaux, verbunden mit der zweifellos erforderlichen Korrektur der alten Klassifikation von 1855 zu schaffen, sind gescheitert und erlangten bisher keine Gesetzeskraft. Soll die Authentizität des abgefüllten Weins mit einem Erzeuger garantiert sein, so ist auf französischen Etiketten zu beachten: ↑ mis en bouteilles a u château (domaine, à la propriété). Bei der Bezeichnung mis en bouteilles d u château braucht es sich nicht um eine Erzeugerabfüllung zu handeln. Der Wein kann z. B. von einem Handelshaus gelagert und abgefüllt sein. Dagegen haben Bezeichnungen wie tête de cuvée, premiére cuvée keine amtlich verbindliche Bedeutung.

Französische Weine, oft wegen ihrer hohen Haltbarkeit gepriesen, sind in ihrer besten Trinkreife sehr differenziert zu handhaben. Die meisten sind einfache Weine des täglichen Bedarfs und jung zu trinken. Selbst die meisten AOC-Weine sollten nicht länger als fünf Jahre aufgehoben werden. Die berühmten roten Spitzenweine von Bordeaux, Burgund u. a. zeigen außerordentlich lange Haltbarkeit. Häufig erreichen sie erst nach acht bis zehn Jahren ihre höchste Genußreife und behalten bei sehr guten Jahrgängen und sachgemäßer Lagerung mitunter mehrere Jahrzehnte ihre Frische, allerdings dann ohne Garantie.

In zahlreichen französischen Weinanbaugebieten spielen zur Popularisierung ihrer Weine und für besondere kulturelle Höhepunkte ↑ Weinbruderschaften eine Rolle. Häufig erteilen sie Weinen ihres Anbaugebietes nach entsprechender Verkostung Siegel, Zusatzetiketten oder zusätzliche Bezeichnungen auf dem Etikett. Damit soll gegenüber dem Käufer der gebietsspezifische Charakter des jeweiligen Weins garantiert und dokumentiert werden. Eine der international bekanntesten Organisationen ist die burgundische Weinbruderschaft Chevaliers du tâste-vin de Bourgogne. Sie verkostet mit einem silbernen burgundischen Flachbecher (↑ tâstevin) eingereichte Burgunderweine und erteilt das Zertifikat in Form von numerierten Etiketten mit aufgedrucktem Siegel.

Der internationale Ruf des Spitzenweinanbaus in F. ist am engsten mit den Weinanbauregionen Bordeaux und Burgund verbunden. Beide bieten Weine höchster Qualität, die sich jedoch im Charakter und in der Gewinnung unterscheiden. In Burgund wird der Wein von relativ kleinen, in der Regel stark zerstückelten Besitzungen einer Lage geerntet und meist von großen Handelshäusern ausgebaut und verkauft. Dementsprechend sind auch die Weine von gleicher Lage und gleichem Jahrgang sehr unterschiedlich. Für gute Qualitäten bürgen dann die namhaften Handelshäuser. In Bordeaux dagegen sind die châteaux die Träger für gesicherte hohe Qualitäten der Weine. Dabei kann ein château ein einfaches Landhaus, ein Weingut oder tatsächlich ein Schloß sein. Es muß aber immer mit einer zugehörigen Weinlage verbunden sein, auf der die zugelassenen Rebsorten angebaut und gelesen werden. Der Anteil der AOC-Weine dieser beiden Weinanbauregionen am Gesamtaufkommen der AOC-Weine in F. beträgt etwa 40%. Weltweit berühmt sind auch die Champagner. Sie werden im nördlichsten Weinanbaugebiet F., in der ↑ Champagne, nach der Méthode Champenoise (↑ Flaschengärung) hergestellt.

Weitere bekannte Weinanbaugebiete F.:

– Der *Elsaß* mit regionaler AOC bietet international zunehmend beliebtere Weine an. Es sind generell frische, trokkene, gut durchgegorene Weine mit nachhaltigem Abgang und mitunter höherem Alkoholgehalt, die aus mitteleuropäischen Reben sortenrein gekeltert werden. Die überwiegenden Rebsorten sind ↑ 'Weißer Riesling' und 'Gewürztraminer'. Gute Weißweine ergeben die Sorten 'Muscat', 'Tokay d'Alsace' ('Pinot Gris', ↑ 'Ruländer'), ↑ 'Silvaner' und 'Pinot Blanc' (↑ 'Weißer Burgunder'). Ein Verschnitt aus diesen Reben ist der Edelzwicker. Ein relativ heller Rotwein, z. T. als Rosé gekeltert, wird aus der Rebe 'Pinot Noir' (↑ 'Blauer Spätburgunder') gewonnen.

– Aus dem Weinanbaugebiet *Loire* kommt eine große Vielfalt unterschiedlicher Weine. Im Westen, am Atlantik, ist die Rebe 'Muscadet' vorherrschend. Die daraus gekelterten leichten, frischen Weißweine mit charakteristischem Fruchtgeschmack sollten jung getrunken werden.

– Im Gebiet von *Anjou* und *Saumur* werden besonders trockene und halbtrockene Rosé- und Rotweine, bevorzugt aus der Rebe ↑ 'Cabernet Franc', sowie Weißweine in vielseitigen Geschmacksrichtungen aus der Rebe ↑ 'Chenin Blanc' hergestellt. Die alkoholreichen, aus edelfaulen Beeren gekelterten Spitzenweine der Layon bestechen durch Ausgewogenheit von Süße, Säure und Fruchtigkeit und reifen langsam. Ähnliche Weine bietet auch die Tourain. Am Oberlauf der Loire werden in Sancere und Pouilly Fumé frische und fruchtige Weißweine aus der Rebe ↑ ,Sauvignon Blanc' (bzw. der Mutation 'Blanc-Fumé') und etwas Rotwein und Rosé aus der Rebe 'Pinot Noir' gewonnen.

– *Côtes du Rhône,* ein altes und bedeutendes Weinanbaugebiet im Rhônetal, bietet jährlich über 2 Mill. hl, vorwiegend AOC-Rotweine, an. Etwa Dreiviertel der Weine kommen unter den AOC Côtes du Rhône oder Côtes du Rhône-Villages im allgemeinen als ansprechende, oft auch als gute und preiswerte Weine in den Handel. Bedeutende Weine mit eigener AOC sind u.a.:

Im nördlichen Teil *Côte Rôtie* ein Rotwein aus der Rebe ↑ 'Syrah', bukettreich, vollmundig und würzig. Er ist sehr gut lagerfähig. *Château-Grillet* und *Condrieu* sind die kleinsten AOC F. mit einem kräftigen und würzigen Weißwein aus der alten, sehr seltenen Rebe 'Viognier'. *Hermitage* und *Grozes Hermitage* bieten etwa 60% Rotwein aus der Rebe 'Syrah' und 40% Weißwein

aus den Reben 'Marsanne' und 'Roussanne' an. Die Rotweine sind füllig, samtig und gut lagerfähig, die Weißweine trocken, körperreich und mit wenig Säure.
Im wesentlich größeren südlichen Teil werden die Rotweine aus einer Vielfalt an Reben gewonnen. Die wichtigsten der etwa zwanzig zugelassenen Rebsorten sind ↑ 'Grenache', 'Syrah', 'Mourvédre' und 'Cinsault'. Der berühmteste Rotwein ist der Châteauneuf-du-Pape, der aus bis zu dreizehn verschiedenen Rebsorten verschnitten wird. Er hat ein intensives Bukett, tiefrote Farbe und einen vollen, fruchtigen Geschmack. Er kann bereits drei bis vier Jahre nach der Ernte getrunken werden. Die Roséweine der AOC *Tavel* und *Lirac* sind die besten F. und werden vorwiegend aus der Rebe 'Grenache' unter Zusatz der Reben 'Cinsault', 'Clairette', 'Syrah' u. a. gewonnen. Es sind alkoholreiche, trockene Weine, die jung getrunken werden.
– Die *Provence,* ein sehr altes Weinanbaugebiet zwischen Marseille und Nizza, im Hügelland entlang der Côte d'Azur gelegen, produziert zu etwa 70% Roséweine unter der gleichnamigen AOC. Bei diesen Weinen handelt es sich um trockene, frische, manchmal etwas zu alkoholreiche Weine, die jung getrunken werden sollten. Als Rotweinreben werden bevorzugt ↑ 'Carignan', 'Cinsault' und 'Grenache', neuerdings auch manchmal 'Cabernet'-Sorten angebaut. Nur in geringem Umfang wird ein trockener, strohfarbener fruchtiger Weißwein aus den Reben 'Ugni Blanc' und 'Clairette' gewonnen.

Französisches Etikett

– *Languedac* und *Roussillon* vertreten das größte Weinanbaugebiet F. Es ist westlich der Rhône-Mündung bis zur spanischen Grenze längs der Mittelmeerküste gelegen und wird als Weinlandschaft *Midi* genannt. Die Weine sind zu etwa 95% einfache, meist rote Land- und Tafelweine aus der Rebe 'Carignan'. Die relativ wenigen Weine mit AOC bzw. VDQS sind meist schwere, gespritete rote und weiße Dessertweine mit mindestens 15 Vol.-% Alkohol. Für ihre Herstellung werden bevorzugt die Rotweinrebe 'Grenache' und die Weißweinreben 'Muscat' und 'Malvoisie' (↑ 'Malvasia') verwendet.
F. hat auch zahlreiche kleinere Weinan-

baugebiete mit international wenig bekannten, aber meist ansprechenden bis guten Weinen, wie beispielsweise in Südost-F. *Jura* mit sogenanntem gelben Wein aus der Rebe 'Savagnin' ('Weißer Traminer') von Château-Chalon; *Savoyen* mit trockenen, fruchtigen Weißweinen aus der Rebe 'Chasselas' (↑ 'Gutedel'); in Südwest-F. *Bergerac* mit Weinen aus ähnlichen Reben wie in Bordeaux, aber wesentlich preiswerter; *Monbazillac* mit einfachen süßen, vollfruchtigen Weinen aus den Reben ↑ 'Semillon Blanc' und etwas 'Muscadelle'; *Cahors* mit tiefdunklen Rotweinen, auch Rosé aus der Rebe ↑ 'Malbec'; *Jurançon* mit würzigen, weißen Süßweinen aus alten speziellen Rebsorten wie 'Petit Manseng', 'Gros Manseng' und 'Courbu'.
Die Insel *Korsika* besitzt Weinanbau seit ungefähr 2500 Jahren. Die Weine werden aus alten italienischen und südfranzösischen Rebsorten gekeltert.
Während die Weinproduktion, unabhängig von jährlichen Schwankungen, in den letzten zehn Jahren annähernd konstant blieb, zeigten Anbaufläche, Import und Pro-Kopf-Verbrauch eine rückläufige sowie der Export eine steigende Tendenz. Abb., ↑ Tafel 30, 36 und 39 (9)

Frappieren: Kühlen der Schaumweinflasche im Eiskübel auf 5–8 °C. Unterstützt wird dieser Vorgang durch Drehen und eingestreutes Salz. F. als schlagartiges Herunterkühlen von Wein läßt Blume und Geschmack erstarren. ↑ Trinktemperatur (3)

freie Fächer: formlose, nicht zu empfehlende Rebenerziehung von Tafeltrauben an Gebäuden. ↑ Rebschnitt, ↑ Weinspalier (3)

Freilandrebe, *Wurzelrebe:* unveredelte, im Freiland aus Steckholz angezogene Jungrebe. (3)

Freyburger Faß ↑ Riesenfässer

frisch: Bezeichnung für spritzige Weine mit viel anregender Fruchtsäure und geringem Alkoholgehalt. Sie werden heute sehr gerne getrunken. Junge Weine (↑ Heuriger, ↑ Primeur) können f. von hoher Güte und Bekömmlichkeit sein, werden aber oft sehr bald ausdruckslos und matt. (3)

frizzante [ital.]: Bezeichnung für leicht moussierende ↑ Perlweine. (3)

Fröccs [ung.] ↑ Spritzer

Frottieren: die Weinflasche mit einem Tuch reiben, um die richtige ↑ Trinktemperatur zu erreichen. F. beunruhigt den Wein und beeinträchtigt seine Güte. (3)

Fruchtbrei: die als ↑ Maische bekannte Zustandsform während der ↑ Kelterung der Trauben, nachdem die Beeren entrappt und gequetscht wurden. Der F. ist die Mischung aus Beerenfleisch und -hülse, Traubenkernen und Traubensaft. (2)

Fruchtdessertwein, Fruchttischwein ↑ Fruchtwein

Fruchtorgane ↑ Rebstock

Fruchtperlwein: aus ↑ Fruchtwein hergestelltes alkoholisches Getränk (5–13 Vol.-%) das infolge Imprägnierung (↑ Imprägnierverfahren) Kohlendioxid (0,1–0,25 MPa) enthält. F. darf in ↑ Schlegelflaschen oder ↑ Formflaschen, nicht aber in Sektflaschen abgefüllt werden. Auf dem Etikett muß F. eindeutig als solcher gekennzeichnet sein. Zusätzlich sind Phantasiebezeichnungen zulässig. F. sollte gut gekühlt (6–8 °C) getrunken werden. (7)

Fruchtschaumwein: aus ↑ Fruchtwein hergestelltes Getränk mit 8–11 Vol.-% Alkoholgehalt, das infolge ↑ alkoholischer Gärung oder Imprägnierung (↑ Imprägniersekt) Kohlendioxid (mindestens 0,25 MPa) enthält. Die Abfüllung erfolgt in Sektflaschen. Auf dem Etikett muß F. eindeutig als solcher gekennzeichnet sein und bei zugesetztem Kohlendioxid den Hinweis „Mit Zusatz von Kohlensäure“ tragen. Zusätzlich sind Phantasiebezeichnungen zulässig.

F. sollte gut gekühlt (6–8 °C) getrunken werden. In der mongolischen Volksrepublik wird neuerdings sogar aus Sanddornbeeren ein F. mit der Bezeichnung Fontäne produziert. (7)

Fruchtweine: Sammelbegriff für Weine, die nicht aus Weintrauben, sondern aus fast allen anderen eßbaren Früchten (Beeren-, Kern- und Steinobst) bzw. Pflanzenteilen (Rhabarber) gewonnen werden. Bekannt ist, daß die Griechen unter anderem aus Äpfeln, Datteln und Feigen schon vor der Zeitenwende F. herstellten. In unseren Breiten sind F. aus Äpfeln, Birnen, Quitten, Erdbeeren, Hagebutten, Johannisbeeren, Pflaumen, Rhabarber, Schlehen und Stachelbeeren bekannt.
Einen bedeutenden Anteil an den F. hat der ↑ Palmwein. F. aus Ananas werden unter anderem in Mocambique hergestellt. In Kenia produziert man F. aus der Frucht der Baummelone *(Garica papaya).* Datteln und Feigen unter Zusatz von Zucker gemust und vergoren ergeben ebenfalls F. Kiwi, die Chinesische Stachelbeere *(Actinidia chinensis)* und Kokuwa, die Japanische Stachelbeere *(Actinidia arguta)* werden in Japan, China, Korea, aber auch in Südafrika, Neuseeland und der UdSSR zu F. vergoren. Litchipflaumen *(Lithci chinensis),* die roten Seifenbaumfrüchte, dienen in China, Südafrika und Madagaskar der Litchiweinherstellung. Die roten Früchte des Erdbeerbaums, als Hayaäpfel, Sand- oder Meerkirsche *(Arbutus unedo)* bekannt, werden ebenfalls zu F. verarbeitet.
Im Gegensatz zum Traubenwein darf F. aus mit Wasser versetztem Fruchtrohsaft produziert werden, um die vorhandenen hohen Säuregehalte (z.B. Johannisbeere, Stachelbeere) zu harmonisieren (Tab.) (3)

Vorgeschriebene Mindestgehalte an Alkohol und Säure für Fruchtweine (TGL 33 058)

	Alkoholgehalt in Vol.-%	Säuregehalt in g/l
Apfelwein, herb	5,0	nicht vorgeschrieben
Birnenwein, herb	5,0	
Obstwein, herb	5,0	
Fruchttischwein	8,0–11,0	4,0
Fruchtdessertwein	12,5–13,0	4,0
Wermutfruchtdessertwein	13,0	4,0
Fruchtschaumwein	8,0–11,0	5,0

Fruchtzucker, *Fructose, Lävulose:* ein Monosaccharid, das im Most zu gleichen Teilen wie ↑ Traubenzucker (Glucose) vorkommt. Da während der Gärung zuerst die Glucose umgesetzt wird, bleibt in natursüßen Weinen meist der F. erhalten. Er bewirkt ein intensiveres Süßeempfinden als Traubenzucker, weshalb natursüße Weine mit gleichem Zuckergehalt wie künstlich gesüßte Weine als deutlich süßer empfunden werden. Die Süße ist geschmacklich auch deutlich anders gelagert als „einfache" Zuckersüße und stellt sich als fruchtig bis edelsüß (honigartig) dar. (2)

Fructexport [rum.]: staatliches Außenhandelsunternehmen für Früchteexport mit Sitz in Bukarest, das auch Wein exportiert. (3)

Fructose ↑ Fruchtzucker

Früher Gelber Ortlieber: ehemals im Elsaß verbreitete Keltertraube mit rückläufigem Anbau. Der Wein ist ein dünner, milder, bekömmlicher, angenehmer ↑ Tafelwein. (6)

Früher Leipziger ↑ 'Gelbe Seidentraube'

Früher Malingre: Tafel- und örtlich auch Keltertraube, die nach 1830 von dem französischen Gärtner Malingre aus Samen gewonnen wurde und sich bald verbreitete. Die Reife erfolgt sehr früh, kurz nach 'Magdalene Angevine'. Die lockerbeerigen Trauben sind mittelgroß wie die ovalen, hell gelbgrünen, dünnschaligen, süßen, muskatfreien, saftigen Beeren, die wegen ihrer Frühreife immer durch Wespen und Vögel gefährdet sind, in nassen Sommern auch durch Graufäule. Die Rebe wächst schwach bis mittelstark, sie trägt sehr reich und sollte nur auf Zapfen und Strecker geschnitten werden. F. M. neigt nicht zum ↑ Verrieseln und ist wenig krankheitsanfällig. Als Keltertraube wird F. M. nur noch in der Oberhaardt (Rheinlandpfalz) für ersten ↑ Federweißen angebaut und ist auch für häuslichen Süßmost geeignet. Er kann als Tafeltraube für das Freiland bis in die Grenzlagen des Weinbaus angebaut werden, in wärmeren Lagen auch freistehend ohne schützende Wand und reift auch dann immer sicher aus. F. M. wird oft fälschlich vermehrt und gehandelt als *'Früher Leipziger'*. Für F. M. ist das dunkelgrüne Laub mit gelben Knöpfchen an den Blattspitzen sortentypisch. (6)

Früher Muskat von Courtiller, *Früher Muskat von Saumur:* Tafel- und Keltertraube, eine Züchtung von Courtiller, dem Direktor des Botanischen Gartens zu Saumur. Sie wurde 1842 aus Samen der 'Ischiasrebe' gewonnen. Die kleinen, konisch zylindrischen, lockerbeerigen Trauben mit kleinen, runden, weißgelben Beeren und süßem Fleisch mit Muskatbukett reifen sehr früh. Der Rebstock wächst mittelstark, er ist auf Kalkböden anfällig für Chlorose. (6)

Früher Muskat von Saumur ↑ 'Früher Muskat von Courtiller'

Früher Roter Malvasier, *Frühroter Veltliner:* Kelter- und Tafeltraube, die als Keltertraube vorwiegend in Österreich angebaut wird. Der Rebstock wächst kräftig, der Ertrag ist hoch und bringt um 80 hl/ha mit 75–80 °Oe und 6–8 g/l Säuregehalt. Die Trauben sind groß, dichtbeerig, die Beeren mittelgroß, rundlich, hellrot, hellgrau bereift, dickschalig, süß, angenehm würzig. Die Sorte reift mittelfrüh mit 'Müller-Thurgau'. Die Lese kann als Spätlese mit und nach 'Silvaner' erfolgen F. R. M. ist wenig frostanfällig bei guter Holzreife und auch sonst nur gering anfällig für Pilzkrankheiten. Mäßige Ansprüche an Lage und Boden bei weiträumiger Erziehung mit längeren Bogreben machen den Wert der Sorte aus. Der Wein ist kräftig mit Bukett, genügend alkohol- und extraktreich und übertrifft hierin den 'Silvaner'. (6)

Frühlese ↑ Lesearten

Frühroter Veltliner ↑ 'Früher Roter Malvasier'

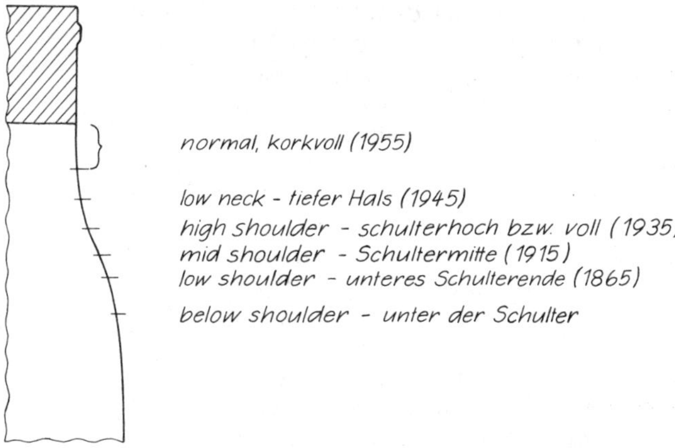

Bezeichnung für den Grad der Füllhöhe und die zu erwartende Füllhöhe der Flasche bei den angegebenen Jahren der Flaschenabfüllung

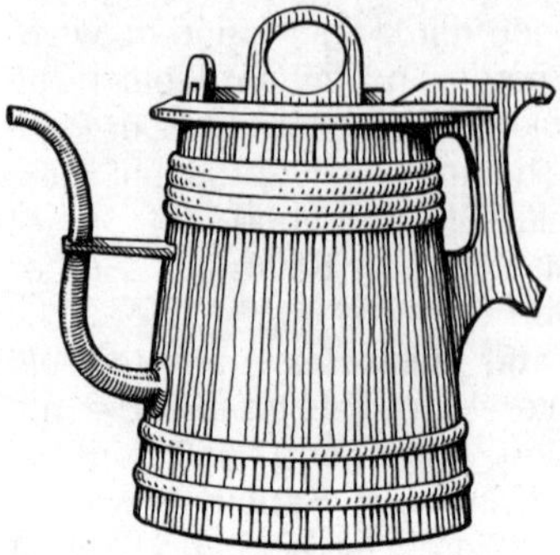

Füllwein; geböttcherte Abfüllkanne

Fuchsgeschmack, *Foxgeschmack:* meist von Sorte und Reifegrad abhängiger, unangenehmer, moschus- bzw. wanzenartiger Beigeschmack amerikanischer Reben, wie der ↑ Fuchsrebe und ihrer Hybriden. F. ist nicht mit dem feinen Muskatgeschmack der Europäerreben zu verwechseln. (3)

Fuchsrebe, *Vitis labrusca L.:* eine Rebenart aus Nordamerika mit fuchsigem Beigeschmack. Leider sind F. auch in Europa im Anbau zu finden. (3)

Fuder: 1. Bezeichnung für Lagerfässer (↑ Faßnummer).

2. älteres Volumenmaß für Wein. In Preußen entsprach ein F. z. B. 824 l, in Württemberg 1 840 l, in Genf 640 l. (3)

Füllhöhe der Flaschen: Grad der Flaschenfüllung, der mit dem verbleibenden Luftpolster die Haltbarkeit der Weine mitbestimmt. Der Zwischenraum bis zum Flaschenverschluß soll etwa 5 ml bei normal temperiertem Wein betragen. Zu große Luftpolster können zu intensiver Oxidation und zu geringe zum Heraustreiben der Flaschenverschlüsse führen. Bei alten Weinen nimmt naturgemäß die Füllhöhe ab. Da in England auch heute noch verbreitet alte Weine gehandelt werden, haben sich englische Bezeichnungen für die F.d.F. international durchgesetzt (Abb.). Handelsfähig ist jede low neck gefüllte Flasche, also jede Flasche, in der der Wein noch in den Hals hineinreicht. Bei Füllungen unter high shoulder muß bereits mit intensiveren Oxidationsvorgängen gerechnet werden, und ist der Wein bereits dunkelfarbiger bzw. sind die Roten hellfarbiger, als es ihrer Natur entspricht, ist das ein sicheres Zeichen dafür. Below shoulder zeigt meist einen nicht intakten Korken an, und es muß

1. Ist der Wein typisch für die folgenden Etikettangaben?

	Ja	Nein
Jahrgang	+	
Rebsorte(n)	+	
Qualitätsstufe (wie Qualitätswein, Spätlese, Auslese u. a.)	+	
Anbaugebiet	+	
Farbe	+	
völlige Klarheit	+	

2. Sinnenprobe von Geruch, Geschmack und Harmonie

Bewertungsskala	Geruch	Geschmack	Harmonie
hervorragend 5 oder 4,5			4,5
sehr gut 4 oder 3,5	3,5		
gut 3 oder 2,5		3	
zufriedenstellend 2 oder 1,5			
nicht zufriedenstellend 1			
ungenießbar Ausschuß 0			

Summe 11 ∶3 Qualitätszahl 3,67

mit verdorbenem Wein gerechnet werden. (3)

Füllwein: Wein zum Auffüllen der Verdunstungsverluste von in Holzfässern gelagertem Wein. Zum Auffüllen muß ein etwa gleichwertiger Wein bereitgehalten werden. Abb. (3)

Fünf-Punkte-Prüfverfahren: neues Bewertungsverfahren für Wein, nach dem in der BRD das ↑ Deutsche Weinsiegel vergeben werden kann. Vor dem eigentlichen F. wird entschieden, ob der Wein entsprechend den Angaben jahrgangs-, rebsorten-, herkunfts- und farbtypisch ist sowie völlige Klarheit besitzt. Nach insgesamt positivem Urteil werden Geruch, Geschmack und Harmonie (Zusammenspiel von Geruch, Geschmack und Vorbedingungen) jeweils mit einem Fünf-Punkte-Schema bewertet. Die Bewertung der Harmonie darf gegenüber den Noten für Geruch und Geschmack nur um 0,5 oder 1,0 Punkte nach oben abweichen. Bei unterschiedlichen Noten für Geruch und Geschmack gilt die höhere Punktzahl. Die Summe der drei Noten durch 3 geteilt ergibt die Qualitätszahl, wie das nebenstehende Bewertungsbeispiel zeigt. Weine, die in der Bewertungsskala mindestens 1,5 erreichen, erhalten die ↑ amtliche Prüfungsnummer; ab mindestens 2,5 wird das Deutsche Weinsiegel vergeben. (3)

G

Gallisieren: der Zusatz von Zuckerwasser zum Most ungenügend reifer Trauben, um den Säuregehalt zu erniedrigen und den Alkoholgehalt zu erhöhen (nach dem Chemiker Ludwig Gall, 1791–1863). (5)

Gamay: sehr alte, weitverbreitete Keltertraube für Rotweine, die in Frankreich eine Hauptsorte der frisch getrunkenen Rotweine ist. Sie stammt von einer Vielzahl von Mutationen und Spielarten des G., die sich im Lauf der Jahrhunderte in den einzelnen Departements und Ländern gebildet haben. Sie wird auch in Österreich, Rumänien, Argentinien, Chile und auf der Krim angebaut. Der Ampeloge P. Viala versuchte die Vielzahl der G. in drei Gruppen zu ordnen. In die erste Gruppe, die G. Ordinaires, setzte er die Qualitätstrauben des 'Beaujolais' und ähnliche. In der zweiten Gruppe führte er die frühreifen, die G. Précoses auf und in einer dritten Gruppe die G. mit färbendem Saft, die ↑ Färbertrauben (Teinturiers). Gemeinsam ist allen G. der reiche Ertrag von kleinen bis mittelgroßen, dichtbeerigen Trauben mit mittelgroßen, rundlichovalen, schwarzblauen Beeren. Neben den Spielarten mit blauen Beeren bestehen solche mit grauen ('Gamay Gris') und mit gelbgrünen ('Gamay Blanc') als eigene Sorten. Die Weine sind unterschiedlich nach Herkunft und Lage, allgemein sind die Weine aus G.trauben frische, fruchtige, angenehm zu trinkende Rotweine, im Charakter mittleren Spätburgundern ähnlich. (6)

Gamsa, *Gamza:* alte Keltertraube, deren Ursprung unbekannt ist. G. wird vor allem in Nordbulgarien angebaut und gibt hier herb, doch harmonische, kräftige Rotweine mit Burgundercharakter, die jung und auch länger gelagert bekömmlich getrunken werden. G. wird auch mit 'Pamid' und 'Mavrud' verschnitten. ↑ Tafel 4 (6)

Gärkeller: für die Vergärung der Moste vorgesehener Raum mit leistungsfähiger Entlüftung (Abzug des Kohlendioxids) und Temperaturregelung. Es ist vorteilhaft, einen G. einzurichten, um die gärenden Moste von den reifenden Weinen früherer Jahrgänge getrennt zu halten. (2)

Garnacha ↑ Grenache

garrafão [port.]: große Flaschen, die mit Rotwein wie Garrafeira Particular vinho tinto gefüllt, in dunklen Kellern jahrelang lagern, bis die Gerbsäure im Wein abgebaut ist und der Wein vorsichtig in normale Flaschen dekantiert wird. Derart gelagerte Weine halten sich weitere Jahrzehnte. (6)

garrafeira [port., Weinkeller]: Bezeichnung für hervorragende Qualitätsweine, die oft zehn und mehr Jahre in Fässern und teilweise weitere 10 bis 20 Jahre in Flaschen reiften. G.-Weine sind immer trinkreif und entsprechen mindestens der Bezeichnung ↑ reserva. (3)

Gärungsunterbrechung: Beendigung der ↑ alkoholischen Gärung durch gewollte oder ungewollte Einflüsse, die zu einer natürlichen ↑ Restsüße führen. Zur G. sind zahlreiche Methoden bekannt.

– Aufspriten des gärenden Mostes; gestattet in fast allen südeuropäischen Ländern (↑ Portwein, ↑ Sherry), nicht jedoch z. B. in der DDR und BRD;

– gezügelte bzw. ↑ gelenkte Gärung in Drucktanks, aus denen das gebildete Kohlendioxid nicht entweichen kann und ab einem Druck von 0,7 MPa die weitere Hefetätigkeit unterbindet;

– Separation und Filtration des restsüßen Jungweins zur Trennung von den Hefen;

– kontinuierliches Separieren des gärenden Mostes, wodurch sich die Aminosäuren erschöpfen, die von den ständig nachwachsenden Hefen zum Stoffwechsel benötigt werden (unter anderem Herstellungstechnologie für die bekannten Asti-Spumante-Weine aus Italien; z. B. Canei – ↑ Perlwein).

Alle beschriebenen Verfahren haben gegenwärtig den Nachteil, neben erheblichem technischem Aufwand Wein mit hohem Acetaldehydgehalt zu produzieren, der große Mengen an Schwefliger Säure bindet.

In Österreich ist die G. die einzige Möglichkeit, restsüße Kabinett- und Prädikatsweine zu gewinnen. (2)

Gärverschlüsse, *Gäraufsätze, Gärspunde:* Glas- oder Keramikaufsätze zum Luftabschluß des angärenden, gärenden und vergorenen Mostes im Gärgefäß, zur Kontrolle des Gärverlaufs (sichtbar und hörbar) und zur teilweisen Zurückhaltung der Gärungskohlensäure. Luftabschluß ist wichtig bei langsam angärenden Mosten (Gefahr der Bildung weinschädlicher Mikroorganismen) und um die Bildung von Acetaldehyd (bedingt den Luftgeschmack) zu begrenzen.

Bekannte G. sind Gärtrichter- bzw. -topf (Keramik), Neßlersche Gärröhre und Kroemerscher Gärspund (Glas). Wichtig für die Funktionstüchtigkeit ist der dichte Sitz der G. Bei Gärgefäßen mit größerem Volumen (etwa ab 1000 l) verwendet man bei der stürmischen Gärung wegen der großen Mengen freigesetzten Kohlendioxids erst Gärtöpfe (hörbares Entweichen des CO_2) und setzt dann beim Übergang zur gemäßigten Nachgärung Gärröhren auf, bei denen der weitere Gärverlauf optisch gut zu verfolgen ist (↑ alkoholische Gärung). Als Sperrflüssigkeit in den G. dienen Wasser, Schweflige Säure und Glycerol. (2)

Gaschromatographie: analytisches Verfahren zum Nachweis bzw. zur Konzentrationsbestimmung und zur Trennung von Gemischen flüchtiger Stoffe. Die G. wird zur Bestimmung des Alkoholgehalts oder anderer Inhaltstoffe eingesetzt. Eine Trennung der verschiedenen Bestandteile des Weins mit dem Ziel, ein Aromogramm zu erhalten, ist nur mittels spezifischer, sehr komplizierter Methoden der Kapillar-G. möglich. Die einzelnen Aromate können auch in einer Geruchsfalle (Aromathek) aus dem Gas abgefangen und sensorisch geprüft werden. (3)

Gastmahl ↑ Symposium

gazeux [franz.]: mit Kohlendioxid imprägniert (3)

Gebietswein: meist gemischter Wein verschiedener Lagen oder Gemarkungen, aber auch Sorten eines in sich geschlossenen Anbaugebietes, z. B. der ↑ Chianti. (3)

Gebinde ↑ Betontank

geborene Qualität: Prinzip, nach dem die ↑ Güte des Weins und seine Klassifikation von der Klassifikation der Rebfläche, auf der er erzeugt wurde, bestimmt wird. So bleibt in Frankreich ein noch so guter Wein nur Tafelwein, wenn die Rebfläche nicht für Qualitätswein klassifiziert wurde. (3)

gebündelte Weine: vor allem Rotweine mit besonders ansprechendem Bukett. In Frankreich wird das Mischen (↑ Verschnitt) nach Weisungen von Verkostern *bündeln* genannt. (3)

geharzte Weine ↑ Retsina

Gelatine: ein Protein vom Kollagentyp, das aus Knochen und Häuten von Schlachttieren hergestellt wird, als Schönungsmittel dient und in Wasser und Wein löslich ist. Die G. nimmt in Lösung eine positive elektrische Ladung an und reagiert im Wein mit vorhandenen negativ geladenen Polyphenolen (↑ Gerbstoffe) zu ausflockenden Komplexen. Bei gerbstoffarmen Weinen muß deshalb vor der G.schönung chemisch reines Tannin (zählt zu den Gerbstoffen) zugesetzt werden. Neben der Weinklärung trägt die G. also auch zur geschmacklichen Harmonisierung bei, weil die z. B. bei der Traubenkelterung in den Most überführten Gerbstoffe aus Rappen, Kernen und Schalen ausgefällt werden. Die G. ist das heute verbreitetste Weinbehandlungsmittel (Schönungsmittel). (2)

Gelber Furmint: sehr alte Keltertraube unbekannter Herkunft. Sie wird in Ungarn als eine spätreifende Hauptsorte für edle Weißweine und ↑ Tokajerweine angebaut. Der Rebstock wächst stark; seine Frostresistenz ist für normale Winter ausreichend. Die Trauben sind groß, länglich, lockerbeerig, die Beeren groß, oval, dickhäutig, gelblichgrün, vollreif gelb, punktiert, sonnenseits braunfleckig, der Saft etwas schleimig, süß. Die Lageansprüche sind auch in Ungarn hoch, die für den Boden geringer. G. F. ist anfällig für Echten Mehltau, kaum für Grauschimmel. Die Mostgewichte erreichen 85–120 °Oe, der Säuregehalt 6–8 g/l. Die Weine sind schwer, körper- und alkoholreich, feurig mit Bukett. Der ↑ Tokaji Aszú ist ein durch Extraktion von Trockenbeeren der Sorten 'Gelber Furmint', 'Lindenblättriger' und 'Muskateller' mit Most oder Jungwein bereiteter Süßwein. (6)

Gelber Muskateller, *Muskatrebe:* eine der ältesten Rebsorten, die über den römischen Anbau vielleicht bis nach Kleinasien führt. In dieser langen Kulturzeit entstanden viele Mutationen und Spielarten, die jetzt in allen, vor allem südlichen Weinbauländern, weltweit als Kelter- und Tafeltrauben verbreitet sind ('Misket' [bulg.], 'Moscados' [griech.], 'Moscateller', 'Muscadella' [ital.], 'Muscadel', 'Muscadelle', 'Muscat de ...' [franz.], 'Moscatel' [port., span.], 'Muskotaly' [ung.]). Die Reife und Lese liegt spät, vor und mit dem 'Riesling', falls die Trauben wegen der Anfälligkeit für Grauschimmel bis dahin am Stock bleiben können. Die Trauben sind mittelgroß, dem ↑ 'Weißen Gutedel' ähnlich, doch mehr länglich, kaum geschultert, mitteldichtbeerig, die Beeren mittelgroß, rund, hell grüngelb, mit feinem Muskatgeschmack. Der Rebstock wächst stark und braucht weiträumige

Erziehung, um auch dadurch die Fäulnisanfälligkeit zu mindern, im Weinberg wärmste Lagen, tiefgründige Böden, auch leichtere, warme, nährstoffangereicherte. Stöcke am Hausspalier können als Tafeltrauben gute Erträge liefern. Im Weinberg als Keltertraube bringen sie 60–65 hl/ha mit 70–80 °Oe (aus guten Lagen) und einem Säuregehalt bis 10 g/l. Holzreife und Frostwiderstandsfähigkeit sind für normale Winter meist ausreichend, sonst besteht die übliche Anfälligkeit gegenüber Pilzkrankheiten, besonders für Fäulnis und ↑ Verrieseln; die reifenden Trauben sind nässeempfindlich.

Es gibt eine Vielzahl von Muskatellerweinen mit unterschiedlichem Charakter; alle jedoch sind edle Weine mit mehr oder weniger ausgeprägtem Muskatbukett. Die deutschen Herkünfte – es sind nicht viel – sind leicht, rassig, elegant, mit feinem, edlem Muskatbukett; sie werden auch zum Verschnitt neutraler Weine verwendet. Neben den vielen Spielarten mit gelbschaligen Trauben gibt es auch als Mutation die Sorte *'Roter Muskateller'*. (6)

Gelber Orleans: eine sehr alte, einst weit verbreitete Kelter- und Tafeltraube, die nicht mehr angebaut wird. (6)

Gelbe Seidentraube, *Luglienca:* im deutschen Sprachgebiet nur als frühreifende Tafeltraube, in anderen Ländern auch als Keltertraube angebaut. Außerhalb der Weinbaugebiete wurde sie wie 'Früher Malingre', 'Magdalene Angevine' u. a. fälschlich als 'Früher Leipziger' gehandelt. Die Trauben sind mittelgroß, mehr locker- als dichtbeerig, pyramidal, ästig, die Beeren mittelgroß, oval, grüngelb, hell bereift, dünnschalig, süß, nicht muskatig, wohlschmeckend. Der Rebstock wächst sehr stark und verlangt als Tragholz lange Bogreben, ist am Zapfen ertraglos und nur für große Wandflächen geeignet. (6)

gelenkte Gärung: Einflußnahme des Menschen auf die Bedingungen bei der ↑ alkoholischen Gärung, um den Prozeß in eine bestimmte Richtung zu lenken. Die g. G. kann nur im Tank erfolgen, da die beiden wichtigsten Einflußfaktoren – Temperatur (Doppelmanteltanks, Tankberieselung) und Druck(-tanks) – nur hier wirkungsvoll beherrschbar sind. Ziele der g.G. sind:

- Erhaltung einer Restsüße;
- hohe Alkoholausbeute;
- Minimierung der Bukettstoffverluste;
- reintönige Weine.

Im weitesten Sinne gehören auch die Maische- und Mostbehandlung zu den Maßnahmen einer g.G. ↑ Gärungsunterbrechung (2)

Gemarkung: geografische Bezeichnung des Herkunftsortes (Reblandes) einer Winzergemeinde mit allen Weinbergen und Lagen, z. B. Bernkastler Riesling. (3)

gemischter Satz: Anbau mehrerer Kelterrebsorten auf einem Weinberg und ihre gemeinsame Lese und Kelter. Er wird heute kaum noch praktiziert, da weder die Verfahrensabschnitte der Produktion einheitlich sind, noch sortenreine Weine ohne größeren Aufwand erzeugt werden können. ↑ reiner Satz (3)

generoso [span.]: Aperitif oder Likörwein

Genossenschaft ↑ Winzergenossenschaft

Genuß beim Weintrinken: das Auskosten der reizvollen Wirkung des Weins, die er beim Trinken auf die Sinne ausüben kann. Neben aller biochemischen Analysenkunst vermitteln doch erst die Sinneseindrücke den Genuß. G.C. Lichtenberg sagte dazu: „Das Trinken hat, so wie auch die Liebe und die Malerei, seinen mechanischen und dichterischen Teil." Will man beim Trinken den Wein mit all seinem Zauber von Farbe, Duft, Aroma, Wärme oder Kühle und der Wirkung auf das Gemüt erschließen, dann sind neben ausgeprägter Genußfähigkeit und inniger Beziehung zum Wein geübte Sinnesorgane und auch Kenntnisse erforderlich. Sie beginnen mit der ↑ Trinktemperatur, dem ↑ Flaschenöffnen, den ↑ Gläsern, dem ↑ Einschenken und der gesamten Atmosphäre im Raum (↑ Degustation). Außerdem sollten wenigstens eine Stunde vor dem Weintrinken keine scharfen Spirituosen getrunken werden. Die wichtigste Erkenntnis lautet: Wer Wein genießen will, bezecht sich nicht.

Der Geschmackseindruck wird wesentlich durch das ↑ Bukett (Aroma) bestimmt. Deshalb ist vor dem Trinken der Wein schon in Farbe und Bukett zu genießen. Auch kann es genußvoll sein, den Wein z.B. mit einem am Kelch nach außen gewölbten Glas direkt auf die Zungenspitze zu bringen, ihn eventuell länger im Mund zu behalten oder bei eindrucksvollem ↑ Abgang nicht gleich einen Schluck danach zu trinken. Wird nur eine Weinsorte getrunken, verliert sich etwa mit dem vierten Glas auch beim besten Wein der Geschmack. Eine neue Weinsorte oder das Neutralisieren von Zunge und Gaumen mit Weißbrot beleben die abgeschwächte Genußfähigkeit wieder. Der Wechsel der Weine geht vom milderen zum schweren und würzigen, vom bitteren zum herben, dann zum lieblich-süßen und schließlich zum alkoholschweren Wein. Der Weiße kommt vor dem Rosé und dieser vor dem Roten. Zum Abschluß wird wieder ein frischer leichter Wein getrunken. (3)

Gerbstoffe: weit verbreitete, gerbend wirkende Substanzen, die mehr oder weniger reichlich in allen Obstarten vorkommen. In der Weintraube sind sie vor allem in den Stielen und Kernen lokalisiert und treten bei langer Maischelagerung in den Most über. Aufgrund ihres Gehaltes an phenolischen Hydroxylgruppen reagieren G. sauer und werden deshalb oft auch als Gerbsäuren bezeichnet, was jedoch ungenau ist.

G. wirken ↑ adstringierend und verleihen dem Rotwein seinen herben Geschmack. In Weißweinen stört ein G.gehalt über 1 g/l den harmonischen Geschmack. (2)

Geschichte der Weinrebe. Die Gattung der Weinreben *(Vitis)* gehört mit den sog. Jungfernreben *(Parthenocissus)*, Scheinreben *(Ampelopsis)* und Klimmen *(Cissus)* zur Familie der Weinrebengewäche *(Vitaceae)*. Sie ist eine der ältesten gefundenen Laubgewächse. Pflanzenreste und Traubenkerne lassen sich bis an die Wende der Kreidezeit, des Mesozoikums zum Paleozän im Tertiär vor etwa 60 bis 70 Mill. Jahren in weiten Teilen unserer Welt (heutiges Europa, Nordamerika einschließlich Alaska, Island, Grönland, Asien einschließlich Japan) nachweisen. Vor etwa 25 Mill. Jahren wuchs im Miozän bis hinein ins Pliozän (vor etwa 2 Mill. Jahren) in den subtropischen Wäldern bis in die Wipfel der Mammutbäume die Europäische Wildrebe *(Vitis vinifera)* mit zwei Unterarten *(ssp. sylvestris* und *ssp. caucasica*), wobei letztere östlich bis Mittelasien verbreitet war. Im Pleistozän mit den sechs Kaltzeiten (bis vor 20000 Jahren) zog sich auch die Wildrebe mit der übrigen Flora aus Mitteleuropa immer wieder in wärmere Gebiete (Italien, Südosteuropa, Südfrankreich) zurück. Nach den Eiszeiten vor etwa 10000 bis 5000 Jahren breiteten sich die Wildreben mit ihren kleinen, herben, blauschwarzen Beeren vor allem entlang von Flußtälern (Rhône, Rhein, Donau) wieder nach Norden bis Südschweden aus. Sie finden sich heute, nach dem Klimasturz 800 v. u. Z., unter anderem noch im Kaukasus, auf dem Balkan und als Wildrebenreservat auf der Rheininsel Ketsch bei Schwertzin-

gen (im 19. Jh. fanden sich am Oberrhein noch 30 verschiedene Wildrebenformen).
Die heutigen Kulturformen als *Vitis vinifera ssp. vinifera* mit etwa 5000 Sorten zusammengefaßt, stammen von den Wildreben ab, wobei in Asien Wild- und Kulturformen nicht immer eindeutig zu trennen sind. Der sowjetische Wissenschaftler Negrul unterscheidet innerhalb der Kultursorten die Gruppe *Vitis vinifera occidentalis* (Zentral- und Westeuropa), unter anderem mit den Sorten 'Burgunder' und 'Riesling'), *Vitis vinifera ponticas* (Südost- und Südeuropa vom Schwarzmeergebiet bis Südspanien, unter anderem mit 'Kadarka' und 'Clairette') und *Vitis vinifera orientalis* (Mittel- und Vorderasien, unter anderem mit der Sorte 'Saperawi').
Während Jahrtausende v. u. Z. schon von Weinreben berichtet wird, spricht Vergil (70–19 v. u. Z.) von Rebsorten „zahllos wie Sand der Wüste". Plinius (23–79) führt 91 und Columella in der De re rustica (90 u. Z.) 58 Sorten auf. In Deutschland kannte man vor 1300 nur fränkische und hunnische Weine (geringwertiger aus großen Trauben).
Die Kultur des Weins durch den Menschen hat zu den heute genutzten Rebsorten geführt, in die auch nordamerikanische Arten, wie Sommerrebe

Abb. 1 Alabasterpokal des Tutenchamun (18. Dynastie; 1347–1338 v. u. Z)

(Vitis aestivalis), Fuchsrebe *(Vitis labrusca)*, Samtrebe *(Vitis rupestris)*, Uferrebe *(Vitis riparia)* u. a. eingekreuzt wurden bzw. selbst kultiviert werden (z. B. die Sommerrebe).
Sicher werden die heutigen Kulturformen der Weinrebe sowohl von den Regionen als auch von den Wildformen her mannigfaltigen Ursprungs sein. Nach Wawilow (sowjetischer Genetiker, 1887–1942) liegt heute das Gebiet der größten Formenfülle (das Genzentrum) in den Weiten zwischen Kaukasus, Kleinasien, Irak und Iran.
Bedeutung besitzen nur etwa 80 Kelter- und Tafeltraubensorten. (3)

Geschichte des Weins. Sie hat sicher mit der Entwicklung der Menschen begonnen, denn die ↑ Geschichte der Weinreben ist nachweislich sehr viel älter als die des heutigen Menschen. Zweifellos hat schon der frühe Mensch Trauben der Wildreben gegessen. Wann und wo er sie jedoch zum ersten Mal zur Weinbereitung nutzte und die ersten ausgelesenen Reben gepflanzt und gepflegt hat, blieb bisher im Dunkel. Der südliche Kaukasus, das Zweistromland von Euphrat und Tigris, aber auch tropische Klimazonen (allerdings für Palmwein) kommen als Ursprungsgebiet der Kultur des Weins in Frage. In Resten frühester prähistorischer Behausungen fand man Traubenkerne in großen Mengen. Sicher ist hier aber auch in anderen Verbreitungsgebieten der Wildreben aus Trauben schon Most gepreßt und auch vergoren und damit Wein erfunden worden.
Archäologische Erkundungen lassen den sicheren Schluß zu, daß schon vor 10000 Jahren im Zweistromland Wein hergestellt wurde. Etwa 7000 Jahre v. u. Z. wurde in Catalhöyük (heute Türkei) nachweislich Wein gewonnen. Eine 8000 Jahre alte Traubenpresse entdeckte man in der Nähe von Damaskus. Bildliche Darstellungen und Funde

Abb. 2 Weinlese im Alten Ägypten; nach Grabmalereien aus dem 12. Jh. v. u. Z.

über Gerätschaften belegen einen entwickelten Weinbau um 3500 v. u. Z. im alten Ägypten (Abb. 1 und 2).
3000 Jahre v. u. Z. wurden schon sechs Sorten sowie Jahrgänge, Mischungen mit Honig und Gewürzen und Winzer genannt. In den Palastwirtschaften auf Kreta (in der ersten Hälfte des 2. Jahrtausends v. u. Z.) sind in den Speicherräumen reihenweise bis zu mannshohe Vorratsbehälter aus Ton (sogenannte Pithoi) für Wein gefunden worden. 1986 wurde ein etwa 2300 Jahre altes komplettes Weingut mit Produktionsgebäuden, Lager, Maischebassin u. a. 50 km von Alexandria entfernt ausgegraben.
Keilschriften, das Alte Testament, Baudenkmäler, Vorratsbehälter und weitere Gerätschaften der Babylonier, Assyrer, Hethiter, Israeliten, Ägypter und Phöniker sowie Werke der Griechen (z. B. Homers Ilias) künden seit über 7000 Jahren bis hinein in das 8. Jh. u. Z. von der G.d.W.
Schließlich war es das Handelsvolk der Phöniker, das den Weinbau in Griechenland (um etwa 2000 v. u. Z.) verbreiten half und später von Karthago aus nach Spanien (z. B. Cadiz um 1100 v. u. Z.), nach Süditalien (500 Jahre v. u. Z. nannte Sophokles Italien schon das Lieblingsland von Bacchus) und nach Südfrankreich (z. B. Marsalia, heute Marseille, 611 v. u. Z.) brachte. Gleichzeitig – etwa ab 1500 v. u. Z. – begannen die griechischen Völker in ihrem Herrschaftsbereich eine höhere Kultur des Weins zu verbreiten und dann auch an die Römer weiterzugeben.
Heute kann als sicher angesehen werden, daß bereits vor den Phönikern, Griechen und Römern auf dem Balkan bis über die Donau hinaus und in Südeuropa (6000 bis 1800 v. u. Z. bestanden hier günstige Wachstumsbedingen) die Illyrer, Kelten und auch Etrusker, wenn auch in primitiver Art, Wein kelterten. In Siedlungen am Neuenburger- und Bodensee, am Neckar und Kocher lassen Ausgrabungen darauf

schließen, daß um 4000 bis 1800 v.u.Z. zumindest größere Traubenmengen verarbeitet wurden. Für die Höhlen von Altamira (Spanien) und Lascaux (Frankreich) gilt Ähnliches. In Brixen (Südtirol) wurde ein Gefäß mit Rebkernen aus dem 5 Jh. v. u. Z. gefunden, bei Bozen Bronzegefäße mit Szenen von Trinkgelagen. Auch im heutigen Rumänien kann aus archäologischen Funden auf Weinkelterei um 2000 v.u.Z. geschlossen werden. Im heutigen Ungarn haben Kelten 300 v.u.Z. Wein gebaut.

Über die G.d.W. in Ostasien liegen widersprüchliche Angaben vor. So soll die Weinrebe erst im 2. Jh. v. u. Z. aus Vorderasien nach China gelangt sein. Andererseits wird der Anbau von Weinreben schon um 2000 v.u.Z. vermutet; er soll dann aber untersagt worden sein. In den 80er Jahren ist auch eine Bronzekanne aus der späten Shang-Dynastie (16. bis 11.Jh. v.u.Z.) mit weinähnlichem Getränk gefunden worden.

Nach dem 2. Jh. u. Z. breitete sich der Weinbau in einzelnen Zeitabschnitten und Regionen Ostasiens unterschiedlich aus. Im 7. bis 9. Jh. gelangte die Kultur des Weins von China nach Japan, hat aber keine größere Ausdehnung erfahren. Ende des 12. Jh. soll auch aus einheimischen Wildreben trinkbarer Wein gekeltert worden sein. In der Song-Zeit (960–1127) wurde die Gärhefeproduktion unter staatliche Aufsicht gestellt.

Damit wurde, ausgehend von den reichen Flußtälern Vorderasiens, der Mittelmeerraum das Ursprungsgebiet, von dem aus sich die Hochkultur der Weinreben schließlich über die ganze Welt verbreitete, wobei den Griechen sehr viel zu verdanken ist. Sie sollen auch etwa 600 v. u. Z. die höhere Kultur des Weins auf die Krim gebracht haben, wo sie im 4. und 5.Jh. u.Z. von den Hunnen stark behindert wurde. In der Antike scheint von allen angebauten Früchten der Wein die wirtschaftlichste Kultur gewesen zu sein. Rom, wo der Weinbau ab 200 v. u. Z. größeres Ausmaß annahm, führte Wein aus und Getreide ein. Sklaven, die sich als Winzer verstanden, waren im Preis dreimal höher als Ackersklaven. Die Kelten setzten den wirtschaftlichen Wert einer ↑ Amphora Wein einem Sklaven gleich. Aus dem Caupo, dem Weinhändler, wurde der Kaufmann. Bei den Griechen waren der Chier und bei den Römern der ↑ Falerner berühmte Weine.

Aristoteles (384–322 v. u. Z.) schilderte in seinem Buch der Gewächse bereits die Praxis griechischer Rebkultur einschließlich des Pfropfens. Mago vor der Zerstörung von Karthago (149/46 v.u.Z.) und Columella um 65 u. Z. schrieben Bedeutsames zum Weinbau. Schon damals waren Auslesen und Trockenbeerenauslesen, Spindelkeltern und Baumpressen (↑ Baumkelter), mehrere Abstiche, Klärverfahren durch Filtriersäcke und Schönen durch Eiweiß bekannt.

In Europa gingen die Kelten zur antiken Hochkultur des Weins über und verbreiteten sie entlang der Rhône bis ins Gebiet Bordeaux (50 v.u.Z.). Die Römer dehnten mit ihren Eroberungen um den Beginn unserer Zeitrechnung die höhere Kultur des Weins besonders entlang der Flußtäler aus. Die zum Schutz vor feindlichen Überfällen gerodeten Hänge waren ideale Weinberge. So gelangte der Weinstock als Baum des Lebens (tabor vitae) nach Tirol, Germanien, Gallien, Britannien und über Thrakien, Dalmatien und Norien (jetzt Österreich) ins heutige Ungarn (Pannonien) und Rumänien (Dakien). Sichere Nachweise über den Weinbau an der Mosel gibt es aber erst gegen Ende des 1.Jh. u. Z., Tacitus spricht den Germanen Weinbau generell ab, erwähnt aber um dieselbe Zeit Weinhandel der Stämme am Rhein.

91 v.u.Z. erließ der römische Kaiser Domitian (51–96) das berühmte Dekret zur Vernichtung des gallischen und germanischen Weinbaus zwecks Förderung des Getreidebaus und Beschränkung des italienischen Weinbaus. Erst 280 u.Z. hob der ehemalige Weinbauernsohn aus dem Balkan, Kaiser Probos (232–282), das Verbot auf und förderte in den von Rom eroberten Ländern die Kultur des Weins. Sie entwickelte sich auch darum rasch, weil Rom nur Lorke (↑ lara) nach Gallien und Germanien ausführte. Sie schmeckte so widerlich, daß der Name zum Inbegriff jeglichen ungenießbaren Gesöffs wurde.

In der Zeit der Völkerwanderung (zwischen dem 4. und 6. Jh. u.Z.) wurde der Weinbau meist geschädigt. In den alemannischen und burgundischen Reichen, besonders bei den Merowingern (5. bis 7. Jh.), faßte die Kultur des Weins aber festeren Fuß. Kaiser Chlodwig I. (466–511) und später Karl der Große (742–814) widmeten sich ihr intensiver. Karl der Große ließ mit Reben aus allen Teilen des Reiches neue Weinberge, besonders am Rhein, anlegen. Er erließ 812 Vorschriften für Anbau und Pflege (capitulare de villis et cortis imperialibus). In dem berühmten Ingelheimer Edikt verbot er unter anderem, den Wein mit den bloßen Füßen zu keltern.

Über den Rhein drang der Weinbau bis zu Neckar und Main, aber auch zu Elbe und Saale vor. Bodensee und Donaugebiet wurden wieder intensiver erschlossen. Allerdings hatten die Awareneinfälle (6. bis 9. Jh.) die Kultur des Weins im Osten sehr behindert. Dagegen unterstützten die Könige des Hauses Arpád in Ungarn den Weinbau. Der Wein als Dauerkultur konnte nur in friedlichen Zeiten gedeihen. Erst der Sieg Otto I. (936–973) auf dem Lechfeld (955) sicherte die Grenzen und führte wieder zum Anheben der Weinkultur und sogar zum Export von Wein nach England.

Während der fränkischen Herrschaft (1024–1125) genoß der Weinbauer besonderen Schutz; wer ihn beleidigte oder tötete, mußte unter anderem bis 25 Rinder Bußgeld zahlen.

Nach dem Zusammenbruch des römischen Reiches wurde der Weinbau fast 1000 Jahre hauptsächlich durch die katholische Kirche gefördert. Die Kellermeister, besonders des 10. bis 15. Jh., wurden die bedeutendsten Weinfachleute. Etwa vom 12. Jh. an wurde der Weinbau bis zum kalten Winter 1437 auch in der Mark Brandenburg, in Schleswig-Holstein, Mecklenburg, Dänemark, ja bis nach Klaipeda (Memel) ausgedehnt. Im damaligen Deutschland erreichte er etwa 300000 ha Anbaufläche. Straßburg (seit 982 Zunft der Küfer und Weinleute) und Köln waren Handelsmittelpunkt (1050 erste Vereinigung in Köln als Gilde und 1300 die Weinbruderschaft).

Besonders die Orden der Zisterzienser (1123 aus Frankreich nach Deutschland gekommen) und Benediktiner vollbrachten Pionierleistungen (Benedikt von Nursia bestimmte bei der Ordensgründung, daß jeder Mönch täglich einen viertel Liter Wein erhalten sollte). Die Benediktiner legten auch den berühmtesten Weinberg, den ↑ Johannisberg, und die Zisterzienser den Steinberg des Klosters Eberbach an. Nach einem Ausspruch des Kirchenvaters Kyrill (827–869) sollte keiner Priester werden, der den Wein nicht mag.

Während sich auch in anderen Gebieten West- und Mitteleuropas die Kultur des Weins nach der Völkerwanderung hob und weiter ausbreitete, ging sie in ihren Ursprungsgebieten rasant zurück. Nachdem der Islam den gläubigen Moslems den Wein verbot („Der Teufel bedient sich des Weins ...“, 5. Sure des

Korans) und die Araber den Islam bis Spanien und nach Indien sowie nach Mittelasien verbreiteten, wurde aus den Weintrauben kaum noch Wein gekeltert; statt dessen stellte man Traubenhonig, Korinthen und Rosinen her. Auch das Vordringen der Mongolen (12. bis 14. Jh.) fügte dem Weinbau im Schwarzmeergebiet großen Schaden zu und die Türken behinderten seine erneute Entfaltung bis zum Ende des 18. Jh. Schließlich ging mit dem Untergang von Byzanz (1453) und dem Vorstoß der Türken nach Südosteuropa auch hier der Weinbau zurück. Dagegen beförderten die Türken durch ihre Eroberungen indirekt den Weinbau in Mittel- und Westeuropa, das nun den Ausfall jener früher traditionell Weinanbau betreibenden Länder ausgleichen mußte.

Im Hochmittelalter brachten das Aufblühen der Städte und der steigende Wohlstand vieler Schichten einen höheren Weinbedarf (etwa 120 l je Kopf und Jahr). Die Städte (seit dem 10. Jh.) und die Hanse (seit dem 13. Jh.) kämpften gegen kirchliche und weltliche Feudalherren um das Vorrecht des Weinhandels. Diese Zeit wird auch als ↑ Zechjahrhundert der Deutschen bezeichnet. Die Weinbauern schlossen sich mit all denen, die mit der Arbeit am Wein zu tun hatten, schon seit dem 13. Jh. zu Rebleutezünften zusammen (erst 1858 wurden sie aufgehoben). Verfeinerte Methoden sowie Angaben der Weinsorte, der Anbaugebiete, der Herkunftsorte und der Jahrgänge verbreiteten sich.

Der Dreißigjährige Krieg (1618–1648) vernichtete den Weinbau in den betroffenen Gebieten völlig. Dagegen breitete er sich unter anderem in der Schweiz, in Italien, Frankreich und Spanien weiter aus. Erst am Ende des 18. Jh. gewann der Weinbau in Mitteleuropa wieder größere Bedeutung, obwohl die Anbaufläche nicht mehr die ursprüngliche Ausdehnung erreichte.

In der Zeit der überseeischen Entdekkungen kam mit den nachfolgenden Kolonisten auch der Wein in diese Länder. In Amerika war zur Zeit der Entdekkung durch die Spanier die Weinbereitung aus Agaven- und Ahornsaft üblich. 1421 wurden schon auf Madeira Reben aus Griechenland gepflanzt. Nach Chile, Argentinien und Mexiko gelangte der Wein in der Mitte des 16. Jh. In Argentinien und Südafrika (1659 erste Weinbereitung) faßte er an der Wende vom 17. zum 18. Jh. Fuß. In Brasilien führten ihn italienische Kolonisten um 1850 ein. Vorher (um 1820) nahm der Weinbau in Nordamerika (Ohio und Kalifornien) und Kanada feste Formen an. Etwa um die gleiche Zeit, zwischen 1830 und 1850, erlangte er in Australien und Neuseeland zunehmende Bedeutung. 1880 begannen in Japan Versuchsweinanpflanzungen mit amerikanischen, französischen und deutschen Rebsorten.

Um die Jahrhundertwende mußte die Türkei nicht nur die Balkanländer, sondern auch die Südküste des Mittelmeeres gänzlich räumen. Damit gewann der Weinbau dort wieder größere Bedeutung. In Algerien hatten die Franzosen durch Kolonisten schon nach 1850 den Weinbau in Gang gebracht.

Mit der zunehmenden Verbreitung neuer Getränke wie Kaffee, Tee und Kakao, aber auch von Obstmost und alkoholfreien Getränken sowie den Milchgetränken, dem erhöhten Schnaps- und Bierkonsum, den neuen Transportmöglichkeiten (Eisenbahn) und der Flaschenabfüllung und besseren Haltbarkeit der Weine, dem Abbau von Handelsbeschränkungen (Zölle, Steuern, Stapelgelder, Ein-, Durch- und Ausfuhrabgaben u. a.), aber auch infolge neuer fiskalischer Belastungen und neuer Arbeitsplätze in der Industrie, kam es zu enormen Umschichtungen und Preisstürzen im Weinbau einzelner Regionen. Rebkrankheiten, wie 1845 der Echte Mehltau, 1863 die Reblaus und 1878 der Falsche Mehltau, brachten den Weinbau in Mitteleuropa fast zum Erliegen.

Zum Ende des 18. Jh. begannen die wissenschaftlichen Forschungen zum Wein. Die exakte Chemie nahm Einfluß auf die Kellerwirtschaft. A. L. Lavoisier erkannte (1789) das Wesen der ↑ alkoholischen Gärung und 1799 stellte J. L. Gay-Lussac die Summenformel auf. Schon 1803 erschien ein erstes umfassendes Buch der Weinchemie. L. Galls Naßzuckerung wurde um 1828 und danach die Trockenzuckerung bekannt. 1830 entwickelte F. Oechsle die Mostwaage. Gegen J. v. Liebigs (1803–1873) Widerstand setzten sich L. Pasteurs (1822–1895) Erkenntnisse über die Rolle der Hefepilze bei der Gärung endgültig durch.

Weingesetze und die Bildung der ↑ Winzergenossenschaften sowie neue Bekämpfungsmittel und -verfahren bewahrten den Weinbau vor dem Ruin. Die Ablösung des ↑ gemischten Satzes durch selektionierte, leistungsfähige Rebsorten mit entsprechenden Unterlagen führte zu erheblichen Ertrags- und Qualitätssteigerungen, so daß heute die ↑ Weltweinproduktion jährlich durchschnittlich über 300 Mill. hl beträgt, von denen jedoch fast 80 Mill. hl nicht absetzbar sind.

Während die weinanbauenden sozialistischen Länder die Rebflächen erweiterten, werden z. B. in Argentinien, der BRD, in Frankreich und Italien – meist sogar staatlich beeinflußt – Rebflächen reduziert. (3)

Geschmack: der individuelle Sinneseindruck beim Schmecken. Er ist von der geruchlichen Wahrnehmung des ↑ Buketts nicht zu trennen. Der G. kann in vielen Varianten angenehm, aber auch unangenehm und sogar objektiv fehlerhaft sein, wie ↑ Korkgeschmack, ↑ Faßgeschmack und gegebenenfalls Hefegeschmack. Bei Tokaji und Sherry z. B. wird der G. durch gewünschte Oberflächenhefen mitbestimmt. ↑ Firne als Alterungserscheinung oder auch ein spezifischer Bodengeschmack werden subjektiv unterschiedlich als mehr oder weniger angenehm empfunden. ↑ Genuß beim Weintrinken, ↑ Geschmackangabe (3)

Geschmackangabe: meist gesetzlich geregelte Bezeichnung der Weine, in der Regel beschränkt auf das Empfinden für Säure und Süße, die auf dem Etikett vermerkt werden kann. Dieses Geschmacksempfinden wird nicht nur vom enthaltenen Restzucker, sondern in erster Linie durch das Säure-Restzucker-Verhältnis bestimmt. Hohe Zukkergehalte, z. B. 50 g Restsüße/l, können durch Säuregehalte von 10% harmonisiert werden und der sonst pappsüße Geschmackseindruck kann durch die Säure zartsüß werden.

G. sind wesentliche Informationen für den Verbraucher. Neben dem gesamten Säure- und Restzuckergehalt in Gramm je Liter und Gewichtsprozenten beruhen auch die standardisierten Angaben ↑ trocken, ↑ halbtrocken, ↑ lieblich und ↑ süß auf dem Säure-Restzukker-Verhältnis. Daneben wird von harmonischen, säure- sowie gerbstoffbetonten herben, alkoholreichen u. a. G. gesprochen. ↑ Markenweine bzw. Standardmarkenweine werden in speziellen Geschmackstypen produziert.

Auf Preislisten, Weinangeboten und Weinkarten werden oft weitergehende G. unter Verwendung der ↑ Fachausdrücke der Weinansprache gemacht. (3)

Geschmacksrichtung: auf Anbaugebiete bzw. Länder- oder Verbrauchergewohnheiten bezogener, gewünschter Geschmackstyp. So liebt der eine füllige, gehaltvolle, also alkoholreiche Weine, der andere bevorzugt solche mit mehr Restsüße. Die Engländer z. B. tendieren mehr zu gehaltvollen Port- und Sherryweinen, und Rieslingweine munden ihnen, wenn sie besonders wuchtig sind. Vor Jahrzehnten waren firne Weine gefragt, dann zog die sog. süße Welle durch die Lande und ist bis heute noch nicht abgeklungen. Die G. wird auch von den großen Kellereien, Handelsfirmen und Nahrungsgüterkonzernen über Reklame in den Massenmedien, über Weinwettbewerbe, Preisgestaltung u. a. manipuliert. In diesem Zusammenhang kommt es dann auch zu Weinfälschungen, um die entstandenen Verbrauchergewohnheiten beim ↑ Weinkonsum zu nutzen (↑ Weinskandale). (3)

geschmeidig: Merkmal eines Weins, der auch jung getrunken werden kann, weil er wenig Säure und Gerbstoffe enthält. (3)

geschulterte Trauben: über der Haupttraube ein- oder zweiseitig gewachsene Nebentrauben (↑ Traube, Abb.). (3)

Gesetze zum Wein ↑ Weingesetzgebung

gespriteter Wein ↑ Aufspriten

Gespritzter ↑ Spritzer

Gesundheit und Wein sind bei mäßigem, nicht die zuträgliche Grenze überschreitendem Weingenuß, geringen Alkoholprozenten (8–14 Vol.-%) und physiologisch nicht schädlichen Zusatzstoffen des Weins eine wohlzuvertretende Kombination. Wein kann Naturheilmittel, Genußmittel, Nahrungsmittel, aber auch Gift sein, wie ein russisches Sprichwort sagt: „Der Trinker kennt das Gift, der Abstinenzler die Heilkraft des Weines nicht".

Je nach der Beschaffenheit des Weins, dem Grad der Kenntnis über seine Inhaltstoffe und deren Wirkung auf den Menschen, dem Stand des üblichen ↑ Alkoholmißbrauchs sowie nach den überlieferten Traditionen wechselten im Lauf der Zeit die Ansichten über G. u. W. Fest steht heute, daß Wein zur gesunden Ernährung nicht unbedingt nötig ist. In Zeiten noch mangelhafter Konservierungsmöglichkeiten von Lebensmitteln war Wein allerdings über das Mittelalter hinaus ein bedeutendes Getränk und tat z. B. den Seefahrern gute Dienste. Zu reichlicher Genuß führt besonders durch den Alkoholgehalt zu gesundheitlichen und sozialen Problemen und außerdem durch die Zufuhr „leerer" Kalorien zu Übergewicht (Ethanol ist fast so energiereich wie Fett). Allerdings kann für den älteren Menschen die leichte Aufnahme und Resorption der Nahrungsstoffe im Wein wieder günstig sein.

Schon sehr früh erkannte man, daß trotz einer Reihe von in höherer Konzentration giftig wirkenden Inhaltstoffen (auch der dem Wein nachträglich zugesetzten) der Wein – mäßig genossen – eine psychisch entspannende, gesundheitsfördernde und in mancher Richtung heilkräftige Wirkung ausübt. Nach Platon (427–347 v. u. Z.) ist der Wein „mäßig genossen eine Arznei, die das Alter verjüngt, den Kranken gesund den Armen reich macht".

Ausgehend von der durch Erfahrung gewonnenen Erkenntnis, daß die Dosis – dem einzelnen Menschen und seinem aktuellen Zustand angepaßt – über die Wirkung eines Mittels als Medizin oder Gift entscheidet, haben kluge Ärzte aller Zeiten den mäßigen, auf den Einzelnen abgestimmten Weingenuß als Arznei angesehen. Hippokrates (um 460–370 v. u. Z.) berücksichtigte fast im Sinne der heutigen wissenschaftlichen Erkenntnisse die Unverträglichkeitserscheinungen des Weins und riet von alkoholreichen, schweren und süßen Weinen ab. Er empfahl den Wein als leicht resorbierbare Nahrung für Genesende, als Tranquilizer wie als Schlaf- und Beruhigungsmittel, bei Verstimmungszuständen und bei Kopfschmerz, als narkotisches Analgetikum bei Ischias, aber auch bei Kreislaufstörungen bis hin zum Kollaps sowie als Desinfiziens und Adstringens bei Darmerkrankungen und zur Wundbehandlung sowie auch als harntreibendes Mittel. Plutarch (46–119 u. Z.) galt „der Wein unter den Getränken als das nützlichste, unter den Arzeneien als die schmackhafteste, unter den Nahrungsmitteln als das angenehmste". Überhaupt beruhte die rasche Ausbreitung der griechischen Heilkunde in Europa in vieler Hinsicht auf der Heilung durch Wein, die nach Asklepiades (um 100 v. u. Z) cito, certo et jucende – schnell, sicher und angenehm – ist. Dies schloß jedoch nicht aus, daß mittelalterliche Quacksalber mindestens ein monatliches Besäufnis zum Allheilmittel erklärten. Generell wandten sich verständige Ärzte energisch gegen schädliche Zusatzstoffe und speziell gegen den Alkoholmißbrauch durch Wein, der zu ↑ Alkoholvergiftung sowie zum ↑ Alkoholismus führt.

Wein wurde über die Jahrtausende hinweg sowohl als Prophylaktikum für die Gesunden und Therapeutikum für die Kranken als auch – bei unmäßigem Genuß – als Gift für jedermann mit den verschiedensten und aus heutiger Sicht teils kuriosen, teils fehlerhaften, teils akzeptablen Empfehlungen behandelt. Üblich war auch der Zusatz von Pharmaka, besonders Kräutern. Die griechischen Ärzte versuchten als erste, die Weintherapie von der bisher damit verbundenen religiösen Magie zu befreien. Paracelsus (1493–1541) reduzierte beim Wein alle Wirkung auf den Alkohol und vernachlässigte alle anderen Inhaltstoffe. Eine Ansicht, die auch heute noch vertreten wird. In der Zeit der Aufklärung bestand in der Mitte des 18. Jh. in Frankreich ein lebhafter Streit unter den medizinischen Fakultäten über den Einfluß von Champagner und Burgunder auf die menschliche Gesundheit. 1778 entschied die medizinische Fakultät zu Paris, daß der Champagner keinesfalls nachteilig wirke, sondern noch vor dem Burgunder rangiere.

Neben allen anderen gesundheitsschädigenden Wirkungen des Weins steht die des Ethanols im Hauptblickfeld. Speziell hochkonzentriertes Ethanol belastet besonders die Leber, den Kreislauf und das Nervensystem. Übergewicht und Stoffwechselerkrankungen sind die Folge. So können Diabetes und auch Gicht – unterstützt durch fleischintensive Kost – gefördert werden. Ständiger Alkoholmißbrauch führt zum Alkoholismus und meist nach zehn Jahren zur Leberentzündung bzw. Fettleber, aus der sich nach weiteren fünf Jahren eine Zirrhose, eine Schrumpfung entwickeln kann. Beim Alkoholismus sind nach massenstatistischen Untersuchungen nach 21 Jahren etwa 50% Zirrhosen aufgetreten. Die Gefährdung beginnt beim Mann bei etwa 60 g reinem Alkohol je Tag und bei der Frau um 20 g. Trinken Männer über 100 g und Frauen über 60 g täglich, dann steigt die Zirrhosehäufigkeit steil an.

Neben den genannten chronischen Leberschäden können Magenschleimhaut- und chronische Bauchspeicheldrüsenentzündung, Herzmuskel- und Knochenmarkveränderungen die Folge sein. Am schwierigsten sind aber die Schädigungen des Embryos, der Leber und des zentralen Nervensystems. Größere Mengen, auf nüchternen Magen getrunken, reizen die Magenschleimhäute und können zu Magen- und Gallenverstimmungen führen. Kinder unter 14 Jahren sollten prinzipiell keinen Wein trinken, Jugendliche nur geringste

Mengen. Ethanol und höhere Alkohole behindern durch den eintretenden Sauerstoffmangel die sich noch entwickelnden Nervenzellen, aber auch durch Störung bestimmter Enzymaktivitäten generell die Stoffwechselprozesse bei Kindern bedeutend stärker als bei Erwachsenen. Daneben begünstigen höhere Alkohole (Fuselöle) in selbst hergestellten bzw. billigen Obstweinen und besonders auch in schweren, älteren, bukettreichen Weinen die Alkoholvergiftung. Sie sind vor allem für den sog. Kater verantwortlich. Die Folgeerkrankungen durch Alkohol stehen heute nach Herz-Kreislauf- und Krebsleiden an dritter Stelle in der Welt. Ein gesunder Mensch, der sich physiologisch richtig ernährt, wird durch mäßigen Alkoholgenuß nicht geschädigt.

Nach neueren Erkenntnissen stehen folgende Schädlichkeitsbereiche für den täglichen Weingenuß fest:

Unschädlichkeit bis 60 g = 1 l Wein mit 10 Vol.-% Alkohol
Gefährdung 60–160 g = 1–2 l Wein
hohe Gefährdung über 160 g = 2 l Wein und mehr.

Bei Frauen liegen diese Werte etwa um die Hälfte niedriger!

Neben den Alkoholen sind Schweflige Säure bzw. Schwefeldioxid (SO_2) gesundheitsschädliche Stoffe im Wein, die bei Konzentrationsgraden von über 200 mg/l zu Stoffwechselstörungen und zu Störungen des Nerven- sowie Verdauungssystems, verstärkt bei Thiaminmangel, führen können. Da aber Sulfit im Körper rasch in das nicht mehr reaktionsfähige Sulfat umgewandelt wird, sind die heute gesetzlich erlaubten Mengen von 300–400 mg SO_2/l Wein als unschädlich anzusehen (in süßen Spätlesen mehr erlaubt). Leider werden sie aber oft zur Stabilisierung der Weine stark erhöht. Die Weltgesundheitsorganisation empfiehlt als tägliches Maximum 50 g je Person bei etwa 70 kg Körpermasse. Von den Schwermetallen kann teilweise das Blei kritische Konzentrationsgrade erreichen. Blei, früher als Bleiacetat $Pb(CH_3COO)_2$ zur Konservierung und zum Überdecken der Säure des Weins verwendet und Ursache vieler, z. T. epidemischer Vergiftungen, hat heute in unseren Weinen nur noch geringe Konzentrationen, so daß es als unschädlich anzusehen ist.

Ähnlich verhält es sich mit Arsen, das bis in die 40er Jahre zur Schädlingsbekämpfung als Bleiarsenat $Pb_3(AsO_4)_2$ und vor allem als Kupfer(II)-arsenitacetat $3Cu(AsO_2)_2 \cdot Cu(CH_3COO)_2$ eingesetzt wurde und schwere Vergiftungen auch als Spätfolge herbeiführte. Heute ist diese Vergiftungsmöglichkeit ausgeschaltet.

Methanol findet sich zwar nur in sehr geringen Mengen von etwa 0,1 g/l im Wein, ist aber sehr giftig. Die tödliche Dosis für den Menschen beträgt etwa 0,5–1,0 g/kg Körpermasse. Aber bereits bei 11,5 g aufgenommenem Methanol sind schwere Vergiftungen aufgetreten.

Enthaltene Phenole, die meist erst mit Ionenaustauscherharzen in den Wein gelangen, sind gesundheitsschädlich. Der Einsatz von Ionenaustauscherharzen zum Abstumpfen von Säuren ist nur in wenigen Ländern (nicht in der DDR und der BRD) erlaubt.

Während der Gärung und beim Säureabbau können durch bakterielle Stoffwechselprozesse Eiweißkörper, Amine, z. B. das giftige ↑ Histamin, entstehen, das außerordentlich gesundheitsschädlich ist, aber selten in Erscheinung tritt. Würz- bzw. Kräuterweine können neben ihren therapeutischen auch gesundheitsschädliche Wirkungen haben. So enthält das Wermutöl auch neurotische Verbindungen, die bei konzentrierter und längerwährender Auf-

nahme das zentrale Nervensystem schädigen können.
Diesen gesundheitsschädigenden Wirkungen des Weines stehen seine gesundheitsfördernden gegenüber. Sie beziehen sich vor allem auf den Kreislauf, die Durchblutung, den Stoffwechsel, die Verdauung, die Atmung, und die Rekonvaleszenz fördernde, das Nervensystem beruhigende sowie die Psyche entspannende Einflüsse. Treffend sagte ein Mediziner: „Wer im Wein nur den Alkohol sieht, kommt mir vor wie ein Mann, der in der Frau nur das Wirbeltier zu sehen vermag“.
Besonders bei älteren Menschen stärkt der Weingenuß Herz und Kreislauf, die Verdauung sowie das allgemeine Wohlbefinden. „Der Wein ist die Milch der Alten“ oder wie Hölderlin so poetisch sagt: „Feuer trink ich und Geist / aus deinem freudigen Kelche, / schläfrig lässest du nicht / werden mein alterndes Haupt“.
Wenn auch statistische Untersuchungen kein Beweis für kausale Zusammenhänge sind, konnte doch in den 70er und 80er Jahren für mäßige Weintrinker eine geringere Arteriosklerose-anfälligkeit gegenüber der übrigen Bevölkerung nachgewiesen werden. Offensichtlich erhöhen die im Wein vorhandenen polyphenolischen Substanzen, die Gerb- und Farbstoffe (Flavonverbindungen), die Durchlässigkeit der kapillaren Blutgefäße, indem sie deren Elastitizät günstig beeinflussen. Allein die Lösung psychischer Spannungszustände durch mäßigen Alkoholgenuß kann im Wechselspiel blokkierten bzw. gestörten physiologischen Funktionen wieder freie Bahn schaffen. So ließ der berühmte Mediziner Sauerbruch seine Patienten nach der Operation ein Gläschen Sekt trinken. Rein psychologisch kann das Gläschen Wein aufmuntern, den Leistungs-, Genesungs- und Lebenswillen stärken. Laundouzy sagt dazu: „Ein Liter Wein enthält ein Achtel des Nahrungsmittelbedarfs eines Menschen und neun Zehntel seiner guten Laune“. Diese Wirkung wird durch Freisetzen des Gewebehormons Serotonin mittels Alkohols erzielt. Serotonin (5-Hydroxytryptamin) ist als Neurotransmitter und Gegenspieler von Noradrenalin nicht nur an Speichel- sowie Schleimsekretionen und Darmperistaltik beteiligt, sondern auch mitverantwortlich für die Auslösung von Schlaf, Entspannung, Angstbefreiung u. a. Der berühmte Schluck vor Lampenfiebersituationen hat seine Berechtigung.
Von den Mineralstoffen des Weins, Kalium, Magnesium, Phosphor, Eisen, Calcium, Natrium, Silicium, Schwefel, Chlor und Zink, sind besonders für den alternden Menschen die ersten vier zur Gesunderhaltung bedeutungsvoll. Spurenelemente wie Aluminium, Fluor, Iod, Cobalt, Kupfer und Zinn fördern die Zellfunktionen. Generell wird aber die Mineralstoffzuführung bereits durch eine gesunde Kost gedeckt.
Verschiedene Zucker und etherische Öle prägen nicht nur den Geschmack des Weins mit, sondern sind neben Energieträgern auch für seine Bekömmlichkeit verantwortlich und besitzen ebenfalls therapeutische Wirkungen. Die Stoffwechselprozesse werden durch die im Wein enthaltenen Vitamine günstig beeinflußt. Vitamin B_6 (Pyridoxin) – in beachtenswerter Menge enthalten – ist bedeutsam für den Fettstoffwechsel und beugt der Arteriosklerose und altersbedingten Leberschäden vor. Vitamine des B_2-Komplexes (Riboflavin bis zu 0,22 mg/l) beugen Hauterkrankungen, Seh-, Schilddrüsen-, Nerven-, Hörstörungen u. a. vor. Das Vitamin B_{12} (Cyanocobalamin 0,003 = 0,025 mg/l) beugt der Anämie vor. Auch die Vitamine C und D sind im Wein enthalten. Rotweine besitzen

einen 3- bis 5fach höheren Vitamingehalt als Weißwein, der bei Fruchtweinen und bei in Gärung befindlichen Weinen aber erst beachtliche Werte erreicht. Ähnliches gilt für den ↑ Federweißen, der wegen seines hohen Vitamin-, Mineralstoff- und Spurenelementegehalts und seiner abführenden Wirkungen auch als Kurmittel mit zwei bis drei Schoppen täglich genutzt wird. Gleichzeitig enthält der Federweiße aber größere Mengen schädlicher Begleitstoffe aus dem Boden, eventuell von Pflanzenschutzmitteln, sowie höhere Alkohole, die Herz-Kreislauf-, Leber-, Magen-Darm- und nervöse Beschwerden hervorrufen.
Der Wein kann aus dieser Sicht wohl helfen, die Vitaminbilanz aufzubessern, decken kann er den Vitaminbedarf aber nicht. Ebenfalls sind antiseptische und bakterizide Wirkungen, bedingt durch den hohen Säuregrad sowie Phenol-, Farbstoff- und Milchsäureverbindungen im Wein bekannt. Empfehlungen, nach dem Essen von bakteriell besonders gefährdeten Speisen wie Tatar, Schabefleisch, Kartoffelsalat u. a. zwei

Wahrscheinliche gesundheitsfördernde Wirkungen des Weins

Indikationen	voraussichtliche psychische und physiologische Wirkungen	zu empfehlende Weinart und -mengen je Tag
verlangsamte Atmung; geringer Blutsauerstoffgehalt; mangelnde Hautdurchblutung	beschleunigte, vertiefte Atmung; bessere Sauerstoffversorgung des Blutes durch die Lungen; stärkere Hautdurchblutung	3 Tassen warmer Rotwein vom Burgunder- oder Bordeaux-Typ; auch größere Gaben Furmint
Bronchitis; Lungenentzündung; grippale Infekte	wärme- und fieberregulierend; kreislaufstabilisierend; antibiotisch; allgemeine Mobilisierung körperlicher Abwehrkräfte	Federweißer und Tafeltraubenkur
Asthma	krampflösend	
Appetitlosigkeit; mangelnde Sekretionen	Reizung der Geschmacksnerven; fördert die Salzsäureabsonderung und die Sekretion der Speichel-, Magen- und Darmschleimhäute	kleiner, nicht hochprozentiger Aperitif vor der Mahlzeit; auch Pepsin- und Chinaweine, Pinot Noir und Chardonnayrotweine; Tokaji Aszú und Furmint; Portwein
Bauchspeicheldrüsen- und Gallenfunktion	anregend	ungarischer Somloer
Verdauungsstörung; Blähungen; Stuhlverzögerung	Anregung der Sekretionen von Magen (Pepsin), Darm, Leber und Bauchspeicheldrüse	firne Weine; tanninschwache Rotweine und frische, leichte, trockene säurearme Weißweine mit wenig Restsüße; mineralreiche Rieslinge; ungarischer Somloer und Tokajerweine; Tafeltraubenkur
Fettleibigeit	Zurückdrängen von Hungergefühl; Senken des Cholesterinspiegels; entfettend; mindert die psychische Beanspruchung bei Diätkuren	trockene (durchgegorene), säurereiche Weiß- und Rotweine mit geringem Alkoholgehalt; Tafeltraubenkur

Wahrscheinliche gesundheitsfördernde Wirkungen des Weins (Fortsetzung)

Indikationen	voraussichtliche psychische und physiologische Wirkungen	zu empfehlende Weinart und -mengen je Tag
Diabetes	gegen Herzschwäche und Darmstörungen	trockene, energiearme Weine, vor allem rote mit mittlerem Alkoholgehalt
Durchfall; Ruhr; Cholera; Typhus	allgemein keimtötend und desinfizierend; darm- und blutreinigend	junge Rotweien vom Beaujolais-Typ; Egri Bikaver (Erlauer Stierblut) außerhalb der Hauptphasen der Krankheit; Rot- und Weißweine während der Höhepunkte; zwei bis drei Schoppen Federweißer
Nierenfunktion	stärkere Durchblutung; fördert die Ausscheidung von Harn- und Stoffwechselabbauprodukten	sehr leichte, trockene, mineralische Weißweine wie Gutedel, Silvaner, Somloer (sehr vorsichtig mit Weintrinken!)
Rheuma und Gicht	positive Beeinflussung der Harnsäurebildung	ausgebaute, tanninarme Rotweine; junge trockene Weißweine mit geringem Alkoholgehalt
Blasensteine	harntreibend; harngrießlösend	ausgeglichene, mineralstoffarme Rot- und Weißweine
Harnsteine	entschlackend; abführend	,mineralstoffarme, trockene, aber auch leicht likörartige Weißweine; ausgeglichene Rotweine; Tafeltraubenkur
Schilddrüsenunterfunktion	anregend	Weißwein
Blutunterdruck; Bluthochdruck	blutdruckausgleichend und -stabilisierend, Steigerung der Durchblutung; Blutgefäßerweiterung	immer geringere Mengen und keine schweren, bukettreichen sowie gestoppten Weine; leichte trockene Weiß- und Schaumweine; likörartige Weine; Rotweine mit wenig Tannin; mittlere Alkoholgehalte
Wetterwechsel/ Schwüle als Kreislaufbelastung	kreislaufunterstützend	1 bis 2 Glas Qualitätsweiß- oder -rotweine
Kreislaufschwäche, auch nach Operationen	physiologisch anregend; psychisch beruhigend	1 bis 2 Glas frische Weine wie ungarischer Kéknyelü (Blaustengler), Szürkebarát (Grauer Mönch) oder Schaum- bzw. Perlwein; ebenso leichte, weiche Rotweine mit geringem Extrakt-, Alkohol- und Säuregehalt

Wahrscheinliche gesundheitsfördernde Wirkungen des Weins (Fortsetzung)

Indikationen	voraussichtliche psychische und physiologische Wirkungen	zu empfehlende Weinart und -mengen je Tag
Arteriosklerose	erhöht den Anteil wasserlöslicher Fett-Eiweiß-Substanzen; senkt Blutfette; fördert Elastizität der Herzkranzgefäße	mäßiger Weingenuß, besonders von Rosé und Muskat, aber auch Rotweine
Angina pectoris	Abbau psychischer Spannungen; Erweiterung peripherer Gefäße	trockene, nicht allzu schwere Weißweine, aber auch trockene Rotweine wie Cabernet, Blauer Portugieser
Anämie	regt die Blutbildung an	Merlot- und Cabernetrotwein, aber auch Portwein, ungarischer Somloer, Furmint
Erschöpfungszustände	bessere Hirndurchblutung; Serotoninfreisetzung, Sinnesschärfung bei gleichzeitiger Nervendämpfung; Abbau von Spannungen, Streß- und Angstzuständen; gesteigertes körperliches und seelisches Wohlbefinden sowie Selbstbewußtsein;	likörartige Weißweine und kräftige Roséweine, Tokaji Aszú
Nervenschwäche	schlafstimulierend; Abbau von Spannungszuständen	Rotwein, Egri Bikaver
Depressionen	entspannend	trockene, nicht zu schwere Ruländer, aber auch Cabernet- und Merlotrotweine; stärkerer Alkoholgehalt, z. B. Tokajerweine
allgemeine Rekonvaleszenz, besonders für Ältere	appetit- und sekretionsfördernd	leichte Weißweine, Rotweine
Kreislaufschwäche	Herz-Kreislauf anregend; vegetatives Nervensystem und Psyche belebend	Aperitifs und Medizinalweine, Tokajerweine; junge frische Weine; Badacsonyi Kéknyelü (Blaustengler) und Szürkebarát (Grauer Mönch), Perl- und Schaumweine
allgemeine körperliche Schwäche, besonders bei Älteren	Ausgleich von Mangelerscheinungen durch geringe und unzureichende Nahrungsaufnahmen; allgemein anregend, psychische Stärkung	Rotweine mit Zucker und Ei (1 bis 2 Gläser), likörartige Weißweine wie Tokajerweine; Portwein, tanninreiche Rotweine bei Verdauungsschwächen, Egri Bikaver
lokale Wunden, Sepsis, Entzündungen, Ödeme	zusammenziehend bei schwachen Blutungen, blutstillend, antibiotisch, antiseptisch, bakterizid	tanninreiche Rotweine

Schoppen Rotwein oder auch anderen Alkohol zu trinken, um gegebenenfalls unerwünschte Darmbakterien zu vernichten, haben aus dieser Sicht ihre Berechtigung.
Charakteristisch für die gesundheitsfördernde Wirkung des Weins ist aber nicht der Einfluß der einzelnen Stoffe, sondern ihr Zusammenwirken im Komplex der variierenden Zusammensetzung – in Abhängigkeit vom Gesundheitszustand des Weintrinkers. So ruft oft der gleiche Wein als Jungwein, z. B. durch den höheren Gehalt an Schwefliger Säure, Durchfall, Herzbeschwerden, Unwohlsein, Schlafstörungen u. a. hervor, während er nach drei Jahren Lagerung infolge Abbaus der Schwefligen Säure bekömmlich wird.
Die Bekömmlichkeit der Weine hängt also in erster Linie von der Art und Konzentration der Begleitstoffe des Ethanols ab. Außerdem haben Untersuchungen von L. Prokop gezeigt, daß Alkohol als Wein getrunken durch einen bisher noch nicht geklärten Mechanismus etwa nur zur Hälfte resorbiert wird. Überhaupt sind die einzelnen Weinsorten unterschiedlich in ihrer Wirkung auf die Gesundheit. Aus der Erfahrung und aus der Kenntnis über die Inhaltstoffe der einzelnen Weinsorten heraus, sind von Ärzten bestimmte, z. T. auch umstrittene Empfehlungen gegeben worden, die selbstverständlich nur mit Bedacht zu nutzen sind (Tab.). Am besten ist es, den Arzt zu konsultieren.
Die individuelle Weinverträglichkeit schwankt erheblich. Besonders Alter, Geschlecht, Körpermasse, Zustand des vegetativen Nervensystems, der Alkoholdehydrogenasegehalt der Leber sowie die aktuelle Kondition beeinflussen die Wirkungen des Weins ganz erheblich.
Bei allergischer Alkoholintoleranz, Bluthochdruck, Nieren-, Leber- und Blasenkrankheiten, Diabetes, Magenschleimhautentzündung, Neigung zu Magengeschwüren, Prostatahypertrophie, starker Schilddrüsenüberfunktion, Gicht, Hirnschädigungen, Epilepsie und Psychosen ist in der Regel Wein zu vermeiden und in jedem Fall der Arzt zu konsultieren.
Generell gilt als mäßiger Alkoholgenuß 20–30 g je Tag, das wären zwei bis drei 0,1-l-Gläser Wein, möglichst zum Essen getrunken (eine 0,7-l-Flasche Weißwein enthält etwa 50–60 g Alkohol). Täglich nicht mehr als vier Gläser leichter Tafel- oder zwei Gläser Spätlese- bzw. ein Glas Auslesewein wären also für den Weinfreund das rechte Maß. Zwei bis drei Glas Rotwein für einen Kranken dürften ebenfalls ein Maximum sein. Für Frauen könnte dann etwa die Hälfte bis ein Drittel dieser Menge vertretbar sein. Trockene, gepflegte, zwei bis drei Jahre ausgebaute Qualitätsweine erfüllen meist die gesundheitlichen Anforderungen am besten. Jeder muß die für ihn (auch im Lauf der Jahre wechselnde) bekömmliche Menge sowie die entsprechenden Weinsorten selbst herausfinden. Die physiologischen Prozesse bei der ↑ Alkoholaufnahme und dem Alkoholabbau sprechen allerdings dafür, den Wein nur bei guter Gelegenheit bzw. im Krankheitsfall und nicht täglich zu trinken.
„Der Wein ist ein Ding, in wunderbarer Weise für den Menschen geeignet, vorausgesetzt, daß er bei guter und schlechter Gesundheit sinnvoll und im rechten Maße angewandt wird, übereinstimmend mit der Verfassung der entsprechenden Person“ (Hippokrates). (3)
Gewächshäuser für Wein: zur Produktion von Tafeltrauben beheizte und nicht beheizte, verglaste oder mit Folien überspannte Anlagen. Die sog. Weinhäuser waren früher vor allem bei den Herrschenden im Gebrauch, um auch außerhalb der Vegetations- bzw. Lesezeit oder in für Wein ungünstigen Kli-

maten Trauben auf die Tafel bringen zu können. Derartige Anlagen, oft als Orangerien an Südmauern gebaut, sind bei einigen Schlössern erhalten und stehen unter Denkmalschutz. Sie waren sehr kostspielig und meist wirtschaftlich unrentabel. Heute sind G.f.W. mehr oder weniger ein Hobby. Allerdings werden sie unter anderem in Belgien noch wirtschaftlich betrieben. Da aber Tafeltrauben sich auch in Kühlhäusern mehrere Monate halten lassen, stehen beide Möglichkeiten, Tafeltrauben auch außerhalb der eigentlichen Weinlese auf den Markt zu bringen, im Wettbewerb. (3)

Gewann: in Baden Bezeichnung für ↑ Lage. (3)

Gewürztraminer ↑ 'Traminer'

Gipfeln ↑ Laubarbeiten

Gipsen: Zusatz von Calciumsulfat oder Gips vor der Gärung, um Farbe und Klarheit sowie Gesamtsäure zu erhöhen. G. wird z. B. beim ↑ Sherry angewandt, in der BRD und der DDR ist es verboten. (3)

glanzhell: Bezeichnung für Weine, die enttrübt auch bakteriologisch völlig klar sind. (3)

Gläser: dem Wein am besten entsprechende ↑ Trinkgefäße, die nicht nur als ↑ Probegläser, sondern generell für den Weingenuß bedeutsam sind. G. sollten dünnwandig aber bruchsicher, kristallklar und möglichst mit wenig Schliff versehen sein. Der tulpenförmige Kelch auf längerem farblosem Stiel sollte mindestens 0,2 l fassen. Dünnwandige G. erhöhen die Feinheit und den schönen Widerschein des Weins. Farbloses Glas beeinträchtigt weder Farbe, Klarheit noch Glanz des Weins und läßt seine eigene Farbe sowie Leuchtkraft gebührend hervortreten, was ebenfalls den visuellen Genuß steigert. Indem man statt des Kelches den längeren Stiel umfaßt, werden eine Erwärmung und eventuelle Trübung verhindert. Ein tulpenförmiger Kelch läßt das Schwenken des Glases besser zu und hält das flüchtige Bukett etwas auf. Dünne, geschliffene Mundränder verstärken den Geschmacksinn. Öffnet sich der Kelch zum Mundrand wieder etwas, dann kommt der Wein gleich auf die Zungenspitze. Die G. sollen so groß sein, daß bei normaler Füllung noch genügend Raum über dem Wein ist zur Bukettentfaltung. Sie sollen einen festen Stand und ästhetisch ansprechende Form haben, aber immer den Wein im Vordergrund lassen.

Obwohl Glas schon vor 5500 Jahren hergestellt wurde, fand erst mit Erfindung der Glasmacherpfeife im 2. Jh. v. u. Z. das Glas besonders in Rom und hier unter Kaiser Augustus (63 v. u. Z.–14 u. Z.), der am Tiber eine bedeutende Glasmanufaktur errichten ließ, Eingang als Tafelglas für Wein. Durch Ausbreiten der Glashütten vom östlichen Mittelmeer über Rom und Venedig nach der Schweiz, nach Frankreich, Spanien, England und an den Rhein sowie später nach Böhmen und Thüringen setzte sich stärker als die ↑ Glasflasche vor allem das prunkvolle und kunstvolle, auch farbige geschnittene, z. T. mit Glasfäden, Gold und Emaille verzierte, oft mehrschichtige Glas an den Tafeln der Feudalherren durch. Millefiorischalen, Schlangenfadengläser, Überfang- und Kameogläser sowie Netz-, Flügel- und Diatret-, Schalen- und Spitz-G., Kelche, Pokale, Becher und Humpen, Buckel-, Daumen-, Stengel- und Noppen-G., Vixier-G. u. a. lassen die Vielfalt der G. ahnen. Über diese Vielfalt klagte 1589 Pflacher in seiner Predigt von der Weinteure: „Uns Teutschen kann man die Trinkgeschirr nicht allein nicht groß genug, sondern auch nicht schön und seltsam genug machen. Man trinkt aus Affen und Pfaffen, Mönch und Nonnen, Löwen und Beeren, Straußen und Kautzen und aus

Abb. 1 Weißweingläser, *rechts* speziell für Mosel- und Rheinwein

Abb. 2 Rotweingläser; *links* früher für weißen Burgunder, *Mitte* für Burgunder-, *rechts* für Bordeauxweine

Abb. 3 Likörweingläser

dem Teufel selbst: Ich will und mag nichts sagen von den unflätigen Weinzapfen, die aus Kaulen, Schüsseln, Häfen, Hüten, Schuhen, Stiefeln, Handbekken und gar auf eine Siberitische Weis' aus den Matulis und Harnkachel einander zutrinken." Zum Trinkgefäß für die Mehrheit der Bevölkerung wurde das Weinglas erst mit seiner maschinellen Herstellung im 19. Jh.
Auch heute findet man die verschiedensten Formen sowie kunstvoll geschliffene und farbige G. vor. Dem Weinfreund entspricht aber das einfache, elegant geformte, farblose, ästhetisch ansprechende Glas. G. für Rot-, Weiß-, Likör-, Schaum- und Landweine werden auch in regionaler Formgestaltung unterschieden (Abb.). Mehr und mehr setzt sich aber zumindest für den Alltag das Allzweckglas für Rot- und Weißweine durch. Bordeaux- und Burgunder-G. und überhaupt G., die fülliger sind und die mehr zu einem Kelch mit größerer Öffnung neigen, werden bevorzugt als Rotwein-G. genutzt. Allerdings wurde früher aus dem Burgunderglas auch Weißwein getrunken. Langstielige G. mit schlankerer offener, nach oben mehr schließender Kelchform, wie die Rhein- und Moselwein-G., entsprechen mehr dem anspruchsvollen Weißwein. Alkoholstarke Likörweine trinkt man aus kleineren (Südwein-)G. Einfache Tafel- und Landweine werden gerne aus Römern (gerippten), Becher-, Schoppen- und auch Noppen-G. getrunken.
Nach neuen Erkenntnissen beeinflussen Form, Volumen, Oberfläche und in gewisser Beziehung Randgestaltung der G. den Weingenuß, besonders das Bukett des Weins. Sie können die sensorische Präsentation der Weine nivellieren, Geschmackskomponenten fördern oder unterdrücken sowie Fehler eindeutig hervortreten lassen.
Das französische Probier-ISO-Glas (International Standards Organization) und die Willsberger Collection der Glashütte Riedel bzw. ihre Nachahmungen besitzen wahrscheinlich die breiteste Eignung. Schließlich scheint es – besonders für die ↑ Degustation – für jeden Wein nach Typ und Alter ein optimales Glas zu geben.
G. sollen geruchsfrei und sauber sein. Zum Spülen eignen sich deshalb nur geruchs- und geschmacksneutrale, aber obenflächenaktive Spülmüttel, die möglichst ein Nachtrocknen überflüssig machen. Zum Trocknen sind die G. möglichst nicht auf Tücher zu stellen, da sie dann etwas muffig werden und „hundeln", d. h. nach nassem Hundefell riechen. ↑ Sektgläser (3)

Glasflaschen: Behältnisse aus Glas unterschiedlichster Größe, Form und Farbe mit verschiedenartigen ↑ Flaschenverschlüssen, in denen der Wein in der Regel heute in den Handel kommt, die aber auch zur Lagerung des Weins dienen.
Obwohl Hohlglas seit 1580 v. u. Z. hergestellt wird und mittels der Glasmacherpfeife um 200 v. u. Z. direkt aus flüssigem Glas erzeugt werden konnte, begann die Flaschenabfüllung erst im Laufe des 18. Jh. Wann der erste Wein in eine G. kam, ist unbekannt. Glas war Jahrtausende Luxusgegenstand und der Flaschenverschluß ein Problem. Keramikgefäße herrschten vor. Sicher nachgewiesen wurden G. für Wein in Pompeji. Die Römer verbreiteten nicht nur die höhere Rebkultur in den eroberten Ländern, sondern auch die Hohlglasherstellung. Schon im 3. Jh. u. Z. blühte das rheinische Glasgewerbe. So steht im Historischen Museum von Speyer (BRD) eine römische Glasamphore mit 1600 Jahre altem Wein. Ende des 11. Jh. hinterließ der griechische Benediktinermönch T. Presbyter in einer Sammelschrift zum Glas auch exaktere Angaben über die Flaschenherstellung.

1220 findet sich eine Erwähnung von Trinkflaschen für Wein in Deutschland, und für das gesamte Mittelalter bis ins 17. Jh. hinein waren, nachdem sich mit dem 15. Jh. die Glasherstellung über ganz Mitteleuropa verbreitete, oft kunstvoll bemalte und beschriftete G. eine Kostbarkeit. Diese G. wurden aber mehr als Karaffe genutzt. Außer Glasstopfen und Metallverschlüssen dienten vor allem Hanfpfropfen als Verschlüsse. Dem Mönch ↑ Dom Perignon wird bedeutender Einfluß bei der Verbreitung des ↑ Korkens als Verschluß zugeschrieben. Im 18. Jh. findet man in Deutschland (Hannover 1718, Würzburg 1728 Bocksbeutel und 1730 erste größere Flaschenabfüllung) sowie in Frankreich (1735 über Sektflaschenabfüllung) und 1788 im Handbuch für Weinhändler von Pozier zunehmend Belege über G. für die Weinabfüllung. 1800 erwähnte Goethe in einem Brief an seine Frau G. zu drei Groschen.

Um 1700 wurden im Gebiet Bordeaux schon in fünf Manufakturen jährlich 400000 Flaschen hergestellt. 1884 fertigte Deutschland schon 100 Mill. und 1885 103 Mill. mundgeblasene G. zu etwa 0,10 Mark das Stück. 1899 erfand der Amerikaner I. Owens den Flaschenblasautomaten, der nach 1910 auch in Deutschland Eingang fand, während die industrielle Schaumweinflaschenproduktion sich erst in den 20er Jahren durchsetzte. Die heute übliche G. für Wein faßt 0,75 l, die halbe 0,375 l, die für Tafelweine 1,0 l und die ↑ Magnumflasche 1,5 l.

Gefärbte G. schützen den Wein vor Lichteinwirkung und sind ebenso wie die verschiedenen ↑ Flaschenformen Kennzeichen für die Herkunft und Art der Weine. So sind die Mosel-, Baden-Württemberger-, Elsaß- sowie Bordeaux-G. grün, die Rheingau- und gehobenen Chiantiwein-G. braun. In farblose G. werden meist Likör-, Rosé- und z. T. auch Wermutweine gefüllt. ↑ Formflaschen (3)

Glühwein: Mischgetränk aus Wein, das heiß getrunken wird. Allerdings soll der dazu meist verwendete Rotwein nicht aufkochen. Zutaten zum G. sind in der Regel, Zucker, Nelken, Zimt und Zitrone. Sie werden auch – außer Zukker – fertig gemischt als G.gewürz in Aufgußbeuteln angeboten. Ebenso wird fertig gemischter G. angeboten, der nur erhitzt zu werden braucht, meist aber sehr stark gewürzt ist. (3)

Glycerol: dreiwertiger Alkohol mit öliger Konsistenz. G. ist eine süßschmekkende, farblose Flüssigkeit und trägt wesentlich zum vollmundigen Geschmack des Weins bei. In gesunden Mosten kommt G. nur in Mengen bis 1 g/l vor, währenddessen in angefaultem oder edelfaulem Traubengut der Gehalt bis 25 g/l ansteigen kann.

G. wird hauptsächlich als Nebenprodukt der ↑ alkoholischen Gärung gebildet und kommt im Wein in Mengen von 3,5 bis 13,5 g/l vor. Der Anteil in mitteleuropäischen Weinen erreicht durchschnittlich ein Zehntel des Ethanolgehalts. (2)

Glycol ↑ Weinskandale

glykos [griech.]: süß; Likör- bzw. Süßwein

Gobeletschnitt ↑ Rebschnitt

Goldriesling: sehr früh reifende Keltertraube, die von dem Elsässer Ph. Oberlin (1831–1915), dem Direktor des Weinbauinstituts in Colmar, aus ‘Riesling‘ × ‘Courtiller musque précoce‘ gezüchtet wurde. Die kleinen, kaum mittelgroßen, walzenförmigen, kompakten, dichtbeerigen Trauben mit rundlichen, weißgrünen, reif gebräunten, süßen, aromatischen Beeren geben einen leichten, süffigen, milden ↑ Tafelwein, der früh reif als Neuer und ↑ Federweißer beliebt ist. Der Rebstock wächst kräftig, stellt geringe Ansprüche an Lage und Boden und ist wenig anfällig und frostbeständig bei hohen Erträgen. (6)

Gönczer Faß: ein kleinerer Faßtyp von etwa 136 l Inhalt. Er wird seit altersher im ungarischen Weinanbaugebiet ↑ Tokaj-Hegyalja speziell für die niedrigen, in das Rhyolith-Tuffgestein gehauenen Keller von den Gönczer Küfern geböttchert. (3)

Governoverfahren: spezielle Weinbereitung in Italien, besonders für die ↑ Chianti der Toscana. Ein Teil der Keltertrauben, meist 10% der Trauben seltener Rebsorten, wird auf Matten getrocknet, im November/Dezember angegoren und dann dem Chianti zugesetzt, so daß eine zweite schwache Gärung entsteht, die dem Wein durch die entstehende Kohlensäure eine prikkelnde Frische verleiht. ↑ Rigovernoverfahren (3)

grado alcoolico [ital.]: Bezeichnung für die Angabe des Alkoholgehaltes, die auf italienischen Weinetiketten vorgeschrieben ist. (3)

grand cru, grand cru classe ↑ cru

Grand cuvée vin [franz.]: in Frankreich benutzte Bezeichnung für Weine, Verschnitte, aber auch für Weinbrände und Schaumweine besonderer Güte (groß, stark, mächtig, edel, berühmt, bedeutend u. ä.). Sie beruht auf keiner gesetzlichen Grundlage (auch nicht im EG-Bereich). Allgemein soll sie auf ↑ Edelgewächse hinweisen. ↑ cuvée (3)

Gran reserva [span.]: Gütezeichen für Weiß- und Roséweine, die mindestens vier Jahre und für Rotweine, die mindestens fünf Jahre, davon drei Jahre in Flaschen, gelagert wurden. (3)

Grauer Burgunder, Grauer Mönch ↑ 'Ruländer'

Grauer Portugieser ↑ 'Blauer Portugieser'

Grauschimmel, *Botrytis cinerea:* Erreger der gefürchteten Roh- bzw. Sauer- und Stielfäule, der zu schweren Schäden im Weinbau führt. Nur wenige Rebsorten, z. B. der 'Gewürztraminer', sind nicht so stark bedroht. Der Pilz dringt über geschädigte Pflanzenteile ein. Werden die Traubenstiele befallen, dann fallen die Trauben sehr oft vor der Vollreife ab (Erdtrauben). Auch junge Triebe, Blätter und vor allem die Veredlungsstellen können angegriffen werden, so daß schwerwiegende Schäden entstehen und bis zu einem Drittel der Pfropfreben ausfallen. Bei blauen Rebsorten zerstört der G. die roten Farbstoffe. Eine Bekämpfung ist vor allem durch Systemfungizide möglich, die in der Pflanze weitergeleitet werden. Werden dagegen vollreife weiße Trauben im Herbst befallen, kann die erwünschte ↑ Edelfäule entstehen. ↑ Tafel 18 (3)

Grenache: blaue Kelterrebsorte mit hohen Erträgen, aber auch guter Qualität. G. wird vor allem in Südfrankreich und unter dem Namen 'Garnacha' in Nordspanien (↑ Rioja) sowie in Kalifornien angebaut. Sie ergibt körper- und alkoholreiche Rotweine, die auf ihrem Höhepunkt rund und weich sein können, wie die Châteauneuf-du-Pape, Côtes du Rhône, Gigondas, Rioja. G. wird auch sehr oft verschnitten und zu ↑ Roséwein, wie in Frankreich zum bedeutenden Tavel, verarbeitet. Aus G. werden aber ebenso süße Likörweine und in Kalifornien auch ein Portwein gekeltert. (3)

Griechenland. Wohl in keiner Kultur des Altertums spielte der Wein eine so große Rolle wie in G. In den klassischen Werken der Antike werden der Rebstock, die Weintraube und der Wein immer wieder erwähnt bzw. dargestellt. Hoch verehrt wurde ↑ Dionysos, der Gott des Weins. Der griechische Weinbau im heutigen Sinne geht allerdings erst auf den Beginn des 20. Jh. zurück.

Das milde mediterrane Klima und die kalkhaltigen Böden wirken sich sehr günstig auf den Weinbau aus. 1986 wurden auf 181 199 ha (2% der landwirtschaftlichen Nutzfläche) vorwiegend auf landwirtschaftlich nicht anders nutzbaren Flächen Wein angebaut, wovon 97000 ha (52%) für Keltertrauben-, 20000 ha für Tafeltrauben- und 63000 ha für Rosinenproduktion genutzt werden. Junge Reben bedecken eine Anbaufläche von 6000 ha. G. nimmt die führende Rolle bei der Rosinenerzeugung in der Welt ein. Die Weinproduktion belief sich 1985 auf 4,6 Mill. hl. 1970–1985 waren es durchschnittlich über 5 Mill. hl. Der meiste Wein wird im Land selbst getrunken. Mit einem Export von 1 308 000 hl (1985) und einem Import von 7000 hl spielt der Weinhandel keine so bedeutende Rolle (Tab.).

Weinanbau in Griechenland (1985)

Rebfläche [1 000 ha]	168
Traubenproduktion [1 000 dt]	16507
davon Keltertrauben	7239
Tafeltrauben	2874
Rosinentrauben	6394
Weinproduktion [1 000 hl]	4559
Weinexport [1 000 hl]	1 308
Tafeltraubenexport [1 000 dt]	1 126
Pro-Kopf-Verbrauch [l]	37,3

Der oft karge Boden läßt höhere Erträge kaum zu. Dafür erreichen die Trauben aufgrund des hohen Anteils an Sonnentagen ein hohes ↑ Mostgewicht. Es wäre falsch, zu glauben, daß in G. hauptsächlich süße Weine produziert würden; nur etwa 5,5% entfallen auf Likörweine. Die restlichen 94,5% werden zu trockenen Rot- und Weißweinen ausgebaut. Etwa 10% davon kommen als ↑ Retsina, eine griechische Spezialität mit jahrhundertealter Tradition, auf den Markt.

70% der gesamten griechischen Weine kommen heute aus den Weinbauregionen Peloponnes, Zentral-G. mit der Insel Euböa und Kreta. Obwohl der Weinbau in der nordwestlichen Region Epirus ständig zurückgeht, wird mit dem roten ↑ Metsovo einer der besten griechischen Weine erzeugt. Es befinden sich noch sehr viele alte griechische Rebsorten im Anbau, die ausgesprochen ortstypische Weine ergeben, z. B.: die weißen Sorten 'Savatiano' und ↑ 'Roditis' – aus denen der Retsina gewonnen wird, weißer Muskat (↑ 'Gelber Muskateller') – aus ihm wird der berühmte Likörwein Muskat von Samos hergestellt, 'Robola' (↑ 'Ribolla') – die edelste Sorte G. u. a., sowie die Rotweinsorten 'Agiorgitiko' (St.-Georg-Rebe) – aus ihr wird in Nemea das Blut des Herkules gekeltert, 'Mavrodaphne' (↑ 'Mavrud') – zur Herstellung aromatischer Likörweine besonders aus ↑ 'Patras', 'Romaiko', 'Kotsifali', 'Liatik' – aus ihnen gewinnt man die gehaltvollen Rotweine der Insel Kreta –, Mandilari, Naoussa, Goumenissa, Amyntöon und noch einige andere. Da auch der Befall der Reben durch die Reblaus große Schäden brachte, sind heute die griechischen Sorten auf reblausresistente amerikanische Unterlagen veredelt (↑ Pfropfreben). Verschiedene Rebsorten aus Frankreich, der BRD und Italien werden auf ihre Eignung im griechischen Weinbau untersucht.

Der Weinbau wird vorwiegend noch von Kleinbetrieben in traditioneller Weise ausgeführt. Der Ausbau der Weine erfolgt in kleinen Fässern in den Tavernas (Kellern). Um gegen die großen Weingüter und Konzerne, die nach modernen Methoden Wein anbauen und verarbeiten (sie erzeugen neben Wein auch Spirituosen und Alkohol) konkurrenzfähig zu bleiben, gewinnen die Winzergenossenschaften immer mehr an Bedeutung.

Bei griechischen Weinen unterscheidet man ↑ Markenweine, die unter verschiedenen Handelsnamen abgefüllt werden, und Weine bestimmter Anbaugebiete (appelation d'Origine). Die Weine bestimmter Anbaugebiete (↑ OPAP, ↑ OPE) sind Qualitätsweine. Sie machen etwa 12% der griechischen Weine aus. In den Handel kommen diese Weine nur in Flaschen mit einem numerierten Kontrollband über dem Korken, welches die Echtheit des Produktes garantiert und nur in regionalen Dienststellen des Landwirtschaftsministerium ausgegeben wird. Daneben gibt es noch den Landwein und den Wein mit Traditionsbezeichnung (appellation traditionale). Zu diesen gehört der *Retsina.* Er ist ein traditioneller Tafelwein mit dem ältesten Originalitätstitel der Erde. Jetzt werden nach dem EG-Recht diese Weine bei den Tafelweinen eingeordnet. ↑ Tafel 34 und 38 (7)

Gros Colman: spätreifende, einst sehr verbreitete Tafeltraube für warme Gewächshäuser. Die Trauben sind groß, pyramidal, ästig, lockerbeerig, die Beeren sehr groß, rund, mit dicker, fester, reif tief dunkelblauer, hell bereifter Schale und festem, nicht muskatigem Fleisch. Der Rebstock wächst stark, trägt aber schon am Zapfen; im Gewächshaus ist er leicht zu kultivieren, im Freiland reift er in der DDR nicht aus. (6)

große Weine ↑ Edelgewächs

Großlage: in der BRD territoriales Zusammenfassen von Lagen, in denen Weine etwa gleicher Art und gleicher ↑ Güte erzeugt werden können. Sie sind ungefähr mit den Bereichen vergleichbar.

Da G. in der BRD auch Lagen mehrerer Gemeinden umfassen und G.bezeichnungen mit Lagenbezeichnungen identisch sein können, wie Niersteiner gutes Domtal, kann ein Wein mit dieser G.bezeichnung nichts mit der bekannten und eigentlich bedeutsamen Lage zu tun haben. So ist es möglich, daß der Verbraucher nicht mehr erkennt, ob der Wein aus der entsprechenden Lage oder G. stammt. Außerdem wählt der Erzeuger die G.bezeichnung, wenn diese bekannter ist als die Lage. (3)

Groß-Vernatsch ↑ 'Blauer Trollinger'

Grundwein: Bezeichnung für Weine, die für die Schaumweinherstellung verwendet und damit einer zweiten Gärung ausgesetzt werden. (3)

Grüne Seidentraube, *Agostenga, Kilianer:* im deutschen Raum fast nur als Tafeltraube am Hausspalier angebaute Sorte. Sie reift nach ↑ 'Gelber Seidentraube' und wurde wegen der Frühreife auch als 'Früher Leipziger' gehandelt. Die Trauben sind mittelgroß, konisch, lockerbeerig, die Beeren länglichoval, auch reif noch mehr grünschalig als gelb mit saftigem, süßem Fleisch. Der Rebstock wächst stark und ist auf Bogreben zu schneiden. (6)

Grüner Portugieser ↑ 'Blauer Portugieser'

Grüner Silvaner ↑ 'Silvaner'

Grüner Veltliner: Hauptkeltertraube in Österreich für frische, angenehme Weißweine mit feinem, ansprechendem Bukett. Die großen, pyramidalen, dichtbeerigen Trauben mit den ovalen, dünnhäutigen grüngelben Beeren reifen mit dem 'Silvaner'. Lage- und Bodenansprüche sind für Österreich als mittlere einzustufen. Frosthärte der mittelstark wachsenden Rebe und Ertrag sind mit gut zu bewerten. (6)

Grüner Wein: Bezeichnung für Wein, der einen unreifen, herben Geschmack mit geringer Fülle und Harmonie hat und ohne Charakter ist. Junge Weine sind öfter grün als ältere. (3)

Grüner Zierfandl ↑ 'Silvaner'

Gumpoldskirchen: bekannte Lage in Österreich südlich von Wien. Es werden vorwiegend ↑ 'Roter Zierfandler' und ↑ 'Rotgipfler' angebaut.

Güte des Weins: allgemeiner Ausdruck seiner Qualität, empfunden durch den sensorischen Eindruck und beurteilt durch die biochemische Analyse der Inhaltstoffe (Alkohol, Säure, weitere Geschmacks-, Duft- und Wirkstoffe). Nach einem Sprichwort ist die Rebe die Mutter des Weins, der Boden sein Vater und das Klima sein Schicksal.
Generell wird die Güte bestimmt durch die Rebsorte und das Alter des einzelnen Rebstocks (je älter desto höher die Güte der Rebsorte), den Boden-Klima-Komplex einschließlich der künstlichen Wasserregulierung, den jährlichen Witterungsverlauf, die Anbauverfahren mit ihren jährlichen Variationen (einschließlich der Erziehungsform und der Dichte der Rebstöcke) sowie die Technologie der Weinherstellung und Lagerung. Eine allerdings oft in den Verhältniszahlen variierende Regel besagt, daß 40% der Güte von Boden, Klima, Witterung und Rebsorte, 20% von den Produktionsmitteln einschließlich der Technik und 40% durch den bestimmt werden, der den Wein herstellt. Damit hängt die G.d.W. stark von der Ehrlichkeit des Produzenten, Händlers und Wirtes ab, denn oft reifen heute die Weine weniger an der Sonne, sondern mehr im Dunklen. Dies ist eine Anspielung sowohl auf die moderne vervollkommnete Kellertechnologie als auch auf das „Verbessern" der Weine durch ↑Panschen. Die G.d.W. wird ebenso durch die absolute Menge der genannten Inhaltstoffe wie in besonderem Maße durch ihr ausgewogenes Verhältnis zueinander bestimmt. Da der Wein um 50° nördlicher Breite fast zwei Monate länger als in südlichen Zonen reifen kann, bilden sich die Inhaltstoffe intensiver aus und bei günstigem Witterungsverlauf entwickelt sich eine sonst nicht erreichbare Ausgewogenheit zwischen belebender fruchtiger Säure, dezenter Süße, maßvollem Alkoholgehalt und feinem zartblumigem Bukett. So gilt als goldene Regel 210 g Zuckergehalt je Liter (100 °Oe) und 10 g Gesamtsäure je Liter Most. Unter südlicher Sonne erreicht der Wein ein Höchstmaß an Zukker-, Alkohol- und Farbstoffgehalt, dagegen mangelt es infolge der schnellen Reife an Fruchtsäure, Duft- und Aromastoffen. Damit gewinnt der Wein zwar an fülliger Schwere, verliert aber auch an ätherischer Feinheit, Rasse und Eleganz.
In den letzten Jahrzehnten wurde die G. d. W. in der breiten Öffentlichkeit vor allem am Zuckergehalt der Moste gemessen. Breite Konsumentenschichten sind dieser Marktorientierung gefolgt. Damit sollten auch Neuzüchtungen wie 'Huxel', 'Ortega', 'Optima', 'Kerner', 'Faber' u. a. propagiert werden, da sie schneller und auch bei ungünstigem Witterungsverlauf zu Spät- und Auslese-Oechslegraden und damit auch zu niedrigen Marktpreisen kamen, ohne die Gesamtgüte von 'Weißem Riesling', 'Ruländer', 'Traminer' u. a. klassischen Rebsorten zu erreichen. (3)

Güteklassen ↑ Qualitätsstufen

Gütezeichnen ↑ Prämierung von Weinen

Guyotschnitt ↑ Rebschnitt

gwino [georg.]: Wein

H

Hacke, *Haue, Karst:* Handgerät zur Bodenbearbeitung, um den Weinberg unkrautfrei zu halten, den Boden zu lockern und die Bodengare zu erhalten. Die H. in ihren verschiedenen Ausführungen (Abb.) ist sicher so alt wie die Kultur der Reben und war neben dem Rebmesser wohl das bedeutendste Gerät. Trotz ↑ Technisierung des Weinbaus wird sie heute teilweise noch in Steillagen und von den Freizeitwinzern benutzt. Meist aber hat die Motor-H. oder Bodenfräse bzw. der Pflug sie ersetzt. (3)

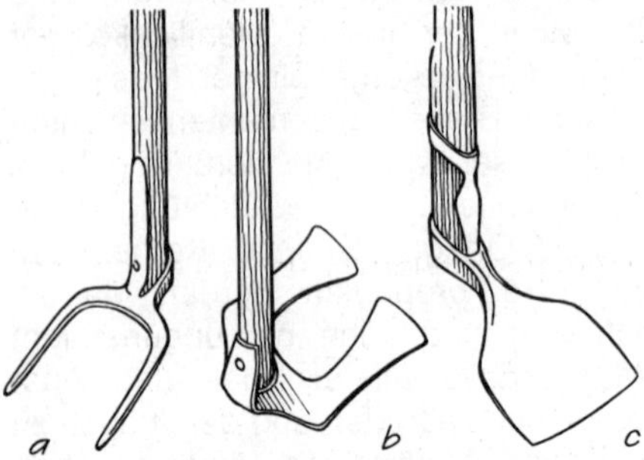

Hacken; *a)* leichter Karst zum Lüften des Bodens, *b)* Rührkarst, *c)* Hacke für die Sommerarbeit

Häcker: in Franken Bezeichnung für Winzer, da das Hacken im Weinberg zu den wichtigen, ertragsteigernden Arbeiten gehört. (3)

Hagelraketen: schon Ende des 19. Jh. versuchte Möglichkeit, durch „Gewitterschießen" den Hagel zu bannen. Ob seiner Nutzlosigkeit wurde es eingestellt. Heute erreichen die H. die notwendigen Höhen von 2000 bis 9000 m. Sie sind durch Silber- und Bleiiodid-Impfung der Wolken in der Lage, die Eisbildung zu stören bzw. die Niederschläge v o r den Rebanlagen fallen zu lassen und den Wein vor Hagelschlag einigermaßen zu schützen. Zu solchen Hagelschutzkomplexen gehören z. B. in der UdSSR auch Wetterradargeräte und UKW-Sprechfunkanlagen, mit deren Hilfe der Raketeneinsatz gelenkt wird. Ein befriedigender ↑ Rebschutz kann mit H. aber meist nicht erreicht werden. (3)

Halbstück ↑ Faß

halbtrocken: Geschmacksrichtung für einen noch etwas herben Wein, der aber in der Regel schon mindestens 10 g unvergorenen ↑ Restzucker je Liter enthält. Bei höherem Säureanteil kann der Restzuckergehalt bis zu 18 g/l steigen, wobei der Gesamtsäuregehalt maximal um 10 g/l niedriger sein darf. H. Weine werden auch zum Essen gereicht. (3)

Halsschleife: Etiketteil, der am Flaschenhals befestigt wird und einige Kennzeichen tragen kann. Am verbreitetsten sind der Aufdruck des Jahrganges und Kellereibezeichnungen. In der BRD zeigt ein gelber Rebkranz trokkene, ein grüner halbtrockene und ein brauner liebliche Weine an. (3)

Hamburger Muskat ↑ 'Blauer Trollinger'

Handlese: ausschließlich manuelle Ernte der Weintrauben. Bei durchschnittlichem Ertrag wird ein Hektar in drei Tagen mit etwa zehn bis zwölf Arbeitskräften abgeerntet. ↑ Ökonomie der Weinproduktion, ↑ Technisierung der Weinproduktion (3)

Hárslevelü ↑ 'Lindenblättriger'

Harzer Wein: Wein aus dem Vorland des Mittelgebirges Harz. Etwa seit dem

11. Jh. wurde hier Wein gebaut und gekeltert, belegt in Welkerode (1093), Sangerhausen (1107), Beyernaumburg, Helfta, Hettstedt, Dingelstädt (1120), Seeburg (1201), Artern (1477), Nordhausen (1525) u. a. Ab 16. Jh. ging der Weinbau aber unaufhaltsam zurück und hat sich, außer Spalierwein in einigen Gärten, nur bei Seeburg/Höhnstedt am Süßen See gehalten. Verschiedene Weinkellereien in und um den Harz bringen heute bestimmte Marken- oder Glühweine aus Import- oder Fruchtweinen in den Handel. Ihr Name, z. B. Harzer Juwel, ein Mehrfruchttischwein, deutet auf den Harz hin. (3)

Harzweine ↑ Retsina

Haue ↑ Hacke

Hauer ↑ Winzer

Hauerabfüllung: In Österreich gestattete Bezeichnung für ↑ Erzeugerabfüllung. (3)

Hauptgärung: Bezeichnung für die ↑ alkoholische Gärung. Es gibt darüberhinaus zahlreiche Nebengärungen (z. B. Glycerolgärung), die Nachgärung (biologischer Säureabbau) und Fehlgärungen (Essigsäuregärung, Milchsäuregärung). (2)

Hauptlese ↑ Lesearten

Hausenblase: Schwimmblasen von Hausen, Stör oder Wels, die schon im Mittelalter als sehr schonende, eiweißhaltige Schönungsmittel bekannt waren. H. wird für leichten, zarten, gerbstoffarmen Wein mit ausreichendem Säuregehalt eingesetzt. (2)

Hausweinkeller: privater Weinkeller zum Lagern von Weinen, die dem Hausverbrauch dienen. Wein verlangt einen gleichmäßig kühlen, gut durchlüfteten, ruhigen und dunklen Raum, d. h. Bedingungen, die immer seltener werden, so daß für die ↑ Lagerung, abgesehen von klimatisierten Wohnzimmern oder Wein- bzw. ↑ Temperierschränken, Kompromisse gefunden werden müssen. So wäre eine belüftbare abgeschlossene Kammer auf der Diele, um deren Wände nicht gerade Heizungsrohre liegen, eine mögliche Lösung für Wohnungen ohne geeigneten Keller.
Spitzenweine, besonders wenn sie noch ausbauen sollen, bedürfen aber optimaler Lagerung. Besenkammer, Kühlschrank u. a. sind kein Ersatz für H. Heizungen, Aufzugschächte, Kamine, Abflüsse, Klimaanlagen, Lagerstätten für Gemüse, Bier, Most, Kohlen, Produkte mit durchdringendem Geruch wie Benzin, Petroleum, Waschmittel u. a. gehören nicht in einen H.
Grundsätzlich soll sich ein H. auszeichnen durch:
– eine zu allen Jahreszeiten möglichst gleichmäßige Temperatur zwischen 8 und 16 °C;
– gleichbleibende relative Luftfeuchtigkeit um 70 %, bei noch vertretbaren Schwankungen zwischen 50 und 80 %;
– minimale Durchlüftung ohne Fremdgerüche;
– Abschirmung vor ultravioletter Sonneneinstrahlung.
Diese Bedingungen sind zu erreichen, wenn H. an nördliche bzw. östliche, zumindest an beschattete Gebäudefronten und möglichst ganz unter die Erde gelegt werden. Bei 2 m Tiefe lassen sich dann bereits Temperaturen zwischen 5 und 15 °C halten, besonders bei Lehm- und Tonboden. In warmen Kellern altern die Weine rascher. Die relative Luftfeuchte kann durch einen Boden aus gestampfter Erde, eventuell mit grobem Kies bedeckt, aber auch durch einfach gebrannte Ziegel als Bodenbelag erreicht werden. Neben dem Aufstellen von Verdunstungsgefäßen können Stein- oder Betonfußböden mit Sand oder Kies bedeckt und mit Wasser besprengt entsprechende Luftfeuchte gewährleisten. Auch Hohllochziegel auf den Betonboden geschichtet, regulieren die Luftfeuchtigkeit. Luftentfeuchter senken zu hohe Luftfeuchte,

die eine Schimmelbildung fördert und die Etiketten zersetzt. Zu niedrige Luftfeuchtigkeit fördert die Verdunstung. Unreine Luft kann den Wein muffig und dumpf machen. Eine zugfreie, abschließbare Lüftung, die z. B. in kühlen Sommernächten geöffnet wird, soll für ein Minimum der Lufterneuerung sorgen. Moder- und Schimmelgeruch kann notfalls beseitigt werden, wenn 1–2 kg Kochsalz in einem tiefen irdenen Gefäß mit der gleichen Menge Schwefelsäure übergossen in einem möglichst luftdicht verschlossenen H. über Nacht einwirken kann. Die Wände eines H. sollen öfter gekalkt und Klinker- oder Fliesenböden gescheuert werden. Sonneneinstrahlung bei H. mit Fenstern sollte durch Vorhänge u. ä. behindert werden. Starkes elektrisches, besonders Neonlicht, ist ebenfalls nicht erwünscht. Eine Kellerbar im H. bringt Unruhe, Fremdgerüche und unsaubere Luft.

Hygrometer und Minimum-Maximum-Thermometer sind Mindestausstattungen zur Kontrolle von Luftfeuchtigkeit und Temperatur. Modern eingerichtete H. werden mit durch Thermostate geregelten Temperierschränken, Klimazellen oder mit Klimatüren ausgerüstet, die Temperatur, Luftfeuchte, Luftumwälzung und -reinheit gewährleisten. (3)

Haut-Brion: französischer Spitzenrotwein (Premier Cru) aus Bordeaux. (3)

Haut-Sauternes ↑ Sauternes

Hefeböckser↑ Weinfehler, ↑ Böckser(n)

Hefebranntwein: Destillat aus Resthefen und Zuckerwassergärung. (3)

Hefegeschmack: Eigenschaft vor allem des ↑ Federweißen und junger, noch gäriger oder nicht abgezogener ↑ Jungweine. Auch die spritzigen Perl- und einige Schaumweine sowie ↑ junger Wein können H. aufweisen. H. [franz. goût de lie] wird bei verschiedenen Weinen, z. B. dem französischen Muscadet ↑ sur lie, besonders geschätzt, weshalb sie sechs Monate auf der Hefe belassen werden. Unerwünschter H. kann meist durch ordnungsgemäßes Abziehen der Weine von ihren Hefen vermieden werden.

Spezielle Hefen, wie die Oberflächenhefen beim ↑ Tokajer oder die Florhefen des ↑ Sherry, ergeben einen gewünschten H., der die besondere Note dieser Weine mitbestimmt. (3)

Hefen: zur Klasse der Schlauchpilze *(Ascomycetes)* gehörende einzellige Mikroorganismen, die sich durch Sprossung vermehren. Die Arten der Gattung *Saccharomyces* haben ein ausgeprägtes Gärvermögen und spalten Kolenhydrate enzymatisch in Ethanol und Kohlendioxid auf. Echte Weinhefen benötigen keinen Luftsauerstoff und können im Most bzw. Wein untergetaucht leben. Die verschiedenen H.rassen unterscheiden sich durch Alkoholbildungsvermögen, Alkohol- und Temperaturverträglichkeit und durch das Vermögen, verschiedene Gärungsnebenprodukte wie Bukettstoffe (↑ Bukett), ↑ Ester, ↑ Aldehyde, höhere Alkohole, ↑ Glycerol u. a. zu bilden. Für die Mostvergärung ist diese Vielfalt vorteilhaft, um einen harmonischen Wein zu bereiten.

In der modernen Kellerwirtschaft, besonders in Großbetrieben, setzen sich immer mehr Reinzuchthefen durch. Sie stammen von einer einzelnen, selektionierten H. ab und sind als Umgär- oder Sekt-, Kaltgär-, Trockenbeer- oder Sulfit-H. bekannt. *Umgär-* oder *Sekt-H.* besitzen eine hohe Alkoholverträglichkeit und ein gutes Absetzvermögen, *Kaltgär-H.* können noch bei 5–10 °C eine ↑ alkoholische Gärung bewirken. *Trokkenbeer-H.* vergären konzentrierte Zukkermoste (Auslesen, Trockenbeerenauslesen) und *Sulfit-H.* sind resistent gegen hohe Konzentration Schwefliger Säure. (2)

Hefesediment: Ablagerung der Hefe

am Boden des Gärbehältnisses nach erfolgter alkoholischer Gärung. Der Wein wird durch den ersten ↑ Abstich von der Hefe getrennt und das H. in einem gesonderten Behältnis gesammelt, um den sogenannten *Hefewein* zu gewinnen. Dieser dient zum Auffüllen der Weinbehältnisse oder wird destilliert. (2)

Hefewein ↑ Hefesediment

Heften ↑ Anheften

Herbst: süddeutsche Bezeichnung für Weinlese, Ernte. (3)

Herbstbann: althergebrachte und teilweise noch heute gültige Rechtsvorschrift zur Schließung der Weinberge nach Abschluß aller vor der Lese erforderlichen Arbeiten. Nach dem H. dürfen nur die Flurhüter (↑ Herbstwächter) ihre Aufgaben wahrnehmen und auch den Winzern sind ihre Weinberge bis zur Lese verschlossen. (3)

Herbstfest ↑ Winzerfest

Herbstordnung: in verschiedenen Weinanbaugebieten festgelegte Regelungen für den Ablauf aller Herbstarbeiten (↑ Herbstbann, Lesetermine, Lese- und Erntemeldungen) zur Sicherung der Qualität des Lesegutes. (3)

Herbstwächter: Weinbauhüter, die, mit Gewehren ausgerüstet, die Weintrauben vor Tieren, vor allem vor Vogelfraß, und auch vor Diebstahl zu schützen hatten. Sie übernahmen diese angesehene Aufgabe mit dem Schließen des Weinberges (↑ Herbstbann). H. gibt es heute noch z. B. in Ungarn, Rumänien und der UdSSR (Moldawien). (3)

Herkunftsbezeichnung, kontrollierte, *Ursprungsbezeichnung:* meist gesetzlich vorgeschriebene Angabe auf dem Etikett, wo der Wein angebaut, hergestellt (vinifiziert), verschnitten und abgefüllt wurde. Der „Geburtsort" des Weins orientiert auf seine Eigenschaft. Mit der Herkunft werden in erster Linie der Boden-Klima-Komplex, aber auch traditionelle Anbaumethoden und ↑ Technologien der Weinbereitung erfaßt. Oft wird überhaupt nur die Weinkellerei oder der Abfüllbetrieb genannt und dieser und auch der Weinhandel garantieren, wie beispielsweise beim Portwein, auch die bezeichnete territoriale Herkunft. Portugal hatte 1756 als ertes Land der Welt eine offizielle k.H. (Denominacão de Origem), und zwar damals für den Portwein, eingeführt.

Die Vorschriften für die k. H. sind nicht nur für einzelne Länder unterschiedlich, sondern auch für importierte und landeseigene Weine, für ↑ Weinbaugebiete und für ↑ Qualitätsstufen der Weine. Je höher die Qualitätsstufe des Weins ist, umso exakter sind meist die Vorschriften und umso enger die territoriale k. H. über den Bereich und die ↑ Großlage bis hin zur ↑ Lage sowie zum speziellen Weinberg bzw. der Einzellage und zur Bezeichnung des Erzeugerbetriebes. Länder mit ausgeprägter Weinbaukultur erlassen Vorschriften über die namentliche und territorial begrenzte Einteilung der Weinbaugebiete und fixieren sie in offiziellen Dokumenten, wie in der ↑ Weinbergrolle der BRD. Außerdem werden die Anteile des Weins festgelegt, die aus dem Herkunftsbereich stammen müssen (75–100%), um die entsprechende Bezeichnung tragen zu dürfen. Die EG-Staaten erließen auch generelle Verordnungen zur k.H. (↑ QbA-Weine). Verschiedentlich werden Weine nach berühmten Herkunftsgebieten benannt, obwohl diese weder in dem betreffenden Land liegen noch die Weine von dort stammen, z. B. Gumpoldskirchner, Liebfrauenmilch, Rheinriesling, Tokajer u. a.

Besonders Länder, die hohe Anteile an ↑ Qualitätswein erzeugen, haben immer exaktere Bestimmungen zur k. H. erlassen. So dürfen in Österreich k. H. nur verwendet werden, wenn der Wein ausschließlich aus dem angegebenen Ursprungsgebiet stammt und seit 1986 ist verboten, angesehene Ortsnamen als k. H. zu verwenden, wenn die Weine zwar aus diesem Gebiet, aber nicht aus der genannten Gemeinde stammen. Generell aber muß der Wein für die angegebene Herkunft typisch sein und der vorgeschriebene Rebsortenanteil immer seine Art bestimmen, wobei das übrige Lesegut gleichwertig sein soll. Ein weitgehend durchgefeiltes, hier als Beispiel dienendes System für den Nachweis der Herkunft von Weinen vom Erzeuger bis zum Verbraucher hat Österreich seit dem 1. November 1985. Zuerst ist der Lesetermin der Gemeinde zu melden, von Kabinett- und Prädikatweinen ist zusätzlich das Lesegut den Mostwägern vorzuführen, während das übrige Lesegut nur stichprobenmäßig kontrolliert wird. Am 30. November ist eine genaue Erntemeldung an die Gemeinde zu geben, zum 30. Juni und 30. November sind von den Erzeugern und dem Handel alle vorhandenen Weinmengen anzuzeigen, und zwar auf der Basis selbstzuführender Kellerbücher, und drei Tage vor jeder Flaschenabfüllung ist der zuständige Bundeskellerinspektor zu informieren. Für jede Flasche erhält der Abfüller nach dem Weingesetz von 1985 eine Banderole, die über den Flaschenverschluß zu kleben ist und eine fortlaufende Kennummer trägt, mit der Abfüller, Qualitätsstufe und Füllmenge jederzeit festgestellt werden können. Werden Weine in Behältern über 50 l in Verkehr gebracht, dann werden entsprechende Transportbescheinigungen ausgestellt. (3)

Herrengedeck, *Herrengetränk:* Schaumweingetränk, das mit Bier vom Pilsner Typ versetzt ist. ↑ Sektpils

Herrenwein: Wein mit meist trockener, herber, gerbstoffbetonter Geschmacksrichtung. ↑ Damenwein (3)

Heuriger: österreichischer ↑ junger Wein, der in den Buschenschenken oder Heurigen schon um die Wende zum 19. Jh. ausgeschenkt wurde. Nußberger, Grinzinger, Sieveringer und Bisamberger sind berühmte Weine, an die man bei H. denkt.
Das österreichische Weininstitut vergibt eine Verbandsmarke Der „Heurige" an Weine, die den gesetzlichen Bestimmungen entsprechen und nur aus inländischen Rebsorten, vor allem aus 'Grüner Veltliner', 'Welschriesling', 'Müller-Thurgau', 'Neuburger', 'Blauer Portugieser' und 'Zweigeltblau', hergestellt sind oder keine Sortenangabe aufweisen. Vorausgesetzt wird ein Alkoholgehalt von maximal 11,5 Vol.-% und eine Restsüße von maximal 4 g/l, bei 'Welschriesling', 'Müller-Thurgau' und 'Neuburger' von höchstens 9 g/l. H. darf unter diesem Namen heute in Österreich nur bis zum 31. Dezember des auf die Ernte folgenden Jahres und nicht mit zwei Jahrgängen verschnitten, verkauft werden. Wird er in Flaschen abgefüllt, ist der Jahrgang anzugeben. Der Verkauf beginnt traditionell am 11. November und ist mit der berühmten stimmungsvollen Wiener Atmosphäre verbunden, der viele Künstler über die Grenzen Österreichs hinaus Ansehen verschafften. Abb. (3)

Heurigenglas

Histamin: biogenes Amin, das durch Aminosäuredecarboxylierung im Zwischenstoffwechsel aus der essentiellen Aminosäure Histidin gebildet wird. H. ist eine physiologisch sehr aktive Verbindung, die im Pflanzen- und Tierreich weit verbreitet ist und auch im mensch-

lichen Organismus in allen Geweben vorkommt.
Im Wein entsteht es vor allem durch mangelhafte Kellerwirtschaft, speziell während des biologischen Säureabbaus. So reduziert starke Schwefelung von Most und Jungwein stark die „gutartigen" Säureabbaubakterien und schafft den H. erzeugenden Bakterien größeren Spielraum. H. ist neben dem Phenylethylamin und Tyramin im Wein für die sog. Katererscheinungen verantwortlich. Es wird aber – bedingt durch körpereigene Schutzmechanismen – bis etwa 100 mg symptomlos vertragen. Wein mit mehr als 10 mg H./l wird aus dieser Sicht als wertgemindert betrachtet. Die große Menge der Weine liegt aber weit unter diesem Wert. (3)

Hoan Tsje'u, *Huang Jiu* [chin.]: Gelber Wein. ↑ China, ↑ Reiswein

hochfarbig: Bezeichnung für Weine, die während der Lagerung eine intensive Färbung (goldgelb bis bräunlich) annehmen. Diese kann infolge Alterung oder auch zu später bzw. zu geringer Schwefelung und generell durch stärkere Luftzufuhr entstehen. H. Weine haben in der Regel ihren ↑ Höhepunkt überschritten und sind matt geworden. (3)

Hochgewächs: 1986 für Rieslingweine im Anbaugebiet Mosel-Saar-Ruwer der BRD als umstrittene Gütebezeichnung wieder eingeführt, aber nur zögernd in anderen Anbaugebieten verwendet. Während nach dem ↑ Fünf-Punkte-Prüfverfahren für Qualitätswein 1,5 genügen, werden für H. 3 Punkte und ein um 10 °Oe höheres Mindestmostgewicht als bei Qualitätsweinen verlangt. ↑ Edelgewächs (3)

Höhepunkt des Weins: zeitlich mehr oder weniger ausgedehntes Stadium des Weins, in dem er seine spezielle höchste Güte erreicht. Der H. d. W. hängt vor allem von der Rebsorte, dem Jahreswitterungsverlauf und der kellertechnischen Behandlung ab. Er kann bei ein bis zwei Jahren, aber auch bei 30 und mehr Jahren nach der Ernte liegen. Selbst ein und derselbe Wein kann noch nach der kellertechnischen Behandlung allein durch die Art der ↑ Lagerung zeitlich unterschiedlich seinen Höhepunkt erreichen. Dieser ist wohl tendenziell voraussagbar, aber im einzelnen nur durch wiederholtes Probieren festzustellen. Jahrgangstabellen, die neben dem Jahr der Ernte nach Rebsorten und Anbaugebieten bzw. ihren Untergliederungen systematisiert sind, bewerten die Weine meist nach den Mostgewichten, aber auch über ↑ Weinbewertungsschemata nach Degustationen und sagen entsprechende Höhepunkte voraus. (3)

Holzgeschmack: ein Holzton, der auf meist nicht ausgelaugten Fässern (↑ Weingrünmachen) beruht und bei Weißweinen durchweg abgelehnt wird. Bei roten Bordeauxweinen werden dagegen vielfach jedes Jahr neue, nicht weingrüngemachte Fässer benutzt, um in den gelagerten Rotweinen die typische Gerbstoffnote zu verstärken.
Um potentielle Eigenschaften von Weinen zu vervollkommnen, werden diese sogenannten Barriqueweine zunehmend auch in anderen Ländern erzeugt. So nehmen je nach verwendeter Eichenholzart die flüchtigen Säuren zu, Schweflige Säure verliert sich, eine gewünschte zunehmende Oxidation stellt sich ein, nach anfänglicher Farbschwäche werden die Weine farbkräftiger und die Aromastoffbildung intensiviert sich. Allerdings überstehen nur qualitativ hochwertige Weine diese „Holztönung". (3)

Homer: am Anfang der griechischen Literatur stehender Dichter (etwa 8 Jh. v. u. Z.), der kunstvoll auch das Leben um den Wein beschrieb und Gebiete wie Arne, Epidaurus, Mistiäa, Phrygien, Pedasos als rebenreich beschrieb. Als er den Garten des Königs Alkinoos besang, entwarf er ein großartiges Bild der damaligen Rebkultur. (3)

Homoki bor [ung.] ↑ Sandwein

Honigwein, *Met, Miód pitny:* alkoholisches weinähnliches Getränk aus mit Wasser und eventuell Kräutern versetztem Bienenhonig, das einer Gärung ausgesetzt wurde. Häufiger Zusatz ist Hopfen, auch die verschiedensten Arten von Fruchtsäften werden beigemischt. H. wurde schon von den Germanen und Slawen, aber wahrscheinlich mit niedrigen Alkoholgehalten, hergestellt und auch noch im frühen Mittelalter getrunken. In Meißen soll soviel H. eingelagert gewesen sein, daß er 1015 zum Löschen eines Brandes genutzt wurde, weil Wasser fehlte.

In Polen wird H. noch heute in größeren Mengen produziert. In Wien schenkt das Süße Löchel speziell H. aus. Die H.produktion unterliegt heute den TGL für weinähnliche Getränke; es können bis zu 3 g reine Milchsäure je Liter und Reinzuchthefen zugesetzt werden. (3)

Hotte ↑ Butte

Huang Jiu ↑ Hoan Tsje'u, ↑ China

Hungarovin [ung.]: staatlicher Weintrust mit Hauptsitz in Budapest, der hauptsächlich für den Export produziert. Auf über 1000 ha Rebfläche (30 km vor Budapest gelegen) werden Trauben für Sektgrundweine produziert. H. besitzt ausgedehnte, 25 km lange Lagerkeller im Südwesten der Stadt sowie Anlagen zur Schaumweinherstellung, Abfüllanlagen, eine Produktion von jährlich etwa 12 Mill. Stück Unterlagen u.a. Die Weine bezieht H. aus allen Anbaugebieten Ungarns. Von den jährlich produzierten 53 bis 55 Mill. Flaschen Wein bleiben nur etwa 3 Mill. Flaschen im Inland, über 50 Mill. Flaschen werden in etwa 50 Länder exportiert. Außerdem werden 25 Mill. Flaschen Schaumwein produziert und 20 Mill. l Faßwein exportiert. (3)

Hybriden: Kreuzungen zwischen europäischen *Vitis vinifera-* und amerikanischen Rebsorten, die als ↑ Direktträger angebaut werden. H. sollen die Qualitätseigenschaften europäischer Rebsorten mit der Reblaus- und Pilzresistenz amerikanischer verbinden, was bisher jedoch nicht gelang. Die Blätter der H. können Gallen der Blattreblaus beherbergen und zu Herden der Reblausgefahr werden. Der aus H. gewonnene Wein ist mit mehr oder weniger starkem ↑ Fuchsgeschmack behaftet. Neuere Züchtungen sollen erfolgversprechender sein. In der DDR und der BRD ist der Anbau von H. verboten bzw. nur für Versuchszwecke zugelassen. In der Schweiz dagegen ist er zugelassen, wobei allerdings auf dem Etikett Hybridenwein stehen muß. (3)

I

IAS [rum.]: Abk. für staatlicher Landwirtschaftsbetrieb

ICVV, Institutul de Cercetari Vitivinicole [rum.]: Forschungsinstitut für Wein und Weinbau

igristoje wino [russ.]: Schaumwein

imbottigliato [ital.]: abgefüllt; *i. all'origine* – Originalabfüllung; *i. dal produttóre viticoltore* – Abfüllung durch den Erzeuger. (3)

îmbuteliat [rum.]: abgefüllt

imiglykos [griech.]: lieblich

imixeros [griech.]: halbtrocken

Impérialflasche: im Weinbaugebiet Bordeaux eine 6-l-Flasche. (3)

Importtraubenwein: aus Importtrauben

gekelterte Weiß-, Rot- oder Roséweine. Importtraubenweißwein wird aus dem Saft von weißen oder aus dem Saft von roten, weißgekelterten frischen Weintrauben hergestellt, Importtraubenrotwein aus der Maische von roten Weintrauben. Importtraubenroséwein entsteht durch Keltern von angegorener roter und weißer Weintraubenmaische, aus dem angegorenen, gemischten Saft von roten und weißen Weintrauben, aus deren angegorener gemischter Maische oder aus angegorenem Saft roter Weintrauben. (3)

Imprägniersekt: Wein, dem unter Druck Kohlendioxid zugesetzt wurde. Dieses einfache Verfahren dient zur Herstellung von Perl- und Schaumwein. Da es sich hierbei nur um eine physikalische Sättigung handelt, verlieren sich die groben Kohlendioxidblasen bald. Auf dem Etikett muß I. durch den Hinweis „Mit Zusatz von Kohlensäure" („gazeifier" in Frankreich, „carboneted" in den USA) gekennzeichnet sein. (7)

INDO [span.]: Abk. für **I**nstituto **N**acional de **D**enominaciones de **O**rigen (Nationalinstitut für Herkunftsbezeichnungen)

Interhotel Hausmarke: in der DDR Bezeichnung für eine Reihe von Weinen, die speziell für die Gastronomie der Interhotels, meist als höherstehende Verschnitte, produziert werden. (3)

invecchiato [ital., alt]: Bezeichnung für vor der Flaschenabfüllung im Faß gealterten oder bereits abgefüllt gelagerten Wein. (3)

ipsili piotita [griech.]: hohe Qualität

Irsay Oliver: ungarische Tafel- und Keltertraube von Pál Kocsis, 1925 aus der Kreuzung 'Weißer Pozsonyer' × 'Perle von Csaba' erhalten. Sie reift etwa 14 Tage nach 'Perle von Csaba'. Die Trauben sind mittelgroß, pyramidal, einfach auch doppelt geschultert, locker- bis mitteldichtbeerig, die Beeren mittelgroß, rundlich, gelbgrün, süß, muskatig. Der Rebstock wächst mittelstark, übertrifft 'Perle von Csaba' im Ertrag und trägt am Strecker und an kürzeren Bogreben. (6)

Italien. Oinotria, das Weinland, nannten die alten Griechen I., eine Auszeichnung, die schon damals für die hohe Qualität der Weine sprach. Es sollen die Illyrer gewesen sein, die vor 3000 Jahren die Reben nach Südtirol brachten. Den Weinbau schreibt man aber den Etruskern und griechischen Kolonisatoren im 9. und 8. Jh. v. u. Z. zu. Er verbreitete sich sehr rasch über ganz I., begünstigt durch das ideale Klima. Die Römer schufen sich mit ↑ Bacchus ihren eigenen Gott, dem Wein zu Ehren (↑ Bacchanalien). Selbst der Verfall des römischen Reiches konnte dem Weinbau kaum schaden. Einen großen Aufschwung erhielt er, ebenso wie die Kellertechnik, mit Beginn der Christianisierung.

Heute wird in allen 20 Regionen Wein angebaut. 1985 betrug die Gesamtrebfläche 1108000 ha (zweiter Platz in der Welt hinter Spanien), das sind 6,5% der landwirtschaftlichen Nutzfläche des Landes und 11,5% der Weltweinbaufläche. Eine genaue Ermittlung der Rebfläche ist schwierig, da in einigen Gebieten der Weinbau noch als Mischkultur mit Obst (↑ Baumerziehung) und Feldfrüchten betrieben wird. Zu 75% werden Rotweinsorten angebaut (Tab.). Mit einer Weinproduktion von 63 Mill. hl im Jahresdurchschnitt liegt I. an erster

Weinanbau in Italien (1985)

Rebfläche [1000 ha]	1108
Traubenproduktion [1000 dt]	100189
davon Keltertrauben	85189
Tafeltrauben	15000
Weinproduktion [1000 hl]	63000
Weinexport [1000 hl]	17988
Tafeltraubenexport [1000 dt]	4990
Pro-Kopf-Verbrauch [l]	81,6

Stelle der Weltweinerzeugung. Ein Fünftel allen Weines kommt damit aus I. Bei einer Pro-Kopf-Produktion von 1,26 hl und einem Pro-Kopf-Verbrauch von 81,6 l (1985) liegt I. auch im Weinexport mit 18 Mill. hl an erster Stelle. Importiert werden lediglich 697000 hl. Von den rund 2 Mill. Weinbaubetrieben und Winzern bewirtschaften vier Fünftel weniger als 5 ha Rebfläche. Um den Qualitätsforderungen mit modernen Kellertechniken gerecht zu werden, nimmt der Trend zur Bildung von Genossenschaften (Cooperativa Viticola – Winzergenossenschaft, Cantina soziale – Kellereigenossenschaft) zu. Die derzeit etwa 900 Genossenschaften erzeugen rund 45% aller italienischen Weine; sie übernehmen auch den Vertrieb. Zur Unterscheidung von Qualitäts- und Massenwein wurde 1963 ein Gesetz zur Klassifizierung der italienischen Weine in fünf Qualitätsstufen erlassen:

– *vini da tavolo:* Tafelwein (70% der italienischen Weinproduktion); darunter gibt es ausgezeichnete Weine, die noch kein DOC-Qualitätsprädikat tragen;

– *vini da tavolo con indicazione geografica:* Tafelwein mit geografischer Herkunftsbezeichnung (etwa 15%);

– *vini tipici:* typische Weine (Landwein), bis jetzt noch nicht vergeben;

– DOC- bzw. DOCG-Weine (↑ Denominazione di Origine Controllata).

Das Beantragungsverfahren zum Anerkennen einer DOC-Qualität ist sehr langwierig und deshalb bis 1985 nur an 212 Weine erteilt worden. Da die DOC-Anerkennung für Weine aus einem bestimmten Anbaugebiet auf unbegrenzte Dauer vergeben wird, sind Qualitätsschwankungen innerhalb der Jahrgänge und von Erzeuger zu Erzeuger üblich. Für die Garantie der Qualität eines bestimmten Weins ist der Name des Erzeugers oder Abfüllers für den Weinkenner besonders wichtig. Die Einhaltung der DOC-Vorschriften wird mindestens alle drei Jahre kontrolliert und bei Verstoß mit harten Strafen geahndet.

So unterschiedlich wie die Klimazonen, Rebsorten, Bodenarten und die Weinbaumethoden in den einzelnen Regionen sind, sind auch Quantität und Qualität der Weine. Den Stand von 1985 zeigt nachstehende Tabelle:

	Fläche in 1000 h	Wein in hl	DOC-Weine
Norditalien	314512	19835,8	94
Mittelitalien	246667	15684,6	56
Süditalien	461131	26819,6	62

Daraus ist ein deutliches Qualitätsgefälle von Nord nach Süd zu erkennen. Während im Norden I. nur noch Qualitätsrebsorten auf dafür geeigneten Böden angebaut werden, werden im Süden oft alte Sorten in ↑ Mischkultur angebaut. Der Trend zur Umstellung ist aber auch hier unverkennbar.

Die Etiketten sind klar und übersichtlich gestaltet (Abb.). Sie enthalten die Ursprungsbezeichnung (bei Qualitätsweinen ist es das Anbaugebiet), die Angabe der Qualitätsstufe, den Hinweis classico, wenn er aus dem Herzstück des Anbaugebietes stammt, den Namen des Erzeugers oder Abfüllers (fattoria oder tenuta viticola – Weingut, imbottigliato all' ŏrigine – Originalabfüllung, imbottigliato dal produttore – Abfüllung im Weingut), die Inhaltsangabe (contenuto) und das Ursprungsland nach EG-Richtlinien sowie den Alkoholgehalt (grado alcolico). Zusätzlich können noch angegeben werden die Jahrgangsbezeichnung (annata – Lesejahr oder vendemia – Weinlese) und Hinweise zur Qualitätsstufe (↑ superiore, passito), zum Geschmack (↑ ama-

Italienisches Flaschenetikett

bile, ↑ abboccato), zur Lagerung (↑ invecchiato) u. a. Auf einem Klebeband über der Verschlußkappe bzw. direkt in die Verschlußkappe geprägt kann eine amtlich zugeteilte Kontrollnummer des Abfüllers sein. Diese Kontrollnummer ermöglicht eine staatliche Überwachung auf Einhaltung der Qualitäts- und Produktionsvorschriften. Als zusätzliche Qualitätsgarantie kann am Flaschenhals ein Siegel des Schutzkonsortiums mit einer fortlaufenden Kontrollnummer angebracht sein. Der Aufdruck Auslese bei Weinen aus Südtirol bedeutet, daß die Trauben zu 100% aus dem angegebenen Anbaugebiet stammen, er ist nicht identisch mit ↑ Beerenauslese.

Zur Kennzeichnung der Weinarten werden folgende Begriffe verwendet: vino bianco – Weißwein, vino frizzante – ↑ Perlwein, vino liquoroso – ↑ Likörwein, vino rosato (chiaretto) – ↑ Roséwein, vino rosso – Rotwein, vini santo – ↑ Strohwein, vino spumante – ↑ Schaumwein, vino vecchio – Bezeichnung einiger Weine, welche sich im Stadium ausgeprägter Reife befinden.

Aus der Vielzahl italienischer Spitzenweine sollen nachstehend nur einige der bekanntesten genannt werden: ↑ Barbaresco; Barbera – herber, frischer Rotwein aus der gleichnamigen Rebsorte in Piemont; ↑ Barolo; ↑ Brunello di Montalcino – einer der besten Rotweine der Toscana aus der ↑ 'Sangiovese Grosso'-Rebe mit einer Mindestlagerzeit von $3^1/_2$ Jahren im Faß; nach fünfjähriger Lagerung darf er die Bezeichnung riserva führen; ↑ Chianti; Est! Est! Est! di Montefiascone; Frascati – einer der beliebtesten Weine aus der Nähe Roms, aus der ↑ 'Malvasia'-, 'Grave'-, 'Greco'- oder ↑ 'Trebbiano'-Traube gewonnener strohgelber Wein; Kalterer See (Lago di Caldaro) – leichter süffiger Rotwein aus Südtirol, aus der 'Vernatsch'-Rebe gewonnen; Lagrein Kretzer (Lagariono Rosato) – bester ↑ Roséwein aus Südtirol, gekeltert aus 'Lagrein'; ↑ Nebbiolo d'Alba – vorzüglicher Rotwein aus Piemont; Orvieto; Soave – einer der leichtesten, elegantesten und erfrischendsten Weine I., aus 'Garganega' (70–90%)

und 'Trebbiano di Soava' (10–30%) in Venetien erzeugt; Tocai – aus der 'Tocai italico'-Traube in Frioul gewonnener herber, frischer Weißwein (nicht identisch mit den ungarischen ↑ Tokajerweinen).
Einen besonderen Ruf genießen die italienischen ↑ Likörweine mit einem Alkoholgehalt von 16–22%. Sie kommen zum überwiegenden Teil aus dem Süden I. und von der Insel Sizilien. Der bekannteste ist der ↑ Marsala. Aber auch in der Toscana (Vin Santo Toscana, Vin Santo del Trentino), Piemont (Calusso Passito) und Friaul-Julisch Venetien (Picolit, der unter Kennern geschätzteste Likörwein I.) werden hervorragende Likörweine erzeugt.
Eine Spezialität sind die italienischen ↑ Schaumweine (spumante). Sie unterliegen ebenfalls der DOC-Regelung. Der berühmteste ist der *Asti spumante* aus Piemont. Von großer Bedeutung sind auch die Herstellung und der Export von ↑ Wermutweinen (Vermouth) und deren Grundweinen (1985 wurden 16,85 Mill. hl Grundwein und 1,14 Mill. hl Vermouth exportiert).
Die italienischen Weine sollten in der Regel jung getrunken werden. Nur einige Rotweine höchster Qualität und guter Jahrgänge sind über viele Jahre lagerfähig und gewinnen an Finesse. Bei der Beurteilung italienischer Weine sollte man davon ausgehen, daß diese, wie in keinem anderen Land, immer eine Einheit mit den Speisen bilden. Nicht selten schon wurde direkt ein zu einem bestimmten Wein passendes Gericht geschaffen.
Bei der Dynamik des italienischen Weinbaus – lange Tradition gepaart mit modernsten Anbau- und Kellermethoden – wird I. auch in Zukunft seine führende Rolle in der Weinerzeugung behaupten können. ↑ Tafel 34 (7)

J

Jahrgang: verbindliche Bezeichnung für einen Wein, dessen Trauben alle oder zu einem gesetzlich geregelten hohen Anteil (in der BRD z. B. zu 85%) in dem genannten Jahr gelesen wurden. Erst wenn mit dem betreffenden J. auch besondere Gütemerkmale, insbesondere bedingt durch den Witterungsverlauf in speziellen Anbaugebieten, verbunden sind, kann von der Jahreszahl auf gehobene Qualität geschlossen werden. Bei französischem Champagner, Bordeaux und Portwein wird teilweise die Jahreszahl nur in solchen Fällen auf dem Etikett genannt, d. h. wenn der J. ein ↑ Spitzenjahrgang war. Auch die Rebsorte, die Einzellage mit ihrem Lokalklima, der Lesezeitpunkt und das gesamte Produktionsverfahren führen zu unterschiedlicher Güte der Weine in einem Jahr. In weniger glücklichen Jahrgängen erkennt man erst den guten Erzeuger. Deshalb haben J.tabellen und das Aufzählen von Spitzenjahrgängen nur relativen Wert. Außerdem kommt es immer darauf an, ob die Güte des Weins bei Jung- oder ausgebautem Wein bestimmt wurde und aus welchen Weinbergen er stammt. Besonders in den nördlichen Weinanbaugebieten der BRD, DDR, ČSSR, Frankreichs, der UdSSR u. a. beeinflussen die unterschiedlichen Witterungsabläufe in den einzelnen Jahren die Qualität der Weine. Das trifft für die südlichen Anbaugebiete nicht zu, so daß eine gleichbleibende Qualität erwartet werden kann.

Nicht selten ist auch schon durch den Fehler eines Kellermeisters oder durch einen Zufall ein aussichtsloser J. in einem Keller in den besten Wein des J. mit erstklassigen Eigenschaften verwandelt worden. Verschiedene Weingüter risikoreicher Anbaugebiete bringen Jahrgänge minderer Qualität nicht als J.wein auf den Markt; sie verschneiden sie oder liefern nur an Sektkellereien.
In der UdSSR oder auch beim ungarischen Tokajer stehen manchmal statt der J.zahlen auch die Jahre der Lagerzeit auf der Schleife. In solchen Fällen muß vom Einkaufsjahr zurückgerechnet werden.
In Frankreich liest man manchmal das Wort vieux (alt) auf dem Etikett. Es besagt nur, daß der Wein nicht aus der letzten Ernte stammt. Das Zeichen ↑ VSR wird in Frankreich für einen besonders zu empfehlenden Wein benutzt, der zwar bestimmte Gütemerkmale besitzt, aber nicht als J.wein angeboten werden kann oder soll. (3)

Jahrgangssekt: Schaumwein, dessen Grundweine mindestens zu 75% aus einer Jahrgangsernte (meist nur in sehr guten Jahren) stammen. (3)

Jahrgangswein: 1. populäre Bezeichnung für den Wein eines ↑ Jahrgangs. – **2.** Bezeichnung für Wein von Spitzenjahrgängen; auch Jahrhundertwein genannt. ↑ Edelgewächs (3)

Japan. Die ersten Reben gelangten vermutlich vor mehr als 1700 Jahren über die Seidenstraße von China nach J. Nachweisbar ist die Einfuhr aber erst während der Tang-Dynastie (618–907). Im Jahre 1186 wurden in der Präfektur Yamanashi einheimische Wildreben mit eßbaren Trauben entdeckt. Die ersten europäischen Reben sollen 1545 von dem portugiesischen Missionar Saint Francisco Yavier nach J. gebracht worden sein. Der Wein blieb ein wertvolles Getränk für Kaiser und Feudalherren.

Weinanbau in Japan (1985)

Rebfläche [1000 ha]	28
Traubenproduktion [1000 dt]	3112
davon Keltertrauben	183
Tafeltrauben	2929
Weinproduktion [1000 hl]	459
Tafeltraubenexport [1000 dt]	1
Pro-Kopf-Verbrauch [l]	0,5

Nach der Öffnung begann man um 1879 in den Präfekturen Hokkaido und Yamanashi mit dem Weinbau. Dazu wurden europäische und amerikanische Rebsorten eingeführt.
Heute werden auf 28000 ha, das sind 0,5% der landwirtschaftlichen Nutzfläche, in fast allen Präfekturen Reben angebaut. An der Weltweinbaufläche ist J. mit etwa 0,3% beteiligt. Die bedeutendsten Weinbaugebiete sind Yamanashi (5360 ha), Yamagata (3510 ha), Nagano (2180 ha), Okayama (1880 ha) und Fukuoka (1720 ha). Da nur 14,5% der Gesamtoberfläche des Landes landwirtschaftlich nutzbar sind, ist eine Ausweitung des Weinbaus nicht möglich (Tab.).
Die Durchschnittserträge liegen bei 3,1 Mill. dt, wobei Erträge von 200 dt/ha nicht selten sind. Davon entfallen etwa 2,9 Mill. dt auf Tafeltraubensorten, die aber zum großen Teil auch gekeltert werden. 1984 wurden in J. 530000 hl Wein produziert, wovon allerdings die Hälfte als Verschnittwein importiert wurde. Der Pro-Kopf-Verbrauch liegt bei 0,7 l Wein. Der Weinimport beträgt etwa 56 Mill l, Export gibt es praktisch nicht.
Nach wie vor ist das weinähnliche Getränk *Sake* das Nationalgetränk der Japaner. Whisky und in zunehmendem Maße Shochu, ein dem deutschen Korn ähnliches Getränk, sind allerdings starke Konkurrenten. Besonders bekannt sind japanische ↑ Fruchtweine, speziell der Pflaumenwein.

Das heiße und regnerische Klima im Sommer und die oft sehr kalten Winter sind für die europäischen Reben nicht sehr günstig. Deshalb werden überwiegend amerikanische Hybridsorten, wie 'Delawere', 'Camball Early', 'Kyoho' und 'Koshu', angebaut. Einige neue japanische Hybriden, wie 'Muscat Bailey A' (7,2% der gesamten Traubenproduktion), 'Golden Queen', 'Black Queen', 'Red Millennium', 'Cabernet Suntory', 'Suntory Blanc' u. a., gewinnen immer mehr an Bedeutung. Die meisten Weingärten befinden sich an Hügeln und sind oft terrassiert. Wegen der hohen Niederschläge (1200–2100 mm) erfolgt die Erziehung zu 90% nach Tamazukuri sehr hoch (1,60–2,00 m) und um günstige Einsatzbedingungen für Traktoren zu haben, auch sehr weit.

Die größten und bekanntesten Kellereien Suntory Winery, Mannswine, Mercian und Honbo befinden sich in der Präfektur Yamanashi. Die meisten Weinimporteure sind der Nihon Yoshu Yunyu Kumiai (Einfuhrverband europäischer Alkoholgetränke in J.) oder Yunyu Wine Anzen Suishin Kyougikai (Verein der sicherheitsfördernden Weinimporteure) angeschlossen. Beim Import von Wein muß vom Herkunftsland neben den Angaben über den Gehalt von ↑ Sorbinsäure und Schwefliger Säure (↑ Schwefeln) eine Glycolfrei-Bestätigung vorliegen (↑ Weinskandale). Diese Weine werden mit dem Siegel „Glycolfrei" versehen.

Ein Komitee aller Weingüterverbände legte eine Standardregelung zur Weinerzeugung (gültig ab 1. Januar 1986) fest, da es bisher in J. kein Weingesetz und keine Kontrollorganisation gab. Danach dürfen japanische Weine nur noch bis zu 49% mit ausländischen Weinen (bisher 95%) verschnitten werden. Angaben auf dem Etikett sind nicht zwingend vorgeschrieben. Sie enthalten meist den Namen des Weingutes und

Japanisches Flaschenetikett; Tokachiwein von der Insel Hokkaido aus der Stadt Ikeda; Alkoholgehalt 14 Vol.-%, Zcker 26 g/l, Extrakt 7 %, Inhalt 720 ml

oft die Rebsorte (Abb.). Bezeichnungen wie Premier Cru Classé, Kifu (Edelfäule) und Hyonka Ginjou (feingegorener Eiswein) unterliegen keiner besonderen Prüfung. (7)

Jerez: 1. Weinbaugebiet im andalusischen südlichen Zipfel Spaniens. Sicher wurde hier schon seit den Phönikern (1000 v. u. Z.) Wein produziert. J. hieß damals Xera, später bei den Römern Seretium, bei den Westgoten Seret und den Mauren Sherisch bzw. Scheris. Im Anbaugebiet herrscht bei etwa 295 Sommertagen eine mittlere Jahrestemperatur von 17,3 °C, die im Sommer bis zu 40 °C steigen kann und es fallen im Jahresdurchschnitt rund 631 mm Niederschlag. J. liegt nur 20 bis 30 m über NN und hat eine Atlantikküste. Das Mikroklima begünstigt die spezielle Hefeflorentwicklung. Die Böden haben einen Kalkgehalt von 30

(z. B. der lehmhaltige Barro) bis 75% (wie der außergewöhnliche weiße Albariza) und halten das Wasser wie ein Schwamm.

2. spanische Bezeichnung für den ↑ Sherry, der im französischen und russischen ↑ Xeres heißt. (3)

Jéroboam [franz.]: im Weinbaugebiet Bordeaux eine Flasche mit 4 l Inhalt. (3)

Jetz, *Jez:* süddeutsches Volumenmaß für Wein. 1 J. = 113,0 l. (3)

Johannisberg(er): 1. weltbekannter Weinbauort, heute Ortsteil von Geisenheim im Rheingau (BRD), mit etwa 120 ha Rebfläche. J. umfaßt Einzellagen, wird aber auch als Bezeichnung für einen Bereich mit 10 Großlagen gebraucht. H. Heine (1797–1856) wünschte: „Wenn ich soviel Glauben in mir hätte, daß ich Berge versetzen könnte – den Johannisberg ließ ich mir überallhin nachkommen."

2. Bezeichnung für Spitzenweine aus den Einzellagen besonders von Schloß J. Die Weine sind von gesuchter Qualität und besonders hervorragendem Bukett.

3. im Wallis in der Schweiz gebräuchliche Bezeichnung für Weißweine aus der Rebsorte ↑ 'Silvaner'.

4. in Kalifornien Bezeichnung für die Rebsorte ↑ 'Weißer Riesling'. (3)

Jugoslawien. Die jugoslawische Weinbaugeschichte ist über 2000 Jahre alt und geht bis ins 6. Jh. v. u. Z. zurück. Damit gehört J. zu den ältesten Weinbauländern der Welt. Die Weine der Insel Issos (Vis) waren bereits im 4. Jh. v. u. Z. bekannt. Wesentlichen Anteil an der Verbreitung der Rebkultur hatten griechische Kolonisten. Nach Verfall lebte der Weinbau unter Kaiser Probus (276–282 u. Z.) wieder auf, der in Syrmien zwischen Bosnien und Slowenien (Fruška gora) Weinberge anlegen ließ. Die Völkerwanderung, Türkenherrschaft und das Land überziehende Kriege vernichteten regelmäßig den

Weinanbau in Jugoslawien (1985)

Rebfläche [1 000 ha]	232
Traubenproduktion [1 000 dt]	9632
davon Tafeltrauben	1808
Weinproduktion [1 000 hl]	3660
Weinexport [1 000 hl]	1369
Tafeltraubenexport [1 000 dt]	67
Pro-Kopf-Verbrauch [l]	26,5

Weinbau. 1875 begann im Banat die Reblauskatastrophe, die dazu führte, daß fast die Hälfte der Rebanbaufläche des gesamten Landes aufgegeben werden mußte. Nach 1945 begann eine konstante Aufwärtsentwicklung, in deren Ergebnis J. heute an elfter Stelle der Weinerzeuger in der Welt steht. Auf 2,4% der landwirtschaftlichen Nutzfläche wird Wein angebaut, das sind 2,4% der Weltweinbaufläche. Auf 60% davon stehen Rotweintrauben, auf 40% Weißweintrauben. Infolge verbesserter Anbau-, Dünge- und Pflanzenschutzmaßnahmen hat sich gegenüber 1926 der Ertrag von 23 hl/ha auf 31,4 l (1987) gesteigert. Die Kombinate, die etwa 19% der jugoslawischen Rebfläche bewirtschaften, erreichten einen deutlich höheren Ertrag als die Privatbetriebe.

Pro Kopf der Bevölkerung werden 0,35 hl Wein erzeugt und 26,5 l verbraucht. Der Weinexport erreichte 1987 1,6 Mill. hl, das sind etwa 15–20% der Ernte. Exportländer sind BRD, DDR, Großbritannien, Schweiz, Japan, USA, ČSSR, UdSSR und Kanada (Tab.). In J. existieren große Kellereien auf genossenschaftlicher Basis. So können z. B. in der Großkellerei von Kruševac mehr als 1 Mill. hl gelagert und jährlich 60 Mill. Flaschen abgefüllt werden.

Eine große Anzahl von Weinbauinstituten und Fachanstalten befaßt sich mit der wissenschaftlichen und praktischen Betreuung des Weinbaus, Neuzüchtungen und der Forcierung des Anbaus westeuropäischer Ertrags- und Qualitätsweinsorten. In neuerer Zeit hat eine Förderung der Qualitätsrebsorten eingesetzt. Die Weine sind aufgrund der Sortenvielfalt sehr unterschiedlich. Rot- und Roséweine weisen eine Farbpalette von rosé bis schwarzrot auf, ihr Geschmack reicht von trocken und bitter bis hin zu leicht süßlich mit unterschiedlichem Alkoholgehalt bis zu 15%. Die Weißweine umfassen sowohl trokkene als auch liebliche mit Restsüße, herzhaft spritzige, frische, fruchtige aber auch süß-schwere, körperreiche Likörweine.

Weinbau findet sich in allen sechs Unionsrepubliken des Landes. Anbaufläche, Klima und Bodenbeschaffenheit variieren stark. Es gibt mediterranes, alpines, aber größtenteils kontinentales Klima, während man an Böden sowohl Lehm- und Mergelböden als auch Verwitterungs-, Sand- und Kalkböden vorfindet. J. gliedert sich in 21 Weinbaugebiete (Rayons) mit Bereichen, Groß- und Einzellagen. Stark verallgemeinernd kann man sagen, daß in den nördlichen Landesteilen oberhalb der Save und Donau vorwiegend weiße Rebsorten angebaut werden, während die südlichen Landesteile, wie im Mittelmeerraum üblich, fast nur blaue Sorten anbauen.

Die *Republik Hrvatska (Kroatien)* mit 79500 ha Rebfläche und 2,5 Mill. hl Weinproduktion (31 hl/ha Ertrag) erzeugt fast ein Drittel aller jugoslawischen Weine. Sie gliedert sich in die Anbaugebiete Kontinentalna Hrvatska und Primorska Hrvatska. Kontinentalna Hrvatska (42500 ha Rebfläche) baut vorwiegend Weißweine an, die im Osten gute Qualitäten ergeben, z. B. ↑ 'Welschriesling', ↑ 'Sauvignon Blanc', ↑ 'Traminer' und ↑ 'Semillon Blanc'.

Primoska Hrvatska (37000 ha Rebfläche) umfaßt auch Istrien, das älteste Weinbaugebiet J. Hier werden Schwaumweine produziert. Bei Weißweinen herrschen ↑ 'Malvasier', ↑ 'Gelber Muskateller' und ↑ 'Weißer Burgunder' vor. Bei den Rotweinen 'Cabernet'-Rebsorten, ↑ 'Gamay Noir', ↑ 'Merlot', ↑ 'Blauer Spätburgunder' und 'Teran'.

Das Weinbaugebiet *Dalmatien* erzeugt besonders trockene Rotweine, darunter Babic als Qualitäts- und Spitzenwein. Um Split und Dubrovnik entsteht der rote Spitzenwein Dingač als Spezialität der dalmatinischen Küste. Sein Name ist gesetzlich geschützt. Der Postup, ein roter Spitzenwein, kommt aus dem abgegrenzten Gebiet der Halbinsel Peljesac. Der Spitzenwein Pošip ist ein Weißwein von der Insel Korčula, wo gleichzeitig der sherryartige Weißwein Grk gekeltert wird. Eine weitere Spezialität ist der Prošek, ein sirupartiger Likörwein, den schon Kaiser Diokletian gern getrunken haben soll. Faros ist ein roter Spitzenwein der Insel Hvar.

Die *Republik Srbija (Serbien)* mit 75000 ha Rebfläche ud 1,6 Mill. hl Weinproduktion (21 hl/ha Ertrag) umfaßt die Anbaugebiete Timok, Južna Morava, Zapadna Morava, Šumadija-Velika Morava und Pocerina-Podgora. Timok erzeugt vorwiegend den Rotwein Prokupac. Er ist ein serbisches Standardgetränk. Das Anbaugebiet Zapadna Morava erzeugt in Zupa überdurchschnittliche Rosé- und Rotweine. Das Anbaugebiet Šumadija-Velika Morava (mit 27500 ha das größte innerhalb Serbiens) erzeugt hauptsächlich Rotweine.

Die Republik *Makedonija (Makedonien)* mit 3200 ha Rebfläche und 1 Mill. hl Weinproduktion (31 hl/ha Ertrag) umfaßt die Anbaugebiete Povardarje, Pčinja-Ósogovo und Pelagonija-Polog. Schon die Illyrer sollen hier Reben gepflanzt haben. Von Bedeutung in diesem Gebiet sind die Tafeltrauben- und Rotweinerzeugung (80%). Diese häufig zum Verschnitt genutzten Weine sind hier dunkelrot, kräftig und alkoholreich.

Dominierend ist der Prokupac, am bekanntesten der Qualitäts- und Spitzenwein Kratošija. Bei den Weißweinen (20%) überwiegen Smederevka und Žilavka.

Die *Republik Slovenija (Slowenien)* mit 20800 ha Rebflächen und 630000 hl Weinproduktion (30 hl/ha Ertrag) umfaßt die Anbaugebiete Podravski, Posavski und Primorski. Slowenien erzeugt etwa ein Zehntel der jugoslawischen Weinproduktion. Im Weinbaugebiet Podravski herrschen Weißweinsorten vor. Der 'Welschriesling', der hier zu 25% vertreten ist, erreicht Spitzenqualitäten. Ebenso sind 'Sauvignon Blanc', ↑ 'Gelber Furmint' und 'Weißer Burgunder' zu erwähnen. Der 'Traminer' erreicht in Radgona-Kapela, Haloze und Svečina Spitzenqualität. Seltener sind die Rotweine, hier vertreten durch den ↑ 'Blauen Limburger'. In Gornja Radgona erzeugt man Schaumwein nach dem Champagnerverfahren. Im Bereich Lutomersko-Ormoške Gorice (Luttenberg) ist die Einzellage Jeruzalem besonders bekannt, die schon seit den Kreuzzügen existiert. Dort wachsen 'Weißer Riesling' und 'Welschriesling' der Spitzenqualität. Das Anbaugebiet Posavski besteht vorwiegend aus kleinen zersplitterten Rebgebieten. Es ist Erzeuger leichter, gefälliger Tischweine (Welschriesling und Silvaner). Rotwein ist durch Blauen Limburger vertreten. Bemerkenswert ist der Roséwein Cviček der Gebiete Bizeljsko-Sremiški und Dolenjski. Das Anbaugebiet Primorski umfaßt 5000 ha. Im Bereich Vipavski ergibt die ↑ 'Barbera'-Traube einen reinsortigen roten Spitzenwein, während im Bereich Koprski ↑ 'Refosco', ↑ 'Cabernet' und 'Malvasia' zur Spitzenqualität geraten. Im Weinbaubereich Kraški (Karstplateau) entsteht aus der 'Refosco'-Traube der rote Kraški Teran, der schon den Römern bekannt war. Es ist ein dunkelroter, außerordentlich herber Wein mit hohem Mineral- und Säuregehalt, der ihm über lange Zeit Frische verleiht.

Das autonome Gebiet *Vojvodina* (18300 ha Rebfläche) umfaßt die Weinbaugebiete Subotičko-horgoška-peščara, Srem und Banat. Im Bereich Palic werden ungarische Einflüsse auf den Weinbau durch den Anbau der Sorten ↑ 'Tausendgut' und 'Kadarka' deutlich. Die wichtigste Sorte im Anbaugebiet Srem ist der 'Welschriesling', während beste Weine von 'Traminer', 'Sauvignon Blanc' und 'Silvaner' gewonnen werden. Es wird auch Frušk gorski biser hergestellt, ein gefälliger, halbtrockener Schaumwein. Im Banat ergibt der 'Welschriesling' trockene Spitzenweine. Die beste Qualität hat der Banatski rizling in Vršac.

Das autonome Gebiet *Kosovo* mit 8700 ha Rebfläche und 276000 hl Weinproduktion (32 hl/ha Ertrag), umfaßt die Weinbaubereiche Sjeverni Kosovski und Južni Kosovski. Die Weine sind im allgemeinen Qualitätsweine, gewonnen aus 'Cabernet', 'Gamay Noir' und 'Blauer Spätburgunder'. Bekanntester Wein ist der Amselfelder, dessen Export in die BRD jährlich 33 Mill. Flaschen beträgt.

Die *Republik Bosna-Hercegovina (Bosnien-Herzegowina)* mit 5000 ha Rebfläche und 200000 hl Weinproduktion (40 hl/ha Ertrag) umfaßt die Anbaugebiete Hercegovina und Sjeverna bosna. Im Gebiet Hercegovina ist der Žilavka Mostar als trockener, weißer Spitzenwein mit fruchtigem Aroma zu erwähnen.

Aus der *Republik Črna gora (Montenegro)* mit 22000 ha Rebfläche und 40000 hl Weinproduktion (18 hl/ha Ertrag) ist der Črnogorski vranac, ein trokkener, kräftiger und gerbstoffhaltiger, tiefdunkelroter Spitzenwein erwähnenswert.

Die unterschiedlichen Rebsorten und

Anbaubedingungen J. führen zu einer Vielzahl von Weinen – etwa 700 – darunter aber nur wenige Qualitäts- und Spitzenweine. Grundlage für die Klassifizierung der jugoslawischen Weine ist das Weingesetz von 1971. 1976 wurden die geografischen Herkunftsbezeichnungen über Weinbauregionen, Anbaugebiete, Weinbaubereiche und Großlagen festgelegt (Abb.). In Gebieten mit kontrollierter Herkunftsbezeichnung sind nur bestimmte Rebsorten zugelassen.

Das Gesetz unterscheidet folgende Qualitätsstufen:
– konzumno vino (Tafelwein);
– stolno vino sa geografskim poreklom (Tafelwein mit geografischer Herkunftsbezeichnung);
– kvalitetno vino sa geografskim poreklom (Qualitätswein mit geografischer Herkunftsbezeichnung);
– cuveno-vrhunsko vino sa geografskim poreklom (Spitzenwein mit geografischer Herkunftsbezeichnung).

Bei diesen Spitzenweinen sind auch Prädikate wie Spätlese, Auslese, Beerenauslese u. a. möglich.

Entsprechend der Restsüße im Wein gilt folgende Unterteilung:
– trocken (bis 4 g/l Restzucker);
– halbtrocken (4 bis 12 g/l Restzucker);
– halbsüß (12 bis 50 g/l Restzucker);
– süß (mehr als 50 g/l Restzucker).

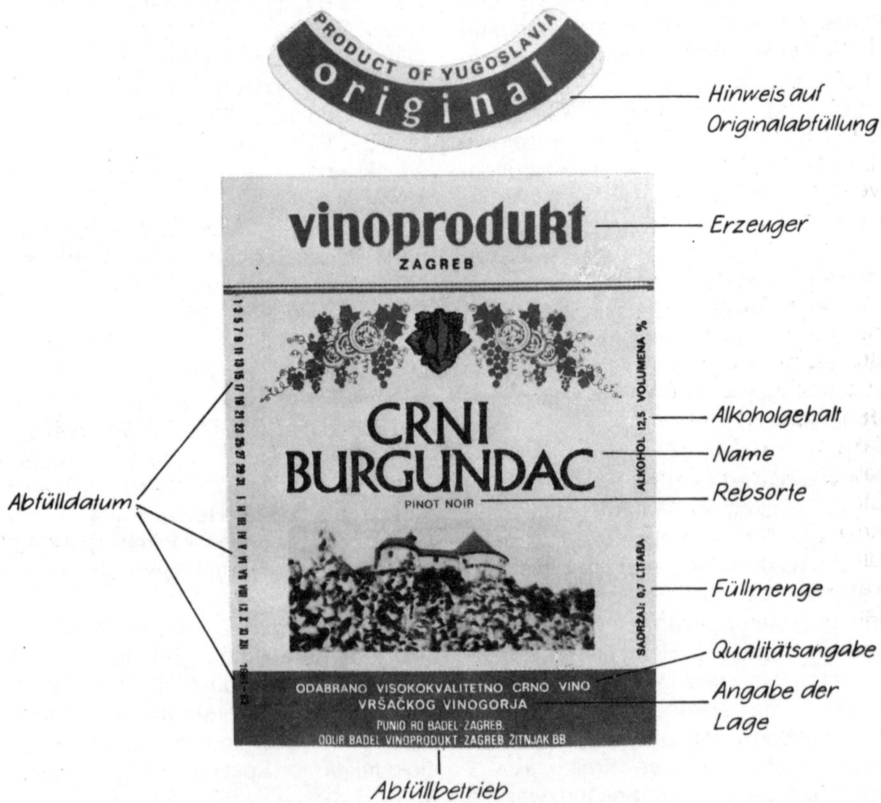

Jugoslawisches Flaschenetikett

In J. gibt es reiches Brauchtum zum Wein. Ein kroatischer Brauch ist es, Ende Januar im Weinberg einen Rebstock mit Wein zu begießen und eine Rebe abzuschneiden; nach der Zahl der sprießenden Knospen wird die kommende Ernte beurteilt. Gäste werden auch heute noch mit Brot, Salz und einem Glas vom besten Wein bewirtet. Wein- und Winzerfeste feiert man in ganz J. In Kavardarci, der einst wasserärmsten Region des Balkans, wurde der Mörtel zum Hausbau mit Wein angemacht. Ptuj (Slowenien) beherbergt ein Museum für Weinbau und Wein. ↑ Tafel 32/33 (4)

junger Wein: trinkbarer, nach abgeschlossener Gärung und dem Klären auf Flaschen abgefüllter Wein, der aber noch etwas trüb und rauh sein und ↑ Hefegeschmack besitzen kann. Je nach dem Lesezeitpunkt kann mit dem ersten j. W. meist ab November als ↑ Weintaufe zugeprostet werden. ↑ Heuriger, ↑ Primeur, Nouveau und Novello sind j. W. Aber auch Weine, die eine bestimmte Reife von mehreren Jahren benötigen, wie ein Cabernet Sauvignon, ein roter Bordeaux, ein Portwein u. a. können nach vier Jahren noch als j. W. bezeichnet werden. (3)

Jungfernwein: Wein aus der ersten Ernte einer Neuaufrebung. (3)

Jungfrauenbecher: prunkvolle Trinkgefäße für Wein, die vor allem im ↑ Zechjahrhundert der Deutschen an den Fürstenhöfen für Trinkspiele als ↑ Vexierkrüge benutzt wurden. Der lange Rock diente als größerer Becher, den der Kavalier zu leeren hatte, ohne einen Tropfen aus dem drehbar gelagerten kleinen Trinkgefäß der Dame zu verschütten (Abb.). (3)

Silbervergoldeter Jungfrauenbecher (deutsch, 2. Hälfte 16. Jh.)

Jungrebe: meist ein Jahr alte Rebe, die noch nicht trägt. (3)

Jungwein: noch auf der Hefe stehender und in der Gärung meist noch nicht ganz abgeschlossener Wein. J. ist nicht zu verwechseln mit ↑ jungem Wein. (3)

K

Kabinett: 1. ursprünglich von regierenden Hofhaltungen in Kellerkabinetten aufbewahrte Weine (Cabinet) höherer Güte. Im Zusammenhang mit dem Kloster Eberbach soll 1736 zum erstenmal die Bezeichnung Cabinetkeller genutzt worden sein und im bezug auf Kloster Johannisberg 1779 der Begriff Cabinet-Wein.
2. in der BRD und in Österreich heute eine offizielle Qualitätsstufe. K.weine sind elegante, leichte, harmonisch ausgewogene Weine mit fruchtiger Säure und häufig mit feiner Süße.
Die Zuerkennung der Qualitätsstufe K. setzt voraus, daß neben den generellen Anforderungen für ↑ Qualitätsweine die verwendeten Trauben in einem einzigen Bereich geerntet und in einem einzigen, bestimmten Anbaugebiet zu Wein verarbeitet wurden, wobei der Most die von den betreffenden Ländern festgesetzten Ausgangsgewichte (°Oechsle) aufweisen mußte und kein Zucker zugesetzt werden durfte. K.wein darf erst nach dem 1.Januar des auf die Traubenernte folgenden Jahres abgefüllt werden. (3)

Kadarka: eine Hauptrebsorte für Rotweine in Ungarn. Sie stammt wahrscheinlich aus Albanien. Spätreifend bringt sie hohe, gleichmäßige Erträge und gibt alkoholreiche, feurige Rotweine doch auch Schillerweine mit harmonischem Bukett. Aus K. und weiteren Rebsorten wird der bekannte Rotwein ↑ Egri Bikavér gewonnen. (6)

Kahmhefe: ein Schlauchpilz, der zu seiner Entwicklung unbedingt Luftsauerstoff benötigt und daher an der Weinoberfläche vorkommt. Er bildet dort zusammenhängende, typische Decken. Vor allem in alkoholarmen, nicht aufgefüllten und ungenügend geschwefelten Weinen besteht die Gefahr einer Kahmbildung. K. greifen die Fruchtsäuren, Weinalkohol u. a. Extraktstoffe an und bilden unangenehme Geschmackstoffe. Mit K. infizierte Weine sind in der Regel auch stark essigstichgefährdet. (2)

Kahmigwerden ↑ Weinkrankheiten

Kamm ↑ Rappen

Kammgeschmack: herber Beigeschmack der Weine, wenn die Kämme (↑ Rappen) mit ihrem Tanningehalt (↑ Gerbstoffe) in den Most gelangten. Der K. verliert sich meist mit der Reifung der Weine. (3)

Kanada. Der erste Weinberg K. wurde 1811 von einem Deutschen namens Schiller in der Umgebung von Toronto angelegt. Hier im Süden der Provinz Ontario, am Nordufer des Eriesees mit Schwerpunkt Niagarahalbinsel, befindet sich das größere der zwei Weinbaugebiete. Dieses Gebiet liegt auf derselben geografischen Breite wie Mittelitalien, hat aber kontinentales Klima mit kurzer Vegetationsperiode und strengen Winterfrösten, die durch die großen Seen gemildert werden. Am meisten angebaut werden die Hybriden 'Concord', ↑ 'Catawba', 'Niagara', 'Delaware' und 'Seyval Blanc' sowie ↑ 'Weißer Riesling, ↑ 'Chardonnay' und 'Gewürztraminer'.
Das kleinere Weinbaugebiet mit etwa 25% Anteil befindet sich in der Provinz British Columbia. Die wichtigste Weißweintraube ist hier der 'Okanagan-Riesling', dessen Herkunft nicht genau bekannt ist. Rotwein wird aus den Hybriden 'de Chaunac' und 'Maréchal Foch'

Weinanbau in Kanada (1985)

Rebfläche [1 000 ha]	9
Traubenproduktion [1 000 dt]	942
davon Tafeltrauben	90
Weinproduktion [1 000 hl]	470
Tafeltraubenexport [1 000 dt]	26
Pro-Kopf-Verbrauch [l]	9,7

gekeltert. In beiden kanadischen Weinbaugebieten nimmt der Anteil der europäischen Sorten zu.

In K. gibt es etwa zwei Dutzend Weinbaubetriebe; die größte Weinkellerei ist Bright's. Bis vor etwa zehn Jahren wurden in großen Mengen Likörweine – hauptsächlich vom ↑ Sherry-Typ – hergestellt. In letzter Zeit steigt die Nachfrage nach Tischweinen, die außer aus den alten und neuen Hybriden mit steigender Tendenz aus *Vitis vinifera*-Sorten gekeltert werden (Tab.). (5)

Kappen, *Fetzen, Verbrechen:* das Einkürzen oder Verzwicken von Trieben nach der Blüte. Es wird im Keltertraubenanbau lokal unterschiedlich ausgeführt. Die physiologische Wirkung ist noch nicht vollständig aufgeklärt. Im Tafeltraubenanbau bei formgerechter Erziehung ist K. entbehrlich. Zu frühes und zu starkes K. bringt Nachteile wie eventuell eine Schockwirkung auf die Wuchsleistung des Stockes sowie eine Verminderung der Traubenqualität und bei Portugieser Anfälligkeit für Echten Mehltau. Der Verlust an Blattmasse und damit die beeinträchtigte Zuckerbildung kann gegebenenfalls durch stärkere Geizbildung ausgeglichen werden. In der älteren Literatur wird K. meist als Sommerschnitt behandelt. (3)

Kapsel ↑ Flaschenverschlüsse

Karaffe: meist bauchige ↑ Glasflasche mit längerem Hals und Glasstopfen, in der junge Weine und dekantierte Rotweine auf den Tisch kommen. (3)

Karst ↑ Hacke

Kartonagenrebe ↑ Pfropfreben

Kartonagenverpackung, *Cubitainer, Kubisat, Tetrapack, Vinobox, bag in box:* flüssigkeits- und luftdicht ausgekleidetes Papp- oder Folienbehältnis, teilweise mit Zapfvorrichtung, das bei der Weinentnahme keine Außenluft in das Behältnis läßt. K. wird vor allem auf Supermärkten angeboten. Der Wein altert in einer K. rascher, weshalb sie nur für Tafelweine verwendet wird. (3)

Käse und Wein: eine vielgerühmte Kombination bei ↑ Speisen und Wein. K. u. W. stehen in harmonischem Einklang und bringen wechselseitig ihre

Empfehlenswerte Zusammenstellungen für Käse und Wein

körperreiche, kräftige Rotweine	Camenbert und reife Ziegenkäse, Steinbuscher, Altmecklenburger
Tokayer und Sauternes	Roquefort
Gewürztraminer	kräftig riechende Käse, aber mit mildem Schmelz und Geschmack
spritzige, kräftige stahlige Weiß- und Rotweine	Ziegenkäse, Emmentaler, Gouda
elegante, reife, saubere Rotweine sowie feine, trockene Weißweine	frische Ziegenkäse, Edamer, Gouda, Briekäse, Kochkäse, Schmelzkäse
liebliche Weiß- und Roséweine	frische Weichkäse
Portwein	Edelpilzkäsesorten

Vorzüge zur Wirkung. Allerdings kann das durchdringende Aroma von Käse auch das des Weins überdecken, deshalb ist bei einer Weinverkostung mit Käse immer Vorsicht geboten. Für den Geschmack des Käses sind ähnliche Bezeichnungen üblich, wie für Wein: schwer, scharf, würzig, reif, fruchtig, duftig, blumig, pikant, elegant, körperreich u. a.
Ein Schluck Wein über den Käse gegen den Gaumen gedrückt macht beides aromatisch wohlschmeckend. Grundsätzlich geht man nicht fehl, mehrere Käsearten und Brot (Butter darf fehlen) zum Wein zu reichen. Rebsorte, Herkunft, Jahrgang Leseart, aber auch persönliche Stimmung ändern die Geschmackseindrücke und verlangen deshalb immer erneutes Abwägen ausgeglichener Zusammenstellungen. Auf jeden Fall gehören zu kräftigen Käsen auch kräftige, üppige Weine. (3)

Kekfrankos ↑ 'Blauer Limberger'

Keknyelü ↑ 'Blaustengler'

Keller ↑ Hausweinkeller, ↑ Weinkeller

Kellerabfüllung, *Kellerabzug:* veraltete Bezeichnung, an deren Stelle heute ↑ Erzeugerabfüllung getreten ist. (3)

Kellerei: Einrichtung, in der Weintrauben gekeltert, zu Wein verarbeitet (vinifiziert), gelagert und abgefüllt werden. (3)

Kellerglas ↑ Probeglas

Kellermeister: verantwortliche Person für die Kelterung der Trauben, die Vergärung der Moste, die Weinbehandlung und die Überwachung der Weinqualität. Der K. muß auch die Kellerbücher führen und je nach Größe der Kellerei mehrere Küfer (Weinfacharbeiter) anleiten. Von seiner Arbeit hängt wesentlich die Weinqualität ab, jedoch kann der Wein nur so gut sein, wie das angelieferte Traubengut. (2)

Kellerprobe: von Zeit zu Zeit notwendige Kontrolle der im Faß gelagerten Weine durch den Kellermeister. K. sind auch als Besucherattraktion sehr beliebt, werden jedoch vom Fachmann nicht gern gesehen. Es kann zu einem ↑ Weinfehler kommen („durchsoffener Wein"), wenn das Faß immer wieder mit einem Auffüllwein beigefüllt werden muß. Auch bedenken die meisten Besucher nicht, daß ihr ständiges Klopfen an Fässer und Tanks den Wein beunruhigt. (2)

Kelter ↑ Torkel

Keltertrauben: meist kleinbeerige, kurztraubige, sehr saftige Rebsorten zur Weinherstellung. Die edelsten K. vereinigen in sich hohen Gehalt an Zukker, Säure und Aroma. (3)

Kiepe ↑ Butte

Kilianer ↑ 'Grüne Seidentraube'

Kirchenfenster ↑ Schlieren

Klarettwein ↑ Claret

Klassifizierung der Rebsorten: in den EG-Ländern Klassenbildung aller Rebsorten nach:
– empfohlenen Sorten, die in der Regel Wein anerkannt guter Qualität liefern;
– zugelassenen Sorten, die Wein von handelsüblicher Beschaffenheit liefern;
– vorübergehend zugelassenen Sorten, die für bestimmte Anbaugebiete wirtschaftliche Bedeutung haben, aber nicht mehr neu gepflanzt werden dürfen.
In der ČSSR ist die K. d. R. nach den Gütegruppen Ia, Ib und II Basis für ↑ Qualitätsstufen der daraus gekelterten Weine. (3)

Klassifizierung der Weine ↑ Qualitätsstufen

Kleinberger ↑ 'Weißer Elbling'

Kleinwinzer ↑ Nebenerwerbswinzer

Klevner, *Clevner:* Bezeichnung für die unterschiedlichsten Rebsorten. Beispielsweise in Baden ein ↑ 'Traminer', in Württemberg ein ↑ 'Blauer Frühburgunder', im Elsaß ein ↑ 'Weißer Burgunder' und in Österreich eine Variante des 'Weißen Burgunders'. ↑ 'Blauer Spätburgunder' (3)

Klima: die für eine Landschaft typische

Gesamtheit aller Wettererscheinungen. Als Zusammenfassung aller bodennahen Zustände der Atmosphäre im Zeitraum vieler Jahre mit einer charakteristischen Verteilung der mittleren und extremen Werte bestimmt das K. wesentlich den Weinbau. Wein verlangt ein gemäßigtes K. Etwa ab + 10 °C wird der Stoffwechsel der Rebpflanze aktiviert, um bei 25–28 °C ein Optimum zu erreichen. Höhere Temperaturen bewirken ungünstige Verdunstung; deshalb wird der Wein in Nordafrika auf der Schatten-, in Mitteleuropa dagegen auf der Sonnenseite der Hänge angebaut. Aus gleichem Grund steigt in Mitteleuropa der Weinbau nur in Ausnahmen geschützter Lagen (wie Bodensee 450 m, bei Reutlingen 550 m, Südtirol 200 bis 1000 m, in Wallis bis 1200 m und Sizilien bis 1500 m) nicht über 300 m NN. Die günstigste mittlere Jahrestemperatur liegt zwischen 9 und 21 °C, wobei die höchste ↑ Güte des Weins bei 10–12 °C erreicht wird (Saale-Unstrut bei 9 °C, Rheinland-Pfalz 10,7 °C, Südfrankreich 14 °C, Sizilien 17 °C). Die Vegetationszeit soll wenigstens 170 bis 190 Tage betragen (Saale-Unstrut 155 bis 225 Tage, Südfrankreich bis 345 Tage). In nördlichen Anbaugebieten gilt als günstiger Witterungsverlauf zeitiges, feuchtes Frühjahr (ohne Spätfröste), sonniges niederschlagfreies Wetter (nicht unter 15 °C) während der Rebblüte, mäßig trockene Sommer (im Juli durchschnittlich über 18 °C, im August sollen die Trauben „kochen"), ein langer, warmer trockener Herbst (im September sollen die Beeren „braten") und dann mäßiger Niederschag vor der Traubenreife. Die Winter sollen mild, ohne Fröste unter − 20 °C sein. Bei − 12 °C können bereits die Knospen erfrieren.

Während der Vegetationsperiode braucht der Wein mindestens 1.300 Stunden Sonneneinstrahlung (Saale-Unstrut etwa 1600, Rheinland-Pfalz etwa 1660, Krim etwa 2400) bei 100 guten Sonnentagen. Durchschnittliche Jahresniederschlagsmengen unter 500 mm und über 900 mm (Gefahr der Pilzkrankheiten) sind ungünstig (Elbtal 600 bis 700 mm, Geisenheim 490 mm, Baden und Schwarzwald bis 1000 mm). Mäßige Niederschläge sind zu allen Jahreszeiten erwünscht (am Mittelmeer fallen sie vor allem im Winter). Eine relative Luftfeuchte von 60 bis über 80% oder Nebel zur Zeit der Früh- und Spätfröste sind ebenfalls wünschenswert. In nördlichen Anbaugebieten spielen gegenüber den südlichen Gebieten der stark wechselnde jährliche Witterungsverlauf und lokale Besonderheiten des K. eine entscheidende Rolle im Weinbau. K., ↑ Lokalklima, Bodeneinflüsse, jährlicher Witterungsverlauf und Rebsorten (frühreife und extrasichere) sowie Produktionsverfahren bedingen in engem Zusammenhang die Anbauwürdigkeit des Weins. So werden im trokkenen Karst Rebstöcke sehr weit gesetzt und niedrig gehalten. Die ↑ Erziehungsform ↑ Pergola behindert z.B. das Austrocknen des Bodens. Das K. beeinflußt auch den Ausbau der Weine. So bauen Rotweine sehr gut im Seeklima aus. Die Hansestädte Stralsund, Rostock, Wismar sowie Lübeck an der Ostsee, ebenfalls Hamburg und Bremen wurden deshalb auch durch ihre Kellereien berühmt. (3)

Klimaschrank, Klimazellen ↑ Temperierschränke

Klosterabzug: eine Bezeichnung, die früher, ebenso wie Kellerabzug, anstelle der heute in den Ländern der EG vorgeschriebenen ↑ Erzeugerabfüllung stand. (3)

Klosterneuburger Mostwaage, KMW: ein von A. W. Fr. v. Babo entwickeltes ↑ Aräometer, mit dem der Zuckergehalt in Prozent als Grad-KMW angegeben wird. Eine Multiplikation mit 4,98 ergibt die Oechslegrade (z. B. 20 °KMW entsprechen etwa 100 °Oe). (3)

Kneipwein ↑ Schoppenwein

Kochen mit Wein. Schon in der Küche gehören ↑ Speisen und Wein zusammen. Aroma (↑ Bukett), Gerbstoffe und Säuren, Zucker und überhaupt die Extraktstoffe von Wein können den Gerichten spezifischen Geschmack verleihen. Besonders die romanischen Völker verfeinern Suppen, Soßen, Hauptgerichte und Desserts mit Wein. Im Gegensatz zum einfachen Aufkochen des Weins, bei dem sich nicht nur der Alkohol verflüchtigt, sondern der Wein auch fad wird, übernehmen die Gerichte beim Kochen das Aroma des Weins. Noch besser ist es, den Wein vorwiegend zum Marinieren und Ablöschen zu nehmen. Spitzenweine sind natürlich nicht erforderlich. Doch ein Wein, der zum Trinken nicht taugt, eignet sich ganz sicher auch nicht zur Speisenzubereitung. Oft werden in den Rezepten bestimmte Weine angegeben, die aber mit ähnlichen austauschbar sind. Von der Regel, dunkles Fleisch mit Rotwein und helles Fleisch sowie Fisch mit Weißwein zu bereiten, kann auch abgewichen werden. Überhaupt spielen Gefühl, Phantasie und Verstand auch beim K. m. W. eine entscheidende Rolle.

Einige Grundgedanken zum K. m. W.:

– *Suppen* können direkt als Weinsuppe aus Wein, Wasser und etwas Zimt aufgekocht und mit der gleichen Menge Wein mit Eidotter und etwas Mehl verquirlt, bereitet werden. Wein kann auch Tomatenreis-, Pilz- und Fischsuppen zugefügt werden.

– *Marinaden* für Fleisch, besonders für Wild, mit Wein, Kräutern und Gemüse gewinnen durch Zusatz von Öl (Oliven). Sie können danach als Garflüssigkeit und als Soßengrundlage genutzt werden. Einfache, kräftige Rotweine geben der Soße auch Farbe. Alle Fleischsorten können mehrere Stunden mariniert werden. Gegart wird bei geringer Hitze und geschlossenem Topf, um die Aromen möglichst zu erhalten.

– *Soßen* fügt man den Wein am besten durch Ablöschen des Bratens oder Schmorfleisches bei; trockene Rot- und Weißweine sind zu bevorzugen.

– *Fisch* kann neben Weißweinen auch mit Rotwein – bevorzugt aus der Rebsorte 'Cabernet Sauvignon' – oder mit Tokaji Szemorodni im Sinne eines Fischsuds mit Kräutern und Gemüse gargekocht werden (nur aufkochen und garziehen). Aus dem Fischsud kann z. B. mit Butter dann die Soße bereitet werden.

– *Früchte* mit Wein aller Art und vielleicht mit etwas Zucker begossen (nicht übersüßen), speziell Tokaji Szamorodni bzw. Aszú zu Pfirsichen, ergeben ein ausgezeichnetes Dessert. Farbe und Frische des Obstes sollen möglichst erhalten bleiben, deshalb wird der Wein meist erst kurz vor dem Servieren zugegeben.

– *Weinsirup* aus Früchten, Zucker und Wein soll etwa 30 min bei schwacher Hitze dünsten, bis die Früchte weich, aber noch nicht zerfallen sind. Früchte dann herausnehmen und die Flüssigkeit weiter bei schwacher Hitze reduzieren und mit den Früchten servieren. Auch ein Sorbet-Speise-Eis mit Wein, Früchtepüree oder Fruchtsaft und Sirup im Gefrierfach gefroren oder eine Weinschaumcreme mit Eigelb und Zucker sowie Likör- oder Weißwein im heißen Wasserbad geschlagen und nach dem Abkühlen mit geschlagener Sahne untergezogen, geben ausgezeichnete Desserts. (3)

Kochsommer: warme Sommer mit hoher Sonneneinstrahlungsdauer. (3)

Kohlendioxid, CO_2: als Nebenprodukt bei der ↑ alkoholischen Gärung entstehendes farbloses Gas von schwach säuerlichem Geruch und Geschmack.

CO_2 entweicht bei der Weinbereitung über den ↑ Gärverschluß, während es bei der Sektherstellung im Wein gebunden wird. Bei der Gärung wird etwa das 40fache des Volumens des Gärbehältnisses an CO_2 ausgeschieden. Da CO_2 schwerer ist als Luft und erstickend wirkt, muß im ↑ Gärkeller für eine ausreichende Entlüftung gesorgt werden. Mit Hilfe einer brennenden Kerze, die bei für den Menschen gefährlichen CO_2-Konzentrationen erlischt, wird die Sicherheit für die Küfer im Keller und in den zu reinigenden Gärbehältnissen nach der Weinentleerung kontrolliert. (2)

Kokawein: Medizinalwein, bei dem Likörweine mit einem Kokablätterauszug versetzt werden. (3)

Kokkineli, *Rose* [griech.]: Roséwein

Königin der Weingärten: ungarische Tafeltraubenzüchtung von János Mathiász, 1916 aus der Kreuzung 'Königin Elisabeth' × 'Perle von Csaba' gewonnen. Die Trauben sind sehr groß, pyramidal, geschultert, lockerbeerig, die ebenfalls sehr großen ovalen Beeren dickhäutig, grüngelb bis bernsteingelb, hell bereift, süß, muskatig. Der Rebstock wächst mittelstark bis stark und sollte an vollsonnigen Spalieren von Südwänden mit warmen, auch leichteren, doch nährstoffreichen Böden gepflanzt werden. Als Ertragsschnitte sind Bogreben notwendig. Die Traubenreife liegt vor und mit 'Gutedel'. Die Holzreife genügt für normale Winter, Anfälligkeit für Echten Mehltau besteht. (6)

Königliche Magdalenentraube, *Madeleine Royale:* französische Tafeltraube, gezüchtet von M. Moreau-Robert und 1851 in den Handel gegeben; wegen des guten Geschmacks und der frühen Reife bald weit verbreitet. Die mittelgroßen, auch walzenförmig gedrungenen, dichtbeerigen Trauben haben ovalrundliche, dünnschalige, grüne, hell bereifte Beeren mit süßem, edelaromatischem Fleisch. Von der Sorte bestehen im Anbauwert unterschiedliche Typen. Der Rebstock wächst mittelstark, gute Typen tragen schon am Zapfen, weniger ertragreiche erst an langen Bogreben. Nachteilig sind die schlechte Holzreife und die dadurch bedingte Frostanfälligkeit und Fäulnis der Trauben. (6)

Konservierung: Verfahren zur Verlängerung der Haltbarkeit von Lebensmitteln. Mittels K. wird das Wachstum von Mikroorganismen unterbunden und die Enzymaktivität herabgesetzt. Beim Wein sind der Einsatz von Hitze (Warmabfüllung und Kurzhocherhitzung (KHE) der Maische; ↑ Maischeerhitzung) und chemischer Konservierung durch Zusatz von ↑ Sorbinsäure gestattet. Der Einsatz Schwefliger Säure kann die K. unterstützen, ist aber allein nicht imstande, Mikroorganismen zu unterdrükken bzw. abzutöten (↑ Schwefeln). (2)

Konsumreife: Zeitpunkt, zu dem der Wein ein trinkfertiges (optimales) Ausbaustadium erreicht hat. Weine aus den Rebsorten 'Müller-Thurgau' haben schon sechs Monate nach der Lese (Februar/März), 'Grüner Veltliner' etwa ein Jahr und 'Weißer Riesling', 'Weißer Burgunder', 'Traminer', 'Roter Zierfandler' ein bis zwei Jahre nach der Lese K. Je höher die ↑ Qualitätsstufe, um so später der Entwicklungszenit und damit die K. Spätlesen brauchen mindestens zwei Jahre bis zur K. ↑ Höhepunkt des Weins, ↑ Trinkreife der Weine (3)

Konsumweine: ältere Bezeichnung für meist alkoholärmere, nicht so teure Weine ohne besondere Qualitätsansprüche, die vor allem in südlichen weinbauenden Ländern zu den Mahlzeiten getrunken werden. Heute werden K. fast überall als ↑ Tafelwein bzw. ↑ Landwein bezeichnet. (3)

kontrollierte Herkunftsbezeichnung ↑ Herkunftsbezeichnung, kontrollierte

Konzentrierung: Verminderung des

Wassergehaltes von Mosten durch Eindampfen oder Kältebehandlung. K. ist z. B. für ↑ Landweine und ↑ Qualitätsweine in der BRD nicht zugelassen. (3)

konzumno vino [jugosl.]: gewöhnlicher Konsumwein der untersten Qualitätsstufe. (3)

KOOSPOL PRAHA [tsch.]: abkürzende Bezeichnung des staatlichen Außenhandelsunternehmens der ČSSR für Nahrungsgüter, das auch Wein exportiert; Hauptsitz in Prag, Zweigstelle in Bratislava. (3)

Kopfschnitt ↑ Rebschnitt

Korbrebe: unveredelte, aus Steckholz im Weiden- oder Drahtkorb angezogene Jungrebe. Sie wird mit dem Korb, belaubt oder unbelaubt, in die Erde gepflanzt und wurde früher häufig gehandelt. Jetzt ist die K. durch die Topf- oder Kartonagenrebe ersetzt worden. (3)

Kordon ↑ Rebschnitt

Korinthen: getrocknete Weintrauben aus blauen, kernlosen (parthenokarpen) Sorten. (3)

Korkbrand: Eindruck oder Brandzeichen auf dem Korken, das an keine bestimmte Weinqualität gebunden ist. K. auf dem Etikett zeigte früher naturreinen Wein, im Keller des Erzeugers ausgebaut und abgefüllt, an. Berühmte Weinkellereien versehen auch heute die Korken mit K. (3)

Korken: seit dem 17. Jh. zunehmend einer der zweckmäßigsten ↑ Flaschenverschlüsse. Er wird aus der Rinde der Korkeiche *(Quercus suber)* hergestellt und ist heute sehr teuer geworden. Die Gesetze in Portugal gestatten das streifenförmige Abrinden nur alle neun Jahre. Die Rinde wird danach ein bis zwei Jahre gelagert, wobei sie vor Pilzbefall geschützt werden muß.

Der K. ist gleichzeitig Filter und Lunge für den Wein, da er sowohl verschließt (solange er feucht gehalten wird) als auch eine gewisse Zirkulation von Luft und Aromastoffen gewährleistet, was für den Ausbau reifender Weine wichtig ist. Kurze und poröse K. intensivieren die Zirkulation und fördern damit schnelleres Altern der Weine. K. paßt sich der Flaschenhalsöffnung gut an. Bei hoher Luftfeuchtigkeit und modrigen Lagerräumen schimmelt er und kann auch von der ↑ Korkmotte befallen werden. Bei Trockenheit schrumpft er. Das alles führt zur Geschmacksbeeinträchtigung (↑ Korkgeschmack) und zu Fehlern bis hin zum Verderb des Weins. Deshalb treten nach und nach andere Flaschenverschlüsse in den Vordergrund. Preß-K. aus kleinen Korkstücken gepreßt, schließen die Flaschen nicht immer dicht ab und beeinträchtigen ebenso wie Schraub- und ↑ Kronenverschluß stärker den Geruch und Geschmack des Weins. In Bordeaux beschäftigt sich ein Institut speziell mit dem K. als Stopfenmaterial für Weine, da er neben den Kronen- und ↑ Plasteverschlüssen gerade für erlesene Weine, die noch in der Flasche ausbauen, immer noch die beste Verschlußart ist. Bei länger lagernden Weinen sollten K. etwa 5 cm lang sein (Milon-K.) und alle sechs bis zehn Jahre kontrolliert werden. Eventuell ist ein Umkorken notwendig. Stehend gelagerte Tokajerflaschen werden alle 25 bis 30 Jahre umgekorkt. Bei sehr alten Flaschenweinen kann deshalb aus dem Zustand des K. nur bedingt auf das Alter des Weins geschlossen werden. K. k a n n bis zu 40 Jahre halten. Je höher der Alkoholgehalt der Weine und je ausgedehnter die liegende Lagerung, um so eher wird der K. zerstört. Völlig durchnäßte K. bei lagerndem Wein zeigen ihre Durchlässigkeit und damit Oxidation des Weins an. Auf der Oberseite schimmlige und blauschwarze K. sagen jedoch nichts über die Weinqualität aus (↑ Schmant).

Vor Gebrauch sollen K. wenigstens eine halbe Stunde in heißem und dann

noch einige Stunden in mit Branntwein versetztem Wasser weichen.
An die Qualität von Sekt-K. werden besonders hohe Forderungen gestellt, muß er doch auch bei längerer Lagerung das Entweichen des Kohlendioxids verhindern. Früher wurden hierzu nur Natur-K. bester Qualität (helle Farbe; glatte, elastische Wand; feinporig) verwendet; er sollte mindestens 5 cm lang sein. Mit Verknappung des Natur-K. wurden auch Preß-K. eingesetzt. Bei ihnen werden zwei Scheiben aus Natur-K. aufgeklebt, um eine sichere Dichtung zu erreichen und ein Zerkrümeln beim Herausziehen zu vermeiden. (3)

Korken-Collier ↑ Korkhalter

Korkenzieher: Flaschenöffner, die in großer Vielfalt, z. B. als Zieher, Heber, Drücker mit komprimierter Luft, angeboten werden. Die zweckmäßigsten Flaschenöffner sind K., deren Spirale (5–6 cm lang) sich wie um eine hohle Achse (Seele) windet, durch die man ein Streichholzstäbchen stecken kann und deren Windungen (7–9 mm) glatte Kanten haben, die das Korkenbröckeln verhindern (Abb. a), die nach dem Prinzip der Hebelkraft funktionieren (b) und Flügel-K. (c). K. mit Rückstellgewinde (d) erleichtern das Flaschenöffnen auch bei sehr festsitzenden Korken. Zinken-K. (e) sind besonders für zerstörte Korken zu verwenden. Mit speziellen Sekt-K. (f) wird der überstehende obere Teil des Korkens oder Plastestopfens mit dem inneren Bügel erfaßt, während sich der äußere an der Glaswulst der Flaschenöffnung abstützt.
K. müssen bequem mit einer Hand geführt werden können, da mit der anderen Hand die Flasche zu halten ist. (3)

Korkgeschmack: durch schadhaften Naturkorken bedingte, nicht zu beseitigende unerwünschte Geschmacks- und Geruchsveränderung beim Wein. Die Weine schmecken korkig, sie sind Korkschmecker. Hochwertige Weine sind deshalb nur mit ausgezeichnetem Material zu verkorken. Die Gründe für den K. sind nicht eindeutig geklärt. (3)

Korkhalter, *Korken-Collier, pique bouchon* [franz.]: versilbertes oder vergoldetes Kettchen, mit dem der Korken festgehalten und um den Flaschenhals gehängt wird, damit der Weintrinker den Korken prüfen und den ↑ Korkbrand betrachten kann. (3)

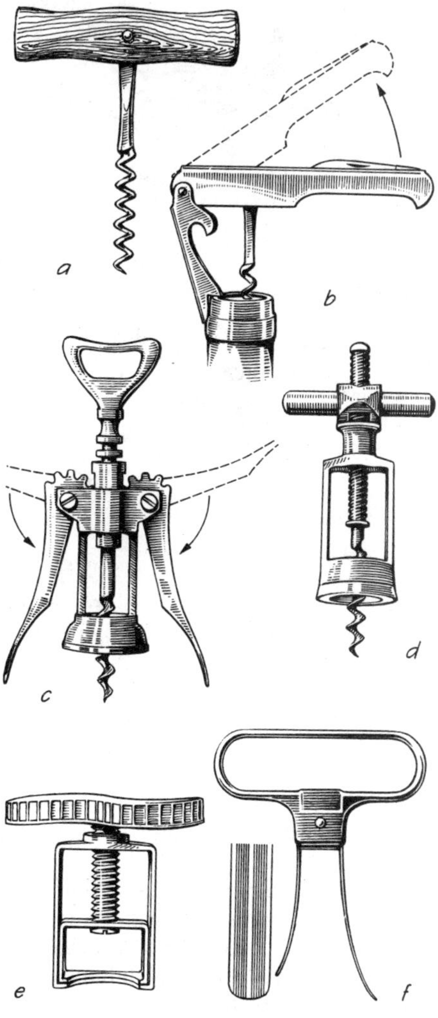

Korkenzieher (Erklärung im Text)

Korkmotte *(Tinea cloacella):* kleiner Schmetterling, dessen Raupen zuweilen durch Korkfraß sehr schädlich werden. Der Korken verliert an Gasdichte, die Weine verdunsten, altern schneller und der Kork bröckelt beim Ziehen. Gut durchlüftete Keller sind die beste vorbeugende Maßnahme gegen die K. (Abb.). (3)

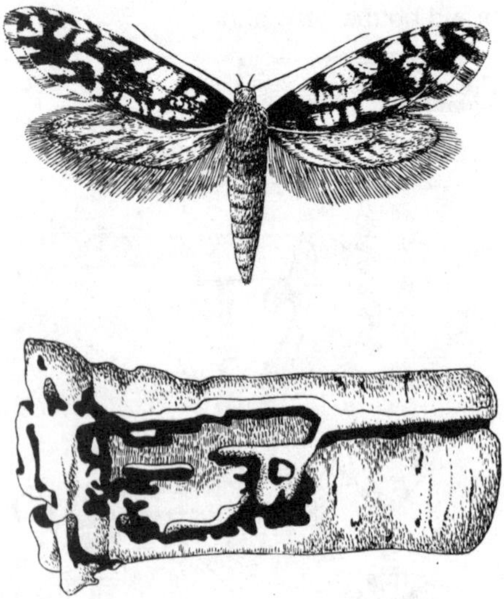

Korkmotte; Schmetterling und befallener Korken

Körper: als ↑ Fachausdruck der Weinansprache soviel wie Substanz, die etwa dem ↑ Extrakt entspricht. Ein Wein mit viel K. muß also nicht unbedingt viel Alkohl enthalten, ist aber auch nicht dünn. Viel K. ist nicht immer erwünscht, da körperreichen Weinen oft die Delikatesse fehlt, während große Burgunder oder der italienische ↑ Barolo auch immer viel K. besitzen. (3)

krank: Bezeichnung für einen Wein, der vorübergehend, z. B. durch Abfüllung und Transport, oder durch Pilze und Bakterien für immer einen fehlerhaften Geruch und Geschmack angenommen hat. (3)

Kräuterweine: Weine, die mit fast allen möglichen würzigen getrockneten und frischen Kräutern, wie Melisse, Fenchel, Enzian u. a., versetzt wurden. K. gibt es schon, soweit die Überlieferungen reichen. Meist wurden Weine geringerer Qualität durch Kräuter und Honig trinkbar gemacht bzw. als Heiltrunk verwendet. Die ↑ Wermutweine gehören zu den K. Die Hoch-Zeit der K. lag wahrscheinlich im 15. Jh.
Zur Herstellung dieses ↑ weinhaltigen Getränkes sind heute im Unterschied zum ↑ aromatisierten Wein als aromagebende Stoffe ausschließlich würzende Kräuter oder deren Auszüge zugelassen. Der Weinanteil muß mindestens 70% betragen. (3)

Kreszenz: früher Bezeichnung für einen Wein, der den Namen des Erzeugers auf dem Etikett trug. Heute ist K. in den Ländern der EG nicht mehr gestattet, wird aber noch als Bezeichnung für ↑ Edelgewächse verwendet. ↑ Erzeugerabfüllung (3)

Kretzer: 1. Bezeichnung für ↑ Federweißer; **2.** leichter, herbsaurer, geringwertiger Wein; **3.** in Italien (Südtirol) der noch süße, gleich von der Maische getrennte hellrote gärende Most oder der vom Trester vor Abschluß der Gärung abgepreßte und dann ausgärende rote Jungwein, die alle beide eine Art von ↑ Roséwein oder ↑ Weißherbst sind. Diese Weine werden von der sonst wenig bedeutsamen, aber wahrscheinlich uralten Rebsorte 'Lagrein' gewonnen. (3)

Kristalle ↑ Weinstein

Kronenverschluß: Art des Flaschenverschlusses. Der K. ist einfach mit Verschlußmaschinen zu handhaben, kostengünstig, geschmacksneutral und auch steriler für den Wein. Für Weine des alltäglichen Gebrauchs, die nicht länger lagern, sind K. zweckmäßig. Der K. wird heute auch für anspruchsvolle Weine verwendet. (3)

Krushka: altes russisches Volumenmaß; 1 K. = 1,23 l. (3)

Kuba: Volumenmaß im alten Abessinien; 1 K. = 1,015 l. (3)

Kubisat ↑ Kartonagenverpackung

Küfer, *Böttcher, Faßbinder, Schäffler:* holzverarbeitender Faßmacher. Der Name ist von Kufe (↑ Trinkgefäß) abgeleitet. Aber auch der Kellermeister und der Gehilfe des Weinhändlers wurden als K. bezeichnet. K. ist einer der ältesten und selten gewordenen Handwerksberufe. Heute ist K. ein Grundberuf der Lebensmittelindustrie in der Weinkellerwirtschaft. K. stellen nicht nur das ↑ Faß für die verschiedensten Zwecke, sondern auch Bottiche, ↑ Butten, Eimer, Kiepen, Zuber u. a. aus Holz her. Abb.; ↑ Tafel 24 (3)

Kuhlah: Volumenmaß in Indien; 1 K. = 4,1 l. (3)

Kulleh: Volumenmaß im alten Algerien; 1 K. = 16,33 l. (3)

Különleges minöségi bor [ung.]: Bezeichnung für hochwertige Qualitätsweine, an die Prädikate vergeben werden können und bei denen Rebsorte, Jahrgang, Herkunft, Alkoholgehalt und Abfüller auf dem Etikett ausgewiesen sind. Für K. m. b. ist ein Mindestmostgewicht von 94 °Oe Voraussetzung. Alle K. m. b. müssen die rot-weiß-grüne staatliche Banderole mit einer Kontrollnummer tragen. (3)

Küfer bei der Arbeit
(nach Petrus de Crescentiis, Opus ruralium commodorum libri XII, Speyer 1493)

Kult um Wein. Die besondere Verherrlichung des Weins rührt sicher aus seiner berauschenden Wirkung her und auch daraus, daß er im Altertum eine der Hauptkulturen der Landwirtschaft war. Nach den Überlieferungen wurde der Wein bei vielen Völkern mit Gottheiten, sei es als ein ausschließlich den Priestern vorbehaltenes Getränk oder als Trankopfer in kultische Verbindung gebracht, wie mit Osiris im alten Ägypten, mit ↑ Dionysos bei den Griechen oder mit Bacchus bei den Römern. Das Christentum machte ihn, an diese Götterkulte anknüpfend, zum Symbol des Blutes Christi. Jeglicher Weinkult war ursprünglich mit Festen des Werdens und Gedeihens und des Wiedererwachens der Natur und der Ernte verbunden, die in ausgelassener Fröhlichkeit (↑ Dionysien, ↑ Bacchanalien, ↑ Winzerfeste) begangen wurden. ↑ Geschichte des Weins (3)

Kunst und Wein. In der ästhetischen Aneignung der Welt spielt von altersher kein anderes Genußmittel solch eine Rolle wie der Wein. Die Menschen kultivierten die Weinrebe nicht nur – Rebstock und Wein wurden für sie zur unerschöpflichen Quelle origineller Ideen zum Weinthema, die in der Musik, in der Prosa und Lyrik, der darstellenden und bildenden Kunst, der Architektur und Landschaftsgestaltung ihren Niederschlag fanden und auch heute immer wieder aufgegriffen werden.

In den alten östlichen Kulturen, besonders aber in der griechisch-römischen Antike, standen Liedgesang, Tanz, Instrumentenspiel und später Musiktheater mit ihren Kelter-, Chor-, Trink- und

Spottgesängen sowie in der Folge mit den ↑ Dionysien, Satyrspielen und ↑ Symposien in engster Beziehung zum Wein.

An die den weinfrohen Lebensgenuß preisenden Gesänge des altgriechischen Lyrikers Anakreon (Mitte d. 6. Jh. v. u. Z.) knüpften sogar Mitte des 18. Jh. die Anakreontiker wie J. W. L. Gleim, F. v. Hagedorn und P. de Ronsard mit ihren Liedern an. Neben bescheidenen Versuchen der Minnesänger des frühen Mittelalters, auch dem Wein zu huldigen, und den urwüchsigen Zechliedern in der zweiten Hälfte des 13. Jh. zur Verherrlichung unglaublicher Trinkmeisterstücke (wie im österreichischen „Weinschwelg" beschrieben), ragen die ausdrucksvollen, respektlosen, die alltäglichen Gelüste lobenden Vagantenlieder heraus. Besonders der plebejische F. Villon (1429 bis um 1465), von dem B. Brecht sagte, „sein Lied hat noch am längsten ausgehalten", besang diesseitige Heiterkeit bei Liebe und Wein. Die spätere belanglose, leere Reime drechselnde „höfische Schwulstdichtung" wird durch die beschwingten und oft derben Trinklieder eines J. C. Günther (1695–1723) und die saftig erotischen des schwedischen Anakreontikers C. M. Bellmann (1740–1795) mit seinen meist geliehenen Melodien wie zu ... „Mädchen und volles Faß/Wollust in Blut und Glas ..." übertönt. Bereits mit J. Fischart (1546–1590) wird der Reigen inniger, volkstümlicher Weinlieder eröffnet, der sich im 18. und 19. Jh. fortsetzt. Lieder wie „Jetzt schwingen wir den Hut, der Wein, der Wein war gut" (J. P. Hebbel 1760–1826, vertont von A. Methfessel 1785–1869 und G. F. Schneider 1786–1853) sowie „Vivat Bacchus, Bacchus lebe" (C. F. Bretzner 1798–1807, vertont von J. Andre 1741–1799 und W. A. Mozart 1756–1791) machen im 19. und 20. Jh. auch Gesängen mehr weinseliger Behaglichkeit wie „Trink, trink, Brüderlein trink" (Lindemann) oder „Gibt acht auf den Jahrgang" (Schlösser/Jassenhoven) Platz, und über die lauschigen, zur Wiener Schrammelmusik gesungenen Stimmungslieder „I bin a stiller Zecher" (Salpeter/ H. Leopoldi) führt der Weg nicht selten zu rührseligen, banalen Schwipsliedern wie „Wir sind ja alle nicht mehr nüchtern" (Wehle/Erdmann). Daneben aber sang das Volk in seinen Freiheitskämpfen auch mit dem Feuer des Weins verbundene Lieder wie „Kommt Brüder, trinkt froh mit mir" (Th. Körner 1791–1813).

Schließlich ist die Opern- und Operettenwelt ohne ihre weinlaunigen Zecherszenen und zündenden Trinklieder wie bei C. W. Gluck (1714–1787), O. Nicolai (1810–1849), G. Verdi (1813–1901), W. A. Mozart, A. Lortzing (1801–1857), J. Offenbach (1819–1888), S. S. Prokofjew (1891–1935), R. Strauß (1864–1949) und ganz besonders ohne C. Orffs (1895–1982) großen Hymnus auf Wein, Weib und Gesang in der „Carmina Burana" nicht denkbar.

Meist auch mit der Musik und der darstellenden Kunst verbunden, schenkten die Dichter von altersher dem Wein ihre Aufmerksamkeit. So schildert schon ↑ Homer (8. Jh. v. u. Z.) in der Ilias auch die Rebkelter und läßt uns wissen, daß auf dem Schild des Achilles kunstvolle ↑ Weinmotive zu sehen waren. Hesiod (um 700 v. u. Z.) beschreibt die Darstellung der Weinlese auf dem Schild von Herkules und rühmt den Wert ehrlicher Winzerarbeit. Aristophanes (um 455–etwa 386 v. u. Z.) verklärt in den „Archarnern" ein bäuerliches Dionysosfest. Die Römer Horaz (65–8 v. u. Z.), Ovid (43 v. u. Z.–18 u. Z.), ↑ Ausone (309–395 u. Z.) und Fortunatus (6. Jh.) preisen den Wein und die Weinlandschaft. Überall tönt in der Lyrik der Dreiklang von „Wein, Weib und Gesang". Die großen persischen und arabischen Dichter beeinflußten mit ihren Werken zum Wein nicht nur den Vorderen Orient, sondern auch die deutsche Klassik. Nicht zuletzt lassen auch die fernöstliche Dichtung, wie die des Li Bai (701–762) mit seinem „Blumenduft und eine Kanne Wein" und die indische Lyrik (z.B. des Amaru aus dem 7.Jh. mit „Der Mond hat in dem Weine sich gespiegelt") mit der ausdrucksvollen Poesie etwas von dem Zauber spüren, der dem Wein eigen ist. Nach den derben Versen G. Chaucers (1340–1400) und H. Sachs' (1494–1576) sowie den lebensdurstigen französischen Vaganten, die „mehr ins Glas als nach Gott schauten", nahm sich – außer dem deutschen Kneipgedicht – die volkstümliche Hauspoesie mit Poeten wie M. Claudius (1740–1815), F. Rückert (1788–1866), E. Geibel (1815–1884), P. Heyse (1830–1914) des Weins an. Sprachlich meisterhafte Dichtung zum Wein schufen u. a. H. v. Kleist (1777–1811) mit seinem „Liebeslied an die Weinflasche", F. Schiller (1795–1805) mit seinem „Punschlied", J. W. v. Goethe (1749–1832) in vielen seiner Verse, vor allem im „Westöstlichen Diwan", F. Hölderlin (1770–1843) und H. Heine (1797–1892). In unserem Jahrhundert sind es vor allem F. Garcia Lorca (1898–1936), P. Neruda (1904–1973) und J. Ritsos (1909), die wieder voller natürlicher Kraft die menschliche Sehnsucht nach Glück mit dem Wein verbinden. H. Hesse (1877–1962) hat vielleicht die schönsten Worte in Prosa zum Wein in seinem Roman „Peter Camenzind" gefunden. In H. Cibulkas (1920) Rebstockversen entdeckt man Lebensweisheiten unserer heutigen Welt. Auch die Philosophen aller Zeiten, vom Perser Omar Chayyam (1021/22–1122) bis hin zu F. W. Nitzsche (1844–1900), kleideten ihre Gedanken über eine sinnerfüllte irdische Welt in das Symbol des Weins.

In der bildenden Kunst sind die Trinkerszenen auf sumerischen Rollsiegeln – 4000 v. u. Z. – frühe Zeugnisse der Bedeutung des Weins. Aus dem 3. Jahrtausend stammen ägyptische Bildgeschichten zur Weinbereitung und zu Trinkgelagen. Um die Zeitenwende vermitteln besonders griechische Vasenmalereien und römische Fresken eindrucksvolle sachliche Darstellungen zum Thema Wein. Seit etwa dem 6. Jh. v. u. Z. erscheinen neben Trinkerszenen mit Hetären und Tänzerinnen zunehmend auch bacchantische Dionysosbilder, die dann über die Jahrhunderte hinweg die Künstler aller Völker anregten. Vor allem der Zug des ↑ Bacchus mit Ariadne, Silen, den geschwänzten Satyrn, ↑ Bacchantinnen und den Tieren im Gefolge war ein beliebtes mythologisches Sujet, so etwa bei Tizian (1476?–1576), Carravaggio (1573–1610) u. a. Die flämischen Maler um Rubens (1547–1640) steigerten das Thema zu bacchantisch üppiger Erotik, der dann in der barocken Kunst (bei F. Boucher 1703–1770, P. Mignard 1612–1695 u. a.) galante Bacchusszenen folgten.

Ein volkstümlicher Bacchus als Gast der Menschen, von D. Velaźquez (1559–1660) gemalt und von F. I. de Goya (1746–1828) gestochen, oder Satyrn als Gäste bei Landleuten (J. Jordaens 1593–1678, H. Sorghs 1611–1670) stellen die Verbundenheit einfacher Menschen mit dem Wein heraus. In der Zeit des Klassizismus und der Romantik geht es weniger rauschhaft und in letzterer mehr idyllisch-weinselig zu (A. L. Richter 1803–1884, M. Schwind 1804–1871). Dagegen feiern H. Makart (1840–1884) mit dem „Triumph der Ariadne" oder A. Feuerbach (1829–1880) mit dem „Gastmahl des Plato" und „Hafis vor der Schenke" mit effektvoller dekorativer Koloristik und geglätteten Formen die Freundschaft des Bacchus mit Eros, und verbanden

O. Greiner (1869–1916) und L. Corinth (1858–1925) ihre vitalen dionysischen Darstellungen mit dem ungezügelten Feuer der Venus.
Die Weintrinker feiern im ↑ Zechjahrhundert der Deutschen fröhliche Urstände in den Gelagen, Tafelrunden und Dorffesten, in den Freuden-, Bade- und Wirtshausszenen eines I. Aman (1539–1591), H. S. Beham (1500–1550), D. Hopfer (um 1470–1536) u. a. Trunkene Heiterkeit bis zur derbsinnlichen Volltrunkenheit, Saufen und Raufen als Vergnügen des Volkes beherrschen die ländlichen Kirmes- und Schenkenbilder flämischer und niederländischer Meister wie P. Breugel (um 1525–1569), A. Brouwer (um 1605–1638), J. Jordaens (1593–1678), A. v. Ostade (1610–1685). W. Hogarths' (1697–1764) Punschgesellschaft karikiert die ausgesprochenen Trunkenbolde. Der allein oder im kleinen Kreis genießerisch Wein Trinkende findet sich schon bei D. Teniers d. J. (1610–1690), dann vor allem bei E. v. Grützner (1846–1925) J. P. Hasenclever (1810–1925) und W. Busch (1832–1908). Hier ragt Rembrandts (1606–1669) berühmtes Selbstbildnis mit Saskia heraus. Aus ungezählten Stilleben und Landschaftsbildern um den Wein hebt sich das farbenprächtige idyllische Gemälde von P. Hackert (1737–1807) „Weinlese bei Sorrent“ ab. Es zeigt neben den Lesearbeiten eine Art der Baumerziehung, bei der an zwei Bäumen die Reben hinaufgezogen und zwischen den Bäumen miteinander verbunden werden. Dem gleichen Thema ist das Temperagemälde von L. v. Hoffmann (1861–1945) „Weinlese“ gewidmet.
Auch die sakrale Kunst ist ohne den Wein nicht denkbar. Die zahllosen Gleichnisse in der Bibel, die den Weinstock und die Arbeit im Weinberg betreffen, inspirierten die Künstler in starkem Maße. Es gibt wohl kaum ein christliches Kunstdenkmal in Europa, in dem nicht Motive des Weins und des Trinkens zu finden sind. Besonders in der Architektur, auf Kirchenfenstern, dem Gestühl, den Kirchengeräten und -gewändern und in den Gemälden beginnen sich mit dem 12. Jh. Weinblätter, Trauben und Ranken sowie der Rebstock als dekoratives Element durchzusetzen. Daneben bezieht sich die sakrale Kunst auf Motive wie das Gleichnis vom Weinberg, Jesus in der Kelter oder die Madonna mit der Traube. Auch die Vorlagen des Alten Testaments, nach denen Adam und Eva statt mit dem Apfel mit der Traube dargestellt werden (L. Cranach d. Ä. 1472–1553; „Das goldene Zeitalter“), der trunkene Noah, der im Rausche mit seinen Töchtern verkehrende Lot und die eine riesige Traube schleppenden Kundschafter beeinflußten das künstlerische Schaffen. Die Arbeiten im Weinberg sollten sogar im 16. Jh. durch das Gemälde von L. Cranach d. Ä. in der Schloßkirche zu Wittenberg bildnerischer Höhepunkt der ideologischen Auseinandersetzung nicht nur zwischen Lutheranern und Katholiken, sondern auch zwischen Bürgern und fürstlichen Herren werden.
Viele Holzschnitte und Kupferstiche des Mittelalters, ebenso wie das damals aufkommende Exlibris, wurden durch Weinornamente und ↑ Weinmotive bereichert. Bis heute werden die Holzschnitte zu Weinberg- und Kelterarbeiten aus ↑ Crescentiis Standardwerk über den Landbau reproduziert. Mit P. Gavarnis (1804–1866) farbigen Lithographien oder auch A. v. Kellers (1844–1920) „Diner“ erscheint der champagnerfreudige bürgerliche Salonlöwe im Bild. Künstler wie V. v. Gogh (1853–1890) mit seinen „Roten Weingärten“ oder M. Linger (1886–1959) mit dem „Frühstück im Freien“ und P. Picasso (1881–1973), besonders mit sei-

nen minotaurischen Trinkszenen im Wechselspiel von ursprünglicher Kraft und zärtlicher Sanftmut, nehmen sich des Weins in einer Art an, die sonst kaum in dieser künstlerischen Vollendung zu finden ist.
Schon früher wurden Gebrauchsgegenstände aller Art verziert. Besonders Trinkgefäße und Weinbehälter, aber auch Werkzeuge und Möbel und nicht zuletzt Schmuckgegenstände von den antiken Kameen bis hin zu den Fächern des Barock zeigen häufig kunstvolle Weinmotive. Dabei haben sich neben Steinmetzen, Bildhauern, Schnitzern, Metallkünstlern, Malern und Buchkünstlern auch Goldschmiede, Glas-, Porzellan-, Medaillen- und Münzmacher sowie Sticker und Teppichweber dem Wein bis in unsere Zeit hinein gewidmet. Als Beispiel seien das graziös beschwingte figürliche Meißner Porzellan – vor allem von J. J. Kaendler (1706–1775) gestaltet – und die Weindekore auf Tafelgeschirren genannt.
Weinstock und Wein sind symbolisch von altersher mit dem friedlichen Leben, der Unsterblichkeit, der Liebe, Wahrheit und der Erkenntnis künstlerisch im Bunde. ↑ Tafel 5, 6 und 8 (3)

Kunstwein: ein Getränk, das weinähnliche Eigenschaften bezüglich Aussehen, Geruch und Geschmack zeigt, aber nicht aus Weintrauben bzw. Traubenmost hergestellt wurde und dem in der Regel auch kein Wein bzw. Fruchtwein zugesetzt wurde. Dieser nachgemachte Wein wird aus künstlichen Aromastoffen, Säuren, Wasser, Alkohol u.a. Substanzen gefertigt. (3)

Kursbücher von Weinen: Beschreibung der Weine eines Anbaugebietes, eines Landes oder eines Postens vom Handel angebotener Weine. K.v.W. veralten relativ schnell. (3)

kurz: Bezeichnung für Weine mit Mangel an füllendem ↑ Extrakt (Körper), deren Geschmack und Bukett sich außerdem schnell entfalten, aber auch schnell vergehen und kaum ↑ Abgang haben. (3)

kvalitetno vino [jugosl.]: Qualitätswein; *k. v. sa geografikim poreklom* bezeichnet Qualitätswein mit Herkunftsbezeichnung, der zu mindestens 85% aus empfohlenen oder zugelassenen Rebsorten besteht und aus einem bestimmten Bereich oder einer Lage kommt. Außerdem müssen die so ausgezeichneten Weine gebiets- und rebsortentypische Eigenschaften aufweisen. (3)

L

Lage, *Einzellage:* engste, unterste geografische Bezeichnung für eine Rebfläche, die ein Weingrundstück oder mehrere umfassen kann und die in einem bestimmten, fest umrissenen Geviert (Gewann in Baden, Ried in Österreich, climat in Burgund, cru in Bordeaux) liegt, das sich durch sehr einheitliche Böden sowie ↑ Lokalklimate auszeichnet. Abgegrenzte Lagen und ihre Bezeichnungen, wie Freyburger Schweigenberg, sind meist sehr alten Ursprungs. Im Lauf der Zeit ist eine enorme Vielzahl solcher L.bezeichnungen entstanden, weshalb man bemüht ist, die Anzahl zu reduzieren. In der BRD beispielsweise sind die L. von 25000 bis 30000 auf rund 2600 verringert worden, wobei alte, renommierte L.bezeichnungen dann in der Regel den Namen für die neue zusammengefaßte L. hergeben. Außerdem ist in fast

allen Ländern, die ähnlich vorgehen, eine mehr oder weniger starke Bewegung in der Einteilung zu beobachten. In Frankreich kommt hinzu, daß die Orthografie der L.bezeichnungen nicht immer einheitlich gehandhabt wird (z. B. Champeau oder Champeaux).
Die Größe der L. ist sehr unterschiedlich (etwa fünf bis über 100 ha) und hängt von der Einheitlichkeit der Standortbedingungen und ihrer Begrenzung ab. L. werden zu ↑ Großlagen und Bereichen und diese zu Anbaugebieten zusammengefaßt (Abb.). Die offizielle ↑ Herkunftsbezeichnung von Weinen baut auf der territorialen Einteilung auf. Die L. hat besonders in nördlichen Anbaugebieten Bedeutung, da hier die differenzierten Standortverhältnisse größeren Einfluß auf die Qualität des Lesegutes haben. (3)

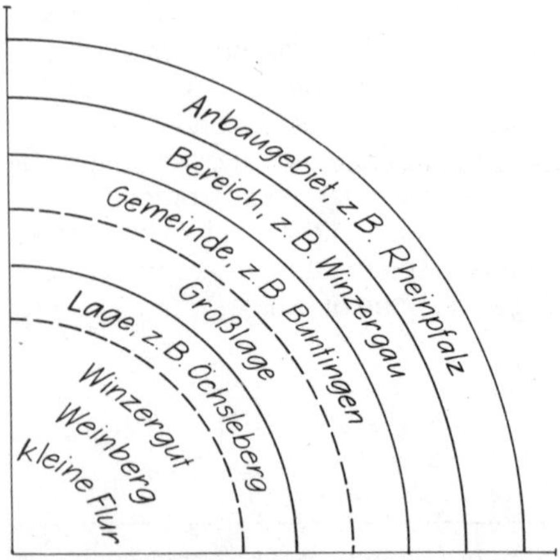

Lage; Bezeichnungsregelung für den territorialen Herkunftsnachweis der Weine in der BRD

lagengerechte Weine: Weine, die ausschließlich oder zumindest zu einem hohen, gesetzlich geregelten Anteil aus ein und derselben, nach den Vorschriften des jeweiligen Landes bezeichneten Lage stammen. So kann z. B. ein Portugieser vom Kaatschener Dachsberg bis zu 25% aus algerischem Rotwein als Deckwein bestehen. ↑ Herkunftsbezeichnung (3)

Lagensekt: Schaumweine, deren Grundweine nur aus einer ↑ Lage stammen. (3)

Lagerfähigkeit: Eigenschaft der Weine, sich mehr oder weniger lange zu halten bzw. vor dem ↑ Altern einen ↑ Ausbau durch Lagern zu erreichen. Vor allem müssen eine intensive Oxidation und rascher Säureabbau sowie eine Infizierung mit schädlichen Mikroorganismen vermieden werden. Behandlung mit Schwefliger Säure und Schwefeldioxid, saubere Kellerwirtschaft, Spundvollhalten der Fässer bei den meisten Weinen, sichere Flaschenverschlüsse und unter Umständen weitere kellertechnische Verfahren, wie kurzzeitiges Erhitzen und Abkühlen, sind Grundvoraussetzungen der L. Je hochwertiger ein Wein ist, je mehr Säure und Extrakt einschließlich Alkohol er enthält, um so lagerfähiger ist er und um so länger sollte er im Interesse seines Ausbaus gelagert werden. Qualitätsweine einfacher Güte schmecken schon nach dem Abfüllen gut, aber in der Regel nach zwei bis drei Jahren noch besser. Qualitätsweine höherer Güte brauchen mehr Zeit, um ihren Reichtum an Aroma zu entwickeln und sind wenigstens fünf Jahre lagerfähig, Spätlesen etwa acht oder mehr Jahre, Auslesen bis zu fünfzehn Jahre und Trockenbeerenauslesen sind ein Vierteljahrhundert und länger ausbaufähig.
Generell gilt: ↑ kleine Weine altern schneller als große und sollten ohnehin frischer getrunken werden. Weiße halten sich schlechter als rote Weine und alkohol-, säure- sowie extraktärmere schlechter als alkohol-, säure- und extraktreiche (↑ schwer). Besonders gut lassen sich aufgespritete Weine lagern, wie verschiedene ↑ Wermutweine, aber

besonders ↑ Sherryweine, ↑ Portweine, ↑ Malagaweine, ↑ Marsalaweine. Viele dieser Weine sind unsterblich.

Eingelagerte Weine müssen im Abstand von einigen Jahren kontrolliert werden. Bei aufgespriteten kann die probierte Flasche wieder unproblematisch verschlossen werden. Generell muß aber die Flasche mit gleichwertigem Wein oder sterilen Glasperlen aufgefüllt werden oder der Wein wird nach der Kontrolle in kleinere Flaschen umgefüllt. (3)

Lagergefäße für Wein. Behältnisse, in denen der Wein ohne zu verderben längere Zeit gelagert und auch transportiert werden kann. Ton, Holz, Leder, Metalle, Glas, Beton, Papier, Polyester u. a. Kunststoffe sind die uns bekannten Materialien, aus denen L. f. W. hergestellt wurden und werden. 1981 wurde in China eine luftdicht verschlossene Bronzekanne aus dem 16.–11. Jh. v. u. Z. mit einem weinähnlichen Getränk geborgen. Da Holz und Lederschläuche sehr schnell verrotten, kann man nur aus den bildlichen bzw. schriftlichen Überlieferungen entnehmen, daß in Mesopotamien, im alten Ägypten, Griechenland, Rom und in Nordafrika und Spanien der Lederschlauch – meist aus Ziegenhäuten – sowohl Lager- als auch Transportgefäß war. Er ist auch heute noch vereinzelt an den Mittelmeerküsten und in Transkaukasien anzutreffen. Eine moderne Form ist der Weinbeutel aus Kunststoffen, eventuell sogar mit Vakuumverschluß. Im Altertum herrschten jedoch Tongefäße vor, besonders die uns zahlreich überlieferten ↑ Amphoren oder große bauchige L. f. W., die Pithoi aus Ton, Metall oder Holz. Auch heute noch wird Wein in Tonkrügen gelagert, wie in Zypern oder dem sowjetischen Georgien, wo die Weinbauern ihre riesigen Kwewri-Krüge (bis 1000 l Fassungsvermögen) in die Erde einlassen.

Das ↑ Faß aus Holz tauchte erst Ende der Bronzezeit auf und hat sich neben Lagergefäßen aus anderen Materialien, besonders Tanks (Gebinde), bis heute fast überall gehalten.

Das Glas vermochte sich im Altertum nicht als Lagerbehältnis durchzusetzen. Dagegen sind heute die ↑ Glasflaschen nicht mehr wegzudenken, obwohl bereits Plastevakuum- und ↑ Kartonagenverpackungen für Tafelweine im Handel sind. Der Weinballon aus Glas spielt nur beim selbst kelternden Freizeitwinzer eine untergeordnete Rolle. (3)

Lagern geöffneter Flaschen. Das Aufheben von angebrochenen Flaschen ist bis auf einige Rotweine und Likörweine immer problematisch und sollte unterbleiben. Ist aber eine Flasche Weißwein nicht ausgetrunken worden und besitzt sie noch einen Gehalt von etwa 10–15 mg freie Schwefelsäure/l, dann kann sie vielleicht stehend 24 Stunden (beim Liegen vergrößert sich die Oxidationsfläche) gehalten werden. Eine Messerspitze reine Ascorbinsäure setzt die Oxidation etwas herab. Aufgehalten werden kann sie auch durch einen ↑ Ausschankkonservator. Dekantierte Weine oxidieren schneller. (3)

Lagerung von Weinen. Da Wein etwas Lebendiges ist, gehören neben Wissen, Erfahrung und einem entsprechenden Weinkeller auch Liebe, Geduld und Pflege zur sinnvollen Lagerung. Falsch gelagerter Wein verdirbt schnell und nicht jeder Wein besitzt ↑ Lagerfähigkeit und verbessert sich durch ↑ Altern. Geht es allerdings nur um einen Vorrat für wenige Wochen, so kann der Wein überall, wo er vor Hitze, Frost, Licht und Erschütterung geschützt ist, lagern.

Eigentlich sollte jeder Wein, bevor er getrunken wird, nach dem Durchschütteln auf dem Transport zehn bis zwanzig Tage zur Beruhigung gelagert werden. Ein sofort nach dem Einkauf getrunkener Wein verliert viel von seinem

Wohlgeschmack, besonders zwei bis drei Tage nach dem Transport. Außerdem kann durch starke Wärmeeinwirkung während des Transportes Eiweiß ausgeschieden werden. Die damit verbundene Trübung geht auch mit anschließender ruhiger Lagerung nicht zurück. Bei älteren Rotweinen kann das ↑ Depot aufgewirbelt werden, das sich bei Ruhigstellung wieder absetzt.
Wird Wein nicht länger als ein Jahr gelagert, dann genügt jeder einigermaßen kühle und dunkle Platz, z. B. ein ungeheiztes Zimmer oder ein trockener, luftiger Schrank, der nicht an der Heizung steht bzw. ein Schrank im Keller, in dem allerdings keine starkriechenden Produkte aufbewahrt werden dürfen. Auch Kühlschränke, auf die entsprechende Temperatur reguliert, eignen sich zur Kurzzeitlagerung (Erschütterungen und schlechte Lüftung müssen vermieden werden). Für die längere Lagerung (fünf bis zwanzig Jahre) von Spitzenweinen, die noch ausbauen, ist ein anspruchsvoller ↑ Hausweinkeller Voraussetzung. Da Weißweine optimal bei 8–12 °C und Rotweine bei 10–15 °C lagern und ausbauen, müßten sie eigentlich getrennt gelagert werden. Zu warm gelagerte Weißweine altern schneller, zu kühl gelagerte Rotweine bauen weniger aus. Deshalb gehört auf alle Fälle der Rotwein in die oberen Fächer. Vor allem sollte die Temperatur im Idealfall nur 2–3° schwanken. Korkenverschlossene Weine sollten liegend aufbewahrt werden (Feuchthalten des Korkens, damit der Sauerstoffaustausch – die Atmung – gering bleibt). Allerdings verteilt sich dann das Depot beim Rotwein auf eine Seite der Flasche.
Der Wein liebt kein allzu bewegtes Leben. Auch aus dieser Sicht müssen unnötiges Hantieren mit den Flaschen und Erschütterungen vermieden werden. Außerdem gehören eine Luftfeuchtigkeit von etwa 70% (Korken dürfen nicht austrocknen und schrumpfen) sowie eine gute Luftzirkulation zu den optimalen Bedingungen.
Als Lagerstelle eignen sich die verschiedenen Arten von ↑ Weinschränken. An heißen und sehr kalten Tagen sowie in den Monaten März, April, Mai, September und Oktober sollte kein Wein zum Einlagern bezogen werden. Vor dem Einlagern ist jede Flasche auf Klarheit und intakten Verschluß zu prüfen.
Die Ablage nach Sorten, Lagen und vor allem nach Jahrgängen bzw. Einkaufsdaten mit dem Etikett nach oben erleichtert den Überblick. Werden Weine länger gelagert und ist der Keller relativ feucht, dann lösen sich die Etiketten. Deshalb ist die Beschriftung der Regale bzw. der Flaschen und das Führen eines Kellerbuches zweckmäßig. Weinfässer und Glasballons müssen immer randvoll sein, sonst begünstigt der Sauerstoff ↑ Essigstich und ↑ Braunwerden.
Wer einen zweckmäßigen Keller hat, kann auch in Voraussicht zu festlichen Jubiläen Wein eines Jahrgangs kaufen, der dann alt getrunken werden kann. Damit beginnt der Aufbau einer ↑ Vinothek.
Weine, die länger gelagert werden, sollten im Abstand von einigen Jahren kontrolliert werden. In hellen Flaschen kann die Oxidation (Braunwerden) von außen gesehen werden (z. B. bei den Naturdessertweinen Cotnari und Murfatlar). Die Verkostung einer bestimmten Charge gibt Aufschluß über den erreichten Reifegrad (Ausbau oder Abbau). Aufgespritete Weine können nach dem Entnehmen einer kleinen Probe wieder mit demselben Verschluß versehen werden. Die Geschmackseindrücke können in einem Probebuch vermerkt werden. Bei den Kontrollen kann auch notwendiges Umkorken festgestellt werden. Die Probenahme sollte

bei restsüßen Weinen möglichst unter sterilen Bedingungen geschehen. (3)

Lâgrima [span. Träne]: speziell in Spanien ein Wein, der nur aus dem ↑ Vorlauf gewonnen wird, wie der Malaga Lágrima. (3)

Lancers Rosé ↑ Mateus Rosé

Landwein: angehobene ↑ Qualitätsstufe von ↑ Tafelweinen in den EG-Ländern und Österreich, die zwischen dem einfachen Tafelwein und den ↑ QbA.-Weinen steht. Tafelwein darf nur als L. bezeichnet werden, wenn die Trauben aus einem Weinanbaugebiet bzw. aus einer Weinbauregion stammen und der Wein die typischen Merkmale seiner Herkunft zeigt sowie trocken oder halbtrocken ist (in der BRD maximal 18 g und in Österreich 6 g unvergorener Restzucker je Liter). Außerdem werden in den einzelnen Ländern Mindestalkoholgehalte, zulässige Schwefeldioxidgehalte und in Frankreich nicht zu überschreitende Hektarerträge festgelegt. Ebenso werden in Frankreich drei Kategorien von L. (↑ vin de pays) gebildet: nach ihrem Ursprung aus Departements (etwa 33), nach Produktionszonen (etwa 93), nach der Herkunft aus Regionen (etwa drei).

L. sind einfache Konsum-, Schoppen-, Schank-, Tisch-, Zech-, Kneip- bzw. Winzerweine, die meist in 1-l-Flaschen angeboten werden müssen und sich zu vielen Mahlzeiten, aber nicht zu anspruchsvollen Festen eignen. In der BRD wurden 15 L.gebiete geschaffen. Als engere geografische Bezeichnungen sind nur Namen von Bereichen gestattet. (3)

langlebig: ein Wein, bei dem nach dem ersten Kosten Duft und Geschmack noch länger anhalten, d. h. einen Schweif haben (↑ Abgang). (3)

lara, laura, *lora, lorke:* im alten Rom durch Aufgießen von Wasser auf Weintrester erzeugtes Getränk für die Sklaven. Ein noch so in diesem Jahrhundert auf Madeira bereitetes Getränk hieß bezeichnenderweise Agoa do pé, Fußwasser, was auf das Keltern mit den Füßen hinweist. ↑ Tresterwein (3)

Laubarbeiten: alle Pflegearbeiten am belaubten Weinstock, wie ↑ Aufheften, ↑ Biegen, Schnitt oder ↑ Ausbrechen, ↑ Auslauben, Aus- oder Entgeizen, Gipfeln, Kürzen und ↑ Kappen überzähliger unfruchtbarer und langer Triebe. Die physiologische Wirkung von Schneiden und Ausbrechen als L. ist bisher wissenschaftlich noch ungenügend geklärt, deshalb liegen sehr unterschiedliche Empfehlungen vor. ↑ Arbeiten im Weinberg, ↑ Rebschnitt (3)

Läure ↑ Tresterwein

Leányka Szölö ↑ 'Mädchentraube'

leicht: Bezeichnung für einen Wein mit relativ niedrigem Alkoholgehalt, der aber frisch getrunken durchaus fruchtig mit harmonischer Säure einen angenehmen Geschmack haben kann. (3)

Lenz-Moser-Erziehung ↑ Erziehungsformen der Reben

Lese: Gesamtheit der Arbeitsgänge bei der Traubenernte, die je nach ↑ Leseart und Mechanisierungsgrad unterschiedlich sind. Generell beginnt die L. vor dem Eintreten der Vollreife der Weintrauben. Der Zeitpunkt der L. ist nach der Rebsorte und dem jährlichen Witterungsverlauf sehr verschieden und hängt vom erreichbaren Zucker- und Säuregehalt ab. Der aktuelle Zucker- und Säuregehalt kann durch Verkosten sowie analytische Methoden (chemisch-physikalische Analyse, Refraktometrie) festgestellt werden. Der erreichbare Zucker- und Säuregehalt wird nach dem geschätzten weiteren Witterungsverlauf und den verfügbaren Arbeitskräften sowie der Technikkapazität für die L. beurteilt. Danach wird auch die Leseart festgelegt. ↑ Tafel 12, 21 und 38 (3)

Leseanzeige: in verschiedenen Ländern und Weinanbaugebieten erlassene Rechtsvorschrift, nach der der Lesebeginn für die Gewinnung von Qualitätsweinen den zuständigen staatlichen Behörden anzuzeigen ist. (3)

Lesearten: die nach dem Zeitpunkt der Reife und der Art und Weise der Trauben- bzw. Beerenauslesen unterschiedenen Formen der Bergung des Erntegutes. Man differenziert in ↑ Vorlese bzw. Frühlese, Teilvorlese, Hauptlese (Normallese), ↑ Spätlese, ↑ Beerenauslese, ↑ Trockenbeerenauslese und ↑ Eiswein. Vorlesen und Teilvorlesen werden infolge ungünstiger Witterungsverläufe, bei Schäden durch Hagel, Sturm und Fäulnis durchgeführt (als Ausnahme der ↑ Herbstordnung genehmigt).
Die ↑ Lese erfolgt überwiegend als Normallese. Beeren- und Trockenbeerenauslesen sind mit enorm hohem Arbeitsaufwand verbunden (eine maschinelle Lese ist nicht möglich). Auch wenn sich die L. nach dem Zeitpunkt unterscheiden, die damit verbundenen ↑ Qualitätsstufen, z. B. in der DDR, der BRD und Österreich, sind durch bestimmte Zuckergehalte des Mostes, gemessen in Grad Oechsle, und differenziert nach Rebsorten und Anbaugebieten, fixiert. (3)

Lesegutkontrolle: Beurteilung der Qualität der gelesenen Trauben durch amtliche Kontrolleure (Mostwäger). In verschiedenen Ländern muß jeder Weinbauer der örtlichen kommunalen Verwaltung (Gemeinde) spätestens bis 9 Uhr am Tage der Lese seine Leseabsicht bei Angabe der Rebsorte, der Grundstückbezeichnung und -größe melden. Meist zum generellen Ende der Lese sind die geerntete Menge, die Most- bzw. Oechslegrade (↑ Mostgewicht) sowie die ↑ Leseart nachzumelden. In der Regel prüfen die Mostwäger bei Tafel- und normalem Qualitätswein das Lesegut stichprobenartig. Bei gehobenen Qualitätsweinen müssen die Trauben am Tag der Lese dem amtlichen Kontrolleur vorgeführt werden. (3)

lieblich: Bezeichnung der Geschmacksrichtung für Weine mit erkennbarer Süße, die über 18 g unvergorenen ↑ Restzucker je Liter enthalten können. Weine ohne Angabe der Geschmacksrichtung auf dem Etikett sind in der Regel l. Beträgt der Restzucker über 45 g/l, ist die Angabe süß erlaubt. (3)

ligth wines [engl.]: in den USA Bezeichnung für Weine mit sehr geringem Alkoholgehalt. (3)

Likörwein, *Dessertwein, Südwein, Süßwein:* verschiedenartiger weißer, roter oder dunkel- bis schwarzbrauner Wein mit allgemein hohem Gehalt an Zucker (bis 30%), Alkohol (15–25 Vol.-%) und Extraktstoffen sowie meist stark ausgeprägten Geschmacksnoten (oft in Richtung Rosinen). Die Alkoholgehalte sind in der Regel auch durch Aufspriten hoch, während Zucker- und Extraktgehalte stärker variieren. Es gibt aber auch sehr trockenen L. Ein exakter Unterschied zwischen L., Dessert-, Süd- und Süßwein kann kaum gemacht werden, es sei denn, daß der Süßwein stets viel Restzucker und Extrakt, aber nicht immer einen hohen Alkoholgehalt aufweist. Im weitergefaßtem Sinne können auch die hochwertigen Auslesen bzw. Ausbruchweine als L. begriffen werden.
Die Herstellungsverfahren von L. sind außerordentlich vielfältig und nicht alle überall gestattet. Werden die Weine ohne ↑ Verbessern hergestellt, dann spricht man von Naturlikör- oder Naturdessertweinen. Die hohen Alkohol- und Restzuckergehalte können durch die verschiedenen Auslesen bzw. den Ausbruch erreicht werden, wie beim Cotnari, Murfatlar, Vin jaune, ↑ Sauternes, ↑ Tokaji Aszú oder den hochwertigen Auslesen an Rhein und Mosel, wobei hier die hohen Zuckergehalte der Bee-

ren durch die Edelfäule am Stock bzw. durch Gefrieren bei den Eisweinen zustande kommen. Bei den Südweinen entstehen naturgemäß hohe Zuckergehalte, und vielfach werden die Trauben noch an der Sonne auf Matten getrocknet, wie beim ↑ Commandaria und ↑ Sherry. Man verwendet auch Rosinen und sogar Extrakte von Rosinen zur L.herstellung, wobei sie teilweise mitvergoren werden oder schon vergorener Wein zum Auslaugen zugesetzt wird. Verschiedene L., wie der ↑ Malaga, ↑ Marsala und Sherry, werden unter Zusatz von eingedicktem Most hergestellt. Zucker- und besonders Alkoholzusatz ist bei der L.herstellung verbreitet. So wird beim ↑ Portwein die Gärung gestoppt und der nun vorhandene hohe Restzucker auch noch durch einen Alkoholgehalt von 19–21 Vol.-% mit dem zum Stoppen benutzten Branntwein ergänzt. Es wird also auch L. hergestellt, der eigentlich gar kein Wein mehr ist, denn er besteht aus Most, eingedicktem Most (↑ Dicksaft) und zugesetztem Weinbrand. L. werden, wenn sie mehr trocken sind als ↑ Aperitif, vor dem Essen, und wenn sie süß sind zum Abschluß des Essens bzw. vor oder nach dem Kaffee in geringen Mengen als ↑ Digestif getrunken. (3)

Lindenblättriger, *Hárslevelü:* in Ungarn angebaute Keltertraube für Weißweine. Der Rebstock wächst sehr stark. Die Trauben sind groß, lang, geschultert, lockerbeerig, die Beeren mittelgroß, rund, weißgelb, bereift, früh bis mittelfrüh reifend und anfällig für Grauschimmel. Die Weine dienen der Mischung mit ↑ 'Gelber Furmint' und ↑ 'Gelber Muskateller' für ↑ Tokajerweine. (6)

Logel ↑ Butte

Lohe: im Holz des frischen Weinfasses befindliche Gerbstoffe. ↑ Weingrünmachen (3)

Lokalklimate: hier Sammelbegriff für die durch unterschiedliche Einflußfaktoren bedingten lokalen Besonderheiten der Wettererscheinungen gegenüber dem betreffenden (Groß)klima der jeweiligen Region. Für den Weinbau sind L. besonders im Bereich 50 ° nördlicher Breite bedeutungsvoll. So bieten die Geländeklimate der Flußtäler an Elbe, Saale und Unstrut sowie das um den Süßen See bei Eisleben in der DDR so günstige L., daß ein Weinbau überhaupt erst möglich wird. Das bewirken Wasserflächen, die Wärmeenergie speichern und Sonnenstrahlen bei dafür günstigem Einfallwinkel reflektieren können sowie Berghänge, die nach Süden exponiert sind oder vor kalten Nord- und Ostwinden schützen. Balaton, Bodensee und viele Flüsse schaffen außerordentlich günstige Wachstumsbedingungen.

Warme Südhänge mit 15–30 ° südwest- bzw. südöstlicher Neigung, Windschutzhecken, Mauern, spezielle Gebäudestrukturen und Vegetationsdekken, Häuserwände sowie wärmespeichernde dunkle, steinige (Schiefer-)Böden mit relativ engem Stand der Rebstöcke und entsprechenden Erziehungsformen (↑ Pergola) ziehen günstige Mikro- bzw. Bestandsklimate mit höherer Temperatur sowie Luft- bzw. auch Bodenfeuchte nach sich. Talsohlen mit Frostlöchern und offene Bergkämme sind immer ungünstige Klimalagen. (3)

lora, lorke ↑ lara

Lorenztraube ↑ 'Saint Laurent'

lozia [bulg.]: Weinberge

Luglienca ↑ 'Gelbe Seidentraube'

Luxemburg. Den ersten schriftlichen Nachweis des Rebanbaus lieferte der römische Dichter Ausonius von Aquitanien im Jahre 367. Jahrhunderte war L. ein bekanntes Weinanbauland, bis durch die Reblaus in den 20er Jahren auch in L. viele Weinberge vernichtet wurden.

1985 betrug die gesamte Rebfläche

Weinanbau in Luxemburg (1985)

Rebfläche [1 000 ha]	1
Traubenproduktion [1 000 dt]	134
davon Keltertrauben	134
Weinproduktion [1 000 hl]	107
Weinexport [1 000 hl]	86
Pro-Kopf-Verbrauch [l]	57,3

1 333 ha. In sechs Genossenschaften sind 70% der Weinbergbesitzer vereinigt; sie verarbeiten 70% der gesamten Weinernte, von den übrigen 30% werden 20% vom Weinhandel als Trauben gekauft und 10% von Winzern selbst zu Wein bereitet und verkauft (Tab.). Der größte Teil der Ernte (60%) wird im Land konsumiert, 30% werden nach Belgien und 10% in andere Länder exportiert. Importiert werden hauptsächlich Weine aus Frankreich (56%), Italien (24%) und der BRD (13%). Die Hälfte der Importe entfällt auf Rotwein, da L. selbst keinen erzeugt.
Die Reben werden entlang der luxemburgischen Mosel (La Moselle luxembourgeoise), auf einer Länge von 42 km und einer durchschnittlichen Breite von 300 m angebaut. Geologisch teilt sich das Weinbaugebiet in den Kanton Remisch mit Keuper- und Tonmergelböden – das Tal ist weit und leicht hügelig – und den Kanton Grevenmacher mit steilabfallenden Dolomitfelsen und Muschelkalkböden. Der Anbau erfolgt auf Terrassen in einer Höhe von 150–250 m.
Etwa 47% der Rebflächen sind mit 'Rivaner' (↑ 'Müller-Thurgau'), 20% mit ↑ 'Elbling', 12% mit ↑ 'Auxerrois', 1% mit ↑ 'Weißem Riesling, 5% mit ↑ 'Pinot Blanc' und 4% mit 'Pinot Gris' bestockt. Sie liefern frische, rassige, sehr trokkene Weine.
Um den Winzern einen Ansporn zur Erzeugung von Qualitätsweinen und dem Verbraucher die Garantie für qualitativ höhergestellte Weine zu geben, wurde 1935 die Nationale Weinmarke für Luxemburger Weine – Marque Nationale (MN) – ins Leben gerufen. Die Verleihung dieser Qualitätsbezeichnung er-

Luxemburgische nationale Weinmarke

Luxemburgisches Flaschenetikett

Steinauer Weinberg in Groß-Jena bei Naumburg; Reliefreihe im anstehenden Sandstein (Noah als Janus; Josua und Kaleb mit der Weintraube)

oben Weinkeller „Blutgericht“ im ehemaligen Schloß Königsberg (Kaliningrad) · *unten links* Faßböden aus dem 18./19. Jh. im Weinmuseum Bratislava, *rechts* Weinfäßchen der Frankfurter Winzerzunft 1759 mit holzgeschnitztem Bacchuskopf

Cuvéefaß von 1896 in der Sektkellerei Freyburg/Unstrut

oben Reliefdarstellung der Weinlese im Weinmuseum Bratislava · *unten links* Weinbauerbrunnen auf dem Züricher Weinplatz (errichtet 1909), *rechts* Josua und Kaleb mit der Weintraube, das Zunftzeichen der Weingärtner von Frankfurt/Main

Eingang zur Hellerschenke in Dresden (Aufn. 1925)

Steinzeuggefäße des 16. Jh.; *von links nach rechts* sächsische Beutelflasche, Kölner Krug, Raerener Bartmannskrug von Jan Emens, Siegburger Trichterhalsbecher

Bacchusbecher im Museum Hoflößnitz

Historische Weinschenke Vincenz Richter in Meißen

folgt durch eine amtliche Prüfungskommission. Entsprechend der bei der organoleptischen Prüfung erreichten Punktzahl erfolgt die Einstufung in Marque National: (12–13,9 Punkte), MN Vine classe (14–15,9), MN Premier cru (16–17,9), MN Grandpremier cru (18–20 Punkte). Die Kennzeichnung erfolgt durch eine Halsschleife mit Prüfnummer. Alle Qualitätsweine dürfen nur in Flaschen gehandelt werden. Die verliehene Prädikatsbezeichnung sowie die Kontroll- und Faßnummer müssen neben der Rebsorte und Ortschaft (häufig zusätzlich auch die Lage) auf dem Etikett erscheinen (Abb.). Die bekanntesten Weinorte sind Remisch (Staatliche Weinbaustation), Grevenmacher, Ehnen (Weinbaumuseum), Stadtbrechimus (größte Winzergenossenschaft – Vinsmoselle), Wormeldange, Remerschen u.a. (7)

M

M° [ung.]: Vol.-% (Volumenprozent)

Macération carbonique [franz.] ↑ Primeur

Mädchentraube, *Feteasca Alba, Leányka Szölö:* in Rumänien (Siebenbürgen), der UdSSR und Ungarn wegen ihrer Qualitätsweine noch häufig angebaute Keltertraube. Die Trauben sind klein, dichtbeerig, die Beeren klein, rund, dickhäutig, gelb, hell bereift, punktiert, braunfleckig, kräftig süß, die Weine edel, feurig, feinblumig. Ein Nachteil der Sorte sind die oft nur geringen Erträge. (6)

Madeira: 1. portugiesische Insel, 800 km westlich der Küste Marokkos im Atlantik auf 32,5 ° nördlicher Breite gelegen. Die 740,6 km^2 große Insel ist vulkanischen Ursprungs und seit 1420 besiedelt. Schon von altersher ist M. berühmt wegen seines Weinanbaus, der heute auf etwa 2000 ha Rebfläche bei 13,9 °C Jahresdurchschnittstemperatur betrieben wird. M. ist ↑ região demarcada.

2. Sammelbegriff für gespritete trockene bis süße Likörweine mit Alkoholgehalten von 18–20 Vol.-%, die auf M., aber auch im ähnlichen Typ in Albanien und der UdSSR auf der Krim produziert werden. Farblich von hellstrohfarben bis tiefgold besitzt der M. – auch Madera genannt – einen karamelartigen brandig-rauchigen Geschmack, der durch etwa sechs Monate dauerndes Lagern direkt nach der Gärung in warmen Spezialräumen und heizbaren Lagergefäßen (estufas) mit Temperaturen um 50–70 °C entsteht. Der einfache M. wird in Bottichen mit Heizschlangen mindestens drei Monate erhitzt und durch Preßluft oder Propeller mechanisch bewegt. Die besseren M. werden vorsichtiger mindestens sechs Monate bei niedrigen Temperaturen behandelt und vorher aufgespritet, die einfachen nach der Behandlung. Außerdem ist dem M. eine leichte angenehme Säure eigen. Um Restzucker zu erhalten, wird die Gärung durch ↑ Aufspriten mit 100%igem Weindestillat gestoppt oder – bei den einfachen M. – Traubendicksaft zum Süßen zugesetzt. Der Ausbau geschieht oxidativ ähnlich dem ↑ Sherry bzw. dem ↑ Marsala. Die feinen M. werden noch fünf (Reserve), zehn (Spezialreserve), fünfzehn (Extrareserve), zwanzig oder mehr Jahre gelagert, ehe sie auf Flaschen abgefüllt werden. Grundtypen des M. und gleichzeitig Basisrebsorten sind:

– *Sercial* – sehr trocken, säurebetont

mit pikanter Blume, der im Alter weich und mild wird;
– *Verdelho* – halbtrocken, körperreich mit blumigem Bukett und goldfarben mit zartbitterem Abgang;
– *Bual (Boal)* – tiefgolden, süß, fruchtig, üppig schwerer, körperreicher, großartiger M.;
– *Malvasier (Malmsey)* – dunkel, sehr süß, ölig, fruchtig, bestens geeignet für lange Lagerung;
– *Rainwater* – ein Verschnitt aus Verdelho und Sercial, blaß gold, leicht und elegant.
M. nur mit Herkunftsgebiet auf dem Etikett ohne Rebsortenangabe ist meist aus der 'Tinta-Negra-Mole'-Rebsorte und von geringerem adstringierendem Geschmack, der im Alter weicher und samtiger wird. M. ist ein ansprechender Besuchswein. Trockener M. eignet sich für Aperitif, süßer als Digestif und selbst weniger gute M.weine sind ausgezeichnete Kochweine. Die Trinktemperatur liegt bei 18 °C, wobei die trockenen etwas kühler getrunken werden können. M. sind behutsam zu dekantieren und sollten mehrere Stunden vor dem Trinken geöffnet werden. Geöffnete M. halten sich kühl monatelang, nachdem sie in kleineren Flaschen verschlossen wurden.
Alle auf der Insel original abgefüllten M. erhalten eine Qualitätskontrollbanderole. (3)

Madeleine Angevine ↑ 'Magdalene Angevine'

Madeleine Royale ↑ 'Königliche Magdalenentraube'

Madera ↑ Madeira 2.

Maderisation [franz.] ↑ Braunwerden

maduro [port.]: Bezeichnung für in Faß oder Flasche gereifte, gealterte Weine mit entsprechend höheren Alkohol- bzw. Gerbstoffgehalten. Die meisten portugiesischen Weine sind M.weine. (3)

Magdalene Angevine, *Madeleine Angevine:* sehr früh reifende Tafeltraube des französischen Züchters Moreau-Robert, der sie 1857 unter den Sämlingen seines Mischsaatgutes fand. Die Trauben sind mittelgroß, ästig, lockerbeerig, die Beeren mittelgroß, rundlich, grünlichgelb, das Fleisch ist süß, saftig und sehr wohlschmeckend. Die Blüte ist sehr witterungsempfindlich, oft verrieselnd, dann haben die Trauben wenige normalgroße Beeren und viele kleine, erbsengroße, samenlose Beerchen. Der Rebstock wächst kräftig und eignet sich gut für größere Wandflächen, auch für ↑ Pergolen. Er bringt hohen Ertrag teils mit ↑ Rieseltrauben. (6)

Magnumflasche: im Weinbaugebiet Bordeaux eine Flasche mit 1,5 l Inhalt (in der Champagne 1,6 l), in der Weine wahrscheinlich langsamer altern, da die Luft unter dem Korken sich auf eine größere Menge Wein verteilt. (3)

Magyar Allami Pincegazdaság [ung.]: Ungarische Staatskellerei

Mainriesling ↑ 'Rieslaner'

Maische: Saft und Schalen gemahlener (gequetschter) Trauben vor dem Pressen. (2)

Maischeerhitzung: technologischer Vorgang bei der Rotweinbereitung, um die Farbstoffauslaugung zu optimieren. Die Maische wird schnell auf etwa 50–80 °C erhitzt und 6 bis 10 Stunden stehengelassen. Neben dem Farbstoffübertritt in den Saft werden die oxidierenden ↑ Enzyme inaktiviert, die sonst starke Verluste an Farbstoffen verursachen würden.
Die Kurzhocherhitzung (KHE) auf 80–85 °C bis zu 3 min bewährt sich nur in Großbetrieben und bringt gut gefärbte, inhaltsreiche Maischen bzw. Moste hervor. ↑ Technologie der Weinbereitung (2)

Maischegärung: traditionelle Technologie der Rotweinbereitung, die vor allem das Auslaugen der alkohollöslichen Farbstoffe aus den Beerenhülsen bewirkt. Daneben treten auch größere Mengen von Polyphenolen (↑ Gerbstoffe) in den Wein über und verursachen den typischen herben Rotweingeschmack. Um einen übermäßigen Gerbstoffgehalt des Weins zu vermeiden, werden die Trauben heute größtenteils entrappt. Das bei der Gärung freiwerdende Kohlendioxid hebt die ↑ Trester aus der Maische heraus und bildet den ↑ Tresterhut. (2)

Maison du Vin [franz.]: Haus des Weins. Meist zentrale Einrichtung für Behörden, Verwaltungen und Gesellschaften in Weinbaugebieten, der auch eine Weinschenke angeschlossen sein kann. (3)

maître de chai [franz.]: Kellermeister, der traditionell ein schwarzes Wams und eine Lederschürze trägt. (3)

Maiwein: mit im Mai gepflücktem Waldmeister *(Asperula odorata)* angesetzte ↑ Bowle. M. soll wegen seines Cumaringehaltes mit Vorsicht genossen werden. In der DDR ist M. für den gewerbsmäßigen Vertrieb gegenwärtig nicht zugelassen. (3)

Malaga: 1. Provinz und Stadt an der südspanischen Mittelmeerküste in der Nähe von Gibraltar.

2. bekannter, gespriteter trockener bis süßer, heller bis nahezu schwarzdunkler ↑ Likörwein mit Alkoholgehalten von 15–23 Vol.-%, der hauptsächlich aus den Rebsorten 'Pedro Ximénez' und 'Moscatel' gekeltert wird. Er wird im ↑ Solerasystem ausgebaut und verschnitten. Gute M.weine erinnern an ↑ Sherry. Der beste ist der M.-Lagrima, zu dessen Herstellung nur der Vorlaufmost verwendet wird. M.weine werden auch nach den Rebsorten und dem Gehalt an Zucker als *Cream* bzw. *Sweet* bezeichnet. Trockene M. trinkt man als ↑ Aperitif, süße als ↑ Digestif. (3)

Malbec, *Malbeck, Medoc Noir:* blaue Kelterrebsorte mit hervorragenden Qualitätseigenschaften, die vor allem in Südfrankreich, aber auch in Bordeaux, in Australien, Italien, Spanien, Südamerika und den USA (Kalifornien) angebaut wird. M. reift vor den 'Cabernet'-Trauben und wird zu leichten, sehr delikaten Weinen gekeltert. Meist wird er aber zu Verschnitten herangezogen und ergibt dann ausgesprochen erstklassige Weine. M.weine sind schnell trinkreif, halten sich aber nicht lange. M. wird in Südfrankreich auch als ↑ 'Auxerrois' und 'Cots Rouge' bezeichnet, hat aber nichts mit dieser weißen Kelterrebsorte zu tun. (3)

Malta. Mit einer Rebanbaufläche von etwa 1 000 bis 1 200 ha (0,01 % der Weltweinbaufläche) ist M. neben Luxemburg eines der kleinsten europäischen Weinerzeugerländer. Der Grundstein für den Weinanbau in seiner heutigen Form wurde durch Kaiser Karl den V. im Jahre 1530 gelegt, als dieser die Inseln Malta und Gozo an den Kreuzritterorden der Johanniter abtrat, dessen Ordensritter aus den europäischen Weinerzeugerländern stammten und die Weingärten neu aufrebten.

Das mediterrane, milde, sonnige Klima bietet zwar günstige Voraussetzungen, doch wird der Weinanbau gehemmt durch Wassermangel und felsigen Boden und beschränkt sich deshalb vorwiegend auf drei Hauptanbaugebiete, die sich fast ausschließlich im Westteil der Inseln befinden, bei Saint Paul's Bay im Nordosten, in der Umgebung von Rabat im westlichen Zentrum und auf Gozo die niedrigen Berge um Mgarr im Nordwesten der Inselgruppe.

Man läßt die Reben buschartig wachsen, damit sie der Beschädigung durch starke Winde entgehen und die Weintrauben vor der sengenden Sonne geschützt sind.

Heute wird auf den Inseln mit dem Vorkommen von 120 unterschiedlichen Rebenvarietäten gerechnet, von denen zwei sizilianischen Ursprungs dominie-

ren: die weiße Traube 'Inzolia', auf M. als 'Ghirgentina' bekannt und die dunkle Traube 'Mammolo', die hier 'Gillewza' genannt wird. Darüber hinaus kommen noch die blaue ↑ 'Grenache' und 'Cinsault' sowie die weiße 'Clairette' und 'Ugni Blanc' vor.
Die produzierte Weinmenge dient vorwiegend dem Eigenbedarf (Tab.). Der Pro-Kopf-Verbrauch an Wein beträgt 12 l. Die im eigenen Land erzeugte Menge kann diesen Bedarf nicht dekken, deshalb importierte M. von 1976–1984 24000 hl. Nur eine geringe Menge von etwa 12000 Flaschen Rotwein wird jährlich nach Großbritannien exportiert.

Weinanbau in Malta (1985)

Rebfläche [1 000 ha]	1
Traubenproduktion [1 000 dt]	34
davon Tafeltrauben	30
Weinproduktion [1 000 hl]	19
Weinexport [1 000 hl]	44
Pro-Kopf-Verbrauch [l]	12

Einer der größten Weinproduzenten ist die Firma Marsovin in Las Valetta, die auch Hauptträger des Weinexports ist, und die Erträge von etwa 120 privaten Weinbauern verarbeitet. M. stellt eine erstaunlich große Palette unterschiedlicher Weine her. Vom Typ her ähneln sie den Zypernweinen. Die Rotweine sind in der Regel leichte, aber robuste Tafelweine. Die meisten von ihnen werden trocken ausgebaut. Sie sind reich an Geschmack, haben Körper und besitzen ein angenehmes Bukett. Die Weißweine werden in größeren Mengen produziert und sind infolge ihres ausgewogenen Verhältnisses zwischen Trockenheit und Fruchtigkeit populärer unter der Malteser Bevölkerung. (4)

Malvasia, *Malvoisie* [franz.]: alte weiße, aber auch weniger geschätzte rote Kelterrebsorte. Sie stammt vermutlich aus Griechenland und ist heute im Mittelmeerraum stärker verbreitet. M. wird auch in Kalifornien, Madeira und Südafrika angebaut. Aus M. werden reinsortige Weißweine und auch Verschnitte hergestellt. Bekannt sind die bernsteinfarbenen Likörweine mit intensivem Bukett und langer Lagerfähigkeit. Am berühmtesten ist der M. von ↑ Madeira. (3)

Malvoisie: ↑ 'Malvasia'. In Wallis (Schweiz) irreführende Bezeichnung für ↑ 'Ruländer'. (3)

Mana [griech.]: Bezeichnung für das ↑ Solerasystem, nach dem unter anderem der Commandariawein auf Zypern produziert wird. (3)

Manzanilla: Sherrytyp mit gelb-bleicher Farbe, trocken, etwas säuerlich und mit delikatem, elegantem, etwas salzigem Aroma bei etwa 15,5–16,5 Vol.-% Alkohol. Er wird in San lucar de Barrameda an der Atlantikküste mit kleinen Abweichungen gegenüber den anderen ↑ Sherrys hergestellt und oft als köstlicher Aperitif höher geschätzt. (3)

Margaux, Châteaux: **1.** Gemeinde des Haut-Médoc in Bordeaux.
2. Spitzenrotweine (Premier Cru classé) der Welt. Sie setzen sich je nach Ertrag und Qualität aus den Sorten 'Cabernet Sauvignon' (etwa 75%), 'Merlot' (etwa 20%), 'Petit Verdot' (etwa 5%) sowie etwas 'Cabernet Franc' zusammen. Jede Sorte wird, getrennt nach Parzellen, für sich vergoren. Nach etwa vier Monaten wird mit Hilfe einer Blindverkostung der M. zusammengestellt. Nach etwa 24 Monaten Faßlagerung wird er aus den Holzfässern auf Flaschen gezogen und verkauft. Die ausgeschiedenen Partien werden zum ↑ Pavillon rouge, einem ansprechenden Rotwein, verarbeitet, der nach 18 Monaten auf Flaschen gezogen und bis zu seiner Reife drei bis vier Jahre in den Kellern bleibt. (3)

Markenwein: in der DDR Verschnittwein, der unter ausschließlicher Verwendung von Importtraubenwein und bzw. oder importierten Traubenweinen unter Zusatz von ↑ Dosagewein oder unvergorenem bzw. konzentriertem Traubensaft hergestellt wird (TGL 28033). Im Unterschied zu dem nach gleicher Technologie produzierten ↑ Standardwein darf kein Inlandtraubenwein mit verwendet werden. M. werden in sieben farblich und geschmacklich unterschiedlichen Typen angeboten. Die Rezepturen für M. einschließlich der Angabe des Typs werden zentral vom Leitbereich des Leitbetriebs Wein und Sekt festgelegt. Rebsorte und Jahrgang werden nicht angegeben. Beispiele für M. sind die Weinsorten Vin rouge, Küferstolz, Smaragd u.a. (3)

Markgräfler ↑ 'Weißer Gutedel'

Marokko. Bereits in der Antike wurde in M. Weinbau betrieben. Im 1. Jh. u. Z., als ein großer Teil des Landes unter römische Herrschaft geriet, verfügten die Eroberer das Roden der Weinberge, um die Konkurrenz im Weinhandel auszuschalten. Eine weitere Zäsur für den Weinbau brachte das Vordringen der Araber im 7. Jh. Als M. 1912 französisches und spanisches Protektorat wurde, gab es nur unbedeutenden Anbau von Tafeltrauben und Trauben für die Rosinenerzeugung. Begünstigt durch die von der Reblaus verursachten großen Schäden im französischen Mutterland nahm der Weinbau in M. einen raschen Aufschwung.

Bis 1967 war die Weinbaufläche auf 75000 ha angewachsen, seitdem nimmt sie ständig ab und macht etwa 0,47% der Weltweinbaufläche aus. Gleichzeitig stieg der Anteil der Tafeltrauben und der Rosinengewinnung auf Kosten der Keltertrauben (Tab.)

Für den Weinbau sehr gut geeignetes Klima herrscht an der Atlantikküste im Schutz der Gebirge. Im Herbst kommt es gelegentlich zu größeren Schäden durch heiße Wüstenwinde. Folgende Sorten werden angebaut: 'Cinsault', 'Carignan', ↑ 'Cabernet Sauvignon', 'Sirah', 'Mourvèdre' für Rotwein und 'Clairette', 'Maccabeo', ↑ 'Pedro Ximénes' für Weißwein. Aus der vor Jahrhunderten von den Portugiesen eingeführten Sorte 'Criolla' werden Roséweine gewonnen. 'Muskat von Alexandrien' und ↑ 'Weißer Gutedel' werden neben alteingesessenen Sorten als Tafeltrauben angebaut, erstere liefert auch Rosinen. Es werden hauptsächlich Rot- und Roséweine hergestellt, auch Dessertweine; Weißweine weniger, da sie wegen des heißen Klimas zur ↑ Maderisierung neigen.

Man unterscheidet vier Weinbaugebiete:

– *Meknès-Fès* liegt in 300–500 m Höhe an den Ausläufern des Mittleren Atlasgebirges und ist das bedeutendste Weinbaugebiet M. Herkunftsgebiete sind Sais, Beni Sadden, Zerhoun, Guerrouane und Beni M'Tir. Bekannte Weine aus diesem Gebiet sind *Chante Bled* AOG (Appellation d' Origine Garantie); Guerrouane mit Jahrgangsangabe; rubinfarben, mild, nachhaltig; mit mehreren Goldmedaillen auf internationalen Wettbewerben ausgezeichnet; *Tarik* AOG Beni M'Tir mit Jahrgangsangabe; kräftige Farbe, delikates Bukett, rund; *Toulal* AOG Guerrouane; tieffarben, kräftig; *Ourika,* tieffarben, kräftig, erdig;

Weinanbau in Marokko (1985)

Rebfläche [1000 ha]	45
Traubenproduktion [1000 dt]	2120
davon Keltertrauben	420
Tafeltrauben	1638
Rosinentrauben	62
Weinproduktion [1000 hl]	300
Weinexport [1000 hl]	98
Pro-Kopf-Verbrauch [l]	1,3

Ourika gibt es auch im Casablancagebiet (Zenata); *Aït-Souala;* Rosé, burgunderartig, fruchtig, anhaltendes Bukett.
– *Rharb* (bei Rabat) mit den Appellationsbereichen Rharb, Chellah, Zemmour und Zaer;
– *Casablanca* mit den Appellationsbereichen Zenata, Sahel und Doukkala. Bekannte Weine sind *Chateau Beni-Amar* AOG Zenata (hell funkelnder Rotwein, angenehm erdiges Aroma) und *Boulaouane* (Rosé aus Doukkala, wird

normalen Laboruntersuchungen eine Verkostung jedes Weins, für den das AOG-Etikett beantragt wird.
Auf den Etiketten ist die Angabe des Weinbaugebietes nur selten zu finden; bei AOG-Weinen wird aber der Appellationsbereich genannt (Abb.). Angaben über die Traubensorten und den Jahrgang erscheinen ebenfalls nur selten auf den Etiketten. Die Weinkellerei oder der Exporteur werden immer ausgewiesen.

Marokkanisches Flaschenetikett

aus der 'Criolla'-Traube gekeltert, trokken, fruchtig; eine bekannte Spezialität, die bei Kennern hohe Wertschätzung genießt).
– *Ostgebiet* mit den Appellationsbereichen Berkane und Angad.
M. hat von allen nordafrikanischen Weinbauländern die strengsten Qualitätsvorschriften. Bereits 1934 wurden die Bereiche mit Herkunftsbezeichnung festgelegt und 1977 für jede Herkunftsbezeichnung eine Reihe von Forderungen in bezug auf das Terrain, die Traubensorten, die Qualität und den Hektarertrag aufgestellt, deren Einhaltung von der gleichzeitig ins Leben gerufenen Nationalen Weinkommission kontrolliert wird. Darüber hinaus verlangt diese Kommission zusätzlich zu den

Der Eigenbedarf des Landes an Wein ist gering, da die Bevölkerung vorwiegend islamisch ist. Größere Mengen von einfachen und gehobenen Rot-, Rosé- und Likörweinen werden hauptsächlich in die EG-Länder exportiert. Die Exportfirma Comptoir des Vins du Maroc (C.V.M.) hat ihren Sitz in Brüssel. Wissenschaftliche Institutionen, die sich mit Weinbau und Kellerwirtschaft befassen, befinden sich in Casablanca und Meknès. ↑ Tafel 31 (5)

Marsala, *Vino di Marsala:* trockener, aber meist süßer bernsteingoldener bis rubinroter (mit Bernsteinreflexen leuchtender) italienischer DOC-Likörwein. Er stammt aus dem heißen und trockenen westlichen Sizilien und aus begrenzten Anbaugebieten der Provinzen Trapina,

Palermo und Agrigento. Gekeltert wird er aus den Rebsorten 'Grillo', 'Cataratto' und 'Inzolia', der rote M. aus 'Pignatello'- und 'Nerello-Reben. M. hat meist durch Zusatz von Weinbrand einen Alkoholgehalt von 16–20 Vol.-% und einige M. besitzen edle Süße durch hinzugefügten Traubendicksaft.
M.weine lagern mindestens ein Jahr in Eichenfässern und werden nach der Lagerzeit wie folgt klassifiziert: M. Fine – ein Jahr, M. Superiore – zwei Jahre, M. Superiore Riserva – vier Jahre, M. Vergine und Soleras (↑ Solerasystem) – fünf Jahre, M. Vergine Riserva (wird nicht gespritet) und Soleras Riserva (Stravecchio) – zehn Jahre (es handelt sich immer um die Mindestlagerzeit). M. kann in Flaschen bis zu 30 Jahren lagern; er wird als Aperitif und Digestif, aber auch zu Drinks und in der Küche genutzt. (3)

marque nationale, MN [luxemb.]: Kennzeichen für Qualitätsweine. (3)

Mäßigkeitsorden: Vereinigung von Personen, die einen Gegenpol zum unmäßigen Trinken bilden wollten. Immer dann in der Geschichte, wenn die ↑ Trunksucht der Völker zur Massenerscheinung wurde, fanden sich auch Gruppen von Menschen, die zur Mäßigkeit aufriefen. Schon Ramses II. (1290–1224 v. u. Z.) gründete solch einen Bund gegen die Trunkenheit. Besonders im ↑ Zechjahrhundert der Deutschen kam es zur Gründung von M., um dem unerhörten „Sauffen" entgegenzutreten. So riefen König Alfons von Kastilien 1260 und später Friedrich III. einen M. ins Leben. Aber alle diese Vereinigungen bestanden – im Gegensatz zu den Sauforden – nicht lange, so die 1520 gegründeten St. Christophs Gesellschaft in Kärnten, die Brüderschaft der Enthaltsamkeit 1524 in Heidelberg, 1601 der hessische M. und danach der Orden des goldenen Rings, bei dem die Mitglieder ihr Erkennungszeichen, den Ring, bei Verstoß gegen die Mäßigkeit an den Ordensherrn zurückgeben mußten. Alle gutgemeinten Bestrebungen gingen letztlich in der allgemeinen Weinflut und Trinklust unter. (3)

Mateus Rosé [port.]: eine der meistgekauften Roséweine der Welt, der aus dem portugiesischen Dourogebiet kommt. Wie bei allen Roséweinen wird beim M. R. sofort der ausgepreßte Traubensaft von den farbstoffhaltigen Schalen genommen, aber der Gärprozeß schon gestoppt, wenn noch etwa 18 g Zucker/l vorhanden sind. Der Wein wird verschnitten, um immer die gleiche Geschmacksrichtung zu erreichen und unter Kohlendioxiddruck abgefüllt. Damit erhält der M. R. seinen lieblichen Geschmack und perlt leicht im Glas. Auch der *Lancers Rosé* wird so produziert. (3)

Matschari [georg.] ↑ Federweißer

maturitate [rum.]: Reife, *m. de innobilare* – Auslese; *m. deplină* – Spätlese. (3)

Mäuseln ↑ Weinfehler

Mavrud, *Mavrodaphne, Mavron, Mavroud:* alte, spätreifende, in Griechenland und Bulgarien verbreitete Tafel- und Keltertraube. Sie gibt alkoholreiche, kräftige Rotweine, die mit 'Pamid' verschnitten als die Weinsorte Trakia exportiert und gehandelt werden. ↑ Tafel 4 (6)

Mazeration: 1. stunden- bis tagelanges Ziehenlassen der Maische von blauen Trauben, um sowohl die roten Farb- als auch die Gerbstoffe intensiv zu lösen. **2.** Auszug, Extraktion von Stoffen aus pflanzlichen Rohprodukten (z. B. Kräuter und Früchte) mittels Wasser, Ethanol u. a. Lösungsmittel auf kaltem Wege mit einer Dauer bis zu 14 Tagen. Die M. dient der Gewinnung von Essenzen wie etherische Öle, Terpene, Farb-, Harz- und Bitterstoffe, organische Säuren, Zucker, Stickstoffverbindungen u. a. für

Kräuter-, speziell Wermutweine, aber auch für Likördosagen. (3)

Medaillen ↑ Prämierung von Weinen

medium dry [engl.]: Bezeichnung für halbtrocken bei ↑ Sherry und bei Schaumwein. ↑ demi-sec (3)

Medizinalweine: Weine mit besonderer, gesundheitsfördernder Wirkung wie ↑ Pepsinwein und Chinarindenweine. (3)

Medoc Noir ↑ 'Malbec'

me ipolipo sacharis [griech.]: mit Restzucker

mélange de vin de différents pays de la communauté Européenne [franz.]: verschnittener Tafelwein, der aus mehreren Ländern der EG stammt.

Merlot: sehr früh reifende schwarzblaue Keltertraube, die zu den Hauptsorten der französischen Bordeauxweine gehört und einen vollmundigen, körperreichen, milden Rotwein ergibt. Infolge ihrer geringen Ansprüche an Lage und Böden und ihrer Frühreife ist sie weit verbreitet in Frankreich, Italien, Jugoslawien, Stüdtirol, der Schweiz, auch in Chile und Argentinien. (6)

Meßweine: Altarweine der katholischen Kirche, die meist von höherer Qualität sind, da sie, laut kanonischer Vorschrift, nur naturrein ohne jeglichen Zusatz der Weihe entsprechen. Trockene M. gären ohne Zuckerzusatz einfach durch. Da süße M. beliebter und auf nüchternen Magen verträglicher sind, müssen Moste mit hohen Oechslegraden, womöglich noch während der Gärung gestoppt, verwendet werden. Einer der bedeutendsten M.hersteller ist seit dem 19. Jh. de Muller aus Tarragona. Da M. als „Frommes Produkt" von vielen Staaten von Zöllen befreit oder nur minimal belegt sind, gelangen sie oft auf dunklen Kanälen in die Gastronomie und den Handel. (3)

Met ↑ Honigwein

Méthode Champenoise, Méthode classique ↑ Flaschengärung

Methusalem: in der Champagne 6,4-l-Flasche. (3)

Metsovo, Katöi de: ein qualitativ hochwertiger nordgriechischer Rotwein. Tanninreich, von robustem Charakter wird er aus der Rebsorte 'Cabernet Sauvignon' der Region Epirus gekeltert. (3)

Meunier ↑ 'Müllerrebe'

Milchsäurebakterien ↑ Entsäuern

Milchsäurestich ↑ Weinkrankheiten

millésimè [franz.]: mit Jahrgangsangabe (Jahr der Lese) versehen. Ein Champagner m. ist dementsprechend ein Schaumwein aus Grundweinen eines Jahrgangs. (3)

Mindestqualität ↑ amtliche Prüfungsnummer

Minöségi bor [ung.]: Qualitätswein mit mindestens 10 Vol.-% Alkohol und einem Mindestmostgewicht von 83 °Oe M. b. muß bezüglich Anbauort, Rebsorte, Jahrgang und Kellereimethoden charakteristische Merkmale aufweisen. M. b. können die rot-weiß-grüne staatliche Banderole mit einer Kontrollnummer tragen. Auf dem Etikett wird Jahrgang, Herkunft, Rebsorte, Alkoholgehalt und Abfüller vermerkt.
M. b. félszáraz ist halbtrockener Qualitätswein. (3)

Miód pitny polnischer ↑ Honigwein

mis dans nos caves [franz.]: Kellereiabfüllung (muß aber nicht identisch sein mit dem Erzeuger). (3)

mis(e) en bouteille(s) [franz.]: Bezeichnung auf dem Etikett oder Korken für Weine, die in Frankreich bzw. dem genannten Weingut der Region angebaut und abgefüllt werden (auch m. e. b. an château (oder domaine) ... angebaut und abgefüllt von dem Winzerbetrieb ...; m. e. b. par ... abgefüllt von ...; mis par le propriétaire – Erzeugerabfüllung).
Die Winzerbetriebe wählen diese Bezeichnung im Sinne der Erzeugerabfüllung meist bei guten Jahrgängen. Da-

mit kann der m.e.b.-Aufdruck ein Qualitätsnachweis sein. (3)

Misket ↑ 'Gelber Muskateller'

Mistelle: Getränke aus unvergorenem Traubensaft mit hohen Zuckergehalten (mindestens 200 g/l), dem vor Eintritt in die alkoholische Gärung Weingeist zugesetzt wird (mistela in Spanien). M. enthalten, ohne eine alkoholische Gärung durchgemacht zu haben, etwa 15–20 Vol.-% Alkohol und schmecken sehr süß. Zu den M. gehört z.B. der Samoswein, der damit eigentlich kein Wein ist. (3)

Mitschurinski: neue sowjetische Tafeltraube, vom Institut für Genetik in Mitschurinsk aus einer Kreuzung von *'Vitis vinifera amurensis* Hybride Nr. 4' mit einem Pollengemisch europäischer Sorten, darunter 'Hamburger Muskat'. Die Reife liegt sehr früh mit 'Malingre'. Die großen, konischen, lockerbeerigen Trauben haben rundovale, mittelgroße, hell bereifte, schwarzblaue, süßaromatische Beeren. Der starkwachsende Rebstock trägt sehr hoch am Zapfen, ist sehr frosthart und wenig anfällig für Pilzkrankheiten. Die Trauben können ohne Fäulnis lange am Stock hängen. An wärmeren Standorten reift M. im freien Stand ohne Mauerschutz aus. (6)

Mittel gegen Trunkenheit: Verhaltensweisen, Arzneien, Speisen, Getränke, die Trunkenheit verhindern bzw. abschwächen sollen. Solange Wein bzw. überhaupt alkoholische Getränke genossen werden, sind M.g.T. empfohlen worden. Darunter finden sich neben geheimnisvollen Mixturen, kuriosen und schauerlichen Rezepten auch aus der Erfahrung gewonnene, vernünftige Verhaltensweisen, die das Wohlbefinden nach den Auswirkungen des Alkoholgenusses wieder unterstützend herstellen.

Im alten Babylon empfahl man Samen von fünf bestimmten Pflanzen zu zerreiben und in den Wein zu geben, den man dann aus Saugrohren trank. Von altersher galt der Amethyst (griech. amethein, gegen das Berauschtsein) als M. g. T., was wahrscheinlich auf seine hellviolette Farbe, die der des verdünnten Weins gleicht, welcher nicht trunken macht, zurückzuführen ist. Plutarch (46–119 u. Z.) meinte, daß die Blätter des Efeus bzw. Blumenkränze auf dem Haupt der Trunkenheit entgegenwirken. Auf griechischen Symposien kauten die Trinker bittere Mandeln oder aßen vorher Rettich.

Alle Mittel, die angeblich den Alkoholabbau beschleunigen oder die Alkoholwirkung abschwächen bzw. sogar aufheben sollen, haben einer wissenschaftlichen Prüfung nicht standgehalten. Wird Wein genossen, dann ist die wichtigste Verhaltensweise, einem Rausch zu entgehen, mäßiges, langsames Trinken bei gleichzeitigem Essen. Außerdem sollten möglichst ausgebaute Qualitätsweine mit niedrigen bis mittleren Alkoholgehalten genossen werden. Sobald schwere, ältere Weine mit höheren Alkoholgehalten, besonders an hochwertigen Alkoholen, getrunken werden, ist die Menge zu verringern.

Will man nicht die Alkoholwirkung verstärken bzw. sollen die Aufnahme und der Abbau verzögert werden, dann müssen warme Getränke und Speisen, Weine mit hohen Alkoholgehalten und kohlensäurehaltige Getränke, aber auch Wasser vermieden werden. Außerdem muß mit der Aufnahme einer größeren Menge von verschiedenen Schadstoffen gerechnet werden, wenn unterschiedliche Weine u. a. alkoholische Getränke nach- bzw. durcheinander getrunken werden. Da vor bzw. während des Trinkens aufgenommene eiweiß- und fettreiche Nahrung sowohl die Schleimhäute des Magen-Darm-Kanals vor Alkoholen und Säuren etwas schützt als gleichzeitig die Alkoholre-

sorption hemmt, kann die Wirkung des Alkohols verzögert werden. Wurde nichts gegessen, dann sind, um das schnelle Ins-Blut-treten des Alkohols zu verhindern, solche bewährten Mittel wie einige Löffel Speiseöl, Schmalz oder auch Sahne üblich. Auch Milch und Milchprodukte sowie saure und stark gewürzte Speisen haben diese Wirkung. Werden größere Mengen Wein direkt nach dem Essen getrunken, ist gleichfalls eine etwas beschleunigte Alkoholresorption zu beobachten, weil wahrscheinlich der Alkohol durch den geöffneten Magenausgang schneller in den Dünndarm gelangt. Altbekannt ist das weniger formvollendete, aber desto sichere Gebaren der alten Römer, sich durch die Sklaven oder durch Brechmittel (Vomitiva) Wein und Speise wieder herauskitzeln zu lassen, um über Zunge und Gaumen weitere Mengen herunterspülen zu können.
Das bekannte Kaffeetrinken zum Abschluß des Weingenusses erhöht wohl kurzfristig die Konzentrations- und Reaktionsfähigkeit, jedoch sinkt danach die Leistungsfähigkeit um so rascher und nachhaltiger ab.
Vielfältig sind die bewährten Mittel gegen die Nachwehen des Alkoholgenusses, den Kater, Katzenjammer bzw. Haarspitzenkatarrh. Schlaf, ein anschließendes Bad, Rosenwasser und Kampfer über den Kopf, Rosenwasser trinken und Granatäpfel essen, spazierengehen – das waren recht vernünftige, aus der Erfahrung geborene Vorschläge, die aus dem Orient stammen. Generell liegt diesen Erfahrungen die wohltuende Wirkung der Vitamine C und A sowie vor allem des B-Komplexes (Thiamin, Riboflavin und Niacin) sowie die Wirkung des Magnesiums zugrunde. Der Kater kann also durch Obstsäfte von Zitronen, Orangen, Sanddorn, Schwarzen Johannisbeeren oder auch durch Gemüse und deren Säfte günstig beeinflußt werden. So sollen die Römer schon während der Gelage Kohlblätter gekaut haben. Sauerkohlsaft, Kohlsuppen und mit Kohl gefüllte Piroggen, aber auch Poree- und Zwiebel-(Lauch)gerichte helfen wieder auf die Beine. Traubenzucker behebt die Unterzuckerung des Blutes. Kamillen- oder Pfefferminztee, aber auch grüner Tee sind bewährte Mittel gegen Magen- und Darmbeschwerden.
Der bekannte Durst nach dem Trinken resultiert aus der verstärkten Harnausscheidung, einer Wirkung des Alkohols auf den Stoffkreislauf, sowie aus dem gesenkten Blutzuckerspiegel infolge mehr oder weniger blockierter Insulinasebildung in der Leber. Erst durch die Aufnahme von Flüssigkeit und Kochsalz – daher der bekannte Appetit auf Salzheringe – wird das Gleichgewicht wieder hergestellt. Werden alle Getränke mit etwas Milch oder Sahne und einem kleinen Schuß Alkohol versetzt, kann man die Nachwehen erleichtern. Deshalb haben sich auch die vielen Katercocktails bewährt, wie die Bloody Mary aus Tomatensaft, Salz, Pfeffer und Wodka bzw. Bier oder Sekt sowie die sog. Prärieauster, die außerdem ein rohes Ei enthält, wobei der Wodka auch weggelassen werden kann, oder Zitronensaft, Worcester- und Tabasco- bzw. Peppersoße mit Wodka. Hier sind der Phantasie keine Grenzen gesetzt, es muß nur beachtet werden, daß entsprechende Vitaminträger nicht fehlen. Selbstverständlich können die Vitamine auch in Tablettenform und diese sowie die genannten Nahrungsmittel als Träger der Vitamine und des Magnesiums während bzw. gleich nach dem Trinken und nicht erst am nächsten Morgen aufgenommen werden. (3)

MN [luxemb.]: Abk. für ↑ marque nationale

modri [jugosl.]: blau

moelleux [franz.]: lieblich; für weiche,

volle Weißweine und Schaumweine Bezeichnung der Geschmacksrichtung. (3)

Monimpex [ung.]: abkürzende Bezeichnung des staatlichen ungarischen Außenhandelsunternehmens für Nahrungsgüter mit Sitz in Budapest, das auch den Weinexport in der Hand hat. Neben M. exportieren auch Generalimpex und Konsume geringe Mengen Wein. (3)

Morillon: gelbschalige Keltertraube, wohl eine Spielart von 'Weißer Burgunder'. M. ist, da wenig wertvoll, nur noch in Österreich im rückläufigen Anbau. (6)

Morio-Muskat: von P. Morio neugezüchtete Keltertraube; aus der Kreuzung 'Silvaner' × 'Weißburgunder' mit hohen Massenerträgen, aber umstrittener Qualität hervorgegangen. M. stellt mittlere Ansprüche an Boden und Klima. Die Reife liegt zwischen 'Müller-Thurgau' und 'Silvaner'. Das kräftige Muskatbukett macht den M. als Verschnittwein brauchbar. M. wird auch in der DDR in geringem Umfang angebaut. (3)

Moscatel ↑ 'Gelber Muskateller'

Moscato Asti Spumante [ital.]: berühmter süßer italienischer Schaumwein. Er wird aus Muskatellertrauben (↑ 'Gelber Muskateller') in Piemont hergestellt. (3)

Most: der aus frischen Trauben oder Obst ohne Zusatz von Flüssigkeit abgepreßte Saft. Der M. ist in seiner chemischen Zusammensetzung von der Rebsorte, dem Witterungsablauf und damit dem Reifegrad, der Bodenart, der Düngung und der Erziehungsform abhängig. Auch die Art der Pressung ist für die M.zusammensetzung von Bedeutung (Tab.). M. kann frisch (auch gefiltert) und sterilisiert getrunken bzw. gelagert, zu ↑ Dicksaft konzentriert und zu Wein vergoren werden. (2)

Moster ↑ 'Weißer Gutedel'

Mostgewicht: eine Maßeinheit, deren Zahlenwert für den Gesamtextraktgehalt des Mostes steht, d. h. über die Menge des im Most gelösten Stoffgemischs Auskunft gibt. Das M. zeigt an, ob und wieviel der Most mit Zucker verbessert werden muß, um dem geforderten Mindestalkoholgehalt zu entsprechen bzw. wie hoch der Zuckergehalt im Most ist, um eine bestimmte Prädikatsstufe (z.B. ↑ Spätlese) zu erreichen. Es werden nicht nur die Zucker, die Hauptbestandteil des Mostes sind, sondern auch Säuren, Eiweiße, Mineralstoffe, Farbstoffe u. ä. erfaßt. Da reines Wasser bei 4 °C eine Dichte von 1 g/cm^3 hat und die genannten Mostbestandteile spezifisch schwerer sind als Wasser, ist das zu ermittelnde M. immer größer als 1.

Dichte	Mostwaage in ° Oe	Klosterneuburger Mostwaage (KMW) Zucker in %
1,060	60	12,5
1,095	95	19,2
1,120	120	24,0

Historisch bildeten sich verschiedene Maßskalen für M., wie Brixgrade, ↑ Klosterneuburger Mostwaage (KMW) und Oechslegrade, heraus (Tab.). Zur Messung des M. werden ↑ Mostwaagen

Mostzusammensetzung der Weintrauben

Substanz	in g/l
Wasser	700–780
Zucker	100–250 (edelfauler Most bis 450)
Säuren	8–15
Mineralstoffe	2–4
Gerbstoffe	bis 2
Eiweißverbindungen	0,5–2
Farbstoffe, Vitamine, Bukettstoffe	bis 1

(Senkspindeln bzw. ↑ Aräometer) und ↑ Refraktometer verwendet. (2)

mostig: junger Wein, in dem die zugesetzte ↑ Süßreserve noch nicht eingebunden ist und dem Wein einen Mostton verleiht. (3)

Mostwaage: ein ↑ Aräometer, das wahrscheinlich zuerst von Felix Oechsle (1774–1852) zur Bestimmung des Zuckergehaltes des Mostes konstruiert wurde (Abb.). Da neben den anderen Inhaltstoffen im Most der Zucker

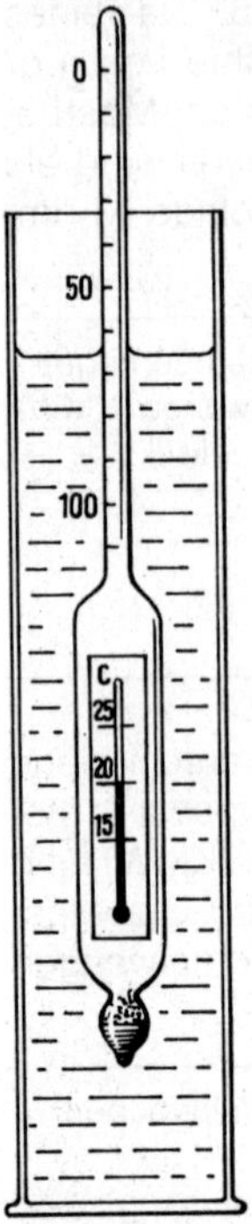

Mostwaage nach F. Oechsle

den übergroßen Anteil ausmacht, kann die höhere Dichte des Mostes eine praktische Orientierung über die Höhe des Zuckergehaltes geben. Genauer wird die Ermittlung des Zuckergehaltes, wenn der Säuregehalt mit verrechnet wird. Die M. von Oechsle ist in ihrer Grundform bis heute im Gebrauch. Ihre Skala reicht von 0 °Oe im oberen Teil des Glasstabes bis etwa 130 °Oe im unteren. Der Most wird auf 15 °C reguliert, wenn die M. entsprechend geeicht wurde. Kann die Temperatur nicht einreguliert werden, dann muß von der tatsächlichen Temperatur auf 15 °C umgerechnet werden. Taucht die M. beispielsweise bis 80° in den mit Most gefüllten Glaszylinder ein, zeigt sie ein ↑ Mostgewicht von 80 °Oe an, was einer Dichte von 1080 entspricht (der Most wiegt 80 g mehr als 1 l Wasser). Solch ein Most hat damit etwa einen Zuckergehalt von 16–17%, aus dem nach der Vergärung über 80 g Ethanol je Liter entstehen (Faustregel: bei 55–70 °Oe etwa gleiche Menge Alkohol). Dies sind wiederum 8 Gewichts-% und 10,1 Vol.-%.

Neben der M. von Oechsle sind weitere, wie das Balling-Saccharometer, die Klosterneuburger (KMW) und die Wagnerische M., im Gebrauch, die aber auch Ungenauigkeiten aufweisen. (3)

Mousseux [franz.]: **1.** Fachausdruck für das ↑ Moussieren des Schaumweins.
2. als *Vin M.* Bezeichnung für Schaumwein, der außerhalb der ↑ Champagne in Frankreich hergestellt wird. (3)

Moussieren [franz.]: Schäumen, Aufsteigen von Kohlendioxidperlen bei Schaumwein und Wein, auch als ↑ Mousseux bezeichnet. Jungweine und nicht ausreichend konservierte (sterilisierte) oder falsch gelagerte Weine perlen nach dem Flaschenöffnen wie ↑ Schaumwein. In der Regel handelt es sich um ein unerwünschtes Nachgären. Bei den heute viel getrunkenen ↑ Perlweinen ist das M. typisch, wobei die gleichmäßige Feinheit und Dauer des M. (erwünscht bis zu 20 min) ein Qualitätsmerkmal ist. (3)

Mouton-Rothschild: Spitzenrotwein (Premier Cru) der Welt aus Bordeaux. (3)

muffig: Geschmacksbezeichnung für Wein, der dumpfschimmlig und überhaupt unsauber (dumpfig) schmeckt. (3)

Müllerrebe, *Meunier, Pinot Meunier, Schwarzriesling:* wahrscheinlich in Frankreich beheimatete Keltertraube (Mutation von 'Blauer Spätburgunder'). Ihren Namen verdankt sie den wie mit Mehl bestäubten weißwolligen Triebspitzen. Sie ist noch in Württemberg, in der Champagne, im Elsaß, in Österreich und Jugoslawien im wohl rückläufigen Anbau und reift vor und mit 'Blauem Spätburgunder'. Die Trauben sind mittelgroß, dichtbeerig, die Beeren oval, schwarzblau, hell bereift, dickschalig, zur Fäulnis neigend. Der Rebstock wächst mittelstark bei geringen Ansprüchen an Lagen und Böden, ist im Holz gut ausreifend, gegen Krankheiten wenig anfällig und bei Weitraumerziehung für kurze und lange Schnitte geeignet. Der Wein ist tiefrot mild, körperreich mit mäßigem Säuregehalt. Eine Mutation der M. aus Heilbronn ist 'Samtrot' mit höherem Ertrag (80–100 hl/ha), einem Mostgewicht um 90 °Oe und einem Säuregehalt von 6–8 g/l. Die Weine, rubinrot, fein, zart, saftig mit eleganten Spätlesen, sind mehr dem Burgunder ähnlich. (6)

Müller-Thurgau, *Rivaner:* 1882 in Geisenheim gewonnene Züchtung des Schweizers Prof. Dr. H. Müller aus dem Thurgau; die Elternsorten sind ungeklärt. Der Züchter glaubte, daß er in Geisenheim 'Riesling' × 'Silvaner' gekreuzt habe und nahm 150 solcher Kreuzungen 1891 in seinen neuen Wirkungskreis nach Wädenswil in die Schweiz mit. Hier erkannte in Versuchen sein Weinbautechniker H. Schellenberg in dem Klon Nr. 58 den Wert dieser Rebe als reichen Träger für einen milden, blumigen Wein. Im Weinbau setzte sich die neue Rebe, verkannt als Massenträger vermeintlich billiger Weine, nur langsam durch. M.-Weine wurden erstmals im Jahre 1935 anläßlich einer Weinversteigerung in den Saalhäusern bei Bad Kösen (DDR) vorgestellt. Heute ist die Rebsorte in allen deutschsprachigen Weinanbaugebieten zur wichtigsten früh reifenden Hauptkeltertraube geworden, mit der die Weinlese beginnt. Die Trauben sind mittelgroß bis groß, konisch, oft geschultert, mitteldichtbeerig, die Beeren mittelgroß, gelblichgrün, oval, süß mit deutlichem Muskatbukett, trotz fester Schalenhaut leicht faulend. Der Rebstock wächst kräftig, in seinen Trieben ist er unterschiedlich stark; sehr lange und kürzere Triebe finden sich auf den Bogreben. Eine weiträumige Erziehung ist die Grundlage für die bodenständige Wuchskraft und die örtlichen Erziehungserfahrungen. Die Ansprüche an die Lage sind allgemein geringer als die an den Boden. Zu vermeiden sind Frostlagen. Die Sorte verlangt gute, frische, tiefgründige, nährstoffreiche, keine trockenen, leichten, flachgründigen Böden mit laufender voller, harmonischer Düngerversorgung. Die natürliche Holzreife ist nur mäßig, durch hohe Erträge und etwaigen Grauschimmelbefall recht gering, weshalb die Frostwiderstandsfähigkeit im Winter herabgesetzt wird und es zu Stockausfällen kommen kann. Die allgemeine Krankheitsanfälligkeit ist hoch, vor allem für Falschen Mehltau, aber auch Schwarzfleckenkrankheit, Roter Brenner, besonders stark für Grauschimmel, weniger für Echten Mehltau. Die Widerstandsfähigkeit der Blüte ist hoch, ungeeignete Witterung führt kaum zur Verrieselung. Bei Maifrostschäden der Haupttriebe bilden die Austriebe der Beiaugen Gescheine, so daß noch Erträge erzielt werden. Der normale, durchschnittliche Ertrag ist hoch, er ist mit 100–150 hl/ha einzustufen. Die Mostgewichte liegen durchschnittlich bei 65–75 °Oe, der Säuregehalt schwankt um 7,5–8,5 g/l. Die Weine sind leicht, mild, weich, frisch, angenehm, blumig mit mehr oder weniger verhaltenem Muskatbukett und im allgemeinen jung zu trinkende Tafel- und Konsumweine. In großen Jahrgängen sind sie auch vollmundig und elegant. Sie eignen sich gut zum Verschnitt mit 'Riesling' und 'Silvaner'. ↑ Tafel 3 (3)

Mundschenk ↑ Weinkellner

Musealweine ↑ Archivweine

Muskateller ↑ 'Gelber Muskateller'

Muskatgeschmack: feines, mehr oder weniger ausgeprägtes muskatartiges Aroma mehrerer europäischer Rebsorten, z. B. bei 'Bacchus', 'Bouvier-Traube', 'Früher Muskat von Courtiller', 'Gelber Muskateller', 'Irsay Oliver', 'Königin der Weingärten', 'Morio Muskat', 'Müller-Thurgau', 'Muskat Ottonel', 'Perle von Csaba', 'Perran-Traube', 'Sauvignon Blanc', 'Semillon Blanc', 'Siegerrebe'. (3)

Muskat-Ottonel: Kelter- und Tafeltraube unsicherer Herkunft. Sie wurde im 19. Jh. im Streuanbau von Frankreich nach Deutschland und Österreich verbreitet. Reife und Lese liegen nach ↑ 'Müller-Thurgau'. Die Trauben sind mittelgroß, rundlich, gelbgrün, kräftig süß und ausgeprägt muskatig. Der Rebstock wächst schwach bis mittelstark und braucht warme, möglichst windgeschützte Lagen, da die sehr späte Blüte sehr wetterempfindlich ist und leicht verrieselt und dadurch den Hauptnachteil der Sorte bedingt, den geringen und unsicheren Ertrag. Im Holz ist sie beachtlich frostwiderstandsfähig und auch nicht besonders anfällig für Pilzkrankheiten. Der Wein ist kräftig, edel, muskatig und dient oft auch in kleinen Mengen zum Verschnitt der Bukettverbesserung neutraler Weine. (6)

Muskatrebe ↑ 'Gelber Muskateller'

Muskat Sylvaner ↑ 'Sauvignon Blanc'

N

Nachgärung: 1. eine Weinkrankheit, die sich als Hefetrübung und ↑ Moussieren des Weins äußert. Sie wird hervorgerufen, wenn bei ungünstigen Bedingungen, z. B. zu hoher Lagertemperatur, noch vorhandene aktive Hefe mit unvergorenem Zucker reagiert. Abgelagerte Hefedepots zeigen in Flaschen die N. an. Sie kann verhindert werden, wenn Wein sterilisiert und unter sterilen Bedingungen abgefüllt wird.

2. biologischer Säureabbau ohne Beteiligung von Zucker (↑ Entsäuern). (3)

Nachtrübung ↑ Weinfehler, ↑ Weinkrankheiten

nackerter Wein: regionale Bezeichnung für Wein, an dem keine kellertechnischen Eingriffe vorgenommen wurden. (3)

nagyfröccs [ung.]: Spritzer

Naher Osten. Der Weinbau im Gebiet der Länder Iran, Irak, Syrien, Jordanien, Libanon und Israel war im Altertum von größerer Bedeutung als heute, wo der Islam die Weinbereitung in einigen Ländern fast zum Erliegen gebracht hat. Bereits aus dem Altertum sind zahlreiche Berichte über Weinbau bekannt, so in der Bibel u. a. jüdischen religiösen Schriften, die von der Rebkultur in Palästina zeugen. Herodot (490–425 v. u. Z.) berichtet in seinen Werken von den Trinksitten der Perser. Weinbau von Bedeutung existiert heute nur noch in Israel und Libanon, während die anderen Länder hauptsächlich Tafeltrauben und Rosinen erzeugen.

Im *Iran* wurden 1985 auf 186000 ha Reben angebaut, wozu noch in weiten Gebieten wildwachsende Reben kommen, die ebenfalls abgeerntet werden. Erzeugt wurden 300000 dt Tafeltrauben, von denen 13000 dt exportiert wurden, und 520000 dt Rosinen (Export 476000 dt). Angebaut werden überwiegend und in großer Anzahl einheimische Sorten.

Der *Irak* liegt auf dem Gebiet des alten Mesopotamien und damit im Ursprungsgebiet der Rebkultur. 1985 wurden auf 34000 ha Reben angebaut. Nach einer Schätzung werden neben Rosinen 470000 dt Tafeltrauben erzeugt.

In *Syrien* wird auf etwa 0,76% der landwirtschaftlichen Nutzfläche (1984 106000 ha) Rebanbau betrieben. Nach Schätzungen wurden insgesamt 3,886 Mill. dt Trauben geerntet, aber nur 8000 hl Wein gekeltert. 2,774 Mill. dt wurden als Tafeltrauben im Lande selbst verbraucht.

In *Jordanien* nimmt die Weinbaufläche nur noch 2000 ha (1984) ein, davon wurden 86000 dt Trauben geerntet, aber nur 4000 hl Wein erzeugt. Ein seit dem Altertum bekanntes Anbaugebiet liegt bei El Kalhil (Hebron).

Da im *Libanon* nur etwa 50% der Bevölkerung Mohammedaner sind, findet man hier auch eine Weinproduktion. Schon im Altertum waren die besonders großen Trauben aus dem Libanon bekannt. Die Anbaufläche betrug 1984 etwa 19000 ha, von denen 1,61 Mill. dt Trauben geerntet und 19000 hl Wein produziert wurden, wobei die französischen Sorten 'Aramon', ↑ 'Carignan' und 'Cinsault' die bevorzugten Keltertraubensorten sind.

In *Israel* setzte nach dem Niedergang der Weinkultur des Altertums mit der jüdischen Einwanderung gegen Ende des 19. Jh. ein Wiederaufleben des Rebanbaues ein. Es wurden 1984 auf 9000 ha Reben angebaut, 794000 dt Trauben geerntet und 190000 hl Wein produziert, von dem 54000 hl exportiert wurden. Als Tafeltrauben wurden 250000 dt verwendet. In Israel gibt es heute fünf Weinbaugebiete: Galiläa, Zicron-Jacob-Gebiet, Sydoon-Gezer-Gebiet, Negev und die Umgebung von Jerusalem. Angebaut werden nach der teilweisen Zerstörung des Weinbaues durch die Reblaus Anfang des Jahrhunderts vor allem westeuropäische Reben wie ↑ 'Cabernet Sauvignon', ↑ 'Alicante', ↑ 'Grenache'. 'Carignan' (rote Sorten) und 'Clairette', 'French Colombard' und 'Muskat d'Alexandrie' (weiße Sorten). Auch heute noch angebaut wird die Sorte 'Nehel escol', die Trauben von über 50 cm Länge und einer Masse von 5 bis 6 kg tragen kann und wahrscheinlich mit der in der Bibel bei der Entdekkung des Gelobten Landes erwähnten identisch ist. Es werden trockene und auch süße Weine hergestellt, die anstelle von Herkunftsbezeichnungen Markennamen tragen. Einen großen Teil der Weine des Landes produziert die Genossenschaft Carmel Oriental mit eigenen Kellereien. Eine Lehr- und Versuchsanstalt für Weinbau und Kellerwirtschaft gibt es in Rehovot. (1)

namizno [jugosl.]: Tafelwein

Naßverbesserung, Naßzuckerung ↑ Verbessern

naturalno [bulg.]: naturrein

Naturdessertwein ↑ Likörwein

Naturgewächs, Naturwein, naturrein, natursüß: früher übliche Bezeichnungen für qualitätsvolle unverfälschte Weine. Sie sind heute in den Ländern der EG nicht mehr zulässig. (3)

Nebbiolo: blaue Keltertraube Norditaliens mit relativ geringen Erträgen, die Weine höchster Güte ergeben kann. Die Weine sind sehr extrakt-, säure- und alkoholreich (bis zu 14 Vol.-%), reifen lange und sind gut lagerfähig. (3)

Nebenerwerbswinzer, *Kleinwinzer:* Personen, die aus unterschiedlichen Interessen nebenberuflich einen eigenen Weinberg – meist nicht größer als

0,5 ha – bewirtschaften. Sie werden auch Freizeit-, Hobby- oder Mondscheinwinzer genannt und betreiben den Weinanbau vorwiegend in Fortführung einer Familientradition. In der DDR wird durch das Landschaftschutzgesetz u. a. gesetzliche Vorschriften die gesellschaftliche Arbeit der N. gesichert. Abb. (3)

Nebukadnezar: in der Champagne eine 16-l-Flasche. (3)

Neuburger: in Österreich noch in größerem Umfang angebaute Keltertraube für Weißweine. Die Herkunft ist unbekannt. Die mittelgroße Traube, in der Form ähnlich dem ↑ 'Silvaner', reift früh; die Erträge sind hoch. Der Rebstock wächst kräftig, hat aber nur geringe Frosthärte und ist anfällig für Krankheiten. Er braucht mittlere bis gute Lagen bei mäßigen Bodenansprüchen. Die milden, würzigen Weine sind beliebte Tafelweine. (6)

Neuseeland. Der Beginn des neuseeländischen Weinbaus geht auf das Jahr 1813 zurück, in dem ausländische Kolonisatoren die Rebe einführten. Damit gehört N. zu den jüngsten Weinbauländern. 1856 wurden bei Hawke's Bay (Nordinsel) die ersten Reben angepflanzt und von dalmatinischen Siedlern zum Weinanbau im großen Stil genutzt. Zu Rückschlägen führten die Prohibitionsbewegung und der Anbau von Hybridsorten, deren Wein mit der Qualität europäischer Sorten nicht konkurrieren konnte. Die Stagnation dauerte bis etwa 1960; danach begann ein rascher Aufschwung, als weite Gebiete neu aufgerebt wurden. Maßgebender Grund dafür war die Deckung des steigenden Inlandbedarfs (Pro-Kopf-Verbrauch 1960 2,6 l, 1974 11,8 l) und das Bestreben, den Import einzuschränken. Seit dieser Zeit wird auch auf der Südinsel Wein angebaut (Tab.).

An der Weltweinbaufläche ist N. zu

Weinanbau in Neuseeland (1985)

Rebfläche [1 000 ha]	6
Traubenproduktion [1 000 dt]	780
davon Keltertrauben	773
Tafeltrauben	7
Weinproduktion [1 000 hl]	596
Pro-Kopf-Verbrauch [l]	14,5

Flaschenetikett eines Nebenerwerbswinzers

Etikett

Rückenetikett

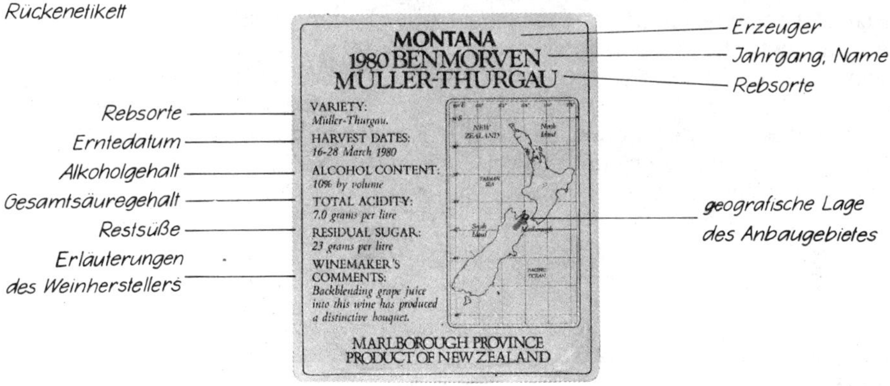

Neuseeländisches Flaschenetikett

0,06% beteiligt. Die Tendenz zielt darauf ab, in Zukunft weniger, aber dafür qualitativ bessere Weine herzustellen. Da der Verbrauch in stärkerem Maße steigt als der Import – er betrug 1984 25000 hl Wein und 74000 dt Rosinen – sind gute Vorbedingungen für das weitere Aufblühen der einheimischen Weinwirtschaft gegeben. Der Export neuseeländischer Weine betrug 1987 7218 hl. Insgesamt gibt es in N. etwa 100 Kellereien; vorherrschend sind dabei 7 Großkellereien: Montana mit 30% Marktanteil, Penfolds, Cooks, Corbans, Mc Williams, Villa Maria und Vidal. Ein Fusionierungsprozeß zwischen einzelnen dieser Firmen ist im Gange.

Das maritime Klima der Weinbaugebiete, die südlicher als diejenigen Südafrikas liegen, ist bei reichlich Niederschlag und Sonne insgesamt gemäßigt. Auf der Nordinsel sind bei Auckland 85% des Weinbaus konzentriert. Gisborne ist ein großes Weißweingebiet im Nordosten der Insel, benachbart liegt das von Poverty Bay. Hawke's Bay mit Napier ist an der Ostküste der Insel das größte Weinbaugebiet. Auf der Südinsel ist in Marlborough Weinanbau mit einer Fläche von 800 ha zu finden.

Beim Weinanbau dominiert der Weißwein mit 80%. Die häufigste Sorte ist ↑ 'Müller-Thurgau'. Es folgen 'Weißer Riesling', ↑ 'Gewürztraminer', 'Muskat'-Sorten, ↑ 'Silvaner' und 'Moselle'. In den siebziger Jahren gewannen die Sorten 'Sauvignon Blanc', ↑ 'Chardonnay' und 'Chenin Blanc' stärkeren Einfluß. Bei den Rotweinsorten führt ↑ 'Cabernet Sauvignon'. Es folgen ↑ 'Gamay Beaujolais', ↑ 'Pinot Noir' und 'Pinotage', eine südafrikanische Kreuzung aus 'Pinot Noir' × 'Hermitage'. Weiterhin sind in geringerem Umfang die Rebsorten 'Cresta Doré', ↑ 'Merlot', 'Baco Noir' (französische Hybride) und ↑ 'Gelber Furmint' im Anbau. Das relativ kühle Klima ist geeignet für langsam reifende, hocharomatische Trauben. Im allgemeinen zeichnen sich die neuseeländischen Weine durch ihren fruchtigen Geschmack und den hohen Säuregehalt aus. Sie sind leicht und teilweise von beachtlicher Qualität.

Als Besonderheit gibt es in neuseeländischen Gaststätten das BYO-(bring your own-) Schild. Es ist ein Relikt der Prohibitionszeit, in der Gaststätten nur schwer eine Ausschanklizenz für Alkohol erhielten und besagt, daß der Gast in den genannten Gaststätten seinen eigenen, mitgebrachten Wein trinken darf. Abb. (4)

Neuverkorken: eine von Zeit zu Zeit notwendige Maßnahme bei Schatzkammer- oder Archivweinen, da die Korken altern. Das N. wird in der Regel auch mit einer oft sehr zeremoniellen Verkostung verbunden. Stehend gelagerte und alle sechs Jahre neuverkorkte Tokajerweine haben sich Jahrhunderte gehalten. ↑ Archiv, ↑ Korken (3)

non filtre [franz.]: ungefilterte Weine, die aufgrund der enthaltenen Hefen, Mikroorganismen u. a. Bestandteile kaum lagerfähig und überhaupt von minderer Qualität sind. (3)

Nouveau ↑ Primeur

O

Obstwein ↑ Fruchtwein

Oechslegrad ↑ Mostgewicht, ↑ Mostwaage

offener Wein, *Offenwein:* in der Gaststätte in Gläsern (Schoppen) ausgeschenkter, aber auch in Fässern und Tankwagen transportierter, also nicht auf Flaschen abgefüllter Wein. (3)

Oidium: Gattungsname für Echten Mehltau (↑ Rebschutz)

oinochoe [griech.]: einhenklige Weinkanne meist aus Ton oder Bronze, die auch heute noch im Mittelmeerraum und in der UdSSR in Gebrauch ist (Abb.). (3)

oinoparagogos [griech.]: Weingut

oinopoieia [griech.]: Weinbaubetrieb, Weinkellerei

oinos [griech.]: Wein; *o. anoteras piotitas* – Qualitätswein; *o. erythros, o. mavros* – Rotwein; *o. glykos* – Likörwein; eigentlich süßer Wein; *o. ipsilis piotitas* – Spitzenwein; *o. lefkos* – Weißwein. (3)

Ökonomie der Weinproduktion. Das Verhältnis von Aufwand (Kosten) und Ergebnis (Erlöse) in der Weinproduktion (Erlöse ⁒ Kosten = Gewinn) ist sehr unterschiedlich und hat sich tendenziell fast in allen Ländern unter allen Produktionsbedingungen verschlechtert. Sowohl die Aufwendungen als auch die Erlöse sind in den Weinbauländern und auch regional außerordentlich differenziert. Die Aufwendungen steigen mit der Intensität der Bewirtschaftung sowie mit dem Grad der Hangneigung. Die Erlöse steigen mit den Erträgen, die von Jahr zu Jahr, in unseren Anbaugebieten bis zu 1000%, schwanken können, und sind vor allem von der Güte des aus den Trauben produzierten Weins abhängig, die ebenfalls bei gleicher Rebsorte um die genannten Prozente schwanken kann und in der Regel mit steigendem Ertrag abnimmt. Dazu kommt, daß die besten Lagen, wenn es Steillagen und Terrassierungen sind, bedeutend größere Aufwendungen verlangen (im Durchschnitt etwas über 20%, oft aber das Doppelte und mehr). Damit werden die Weine teurer und können sich nicht mehr auf dem Markt halten. Tendenziell führt schließlich der Marktmechanismus zum Verfall der Weinkultur, und die edlen Weine aus besten Steillagen werden immer weniger produziert.

Ertrags- und Qualitätssteigerung bei Sicherung ihrer Stabilität sind die entscheidenden Möglichkeiten, um die Kosten je Hektoliter Wein zu senken und den Gewinn zu erhöhen. Dabei stehen hohe Masseerträge an Trauben und

Kanne mit Kleeblattöffnung (Oinochoe) aus dem 7. Jh. v. u. Z.

Arbeitsaufwand für die Weinproduktion in flachen Lagen, gemessen in Arbeitskraftstunden je Hektar

	Akh/ha	%
Rebschnitt und Schnittholzbeseitigung	95	15
Binden	70	11
Düngung und Schädlingsbekämpfung	45	7
Laubarbeiten	170	26
Bodenbearbeitung und Unkrautbekämpfung	70	11
Ernte und Transport	150	23
verschiedene Arbeiten	50	7
	650	100

entsprechende Litermengen (schon unter 150 hl/ha) im Widerspruch zur ↑ Güte des Weins. Vor allem kann nicht gesicherter Absatz die Wirtschaftlichkeit zunichte machen.

Der früher außerordentlich hohe Arbeitsaufwand von z. T. 1500 bis 2500 und mehr Arbeitskraftstunden (Akh) je Hektar konnte durch die ↑ Technisierung in den letzten 25 bis 30 Jahren um 30–50% und darüber verringert werden, so daß Anfang der 80er Jahre der Akh-Aufwand je Hektar im Durchschnitt bei etwa 800 liegt. In flacheren Lagen beträgt der Akh-Aufwand etwa 600 bis 900 (Tab.), in den Steillagen 1100 bis 1800 Akh. Für Frankreich werden Ende der 70er Jahre 400 bis 650 und für Spanien nur 200 Akh/ha angegeben.

Infolge sinkenden Akh-Aufwands und steigender Erträge je Hektar erhöhte sich die Arbeitsproduktivität in den letzten 30 Jahren um das Drei- bis Siebenfache. So stieg sie z. B. in der Schweiz seit Mitte der 50er Jahre von 1–2 l auf 6–15 l Wein, die mit einer Akh erzeugt werden konnten, an.

Trotzdem gelang es nicht, die Selbstkosten je Hektar zu senken. Ursache sind sowohl der steigende Grundmittel- und Umlaufmitteleinsatz als auch die radikale Verteuerung der Produktionsmittel bis zu 500% in den letzten 40 Jahren. Die Selbstkosten setzen sich wie folgt zusammen: etwa 50% für den Akh-Aufwand, etwa 30% für Grundmittel und etwa 20% für Umlaufmittel. Bei Verkürzung der Nutzungsdauer der Rebanlagen auf rund 20 Jahre Umschlagzeit erhöhen sich die Grundmittelkosten (Abschreibungen) auf etwa 40–45% der Gesamtkosten. Der Anteil der Selbstkosten für den Wein bis zur Lese beträgt etwa 35–55% an den Gesamtselbstkosten.

Unter günstigen Bedingungen, wie flache Lagen, geringe Selbstkosten je Hektar, hohe Erträge bei guter Qualität des Weins und hohe Erzeugerpreise bei garantiertem Weinabsatz, kann der Anteil der Kosten an den Erlösen etwa 65 bis unter 100% betragen und damit die Weinproduktion wirtschaftlich sein. Da viele Weine ihre höchste Güte nur nach mehr oder weniger langer Lagerung erhalten, müssen mindestens die Lagerkosten durch entsprechend höhere Erzeugerpreise wieder eingebracht werden. Aber weder Preise und Zinsen noch der Konsumtionsbedarf ist vorausschaubar, so daß viele, die gerade nicht zu den Spitzenproduzenten gehören, ihre Weine vor der Reife abstoßen. Bei ungünstigen Marktlagen entstehen dadurch auch ungünstige Bedingungen für die erreichbare Güte und die Lagerkosten steigen enorm an. Der erreichte Reifegrad des Weins läßt sich wohl kontrollieren, aber nicht das Marktgeschehen. So führen Jahrgänge mit hohen Erträgen und hoher Güte zu Preisstürzen und damit zu ungünstigem Aufwand-Ergebnis-Verhältnis. Außerdem beeinflussen unter anderem die Versandform (Flaschen, Tanks) und die Mengen, der Grad und die Art der Verarbeitung (Most, Wein, Schaumwein, Likörwein u. a.), der Verwendungszweck (Trinkwein, Verschnittwein, Brennwein), der Alkoholgehalt, die Qualität bzw. das Qualitätsansehen (bei der gleichen Rebsorte bis zu zehnfach höhere Erlöse möglich) sowie die verschiedensten ökonomischen Regelungen bis hin zu Stützungen und Zoll die Wirtschaftlichkeit. (3)

Ökosysteme und Weinbau. Das Beziehungsgefüge zwischen Mensch, Tier, Pflanze, Boden und überhaupt der Umwelt kann auch durch bestimmte Maßnahmen des Weinanbaus empfindlich und mit für den Menschen negativen Auswirkungen gestört werden. Durch Ausdehnung der Anbaufläche und Flurbereinigung, vor allem zur Mechanisierung der Anbauverfahren, entstanden sog. Rebwüsten, die nicht nur die ökologischen Wechselbeziehungen schädigten, sondern auch das Landschaftsbild nachteilig veränderten. Dabei verschwanden unter anderem Flurgehölze und mit ihnen die Lebensräume für natürliche Feinde von Schaderregern, wobei die großen zusammenhängenden Flächen deren Vermehrung und Verbreitung begünstigen. Für das Wachstum der Reben günstige Lokalklimate gingen verloren. Nicht bebaute, aber auch solche flurbereinigten Weinberge fallen der Bodenerosion anheim. Sie wird unterstützt durch zerfallene Terrassen (↑ Terrassenkultur). Mechanisiert bearbeitete Flächen verfestigen den Boden und beeinträchtigen wie die oft sorglos und gegen die Vorschriften eingesetzten Agrochemikalien das Bodenleben und damit die Bodenfruchtbarkeit bzw. vernichten auch die natürlichen Feinde von Schaderregern. Fehlt dazu noch Humus, der den Nährstoff-, Luft-, Wasser- und Wärmehaushalt des Bodens und damit auch das Bodenleben günstiger reguliert, dann verstärken sich diese negativen Wirkungen. Der

Humusbedarf schwankt in Abhängigkeit von Bodenart und -bearbeitung sowie der Lage und dem Klima um etwa 35–100 dt/ha und Jahr. Er kann in Form von Stalldung, (Müll-)Komposten, Klärschlamm, Torfmull, Stroh, Laub, Rebholz, Gründung (Gräser und Leguminosen), Dauerbegrünungen mit Mulchen u. a. zugeführt werden. Humusversorgte Böden liefern qualitätsvollere Weine mit höheren Mostgewichten und Extraktgehalten. Sie erschweren die Erosion (Abschwemmungen) und die Auswaschung von Nährstoffen. Ohne Humus können auch angereicherte Schadstoffe im Boden, im Grundwasser und in den Trauben nicht mehr oder nicht rasch genug abgebaut werden.

Die Landschaft selbst wandelt sich zu einer unansehnlichen, tristen Einöde und auch ihre Erholungsfunktion für den Menschen sinkt oder geht gar verloren. Deshalb sind in der DDR die wenigen Weinanbaugebiete unter besonderen Landschaftsschutz gestellt, alte Terrassenanlagen werden wieder instandgesetzt und wie in Jena und Dresden sowie an der Schwarzen Elster werden frühere Weinberge wieder aufgerebt. Steilhänge, auf denen durch unzulängliche Mechanisierungsmöglichkeiten die erforderliche Arbeitsproduktivität nicht mehr erreicht wird, werden unter Landschaftsschutz gestellt und von Freizeitwinzern bewirtschaftet.

Der Weinbau eignet sich auch hervorragend zur Rekultivierung von Braunkohlentagebauen. So wachsen z. B. in Ungarn (zwischen Gyöngyös und Miskolc) und in der ČSSR (Most) auf solchen ausgekohlten Böden nach einigen Jahren Futterpflanzenbau qualitativ gute Weinernten heran. Die natürlichen Regulationsmechanismen stellen sich allmählich wieder in einer vom Menschen erwünschten Richtung ein und die Belastung der Umwelt geht zurück. (3)

Olaszriesling ↑ 'Welschriesling'

Oloroso: dunkelgoldener bis tief bernsteinfarbener trockener Sherrytyp. Körper- und bukettreich enthält er etwa 18–21 Vol.-% Alkohol. O. entstand als ↑ Sherry ohne die Florhefen und wird heute öfter gesüßt. Er wird auch zur Soßenbereitung genutzt und speziell als bemerkenswerter Likörwein gern getrunken. (3)

Önologe: Fachmann der Weinkunde. (3)

Önologie: Weinkunde; Lehre von Anbau, Kelterung und Technologie der Weinherstellung. (3)

Onomasia Proelevseos Anoteras Piotitos, OPAP [griech.]: Weine zweithöchster (gehobener) Qualitätsstufe mit Ursprungsbezeichnung. Dabei werden neben den auf dem Etikett angegebenen, für OPAP-Weine gesetzlich festgelegten Anbaugebieten oder Lagen, spezielle, für diesen Wein typische, gesetzlich fixierte Eigenschaften garantiert. Sie entsprechen etwa den französischen ↑ VDQS. Es werden unter anderem Hektarerträge und Rebsorten festgelegt. OPAP-Weine werden analytischen und organoleptischen Prüfungen (↑ Sinnenprobe) unterworfen. Auf einer roten Banderole über dem Flaschenkorken findet sich eine Einzelnumerierung und eine Buchstabenkennzeichnung des Herkunftsgebietes. Oft kommen diese Weine mit der entsprechenden französischen Bezeichnung Appellation d'Origine de Qualité Supérieure in den Handel. Zu dieser Qualitätsstufe gehören trockene Weine mit maximal 4 g Restzucker/l. (3)

Onomasia Proelevseos Elegchomeni, OPE [griech.]: Wein höchster Qualitätsstufe mit kontrollierter Ursprungsbezeichnung. Dabei werden neben den auf dem Etikett angegebenen und für OPE-Weine gesetzlich festgelegten Anbaugebieten oder Lagen spezielle, für diesen Wein typische, gesetzlich fixierte Eigenschaften garantiert. Sie entsprechen etwa dem französischen ↑ AOC. Es werden unter anderem Hektarhöchsterträge, Rebsorten, Zucker- und Alkoholmindestgehalte festgelegt. OPE-Weine werden analytischen und organoleptischen Prüfungen unterworfen. Auf einer blauen Banderole über dem Flaschenkorken findet sich eine Einzelnumerierung und eine Buchstabenkennzeichnung des Herkunftsgebietes. Oft kommen diese Weine mit der entsprechenden französischen Bezeichnung Appellation d'Origone Contrôlée in den Handel. Griechische ↑ Likörweine, meist mit höherem Alkoholgehalt, wie der Mavrodaphne und ↑ Samos, fallen in diese Kategorie. (3)

Önophile, *Vinophile:* Weinliebhaber; ein Weinfreund, der auch kostbare Weine und alles mit dem Wein Zusammenhängende sammelt. (3)

Önothek ↑ Archiv

OPAP [griech.]: Abk. für ↑ **O**nomasia **P**roelevseos **A**noteras **P**iotitos.

OPE [greich.]: Abk. für ↑ **O**nomasia **P**roelevseos **E**legchomeni.

Oporto ↑ 'Blauer Portugieser'

organisch-biologische Wirtschaftsweise ↑ biologisch-dynamische Wirtschaftsweise (3)

organoleptische Prüfung ↑ Sinnenprobe

Originalabfüllung, *Originalabzug:* früher eine gewisse Garantie für die Güte von Weinen. Laut Weingesetzgebung in der BRD ist die Bezeichnung nicht mehr statthaft. ↑ Abfüller, ↑ Erzeugerabfüllung

Orna Frankovka ↑ 'Blauer Limberger'

Österreicher ↑ 'Silvaner'

Österreich. Weinbau wurde in Ö. bereits von den Kelten (400 v. u. Z.) betrieben, von den Römern um die Zeitenwende weiter vorangetrieben und zu seiner ersten Blüte gebracht. Nach der Zeit der Völkerwanderung erfolgte unter Karl dem Großen und besonders Otto I. (nach 955) eine starke Ausbreitung des Weinbaus, die ihren Höhepunkt im Mittelalter fand, wo er eine zehnmal größere Ausdehnung als heute hatte.

In den Ostgebieten erlitt der Weinbau durch die jahrhundertelange türkische Besetzung empfindliche Rückschläge und konnte demzufolge nicht mehr mit dem Weinbau in den westlichen Landesteilen konkurrieren. Einschnitte gab es in der Reformationszeit, vor allem zur Zeit des Dreißigjährigen Krieges, und um die letzte Jahrhundertwende, als der Einfall der Reblaus zu großen Schäden führte. Allerdings trieb gerade das Auftreten der Reblaus den Qualitätsweinbau voran, indem moderne Erzeugungsmethoden eingeführt und der Weinbau auf wenige Qualitätsweinsorten umgestellt wurde. Die Weinskandale 1984/85 haben dem Ansehen der österreichischen Weine auf dem internationalen Markt stark geschadet. Heute steht Ö. mit einem neuen, strengen Weingesetz gewissermaßen am Neubeginn, um altes Vertrauen in ihre hochwertigen Erzeugnisse wieder zu gewinnen. Der Anteil Ö. an der Weltweinproduktion liegt bei 0,6% (Tab.).

Weinanbau in Österreich (1985)

Rebfläche [1000 ha]	58
davon Weißweinsorten	48
Rotweinsorten	10
Traubenproduktion [1000 dt]	1126
Weinproduktion [1000 hl]	1126
Weinexport [1000 hl]	269
Pro-Kopf-Verbrauch [l]	34,3

Die Weinbaugebiete Ö. sind durch das Weingesetz von 1985 teilweise neu benannt und eingeteilt worden. Es gibt heute vier Weinbauregionen, von denen jedes in verschiedenen Weinbaugebiete unterteilt wird.

Im Weinbaugebiet *Wachau* werden auf 1348 ha vorwiegend Weißweinsorten (91%), vor allem an steilen Berghängen

Bezeichnung ab 1. Januar 1986	Bezeichnung bis 1985
Weinbauregion Niederösterreich (34,201 ha = 58,6%	
1 Wachau	Wachau
2 Kamptal-Donauland	Krems und Langenlois
3 Donauland-Carnuntum	Klosterneuburg
4 Weinviertel	Retz und Falkenstein
5 Thermenregion	Gumpoldskirchen und Vöslau
Weinbauregion Burgenland (20,879 ha – 35,7%)	
6 Neusiedlersee	Rust-Neusiedlersee
7 Neusiedlersee-Hügelland	Rust-Neusiedlersee
8 Mittelburgenland	Rust-Neusiedlersee
9 Südburgenland	Eisenberg
Weinbauregion Steiermark (2,637 ha = 4,5%)	
10 Südsteiermark	Südsteiermark
11 Weststeiermark	Weststeiermark
12 Süd-Ost-Steiermark	Klöch-Oststeiermark
Weinbauregion Wien (682 ha = 1,2%)	
13 Wien	Wien

oder Terrassen, angebaut. Man spricht in Ö. von sogenannten Bergweinen, wenn diese ausschließlich aus Terrassenweingärten oder von Steillagen mit mehr als 26% Hangneigung gewonnen werden.

Über die Hälfte der Rebfläche ist mit ↑ 'Grüner Veltliner' (57,6%) bepflanzt, daneben wird ↑ 'Müller-Thurgau' (14,5%), ↑ 'Weißer Riesling' (7,9%) und ↑ 'Neuburger' (7,0%) angebaut. Die Reben gedeihen auf den Verwitterungsböden gut und bringen Spitzenweine hervor, die sich besonders durch ihre rassigen Säuren auszeichnen. In der letzten Zeit wurde mit Erfolg auch die Rebsorte 'Blaue Zweigelt' eingeführt, aus der hochstehende Rot- und Roséweine bereitet werden. Bekannte Weinbauorte sind Dürnstein, Spitz, Loiben und Mautern.

Im angrenzenden Weinbaugebiet *Kamptal-Donauland* werden auf 6369 ha ebenfalls vorwiegend Weißweinsorten angebaut (91%); 'Grüner Veltliner' (55,8%), 'Müller-Thurgau' (16,9%), 'Weißer Riesling' (4,4%), ↑ 'Frühroter Veltliner' (3%), 'Neuburger' (2%) und ↑ 'Welschriesling' (2%) sind die Hauptsorten. Bei idealen klimatischen und geologischen Bedingungen befinden sich die meisten Weingärten auf Hanglagen. Fruchtige und spritzige Weine mit eleganten Säuren von anerkannt hoher Qualität werden gewonnen.

In Krems findet die jährliche Weinmesse Ö. statt und das größte Weinbaumuseum des Landes ist hier beheimatet. Langenlois mit etwa 2000 ha Rebfläche ist die größte Weinstadt Ö. Weitere bekannte Weinorte sind Zöbing mit der berühmten Lage Heiligenstein und Schönberg. In Rohrendorf ist der Sitz des Weingutes Lenz Moser. Von hier aus wurde durch Prof. Lenz Moser die von ihm entwickelte Hocherhitzung des Weinstockes in die ganze Welt verbreitet.

Im Weinbaugebiet *Donauland-Carnuntum* wächst auf 4361 ha Rebfläche vor allem 'Grüner Veltliner' (43,7%), 'Müller-Thurgau' (11,3%), 'Frühroter Veltliner' (3,5%), 'Blaue Zweigelt' (4,5%) und im geringeren Maße 'Neuburger', ↑ 'Rheinriesling', ↑ 'Muskat Ottonel' und

↑ 'Blauer Portugieser'. Die Hauptstadt Wien trennt dieses Weinbaugebiet. Östlich von Wien im Raum um Prellenkirchen werden sehr gute 'Weißburgunder' und 'Blaufränkische' gekeltert. Der berühmteste Ort dieses Gebietes ist Klosterneuburg, der Sitz des Schul- und Forschungszentrum des österreichischen Weinbaus. Die bereits 1860 gegründete Weinbauschule genießt heute als Höhere Bundeslehr- und Versuchsanstalt für Obst- und Weinbau Weltgeltung und ist eine der ältesten der Welt.

Bemerkenswert sind die 'Rheinrieslinge' aus der Umgebung der Stadt. Weitere bekannte Weinbauzentren sind Kirchberg und Traismauer, das in seiner heutigen Besiedlungsform noch dem Plan des damaligen römischen Reiterlagers entspricht und bereits im Nibelungenlied erwähnt wird.

Mit 18916 ha (davon 85% Weißwein) ist das *Weinviertel* das größte Weinbaugebiet Ö. Der größte Teil der Rebflächen befindet sich auf nach Süden geneigten Hängen mit sehr fruchtbaren Böden. Bekannte Weinbauzentren sind Retz, Pulkau, Röschitz, Haugsdorf und Mailberg im westlichen Teil sowie Falkenstein, Poysdorf, Wolkersdorf und Matzen im östlichen Teil. Diese Klimainseln zeichnen sich durch bevorzugte Bedingungen aus und sind oft wärmer als weiter südlich gelegene Weinanbauorte. Neben der Hauptrebsorte 'Grüner Veltliner' (48,2%) werden vor allem 'Müller-Thurgau' (8,2%), 'Welschriesling' (6,2%), 'Frühroter Veltliner' (3,0%) sowie 'Blauer Portugieser (10,3%) und 'Blaue Zweigelt' (5,0%) angebaut.

Berühmt sind die Kellergassen der Gegend und die vielen historischen Kellerlabyrinthe unter den Altstädten. So sollen beispielsweise die unterirdischen Keller unter Retz längenmäßig die oberirdischen Verkehrswege bei weitem übertreffen. Die Hauptrebsorte Ö., der 'Grüne Veltliner', wurde vor über 100 Jahren in Poysdorf wiederentdeckt. Neben den Hauptrebsorten werden Spitzenweine aus ↑ 'Spätrot-Rotgipfler' und bei Rotweinen aus ↑ 'Blauer Limburger' und 'Blauburger' bereitet.

Das Weinbaugebiet *Thermenregion* zählt zu den wärmsten Ö. Seine vorwiegend kalkhaltigen Schotterböden speichern die Wärme und versorgen die Reben mit Mineralien. Hier ist Gumpoldskirchen zu finden, ein in der ganzen Welt bekannter Weinort, aber auch solche Orte wie Pfaffstädten, Baden, Traiskirchen und Bad Vöslau haben einen guten Ruf. Als Delikatesse gelten Weine aus den Sorten ↑ 'Roter Zierfandler', 'Rotgipfler'; große Weine werden aus ↑ 'Weißer Burgunder' und 'Neuburger' gekeltert. Um Bad Vöslau werden zum größten Teil Rotweinsorten angebaut, die dunkle, samtige Rotweine ergeben. Der 'Blaue Portugieser' wird schon lange angebaut und wurde früher einfach Vöslauer genannt. Die Sortenverteilung ist folgende: 'Blauer Portugieser' (20,5%), 'Neuburger' (16,8%), 'Weißer Burgunder' (5,7%), 'Rotgipfler' und 'Roter Zierfandler' (8,6%) und 'Müller-Thurgau' (3,4%).

In der Weinbauregion Burgenland ist der Weinbau überall verbreitet, die wichtigsten und größten Rebanlagen liegen aber am oder in der Nähe des Neusiedlersees. Dieser drittgrößte See Europas erwärmt sich dank seiner geringen Tiefe sehr schnell und stark und tritt als wichtiger Klimaregler auf. Hier werden die höchsten Durchschnittstemperaturen und die meisten Sonnenscheinstunden im ganzen Land gemessen. Fast ein Drittel der gesamten österreichischen Anbauflächen liegen in dieser Weinbauregion. Das Weinbaugebiet *Neusiedlersee* ist mit 11000 ha das zweitgrößte Ö. und das größte im Burgenland. Mehr als 90% der Flächen sind mit Weißweinsorten bestockt. Auf den leicht erwärmbaren durchlässigen Sandböden gedeiht besonders der 'Welschriesling' und der Anteil der Prädikatsweine ist besonders hoch. Angebaut werden 'Grüner Veltliner' (18,6%), 'Welschriesling' (16,0%), 'Müller-Thurgau' (9,1%), 'Muskat Ottonel' (6,2%), 'Weißer Burgunder' (5,7%), ↑ 'Neuburger' (5,7%) und als rote Rebsorte 'Blaue Zweigelt' (5,1%). Bekannte Weinorte sind Neusiedl am See, Weiden am See, Podersdorf, Gols, Mönchhof, Apetlon und Illmitz.

Das klassische Weinbaugebiet des Burgenlandes ist *Neusiedlersee-Hügelland* mit dem Zentrum Rust und einer Anbaufläche von 7283 ha. Bepflanzt ist diese Fläche mit 'Grüner Veltliner' (21,9%), 'Müller-Thurgau' (9,4%), 'Welschriesling' (8,7%), 'Neuburger' (4,2%), 'Weißer Burgunder' (3,9%) und mit roten Rebsorten wie 'Blauer Limburger' (16%) und 'Blaue Zweigelt' (4,2%). Daneben werden aus 'Weißer Riesling', ↑ 'Traminer', ↑ 'Ruländer' und 'Bouvier'-Traube hochwertige Prädikatsweine gewonnen. Bekannt sind vor allem die Ruster Ausbrüche, Auslesen, Beerenauslesen und Trockenbeerenauslesen, aber auch solche Orte wie Oggau, St. Margarethen und Mörbisch bringen ähnliche Weine hervor. Einen guten Ruf haben die Rotweine aus Pöttelsdorf, Mattersburg und Oggau, vor allem der 'Blaue Limburger' ergibt gute Weine. In den letzten Jahren konnten auch die Weine aus 'Blauer Spätburgunder', 'Blaue Zweigelt' und 'Blauburger' hervorragende Qualitäten aufweisen.

Das Weinbaugebiet *Mittelburgenland* umfaßt 2085 ha und hat im Anbau überwiegend rote Rebsorten, wie 'Blauer Limburger' (41,1%) und 'Blaue Zweigelt' (20,9%), während als weiße Sorten 'Grüner Veltliner' (16,5%), 'Müller-Thurgau' (5,9%) und 'Welschriesling' (2,9%) angebaut sind. Zentrum dieses Gebietes ist Deutschkreuz, andere bekannte Weinorte sind Horitschon, Neckenmarkt und Lutzmannsburg.

Im Weinbaugebiet *Südburgenland* werden auf 434 ha 'Welschriesling' (26,8%), 'Grüner Veltliner' (10,4%), 'Weißer Riesling' (4,4%) und als Rotweinsorte 'Blauer Limburger' (29,3%) angebaut. Bekannte Weinbauorte sind Rechnitz und Eisenberg.

Die Weinbauregion Steiermark befindet sich im südöstlichen Teil Ö., wo bereits südeuropäisches Klima mit hohen Niederschlägen und Temperaturen vorherrscht. Als typische Böden kommen vulkanische Basaltgesteine, kalklose Sedimente und kalkreiche Lehme vor. Die Weinberge befinden sich meist auf südlichen Hanglagen und reichen von 250–550 m Höhe, hier befinden sich die höchstgelegenen Weinberge Ö.

Auf 926 ha werden im Weinbaugebiet *Südoststeiermark* überwiegend Weißweine angebaut, ↑ 'Welschriesling' (22,2%), 'Müller-Thurgau' (19,4%), 'Weißer Burgunder' (12,1%) und 'Traminer' (5,1%) sind die Hauptrebsorten. Der Spitzenwein dieser Gegend wächst um Klöch auf vulkanischem Basaltgestein und wird aus dem 'Gewürztraminer' gekeltert. Dieser körperreiche Wein mit einem unverkennbaren intensiven Sortenbukett hat schon auf vielen internationalen Weinwettbewerben hervorragende Plazierungen belegt und Medaillen gewonnen. Von sehr guter Qualität sind auch die Weißburgunder- und Ruländerweine.

Im Weinbaugebiet *Südsteiermark* werden auf 1504 ha besonders Weißweinsorten angebaut. Die Leitsorten sind 'Welschriesling' (24,1%) und 'Müller-Thurgau' (18,8%), als weitere Sorten kommen 'Weißer Burgunder' (8,4%), 'Traminer' (5,1%), ↑ 'Muskat Ottonel' (5,7%), 'Ruländer' (2,9%) und ↑ 'Sauvignon Blanc' (2,8%) dazu.

Der Weinbauort *Gamlitz* ist der größte der Steiermark. Auf den 207 ha des Anbaugebietes Weststeiermark wächst zu über zwei Dritteln eine besondere regionale Spezialität – der 'Blaue Wildbacher'. Aus dieser sehr alten bodenständigen Traubensorte wird ein Roséwein namens ↑ Schilcher bereitet, der von guter Qualität und sehr begehrt ist. Auf den restlichen Flächen wächst 'Müller-Thurgau' (4,5%), 'Welschriesling' (3,9%) und 'Weißer Burgunder' (3,7%).

Die Weinbauregion *Wien* ist mit 682 ha die kleinste und nicht in Weinbaugebiete unterteilt. Die Vielfalt der angebauten Sorten ist sehr groß und umfaßt vor allem 'Grüner Veltliner' (26,0%), 'Rheinriesling' (8,2%), 'Weißer Burgunder' (6,5%) und 'Müller-Thurgau' (5,6%). Daneben werden noch 'Traminer', 'Neuburger' und Rotweinsorten angebaut. Charakteristisch für die erzeugten Weine ist ihre frische, spritzige Fruchtigkeit und die Art des Vertriebes. Fast alle Weine werden als ↑ Heurige getrunken. In den bekannten Heurigenorten Nussdorf, Heiligenstadt, Grinzing, Sievering, Neustift, Dornbach, Ottakring, Mauer, Oberlaa, Großjedlersdorf, Strebersdorf und Stammersdorf ist eine auf der Welt wohl einzigartige Atmosphäre der romantischen Weinvermarktung des Wiener Heurigen entstanden, die durch die Wiener Schrammelmusik noch verstärkt wird.

Die Grundlage für den Neubeginn der österreichischen Weinwirtschaft schuf das neue Weingesetz von 1985 und die Weingesetznovelle von 1986. Danach ist Tafelwein ein Wein, der nicht den Anforderungen an einen Qualitätswein entspricht. Landwein ist ein Tafelwein, dessen Weintrauben für die Herstellung aus einer Weinbauregion stammen. Beide dürfen nur in Flaschen bis 0,25 l oder ab 1,0 l abgefüllt werden. Bei Qualitätswein müssen die zur Herstellung dienenden Trauben aus einem Weinbaugebiet und aus zugelassenen Qualitätsrebsorten stammen. Wird auf dem Etikett (↑ Abb.) die Rebsorte genannt, muß der Wein die typischen Merkmale aufweisen. Der Wein muß staatlich geprüft und auf dem Etikett die Bezeichnung Qualitätswein mit staatlicher Prüfnummer tragen.

Zur Sicherung des Qualitätsanbaus werden jährlich sorten- und gebietsbezogene Ertragsbeschränkungen je Hektar festgelegt (Tab.). Der Export von

Qualtitätsstufen österreichischer Weine (KMW = Klosterneuberger ↑ Mostwaage)

	Zuckergehalt KMW	Zuckergehalt in °Oe	Alkoholgehalt in Vol.-%	Zuckergehalt in g/l	Extraktzucker-frei in g/l
– Tafelwein					
Tischwein	13–15	64–73			
Landwein	13–15	64–73	max. 11,5	max. 6	
– Qualitätswein	15–17	73–83	mind. 9,0		mind. 18
Kabinettwein	17–19	83–94	mind. 9,0	max. 9	mind. 18
– Prädikatsweine					
Spätlese	mind. 19	94	mind. 9,0		mind. 18
Auslese	mind. 21	105	mind. 9,0		mind. 18
Beerenauslese	mind. 25	125	mind. 9,0		mind. 18
Ausbruch	mind. 27	135	mind. 9,0		mind. 18
Trockenbeerenauslese	mind. 30	150	mind. 9,0		mind. 18
Eiswein	mind. 25	125	mind. 9,0		mind. 18

Die Flasche muß mit einer Banderole mit registrierter Nummer versehen sein. Kleinbetriebe können anstelle der Banderole das leichter anzubringende Kontrollzeichen verwenden (max. bis 2 l)

Jeder österreichische Wein muß die Bezeichnung „Österreichischer Wein", „Wein aus Österreich" oder „Österreich" tragen. Diese Bezeichnung dürfen nur solche Weine tragen, deren Trauben ausschließlich in Österreich erzeugt worden sind

Eine Sorten- und Jahrgangsbezeichnung, z. B. Grüner Veltliner 1985, darf nur verwendet werden, wenn der Wein zu mindestens 85 % (z. B. in Frankreich) aus der genannten Sorte und dem genannten Jahrgang stammt

Folgende örtliche Herkunftsbezeichnungen dürfen angeführt werden: Name von Weinbauregion, Weinbaugebiet, Großlage, Gemeinde, Ried oder Weinbauflur in Verbindung mit dem Namen der Gemeinde, in der diese liegt. Voraussetzung ist die 100%ige Herkunft aus dem angegebenen örtlichen Bereich

Auf dem Etikett muß eine Qualitätsstufe des Weins angeführt sein, z. B. Tafelwein, Qualitätswein

Qualitätsweine müssen auf dem Etikett die Bezeichnung „Qualitätswein mit staatlicher Prüfnummer" tragen. Außerdem muß die verliehene Prüfnummer selbst enthalten sein

Auf jedem Etikett müssen Name und Standort des Abgebers, Abfüllers oder des Erzeugers angegeben sein

Das Etikett muß über den Gehalt des vorhandenen Alkohols informieren

Auf jedem Etikett muß der Gehalt an unvergorenem Zucker im Wein angegeben sein: „trocken" oder „für Diabetiker geeignet" bei einem Restzuckergehalt von maximal 4 g/l, „halbtrocken" (max. 9 g/l), „halbsüß" oder „lieblich" (max. 18 g/l); „süß" ist als Bezeichnung für einen höheren Restzuckergehalt anzuführen

Österreichisches Flaschenetikett

Qualitätswein darf nur in Flaschen abgefüllt erfolgen. Tafel- und Qualitätswein (nicht Kabinettwein) darf zum Ausgleich eines natürlichen Mangels an Zucker und Alkohol auf 100 l Most maximal 4,5 kg Zucker zugesetzt werden, das Mostgewicht einschließlich der Aufbesserung darf aber 19 °KMW (94 °Oe) nicht übersteigen. Prädikatsweinen und Qualitätsweinen besonderer Reife und Leseart darf kein Zucker, Traubenmost oder Traubendicksaft zugesetzt werden. Eine gewollte Restsüße darf nur durch Gärungsunterbrechung hergestellt werden. Für österreichische Weine sind nach dem neuen Weingesetz bestimmte Angaben Pflicht (Abb.). Wein darf ab 1. Juni 1986 nur noch in Glasflaschen, Holzfässern und Keramikgefäßen abgefüllt werden, Tetrapack und Plasteflaschen sind verboten. ↑ Tafel 29 und 32/33 (2)

Otoso: süßer, gewürzter, japanischer Wein. Er wird besonders am Neujahrsmorgen vor der ersten Mahlzeit, und zwar vom jüngsten Familienmitglied zuerst, getrunken. (3)

oxidierter Wein: Wein, der sich infolge intensiver Sauerstoffberührung zunehmend braun färbt und matt wird. Leichter oxidativer Ausbau findet immer, besonders in kleinen Holzfässern statt und ist z. B. bei ↑ Sherry und ↑ Tokajerweinen beabsichtigt. ↑ Ausbau, ↑ Braunwerden. (3)

P

palaios, palaiomenos [griech.]: alter Wein

pale dry [engl.]: trocken (bei Sherry)

Palmwein: alkoholhaltiges Getränk aus dem vergorenen Saft fast aller Palmenarten (Toddy, Dicksaft, Palmhonig bzw. -sirup). P. ist der am meisten genossene ↑ Fruchtwein und wird überall im Verbreitungsgebiet der Palmen im Bereich von 30 Breitengraden beiderseits des Äquators gewonnen.

Der Zapfprozeß ist sehr kompliziert und verlangt viel Erfahrung. Bei der Kokospalme z. B. sind die Blütenstände zapfreif, wenn sie noch vom Hüllblatt, der Spatha, umgeben etwa 70–80 cm lang sind und an der dicksten Stelle 7–12 cm messen. Der ausgewählte Blütenstand wird in Abständen von 2–5 cm fest eingebunden und ringsum sowie an der Spitze mit Holzschlegeln leicht beklopft, ohne die noch verdeckten Blütenknospen zu zerschlagen. Dieses vorsichtige Quetschen der weichen Gewebe wird bis zu 12 Tagen fortgesetzt, um den Pflanzensafttransport an diese Stellen anzuregen. Am dritten Tag wird gleichzeitig die Spitze des Blütenstandes um etwa 5 cm eingekürzt und ab dem sechsten Tag wird täglich um weitere etwa 2 mm zurückgeschnitten. Die Zapfer spannen teilweise Laufseile von Krone zu Krone, damit nicht jede Palme erstiegen werden muß. Nach dem Abfangen der Safttropfen, meist in irdene Gefäße, wird weiter zurückgeschnitten, aber ohne weiteres Beklopfen. Durch das Anbinden der Gefäße neigt sich auch der Blütenstand in das Gefäß, das bis zu zweimal täglich 40 bis 50 Tage lang entleert wird, bis der Blütenstand aufgebraucht ist. Auf diese Art können von einer Palme durchschnittlich 300–400 l Saft mit Saccharosegehalten von 9–17 % im Verlauf eines Jahres gewonnen werden. Aufgrund der hohen Temperaturen verläuft die Gärung sehr rasch und kann entsprechend dem Zuckergehalt P. mit durchschnittlich 5–8 Vol.-% Alkohol hervorbringen. Territorial werden dem P. auch Säfte oder Kräuter zugesetzt. Durch Destillation von P. gewinnt man *Arrak.* (3)

Palomino: weiße Kelterrebsorte, die Erträge von 100–150 dt/ha liefern kann. Die Trauben sind süß, grünlich bis goldgelb und sehr dünnschalig. P. ist mit rund 90 °Oe in Spanien die Basisrebsorte für den ↑ Sherry. Im Durchschnitt werden 70 hl Most/ha gewonnen.

Als Besonderheit wird P. direkt auf der Rebfläche auf 'Berlandieri'-↑ Unterlagen veredelt. Etwa 25 Jahre stehen die Rebflächen im Ertrag. Die Sorte wird auch in Argentinien, Australien und Kalifornien angebaut. (3)

Pamid: frühreifende, in Bulgarien stark angebaute Keltertraube. Sie liefert frische, jung zu trinkende Rotweine, die meist mit ↑ 'Gamsa' oder ↑ 'Mavrud' verschnitten werden. (6)

Panschen, *Taufen, Weinschmieren:* Sammelbegriff für betrügerisches, unerlaubtes Verbessern und Verschlechtern von Wein unter anderem durch Strekken und Wässern; oft fälschlich auf jedes Verschneiden (↑ Verschnitt) bezogen. Eine allgemeine Behandlung des Weins durch ↑ Aufzuckern, ↑ gelenkte Gärung und Verschneiden ist nicht nur nützlich, sondern auch erlaubt. Würden die Weine jedes Jahrgangs, jeder Rebsorte und jeder Weinlage für sich verarbeitet, würden viele Ernten ungenießbar. Wird allerdings ein geringwertiger Wein (Jahrgang) mit einem guten verschnitten und unter der Bezeichnung des besseren verkauft, zu starke Säure durch übermäßiges Wässern gemindert, der Wein durch Zuckerwasser gestreckt und durch alkoholische Zusätze hochgepäppelt, dann ist von P. zu sprechen.

Solange es Wein gibt, ereiferte man sich über das P.; das trifft auf den Vorderen Orient genauso zu, wie auf das alte Ägypten, das antike Griechenland und Rom sowie das Mittelalter in Europa. „Ströme von Regen, oh Gastwirt, mischten den Wein dir mit Wasser" stöhnt Martial (40 bis 102 u. Z.). P. konnte die schwerwiegendsten Folgen haben, wie Krankheiten oder sogar den Tod z. B. durch Zusätze von Bleiacetat ($Pb[CH_3COO]_2$). Schon immer ging es darum, ohne Wissen des Verbrauchers aus wenig Wein viel und aus schlechtem Wein guten zu machen. So wurden geringe Weine mit guten aufgebessert sowie mit Hefen hochwertiger Weine vergoren. Mit Branntwein und wenig Südwein wurden minderwertige Weine zu starken spanischen Dessertweinen präpariert, mit höheren Schwefelgaben oder ungelöschtem Kalk Farbe sowie Geschmack aufgebessert u. a. P. wurde durch entsprechende Verordnungen zeitweise mit dem Tode bestraft und Weinfälscher wurden auch von der Kirche exkommuniziert. So manche Predigt enthielt auch die Aufzählung der Mittel zum P.: „Beim Weine treibt man Panscherei mit Schwefel, Milch und Weizenbrei, mit Asche, Senf und Eierklar, mit Wasser und mit Ton sogar, man greift, sofern man Speck nicht nimmt, zur Schweineschwarte und zum Zimt, zu süßer Wurst und glatter Schmier – Der Herr bewahre uns dafür!"

1836 war das damals als Malochen bezeichnete P. geringer Landweine verbreitet, da bei den fortgesetzten Kriegen die Nachfrage an Wein die Vorräte weit überstieg. Zur selben Zeit wurde ein Verein zur Förderung der Weinkultur an der Mosel und der Saar gegründet, der sich besonders dem Für und Wider der Naßzuckerung annahm. 1884 ging ein weiterer Verein zur Produktion und Konsumtion des Naturweins gegen die Verfälschungen vor. Heute nehmen sich nicht nur staatliche Organe, sondern auch viele Gesellschaften und ↑ Weinbruderschaften des Kampfes gegen das P. an. Ab und zu wird das P. durch ↑ Weinskandale aufgedeckt. P. wird in den meisten weinbauenden Ländern heute mit Freiheitsentzug, Geldstrafen sowie Beschlagnahme der Gerätschaften, Zusatzstoffe und Weine bestraft. Allerdings kann, was heute in einem Land P. war, schon morgen gesetzlich erlaubt werden. So ist z. B. der Zusatz von Traubenmost bzw. -konzentrat sowie Naßzuckerung nicht überall verboten und es gibt Bestrebungen von Neuzulassungen. (3)

paragogi [griech.]: erzeugt

parfümierte Weine: Weine mit starkem Aroma, das vom Weinkenner als aufdringlich und unangenehm empfunden wird. (3)

Partyweine: billigere Rot- und Weißweine, die vor allem junge Leute auf ihren Partys trinken. (3)

passito [ital.]: Bezeichnung für Trokkenbeerenwein, der aus überreifen, eingeschrumpften Trauben gewonnen wurde. (3)

Pasteurisierung: nach L. Pasteur (1822–1895) benanntes Verfahren zur Sterilisierung durch Erhitzen. Beim Wein wird es bei 50–80 °C zum Abtöten von Mikroorganismen genutzt. Die P. behindert jedoch Reifung und Ausbau der Weine. (3)

Patras: griechische Stadt und anerkanntes Herkunftsgebiet im südlichen Peloponnes, von dem der hochwertige, süße, samtige rote Mavrodaphne und der weiße Muskatlikörwein sowie leichtere, frische, gut ausbalancierte Weißweine aus der Rebsorte ‘Roditys‘ stammen. (3)

Pechweine ↑ Retsina

pecsenye bor [ung.]: Qualitätsstufe Bratenwein mit Herkunfts- und Sortenangabe sowie einem Mindestmostgewicht von 73 °Oe. (3)

Pedro Ximénez: weiße Kelterrebsorte, die wahrscheinlich als ↑ ‘Weißer Riesling‘ im 16. Jh. nach Spanien kam. P. X. wird zur Sherryproduktion in Málaga und Jerez meist ein bis zwei Wochen auf Strohmatten in der Sonne getrocknet, damit ein alkoholreicher Wein mit hoher Restsüße entsteht. (3)

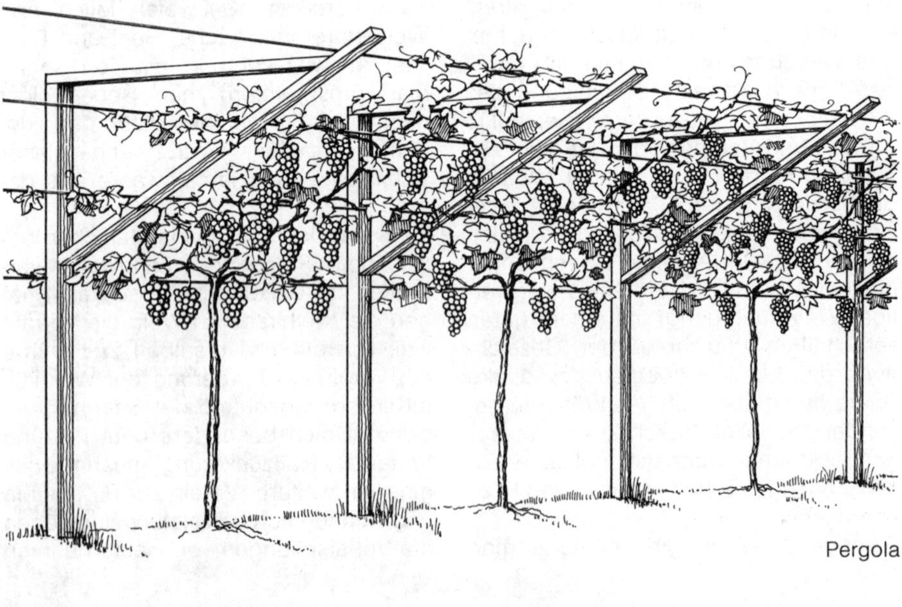

Pergola

Pepsinwein: ein bekömmlicher Medizinalwein, der als weinhaltiges Getränk aus Likörweinen, verdünnter Salzsäure und Pepsinen hergestellt wird. P. fördert die Verdauung, regt den Appetit an und man sollte, wenn nicht anders vom Arzt verordnet, vor der Mahlzeit ein Likörglas davon trinken. (3)

Pergola: laubenartige ↑ Erziehungsform mit sehr materialaufwendigen Gerüsten, an denen die Tragruten des Rebstocks liegen. Pergolen sind heute noch in Spanien und in Südtirol als Pergeln oder Pataune zu finden. Einrichtung und Unterhaltung sind sehr teuer und arbeitsaufwendig. Die P. schaffen aber günstige Temperatur-, Luft- und Feuchtigkeitsverhältnisse, denn sie behindern vor allem das Austrocknen der Böden. Bei der einfachen P. wird die Rebe entgegen der doppelten P. nur von einer Seite am Gerüst hochgezogen (Abb.) (3)

Perlage: die Art des Perlens beim ↑ Schaumwein, das schwach, wenig lebhaft, grob, fein, sich schnell verlierend oder andauernd sein kann. (3)

Perldrüsen: im Frühling an Trieben und Blättern des Rebstocks entstehende wasserhelle Haargebilde der Oberhaut. (3)

Perle von Csaba: sehr früh reifende ungarische Tafeltraube; eine Kreuzung des Züchters János Mathiász von 'Bronnertraube' × 'Muskat Ottonel'. Die Trauben sind mittelgroß, walzenförmig, die Beeren klein bis mittelgroß, rundlich, grüngelb, leicht bereift, das gallertige Fleisch ist süß, kräftig muskatig und wohlschmeckend. Der Rebstock wächst mittelstark und braucht unbedingt lange Bogrebenschnitte zum nur mittleren Ertrag. (6)

Perlwein: Tafelwein, der nach der ersten oder einer zweiten Gärung natürliches, aber auch durch Zusatz Kohlendioxid enthält, bei 20 °C einen Druck von etwa 1–2,5 bar aufweist (niedriger als bei Schaumweinen) und beim Öffnen moussiert. Eine Abfüllung in Formflaschen wird bevorzugt; Sektflaschen sind verboten, desgleichen die Verkleidung des oberen Flaschenteils mit Metallfolie, wie es bei Schaumweinen üblich ist. Die Alkoholgehalte betragen zwischen 7 und 11 Vol.-%. P. werden auch mit Früchten versetzt; sie gelten als Durstlöscher. (3)

Peronospora: Gattungsname für Falschen Mehltau (↑ Rebschutz)

Perrantraube: Tafeltraube, die nach 1900 von dem Lehrer Urbanski in Pleschen aus einer Kreuzung von 'Magdalene Angevine' × 'Früher Malingre' gewonnen wurde. Die Traube reift sehr früh, ist über mittelgroß, stumpfkegelförmig, lockerbeerig, die mittelgroßen rundlichovalen Beeren sind dünnschalig, grünlichgelb mit sehr süßem, saftigem, nicht muskatigem Fleisch. Der Rebstock wächst stark und trägt bei vollsonnigem Stand an Streckern. Die P. ist für Sandböden geeignet, an wärmeren Standorten freistehend für ↑ Pergolen. Auf schweren Böden zeigen sich schlechte Holzreife und Anfälligkeit für Echten Mehltau. Die Trauben werden zum Frischverzehr, getrocknet zu Rosinen und zu häuslichem Frischmost verwendet. (6)

pétillant [franz.]: Bezeichnung für leicht moussierende ↑ Perlweine. (2)

Petiotisieren: das Vergären der Trester mit Zusatz von Zuckerwasser zur Herstellung eines Nach- oder ↑ Tresterweins (nach Abel Pétiot, einem Gutsbesitzer in Burgund); heute nur noch für Haustrunkbereitung erlaubt. (5)

Pétrus Pomerol: Spitzenrotwein der Welt aus Bordeaux, der als teuerster und rarster Rotwein merkwürdigerweise überhaupt nicht klassifiziert ist. Eine 1987 angebotene 1961er Flasche P.P. kostete 2750.- DM. (3)

peveič [jugosl.]: Schaumwein, Sekt

pezsgö [ung.]: Sekt

pfeffrig: Bezeichnung für den sortentypischen Geschmack des Veltliners. (3)

Pflanzgut: im Weinbau Sammelbezeichnung für unbewurzelte ↑ Blindreben, unveredelte ↑ Freilandreben (Wurzelreben), ↑ Korbreben, ↑ Topfreben und ↑ Ableger sowie veredelte Pfropfreben. Abb. (3)

Pfropfreben: durch Edelsorten veredelte, reblaussichere Unterlagen. *Topf-P.* sind nur noch selten angezogene veredelte Reben mit Wurzelballen im Topf. Sie können auch zur Vegetationszeit belaubt ausgepflanzt werden. Als Ersatz werden *Kartonagenreben* mit in Komposterde gefülltem, gelochtem, schmalem, von den Fußwurzeln bis zur Veredlungsstelle reichendem Pappkarton angezogen. Sie können ab Ende Mai mit Karton ausgepflanzt werden, der in der Erde verrottet. ↑ Topfrebe (3)

Phylloxera [lat.]: Gattungsname der ↑ Reblaus.

Pikilia stafiliou [griech.]: Reb- oder Traubensorte

Pikkoloflasche, *Portionsflasche:* Behältnis für Sekt oder Wein mit 0,2 l Inhalt. P. werden in Gaststätten für einzelne Gäste, besonders zum Herrengedeck, und auch in Reisezügen serviert, aber ebenso in Geschenkpackungen zum Vorstellen von Weinsortimenten bzw. als Souvenir in Weinanbaugebieten verkauft. (3)

Pineau des Charantes [franz.]: eine Mischung von unvergorenem Most mit Weinbrand, die sehr süß schmeckt. ↑ Mistellen, ↑ Ratafia (3)

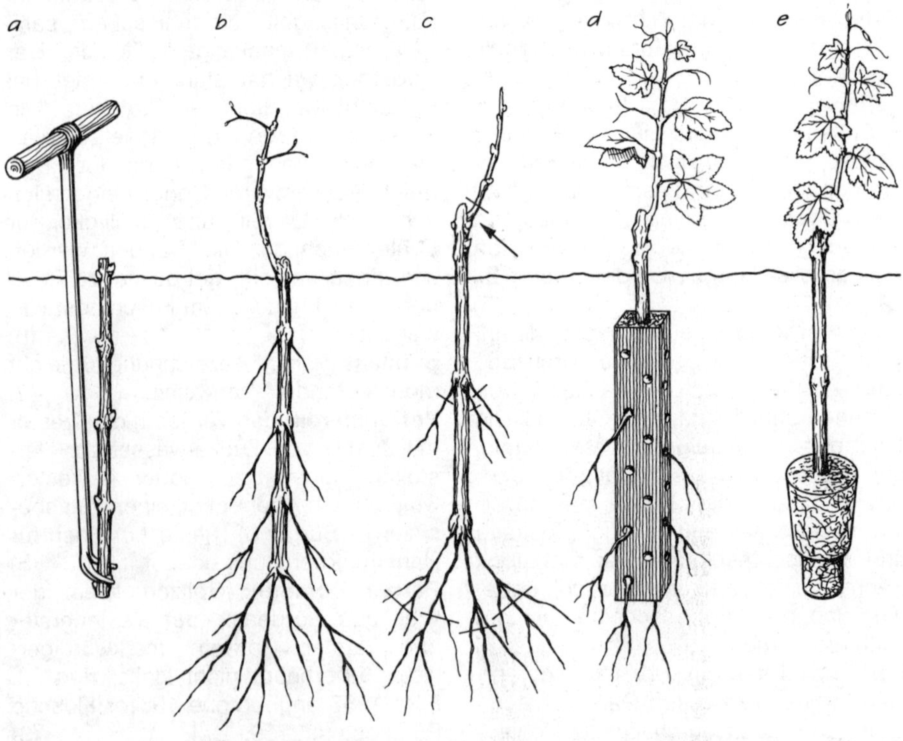

Pflanzgut; *a)* einjährige Wurzelrebe, *b)* einjährige Pfropfrebe, *c)* einjährige Pfropfrebe mit Rückschnittstellen, *d)* Kartonagenpfropfrebe, *e)* Topfpfropfrebe

Pinot Blanc, Pinot Chardonnay ↑ 'Weißer Burgunder'
Pinot Gris ↑ 'Ruländer'
Pinot Meunier ↑ 'Müllerrebe'
Pinot Noir ↑ 'Blauer Spätburgunder'
pique bouchon [franz.] ↑ Korkhalter
Plasteverschlüsse: verschiedenartige Verschlüsse (Abb.) aus Plastematerialien (Polyethylen), die sich nach Verteuerung des Korkens immer mehr durchsetzen, besonders als Sektkorken. P. sind geschmacksneutral. *Plastestopfen* müssen konisch sein, da die lichte Weite der Flaschenhälse besonders bei Altflaschen Toleranzen aufweisen und die P. hineinrutschen oder sich gar nicht einführen lassen. Außerdem müssen die Verschlußanlagen anpassungsfähig sein. Neben *Plastekapseln* (Alkaverschluß) wird auch der Binkaverschluß als Kombination von Kapsel und Stopfen eingesetzt. Hier wird beim Öffnen der Flasche der obere Verschlußteil abgeschnitten. ↑ Flaschenverschlüsse, ↑ Korken (3)
plenjeno [jugosl.]: abgefüllt
Plinius d. Ä.: römischer Staatsbeamter, Offizier, Historiker und Schriftsteller (23–79 u. Z.). In einer 37 Bände umfassenden Naturalis historia trug er das naturkundliche Wissen seiner Zeit zusammen und befaßte sich in den Büchern 12 bis 19 auch mit den Pflanzen bzw. dem Wein. P. beschreibt z. B., wie zähe, honigartige Reste eines 200jährigen Weins mit Wasser aufgelöst und mit minderwertigeren Weinen versetzt wurden. Er berichtet ebenso, daß in Rom 80 Sorten Wein gehandelt wurden und 50 Rebsorten bekannt waren. P. schildert, unter welchen Bedingungen die ↑ Baumerziehung, Stock- oder ganz niedrige Zapfenerziehung anzuwenden ist (letztere im trocken-heißen Klima Nordafrikas) und beschreibt die besondere Eignung bestimmter Rebsorten, den richtigen Zeitpunkt der Lese und die Gestaltung von Weinkellern. (3)

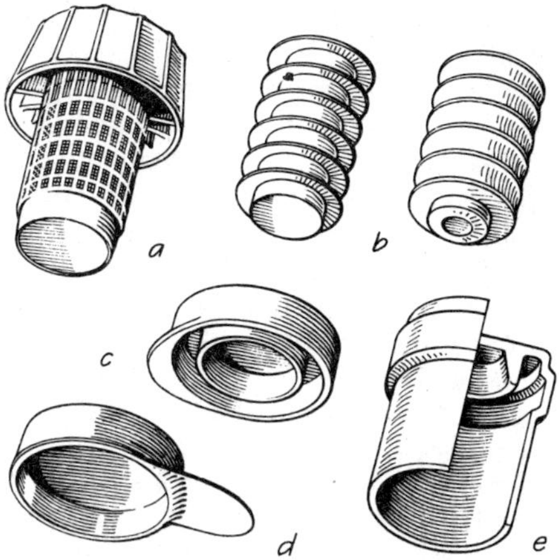

Plasteverschlüsse; Plastestopfen für Schaumweinflaschen *(a)* und Weinflaschen *(b)*, Kronenverschluß *(c)*, Alkaverschluß mit Abreißlasche *(d)*, Binkaverschluß *(e)*

Pokulierwein ↑ Schoppenwein
Polen. Um 1150 brachten fränkische Einwanderer den Weinbau in die schlesischen Gebiete. Eine erste urkundliche Erwähnung findet sich während der Regierungszeit Heinrichs I. (1201–1238). Im Mittelalter wurde der Anbau von Wein vorwiegend in der Umgebung der Klöster gepflegt. Eine Ausbreitung fand entlang der Oder und bis nach Ostpreußen, Posen, Pommern, Danzig, Königsberg, Tilsit und Memel statt. 1826 nahm in Grünberg die Firma Grempler & Co. die Sektherstellung auf. Der schlesische Weinbau, dessen Hauptort Grünberg war, erlebte seine Blüte in den Jahren 1830–1890 mit über 1400 ha Rebfläche. Der Handel mit Trauben versorgte den gesamten Norden bis nach St. Petersburg. Um die Jahrhundertwende begann ein stetiger Rückgang der Weinbaufläche, die mittlerweile auf etwa 50–200 ha bei Zielona Góra (Grünberg) zusammengeschmolzen ist und die nördlicher als Freyburg an der Unstrut liegt. Viele Weinberge mußten der Ausdehnung der Stadt wei-

chen, in deren Zentrum sich der Winny Park (Weinpark) befindet. Er umfaßt etwa 5 ha und dient nur noch der Zierde. 1975 feierte die Stadt das 825jährige Jubiläum des Weinanbaus.
Der polnischen Weinproduktion stehen einem Ertrag von durchschnittlich 1000 l/Jahr 486000 hl Weinimport (1984) zur Bedarfsdeckung gegenüber, wobei der jährliche Pro-Kopf-Verbrauch etwa 6 l beträgt. An Tafeltrauben importierte Polen 1984 261000 dt, bei Rosinen waren es 95000 dt.
Klimatische Bedingungen lassen in P. nur den Anbau frühreifender Rebsorten zu, deren Moste stark gezuckert werden müssen und die herbrassige Weine liefern. Größeren Umfang hat in P. die Erzeugung von Obst- und Honigwein (Met), deren Produktion jährlich ungefähr 97000 hl umfaßt, wobei Met auch ein Exportprodukt ist, das unter anderem nach den USA und Japan ausgeführt wird.
In Anlehnung an alte Weinbautraditionen findet jeweils in der letzten Septemberwoche in Zielona Góra ein Weinfest statt. (4)

polsuho [jugosl.]: halbtrocken

Porto: berühmte Weinlage und zweitgrößte Stadt Portugals, von der sich, am Fluß Douro gelegen und bis zu 100 km weit, östlich rund 26000 ha Rebfläche erstrecken. Jährlich werden etwas über 2 Mill. hl Wein (↑ Portwein und Vinho do Douro) produziert. Auf den schroff abfallenden Hängen mit etwa 85000 fast durchweg terrassierten Weinbergen wachsen an die 80 verschiedene blaue und weiße Rebsorten. Auf den Schwemmlandböden der Talsohlen reifen Trauben für einfachere Weine. Flußaufwärts fallen geringe Niederschlagsmengen, in der Mitte des Gebietes herrscht ein ausgeglicheneres und in der Nähe des Atlantiks flußabwärts kühleres Klima. Die Trauben werden zum größten Teil von kleinen Winzerbetrieben (etwa 25000) an die großen genossenschaftlichen oder privaten Kellereien und Exportbetriebe geliefert. Da besonders die Engländer den Portwein lieben, sind viele Firmen in P. in englischem Besitz. Allerdings ist heute Frankreich der größte Importeur. P. ist auch Sitz des 1933 gegründeten halbstaatlichen Instituto do vinho do Porto, das neben der Weinforschung die Mostmengen festsetzt, die zu Portwein verarbeitet werden dürfen, laufend die Läger kontrolliert und jede Portweinpartie, die zum Export kommt, auf Qualität und Alter biochemisch sowie sensorisch prüft. Die Arbeit des Portweininstitutes wird durch die Casa do Douro, das Haus des Douro, in dem jeder Winzer, der die Portweinproduktion beliefern will, Mitglied sein muß, und das Gremio dos Exportadores do vinho do Porto, die Vereinigung der Exporteure, unterstützt, die das Einhalten der wahrscheinlich strengsten Weingesetze der Welt kontrollieren. (3)

Portugal. Im alten Iberien wurde die Weinkultur im 7. Jh. v. u. Z. von den Griechen eingeführt. Sicher ist auch, daß die Römer in P. Weinbau betrieben und dem produzierten Wein besondere Qualität zuerkannten. Die ältesten Gebiete der römischen Weinkulturen lagen südlich der Tejomündung. Während der Herrschaft der Sarazenen (Mauren) war der Weinbau zwar durch das Weinverbot ihrer Religion beeinträchtigt, wurde aber immer aufrechterhalten. Im Zuge der Zurückdrängung der Sarazenen und der Bildung portugiesischer Königreiche wurde der Weinbau durch zahlreiche Gesetze weiter ausgedehnt und geschützt. Die Kirche und im besonderen die religiösen Orden trugen viel zu seiner Ausdehnung und zur Qualitätsverbesserung der Weine bei.
Bereits im 15. Jh. wurde portugiesischer Wein in größerer Menge nach England

exportiert, das auch heute noch als größter Importeur portugiesischer Weine gilt. Es war aber noch nicht der Portwein, sondern Wein aus dem heutigen Weinbaugebiet Vinho Verde, der nach England verkauft wurde.

Um 1756 legt man in P. gesetzlich das Ursprungsgebiet für Portwein fest und führte damit 25 Jahre vor Frankreich das nationale System einer ↑ Appellation d'Origine Contrôlée mit Gebietsbegrenzung, Rebsorten, Qualitätsbegriffen, Herstellungsverfahren u. a. ein. P. war 1985 der siebtgrößte Weinproduzent der Welt und steht in der Rangliste des Pro-Kopf-Verbrauchs an Wein pro Jahr mit 87 l jährlich sogar an erster Stelle. Der Hektarertrag beträgt etwa 33 dt. Tafeltrauben wurden weder exportiert noch importiert, auch Wein wird nicht importiert (Tab.).

Weinanbau in Portugal (1985)

Rebfläche [1 000 ha]	387
Traubenproduktion [1 000 dt]	13 470
davon Keltertrauben	12 843
Tafeltrauben	620
Rosinentrauben	7
Weinproduktion [1 000 hl]	9 744
Weinexport [1 000 hl]	1 389
Pro-Kopf-Verbrauch [l]	87

Im Weinanbau und in der Kellerwirtschaft sind praktisch während des ganzen Jahres etwa 235 000 Menschen beschäftigt, das sind etwa 20% der in der Landwirtschaft Beschäftigten. Etwa 87% der Weinbauern produzieren weniger als 100 hl und 96% weniger als 250 hl Wein. Rund 40% der Produzenten sind in den 113 Kellereigenossenschaften des Landes organisiert. Die meisten Klein- und Kleinstbetriebe sind in dem weitgehend gebirgigen Territorium zu finden, daß viele verstreut liegende und aufgesplitterte Weinberge besitzt. Die Produktion der portugiesischen Qualitätsweine ist im nördlichen Teil des Landes konzentriert. Die Böden bestehen meist aus Granit und Schiefer, die Weinberge sind oft terrassenförmig angelegt, Bedingungen, die einen Qualitätsweinbau begünstigen. Das Klima ist allgemein feucht, mit heißen und trockenen Sommern. Die mittlere Jahrestemperatur beträgt 16,7 °C, die durchschnittliche Niederschlagsmenge 740 mm.

P. erzeugt große Mengen von Tafelweinen (Konsumweinen), weniger weiße und mehr rote, aber die internationale Bedeutung protugiesischer Weine liegt in den zahlreichen Portwein- und Madeirasorten sowie in den auf der ganzen Welt bekannten Roséweinen und im Vinho Verde.

Eine Besonderheit der portugiesischen Weinwirtschaft ist es, die Weine in *verde* oder *maduro* einzuteilen. Ein Verdewein (Grüner Wein) ist ein höchstens einjähriger, junger frischer Wein ohne Alterung auf dem Faß oder in der Flasche. Verde bezieht sich hier auf die Frische und Fruchtigkeit des Weins und nicht etwa auf einen unreifen (grünen) Lesezustand der Trauben. Unter einem Madurowein versteht man einen gereiften oder gealterten Wein im positiven Sinn. Die Bezeichnung *garrafeira* bedeutet soviel wie reserva, das heißt, der Wein wurde mehrere Jahre im Faß und in der Flasche gelagert und ist der Spitzenwein des betreffenden Weinhändlers bzw. Produzenten.

In den bestehenden Ursprungsgebieten wird ein Flaschensiegel als Papierbanderole mit der Aufschrift Selo de origem oder Selo de garantia, einer Kontrollnummer und dem Namen des Gebietes für diejenigen Weine vergeben, die den gebietsindividuellen Vorschriften entsprechen und einer sensorischen Prüfung unterzogen wurden.

P. hat ein System von zehn gesetzlich

abgegrenzten Ursprungsgebieten, den Regiaos Demarcadas, die etwa 20% der gesamten Rebfläche umfassen:

– *Algarve* ist ein Anbaugebiet, das erst vor einigen Jahren die Ursprungsbezeichnung erhielt und sich im südlichsten Teil P. befindet. Die Trauben können aufgrund des mediterranen Klimas mit milden Wintern und heißen Sommern optimal ausreifen und ergeben Weine mit hohen Alkoholgehalten. Im gesamten Gebiet sind Sandböden vorherrschend. Die traditionell angebauten blauen Rebsorten sind 'Negra Mole', 'Trincadeira' ('Periquita') und 'Monsedro', die weißen Sorten heißen 'Crato Blanco' und 'Boais'. Aufgrund der Bodenverhältnisse überwiegen die mehr leichten, fruchtigen Weine mit geringem Säuregehalt. Die Durchschnittsproduktion des Gebietes variiert zwischen 70000 und 75000 hl, wovon rund 3% Weißweine sind.

– *Bairrada,* das 1979 die Ursprungsbezeichnung erlangte, liegt südlich vom Dourogebiet und zwischen dem Atlantischen Ozean und dem Daogebiet. Die Weinberge in der flachen Hügellandschaft bedecken rund 186000 ha und liefern etwa 500000 hl Wein, davon 80% Rot- und 20% Weißwein. Die Böden sind überwiegend ton- und kalkhaltig. Bei den blauen Sorten herrschen 'Baga', 'João de Santarem', 'Castelao' und 'Tinta Pinheira' vor, bei den weißen Sorten 'Maria Gomes', 'Bical' und 'Rabo de Ovelha'. Eine größere Rolle spielt 'Baga', aus der Weine mit sehr hohem Gerbstoff- und Säuregehalt erzielt werden. Wenn diese Rebsorte im Wein vorherrscht, braucht er eine überdurchschnittliche Lagerung bis zu 15 oder 20 Jahren, ehe er seinen Höhepunkt erreicht. Dann allerdings kann er neben Spitzenweinen bestehen. Portugiesische Garrafeiraweine kommen häufig aus Bairrada und enthalten die lokale Rebsorte 'Baga'. Alle Rotweine müssen entsprechend der Gebietsvorschrift mindestens 18 Monate Faßlagerung und sechs Monate Flaschenlagerung hinter sich haben, ehe sie zum Verkauf kommen.

Bairrada ist eines der wichtigsten Zentren für die Schaumweinherstellung.

– *Bucelas* ist ein sehr kleines Ursprungsgebiet P. mit nur 180 ha, etwa 25 km nördlich von Lissabon gelegen. Es werden überwiegend weiße Rebsorten, wie 'Arinto' und 'Esgana Cão' angebaut und Weine mit einem säurebetonten Geschmack gewonnen. Der hohe Säuregehalt bedingt auch eine höhere Lebensdauer der Weine.

– *Carcavelos* wurde schon 1908 als Ursprungsgebiet erklärt und liegt an der Tejomündung. Es ist das kleinste Weinbaugebiet P. und liefert heute nur etwa 270 hl Wein, der aber eine sehr gute Qualität besitzt. Bereitet wird ein traditioneller, aufgespriteter Likörwein von Bernsteinfarbe mit 18–20 Vol.-% Alkohol und maximal 15 g Restzucker/l, der sehr schön altert.

– *Colares,* ebenfalls 1908 als Ursprungsgebiet erklärt, produziert heute etwa 2300 hl. Eine Besonderheit des Gebietes ist, daß die Rebstöcke fast ausschließlich auf reinen Sandböden angebaut werden. Daher können heute noch wurzelechte Reben gepflanzt werden, die keinerlei Erziehung erfahren und auf dem Boden liegen bzw. durch Stöcke abgestützt werden, um ein Verbrennen der Trauben zu verhindern.

Der rote Colares ist einer der besten Rotweine des Landes, der lange lagern muß. Ein guter Weißwein wird aus der ↑ 'Malvasia'-Rebe gekeltert.

– *Dao* erhielt 1908 die Ursprungsbezeichnung, wurde aber schon seit 1390 durch mehrere Maßnahmen und Gesetze eingegrenzt und geschützt. Die Weinbergfläche beträgt 15500 ha. Sie wird ringsum von Gebirgen begrenzt, die vor Winden und Kälte schützen. Die

Böden sind granitartigen Ursprungs. Die meisten terrassenförmigen Weinberge liegen zudem zwischen Pinienwäldern, die zusätzlichen Schutz bieten. Die Rotweine, aus den traditionellen Rebsorten der Region, wie 'Tourigo', 'Tinta Pinheira', 'Tinta Carvalha', 'Baga de Louro', 'Alvarelhao', 'Bastardo', sind oft sehr gerbstoffbetont und hart, so daß eine längere Lagerung auf Faß und Flasche nötig ist, wobei 15 Jahre für viele Reserva- und Garrafeiraweine noch kein Alter sind. Es entstehen dann sehr samtige, weiche, kastanienfarbene Weine mit vollem Bukett. Rotweine mit durchschnittlich 12 Vol.-% Alkoholgehalt müssen mindestens 18 Monate auf dem Faß reifen, um nach der Flaschenabfüllung weitere zwei Monate zu lagern, ehe sie verkauft werden.
Die Weißweine werden zum großen Teil aus den Rebsorten 'Arinto', 'Dona Branca', 'Barcelo', 'Fernao Pires' und 'Sercial' gekeltert und sind leicht, strohgelb mit betontem Fruchtaroma. Sie müssen mindestens zehn Monate reifen, ehe sie in den Handel kommen.
Im Daogebiet existieren zehn Genossenschaftskellereien, die einen großen Anteil an dem Gesamtaufkommen von 455000 hl Wein haben.
– *Douro,* das Weinbaugebiet mit ↑ Porto, der zweitgrößten Stadt Portugals und der ältesten gesetzlich geschützten Abgrenzung der Welt, wurde bereits 1756 für die Bereitung von Portwein registiert. Allerdings ist heute das Gebiet bedeutend größer als im 18. Jh., wurden doch 1907 seine Grenzen neu festgelegt. Das Gebiet umfaßt die Täler des Douro und seiner Nebenflüsse bis zur spanischen Grenze. Gegen die atlantischen Regenwolken im Sommer schirmt die 1400 m hohe Serra do Morao ab, so daß es in diesem Zeitraum kaum zu Niederschlägen kommt. Der Douro hat sich ein tiefes Bett in die Felsschichten des Hochlandes gegraben. Es gibt fast ausschließlich Schiefer- und Granitsteinböden bzw. -hänge, die in schwerster Arbeit als Terrassen hergerichtet und mit einer schwachen Schicht Humuserde bedeckt wurden. Das Felsgestein ist vertikal geschichtet, so daß die Rebwurzeln tief eindringen können. Die etwa 248000 ha umfassenden Weinberge sind in sechs Klassen eingestuft, was für den Portweinverkauf von Bedeutung ist. Die Qualitätsfaktoren für ↑ Portwein sind geringer Ertrag, Höhe der Lage (unter 300 m!), Lagecharakter, Standort, Rebstockerziehung, Rebsorte, Sonneneinstrahlung, Bodentyp u. a.
Die verbreitetsten blauen Rebsorten sind 'Bastardo', 'Donzelinho Tinto', 'Mourisco', 'Touriga Francesa', 'Tinta Roriz', 'Tinta Francisca', 'Tinta Cão', 'Touriga Nacional', 'Tinta Amarela' und 'Tinta Barroca'. Bei den weißen Sorten sind zu nennen 'Donzelinho', 'Esgana-Cão', 'Folgasao', 'Couveio', 'Malvasia Fina', 'Rabigato', 'Viosinho' und 'Codega'.
Von der Produktion des Gebietes werden nur etwa 40% zu Portwein gekeltert, wobei die genaue Menge jedes Jahr neu vom Portweininstitut festgelegt wird.
– *Madeira* ist eine vulkanische Insel mit steil terrassierten Weinbergen bis in eine Höhe von etwa 700 m.
Der bekannteste Wein, der nach der Insel benannte Madeira, ist ein likörähnlicher aber leicht säurebetonter Wein mit einem Alkoholgehalt von 18–20 Vol.-%. Sehr selten sind Jahrgangs-Madeira (Vintage Madeira), die dann aber von bestechender Qualität sind. Es werden auch Madeiraweine nach dem ↑ Solerasystem erzeugt; bei diesen Solera-Madeira wird oft der Jahrgang des Weins angegeben, mit dem das bestimmte Solerasystem begonnen wurde. Die besten Madeiraweine zählen zu den langlebigsten Weinen der Welt.

In früheren Jahrhunderten spielte der Madeira eine weitaus größere Rolle als heute. Reblaus und Echter Mehltau brachten den Weinbau auf Madeira fast zum Erliegen. Es wurden dann häufig amerikanische Hybridreben angepflanzt, und das Gesamtniveau des Weins sank. Heute ist man bemüht, durch strenge Qualitätskontrollen und Anbauvorschriften wieder zu alter Güte der Weine auf breitem Niveau zurückzukehren.

– *Moscatel de Setubal* ist ein etwa 20000 ha großes Ursprungsgebiet südlich von Lissabon, das besonders durch seine Produktion von Muskatlikörweinen berühmt wurde. Sie werden aus den Rebsorten 'Moscatel Branco' und 'Moscatel Roxo', unter Einbeziehung der weißen Sorten ↑ 'Malvasia', 'Tamarez' und 'Arinto', erzeugt. Die Gärung wird mittels Branntwein bei einem Zukkergehalt von etwa 40–45 °Oe gestoppt und dem Jungwein werden wieder die Schalen der Muskatbeeren zugefügt. Etwa im Februar trennt man sie ab und läßt den Wein, der einen Alkoholgehalt von 18–20 Vol.-% und einen Restzukkergehalt bis zu 20 g/l aufweist, auf 600-l-Fässern reifen. Nach sechs Jahren wird er in Flaschen gefüllt und in den Handel gebracht. Es gibt jedoch Weine, die erst nach 25 Jahren in den Handel kommen. Neben diesen exklusiven Likörweinen werden auch gute rote Tischweine aus der Sorte 'Periquita' bereitet, die extraktiv und fruchtig im Geschmack sind und einen Alkoholgehalt über 12 Vol.-% haben.

– ↑ *Vinho Verde* ist mit einer Rebfläche von etwa 35000 ha die wichtigste Produktionszone für weiße und rote Tafelweine. Die Region – mit Ursprungsbezeichnung seit 1908 bzw. 1927 – hat zwei wesentliche Besonderheiten aufzuweisen. Zum einen werden hier, wie wahrscheinlich nirgendwo anders auf der Welt, die Reben frei an Bäumen hinaufgezogen (↑ Baumerziehung). Die Wege sind mit Rebenlauben überdeckt oder die Rebanlagen sind – als weitere Besonderheit – zur besseren mechanischen Bearbeitung mit einer Hochkultur von Pfeilern mit Querbalken und Bügeln (cruzetas) ausgestattet, auf denen die Reben in Kreuzform gezogen werden. Die erzeugten Weine sind zum überwiegenden Teil frisch und spritzig und werden jung (innerhalb eines Jahres) getrunken. Als regionale Spezialität werden auch die roten Weine mit einem relativ hohen Säuregehalt angeboten und sind demzufolge auf den lokalen Inlandverbrauch konzentriert. Die frische Spritzigkeit rührt von dem relativ hohen Gehalt an Äpfelsäure her (↑ Entsäuern). Oft werden im Gebiet selbst die Weine unfiltriert und damit eingetrübt verkauft, ähnlich dem ↑ Federweißen bzw. Spritzer. Die Weine des Vinho Verde haben den geringsten Alkoholgehalt aller portugiesischer Weine (8–11 Vol.-%) und werden als durststillende und erfrischende Getränke immer kühl serviert.

Die Lese der Trauben wird sehr spät, Anfang bis Mitte November abgeschlossen, so daß nur vollreife Trauben gewonnen werden. Die Bedeutung des Vinho Verde im portugiesischen Weinexport nimmt ständig zu, denn die leichten, fruchtigen und spritzigen Weine erfreuen sich auch im Ausland immer größerer Beliebtheit.

Die Weinwirtschaft P. hat in den letzten Jahrzehnten erfolgreich die Produktion von ↑ Roséweinen aufgenommen und ist derzeitig einer der weltgrößten Produzenten. Die Ursprünge der Roséweinproduktion lagen im Dourogebiet in der Gegend von Vila Real, inzwischen hat sich der Schwerpunkt in die Gebiete Bairrada und Setubal verschoben. Gewonnen werden die Roséweine durch eine alsbaldige Trennung der roten Schalen vom Most, wodurch die ty-

pische Färbung entsteht. Die Vergärung erfolgt analog wie beim Weißwein, es werden jedoch etwa 18 g Zucker/l im Jungwein belassen, wodurch eine leichte Süße und ein Teil Kohlensäure im Wein verbleibt.
P. beabsichtigt, die Gebiete abzugrenzen, in denen die Roséweine erzeugt werden, um auch hier den unerläßlichen Forderungen nach der Garantie der Echtheit und Qualität nachzukommen. ↑ Tafel 31 (2)

Portugieser ↑ 'Blauer Portugieser'

Portwein, *Vinho do Porto* [port.]: berühmter, ausgezeichneter, trockener bis süßer ↑ gespriteter Likörwein von rubinroter bis gelblich-brauner Farbe und einem Alkoholgehalt von 19–21 Vol.-%. Er wird in dieser Art seit 1680 in Nordportugal im oberen Dourotal bei der Stadt ↑ Porto produziert. Weine mit P.charakter werden auch in der UdSSR und in Bulgarien sowie Argentinien, Australien, Kalifornien und Südafrika hergestellt.
Von den etwa 80 in den Dourotälern angebauten Rebsorten sind etwa die Hälfte (blaue und weiße Trauben) für die P.herstellung nach der Klassifikation „empfohlen", „erlaubt" und „toleriert" zugelassen. Ende September, Anfang Oktober beginnt die Lese. Jedes Jahr werden von der Gesamternte der Winzer die Weinmengen festgelegt, die den strengen Qualitätsanforderungen der P.herstellung entsprechen. Der Rest wird zur Tafelwein- oder Weinbrandproduktion verwendet. Während früher die Trauben in Steintrögen (lagares) zertreten wurden, kommen sie heute nach dem Entrappen und Quetschen in große Betonbehälter der Genossenschaften bzw. der 58 Portweinfirmen und werden bis zu ihrer Füllung zwei Tage kühl gehalten und dann verschlossen. Nach etwa 36 Stunden Gärung wird der Most, bei dem ungefähr die Hälfte des Zuckers zu 8 Vol.-% Alkohol vergoren ist, abgepreßt und in Fässer geleitet. Ihm werden 20% Weindestillat zum Abklingen der Gärung zugesetzt, die etwa nach 48 Stunden beendet ist. Der Jungwein hat dann etwa 18 Vol.-% Alkohol. Im Frühjahr werden die Weine mit einem Herkunftsnachweis in die großen Keller bzw. Lagerhallen nach Vila Neva de Gaia gebracht und in 534-l-Fässern gelagert. Hier reifen die Weine drei bis über 40 Jahre (im Durchschnitt acht Jahre) unter Kontrolle des P.instituts, dem 16 bis 24 Monate nach der Lese erste Proben eingereicht werden. Außerdem wird dem P. hier noch einmal Weindestillat bis zu einem Alkoholgehalt von 19–21 Vol.-% zugesetzt. Die meisten P. werden nach der Kunst der Kellermeister zu immer gleichbleibenden Qualitäten verschnitten. Obwohl die Probe solch eines Cuvées schon nach Stunden die neuen Nuancen zeigt, kommt der eigentliche Charakter erst nach Jahren weiteren Ausbaus zutage. Verschnitten werden Weine aus verschiedenen Lagen, Rebsorten und Jahrgängen. Außerdem werden zur Veredlung oft sehr alte Jahrgänge zugesetzt. Fünfzigjähriger P. ist keine Seltenheit und es soll sogar noch einen aus dem 18. Jh. geben. Jeder Betrieb hält sich eine große Auswahl von Weinen für den Verschnitt und verkauft jährlich höchstens ein Drittel seiner Lagerbestände. Deshalb erscheinen auf dem Etikett bei den meisten P. weder Rebsorte, Lage noch Jahrgang. Daneben werden auch Jahrgangsweine hergestellt. P. kann nach Sorten, Geschmacksrichtung und Farbe unterschieden werden (Tab.), wobei der P. aus weißen Rebsorten mit der Zeit dunkler und der aus blauen heller wird. P. aus weißen Rebsorten werden meist mit branco (weiß) und die anderen mit ihren Farbtönen gekennzeichnet.
Getrunken wird P. aus kleinen, dünn-

Charakterisierung von Portweinen

Portweinsorten (-typen)	Geschmacksrichtungen	Farbtönungen
Blended-Port Verschnitt aus verschiedenen Rebsorten, Lagen und Jahrgängen in verschiedenen Geschmacksrichtungen und Farbtönen	*extra trocken* extra seco, extra dry, very dry	*dunkelrot* retinto, full
Vintage Port bzw. Novida Jahrgangsport aus einem Spitzenjahrgang mit sehr feinem Bukett und tief dunkelroter Farbe. Er reift nach 2 bis 3 Jahren. Faßlagerung bis über 20, aber mindestens 10 Jahre in der Flasche. Teilweise wird die Quinta, das Weingut, mit angegeben. Jede Flasche erhält das Siegel „Selo de Garantia", Jahrgang und Abfülldatum	*trocken* seco dry	*rot* tinto, red, medium full
Late Bottled Vintage (LBV) Port aus einem guten Jahrgang, der aber nicht als ↑ Vintage anerkannt und dessen Qualität erst später festgestellt wird	*halbtrocken* meio-seco, dry finish, medium dry	*rubinrot* tinto alvirado, ruby oder medium
Port of Vintage Charakter, Jahrgangs-Port (Colheitas) Er reift mindestens 7 Jahre, ist ein guter Jahrgang, kann aber nicht als Vintage anerkannt werden. Ernte- und Abfülljahr stehen ebenfalls auf dem Etikett	*halbsüß* meio-doce, medium sweet, medium rich	*lohfarben* alvirado tawny
Portwein mit der Altersangabe 10, 20, 30 oder 40 Jahre Er reift ebenfalls im Faß, ist zur Auffrischung des Buketts mit jüngeren Weinen angereichert und meist lohfarben	*süß* doce, rich, sweet	*hellohfarben* alvirado claro, light tawny
	sehr süß lagrima oder muito doce, very sweet	*mattweiß* branco-palido, pale white
		strohfarben branco-palha, straw coloured
		goldfarben branco-doir ado, golden white

wandigen Gläsern, die sich nach oben verjüngen und nur knapp über die Hälfte gefüllt werden. Roten P. trinkt man bei 18 °C, weißen etwa kellerkühl. Besonders flaschengelagerten P. wie den Vintage, stellt man einen Tag aufrecht und ↑ dekantiert ihn vorsichtig, damit die „Tapete", eine rotbraune Kruste, als ↑ Depot in der Flasche bleibt. Der im Faß ausgereifte P. hat den größten Teil seines Depots im Faß gelassen. P. hält sich wochenlang auch in der geöffneten und wieder verschlossenen Flasche.

Trockener P. ist ein hervorragender Aperitif und süßer eignet sich zum Dessert. Jeder P. gibt einen ausgezeichneten Besuchswein ab und kann immer als Willkommenstrunk angeboten werden. (3)

Portweinflasche: der ↑ Bordeauxflasche ähnliches Behältnis mit ausgebauchtem Hals (Kropf) und meist einem gestauchten Körper. Stark gestauchten und deformierten P. soll als ↑ Formflasche der Charakter einer Antiquität verliehen werden. Einheitlich vorgeschriebene P. gibt es nicht. In ähnliche Flaschen werden Sherry und Madeira abgefüllt. ↑ Flaschenformen (3)

Prädikatswein ↑ Qualitätswein mit Prädikat

Prämierung von Weinen: Anerkennung der ↑ Güte des Weins durch Preise, Diplome, Gütezeichen, wie Medaillen, Münzen, Weinsiegel, Schleifen, Banderolen u. a., anläßlich von ↑ Weinwettbewerben, ↑ Winzerfesten, offiziellen periodischen Prüfverfahren oder Veranstaltungen von Weingesellschaften. Die Anerkennungen dürfen eigentlich nur für die jeweils prämierte Weinpartie geführt werden, manche Länder führen sie aber auf allen Etiketten der betreffenden Weinsorte oder sogar ihrer Kellerei. Die meisten Winzer streben P. v. W. an, um auf die Qualität ihrer Weine aufmerksam zu machen. In verschiedenen Ländern und Anbaugebieten werden die Weine durch sensorische und analytische Qualitätsprüfungen beurteilt. In der BRD ist für die freiwilligen P. v. W. die (amtliche) ↑ Qualitätsprüfung Voraussetzung. Beide laufen aber in der Regel unabhängig voneinander ab. Ende der 70er Jahre wurden von etwa 140000 amtlich geprüften Weinpartien 20% auch prämiert. 1982 erlangten von fast 4000 eingereichten Weinpartien 90% die Anerkennung. Nach der P.v.W. werden Gütezeichen für gehobene Qualitäten, wie ↑ Deutsches Weinsiegel, das Gütezeichen für Badischen Qualitätswein, Fränkischen Qualitätswein und Prämierungsstreifen für Spitzenqualitäten mit dem Bronzenen, Silbernen, Goldenen bzw. Großen Preis und der Ehrenpreis vergeben (Abb.). Die P. v. W. werden auf Gebiets- und Bundesebene durchgeführt. Die Bundesprämierung der Deutschen Landwirtschaftsgesellschaft (DLG) setzt eine Gebietsprämierung voraus. Für alle P.v.W. sind auf den Etiketten Rebsorten und Jahrgänge anzugeben. Die Prüfung erfolgt als sensorische Verkostung nach dem ↑ Fünf-Punkte-Prüfverfahren. Die Auszeichnung bewegt sich immer im Rahmen der jeweiligen ↑ Qualtiätsstufe und zeigt an, daß der Wein bei diesen Qualitäten eine besondere Güte besitzt. 1987 erhielten von den angemeldeten 5100 Weinen von der DLG 40% den Großen Preis, 39% Silber, 14% Bronze und 7% keinen Preis. Nur 1130 dieser Weine (22%) waren trockene Weine.

Prämierung von Wein; Gütezeichen für Badischen und Fränkischen Wein

Die P. v. W. artet oft in eine Massendekoration aus, die sich meist auch am allgemeinen Publikumsgeschmack orientiert bzw. diesen manipuliert, weshalb vielfach Weine mit ↑ Süßreserve vor ↑ trockenen rangieren.

Da nicht alle Weine zur Prämierung eingereicht werden, können auch unprämierte Weine hervorragende Qualität haben. (3)

Prangerstöcke, *Blender, Riesreben:* Rebstöcke mit starkem Wuchs, gesundem Laub, aber geringen Erträgen. Sie sind zur Auslese ungeeignet. (3)

Preisbildung für Wein. In *sozialisti-*

schen Ländern erfolgt die Gestaltung (Vereinbarung, Festsetzung) des Preises vorwiegend geplant auf der Grundlage gesetzlicher Preisregelungen (Bildungsvorschriften) meist durch Preiskalkulationen in Vereinbarung zwischen den Vertragspartnern (Erzeuger und Handel) und staatlichen Preisbildungsorganen. In der Regel reichen die Erzeugerbetriebe entsprechende Kalkulationsunterlagen an letztere ein. Die P.f.W. ist dynamisch und berücksichtigt die sich ständig verändernden Produktions- und Realisierungsbedingungen (z.B. Produktions- und Energiepreise, Veränderungen auf dem internationalen Weinmarkt), die Angebots- und Nachfrageverhältnisse sowie in besonderem Maße die Qualität der Weine. Exportabhängige sozialistische Länder müssen zur Absatz- und Preissicherung mehr und mehr dem Druck der Qualitätsweinproduktion Rechnung tragen.

Im *nichtsozialistischen Wirtschaftsgebiet* bilden sich die Preise auf dem mehr oder weniger durch die Staaten, Staatengemeinschaften (EG), Getränkekonzerne, Kaufhausketten u. a. geregelten Markt durch Angebot und Nachfrage. Wesentlichen Einfluß darauf haben staatliche Preisbildungsvorschriften und -anordnungen, Zoll-, Steuer-, Finanz-, Marktordnungsfestlegungen, Börsenpreise für Standardmengen nach Alkoholgehalten, Marktposition und Diktatmöglichkeiten großer Lebensmittelkonzerne. P. f. W. durch solides, aber auch irreführendes Marketing ist für den Verbraucher oft undurchschaubar. Fast immer treiben ertragsschwache und besondere Qualitätsjahrgänge die Preise hoch.

Beim Lesegutverkauf auf dem Herbstmarkt schwanken die Preise von Jahr zu Jahr oft extrem, da Erntemengen, Qualität und der oft ungewisse Witterungsablauf während der Lese nicht immer überschaubar sind. Auch beim Faßwein verläuft die P. f. W. meist recht unsicher, da Erwartungen über Bestände, Qualitäten, Nachfrageentwicklung und über die kommende Ernte noch unklar sind. Kurz vor der neuen Lese sinken oft die Preise, weil Lagerkapazitäten freizumachen sind. Beim Flaschenwein spiegelt die P. f. W. stärker das Nachfrage-Angebot-Verhältnis wider. Weinqualität, Lagerungszeit, Marktprestige des Weins (und seiner Herkunft), Angebotsformen, Wirksamkeit von Marketing, inflationäre Tendenzen, Lieferkonditionen, absolute Umsatzmengen, ↑ Vertriebsformen einschließlich der Weinmessen, -börsen und -versteigerungen sind weitere wichtige Einflußfaktoren der P. f. W.

Die Preisspanne zwischen Auslesen und Beerenauslesen ist enorm groß. Tokajer Essenz aus Ungarn erzielt fast ohne Schwankungen aufgrund seiner gleichbleibenden Spitzenqualität ständig außergewöhnlich hohe Preise auf dem internationalen Markt.

Heute resultieren hohe Preise beim Wein leider mehr aus seinem Ruf und weniger aus seiner tatsächlichen Güte. So können Weine bester Güte billiger sein als so manche gepriesene sogenannte alte Qualität. Preise von Typenweinen resultieren oft aus einem mit großer Reklame gestarteten Versuch.

Die Nebenkosten beim Wein (Flasche, Korken, Etikett, Lagerung, Versand) sind in der Regel schneller gestiegen, als die Kosten für den Wein selbst, und der Handel schlägt gegenüber dem Produzenten die größere Spanne auf den Preis. Allgemein sind Ende der 70er und Anfang der 80er Jahre die Weinpreise überall erheblich angestiegen. Da sich aber fast alle Genuß- und Lebensmittel in den letzten 100 Jahren um das Vielfache verteuert haben, ist der Wein sogar relativ billiger geworden.

Ein besonderes Preiskapitel sind alte

Weine, die wie Antiquitäten gehandelt werden. So erzielten Ende der 80er Jahre ein roter Château Lafite von 1820 umgerechnet 24000 DM, ein 1893er Neroberger Riesling Trockenbeerenauslese Cabinet 35000 DM und ein 1784er Château d'Yuem 110000 DM. London hat mit seiner Weinbörse für Spitzenweine, z. B. Vintage Port, Bordeaux und Tokajer und weiteren Trokkenbeerenauslesen, und auch durch seine Auktionshäuser, wie das von Christie, eine führende Rolle bei der P.f.W. (3)

Premier Cru ↑ Cru

Preslav [bulg.]: Spitzenbranntwein mit 42 Vol.-% Alkohol. P. lagert mindestens sieben Jahre in Eichenholzfässern und ist von mildem Geschmack. (3)

Preßmost: der unter Druck aus festeren, die Kerne der Weinbeeren umgebenden Gewebepartien ausgepreßte Saft. Er enthält mehr Säure und etwas weniger Zucker als der Vorlaufmost, der aus dem Zellsaft des lockeren Beerenfleisches stammt. Stickstoffverbindungen, Mineral- und Gerbstoffe nehmen mit steigendem Preßdruck zu. P. aus überreifen Trauben weist dagegen höhere Mostgewichte als im Mostvorlauf auf, da die hohen Zuckergehalte der überreifen Beeren erst durch Druck gewonnen werden können. Unreifes Lesegut gibt im P. deutlich niedrige Mostgewichte. ↑ Scheitermost (2)

Primeur, *Vin Primeur, Nouveau* [franz.]; *Vino Novello* [ital.]: Bezeichnung für meist kleine, anspruchslose und „lustige" Rotweine, die nach kurzer, künstlich unterbrochener Gärung auch durch Zuckerzusatz trinkbar gemacht werden. Oft werden ganze Trauben unter Kohlendioxidbegasung (macération carbonique) kurz vergoren. Unvergorener Fruchtzucker und viel Säure charakterisieren den P. als weichen, fruchtigen Wein mit viel Frische und Spritzigkeit. Er muß aufgrund seiner kurzen Gärung frisch (innerhalb von drei Monaten) getrunken werden. Meist dürfen die P.-Weine bis zum 31. August des auf die Ernte folgenden Jahres als ↑ junge Weine verkauft werden. Sind es einfache Landweine, dann werden sie oft nicht unter dem Namen P., sondern als Nouveau, Nouvello u. a. verkauft.
Der berühmteste P. ist der Beaujolais P., der seit 1935 vom französischen Weingesetz geschützt ist. Von etwa 1 Mill. hl Beaujolais werden 400000 hl als P. verkauft. Er wurde früher am 15. November und wird jetzt am 3. Donnerstag im November ab Mitternacht freigegeben und bis zum 31. Januar als P. in über 64 Länder verkauft (trifft nur für ↑ AOC, ↑ VDQS und ↑ vin de pays zu). ↑ Heuriger (3)

prirodno [jugosl.]: naturrein

Probeglas: farbloses, nicht geschliffenes, fehlerfreies, dünnwandiges, glattes, durchsichtiges, nicht zu großes,

Probeglas mit integriertem Thermometer und Kellerglas

einheitlich geformtes Weinkostglas, das für die ↑ Degustation benutzt wird (Abb.). Probiergläser müssen einen entsprechend langen Stiel (manchmal mit

Thermometer versehen) und einen sich zum Rand hin etwas verjüngenden Kelch haben. Besonders Probegläser für Schaumwein dürfen nirgends rauh sein, weil sich sonst das ↑ Mousseux ganz unterschiedlich entwickelt (rauhe Stellen fördern das Perlen). Sektschalen sind als P. ungeeignet.
Kleine (100 cm^3), etwa 7 cm hohe, einfache, wie Schnapsgläser geformte Probegläser werden als sog. *Kellergläser* besonders im Weinkeller zum Probieren benutzt. Meist aus Reklamegründen werden diese Probegläser heute mit Aufschriften, Signets der Weinkellereien und Anbaugebiete, mit Weinmotiven sowie Abbildungen von charakteristischen Baulichkeiten sowie Landschaftsbildern und anderem versehen und an die Weinfreunde und Touristen verschenkt oder verkauft. ↑ Gläser (3)

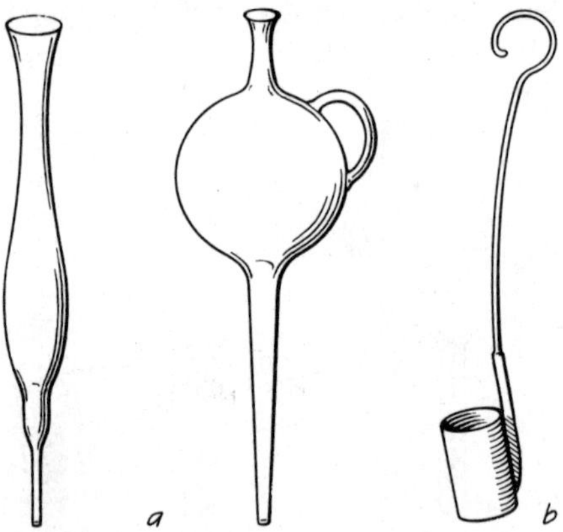

Probenheber; *a)* Stechheber, *b)* Becherheber

Probenheber: Gerät aus Glas, Metall oder Kürbisfrüchten in Form eines Rohres mit einer Ausbauchung zur Entnahme von Weinproben aus Fässern. In Spanien sind besonders im Anbaugebiet Jerez die silbernen P. (venencia) an biegsamen Fischbeinstäbchen im Gebrauch (Abb.) (3)

Probierschale, *Probiertasse, tâstevin* [franz.]: kleines Schälchen mit speziellen Vertiefungen (runde für Rotwein, längliche für Weißwein) zum Prüfen der Farbtiefe und einer Wölbung am Boden zum Beurteilen der Klarheit des Weins. P. haben die unterschiedlichsten Formen und sind aus glänzendem (poliertem, facettiertem) Metall, speziell aus Silber gefertigt. Sie werden heute noch besonders in Frankreich zur Kellerprobe von Weinen genutzt. 1611 erstmals erwähnt, stammt die älteste erhaltene P. aus dem Jahr 1683. (3)

Probierstube, *Verkostungsraum:* besonders gestalteter Raum mit speziellen Bedingungen für die ↑ Degustation von Weinen. Oft werden auch in Winzerbetrieben und Weinschenken P. als folkloristisch ausgestaltete Räume für ↑ Weinverkostungen der breiten Öffentlichkeit genutzt, um durch diese Art der Werbung neue Freunde des Weins zu gewinnen und den Umsatz zu steigern. Derartige Einrichtungen bieten zwar eine bestimmte, oft romantisierende Atmosphäre, sind aber für eine professionelle Degustation meist ungeeignet. (3)

prodotte e imbuttigliato da [ital.]: Bezeichnung für ↑ Erzeugerabfüllung

produit en cuve close [franz.]: durch Tankgärung hergestellt

Produktionsgenossenschaft ↑ Winzergenossenschaft

produttóre [ital.]: Erzeuger(-abfüllung)

profumato [ital.]: Bezeichnung für bukettreichen Wein. (3)

Prohibition: Verbot speziell der Herstellung und des Verkaufs alkoholischer Getränke. (3)

proizvedeno [jugosl.]: Erzeuger; *p. u vlastitoj vinarji poljoprivredne zadruge* – Erzeugnis der Winzergenossenschaft; *proizvedene u vinariji* – erzeugt von der Weinkellerei. (3)

proof [engl.]: Maßeinheit für den Alkoholgehalt, die von verschiedenen Ländern auf den Etiketten alkoholischer

Getränke genutzt wird. 1 Vol.-% Alkohol sind etwa 1,75 Br. (british) p. und 2 US p.; demnach entsprechen 40 Vol.-% Alkohol 70 Br.p. (3)

Prost: Trinkzuspruch, der sich aus dem lateinischen prosit tibi hic haustus – möge dir dieser Trunk nützen (bekommen) – ableitet. Im 16. Jh. setzte er sich allgemein auch als Prosit bzw. Wohlbekomms durch. Ähnliche kurze Trinksprüche sind in fast allen Ländern üblich, z. B.:
Bulgarien –Na zdrave!
England – Cheers!
Frankreich – À votre santé!
Italien – Alla tua salute!
Rumänien – Narve vivat!; Noroc!
Schweden – Skål!
Spanien – A su salud!; Brindemos!
UdSSR – Na zdorowie!
Ungarn – Egészségédre! (3)

Provenienz: Ursprung, Herkunft

punjeno(u) [jugosl.]: Abfüller (abgefüllt von)

Punsch: alkoholisches Getränk, das meist aus Wein, in heißem Wasser gelöstem Zucker, Fruchtsäften bzw. Sirupen, Tees, Kaffee, Spirituosen und exotischen Gewürzen (vor allem Nelken und Zimt) hergestellt und in der Regel heiß aber auch kalt getrunken wird. Für P. gibt es zahllose Rezepte und Phantasienamen. P. wird auch fertig gemischt im Handel angeboten oder als P.extrakt, der mit heißem oder kaltem Wasser verdünnt getrunken wird. ↑ Glühwein, ↑ Sangria (3)

puttony [ung.]: für das Weinbaugebiet ↑ Tokaj-Hegyalja typisches Gefäß in Form einer ↑ Butte mit einem Fassungsvermögen von ungefähr 24 l. Es faßt damit etwa 12,5–15 kg teigig gequetschte Trocken- bzw. Beerenauslesen. Je nachdem, wieviel p. von einem ↑ Gönczer Faß (136 l) zugesetzt werden, spricht man von 2- bis 3- und selten auch 6buttigem ↑ Tokaji Aszú (Ausbruch). Die Anzahl der zugesetzten p. wird auf dem Etikett bzw. der Halsschleife vermerkt; je mehr der Wein enthält, um so süßer, körper- und bukettreicher ist er. (3)

Q

QbA: Abk. für ↑ **Q**ualitätswein **b**estimmter **A**nbaugebiete der BRD. (3)

QmP: Abk. für ↑ **Q**ualitätswein **m**it **P**rädikat in der BRD. (3)

Qualitätsprüfung: 1. allgemeine Beurteilung der Güte von Weinen durch sensorische (Klarheit, Farbe, Geruch, Geschmack, Typ, Harmonie) und (bio)chemische Analyse für die verschiedensten Zwecke (Weiterverarbeitung, Verschnitt, Reifegrad, Verkauf, Einkauf u. a.).
2. in den verschiedenen Ländern bzw. Anbaugebieten unterschiedlich organisierte amtliche Q. Sie umfaßt eine meist dreistufige Kontrolle von Weinen, die Anspruch auf die Bezeichnung ↑ Qualitätswein (in Ländern der EG – QbA) erheben. Bei der ersten Stufe geht es um das Lesegut mit den Mostgewichten, in der zweiten Stufe um die (bio)chemische Analyse und in der dritten um sensorische Q.
In verschiedenen Ländern werden von geprüften Weinen versiegelte Flaschen zur Gegenkontrolle aufbewahrt. Entsprechend den Prüfergebnissen werden die Weine in ↑ Qualitätsstufen eingeordnet.
Die Qualitätseinstufung der Weine kann auch von eingestuften Lagen ausgehen (Frankreich). Dann gehören Ernte- und

Lagerbestandserklärungen bei vorgeschriebener Weinbuchführung in jeder Handelsstufe sowie Begleitpapiere über Herkunft, Weinart, Qualität und Menge bis zum Endverkauf dazu. Das gilt auch für den privaten Einkauf einiger Flaschen.

In der BRD wird beispielsweise seit 1984 zur amtlich garantierten Weinqualität für alle Qualitätsweine und Qualitätsweine mit Prädikat, die danach auf dem Etikett eine ↑ amtliche Prüfungsnummer (A.P.Nr.) tragen, die Q. durchgeführt. Geprüft wird die tatsächliche Qualität eines jeden ausgebauten Weines durch regionale Prüfungsbehörden, die Experten aus Praxis und Wissenschaft sowie Weinkenner der Verbraucher hinzuziehen. Das dreistufige Kontrollsystem umfaßt:

– *Lese-und Reifeprüfung.* Sie beginnt mit dem Festlegen der Lesetermine nach dem Reifegrad sowie getrennt nach Haupt- und Spätlese. Im Herbstbuch der Winzer werden Mostgewicht, Herkunft und Menge zur amtlichen Überprüfung festgehalten. Spätlese, Auslese, Beeren- und Trockenbeerenauslese sowie Eiswein müssen der zuständigen Gemeindeverwaltung spätestens drei Tage nach Lesebeginn gemeldet werden (Prüfung durch Überwachungsbeamten). Bis 15. Dezember ist eine Gesamterntemeldung zu erstatten und nach Ausbau und Abfüllung sind die Weinpartien zur Qualitätsprüfung anzumelden;

– *chemische Analyse.* Sie umfaßt Gesamtalkoholgehalt, vorhandenen Alkoholgehalt, Gesamtextrakt, Zucker, Alkohol-Restzucker-Verhältnis, Gesamtsäure, freie und gesamte Schweflige Säure sowie zulässige Fremdstoffe. Werden die Mindestanforderungen erfüllt, dann wird mit der

– *sensorischen Prüfung* (↑ Sinnenprobe, ↑ Degustation) die endgültige Güteklasse durch bewährte Gutachter (blind) nach einem ↑ Fünf-Punkte-Prüfverfahren festgestellt. ↑ Herkunftsbezeichnung (3)

Qualitätsschaumwein: in der BRD eine gehobene Qualität, der durch eine ↑ amtliche Prüfungsnummer bestimmte Mindestanforderungen bestätigt werden. Q. bestimmter Anbaugebiete (QbA) ist die höchste Qualität in der BRD, bei der die Grundweine zu 100% aus Qualitätsweinen des genannten Anbaugebietes stammen müssen. (3)

Qualitätssekt: in Österreich verbreitete Bezeichnung für einen ↑ Qualitätsschaumwein, der etwa dem in der BRD mit Sekt bezeichneten entspricht. (3)

Qualitätsstufen, *Güteklassen:* einteilende Klassifizierung nach der ↑ Güte des Weins, um den Konsumenten zu orientieren, die Güte zu garantieren und den Absatz bei Begründung der Preise zu forcieren. Basis der Q. sind die ↑ Klassifizierung der Rebsorten und der Lagen, sowie die Qualität der geernteten Trauben und der Herstellungsverfahren (einschließlich des Grades der Naturbelassenheit) und die der Lagerung (Kellerbehandlung und der Reifegrad der Weine).

Die Einteilung in Q. geht von zwei unterschiedlichen Prinzipien aus. In der BRD z. B. ist die Qualitätsprüfung des fertigen Weins entscheidend, wobei die Bedingungen der Trauben- und Weinproduktion berücksichtigt werden. Die andere, z. B. in Frankreich übliche Klassifizierung stützt sich primär auf die Bedingungen der Weinherstellung, insbesondere die oft schon jahrhundertelang bewiesene Eignung der Lagen. Am fertigen Wein wird gegebenenfalls durch analytische und degustative Methoden überprüft, ob die Einstufung nach der Lage auch aktuell gerechtfertigt ist. In Frankreich werden z. B. auch neben der Herkunft aus klassifizierten Lagen weitere Festlegungen für Q. vorgegeben, so für ↑ AOC-Weine u. a., Anbaumethoden, Mindestalkoholgehalte und Höchsterträge. Überschreitet beispielsweise die Ernte eines Winzers in einem Jahr den für die Lage vorgeschriebenen Höchstertrag je Hektar, dann wird der Wein nur noch AOC-Wein des Anbaugebietes und nicht der Lage, überschreitet er den für das Anbaugebiet festgesetzten Höchstertrag, dann wird er in Tafelwein abgestuft, was mit etwa 75% Erlösverlust verbunden ist. Der Wein kann aber in der tatsächlichen Güte manchen AOC-Wein übertreffen. Nur in Ausnahmejahren kann aufgrund einer Regierungsverordnung ein höherer Hektarertrag zugelassen werden.

Für die Einstufung der Weine bzw. die Kontrolle einer Einstufung werden zur analytischen und degustativen Kontrolle folgende Prüfmerkmale herangezogen: Mostgewichte, Zucker- und Alkoholgehalt – auch als Verhältnis von Alkoholgehalt und Restzucker sowie die Entstehungsart der Restsüße (natürliche, Gärungsunterbrechung, Süßreserve), Gesamtextrakt, zuckerfreier Extrakt, Gesamtsäure- und Gerbstoffgehalt sowie Asche, aber auch Gehalte an höheren Alkoholen, Schwefelmengen als Gesamt- und flüchtige Säure und weitere unerwünschte Stoffe, herkunfts-, rebsorten-, jahrgangs-, farb-, bukett- und geschmackstypischer Grad der Reinheit, Klarheit, Harmonie der genannten Komponenten, Weinfehler, Reifegrad, Erzeuger- bzw. Abfüllbetrieb sowie besonders die ↑ Leseart u. a.

Prüfmerkmale und Kontrollmethoden differieren nicht nur zwischen den Ländern, sondern auch innerhalb dieser zwischen den Weinbaugebieten. Die Einstufung selbst nehmen meist regionale, aber auch zentrale staatliche Stellen und verschiedentlich auch autonome Institutionen vor. So ist in Ungarn die Ungarische Landesanstalt für Weinuntersuchungen zusammen mit der Zentralen Weinexpertenkommission (Weinsachverständige, Vertreter der Ministerien, Fachleute des Weinhandels, des Gesundheits- und Finanzwesens) für die Gütebestimmung und Kontrolle der Weine verantwortlich. Sie analysiert und degustiert auch die Exportweine und stellt die entsprechenden Zertifikate für den Importeur aus.

Die Bezeichnung der Q. ist in einzelnen Ländern unterschiedlich. In der ČSSR wird generell, abweichend von den genannten Q., eine Klassifizierung der Weine nach den Rebsorten, die in Güteklassen Ia, Ib und II eingeordnet wurden, durchgeführt. So bezeichnet man in der ČSSR Spitzenweine als ↑ Archivweine, und in der Schweiz erhalten Weine je nach Qualität bestimmte Namen, z. B. ↑ Fendant choix. Mehr und mehr setzen sich aber die stärker durchgefeilten Q. der EG durch, obwohl selbst verschiedene EG-Länder an traditionellen Bezeichnungen festhalten und die Vorgehensweisen bei der Einstufung sehr differenziert sind. Aus diesem Grund muß selbst bei gleichen EG-Q. meist relativiert werden. Nach der EG-Weinmarktordnung werden generell ↑ Qualitätsweine und ↑ Tafelweine als Q. unterschieden. Die Zuordnung der Weine zu Q. und die dementsprechenden Vermerke auf den Etiketten (gleiche Weine mit verschiedenen Etiketten und umgekehrt) bleiben aber problematisch. Traditionelle Einstufungen, die rasch wandelbare Qualität auch von renommierten Weinen, Zurückhaltung der Winzer gegenüber Qualitätsprüfungen überhaupt und besonders gegenüber ihrem bürokratischen Aufwand sowie die unübersehbare Vielfalt der Weine erschweren dem Konsumenten den wirklich qualitativ guten Wein anhand des Etiketts zu finden. Allein in Frankreich kann von der Ernte eines Jahres mit 10000 verschiedenen Mustern von AOC-Weinen gerechnet werden (Tab.).

Qualitätsstufen von Weinen ausgewählter Länder (vereinfachte schematische Übersicht)

- BRD
  - Qualitätswein bA
    - Qualitätswein mit Prädikat
      - Eiswein
      - Trockenbeerenauslese
      - Beerenauslese
      - Auslese
      - Spätlese
      - Kabinett
      - Bereich
      - Großlage
      - Lage
    - Qualitätswein ohne Prädikat
      - Bereich
      - Großlage
      - Lage
  - Tafelwein
    - Landwein
    - sonstige Tafelweine
- Bulgarien
  - Qualitätswein
    - Qualitätswein mit kontrollierter Herkunftsbezeichnung (Jahrgang, Mikrogebiet und Kontrollzeichen)
    - Qualitätswein mit geografischer Herkunftsbezeichnung (Jahrgang und Anbaugebiet)
    - hochwertige Weine (sorten- und gebietstypisch)
  - einfache, gewöhnliche Weine (Tafelweine)
- Frankreich
  - Qualitätswein (VQPRD)
    - appellation d' origine contrôlée (AOC)
      - Gebiet
      - Gemeinde
      - Lage
    - vin délimités de qualité supérieure (VDQS)
  - Tafelwein vin de table
    - vin de pays (Landwein)
      - grande réserve, réserve (ohne rechtliche Bedeutung)
    - vin de consommation courante (VCC) autre vin de table
- Spanien
  - Qualitätswein (DO) vino de calidad
    - gran reserva
    - reserva
    - noble
      - gehobene Qualität nach festgelegter Reifezeit (Crianza)
  - Tafelwein vino corriente, vino de pasto bzw. -mesa

- Griechenland
  - Qualitätswein bA
    - Qualitätswein mit kontrollierter Ursprungsbezeichnung (OPE)
    - Weine gehobener Qualität (OPAP)
      - Großlage
      - Ort
      - Lage
  - Tafelwein (OPA)
    - traditioneller Wein (z. B. Retsina)
    - Markenweine
    - Landwein (Oinos Topikos)
- Italien
  - Qualitätswein bA
    - denominazione di origine controllata e garantia (DOCG)
      - classico (Kern bestimmter Anbaugebiete)
    - denominazione di origine controllata (DOC)
      - riserva speciale
      - riserva
      - vecchio
      - superiore
        - Mindestlagerzeiten; höhere als normale Qualität
  - Tafelwein vino da tavola
    - vino da tavola con indicazione geografica
    - vino typico (Landwein)
    - vino da pasto (-tavolo) sonstige einfache Tafelweine
- Jugoslawien
  - Qualitätswein
    - cuveno vrhunsko vino sa geografskim poreklom
      - Trockenbeerenauslese
      - Beerenauslese
      - Auslese
      - Spätlese
    - kvalitetno vino sa geografskim poreklom
  - Tafelwein namizno
    - stolno vino sa geografskim poreklom
    - konzumno vino
- Luxemburg
  - Qualitätswein bA (AP)
    - marque nationale (MN)
      - grand permier cru
      - premier cru
      - vine classe
      - MN
  - Tafelwein

Qualitätsstufen von Weinen ausgewählter Länder (vereinfachte schematische Übersicht) (Fortsetzung)

- Österreich
  - Qualitätswein bA
    - Prädikatswein
      - Eiswein
      - Trockenbeerenauslese
      - Ausbruch
      - Beerenauslese
      - Auslese
      - Spätlese
    - Kabinettwein
    - Qualitätswein (ohne Prädikat)
  - Tafelwein
    - Landwein
    - sonstiger Tafel- oder Tischwein
- Rumänien
  - Qualitätswein vin de călitate
    - 5 hochwertiger mit Ursprungsbezeichnung und Qualitätsstufe (VSOC)
      - 5c Ausbruch bzw. Trockenbeerenauslese (CSB)
      - 5b Edelreife- bzw. Auslese (CMI)
      - 5a Vollreife- bzw. Spätlese (CMD)
    - 4 hochwertiger mit Ursprungsbezeichnung (VSO)
    - 3 hochwertiger (VS)
  - Tafelwein vin de masă
    - 2 vin de masă superior
    - 1 vin de masă
- Ungarn
  - Qualitätswein
    - hochwertiger Qualitätswein különleges minöségi bor
      - Beerenauslese/Ausbruch töppedt szölobel kenült bor/aszú
      - Auslese valogatott szüretelesü bor
      - Spätlese kesöi szüretelesü bor
    - Qualitätswein minöségi bor
  - Tafelwein asztali bor
    - Bratenwein pecsenye bor
    - Tafelwein asztali bor
  - einfacher Wein kimért bor

Bei *Schaumwein* wird neben gesetzlich vorgeschriebenen Mindestlagerzeiten (sechs Monate) und der Kennzeichnung bei künstlich zugesetztem Kohlendioxid ähnlich wie beim Wein zwischen Schaumwein, Qualitätsschaumwein sowie dem Qualitätsschaumwein bestimmter Anbaugebiete (QbA) als Herkunftsnachweis unterschieden. Auch Jahrgangs-, Rebsorten-, und Lagenschaumweine werden ausgewiesen. Qualitätsschaumweine unterliegen einer amtlichen Qualitätsprüfung, die auf dem Etikett mit der amtlichen Prüfungsnummer ausgewiesen wird. (3)

Qualitätswein: 1. eine von der EG-Weinmarktordnung für ihre Mitgliedsländer verbindlich definierte ↑ Qualitätsstufe für bestimmte Anbaugebiete (QbA in der BRD). Folgende Voraussetzungen gelten für die Einstufung:

– Die verwendeten Weintrauben dürfen ausschließlich von für das Anbaugebiet empfohlenen oder zugelassenen Rebsorten der Art *Vitis vinifera* und, wenn auf dem Etikett bezeichnet, nur von dieser Rebsorte stammen;

– Die verwendeten Weintrauben müssen in dem bezeichneten Anbaugebiet geerntet und dort verarbeitet worden sein;

– Sie müssen die für diese Anbaugebiete und Rebsorten festgelegten Ausgangsmostgewichte und vorgeschriebenen Alkoholgehalte (in der BRD mindestens 7 Vol.-% = 56 g/l) und Mindestgesamtalkoholgehalte (BRD 9 Vol.-% = 71 g/l) aufweisen;

– eine Konzentrierung darf nicht vorgenommen und konzentrierter Traubenmost in der BRD nicht zugesetzt werden, dagegen ist Mostaufzuckerung erlaubt;

– Der Wein muß in Farbe, Geruch und Geschmack frei von Fehlern und bei angegebener Rebsorte für diese typisch sein;

– Der Wein muß allen weiteren weinrechtlichen Bestimmungen entsprechen.

Die prozentualen Anteile ausgewählter EG-Länder an der Qualitätsweinproduktion Anfang der 80er Jahre

Land	eigene Produktion	EG-Produktion
BRD	95	16
Frankreich	25	30
Italien	10	13
Griechenland	10	
Spanien	40	33
Portugal	45	

Verschiedene Länder und auch Anbaugebiete haben zusätzliche Regelungen erlassen, wie Extrakt-, Säuregehalte, (Flaschen-)lagerzeiten oder Maximalerträge je Hektar, Erziehungsformen u. a. QbA werden in verschiedenen Ländern in weitere Stufen unterteilt (↑ Qualitätsstufen, Tab.; ↑ Länderartikel).

In den einzelnen Ländern sind die Erzeugungsanteile und der absolute Umfang sowie der damit verbundene Anteil an der gesamten Q.produktion der EG-Länder sehr unterschiedlich. In der EG insgesamt lag der Q.anteil (58,5 Mill. l) Anfang der 80er Jahre bei etwa 26% (Tab.).

2. allgemeine Kennzeichnung für Weine, die „frei von Fehlern" sind. (3)

Qualitätswein mit Prädikat, QmP: Spitzenwein höchster ↑ Qualitätsstufe in der BRD und Österreich (Prädikatswein). QmP muß in der BRD aus einem bezeichneten Bereich eines Anbaugebietes, in Österreich aus einem ↑ Weinbaugebiet einer Weinbauregion stammen. Je enger die geografische Bezeichnung ist, und zwar vom Anbaugebiet über die Großlage bis zur Einzellage, um so besser ist meist die Güte des Weins. In der BRD und Österreich sind sechs bzw. sieben Prädikate im Gebrauch: ↑ Kabinett (in Österreich ein nicht verbesserter Qualitätswein),

↑ Spätlese, ↑ Auslese, ↑ Beerenauslese, ↑ Ausbruch (nur in Österreich), ↑ Trockenbeerenauslese und ↑ Eiswein.
In nördlichen Anbaugebieten sind für die QmP besonders folgende Rebsorten geeignet: 'Bouvier-Traube', 'Müller-Thurgau', 'Neuburger', 'Weißer Riesling', 'Ruländer', 'Traminer' und 'Weißer Burgunder'. QmP müssen den allgemeinen Voraussetzungen von Qualitätsweinen bestimmter Anbaugebiete entsprechen und dürfen erst nach dem 1. Januar bzw. als Spätlese erst nach dem 1. März des auf die Ernte der Weintrauben folgenden Jahres auf Flaschen abgefüllt und in den Verkehr gebracht werden. Diese Weine dürfen in der BRD nicht verbessert werden, unterliegen grundsätzlich einer amtlichen Kontrolle und erhalten eine ↑ amtliche Prüfungsnummer und in Österreich eine ↑ staatliche Prüfnummer. Die Leseart muß von der Gemeinde bestätigt werden. In Österreich ist der Export von Kabinett- und Prädikatsweinen nur in Flaschen und für letztere der Verkauf erst ab 1. Mai des auf die Ernte folgenden Jahres erlaubt. (3)

quinta [port.] ↑ Weingut

R

Rahnwerden ↑ Braunwerden

rancio [span.]: Bezeichnung für einen halbmaderisierten oder oxidativ ausgebauten, oft auch aufgespriteten Weißwein, der bei einem brüsken Temperaturwechsel unter Einfluß der Luft in Holz- oder Glasgefäßen gereift ist. Solche Weine werden auch in Frankreich hergestellt. ↑ Braunwerden (3)

Rappen, *Kamm:* der Traubenstiel mit seinen rispigen Verzweigungen, an denen die Beeren der Traube sitzen. R. werden zur Mostbereitung meist vorher von den Beeren getrennt. ↑ Entrappen (3)

Rässer ↑ Federweißer

Ratafia: 1. Most, dem schon vor oder während der Gärung Weinbrand zugesetzt wird. Dadurch können sich die Hefen nicht entfalten und das Getränk schmeckt süß wie Traubensaft und stark nach Weinbrand (z. B. ↑ Pineau des Charantes). R. wird auch manchmal mit Mandeln parfümiert. ↑ Mistellen
2. Fruchtsaftlikör mit 25–35 Vol.-% Alkohol und etwa 40 Vol.-% Fruchtsaftanteil. (3)

rauhe Fülle: Auffüllen der Fässer nach Abschluß der Gärung. (3)

Räuschling: als Keltertrauben für einen leichten weißen Tischwein nur noch am Zürichsee in der Schweiz im Anbau. Bedingt durch die empfindliche Blüte und die daraus resultierende Ertragsunsicherheit ist der Anbau jedoch auch hier rückläufig und wird zugunsten von ↑ 'Müller-Thurgau' verdrängt. (6)

Raya: Sherrytyp, der ein dunkler, nicht ganz gelungener ↑ Olaroso bzw. ↑ Fino ist oder noch werden könnte. R. erreicht jedoch nicht deren normale Fülle und Qualität. ↑ Sherry (3)

rdeče [jugosl.]: rot

Rebe ↑ Rebstock

Rebelbrett, *Rebbelbrett:* ein flacher viereckiger Kasten mit einem Lattengitter als Boden, der früher zum Abbeeren der Trauben diente. Bei geringem mechanischem Druck fielen die Beeren durch das Gitter, die Stiele blieben zurück (↑ Entrappen) (5)

Rebeln ↑ Abbeeren, ↑ Entrappen

Reber ↑ Rebmesser

Reblaus, *Phylloxera vastatrix* (= *Viteus*

vitifolii): einer der größten Schädlinge des Weinbaus. Die kurzrüßligen R.rassen befallen alle *Vitis*-Arten und -Sorten bis auf die amerikanische Wildrebe *Vitis cinera.* Im Entwicklungskreislauf treten vier verschieden gestaltete Generationen auf (Abb.):

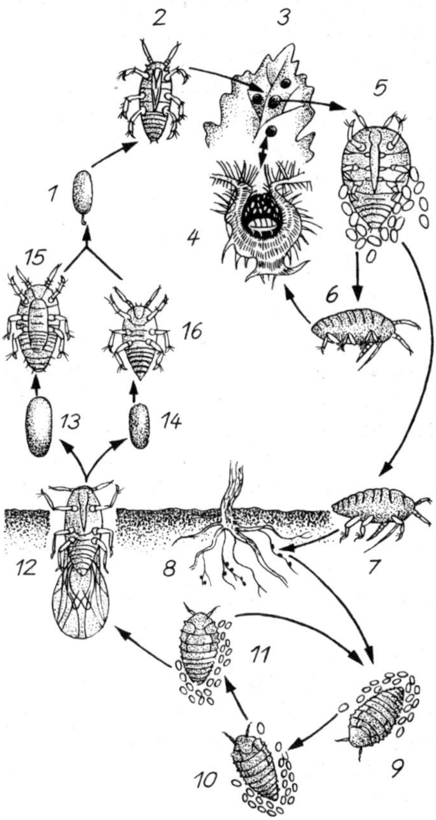

Entwicklungszyklus *(1–16)* der Reblaus

Gallenläuse schlüpfen im Frühjahr aus befruchteten Wintereiern, saugen an den Blättern (nur der amerikanischen Rebsorten und Hybriden) und erzeugen krugförmige Gallen.

Wurzelläuse, die parthenogenetisch entstandenen Nachkommen, saugen im Sommer an den Rebwurzeln, wodurch diese allmählich verfaulen und absterben.

Geflügelte Formen, ebenfalls durch Jungfernzeugung entstanden, verbreiten im Herbst die Art auf andere Stöcke und legen Eier ab, aus denen im nächsten Frühjahr die vierte, *zweigeschlechtige Generation* schlüpft.

In Mitteleuropa sind nur die Wurzelläuse schädlich. Ursprünglich in Nordamerika beheimatet, fand die R. über amerikanische Reben etwa um 1864 den Weg nach Frankreich. Innerhalb von 30 Jahren war fast der gesamte französische Weinbau und danach der von ganz Europa vernichtet. Schon um 1875 setzte sich der französische Wissenschaftler Planchon für die Einführung der reblausresistenten amerikanischen Rebsorten als Unterlagen und Direktträger ein. Daraufhin wurden die alten europäischen Rebsorten vor allem auf amerikanische Unterlagen gepfropft, weil sich die Direktträger nicht bewährten. Später sind weitere Unterlagensorten durch Kreuzung amerikanischer Wildreben oder durch ihre Kombination mit europäischen Rebsorten und -varietäten gewonnen worden, die sowohl reblausresistent als auch besser den verschiedenen Böden angepaßt sind. ↑ Rebschutz, ↑ Tafel 18 (3)

Rebmesser, *Hippe, Reber:* Messer mit gebogener scharfer Klinge (Abb.) zum Rebschnitt und zur Lese von Trauben. Zur Lese werden heute fast ausschließlich *Rebscheren* benutzt. (3)

Rebschädlinge ↑ Rebschutz

Rebschnitt: Schnitt am unbelaubten Weinstock, um Wachstum, Ertrags-

Rebmesser

menge und -qualität zu fördern und als Erziehungs- bzw. Aufbauschnitt die vorgesehene ↑ Erziehungsform herauszubilden und zu erhalten. Der R. wird hauptsächlich als Verjüngungs- und Ertragsschnitt – entscheidend für die Traubengewinnung – im Winter durchgeführt und ist schon aus der Antike überliefert. Nach der Form werden meist Kopf- oder Bock-, Schenkel-, Stamm- und Formschnitt unterschieden. Die vielen Arten des R. hängen wesentlich von den Erziehungsformen ab und die Varianten von Ertrags- und Erziehungsschnitt von traditionellen und wissenschaftlich begründeten Maßnahmen entsprechend dem Boden-Klima-Komplex, der Rebsorte, den Ansprüchen an die Qualität des zu kelternden Weins, dem Alter des Stocks, seinem Gesundheitszustand und der Art der Mechanisierung (Abb.). *Bock-* oder *Kopfschnitt* mit kurzen Schenkeln und ↑ Zapfen auf dem Altholz, das nur knapp, einem Rehgehörn ähnlich, aus dem Boden ragt, werden z. B. im trokkenheißen Klima ausgeführt. Sowohl beim *Guyotschnitt* mit einer einzigen horizontal am Draht gezogenen Bogrebe, als beim arbeitsaufwendigen ↑ *Gobelétschnitt* mit vier nach oben gezogenen Schenkeln und den mannigfaltigen *Bogen-* und *Kordonschnitten* sowie bei allen weiteren R. werden bis zu 90% des letztjährigen Zuwachses entfernt, so daß nur das Tragholz, die Zapfen, Strecker und Bogreben am Altholz bleiben. Entscheidend beim R. ist die Anzahl der Augen, die als zukünftige Triebe am Stock belassen werden. Meist sind es nicht mehr als sechs bis

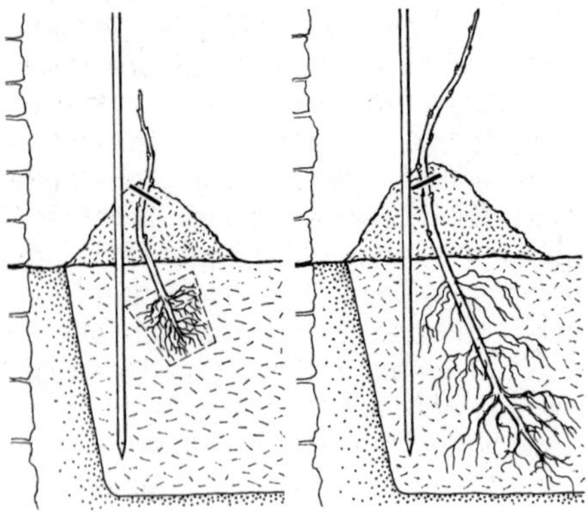

Abb. 1 Rebschnitt; Einsetzen der Topfrebe *(links)* bzw. Wurzelrebe *(rechts)*

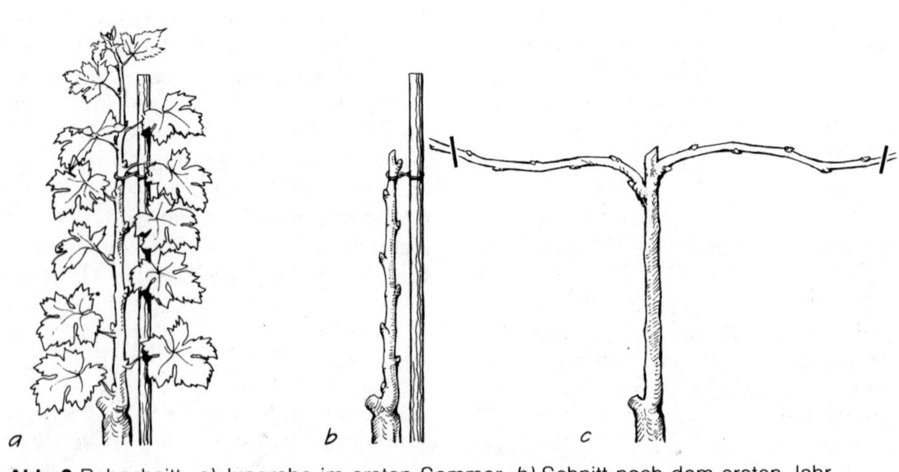

Abb. 2 Rebschnitt; *a)* Jungrebe im ersten Sommer, *b)* Schnitt nach dem ersten Jahr (auf Stamm), *c)* Erziehung eines zweiarmigen waagerechten Kordons

acht. Bei Qualitätsrebsorten wird auf acht bis zehn Augen je Quadratmeter Rebfläche orientiert. Der ↑ Zapfenschnitt als Ertragsschnitt ist bei einigen Rebsorten, deren zwei Augen am Zapfen fruchtbar sind, möglich und damit zugleich Erziehungs-, Verjüngungs-(Erneuerungs-) und Ertragsschnitt. Bei Einzelpfählen, besonders in Steillagen, werden meist nur zwei Fruchtruten als Halb- oder Ganzbogen angeschnitten, bei Drahtrahmen ein bis zwei Fruchtruten und Ersatzzapfen unter anderem als Halb-, Pendel- und Kreisbögen, als Ein- und Mehretagenkordon (↑ Etage).

Im Tafeltraubenanbau an Spalieren herrscht der strenge Formschnitt vor, als senkrechter, waagerechter, einarmiger oder zweiarmiger Kordon, als U-Form, Palmette u.a. In der Praxis finden sich beim ↑ Weinspalier oft verwilderte freie Fächer.

Der R. wird mit ↑ Rebmesser und -schere vorgenommen. Die ↑ Laubarbeiten, eigentlich auch Schnitte, gehören streng genommen nicht zum R. ↑ Arbeiten im Weinberg. (3)

Rebschule: Anzuchtstätte der veredelten und unveredelten Jungreben, vergleichbar der Baumschule. (3)

Rebschutz: Abwehr von Schaderregern und abiotischen Schadursachen, um Ertrag und Qualität der Reben zu sichern. Entsprechende Praktiken sind schon seit mehr als zwei Jahrtausenden überliefert. In der Bibel, bei Theophrastos (372–288 v. u. Z.), Vergilius (70–19 v.u.Z.), Plinius (23/24–79), Columella (1. Jh.) sowie in der frühen islamischen Literatur wurden schon Würmer (Rebstecher ?), weitere Schädlinge sowie der Brand erwähnt. Im Mittelalter wurden im Weinberg neben Vögeln und Wild auch Sauerwurm, Schnecken und Rohfäule bekämpft. Gegen Ende des 19. Jh. kamen Schildläuse, Springwurm, Rote Spinne, die ↑ Reblaus *(Phylloxera)* und vor allem Echter und Falscher Mehltau hinzu. Vor der Jahrhundertwende standen rein mechanische Bekämpfungsmethoden (Absammeln, Abbürsten, Fangen mit Klebeflächen, Verbrennen und Kalkanstriche sowie Verjagen, Fangen und Schießen von Vögeln und Wild) im Vordergrund. Um 1870 wurde Schwefel in größerem Umfang gegen den Pilz *Oidium* (Echter Mehltau) in Bordeaux eingesetzt; auch die Römer sollen schon Schwefel benutzt haben. Befall mit *Peronospora* (Falscher Mehltau) wurde zwischen 1890 und 1900 mit Bordelaiserbrühe (Kupfervitriolkalkbrühe, $CuSO_4 \cdot 5\ H_2O$) bekämpft. Gegen Insekten wurden auch Petroleumseifenbrühen und Bleiarsenat $Pb_3(AsO_4)_2$ sowie Kupfer(II)-arsenitacetat (Schweinfurter Grün) $3Cu(AsO_2)_2 \cdot Cu(CH_3COO)_2$ verwendet.

Der 1864 in Frankreich einsetzende Reblausbefall vernichtete im Verlauf von 30 Jahren fast den gesamten französischen Weinbau, obwohl, wie später überall in Europa, durch strenge Vorschriften das Ausführen von Pflanzgut aus reblausbefallenen Anbaugebieten verboten wurde. Das Pfropfen auf amerikanische reblausresistente Unterlagenrebsorten begann um die Jahrhundertwende in Frankreich. Aber erst in den 20er Jahren unseres Jahrhunderts gelang es, durch diese Bekämpfungsart den Rebbau wieder zu sanieren. Gleichzeitig wurden chemische Bekämpfungsmaßnahmen, auf die heute nicht mehr verzichtet werden kann, bedeutsam.

Wichtigste vorbeugende Maßnahme des R. ist auch heute noch die Anwendung standort- und sortengerechter Produktionsverfahren bei ordnungsgemäßer Pflege, um optimale Wachstumsbedingungen für die Rebe zu schaffen. Besonders Chlorosen, Nekrosen und überhaupt Nährstoffmangelerscheinungen können durch Melioration sowie entsprechende Düngung einschließlich mit Mikronährstoffen wie Bor, Eisen, Magnesium, Mangan und Zink bekämpft werden. Aber auch Pilzbefall (besonders Wurzelschimmel), bakterielle und Viruserkrankungen sowie überhaupt jegliche Schäden werden durch optimale Wachstumsbedingungen eingedämmt. Die ↑ Züchtung resistenter Sorten ist, wie überhaupt das vollständige Nutzen aller natürlichen Regulationsfaktoren in den ↑ Ökosystemen, Hauptanliegen des R., weil sie gleichzeitig dem Schutz der Umwelt dient und mit geringen Aufwendungen verbunden ist. Dem Winzer stehen heute die vielfältigsten, speziellen Maßnahmen zur Verfügung.

Spät- und Frühfröste können durch Beregnung, Bewinden (Abb.), Rauchfeuer, Nebelpatronen, Wärmeöfen und Flammenwerfer gedämpft werden. Harte Winterfröste sind in großen Anlagen kaum zu bekämpfen. Prinzipiell sind Anpflanzungen in Frostlöchern zu vermeiden, Neuanpflanzungen anzuhäufeln, Spalierweine in Stroh einzupacken und besonders Sorten mit guter, schneller Holzausreifung anzubauen.

Gegen das Wild (Wildschweine, Hasen, Rehe, Hirsche, Kaninchen, Füchse, Dachse, Marder, Igel, Wühlmäuse), aber auch gegen Vögel (Stare, Drosseln, Sperlinge, Elstern, Amseln, Fasane, Rebhühner) führte der Adel früher Jagden in den Weinbergen durch, die meist größere Schäden als das Wild selbst anrichteten. Seit altersher war die Weinberghut durch Rebschützer (mit Klappern, Wachtfeuer, Feuerwaffen, Raketen), die auch Feldhüter, Saltner [lat. Saltarius, Feldhüter] und Traubenschützen genannt wurden, sowie durch Einzäunungen bekannt. Auch heute ist die Weinberghut mit der Knallpistole bzw. der Schrotflinte die kostengünstigste Schadvogelabwehr.

Gegen Viruskrankheiten wird virusfreies Pflanzgut und gegen Fadenwürmer (Nematoden), auch als ihre Überträger, die Bodenentseuchung eingesetzt. Die Pilzkrankheiten ↑ Grauschimmel *(Botrytis cinerea)* und Schwarzfleckenkrankheit *(Phomopsis)* lassen sich nur mit Fungiziden sicher bekämpfen. Falscher Mehltau *(Peronospora)* und Echter Mehltau *(Oidium)* können auch mit Schwefelpräparaten und Roter Brenner *(Pseudopeziza tracheiphila)* mit Kupferpräparaten bekämpft werden.

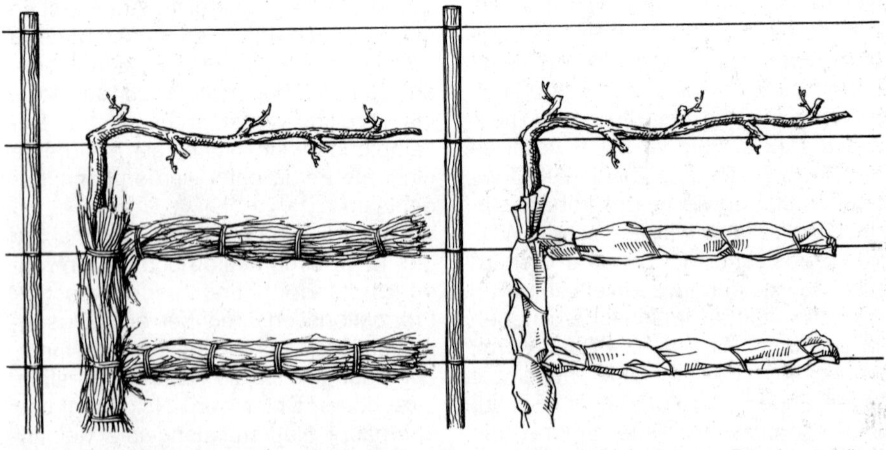

Rebschutz; durch Umwinden mit Stroh oder Papier wird der Rebstock vor Frost geschützt

Tierische Schädlinge (Fadenwürmer, Spinn-, Kräusel-, Pockenmilben, Schildläuse, Rebfallkäfer, Dickmaulrüßler, Rebstecher, Heu- und Sauerwurm, Traubenwickler, Springwurmwickler u. a.) werden durch Nematozide, Akarizide und Insektizide bekämpft, wobei neue Wirkstoffgruppen an die Stelle des zwar sehr wirksamen, aber stark umweltbelastenden DDT (Dichlordiphenyltrichlorethan) traten, das nach 1945 Kalkarsen abgelöst hatte.
Trotz bedeutender wissenschaftlicher und technischer Fortschritte im Weinbau der letzten 50 bis 60 Jahre sind eine Reihe von Schadbildern bisher nicht aufgeklärt, wie Stiellähme, verschiedene Chlorosen und Nekrosen, Rindenwarzen sowie Verschorfungen, viröse Rollkrankheit und Vergilbungskrankheit.
Zur Bekämpfung weiterer Schadensursachen, z. B. für die bakterielle Mauke und die Wespen (alle eingesetzten Präparate vernichten auch die Bienen), gibt es keine Mittel. Andere Maßnahmen des R., z. B. die Verwendung weitgehend chloroseresistenter Unterlagen, sind nicht ausreichend wirksam. Die Bekämpfung von Mykosen ist erschwert, da die zunehmende ↑ Technisierung die Rebstöcke stärker verletzt und bessere Angriffspunkte für die holzzerstörenden Pilze bietet. Die Vögel gewöhnen sich an akustisches Vertreiben, dem Abschuß von ↑ Hagelraketen fehlen die Effekte. Bei zahlreichen Milben hat sich eine Akarizidresistenz herausgebildet. Fungizide wirken nicht mehr gegen ausgebreitete Pilzkrankheiten, sie werden zunehmend durch spezifisch wirkende, aber teure Systemfungizide ersetzt, die Infektionen stoppen. Besonders die Schwarzfleckenkrankheit ist nicht ausreichend bekämpfbar. Außerdem können verschiedene Mittel mit der Applikationstechnik nicht an alle entsprechenden Stellen des Rebstocks gebracht werden. Ungünstige Witterungsbedingungen (Luftbewegung, Niederschläge u. a.) mindern den Einsatzeffekt. Viele Maßnahmen sind wirtschaftlich nicht tragbar, weil zu teuer. So unter anderem das Beseitigen von Immissionsherden, Blattspritzungen mit Eisenverbindungen gegen Chlorosen oder Meliorationen verdichteter Kalkböden bei Eisenmangel, das gleiche bei Blattspritzungen mit Zinkmengen oder ihr Einbringen in den Boden (1,5 t/ha notwendig). Netze gegen Vögel und Zäune gegen Wild sind gleichfalls zu teuer (Rebnetze kosten 1700 bis 4800 DM/ha). ↑ Tafel 28.
Manche Mittel können die Umwelt belasten, z. B. Herbizide, die nicht nur Unkraut vernichten, sondern auch das Weinlaub schädigen sowie durch die nicht beseitigten Tauwurzeln aufgenommen werden. Nematizide, Insektizide, Gifte gegen Vögel und Wildarten schaden auch anderen, nützlichen Lebewesen bzw. vernichten natürliche Feinde der Schaderreger. Zahlreiche Mittel, einschließlich der Düngemittel, sind nicht nur in Wasserschutz-(Trinkwasser-)einzugsgebieten gefährdend, sondern können auch Ökosysteme generell belasten. Deshalb sind die vorgeschriebenen Warte-(Karrenz-)zeiten zwischen der letzten Anwendung und der Lese sowie Toleranzwerte auf und im Lesegut einzuhalten.
In den meisten weinanbauenden Ländern sorgen Beratungs- und Warndienste für den rechtzeitigen und zweckmäßigen R. So werden die Schaderreger überwacht und erst wenn der Befall so stark ist, daß wirtschaftlich gewichtige Schäden entstehen (Schadschwellenwerte) bzw. wenn epidemische Massenvermehrungen von Schaderregern drohen oder vorliegen, werden unter Berücksichtigung des Witterungsverlaufs R.maßnahmen offiziell gefordert.

Zu diesem Zweck werden Fallen, z. B. Licht- oder Pheromon-(Sexualhormon)-fallen, gestellt, um die Befallskontrolle zu erleichtern. Die früher praktizierte totale Vernichtung der Schaderreger und auch der Unkräuter bzw. Wildkräuter wird heute nicht mehr angestrebt.

Generell sind alle R.maßnahmen auf ihre integrierte Anwendung bei vorrangiger Nutzung natürlicher Begrenzungsfaktoren gerichtet, denn die Wechselbeziehungen positiver und negativer Faktoren der Ökosysteme können für den Weinbau nicht ungestraft außer Kraft gesetzt werden. ↑ Tafel 18 und 19 (3)

Rebsorten. Die Unterscheidung der Reben nach ↑ Sortenmerkmalen ist außerordentlich schwierig und bisher nur für wenig R. wissenschaftlich exakt gelungen. Von schätzungsweise 8000 R. sollen 5000 für den Menschen nutzbar (gewesen) sein. Von etwa 1000 R., die für den Menschen von Bedeutung sein könnten, sind nur 130 näher beschrieben worden. 70 bis 80 R. bilden die eigentliche Grundlage für die heute kulturwürdigen Kelter-, Tafel-, Rosinen-, Most- und Kompott- sowie Pfropf-R. sowohl für den Freiland-, Treibhaus- als auch für den Spalierweinbau. Davon sind jedoch nur 30 bis 40 von wirklich wirtschaftlicher Bedeutung. Die vorwiegend angebauten Kelter-R. und ihre vielen Varianten lassen sich auf wenige Ausgangsarten zurückführen. Sie tragen in den verschiedenen Ländern und Anbaugebieten oft unterschiedliche Namen bzw. gleiche Namen werden für verschiedene R. verwendet. Außerdem variiert die Schreibweise der Namen stark.

Bei einer Reihe von R. lassen sich die Ausgangsarten nicht mehr feststellen. Seltene, nur noch wenig angebaute R. sind oft auf nicht nur eine Ausgangsart zurückzuführen. Die schon schwer überschaubare Vielfalt der Sorten und

Züchtungen der BRD

Landesanstalt für Rebenzüchtung Alzey, Rheinland-Pfalz:

Aurea	= Müller-Thurgau × Riesling
Faber	= Weißer Burgunder × Müller-Thurgau
Huxel	= Weißer Gutedel × Courtillier musqué
Kanzler	= Müller-Thurgau × Silvaner
Regner	= Luglienca bianca × Gamay früh
Scheurebe	= Silvaner × Riesling
Septimer	= Gewürztraminer × Müller-Thurgau
Siegerrebe	= Magdalene Angevine × Gewürztraminer
Würzer	= Gewürztraminer × Müller-Thurgau

Staatliches Weinbauinstitut Freiburg/ Breisgau:

Weißweinsorten

Freisamer	= Silvaner × Ruländer
Nobling	= Silvaner × Gutedel
Zähringer	= Traminer × Riesling

Rotweinsorten

Deckrot	= Ruländer × Färbertraube
Kolor	= Blauer Spätburgunder × Färbertraube

Bundesforschungsanstalt für Rebenzüchtung Geilweilerhof:

Weißweinsorten

Aris	= 716 Oberlin (Riparia × Gamay) × Riesling Klon 91
Bacchus	= (Silvaner × Riesling) × Müller-Thurgau
Comtessa	= Madeleine Angevine × Traminer
Forta	= Madeleine Angevine × Silvaner
Gloria	= Silvaner × Müller-Thurgau
Morio-Muskat	= Silvaner × Weißer Burgunder
Noblessa	= Madeleine Angevine × Silvaner
Optima	= (Silvaner × Riesling) × Müller-Thurgau

Rotweinsorten

Carmina	= Portugieser × Spätburgunder
Domina	= Portugieser × Spätburgunder

Institut für Rebenzüchtung und Rebenveredlung der Hessischen Lehr- und Forschungsanstalt für Wein-, Obst- und Gartenbau, Geisenheim:

Weißweinsorten

Ehrenfelser	= Riesling × Silvaner
Gutenborner	= Müller-Thurgau × Chasselas Napoleon
Multaner	= Riesling × Silvaner
Oraniensteiner	= Riesling × Silvaner
Osteiner	= Riesling × Silvaner
Rabaner	= Riesling Klon 88 Gm × Riesling Klon 64 Gm
Reichensteiner	= Müller-Thurgau × (Madeleine Angevine × Calabreser-Fröhlich)
Schönburger	= Spätburgunder × (Gutedel Rosa × Hamburg Muskat)

Rotweinsorten

Rotberger	= Trollinger × Riesling

Bayerische Landesanstalt für Wein-, Obst- und Gartenbau, Würzburg–Veitshöchheim, Institut für Rebenzüchtung:

Weißweinsorten

Albalonga	= Rieslaner × Silvaner
Cantaro	= Rieslaner × Müller-Thurgau
Fontanara	= Rieslaner × Müller-Thurgau
Grando	= (Riesling × Silvaner) × Müller-Thurgau
Mariensteiner	= Silvaner × Rieslaner
Montagna	= Rieslaner × Müller-Thurgau
Muscabona	= Siegerrebe × Müller-Thurgau
Ortega	= Müller-Thurgau × Siegerrebe
Osiris	= Riesling × Rieslaner
Perle	= Gewürztraminer × Müller-Thurgau
Rieslaner	= Silvaner × Riesling
Sisi	= Silvaner × Siegerrebe

Staatliche Lehr- und Versuchsanstalt für Wein- und Obstbau, Weinsberg:

Weißweinsorten

Kerner	= Trollinger × Riesling

Rotweinsorten

Dornfelder	= Helfensteiner × Heroldrebe
Helfensteiner	= Frühburgunder × Trollinger
Heroldrebe	= Portugieser × Limberger

---

ihrer Bezeichnungen wird noch verworrener durch die vielen Phantasienamen von Weinen, die R.bezeichnungen in unterschiedlichsten Varianten mitnutzen.

Gegenwärtig führt die ↑ Züchtung von Reben in fast allen weinanbauenden Ländern zu einer stark ansteigenden Zahl von Neuzüchtungen (Tab.). Neue R. genießen ↑ Sortenschutz und werden in ↑ Sortenlisten aufgenommen.

Den Weintrinker interessieren im Zusammenhang mit den R. vor allem die Gütemerkmale und Geschmackseigenschaften der aus ihnen gekelterten Weine. Güte und Geschmackseigenschaften des Weins aus einunddenselben R. sind aber nicht nur unterschiedlich nach Witterungsverlauf, Technologie der Weinbereitung und Lagerung, sondern besonders nach den Lagen, auf denen die R. wuchsen. So schmeckt z. B. ein ↑ 'Blauer Spätburgunder' in Burgund anders als ein in der Ukraine angebauter. Oft ist der charakteristische Geschmack des Weins einer aus dem Ursprungsanbaugebiet verpflanzten R. überhaupt nicht mehr wiederzuerkennen. Aus der gleichen R. auf immer gleiche Geschmackseigenschaften der Weine zu schließen, ist also ein Fehlurteil. So ergab der ↑ 'Weiße Riesling' vom Rhein, nach Madeira verpflanzt, einen süßen, schweren Likörwein nach der Art des Malaga. Die R. für ↑ Tokajerweine auf die Krim, nach

Italien und in den Elsaß verpflanzt, ergeben einen Wein, der nicht mehr an den ungarischen erinnert. Aus diesen Gründen sind nicht nur die Kenntnisse über die R., sondern vor allem die lagenbezogenen Eigenschaften der aus ihnen gekelterten Weine für den Weintrinker von Bedeutung. ↑ Tafel 1–4 (3)

Rebstock, *Rebe, Weinrebe, Weinstock:* zu den Weinrebengewächsen *(Vitaceae)* gehörender sommergrüner Kletterstrauch. Die Europäische Weinrebe *(Vitis vinifera)* umfaßt zwei Unterarten; die Wildrebe *(ssp. silvestris)* und die Kulturrebe *(ssp. sativa),* die sich neben anderen Merkmalen vor allem durch die Form ihrer Samen (bei der Wildrebe kugelig-herzförmig, bei der Kulturrebe länglich-geschnäbelt) unterscheiden.

Vom Stamm des R., der Baumstärke erreichen kann, gehen gewundene holzige Äste, die Reben aus. Sie können sich ohne Halt nicht aufrichten (↑ Erziehungsformen).

Der oberirdische Sproß entwickelt sich über dem Wurzelhals, wobei das über dreijährige Holz den Stamm und seine Verlängerungen ebenfalls als mehrjähriges Holz, die Schenkel bilden, auf denen das Trag- oder Ersatzholz als ↑ Zapfen, Strecker oder Bogrebe sitzt. Vom mehrjährigen Holz löst sich in bandförmigen Streifen die fasrige, graubraune Rinde (↑ Borke).

Der oberirdische Sproß als Stoffleitungs-, Stütz- und Speicherorgan ist in Zwischenknotenteile (Internodien) und Knoten (Nodien), die sich durch Verdikkungen auszeichnen, gegliedert, wobei die Knoten unten am Trieb dichter stehen als oben. An den Knoten sitzen die Blütenstände bzw. Trauben, die Laubblätter und Ranken. Die Triebspitzen der Sproßteile wachsen ohne Knospen zu bilden und sterben nach der Vegetationszeit ab. In den Stiel der Laubblätter münden fünf Hauptnerven (-adern) des Blattes, dessen Form und Farbe wichtige Sortenmerkmale sind.

Aus den Winterknospen des Vorjahres wachsen die Jahrestriebe, auch Fruchtruten, Lohden, Ruten, Sommerlotten, Sommertriebe oder Zuchtgerten genannt. Abwechselnd rechts und links sitzen die Blätter sowie etwa vom vierten Zwischenknotenstück an Ranken oder Gescheine jeweils den Blättern gegenüber. Nach zwei ranken- bzw. gescheintragenden Knoten folgt (außer bei der Fuchsrebe *Vitis labrusca*) ein rankenloser. Aus den zwei Knospen in den Achseln der Laubblätter entwickelt sich mit dem Jahrestrieb ein Geiz(trieb). Die zweite Knospe bleibt als ruhende Winterknospe (Adventivknospe) stehen, um im nächsten Jahr aus ihren in der Regel drei Sproßenanlagen (Hauptauge und Neben- oder Beiaugen) den Haupttrieb und die Beitriebe auszutreiben, wenn das Hauptauge verletzt wurde, wobei deren Fruchtbarkeit aber viel geringer ist. Im Hauptauge ruhen auch meist zwei zwittrige Blütenanlagen. Aus ihnen gehen – etwa vom dritten bis sechsten Blatt – insgesamt je Sommertrieb zwei bis drei Gescheine (Rispen) hervor. Vor der Vollblüte werden die grünen Blumenkronenblätter (Käppchen oder Mützchen) von jeder Blüte abgeworfen. Meist haben sich die Blüten schon vorher selbst bestäubt (amerikanische Reben sind allerdings eingeschlechtig). Die einzelne Weinbeere entwickelt sich danach aus dem Fruchtknoten. Das zucker-, säure- und mineralstoffhaltige saftige Fruchtfleisch mit den meist zwei steinharten Kernen (es gibt auch kernlose Rebsorten) wird von der Schale, dem Balg oder der Hülse, umhüllt, die ein wachsartiger Überzug, Reif oder irreführend Duft genannt, bedeckt. Die Einzelbeeren sitzen am Traubenstiel und seinen Verzweigungen, den Rappen oder Kämmen.

Die Wurzeln, die den R. verankern und

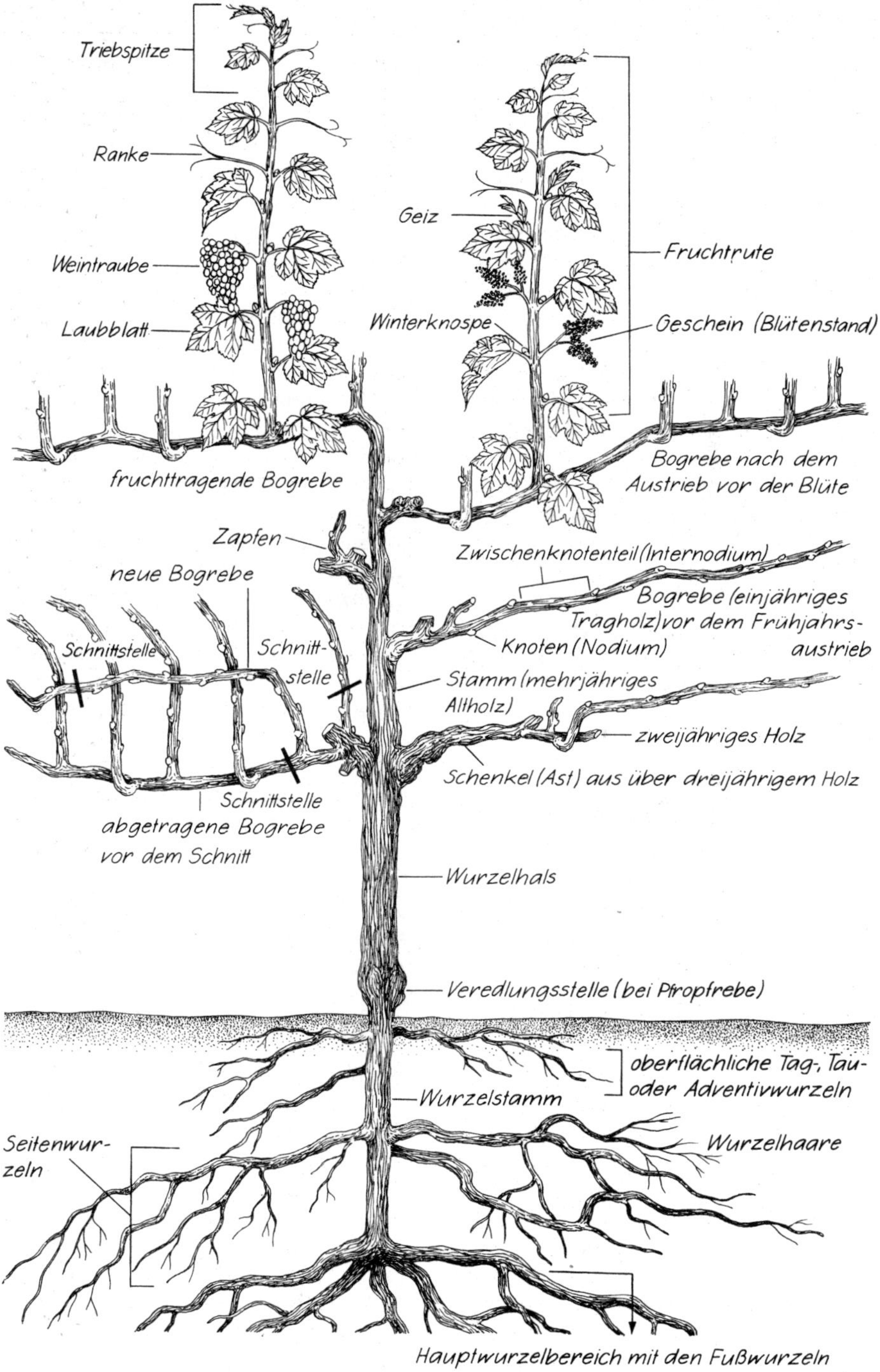

Morphologie des Rebstocks

die über 12 m Tiefe erreichen und über 50 m weit verlaufen können, versorgen den R. mit Wasser sowie Nährstoffen und dienen auch wie Sproß und Blätter als Reservestoffspeicher. Der Wurzelbereich besteht aus dem Wurzelholz und -stamm – Adventivwurzeln entstehen am Steckholz als Sproßteile bei der vegetativen Vermehrung – den oberflächlichen Tau- oder Tagwurzeln, die nur Wasser aufnehmen, den Seiten- und den Fußwurzeln, die mit den sich ständig erneuernden Haarwurzeln Wasser- und Nährstoffe aufnehmen (Abb.) (3)

Rebula ↑ 'Ribolla'

Rechtsvorschriften zum Wein ↑ Weingesetzgebung

recoltă [rum.]: Jahrgang

reduktiver Ausbau ↑ Ausbau

Refosco dal Peduncolo Rosso: blaue Kelterrebsorte, die besonders im italienischen Anbaugebiet Frioli-Venezia Giulia, aber auch in Jugoslawien angebaut wird. Sie wird für die Erzeugung bedeutender Rotweine genutzt. Die Weine sind intensiv rot, mit starkem Bukett, herb und trocken. (3)

Refosco von Triest: Wein, der vor Abschluß der Gärung auf Flaschen gefüllt wird. Er ist trüb infolge der im Wein verbliebenen Hefe und kann bei deren Zersetzung einen unangenehmen Geschmack annehmen. (3)

Refraktometer: Gerät zum Bestimmen der Konzentration flüssiger Medien durch Messung der Lichtbrechung. In der Weinindustrie werden mit dem R. Alkohol- und Extraktbestimmungen durchgeführt. Im Weinbau kann man mit dem Hand-R. (Abb.) das ↑ Mostgewicht reifender Trauben bestimmen. Die Messung erfordert wenig Aufwand, da nur wenige Tropfen Saft bzw. Most benötigt werden und die vorhandenen Feststoffe in der Lösung die Messung nicht verfälschen. Das Verfahren ist temperaturabhängig (Eichtemperatur

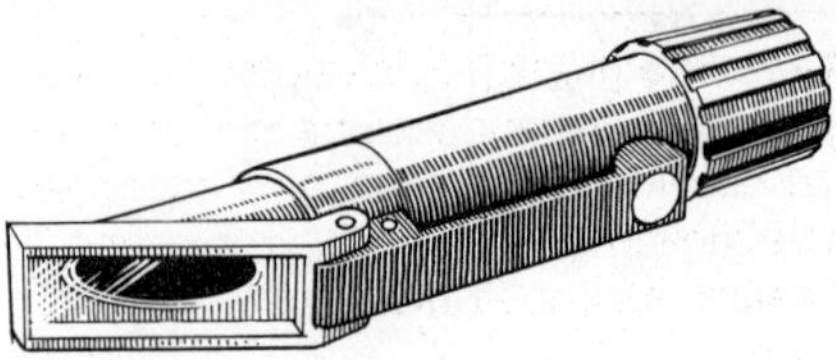

Taschenrefraktometer

20 °C), deshalb werden oft R. mit eingebautem Thermometer zur Korrektur des Meßergebnisses angeboten. (2)

região demarcada [port.]: kontrolliertes Herkunftsgebiet. Es entspricht etwa dem französischen ↑ AOC bzw. dem QbA. ↑ selo de garantia (3)

Reife ↑ Höhepunkt des Weins

Reifeprozeß: Phase nach dem Traubenwachstum, in der sich zunehmend Fruchtzucker, Farbstoffe, Bukettstoffe und Mineralstoffe bilden, während die Säuren entweder ab- oder umgebaut werden. Im Verlauf des R. wird die Beere zunehmend weicher, Beeren von Weißweinsorten werden gelbgrün bis gelb und glasig, während gefärbte Traubensorten die typischen roten und blauen Farbstoffe in der Beerenhaut einlagern. Die exakte Messung der Beerenreife ist für die Erzeugung von Qualitätsweinen sehr wichtig. ↑ Reife (2)

Reifezeitpunkt der Trauben ↑ Lese

reiner Satz: Anbau nur einer Rebsorte auf einem Weinberg, ihre reine Lese und Kelter. R. S. ermöglicht rationelle Produktionsverfahren durch Vereinheitlichung der Arbeitsverfahren und ist Voraussetzung für das Gewinnen sortenreiner Spitzenweine. ↑ gemischter Satz (3)

Reiswein, *Hoan Tsje'u, Sake:* in China und Japan alkoholisches, weinähnliches Getränk aus vergorenem Reis. Der Alkoholgehalt schwankt zwischen 15 und 20 Vol.-%. R. wird aus kleinen Porzellanschälchen meist warm getrunken und schmeckt mild und nußartig. (3)

Remuage [franz.]: Phase der Technologie der Schwaumweinherstellung, bei der die Flaschen etwa über zwei Monate täglich einmal gerüttelt werden. (3)
Resch: säurebetonter Wein in Österreich. (3)
rerserva [span., port.]: Bezeichnung für Weine, die durch mindestens zwei (Weiß- und Roséweine) bzw. drei Jahre Reife (Rotweine) bessere Qualität erreicht haben. (3)
Restzucker, *Restsüße:* im Wein enthaltener unvergorener Zucker. Unterschiedliche R.gehalte des Weins geben ihm im Zusammenhang mit dem Säuregehalt (↑ sauer) die ↑ Süße. R. verbleibt im Wein durch
– Moste mit hohen Zuckergehalten, etwa ab 110 °Oe, die nicht vollvergoren werden können (natürliche Restsüße);
– ↑ Gärungsunterbrechung durch Stoppen mit hochprozentigem Alkohol (↑ Aufspriten), durch Druck, Kälte und Abfiltrieren von den Hefen;
– Zusatz von Kristallzucker (↑ Aufzukkern), unvergorenen oder angegorenen süßen Trauben- oder ↑ Dicksaft als ↑ Süßreserve und durch
– ↑ Verschnitt mit restsüßen Weinen.
In den einzelnen Ländern, Weinbaugebieten und auch nach dem jährlichen Witterungsverlauf sind die Vorgehensweisen unterschiedlich rechtlich geregelt, da dieses ↑ Verbessern der Weine nicht nur ihre Besonderheiten verwischt, sondern auch betrügerischem ↑ Panschen Vorschub leisten kann. (3)
Retsina, *Harzwein, Resinatwein* [griech.]: griechischer trockener Tafelweintyp, dem vor bzw. während der Gärung maximal 1 kg Harz der Seestrandkiefer *(Pinus haepensis)* je Hektoliter zugesetzt wurde *(Rezinieren),* um die Oxidation zu behindern. R. wird vorwiegend in den Anbaugebieten Attika, Viotia (Böotien) und Chalkis aus der weißen Rebsorte 'Savatiano' und der Rosésorte ↑ 'Roditis' hergestellt und ist schon seit der Antike bekannt. Er wird kühl in der Art eines Aperitifs getrunken. Der Terpentingeschmack macht den R. für den Ungewohnten zunächst nicht zum Genuß. (3)
Rezinieren ↑ Retsina
Rheinriesling ↑ 'Weißer Riesling'
Ribolla [ital.], *Rebula* [jugosl.], *Robola* [griech.]: aus sehr alter Zeit stammende römische Rebsorte, die als weiße ('R. gialla') mit der römischen 'Evola' identisch sein soll und als rote ('R. nera') in verschiedenen Abarten auch in Jugoslawien und Griechenland angebaut wird. Weine aus der R.-Rebe werden meist jung getrunken und sind fruchtig und frisch sowie nervig und delikat. (3)
Ried: Bezeichnung für ↑ Lage in Österreich. (3)
Rieseln ↑ Verrieseln
Rieseltrauben: Weintrauben mit großen, befruchteten und kleinen, erbsengroßen unbefruchteten Beeren (Abb.). R. sind z. B. typisch für ↑ 'Magdalene Angevine'. (6)

Rieseltrauben

Riesenfässer: besonders große Holzfässer mit einem Fassungsvermögen bis über 100000 l. Einige der R. wurden im 14. bis 18. Jh. von den Feudalherren dazu genutzt, die Weinzehnten der

ihnen hörigen Winzer aufzunehmen. Viele wurden jedoch überhaupt nicht gefüllt und sind heute meist zerfallen.
Fast 400 Jahre alt ist ein Riesenfaß, das 132760 l Fassungsvermögen hat und im Keller der Ausflugsgaststätte Jagdschlößchen in den Spiegelbergen bei Halberstadt steht. Der Böttcher Michael Werner aus Landau baute dieses Faß, das nie gefüllt worden ist, für den Bischof H. Julius. Auch im Schloßkeller der Weinstadt Mikulov in der ČSSR steht ein 101000-l-Faß. Am bekanntesten ist wohl das Heidelberger Riesenfaß mit seinen 221726 l. Es wurde erstmalig 1752 und dann bis 1769 nur noch dreimal gefüllt, ist aber heute noch zu sehen. 1591 und 1664 gab es schon zwei nicht ganz so große pfälzische Vorbilder, wobei in einem Trompeter und Trommler gespielt haben sollen, während oben die Herren tafelten. Noch größer war das sächsische Riesenfaß vom Königsstein mit seinen 249800 l, das August der Starke in den 20er Jahren des 18. Jh. erbauen ließ und das 1819 zerlegt wurde (Abb.).
Um die Wende zu unserem Jahrhundert ließen besonders Sektkellereien R. bauen. So wurde auch für die Sektkellerei Kupferberg Gold ein 100000-l-Faß gebaut, das tatsächlich genutzt wurde, wie auch das 120000-l-Faß der Freyburger Rotkäppchen Sektkellerei mit seinem künstlerisch wertvollen Faßboden. Es kann heute noch im volkseigenen Betrieb besichtigt werden und soll 1896 aus dem Holz von 30 Eichen gebaut worden sein; es faßt den Inhalt von 160000 Flaschen.
Das heute größte noch im Gebrauch befindliche Holzfaß Europas mit 102200 l Fassungsvermögen steht in den Kalksteinkellern von ↑ Hungarovin in Budapest. Es wurde in den 70er Jahren gebaut. Der Faßboden ist kunstvoll

Riesenfaß auf der Bergfestung Königstein (Kupferstich von L. Zuechi (1704–1799) nach M. D. Pöppelmann (1662–1736); Kupferstichkabinett Dresden

mit einem Schnitzwerk zu Motiven der Weinlese und -kelter geschmückt.
Ein übermannsgroßes Faß im Leipziger ↑ Auerbachs Keller wurde 1986 wieder hergerichtet und dient dem Weinausschank. ↑ Tafel 11 und 29 (3)

Rieslaner, *Mainriesling:* Keltertraubenzüchtung der Bayerischen Landesanstalt, Institut für Rebenzüchtung, in Veitshöchheim aus der Kreuzung 'Silvaner' × 'Riesling'. Die Trauben sind klein bis mittelgroß, geschultert, dichtbeerig, die Beeren rund, gelbgrün, ohne Bukett. Die Reife liegt spät, mit und nach 'Riesling'. Der Rebstock wächst kräftig, Holzreife und Winterfrostfestigkeit sind gut. R. ist jedoch anfällig für Echten Mehltau und für ↑ Verrieseln. Um gehaltvolle, neutrale, rassige Weine zu erzielen, sind Mostgewichte über 90 °Oe nötig. Nachteilig ist der niedrige, etwas unsichere Ertrag. R. soll Rieslingersatz für den fränkischen Weinbau sein. (6)

Riesling ↑ 'Weißer Riesling'

Riesling × Silvaner ↑ 'Müller-Thurgau'

Rieslingsekt: Schaumwein, dessen Grundwein ausschließlich oder vorwiegend Weißer Riesling ist. Sortenreine ↑ Schaumweine haben an Bedeutung gewonnen. (3)

Riesreben ↑ Prangerstöcke

Rigovernoverfahren: spezielle Weinbereitung in Italien, besonders für die ↑ Chianti der Toscana. Wie bei dem ↑ Governoverfahren wird im März/April eine wiederholte dritte schwache Gärung eingeleitet. (3)

Rioja: 1. wichtigstes spanisches Weinanbaugebiet am Rio Oja, einem Nebenfluß des Ebro, mit etwa 40000 ha, wobei im Bereich R. Baja die weniger guten Weine aus der blauen 'Garnacha'-Rebe (↑ 'Grenache') erzeugt werden.
2. Sammelbegriff für die feinen und in der ganzen Welt geschützten Rotweine aus dem R.weinbaugebiet. Es werden aber auch R.rosés (maximal 42 hl/ha) und Weißweine (maximal 63 hl/ha) erzeugt. Weißweine haben einen Alkoholgehalt von 11–12 Vol.-%, die Rotweine von 12–13 Vol.-%. Die Weißweine sind meist trocken und können über 10 Jahre altern. Der rote R. ist in der Regel ein ↑ Verschnitt aus den Rebsorten ↑ 'Tempranillo', 'Garnacha', 'Graciano' und 'Mazuela', wobei bessere Verschnitte mehr 'Tempranillo' enthalten. Der Charakter der R. reicht von schlanken, feinen, eleganten bis zu vollmundigeren, körper- und alkoholreicheren Weinen. Im Durchschnitt werden die Weine, obwohl sie schon jung getrunken werden können, erst mit drei bis sechs Jahren trinkreif und ihr Reifehöhepunkt liegt zwischen sechs und zwölf Jahren. Spitzenweine, in jedem Fall als reserva und grand reserva deklariert, können bis 20 und mehr Jahre reifen. (3)

Ripassoweine: in Italien um Verona (Valpolicella) schon lange und jetzt wieder intensiver betriebene Methode, um leichten und helleren Rotweinen mehr Farbe, Trockenextrakt, Glycerol und Alkohol zu geben. Dazu machen die ausgegorenen Weine im Frühjahr nach der Lese eine zweite Gärung durch. Sie werden in Fässer umgefüllt, in denen vorher ein Wein *(Amarone)* aus den gleichen Rebsorten gärte, der aber als ↑ Strohwein mit an der Luft rosinenartig getrockneten Trauben gewonnen und ohne Pressung einfach, aber schon mit etwa 14 Vol.-% Alkohol abgestochen wurde. Die mit mehr oder weniger Flüssigkeit aber noch mit Farbe, Gerbstoff, Zucker und aktiver Gärhefe im Faß verbliebenen Schalen geben den sonst helleren leichten Weinen nun bei ihrer zweiten Gärung mehr Farbe und Extrakt. Den vorher abgestochenen Amarone läßt man ausnahmsweise bis zu Alkoholgehalten von 15–16 Vol.-% weitergären. Oft wird sein Restzucker, wahrscheinlich durch besondere Hefestämme bedingt, restlos vergoren. (3)

riserva [ital.]: Bezeichnung für Weine, deren Lagerzeit gesetzlich festgelegt ist und die erst danach zum Verkauf gelangen. Die Lagerzeit ist länger (zwei bis vier Jahre) als für Weine mit der Bezeichnung ↑ vecchio. R. bedeutet immer eine höhere Qualität als bei normaler Abfüllung; *r. speziale* ist bei einigen Weinen eine über r. liegende Qualitätsstufe. (3)

Rivaner ↑ 'Müller-Thurgau'

Rizling rỳnský ↑ 'Weißer Riesling'

Rkaziteli: alte georgische Weißweinkeltertraube. Sie ist die in der UdSSR am häufigsten angebaute Sorte und in allen Unionsrepubliken mit Weinbau zu finden, aber auch in Bulgarien, Jugoslawien und gelegentlich in Kalifornien. Die Trauben sind mittelgroß, zylindrisch-konisch und zylindrisch, oft mit langer Schulter, mitteldicht, die Beeren mittelgroß, rund und oval, goldgelb mit bronzenen Flecken auf der Sonnenseite, mitunter leicht rosa gefärbt. Die Beerenhaut ist dünn, fest, das Fruchtfleisch saftig mit angenehmem, sortentypischem Geschmack. Der Rebstock wächst stark, ist ziemlich frosthart, wenig widerstandsfähig gegen Dürre, besitzt mittlere Beständigkeit gegen Falschen Mehltau und wird leicht von Echtem Mehltau befallen. R. zählt in der UdSSR zur mittleren Reifegruppe. Der Ertrag ist hoch, aber nicht regelmäßig (95 dt/ha). Das mittlere Mostgewicht beträgt 77 °Oe, der mittlere Säuregehalt 8 g/l. Aus R. werden frische, kräftige Tischweine mit sortentypischem Bukett, halbsüße und Brennweine sowie Traubensäfte hergestellt. R. wird auch als Tafeltraube verwendet. (5)

Robe: Farbe und überhaupt Aussehen des Rotweins. (3)

Robola ↑ 'Ribolla'

Roditis: führende weiße Kelterrebsorte Griechenlands, die besonders in Patras, Thessalien und Makedonien angebaut wird. R. kann Spitzenweine ergeben und wird auch für ↑ Retsina genutzt. Der Patras, ein trockener Weißwein aus der R.-Rebe, ist aber meist nur ein Tafelwein. (3)

Rohfäule ↑ Grauschimmel

Römer: bauchige ↑ Gläser mit nach unten verbreitertem Fuß, in denen gerne Schoppenweine ausgeschenkt werden, die aber bei farbiger Gestaltung keine einwandfreie Beurteilung der Weine zulassen. (3)

rosado [span., port.]: Bezeichnung für Roséweine, kräftige, mundige, geschmacksneutrale Tafelweine, die teilweise in bocksbeutelähnlichen Flaschen abgefüllt werden und fast zu jedem Essen passen. (3)

Rosé, *Kokkineli* [griech.]: Roséwein

Rosésekt: aus ↑ Roséwein oder einem ↑ Verschnitt aus roten und weißen Grundweinen hergestellter hellroter Sekt. (7)

Roséwein: fruchtige, frische Weine, die durch alkoholische Gärung aus dem Saft (Most) frischer und für die Weinbereitung geeigneter blauer Weintrauben hell gekeltert werden. Dabei wird entweder nur ein Teil der blauen Trauben auf den Schalen vergoren und von den anderen der abgedrückte Saft verwendet oder die gesamte Traubenmenge gärt nur kurze Zeit mit der Maische, bevor alle Farbstoffe, das Tannin und die Gerbsäure aus den roten Schalen gezogen werden. Diese Technologie der Weinherstellung ist kontinuierlicher, als die bei Rotwein. R. sind nur lichtrötlich schimmernde Weine, die meist als ↑ Tafelweine angeboten und in der Regel jung getrunken werden. In Frankreich sind etwa 8% der gesamten Weinproduktion R. Tavel ist der berühmteste französische R. (trocken, frisch, elegant mit leichtem Pfeffergeschmack). Aber auch der Lirac und der Rosé d'Anjou (ein lieblicher Wein mit mindestens 10 g Restsüße/l) gehören zu den besten R. ↑ rosado (3)

Rosinen: getrocknete Weinbeeren aus weißen Sorten mit Kern und hohem Zuckergehalt. Sie sollen schon vor 3000 Jahren Indianern Nordamerikas als Winternahrung gedient haben. R. werden durch Einknicken der Traubenstiele am Stock oder nach der Vollreife, auch nach Eintauchen in siedendes Wasser oder bestimmte Lösungen mit Pottasche und Olivenöl, getrocknet. ↑ Korinthen, ↑ Sultaninen (3)

Rosinenwein: aus mit Wasser und auch Wein eingeweichten Rosinen sowie durch Vergären der abgepreßten Flüssigkeit, der vorher Reinzuchthefen zugesetzt wurden, gewonnener Wein. In der DDR gewerblich verboten, in Bulgarien u.a. Ländern aber erlaubt. (3)

rosu [rum.]: rot

Roter Zierfandler, *Cirfandl, Spätrot:* in Österreich, Ungarn und Jugoslawien angebaute Keltertraube. Die großen walzenförmigen, dichtbeerigen Trauben mit den unterschiedlich großen Beeren mit rötlicher, dünner Schale reifen spät. Der Ertrag ist hoch. Hoch sind auch die Lageansprüche. Das Mostgewicht kann 90–100 °Oe, der Säuregehalt 6–7 g/l betragen. Die extraktreichen, feurigen Weißweine werden mit 'Riesling' oder 'Rotgipfler' zu den würzigen, edlen Gumpoldskirchener Weinen verschnitten. (6)

Rotgipfler: eine in Österreich angebaute Keltertraube mit kleinen, dichtbeerigen Trauben und rundlich ovalen, gelbgrünen, dickschaligen, spätreifenden Beeren. Erträge und Holzreife sind gut. Die durchschnittlichen Mostgewichte liegen bei 80–90 °Oe, der Säuregehalt bei 8–9 g/l. Die gut lagerfähigen Weine gehören mit ↑ 'Roter Zierfandler' in guten Jahrgängen zu den berühmten Gumpoldskirchener fruchtigen, rassigen Spitzenweinen Österreichs. (6)

Rotling: Getränk, das durch alkoholische Gärung von Most aus der gemischten ↑ Maische weißer und blauer, für die Weinbereitung geeigneter frischer Weintrauben hell gekeltert wird. R. wird ohne ↑ Vergärung (anders beim Rotwein) aus der gemischten Maische gekeltert, während der ↑ Roséwein nur aus blauen Rotweintrauben hell gekeltert wird. R. sind deshalb nur blaßrosa und kommen dem Geschmack von ↑ Weißweinen nahe. R. wird in Württemberg auch *Schillerwein* und in Baden *Badisch Rotgold* (Maische von Ruländer und Spätburgunder) genannt, wenn es sich um Qualitätsweine bzw. Qualitätsweine mit Prädikat handelt. (3)

Rotwein: Getränk, das durch alkoholische Gärung aus dem Saft (Most) frischer und für die Weinbereitung geeigneter blauer Kelterrebsorten gewonnen wird. Die rote Farbe stammt nicht aus dem Fruchtfleisch, sondern aus der Beerenschale. Im frischen Most löst sie sich nur in verschwindend geringen Mengen, dafür aber bei Wärme und Alkohol. Deshalb läßt man im Gegensatz zu ↑ Weißwein, ↑ Weißherbst und ↑ Roséwein die Maische blauer Rebsorten einige Tage in Gärkufen bzw. modernen Gärbehältern stehen und vorgären. Während dieser Zeit löst der Alkohol, unterstützt durch die entstehende Wärme, die roten Farbstoffe aus den Schalen und erst danach wird der vorgegorene Most gekeltert. Durch Erwärmen der Maische auf 50–80 °C und durch Enzyme kann der rote Farbstoff rascher herausgelöst werden, was aber die Güte des R. mindert.
Mit der langen ↑ Maischegärung werden auch erhebliche Anteile des Tannins gelöst und der R. erhält dadurch den herben adstringierenden Geschmack. R. enthalten weniger Säure als Weißweine, was ihre Stabilisierung erschwert. R. aus nördlichen Anbaugebieten fehlt oft die Farbintensität, deshalb ist der Verschnitt mit ↑ Deckwein gestattet. Alkohol-, Restzucker- und

Säuregehalt, auch in ihrem Zusammenspiel, weisen eine große Palette aus. Viele traditionell hervorragende R. sind Verschnitte aus verschiedenen blauen Kelterrebsorten. In der DDR werden vor allem Blauer Portugieser sowie Blauer Spätburgunder in sehr geringen Mengen und meist in guter Qualität produziert. (3)

Rot-Weiß Weine ↑ 'Blauer Spätburgunder'

Rot-Weißer Veltliner: eine starkwüchsige, spätreifende Keltertraube, deren Anbau auch in Österreich, wo sie stärker verbreitet war, rückläufig ist. Der Wein ist ein einfacher weißer Tafel- und Konsumwein mit leichtem Bukett. (6)

rouge [franz.]: rot

Rovinex [rum.]: abkürzende Bezeichnung für **Ro**mania **Vinex**port, das staatliche Außenhandelsunternehmen für Weine mit Sitz in Bukarest. (3)

roz [rum.]: rosé

Rückenetikett: dem Hauptetikett gegenüberliegender Aufkleber, oft mit Angaben zur Geschichte des Weins, der Weingutbesitzer und zur Verwendung des Weins (Trinktemperatur, zu empfehlende Speisen). (3)

Ruländer, *Auvergnas Gris, Grauer Burgunder, Grauer Mönch, Malvoisie, Pinot Gris, Szürkebarát, Tokay d' Alsace:* alte Keltertraube, wahrscheinlich eine Mutation von 'Blauer Spätburgunder'. Um 1711 wurde sie durch den Kaufmann Ruland aus Speyer in den deutschen Anbau eingeführt. Die Lese, um Mitte Oktober, sollte erst bei mindestens 80 °Oe erfolgen. Die Trauben sind mittelgroß, walzenförmig, dichtbeerig, die Beeren mittelgroß, oval, dünnschalig, graurötlich, schwach würzig. Der beachtlich frostwiderstandsfähige Rebstock wächst jung mittelstark, im Alter schwächer. Er ist nur für gute, bessere Lagen, für tiefgründige, nährstoffreiche, kräftige Böden, für Weitraum-, Hoch- und auch Kordonerziehung geeignet. R. ist wenig empfindlich gegen Krankheiten. Geringe Erträge machten einst den Anbau rückläufig. Durch neue Klonauslesen wurden beachtliche Erträge (80–120 hl/ha) und Mostgewichte von 80–90 °Oe und 8–9 g/l Säuregehalt erzielt. Neben Traminer und Riesling gehören R.weine zu den edelsten, gehaltvollsten, körper- und alkoholreichsten, vollmundigen, milden und feinaromatischen Weinen. Normallesen sind wegen des geringen Säuregehaltes nicht lange lagerfähig. ↑ Tafel 1 (6)

Rumänien. Nach archäologischen und paläontologischen Forschungen wurden auf rumänischem Gebiet schon vor 6000 Jahren Weinreben angebaut. Herodot (484–425 v. u. Z.) erwähnt in seinen Aufzeichnungen berühmte Weinberge östlich der Donaumündung, von denen hervorragende Weine stammen. Der Dakerkönig Burebista (100 v. u. Z.) veranlaßte die Zerstörung der Weinberge, um den Einfällen der Wandervölker Einhalt zu gebieten. Aber schon 106 u. Z., nach der rumänischen Eroberung, wurden in der neuen, Dacia Felix genannten römischen Provinz Münzen geprägt, auf denen neben Getreideähren auch Weintrauben dargestellt waren, ein Sinnbild der wichtigsten Reichtümer dieses Gebietes.

Die Weinreben finden auf den sanften Hügeln der Vorkarpaten, auf der transsilvanischen Hochebene und in der Dobrogea äußerst günstige Boden- und Klimabedingungen, die denen der berühmten Weinbaugebiete Mittel- und Westeuropas sehr ähnlich sind. Dabei wird auch heute noch nach herkömmlichen Methoden Weinbau betrieben, was vor allem für die Verwendung einheimischer Sorten gilt.

Seit der Zeit des sozialistischen Aufbaus wurden mit Erfolg große, moderne Kellereibetriebe mit fortschrittlichen Technologien errichtet und parallel dazu in allen Weinbaugebieten wissen-

Weinanbau in Rumänien (1985)

Rebfläche [1000 ha]	301 (27% der LN)
Traubenproduktion [1000 dt]	14234
davon Tafeltrauben	1756
Weinproduktion [1000 hl]	8700
Weinexport [1000 hl]	132
Tafeltraubenexport [1000 dt]	512
Pro-Kopf-Verbrauch [l]	28

schaftliche Weinbauforschungsinstitute aufgebaut (Tab.).
Rumänien ist heute in vier Weinbauregionen eingeteilt:
– *Südliche Vorkarpaten.* In Muntenia (Große Walachei) ist vor allem das Weinbaugebiet Dealu Mare (etwa 25000 ha) hervorzuheben, wachsen doch in den an Eisenoxiden reichen Böden besonders gut die Sorten ↑ 'Cabernet Sauvignon', ↑ 'Pinot Noir' und ↑ 'Merlot', die die berühmten Rotweine von Valea Calugareasca, Tohani und Urlate hervorbringen.
Um Pietroasele werden vor allem die einheimischen Weißweinsorten 'Tamiioasa Romaneasca' (Bukettsorte) und 'Grasa' angebaut. Aus beiden Sorten werden hochwertige natürliche Dessertweine bereitet.
Im Weinbaugebiet Arges befindet sich das Weinbauforschungsinstitut in Valea Mare und in Stefanesti einer der modernsten Kellereibetriebe. Es werden vornehmlich Weine aus den Sorten 'Feteasca Regala' (Prinzessinentraube), ↑ 'Sauvignon Blanc', 'Welschriesling', ↑ 'Muskat Ottonel' und 'Tamiioasa Romaneasca' als leichte, trockene, harmonische und bei den letzten beiden Sorten auch feinwürzige Weine bereitet.
In Oltenia (kleine Walachei) werden im Weinbaugebiet Dragasani (etwa 10000 ha) frische, leichte, ausgeglichene Weißweine der Sorten 'Gordanul', 'Crimposia' und 'Bragina' als Verschnittwein (regionale Spezialität) angeboten.
Ebenfalls findet man hier internationale Sorten wie 'Weißer Riesling' und besonders 'Sauvignon', der hier ausgezeichnete Qualitäten bringen soll. Rotweine der Sorte 'Cabernet Sauvignon' aus der Gegend von Simburesti sind schon 1867 zur Pariser Weltausstellung mit Goldmedaillen ausgezeichnet worden und haben sich diesen Ruf bis heute erhalten. Das bezaubernde Olttal bietet neben den guten Weinen auch viele touristische Sehenswürdigkeiten.
Beginnend am Eisernen Tor, wo die Donau aus dem Gebirge heraustritt, wachsen auf den sanften Hängen der Donauterrassen im Weinbaugebiet Drobeta-Turnu, Severin und Segarcea seit altesher bekannte Rotweine der Sorten 'Pinot Noir', 'Cabernet Sauvignon', 'Merlot' und 'Feteasca Neagra'.
– *Östliche Vorkarpaten.* Im Süden der Moldau erstrecken sich auf über 30000 ha viele Weinbaugebiete, deren Namen auch international Klang haben.
Im Weinbaugebiet Odobesti-Panciu-Nicoresti wird neben 'Feteasca Alba' (↑ 'Mädchentraube'), 'Feteasca Regala', 'Fríncusa' u. a. vor allem die Sorte 'Galbenà de Odobesti' (regionale Spezialität) angebaut. Wertvolle Sorten des weltweiten Sortiments wie 'Traminer', 'Sauvignon', 'Weißer Riesling', ↑ 'Ruländer', ↑ 'Weißburgunder', ↑ 'Chardonnay', ↑ 'Silvaner' und 'Welschriesling' vervollständigen den Anbau. Die Mehrzahl der Weine stellen vornehmlich trockene, spritzige Tafelweine dar, die nicht zu alkoholhaltig und von willkommener Ausgeglichenheit sind. Hier werden auch im großen Umfang Tafeltrauben ('Chasselas Dorè') angebaut.
Eine bekannte Weinstadt ist Focsani, in der viele Weinkellereien sowohl für den Inlandbedarf als den Export abfüllen und lagern. Um Nicoresti werden Reben der einheimischen roten Sorten

'Babeasca Neagra', 'Feteasca Neagra' gekeltert, die keinen Vergleich mit den international bekannten Sorten zu fürchten brauchen. In den Weinbaugebieten Tecuci-galati und Dealurile Moldovei wachsen zum großen Teil einheimische Rebsorten, aus denen sowohl leichte, spritzige Weißweine als auch hochwertige Qualitätsweine gekeltert werden. Das berühmteste und wertvollste Weinbaugebiet R. ist gleichzeitig sein nördlichstes – ↑ Cotnari. Hier treffen die natürlichen Bedingungen für den Weinbau auf äußerst günstige Weise zusammen.

Die Zusammensetzung der Weine ist seit dem Mittelalter gleich geblieben. Es werden die einheimischen Sorten 'Grasa' und 'Feteasca Alba' ('Mädchentraube'), 'Tamiioasa Romaneasca' (↑ 'Gelber Muskateller') und 'Frincusa' zu bestimmten Anteilen verschnitten. Cotnari ist eines der wenigen Weinbaugebiete, in dem die ↑ Edelfäule *(Botrytis cinerea)* bevorzugt auftritt und die befallenen Trauben ausgelesen werden. Der daraus erzeugte süße Naturdessertwein Cotnari ist edel, extraktiv und jahrelang lagerbar. Schon vor über 100 Jahren errang der Cotnari zahlreiche Diplome und Goldmedaillen auf internationalen Ausstellungen.

– *Transsilvanien.* Die transsilvanische Hochebene wird von den Karpaten eingeschlossen und der Weinbau findet auf den Südhängen der zahlreichen Hügel ideale Verhältnisse vor. Hier wachsen in langanhaltenden Herbsten extraktive, bukettbetonte Weine, die sich durch ihre frische Säure auszeichnen. Sie unterscheidet die transsilvanischen Weine von allen anderen rumänischen Weinen.

Bekannte Weine kommen aus dem Gebiet Tirnave (Kokeltal), wo zwischen den Flüssen Tirnava Mica und Tirnava Mare besonders 'Feteasca Regala', 'Feteasca Alba', 'Welschriesling', 'Ruländer', 'Sauvignon', 'Traminer' und 'Muskat Ottonel' gedeihen. Die gute Qualität dieser mehrfach mit Goldmedaillen ausgezeichneten Weine wird durch eine gestaffelte Lese erreicht. Hier gibt es zwei Betriebe, die Flaschengärsekte erzeugen; in Blaj befindet sich das Rebforschungszentrum. Die im Weinbaugebiet Alba Iulia – Aiud erzeugten Weine sollen die besten ganz Transsilvaniens sein. Bedeutende Zentren sind Ighiu, Telna, Sard und Galda de Sus. In Nordtranssilvanien befindet sich das Weinbaugebiet Bistrita-Nasaud, in dem neben den vorgenannten Rebsorten auch noch der ↑ 'Gelbe Furmint' angebaut wird.

In den Weinbaugebieten des Banats (um Arad und Timisoara) werden gute Rotweine erzeugt. Herausragend ist das Gebiet Minis, wo berühmte Rotweine der Sorten 'Kadarka' und 'Cabernet Sauvignon' entstehen. Weinbau wird hier auf ideal geeigneten, vulkansteinhaltigen Terrassen betrieben.

Bei Teremia wird Wein auf befestigtem Sandboden und nach klassischen Methoden (Einzelstockerziehung) angebaut. Durch den Boden bestimmt, resultieren leichte, neutrale Weine der Sorten 'Majarca', 'Grasa' und 'Welschriesling'.

In der Nähe von Timisoara befinden sich Weinbaugebiete mit ausgeprägten Lokalklimaten, so daß die Rebpflanzungen den Charakter von eingestreuten Inseln haben. Recas zeichnet sich durch extraktive und edle Rotweine der Sorten 'Cabernet Sauvignon' und 'Pinot Noir' ('Blauer Spätburgunder') aus, die ebenfalls in Tirol-Banat und Moldava Noua erzeugt werden.

– *Weinbaugebiete der Dobrogea.* Sie erfreuen sich besonders günstiger geografischer und klimatischer Bedingungen für den Weinbau, die durch die Nähe des Schwarzen Meeres maßgeblich beeinflußt werden. Der Weinbau hat

in seiner mehrtausendjährigen Geschichte in der Dobrogea neben mehreren Höhenflügen auch Tiefstände überwinden müssen, ehe er seit der sozialistischen Umgestaltung wieder zu neuer Blüte gelangte.
20 km westlich von Constanta liegt das berühmte Weinbaugebiet Murfatlar, wo vorwiegend halbtrockene bis süße Naturdessertweine aus den Sorten 'Ruländer', 'Chardonnay', 'Welschriesling', 'Feteasca Regala', 'Muskat Ottonel' und 'Tamiioasa Romaneasca' erzeugt werden. Diese Weine stehen denen von Cotnari nicht nach und haben bis in die heutige Zeit schon höchste Auszeichnungen bei internationalen Messen errungen. Rotweine vorzüglicher Qualität werden von den Sorten 'Cabernet Sauvignon', 'Pinot Noir' und 'Babeasca Neagra' erzeugt. Neben dem Anbau von Keltertrauben befinden sich hier große Anbauflächen für Tafeltrauben und Trauben zur Rosinenherstellung. Bekannte Weinorte sind neben Murfatlar, Medgidia, Valul lui Traian, Cocosu auch die Orte Sarica, Niculitel und Babadag in der nördlichen Dobrogea, die für hochwertige Weiß- und Rotweine bekannt sind.
Die Rekonstruktion großer Weinbauflächen, die Einführung neuer ertragssicherer Qualitätsrebsorten, die Bildung großer, moderner Keltereien und nicht zuletzt die Einführung des neuen Weingesetzes von 1971 führten zu einer immer stärkeren Beachtung der rumänischen Weine auf dem internationalen Markt.
Rumänische Weine werden in Ursprungsgebiete abgegrenzt und in Güteklassen unterteilt (Tab.). Die Angabe des Jahrgangs und der Rebsorte befinden sich (wenn es kein Verschnitt ist) im allgemeinen auf dem Etikett. Die Eingrenzung der Herkunft wird bei steigenden Qualitäten mit markanten Weinorten angegeben, einzelne Lagebezeichnungen sind bisher nicht bekannt. Durchgesetzt hat sich die Bezeichnung des Abfüllbetriebes und die Angabe des Abfülldatums. (2)

Güteklassen rumänischer Weine

1) Tafelwein	vin de masa
2) Tafelwein gehobener Qualität	vin de masa superior
3) Hochwertiger Qualitätswein aus bestimmten Weinbauzentren	vin de călitate VS
4) Hochwertiger Qualitätswein mit Herkunftsbezeichnung	VSO
5) Hochwertiger Qualitätswein mit Herkunftsbezeichnung und folgenden ↑ Qualitätsstufen:	VSOC
5a) Spätlese	Vollreifelese CMD
5b) Auslese	Edelreifelese CMI
5c) Ausbruch, Trockenbeerenauslese	Edelbeerenlese CSB

řuzica [jugosl.]: rosé

S

Saalhäuser: Weinberglage zwischen Bad Kösen und Naumburg an der Saale; Sitz des VEG Weinbau Naumburg (DDR). (3)
Sächsische Weinbaugesellschaft: 1799 in Meißen gegründete, erste bekannte bürgerliche Weinbaugesellschaft (weitere 1805 in Portugal, 1807 in Burgund). Sie forderte agrarkapitalistische Reformen im Weinbau und ver-

wirklichte diese teilweise. 1811/12 schuf sie die erste Weinbau- und Winzerschule in Europa. Hier wurden im Verlauf von vier Jahren Winzer mit beruflicher Abschlußprüfung ausgebildet und später (1820) konnte auch die Prüfung als Winzermeister abgelegt werden. (8)

sack [engl.]: auf englischsprachigen Etiketten Bezeichnung für aufgespritete Weine, z.B. ↑ Sherry. (3)

Saint Laurent, *Lorenztraube:* wahrscheinlich aus Frankreich stammende Keltertraube. Sie reift nach dem ↑ 'Blauen Portugieser', etwa zehn Tage vor ↑ 'Blauer Spätburgunder'; gelesen wird nach ↑ 'Silvaner'. Die mittel- bis großen, meist kegelförmigen Trauben sind dichtbeerig, die Beeren oval, dickschalig, schwarzblau, hell bereift, angenehm süß. Der Rebstock wächst kräftig, ist ausreichend frostwiderstandsfähig, wenig anfällig für Krankheiten, außer für Echten Mehltau und Maifröste durch frühen Austrieb. Die Sorte ist für mittlere Lagen und kalkhaltige, eher leichtere als zu schwere, aber nährstoffangereicherte Böden geeignet sowie für kurze und lange Schnitte bei Weitraumerziehung. Der mittelhohe Ertrag liegt bei 70–80 hl/ha mit etwa 80 °Oe und einem Säuregehalt von 8–10 g/l. Der tiefrote Wein mit feinem Bukett, Feuer und guter Haltbarkeit übertrifft den Portugieser und veredelt ihn im Verschnitt in Farbe und Bukett. (6)

Sake [jap.] ↑ Reiswein

Salmanazar: in der Champagne 9,6-l-Flasche. (3)

Salvagnin [schweiz.]: Rotwein gehobener Qualität im Waadt aus ↑ 'Pinot Noir', ↑ 'Gamay' oder einem Verschnitt beider. S. ist seit 1960 eine Qualitätsstufe mit Gütezeichen, die von einer Kommission kontrolliert wird. Um die Auszeichnung Apellation contrôlée Salvagnin zu erhalten, müssen die Weine eine Mindestpunktzahl von 17 bei 20 möglichen erhalten. (3)

Sämling: ein Rebstock, der aus Samen entstanden ist. S. können wild und durch Neuzüchtungen kontrolliert aufwachsen. Neuzüchtungen werden nach dem Aufwuchs der S. vegetativ vermehrt. (3)

Samos [griech.]: Insel und Weinlage, die durch ihre traditionelle Produktion schwerer Muskatsüdweine bekannt ist. (3)

Samtrot ↑ 'Müllerrebe'

Sandwein: Bezeichnung für Weine, deren Trauben auf sandigen Böden wuchsen. Bekannte S. kommen aus Frankreichs Küstenregionen Bouches du Rhône, Gard, Hérault. Auch österreichische Spitzenweine aus dem Seewinkel des Burgenlandes oder die ungarischen von Alföld (Homoki bor), der Tiefebene zwischen Donau und Theiß, sind S. Infolge der Nährstoffarmut des Bodens weisen sie meist geringe Extrakt- und Säuregehalte, dafür aber fruchtige Feinheit auf. (3)

Sangiovese: in Italien, besonders in der Toskana, verbreitete blaue Kelterrebsorte mit sehr vielen Mutanten in den beiden Hauptstämmen S. del Chianti bzw. S. piccolo und S. grosso. S. zeichnet sich durch späte Reife bei mäßigen Erträgen aus. S.-Trauben ergeben die unterschiedlichsten Weine, wie den S. di Romagna, ↑ Chianti, Pergole torte u. a. S.weine schmecken trocken, leicht tanninhaltig und strömen ein Veilchenbukett aus. Da sie meist mit anderen Rebsorten gekeltert werden, sind sie ganz verschieden und reichen vom mächtigen bis zum leichten Wein. S. ist Basisrebsorte für den Chianti. (3)

Sangria [span.]: handelsfertiger ↑ Punsch mit Zitrusnote, meist mit Beeren und Früchten versetzt. S. wird in der Regel kühl getrunken, auch mit Mineralwasser und Schaumwein aufgefüllt. Er hat von vornherein nur Alkoholgehalte um 10 Vol.-%

In Georgien wird ein dem S. ähnliches

Getränk aus der Rebsorte 'Isabella', die Erdbeerbukett besitzt, hergestellt. ↑ Wine cooler (3)

Saperawi: alte georgische Rotweinkeltertraube. Sie wird in allen Weinbaugebieten der UdSSR angebaut. Die Trauben sind mittelgroß, breitkonisch, häufig geschultert, locker, die Beeren mittelgroß, oval, dunkelblau, dicht bereift, das Fruchtfleisch saftig, die Haut dünn, aber fest. Der Saft ist schwach gefärbt, frisch und wohlschmeckend. Der Rebstock wächst mittelstark, ist relativ frosthart, widerstandsfähig gegen Dürre, neigt zum Abwerfen von Gescheinen und Fruchtansätzen und zum Vertrocknen von Beeren. Gegen Mehltau ist er nur schwach beständig. S. zählt in der SU zur mittleren Reifegruppe. Der Ertrag ist hoch und stabil (90 dt/ha). Das mittlere Mostgewicht beträgt 77 °Oe (am Südufer der Krim werden 110–120 °Oe erreicht), der mittlere Säuregehalt liegt bei 10,2 g/l. Die Säure wird mit zunehmender Reife nur langsam abgebaut. Aus S. werden Tischweine, Naturdessertweine und Dessertweine, oft mit anderen Rotweintrauben verschnitten, hergestellt. S.weine sind tieffarben, mit kräftigem, sortentypischem Bukett, voll, harmonisch, samtig. (5)

sauber: Bezeichnung für einen gesunden Wein ohne fehlerhafte Geruchs- und Geschmackseindrücke. Ein s. Wein wird meist ein einfacher Tafelwein sein. (3)

sauer: meist fälschlich zur Charakterisierung von rassigen Weinen verwendete Bezeichnung. Der Gehalt an natürlichen Säuren wie ↑ Weinsäure, ↑ Äpfelsäure, Milchsäure und auch der an Kohlensäure geben dem Wein einen frischen, rassigen Geschmack. Nicht so sehr der Gehalt an diesen Säuren, sondern ihre Azidität, insbesondere ↑ Essigstich, machen ihn spitz und hart. Man spricht daher bei normaler Säurekonzentration (etwa 6–14 g/l) von harmonischer, rassiger Säure und bei oberen Grenzen von säurebetonten Weinen. Ein Wein ohne Säure ist immer fad und schal; ist er wirklich s., dann muß er nicht unbedingt viel Säure enthalten, sondern solche mit hoher Azidität. Außerdem verdrängt ein hoher Restzuckergehalt das Säureempfinden. (3)

Säuerung: Vorgang zur Hebung des Säuregehaltes von Wein. Enthalten die Trauben zu wenig Säure, dann gestattet z. B. das EG-Recht, frischen Weintrauben, Traubenmost, teilweise gegorenem Traubenmost, Jungwein und Wein – in den ↑ Weinbauzonen CII, CIII a und CIII b – maximal 1,5 g Wein- oder Zitronensäure je Liter zuzufügen. (3)

Säureabbau ↑ Entsäuern

Säuregrad, *Azidität:* Ausdruck der sauren Reaktion des Weins gemessen als Konzentrationsgrad von Wasserstoffionen und als *p*H-Wert angegeben. Die *p*H-Werte betragen in Traubenweinen etwa 2,8–3,8. Je niedriger sie sind, desto höher ist die Azidität. Weniger die Menge an Säuren in Gramm je Liter ist entscheidend dafür, ob ein Wein ↑ sauer ist, als der Grad seiner Azidität, gemessen als *p*H-Wert. (3)

Sauser ↑ Federweißer

Sauternes: 1. französisches Anbaugebiet mit etwa 2000 ha in Bordeaux (40 km südlich von Bordeaux entlang der Garonne im Gebiet Graves) mit den Gemeinden Barsac, Preignac, Fargnes, Bommes und Sauternes. Diese Enklave im Bereich Graves zeichnet sich durch sandig-kiesige Kalkböden und ein feuchtwarmes Lokalklima mit milder Herbstwärme und Morgennebeln aus. Diese Bedingungen bieten dem Edelfäulepilz *Botrytis cinerea* (↑ Grauschimmel) im September auf den vollreifen, weißen Rebsorten 'Semillon', 'Sauvignon-Blanc' und 'Muskateller' beste Ausbreitungsbedingungen.

2. berühmte französische Trockenbeerenauslese aus dem Anbaugebiet S. Sie ist stark von der Herbstwitterung abhängig, denn bei klarem, kühlem Herbst kann sich die Edelfäule nicht ausbreiten. Die Beeren werden bei Befall fast täglich bis Oktober/November, manchmal auch bis Dezember bei hohem Arbeitsaufwand herausgelesen. Oft bringt ein Rebstock nur ein Glas Wein. Die Gärung verläuft recht träge und kommnt bei 14–15 Vol.-% Alkohol und 4–6% unvergorenem Restzucker je Liter zum Stillstand. Danach werden die Fässer in kühlen Räumen aufgestellt, ständig aufgefüllt und meist alle drei Monate umgefüllt. S. besitzen altgoldene Farbtöne und ein unvergleichliches, kraftvolles Likörparfüm mit einem außerordentlichen ↑ Abgang. Sie brauchen Jahre zum Ausbau und altern nicht über Jahrzehnte hinweg; erst nach 20 bis 30 Jahren erreichen sie ihren Höhepunkt. Hundertjährige S. befanden sich noch in vollkommener Verfassung und Ausgewogenheit. Der berühmteste S. kommt als Premier Grand Cru aus Chateau d' Yquem. S. können als Dessertwein, aber auch als Aperitif, möglichst nicht zu sehr süßen und stark gewürzten Speisen, aus kleinen Gläsern getrunken werden. (3)

Sauternesflasche ↑ Bordeauxflasche

Sauvignon Blanc, *Muskat-Sylvaner:* eine Hauptkeltertraube Frankreichs. Mit ↑ 'Semillon Blanc' ergibt sie die weltberühmten ↑ Sauternes, eine Weltspitzenklasse der weißen Weine. Die alte Sorte entstammt wohl Frankreich und wird auch in Österreich als 'Muskat-Sylvaner' angebaut. Die Trauben sind klein, zylindrisch, dichtbeerig, die Beeren klein, rundlich, grüngelb, dickschalig mit an Vanille erinnerndem Muskatgeschmack. Der Rebstock wächst kräftig; die Erträge liegen bei 60 hl/ha. Der Anbau erfordert warme, südeuropäische Lagen. (6)

Savagnin: in der Schweiz Qualitätsbezeichnung für bestimmte Rotweinsorten (7)

Schäffler ↑ Küfer

Schankgitter: früher in Wirtshäusern, Weinschenken und Gaststuben errichtetes hölzernes Gitter zwischen Trinkstube und Schanktisch, hinter das sich die Wirtsleute bei gefährlichen Schlägereien flüchteten. Im Volksmund werden sie Schadenverhüter genannt. In der Weinschenke Vincenz Richter in Meißen ist noch heute ein solches S. zu sehen. (3)

Schankrecht, Schankgerechtsame ↑ Ausschankrecht

Schatzkammer ↑ Archiv

Schaumwein, *Sekt, Champagner, Igristyje wina, Spumante, Vin mousseux:* alkoholisches Getränk mit mindestens 10 Vol.-% Alkohol. Im Jahre 1925 wurde in Deutschland für S. offiziell die Bezeichnung Sekt eingeführt. Beruht der Kohlendioxidgehalt ganz oder z. T. auf künstlichem Zusatz (↑ Imprägnierverfahren), so muß in den meisten Ländern auf dem Etikett „Mit Zusatz von Kohlensäure" vermerkt werden.

Die Qualität von S. wird wesentlich durch die Grundweine (cuvée), aus denen er hergestellt wird und danach erst durch die Lagerzeit auf der Hefe bestimmt (↑ Champagner). Grundweine dürfen unter anderem nicht säurearm sein. Die Technologie der ↑ Sektherstellung beruht generell darauf, daß nach der ersten Gärung beim ↑ Stillwein durch Zucker- und Hefezusatz eine zweite kohlendioxidbildende Gärung ausgelöst wird. Qualitäts-S. (mindestens sechs Monate Lagerung) erreichen ihr Optimum nach sechs bis zwölf Monaten, sie altern langsam (infolge des hohen Kohlendioxidgehalts), entwickeln sich aber kaum und sollten ohne lange Lagerung bei etwa 6–8 °C getrunken werden.

Fehler und Unzulänglichkeiten von S.

zeigen sich deutlich, wenn er seine Kühle und das Perlen verliert. Je feiner S. perlt und je länger das Perlen anhält, um so besser ist das Kohlendioxid gebunden (entsprechende Reifezeit) und um so höher liegt die Güte des S. In den EG-Ländern werden die S. nach der Höhe der ↑ Dosage in ↑ brut, ↑ extra dry, ↑ dry sec, ↑ demo sec und ↑ doux unterteilt (↑ Sektsorten).

In Frankreich sollen schon im 14. Jh. schäumende Flaschenweine getrunken worden sein, die durch Weitergären noch vorhandener Hefe entstanden waren. ↑ Dom Perignon (1670–1715) verbesserte das Verfahren. S. war ursprünglich das Getränk der Könige und Fürsten, die ihn zum Symbol ihres Glanzes und Triumphes machten. Schließlich wurde er das Luxusgetränk der gehobenen Schichten und der ebenso dekadenten wie übersättigten Halbwelt.

In unseren Tagen ist der grün-golden perlende S. das Getränk für festliche Anlässe geworden. Leider hat mit zunehmendem Konsum die Qualität abgenommen. Nur einige bekannte S.produzenten stellen auch heute noch Qualitäts-S. her, die dem französischen Champagner, nach der Méthode champenoise hergestellt, ebenbürtig sind. Höchste anerkannte Qualität besitzen auch die sowjetischen S. aus der Massandrakellerei (Krim) und die gehobenen Qualitäten der Freyburger Rotkäppchen-Sektkellerei sowie die Sekte des VEG (Z) Weinbau Radebeul. In der Rotkäppchen-Sektkellerei Freyburg/Unstrut der DDR wurden 1986 etwa 12 Mill. Flaschen Sekt produziert (etwa 60% der Sektproduktion der DDR). In Freyburg wird seit 1856 Sekt bereitet. Die erste deutsche Sektkellerei (Bürger) wurde in Neuhaus-Henne bei Naumburg (Saale) 1824 gegründet. Weitere Markennamen der DDR wie Schloß Wackerbarth und Schloßberg aus dem VEG (Z) Weinbau Radebeul (die ehemalige Sektkellerei Bussard in Radebeul wurde 1836 gegründet) und Schloß Dryburg aus der einstigen Klosterkellerei des Barfüßerordens in Bad Langensalza haben einen guten Ruf. Generell hat seit den 80er Jahren die Qualitätssektherstellung in verschiedenen, auch kleineren Kellereien zugenommen. (3)

Schaumweinetikett. Entsprechend dem staatlichen Standard TGL 29791 muß in der DDR das S. mindestens folgende Angaben enthalten:

– Die Bezeichnung Deutscher Sekt einschließlich Sortenangabe (↑ Sektsorten). In gleicher Schrifthöhe ist der Hinweis „Mit Zusatz von Kohlensäure" zu drucken. Phantasiebezeichnungen sind zulässig.

– Name und Sitz des Herstellerbetriebes (bei mehreren Betriebsteilen ist der herstellende Betriebsteil kenntlich zu machen); das unverschlüsselte Herstellungsdatum (Tag, Monat und Jahr); Schlüsselnummer des Binnenhandels (HSL);

– Menge in Liter, wenn sie nicht der Normflasche (0,75 l) entspricht;

– Der Einzelhandelsverkaufspreis (EVP) ist auf der unteren rechten Ecke des Hauptetiketts anzugeben. Die Preisangabe ist für bestimmte Verkaufsgruppen nicht erforderlich. Zusatzetiketten sind zulässig. (7)

Scheitermost: Saft aus dem zum zweiten Mal gepreßten ↑ Trester. Er kann auch ein drittes und viertes Mal gepreßt werden. ↑ Tresterwein (3)

Schenk(e) ↑ Weinkellner(in)

Scheurebe: bedeutende Keltertraube, die in der BRD und in Österreich zunehmend Verbreitung findet. 1916 kreuzte Georg Scheu in Alzey 'Silvaner' mit 'Riesling' und selektierte den Sämling 88, der ihm zu Ehren den jetzigen Sortennamen erhielt. Die Lese liegt kurz vor dem ↑ 'Riesling'. Die mittelgroßen, dichtbeerigen Trauben haben mittelgroße, runde, grüngelbe, bukettreiche Beeren. Der Rebstock wächst sehr stark, hat späten Austrieb und gute Holzreife, doch frostanfällige Knospen. Die Sorte braucht gute und beste Lagen und verträgt trockene, auch schwere Kalkböden ohne Chlorosebefall. Um Erträge von 80 hl/ha und Mostgewichte um 80 °Oe mit einem Säuregehalt um 10 g/l zu bringen, sind weiträumige Erziehung mit zwei langen Bogreben notwendig. Die S. ist anfällig für Echten und Falschen Mehltau und in dichtlaubigen Beständen für Grauschimmel. Das Laub ist frostfest bis zu −5 °C. Reife Weine aus besten Lagen können strahlig, edel, duftig, körperreich, harmonisch, rieslingartig mit rassiger Säure und kräftigem Bukett sein. Geringere Weine sind wertvoll zum Verschnitt. ↑ Tafel 3 (6)

Schilcher: österreichischer kerniger, säurebetonter ↑ Roséwein aus der Steiermark, der aus der Rebe 'Blaue Wildbacher' mit 7,5–12 Vol.-% Alkohol gekeltert wird. S. ist ein unkomplizierter Kneipwein gegen den Durst, der von duftiger, herber Art sowie spritzig und von frischem Temperament ist. Durch seine unverfälschte Natur hat er an Boden gewonnen. Er darf als einziger österreichischer Tafelwein auch dann in Flaschen unter 1 l verkauft werden, wenn er den Anforderungen an einen Qualitätswein nicht entspricht. (3)

Schillerwein: 1. gemeinsame Kelterung von Rot- und Weißweintrauben wie bei ↑ Rotling in Württemberg.
2. ein ↑ gemischter Satz als ↑ Süßabdruck in Bünden (Schweiz). (3)

Schlegelflasche: im deutschsprachigen Raum eine elegante und schlanke Standardform von ↑ Glasflaschen für Weißweine. Traditionell werden Mosel-Saar-Ruwer-Weine in grünen und Rheinweine in braunen S. abgefüllt, was konsequent noch bei Spitzenweinen der Fall ist. Außerdem kommen heute fast in aller Welt Weißweine in S. in den Handel. (3)

Schleifrebe ↑ Ableger

Schlieren: an der Wand des Glases haftende Weinbestandteile (speziell Glycerol), die auf hohen Extraktgehalt hinweisen und auch *Kirchenfenster* oder *Tränen* genannt werden. (3)

Schloßabzug, *Schloßabfüllung, mis en bouteille au château* [franz.]: frühere Bezeichnung für ↑ Erzeugerabfüllung; heute nicht mehr statthaft. (3)

Schmant: schleimiger Pilzbelag auf dem Korken, meist zwischen Kapsel und Korken, der in feuchten Kellern vorkommt. S. beeinflußt die Qualität des Weins nur, wenn der Korken zerstört ist. (3)

Schönung ↑ Blauschönung

Schoppen: Hohlmaß für Wein (seltener Bier) in Süddeutschland und der Schweiz. Ein S. faßt regional 0,3–0,5 l, heute meist 0,375 l (S.flasche). (3)

Schoppenwein: meist frische, spritzige, herzhaft einfache Weine, die sich zum Ausschank als ↑ offene Weine eignen. Sie werden vorwiegend in etwa 0,3 l fassenden bauchigen, pokal- bzw. römerartigen Schoppengläsern angeboten. In Weinbaugebieten ist auch die Bezeichnung *Kneipwein, Zechwein* oder *Pokulierwein* üblich. (3)

Schorle ↑ Spritzer

Schultern ↑ Traube

Schutzpatrone des Weins und der Winzer: als Heilige verehrte überirdische Nothelfer gegen die Gefährdung der Weingärten und des Weins. Die katholische Kirche kennt zwar keine eigene Kategorie von Weinheiligen, jedoch mehr als 30 Rebpatrone, wie St. Urban, St. Florian, St. Martin, St. Kilian, St. Rochus und St. Vincenz, um die sich viele Sagen ranken. Meist hatten die Schutzheiligen aber gar kein besonderes Verhältnis zum Wein und wurden nur ihres Namens wegen (Vincenz)

oder weil ihr Geburts- bzw. Sterbedatum für die Weinlese Bedeutung hatte, angerufen. So heißt es: „Wenn St. Vincenz (22. Januar) schön und klar, gibt es mehr Wein als Wasser im Jahr.“ Stephanus ernannte man wahrscheinlich zum S. d. W., weil er Steine tragend dargestellt wurde und die Steine im Weinberg eine große Rolle spielen.
Eine besondere Bedeutung hat der heilige Martin, der Patron der Trinker. Martini, der 11. November, war früher der Tag der Naturalabgaben an die feudale Obrigkeit und später überhaupt ein landesüblicher Zahlungstermin. Die Kirche nutzte dieses früher als Vorwintertag begangene Ereignis für ihre Zwecke im Sinne der Sichtung von Wintervorräten. So wurde im Mittelalter zu diesem Zeitpunkt auch vielerorts das ↑ Winzerfest gefeiert. (3)

Schwanz, Schweif ↑ Abgang

Schwärmer Pils: kohlendioxidhaltiges alkoholisches Mischgetränk, das aus 50% ↑ Fruchtschaumwein und 50% Vollbier Deutsches Pilsner Spezial (Exportbier) hergestellt wird. (7)

Schwarzriesling ↑ 'Müllerrebe'

Schwarzwerden ↑ Weinfehler

Schwefeln: keltertechnologische Behandlungsmaßnahme mit komplexer Wirkung. Trägersubstanz zum Einschwefeln ist die Schweflige Säure, die im Wein mindestens in vier Formen auftritt – als undissoziierte Schweflige Säure H_2SO_3, als Bisulfition HSO_3^-, als Sulfition SO_2^{2-} und als in Wasser gelöstes Schwefeldioxid SO_2. Neben diesen frei vorkommenden Formen gibt es auch gebundene Formen als Aldehydschweflige Säure, Glukoseschweflige Säure und sog. Restschweflige Säure. Die Formen der freien Schwefligen Säure spielen eine besondere Rolle bei der Weinbereitung. So wirkt SO_2-Gas auf Mikroorganismen hemmend und zwar auf Bakterien stärker als auf Hefen, die auch mit den Maximalmengen nicht über längere Zeiträume unterdrückt werden können. Schweflige Säure hemmt auch Enzyme, die den Luftsauerstoff auf Weinbestandteile übertragen. Dazu werden im Normalfall nur geringe Mengen benötigt und eine zeitige Anwendung schon bei der Maische oder dem Most sichert eine hohe Wirksamkeit. Außerdem werden im Verlauf der Weinbereitung oxidierte Most- und Weininhaltstoffe, vor allem Geschmack-, Geruchs- ,aber auch Farbstoffe, wieder reduziert. Die Fähigkeit der Schwefligen Säure Luftsauerstoff

Grenzwerte der freien (1) und gesamtschwefligen (2) Säure in mg/l

	Zuckergehalt in g/l	DDR 1	DDR 2	ČSSR 1	ČSSR 2	EG 1	EG 2	Österreich 1	Österreich 2	Schweiz 1	Schweiz 2
Weißwein	unter 5	50	250	40	250	50	210	50	200		250
Weißwein	über 5	50	250	40	250	50	260	50	200		250
Spätlesen	über 5	50	250	40	250	50	300	50	250		250
Auslesen	über 5	nicht vorgesehen		40	250	60	350	60	350		400
Beerenauslesen, Trockenbeerenauslesen	über 5			40	250	75	400	75	400		400
Rotweine	unter 5	50	250	40	250	50	160	50	175		250
Rotweine	über 5	50	250	40	250	50	210	50	175		250

direkt zu binden, ist nur sehr begrenzt, hauptsächlich werden bereits oxidierte Stoffe wieder reduziert.
Eine sehr wichtige Aufgabe der Schwefligen Säure ist die Abbindung des als Gärungsnebenprodukt gebildeten Acetaldehyds, das ungebunden dem Wein einen unangenehmen Luftgeschmack (↑ Weinfehler) verleiht. Etwa 80% der Schwefligen Säure werden an Acetaldehyd gebunden.
Die heute immer stärker werdende Tendenz, den Einsatz der Schwefligen Säure so weit als möglich zu reduzieren, ist nur über eine zügige Vergärung, Mostvorklärung, mäßige Maische- oder Mostschwefelung und durch luftfreies Lagern des Jungweins zu erreichen. Auch der Weinbau trägt mit der Erzeugung gesunden Traubengutes zu einer Minimierung der Zugabe von Schwefliger Säure bei, da insbesondere angefaultes Lesegut und Bodentrauben essigstichgefährdet sind und höhere Schwefelmengen benötigen.
Schweflige Säure wird dem Wein entweder als gasförmiges Schwefeldioxid, als mindestens 5%ige Lösung oder in fester Form als Kaliummetabisulfit zugegeben. Tab. (2)

Schweif ↑ Abgang

Schweiz. Die Römer brachten den Rebbau und die Weinkultur in das Land. Reben wuchsen aber schon früher in dieser Gegend, wie Funde von Kernen beweisen; ob sie allerdings kultiviert wurden, ist nicht bekannt. Unter dem Einfluß der Klöster dehnte sich der Weinbau immer mehr aus und erreichte im 13. Jh. einen ersten Höhepunkt. Die größte Flächenausdehnung erfuhr er im 19. Jh. 1884 betrug die Rebfläche 34380 ha. Das Einschleppen des Falschen Mehltaus und der Reblaus sowie die Eröffnung des Gotthard- und Arlbergtunnels (Einfuhr billiger Weine aus dem Süden) hatten einen starken Rückgang des Weinbaus zur Folge, der 1964 mit 11850 ha seinen Tiefstand erreichte.
1986 betrug die Gesamtrebfläche wieder 14135 ha, das sind knapp 1,5% der landwirtschaftlichen Nutzfläche. Im Weltmaßstab liegt die S. an 14. Stelle des Weinanbaus. 5678 ha (40,2%) sind mit roten, 8288 ha (58,6%) mit weißen Rebsorten ud 169 ha (1,2%) mit Hybriden bestockt (Tab.). Im Durchschnitt werden 0,7 Mill. hl Weißwein und 0,4 Mill. hl Rotwein gekeltert, was einem Ertrag von 78 hl/ha entspricht. Die Pro-Kopf-Produktion beträgt damit etwa 17 l, der Verbrauch liegt jedoch bei 47,9 l (Tab.). Daraus erklärt sich, daß Weine aus der S. nur in geringen Mengen exportiert werden. Der Weinimport beträgt rund 1,8 Mill. hl Rotwein und 0,3 Mill. hl Weißwein.

Weinanbau in der Schweiz (1985)

Rebfläche [1000 ha]	14
Traubenproduktion [1000 dt]	1603
davon Keltertrauben	1598
Tafeltrauben	5
Weinproduktion [1000 hl]	1164
Weinexport [1000 hl]	11
Pro-Kopf-Verbrauch [l]	47,9

Das Keltern erfolgt beim Produzenten sowie beim privaten und genossenschaftlichen Weinhandel, in geringem Maße auch in Gaststätten. Die einzige staatliche Kellerei befindet sich in Zürich.
Der Weinbau ist analog der sprachlich-kulturellen Gliederung in die französische West-S., die deutsche Ost-S. und in die italienische Süd-S. aufgeteilt. Aus der *West-S.* kommt der überwiegende Teil (85%) der Weinproduktion. Der Weinbau ist hier im starken Maße von Frankreich beeinflußt. Die größte Rebfläche besitzt Wallis (Valais) mit 5015 ha, gefolgt von Waadt (Vaud) mit

3650 ha, Genf (Geneve) mit 1442 ha, Neuenburg (Neuchâtel), Bielersee (Lac de Bienne) und Freiburg (Fribourg). Bis auf wenige Ausnahmen gedeihen die Reben an den sanften Juraabhängen der Seen. 69% der Anbaufläche sind mit Weißweinreben bestockt. Die wichtigste Rebsorte (60%) ist der 'Chasselas' (↑ 'Weißer Gutedel'); im Wallis werden die Weine als Fendant, im Waadt als Dorin und im Kanton Genf als Perlan (weil er zum Perlen neigt) bezeichnet. Dem Anbauort entsprechend ergibt er feine Weine mit ausgeprägtem Charakter. Aus dieser Rebsorte wird auch einer der besten trockenen Schweizer Weine, der *Dézalay,* am Genfer See gewonnen. Aus Neuenburg und vom Bielersee kommt der *Sternwein* (Sternliwein, Sternwy). Infolge frühzeitigen Abzugs von der Hefe (↑ Sur lie) enthält dieser Wein noch viel Kohlensäure und bildet beim Einschenken im Glas auf der Oberfläche einen Stern. Als Qualitätsstufen gelten: ↑ Fendant courant, eine offene Literqualität; Fendant choix, eine darauf folgende höhere Qualitätsstufe, und ↑ Terravin als Gütezeichen für Spitzenweine im Kanton Waadt. Als Weißweinsorten werden noch angebaut: ↑ 'Silvaner' ('Gros Rhin'), im Wallis 'Johannisberger' genannt; ↑ 'Weißer Riesling' ('Petit Rhin'); ↑ 'Ruländer' ('Pinot Gris'), im Wallis als 'Malvoisie' bezeichnet; ↑ 'Weißer Burgunder' ('Pinot Blanc') und 'Chardonnay'. Im Kanton Wallis sind noch viele alte Sorten im Anbau, z. B.: 'Amigne" 'Arvine', 'Humagne' *(Hebammenwein,* wurde als Stärkung den Wöchnerinnen beim ersten Kirchgang gereicht), 'Ermitage', 'Muscat', 'Rèze' (aus ihm wird bei Sierre im Eifischtal der Glacier oder *Gletscherwein* hergestellt; sowie der Païen; eine Savagnin- (↑ 'Traminer'-)Sorte. Aus ihm wird vom höchsten Weinberg Europas (1200 m) bei Visperterminen im Vispertal der sogenannte *Heidawein,* auch Heiden- oder Hunnenwein genannt, gekeltert. Als Rotweinsorten werden 'Pinot Noir' (↑ 'Blauer Spätburgunder') und ↑ 'Gamay Noir' angebaut. Der größte Teil des Rotweins kommt aus dem Wallis. Von dort kommt auch der berühmteste Schweizer Rotwein, der ↑ Dôle. Er wird aus 'Pinot Noir'- und oft unter Zusatz der 'Gamay'-Traube bereitet. Die Trauben müssen mindestens 83°Oe aufweisen. Trauben geringerer Reife werden zum Wein *Goron* gekeltert. Weine mit natürlicher Restsüße werden als ↑ Fletriwein bezeichnet. Im Waadt dürfen Weine aus den Sorten 'Pinot Noir' oder 'Gamay' oder deren Verschnitt nach einer organoleptischen Prüfung beim Erreichen einer Mindestpunktzahl die Qualitätsbezeichnung Savagnin führen.

Die *Ost-S.* ist mit 12% an der Schweizer Weinproduktion beteiligt. Größere zusammenhängende Rebflächen sind aufgrund der geografischen Struktur selten. So vielfältig wie die mikroklimatischen Bedingungen und Böden in den einzelnen Kantonen sind, sind auch die Weine. Sehr günstig wirkt sich der Föhn im September aus. Er bringt in einigen Gebieten die Trauben zum „kochen". Die Hälfte der Ostschweizer Weine kommen aus den Kantonen Zürich und Schaffhausen. 70% der Rebfläche sind mit blauen und 30% mit weißen Reben bestockt. Den Hauptanteil hat mit 70% der ↑ 'Blaue Spätburgunder' ('Klevner'). Bei den Weißweinsorten dominieren: ↑ 'Räuschling', 'Riesling' × 'Silvaner' (↑ 'Müller-Thurgau'), ↑ 'Gewürztraminer' und 'Pinot Gris' ('Ruländer'; hier fälschlich Tokayer genannt). Eine Degustationskommission kann an Ostschweizer Weine das Gütezeichen Attestierter Winzerwy vergeben. Rotweine werden in der S. oft als ↑ Beerliwein bezeichnet.

Aus der *Süd-S.* mit dem Kantonen Tessin (Ticino) und dem südlichen Grau-

Schweizer Flaschenetikett

bünden kommen etwa 3% der Schweizer Weinproduktion. 98% der Rebfläche sind mit der Rotweinsorte ↑ 'Merlot' bestockt. Die bevorzugte Lage (Sonnenstube der Schweiz) ergibt z. T. ausgezeichnete Weine (z. B. Merlot del Ticino). Für diese Weine wird das Gütezeichen ↑ VITI verliehen. Neben der alten Rebsorte 'Nostrano' werden noch einige amerikanische Rebsorten zur Tafeltrauben- und Saftproduktion angebaut. Weine daraus sind von geringer Qualität mit oft eigenartigem ↑ Fuchsgeschmack, im Volksmund *Chatzedräckeler* genannt.

Die schweizerische Weingesetzgebung schützt einheimische Produzenten vor übermäßigen Importen, zwingt sie aber durch Qualitätsbezahlung zur Qualitätsproduktion. Bei großen Inlandernten müssen die Importeure einen Teil einheimischer Weine übernehmen. Die Rebbauflächen sind im Rebbaukataster festgelegt. Es dürfen nur zugelassene Rebsorten angebaut werden.

Die Etiketten sind unkompliziert und klar (Abb.). Folgende Begriffe kann man finden:

– Süßdruck – Rosé;

– Œile de Perdrix (Auge des Rebhuhns) – Wein aus 'Pinot Noir';

– Schiller oder ↑ Schillerwein – Gemisch von roten und weißen Trauben vom gleichen Rebberg;

– ↑ Federweißer – Weißherbst (wie Weißwein gekelterte blaue Trauben).

Phantasienamen dürfen nur im Zusammenhang mit der Rebsorte oder mit der Herkunftsangabe verwendet werden. Die Etiketten sind oft von berühmten Grafikern und Malern gestaltet und begehrte Sammelobjekte.

Viele Gemeinden haben den landeskulturellen Wert der Weinberge erkannt und versuchen ihn entsprechend zu fördern. Dem gegenüber steht aber der Verlust von Rebland durch die Zersiedlung der Landschaft in klimatisch besonders günstigen Gegenden. ↑ Tafel 30. (7)

schwer: Bezeichnung für einen Wein mit relativ hohem Alkohol- und Extraktgehalt, der meist Feinheit vermissen läßt. (3)

sec [franz., rum.]: trocken, herb; besonders für Schaumweine unter 8 g Restzucker/l. (3)

secco [ital.]: Bezeichnung für trockenen Wein, der wenig oder keinen unvergorenen Zucker enthält. Die meisten italienischen Weine sind s. und eignen sich daher vorzüglich zu Mahlzeiten. (3)

seco, sèco [span., port.]: trocken, herb

Seewein: Wein, dessen Trauben an Seeufern gewachsen sind. (3)

Seihmost ↑ Vorlauf

Sekt: zur Abgrenzung vom französischen ↑ Champagner im gesamten EG-Bereich und in der DDR geltende Bezeichnung für ↑ Schaumwein. Ab Mitte des 19. Jh. griff diese Bezeichnung für Schaumwein von Berlin aus auf den gesamten deutschsprachigen Raum über und wurde seit 1925 im Weinrecht offiziell benutzt. In Österreich wird jeder Schaumwein als S. bezeichnet. (3)

Sektgläser: meist schmale, flöten- bzw. tulpenförmige Kelche, in denen sich die schäumenden Perlen länger halten und ihr Spiel sich schöner zeigt. Das Sektglas soll fein, glatt, nicht farbig und auch nicht stark geschliffen sein (Abb.). Modische Sektschalen oder -becher erfüllen die Anforderungen nicht. Die früher oft angerauhten Stellen bzw. eingeschliffenen Mousseuxpunkte am Kelchboden forcierten das Perlen, ebenso ein Stückchen Draht der Agraffe. S. möglichst nicht mit Spülmittel reinigen, da danach das Perlen gedrosselt wird. (3)

Sektflaschen, *Schaumweinflaschen:* dunkelgrüne, dickwandige Glasfla-

Schaumweingläser, -kelche und -schale

schen. Als Flaschenhals haben sie eine dicke Wulst, unter die der Drahtbügel (↑ Agraffe) zum Halten des Verschlußbügels befestigt wird. Für kleine Flaschen werden heute auch zunehmend Kronen- und Schraubverschlüsse verwendet. Bedingt durch den Überdruck bis 0,5 MPa werden an S. hohe Anforderungen gestellt. Zu Beginn der S.-produktion waren Verluste von über 50% durch Glasbruch normal. Erst in den zwanziger Jahren gelang es der Glasindustrie durch den Einsatz von Glasautomaten den Forderungen der Sekthersteller gerecht zu werden. S. werden in der DDR in folgenden genormten Größen hergestellt: Normalflasche 0,75 l, halbe Flasche 0,375 l, kleine Flasche 0,2 l (Baby oder Pikkolo), Formflasche 0,75 l.
International sind auch ↑ Magnumflaschen mit 1,5 l und mehr Inhalt gebräuchlich. ↑ Flaschenformen (77)

Sektherstellung. Ausgangspunkt für alle Technologien der S. sind geeignete Grundweine (↑ Stillweine). Sie sollten trocken und – wenn keine rebsortentypischen Sekte (z. B. Riesling-, Muskatsekt) erzeugt werden sollen – ohne kräftiges ↑ Bukett sein. Um die gleichbleibende Qualität einer Sektsorte zu gewährleisten, wird durch Verschnitt (coupage) verschiedener Grundweine die ↑ cuvée (mehrere tausend Liter) hergestellt. Zur Einleitung der zweiten Gärung werden der cuvée die Fülldosage (in Wein gelöster Kristall- oder Kandiszucker) und Reinzuchthefe (Schaumweinhefe) zugesetzt. Diese Mischung bezeichnet man auch als Tirage. Die Weiterverarbeitung erfolgt entsprechend dem in der Sektkellerei üblichen Verfahren. Die gebräuchlichsten sind ↑ Flaschengärung und Tankgärung (Charmat-Verfahren; sowie das Imprägnierverfahren; Abb.). Bei der *Tankgärung* wird die Tirage in druckfeste Stahltanks gepumpt, die fest verschlossen werden. Die Tanks sind temperaturgeregelt und mit Rührwerken bzw. Umwälzpumpen ausgestattet. Bei 20 °C erfolgt die Vergärung des Zukkers. Wenn das dabei freiwerdende Kohlendioxid einen Druck von etwa 0,65 MPa erzeugt hat, erfolgt zum Stoppen der Gärung eine Abkühlung auf 0 °C. Die Hefe setzt sich langsam auf den Tankboden ab. Nach 3 bis 4 Wochen wird der Rohsekt auf –4 °C abgekühlt. Der Druck im Tank sinkt dadurch auf 0,3 MPa. Unter Gegendruck wird der tiefgekühlte Rohsekt durch Filtrieren von der Hefe befreit. Anschließend wird die ↑ Dosage zugesetzt und auf Flaschen abgefüllt. Nach dem Verschließen und Etikettieren sind die Flaschen versandfertig. Dieses Verfahren liefert preiswerte, ansprechende Sekte. Sie erreichen aber nicht die Qualität der Flaschengärsekte (u. a. durch zu geringe Lagerzeit auf der Hefe).
Aus diesem diskontinuierlichen Tankgärverfahren wurde das kontinuierliche Tankgärverfahren entwickelt, bei dem die cuvée durch mehrere, durch ein Röhrensystem untereinander verbundene Tanks fließt. Die Hefe wird der cuvee am Anfang ständig zugepumpt. Die Tanks haben entsprechend der Verarbeitungsstufe verschiedene Temperaturen. Aus dem Hauptstrom wird ein bestimmter Teil entnommen, thermisch behandelt (Freisetzung von Aminosäuren aus abgestorbener Hefe zur Geschmacksverbesserung) und diesen wieder zugesetzt. Am Ende wird der Rohsekt gekühlt und wie beim diskontinuierlichen Verfahren weiterverarbeitet. Trotz der gesteigerten Effektivität konnte sich dieses Verfahren aufgrund der damit verbundenen Qualitätsmängel bisher noch nicht durchsetzen. (7)

Sektpils: kohlendioxidhaltiges alkoholisches Mischgetränk, das aus 50% ↑ Schaumwein und 50% Vollbier Deut-

Technologie der Schaumweinherstellung
(Schematische Darstellung der Flaschen- und Tankgärung)

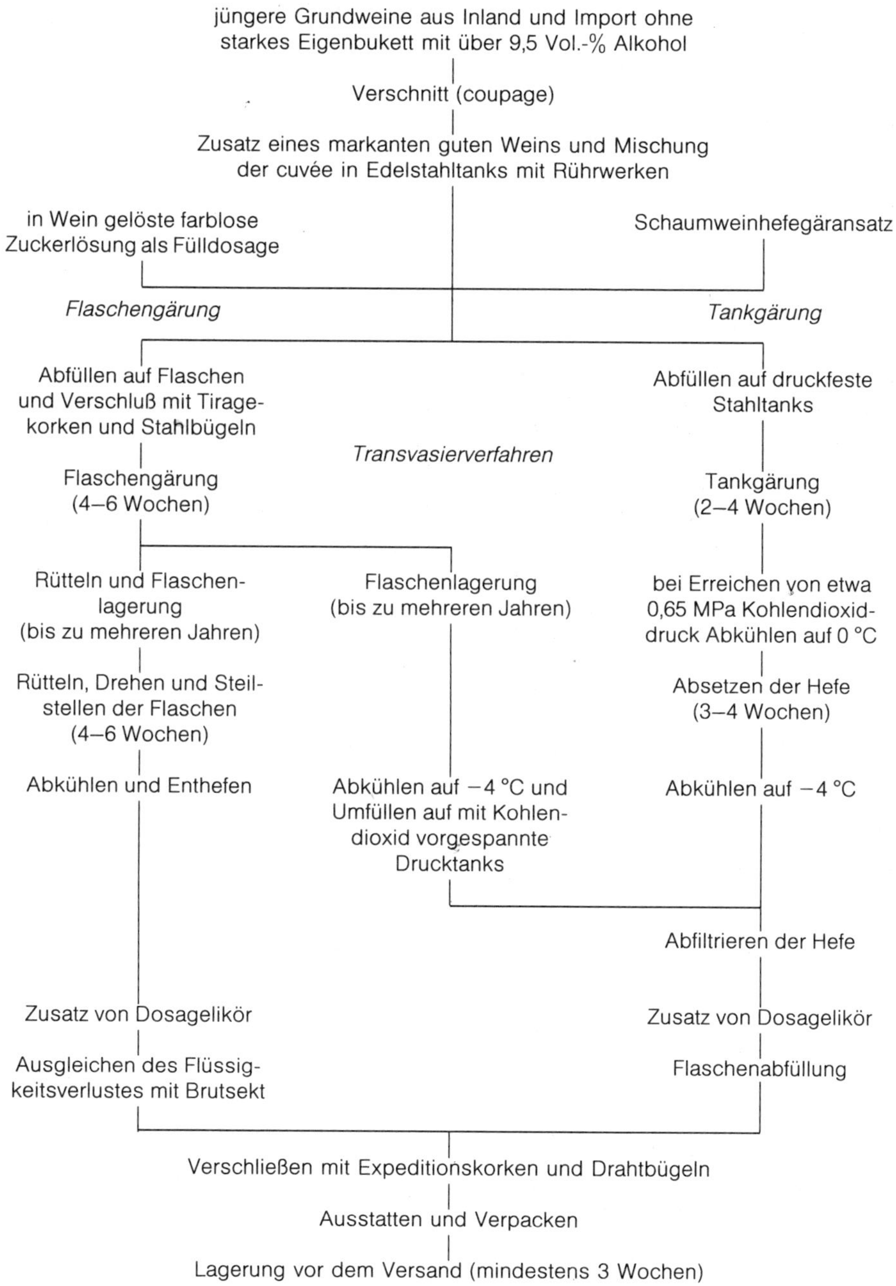

sches Pilsner Spezial (Exportbier) hergestellt wird. (7)

Sektsorten: In der DDR werden entsprechend dem staatlichen Standard TGL 29791 folgende S. produziert:

Sorte	*Gesamtextrakt in g/l, höchstens*
Brut	35
Extra trocken	45
Trocken	55
Halbtrocken	70
Halbsüß	80
Süß	90
Dessert	100

Der Restzuckergehalt ist in der TGL nicht festgelegt. Bei Verwendung von roten Sektgrundweinen können diese Sorten als Rot- oder Rosé-S. hergestellt werden. Diabetikersekt muß TGL 29793 und aromatisierter Sekt TGL 29794 entsprechen. (7)

sélection de grains nobles [franz.]: Auswahl edler Beeren. Im Elsaß z. B. sind für solche Auslesen 256–279 g Zucker/l notwendig. (3)

Selektion ↑ Auslesezüchtung

selo de garantia bzw. **origem** [port.]: Aufdruck auf einer Gütesiegelbanderole über dem Flaschenverschluß (bei ↑ Vinho verde auf dem Rückenetikett) für Weine mit Kennzeichnung des Herkunftsgebietes und kontrollierter (garantierter) Mindestqualität sowie einer Kontrollnummer. Damit werden auch Gebietsbestimmungen wie maximale Hektarerträge, zugelassene Rebsorten, bestimmte Kellereimethoden u. a. garantiert (entspricht etwa den QbA-Weinen). Für die Kontrolle sind autonome Institutionen verantwortlich. In Portugal sind oft auch sehr gute Weine ohne diesen Aufdruck. (3)

semi-dulce [span.]: süß

Semillon Blanc: neben ↑ 'Sauvignon Blanc' eine der edelsten französischen Keltertrauben für die vollen, körper- und alkoholreichen ↑ Sauternes. Die Verbreitung der Sorte geht weit über Frankreich hinaus, nach Algier, der Krim, dem Tessin, Südafrika, Kalifornien bis Argentinien. Die Trauben sind mittelgroß, konisch, auch geschultert, dichtbeerig, die Beeren mittelgroß, rundlich, grünlichgelb, dickhäutig mit zartem Muskatbukett. (6)

semi-seco [port., span.]: halbtrocken

Senkwaage ↑ Aräometer

sensorische Prüfung ↑ Sinnenprobe

Separieren: Klären des Weins in großen Schleudern (Zentrifugen). Beim S. werden aber dem Wein neben den Trübstoffen auch erwünschte Inhaltstoffe entzogen, und er verliert oft seinen eigenständigen Charakter. ↑ Technologie der Weinbereitung (3)

Servieren ↑ Einschenken

Sherry: berühmter, aufgespriteter, nach besonderen oxidativen Verfahren hergestellter spanischer Likör- bzw. Dessertwein, der etwa 2% der spanischen Weinproduktion ausmacht, aber zu 90% exportiert wird. S. ist die englische Bezeichnung, die sich seit 1608 durchzusetzen begann, da England auch heute noch der größte Importeur von S. ist. Er hieß früher und heißt heute noch in Spanien ↑ Jerez, in Frankreich und der UdSSR ↑ Xeres. S. wird teilweise unter dem Namen „Sack" exportiert (span. seco, trocken). Selbst in den Kriegszeiten wischen Spanien und England brauchten die Engländer nicht auf ihren S. zu verzichten, indem sie spanische Schiffe mit S. kaperten. So soll Francis Drake (1558) beim Plündern von Cádiz 3000 Schläuche S. nach England gebracht haben. Shakespeare schrieb: „Wenn ich 1000 Söhne hätte, der erste menschliche Grundsatz, den ich sie lehrte, wäre, sich dem Sherry zuzuwenden und anderen Getränken abzuschwören ... Sherry steigt in die Sinne, trocknet den traurigen Nebel, der sie umgibt und macht sie scharfsinnig, behend und erfinderisch."

S. wird aus der Rebsorte ↑ 'Palomino' und zu einem geringen Teil aus anderen Rebsorten, besonders aus ↑ 'Pedro Ximénes', die nach der späten Lese bis zu 14 Tage auf Grasmatten getrocknet wird, gewonnen. Vielfach läßt man allerdings auch die 'Palomino'-Trauben mehrere Stunden in flachen Kisten an der Sonne welken, damit sich der Zukkergehalt erhöht, der dann oft 25% ausmacht. Traditionell beginnt die Lese am 8. September mit einem Fest. Während früher schon in den Weingärten gekeltert wurde (traditionell durch Treten mit genagelten Schuhen), werden die Trauben heute in den zahlreichen ↑ Bodegas – in Jerez gibt es allein 400 – zur kühlen Tageszeit weiterverarbeitet. Dem Most, der in Spanien bis zum Jungwein so genannt wird, werden sofort nach der Kelterung gebrannter Gips oder spezielle Erden des Jerezgebietes mit über 80% Schwefelsaurem Calcium zugesetzt, um auf *p*H-Werte zwischen 3,1 und 3,5 zu kommen, damit Milch- und Essigsäuregärung vermieden werden. Im Gegensatz zu anderen Methoden der S.technologie vollzieht sich in Jerez der Gärprozeß fast immer ohne Reinhefezusatz bis zum restlosen Zuckerabbau mit etwa 12–13 Vol.-% Alkohol in nicht ganz gefüllten 500-l-Fässern. Die manchmal nur mehrere Tage, sonst zwei bis drei Wochen dauernde stürmische Gärung, bei der oft Fontänen aus den Fässern spritzen, geht in eine drei bis vier Monate dauernde langsame Gärung über. Im Dezember bis Februar nach dem Ausgären werden die Fässer auf fehler- und krankhafte Entwicklung geprüft. Der Most wird von der Hefe abgezogen, der Alkoholgehalt kontrolliert und das Aufspriten auf etwa 15,5–16 Vol.-% Alkohol mit 95%igem Weinalkohol (zur Verhinderung mikrobieller Fehlentwicklungen) vorgenommen. Nach zwei bis drei Wochen werden die Weine im Ergebnis einer Nachbeurteilung in Fässer aus amerikanischer Weißeiche mit einem Füllungsgrad von etwa Siebenachteln in einer sogenannten ↑ anada in den Bodegas gelagert. Hier entwickeln sich die Weine – auch die aus den gleichen Trauben und dem gleichen Weinberg – aus bisher noch nicht geklärten Gründen völlig unterschiedlich. Während die einen den berühmten Hefeflor als dicke Decke ausbilden, wird er bei anderen nur ganz schwach und bei einigen gar nicht entwickelt. Der Hefeflor selbst, der vor der Essigsäuregärung schützt und durch die oxidativen Vorgänge dem Wein das ganz besondere S.bukett und den speziellen Geschmack gibt, entsteht im Herbst, sinkt im Winter ab, um bei den höheren Frühjahrstemperaturen wieder aufzusteigen und sich erneut zu entwickeln.

Vor allem früher wurden einige Weine nur in der anada, also in immer demselben Faß, ausgebaut und verkauft. Die größere Menge des S. wird nach eineinhalb Jahren anada bzw. zwei oder auch drei Jahre nach der Kelterung degustiert und klassifiziert, wobei sich die Weine mit Hefeflor meist in Richtung Fino und die ohne oder mit schwachem Flor in Richtung Amontillado bzw. Oloroso entwickelt haben. Folgende Bezeichnungen und Richtungen werden fixiert:

– Palma für ↑ Fino;
– Palma Cortada für ↑ Amontillado;
– Palo Cortado, der zwischen Fino und Olorosa steht, als eigenständige ganz seltene feine Richtung mit etwa 0,2% Anteil aller angesetzten Weine;
– ↑ Oloroso mit mehr Körper und
– ↑ Raya mit unklarer Beurteilung (kann eventuell noch ein Fino oder Oloroso werden);
– Weine von den Rebflächen aus Sanlucar de Barrameda ergeben einen eleganteren Typ, der als ↑ Manzanilla bekannt ist.

Nach der Klassifizierung werden die Fässer noch einige Monate beobachtet, um dann in ein ↑ Solerasystem der jeweiligen Richtung zu gelangen. Auch hier lagern sie in Reihen übereinander in überirdischen, manchmal bis zu 14 m hohen Hallen, den Bodegas, durch die immer ein leichter Luftstrom streicht. Der Sandboden wird ständig feucht gehalten, um die Verdunstung des S. so gering wie möglich zu halten. In den Criadera, den übereinander gelagerten Faßreihen, baut der S. weiter aus. Die Weine in den Faßreihen sind unterschiedlich alt, wobei in der oberen immer nur der jüngste und in der untersten der älteste Wein lagert. In der untersten, der Solerareihe, kann noch Wein enthalten sein, der 100 und mehr Jahre alt ist. Die älteren Weine teilen sehr intensiv den jüngeren ihren Charakter mit. Aus der unteren Reihe des Solerasystems werden jährlich 25–50% in zwei oder drei Raten zum Verkauf entnommen, wobei dann von Jahrgangs- zu Jahrgangsstufe und in die obere Reihe der aus der anada klassifizierte Wein nachgefüllt wird. Einen Jahrgangs-S. aus dem Solerasystem gibt es deshalb nicht. Eine Jahreszahl auf dem Etikett kann aber das Jahr der Einrichtung der Solera anzeigen.

Die Kunst der Kellermeister, der Capataza, besteht nicht nur darin, die Gärführung sowie den Ausbau richtig zu lenken, die Entwicklungsrichtung der Weine exakt zu bestimmen und sie in ein entsprechendes Solerasystem einzuordnen, sondern vor dem Verkauf gleichbleibende Verschnitte herzustellen.

Meist hat nicht nur jede Bodega mehrere Solerasysteme und darunter solche Solerafaßreihen mit sehr altem S. sowie ausgeprägtem Charakter, sondern verschiedene Bodegas liefern auch S. an andere zu Verschnittzwecken. Daneben wird Vino de color, meist ein eingekochter Traubenmost, und Pedro Ximénez (PX) für besondere Mischungen genutzt. Pedro-Ximénez-S. ist ganz dunkel, fast schwarz, sehr süß, [span. dulce] und vollmundig an Rosinen erinnernd im Geschmack. Besonders der ↑ Cream Sherry ist ein Verschnitt mit Pedro Ximénez. Generell variiert der S. aber in den genannten Geschmacksrichtungen in unendlich vielen weiteren Schattierungen. Die Pflege des S. wird abgeschlossen durch Schönen mit tiefgekühltem frischem Eiklar, Lebrija-Erde, einer Kühlung bis zu 10 °C über mehrere Tage und durch eine Kaltfiltration.

In Australien, Bulgarien (als Hebros), Südafrika, den USA und seit den 80er Jahren auch in Ungarn wird gleichfalls S. nach unterschiedlichen oxidativen Ausbaumethoden produziert.

S. kann zu jeder Gelegenheit getrunken werden, besonders als Aperitif; Käse, roher Schinken und Nüsse schmecken besonders gut dazu, aber auch Soßen und Fleischgerichten gibt er den letzten Schliff. Der Cream-S. eignet sich besonders zum Dessert und zur Kaffeestunde. Trockene S. werden leicht gekühlt, süße mit Zimmertemperatur serviert. Jeder S., bis auf den Fino, hält sich auch lange in der angebrochenen und wieder verschlossenen Flasche oder Karaffe. (3)

Siegel ↑ Prämierung von Weinen

Siegerrebe: Kelter- und Tafeltraube von Georg Scheu (Landesanstalt für Rebenzüchtung in Alzey), 1929 gezüchtet. Die S. wird als eine Kreuzung von ↑ 'Magdalene Angevine' × 'Gewürztraminer' oder als Selbstung von 'Magdalene Angevine' angesehen. Die Trauben reifen sehr früh und sind deshalb durch Wespen und Vögel gefährdet. Sie sind mittelgroß, kompakt, teils geschultert, dicht- bis lockerbeerig, die Beeren rund, mittelgroß, anfänglich gelbbräunlich, reif rötlichbraun, hell bereift, süß, kräftig muskatig. Der Rebstock wächst anfangs schwächer, später kräftig und trägt schon an Zapfen und Streckern. Die Erträge im Berg sind mäßig und liegen bei etwa 40 hl/ha, bedingt auch durch ↑ Verrieseln. Die Mostgewichte betragen 85–100 °Oe, der Säuregehalt um 6 g/l. Die Weine sind extraktreich mit Fülle und kräftigem Muskatgeschmack und werden oft zum Verschnitt verwendet. ↑ Tafel 2 (6)

Silvaner, *Grüner Silvaner, Grüner Zierfandl, Österreicher, Frankenriesling, Johannisberger:* alte Keltertraube unbekannter Herkunft. Vermutlich aus Siebenbürgen, Transsilvanien oder Österreich stammend, war S. einst in Deutschland die flächenmäßig am stärksten angebaute Keltertraube, die den alten 'Elbling' verdrängte und im 20.Jh. zugunsten von ↑ 'Müller-Thurgau' im Anbau zurück ging. Die Lese liegt mittelspät, etwa 14 Tage vor ↑ 'Weißer Riesling'. In ungünstigen Jahren sind säureabbauende späte Lesen anzustreben. Die Trauben sind klein bis mittelgroß, kompakt walzenförmig, dichtbeerig, die Beeren mittelgroß, auch klein mit dicker grüner, vollreif gelblichgrüner, bräunlich bronzierter, punktierter, hell bereifter Schale und süßem Fleisch. Der Rebstock wächst nur mittelstark, hat späten Austrieb und späte Holzreife und ist demzufolge wenig frostresistent und anfällig für Pilzbefall und Fäulnis der Trauben. Harte Winter können zu Stockverlusten führen, daher sind Frostlagen ungeeignet. Fruchtbare, tiefgründige, wasserspeichernde Böden und reiche Düngung sind zur Erhaltung der Wuchskraft bei hohen Erträgen notwendig. Eine weiträumige Erziehung ist vorzuziehen und der Rebschnitt den örtlichen Erfahrungen entsprechend auszuführen. Der Ertrag liegt bei 80–120 hl/ha. Die Mostgewichte variieren je nach Jahreswitterung, Lage und Lese von 60 bis über 80 °Oe und der Säuregehalt von 4–9 g/l. Durch Selektion sind wertvolle Klone im Anbau. Als Farbmutanten kommen weniger wertvolle rot- und rotblauschalige S. vor. Die Weine sind in den Jahrgängen unterschiedlich, meist leichte, milde, liebliche, süffige, harmonische, säurearme, frischfruchtige Tafel- und Schoppenweine mit zartem Bukett, die jung zu trinken sind. ↑ Tafel 1 (6)

sineterismos [griech.]: Genossenschaft

Sinkspindel ↑ Aräometer

Sinnenprobe, *sensorische Prüfung:* Beurteilung der Qualität des Weins (↑ Degustation) durch Sehen, Riechen und Schmecken. (3)

slatko [jugosl.]: süß

sladko vino [bulg.]: Süßwein

Sojuzplodoimport [russ.]: abkürzende Bezeichnung des staatlichen sowjetischen Außenhandelsunternehmens auch für Weine mit Sitz in Moskau. (3)

Solerasystem: ein Verschnittsystem, das in verschiedenen Abwandlungen in allen Mittelmeerländern (Griechenland, Zypern, Sizilien, Spanien, Kanarische Inseln sowie in Bulgarien, Ungarn und der UdSSR, Australien und Südfrankreich) zum Herstellen trockener, alkoholreicher Likörweine (↑ Commandaria, Hebros, Malvasier, ↑ Sherry) durch Vermischen alter mit jungen Weinen bei oxidativem Ausbau angewendet wird. Beim S. werden Eichenfässer in drei und mehr Reihen übereinandergestapelt. In die obere Reihe gelangt immer der jüngste (18 Monate bis drei Jahre alte) Wein, wobei die Fässer nicht ganz gefüllt werden und sich meist eine charakteristische Oberflächenhefe bildet. Der jüngste Wein aus der obersten Reihe wird mit dem nächstälteren Wein der darunterliegenden Reihe vermischt und der Wein dieser Reihe gelangt dann in die Fässer der nächsten Reihe.

Im Verlauf von in der Regel drei bis zwölf Jahren gelangt dann der Wein der ehemals oberen Reihe verschnitten mit allen folgenden Reihen in die unterste Reihe. Dort wird jährlich ein Teil des Weins (maximal die Hälfte) in zwei oder drei Raten abgefüllt. Damit bleibt der Wein in Typ und Art sehr konstant und nimmt intensiv den Charakter des ältesten Weins an. Meist haben die Kellereien mehrere S., aus denen sie auch Verschnitte herstellen. (3)

Sommerarbeiten ↑ Laubarbeiten

Sopexa: 1961 gegründete, erfolgreich wirkende Förderungsgemeinschaft für den Absatz französischer Landwirtschaftserzeugnisse mit Sitz in Paris, Bern, Düsseldorf und Wien. (3)

Sorbinsäure: eine ungesättigte aliphatische Carbonsäure, die als Konservierungsmittel für restsüße Weine zugelassen ist. Bei ordnungsgemäßem Einsatz schützt sie zuverlässig vor Hefenachgärungen. S. wird als Salz (Kaliumsorbat) in einer Konzentration von 340 mg/l dem füllfertigen Wein zugesetzt. Als physiologisch unbedenkliche Substanz wird sie vom Organismus wie andere Fettsäuren verwertet. (2)

Sorten ↑ Rebsorten

Sortenbukett: das für eine Rebsorte charakteristische Miteinander von Duft- und Aromastoffen. ↑ Bukett (3)

Sortenliste: amtliches Verzeichnis selbständiger, in sich homogener Rebsorten. Die Sortenliste enthält sowohl geschützte als auch freie Sorten. In der DDR wird die gültige S. von der Zentralstelle für Sortenwesen herausgegeben. Die aufgeführten Sorten sind zur Vermehrung und zum Vertrieb in der DDR zugelassen.

Die vom Bundessortenamt der BRD erstellte *Sortenschutzrolle* enthält im Teil A geschützte und freie zugelassene Sorten, im Teil B geschützte, nicht zugelassene Sorten. (3)

Sortenmerkmale: vorwiegend morphologische Kennzeichen nach denen man versucht die einzelnen Rebsorten voneinander abzugrenzen. Solche S. sind:

– Austrieb des jungen Rebholzes;

– Form, Färbung und Behaarung (kahl, wollig, filzig) von Triebspitzen;

– Form, Querschnitt, Färbung, Streifung, Behaarung, Wüchsigkeit und Winterreife der Triebe bzw. des Rebholzes;

– Form der Achselknospen am Winterholz;

– Form (drei- bis siebenlappig, V-förmige oder geschlossene Stielbuchten, regelmäßige bzw. unregelmäßige gezähnte oder gesägte sowie generell ungleiche oder stumpfe Ränder), Größe, Färbung (glänzend, grün, blaugrün, gefleckt, blasig, Herbstfärbung) und Behaarung (kahl, glatt, behaart, wollig, borstig) junger sowie alter Blätter und zwar auf der Ober- und Unterseite sowie auf den Nerven;

– Folge und Gabelung der Ranken;

– Bau der Blüte;

– Form (schmal, breit, kegel-, pyramiden-, walzenförmig, länglich, gebogen, geschultert, verästelt), Größe und Dichte (locker, dicht, gedrungen, kompakt) der ↑ Traube;

– Form (rund, oval, kegelförmig, länglich), Größe (auch verschieden bei einer Traube), Färbung (grün, gelb, bronzefarben, braun, rot, blau, schwarzpunktiert), Reifezeit, Art der Schale (dünnhäutig, dickschalig) sowie des Fruchtfleisches (locker, prall, fest, saftig) und Geschmack der Beeren;

– Bau und Größe des Samens

Die Merkmale einer Rebsorte sind oft nach den Standorten des Anbaus und nach Sortenvarietäten mehr oder weniger ausgeprägt, weshalb die Rebsortenbestimmung auch für Fachleute nicht immer einfach ist (Tab. auf der Innenseite des Schutzumschlags). ↑ Tafel 1–4 (3)

Sortenschutz: patentrechtlicher Schutz neugezüchteter Rebsorten, die sich nach mehrjähriger Prüfung klar von anderen Rebsorten unterscheiden und in sich homogen und beständig sind. Dementsprechend werden sie mit Eigennamen in die ↑ Sortenliste aufgenommen, urheberrechtlich geschützt und dem Züchter wird Rechts- und Geldanspruch garantiert. (3)

Sortenschutzrolle ↑ Sortenliste

Sortenwein: aus den Beeren einer Rebsorte gewonnener Inlandtraubenwein, der auch mit anderen Inlandtraubenweinen verschnitten werden darf (TGL 28032). Der Weinanteil der Rebsorte, nach der das Fertigerzeugnis benannt wird, muß mindestens zwei Drittel der Gesamtmenge des betreffenden Weinverschnittes betragen. Jahrgang und Herkunftslage brauchen nicht angegeben zu werden. Diese Angaben sind aber zulässig, wenn mindestens zwei Drittel der Gesamtweinmenge vom genannten Jahrgang bzw. der genannten Herkunftslage stammen. Beispiele für S. sind: Riesling, Weißwein, Saale-Unstrut; Spätburgunder, Rotwein, Elbtal. (3)

s ostatätschna sachar [bulg.]: mit ↑ Restzucker; halbsüß oder süß

Sowjetunion. Der Weinbau stellt einen wichtigen Zweig in der Landwirtschaft der SU dar (Tab. 1 und 2). Nur in Estland, Lettland und Litauen und in Belorußland gibt es keinen Weinbau. Nach den ökologisch-geografischen Bedingungen lassen sich die elf weinbautreibenden Republiken in drei Regionen unterteilen: in die europäische Region mit der Russischen SFSR, der Ukraine und Moldawien, in die transkaukasische Region mit Georgien, Armenien und Aserbaidshan und in die mittelasiatische Region mit Kasachstan, Usbekistan, Turkmenien, Kirgisien und Tadshikistan. Die Anteile der drei Regionen an der Weinbaufläche der SU verhalten sich wie 3:2:1.

Tab. 1 *Weinanbau in der Sowjetunion* (1985)

Rebfläche [1 000 ha]	1 337
Traubenproduktion [1 000 dt]	81 390
davon Tafeltrauben	10 120
Weinproduktion [1 000 hl]	34 025
Weinexport [1 000 hl]	546
Pro-Kopf-Verbrauch [l]	13

Tab. 2 Weinbauflächen [1 000 ha] der Unionsrepubliken (1984)

Aserbaidshan	284
Moldawien	250
Ukraine	224
Russische Föderation	190
Usbekistan	132
Georgien	130
Armenien	34
Tadshikistan	29
Kasachstan	27
Turkmenien	27
Kirgisien	10
Gesamt	1 337

In Transkaukasien und Mittelasien wurde die Weinrebe schon vor 4000 bis 6000 Jahren kultiviert; diese Gebiete werden mit als Ausgangspunkte der Rebkultur überhaupt angesehen. Aber auch die europäischen Weinbaugebiete der SU haben Traditionen, die bis in die Antike zurückreichen. – Im zaristischen Rußland war der Weinbau schwach entwickelt und zersplittert. Es gab eine Vielzahl von Sorten, die oft nicht den örtlichen Bedingungen angemessen waren; die Agrotechnik stand auf einem niedrigen Niveau. Nur wenige Betriebe entsprachen dem Weltstand und waren in der Lage, international beachtete Weine hervorzubringen. Dazu gehörten die zareigenen Güter Massandra auf der Krim, Abrau-Djurso bei Noworossisk sowie Zinandali und Napareuli in Georgien. – Die Anbaufläche betrug 1914 215000 ha.

Nach der sozialistischen Umgestaltung

der Landwirtschaft entwickelte sich der Weinbau sehr schnell. Bis Ende 1940 waren 425000 ha mit Wein bepflanzt. Der zweite Weltkrieg brachte ungeheure Schäden; 25% der Rebfläche wurden vernichtet. Nach dem Krieg wurden die Weinberge neu angelegt und die Rebfläche planmäßig erweitert (Tab.). Bezüglich der Weinbaufläche nimmt die SU mit 13,9% der Weltweinbaufläche den zweiten (nach Spanien) und in der Traubenproduktion den dritten Platz (nach Italien und Frankreich) in der Welt ein (1984). Der Anteil des gesellschaftlichen Sektors beträgt 89% der Weinbaufläche, 11% werden von privaten Kleinwinzern bearbeitet. In den letzten Jahren wurden Steigerungen der Traubenproduktion in zunehmendem Maße durch Intensivierung statt durch Flächenerweiterung erzielt. Der Flächenertrag stieg von 43,9 dt/ha im Jahre 1960 auf über 80 dt/ha im Jahre 1984. Wesentlich dazu beigetragen haben die Konzentration und Spezialisierung der Produktion durch zwischenbetriebliche Kooperation und Agrar-Industrie-Integration. Die so entstandenen Agrar-Industrie-Vereinigungen haben eine Betriebsgröße bis 1000 ha und mehr, nehmen 80% der Weinbaufläche des Landes ein und erzeugen über 85% der Traubenernte. – In der Zone des nichtbedeckten Weinbaus, die etwa 60% der Rebpflanzungen ausmacht, wurde auf einer Fläche von mehr als 500000 ha die Hochstammerziehung mit großen (3–4 m) Reihenabständen eingeführt. Der Anteil der Anlagen mit veredelten Reben auf reblausfesten Unterlagen (1980 30%) nimmt ständig zu, insbesondere in den von der Reblaus befallenen Gebieten. In den Rebschulen werden neue Technologien zur Anzucht von virusfreien Unterlagen, Pflanzreben mit fertigem Stamm und vorgetriebenen Pflanzreben angewandt. – Die Sortenstruktur ist, bedingt durch die großen Unterschiede in den klimatischen Bedingungen, Bodentypen und jahrtausendelangen Traditionen äußerst mannigfaltig. Es gibt allein schon 261 für bestimmte Anbaugebiete offiziell empfohlene Sorten, ungefähr 2000 insgesamt. Insbesondere in Moldawien und in der Ukraine wird noch ein geringer Anteil von Amerikaner-Hybriden angebaut, die teilweise auch gekeltert werden (z. B. 'Isabella'). Sie werden jedoch immer mehr durch Sorten der Art *Vitis vinifera* ersetzt. Im Jahre 1984 wurden auf etwa 83% der Rebflächen Keltertrauben angebaut, Tafeltrauben auf 13% und Trauben für die Rosinengewinnung auf 4% der Fläche.

Die im Mai 1985 beschlossenen Maßnahmen zur Überwindung der Trunksucht und des Alkoholismus leiteten einen grundlegenden Strukturwandel des Weinbaus ein, der in erster Linie auf die Produktion von Tafeltrauben orientiert. Durch Anbau von Tafeltraubensorten unterschiedlicher Reifeperioden soll der Bevölkerung diese wertvolle Obstart über einen längeren Zeitraum im Jahr, der sich durch spezielle Lagerungsmethoden noch weiter ausdehnen läßt, zur Verfügung gestellt werden. Für das Jahr 2000 sind 30–35 Mill. dt Tafel- und Rosinentrauben vorgesehen. Dazu werden spezielle Sortenempfehlungen – Neuzüchtungen eingeschlossen – erarbeitet, die gut an die jeweiligen natürlichen Bedingungen angepaßt sind.

Neuanlagen werden künftig bevorzugt in südlichen Gebieten errichtet, wo man ohne den arbeitsaufwendigen Winterschutz der Reben auskommt.

Weinerzeugung und Kellerwirtschaft waren im zaristischen Rußland schwach entwickelt. Im Jahre 1914 wurden 3 Mill. hl Wein und 429000 Flaschen Sekt hergestellt. 1936 wurde die gesamte Weinindustrie im Volkskommissariat für Nahrungsgüterindustrie zusammengefaßt. Seitdem nahm dieser Wirtschaftszweig eine rasche Entwicklung, die allerdings durch den zweiten Weltkrieg schwere Rückschläge erlitt. 1984 lag die Produktion von Traubenwein über 10mal und von Sekt 534mal so hoch wie 1914. Damit nimmt die SU in der Weinerzeugung den vierten Platz in der Welt ein.

Charakteristisch für die Weinindustrie der SU ist die Aufteilung in Betriebe der primären und der sekundären Weinverarbeitung. Erstere sind in den Weinbauzentren gelegen und verarbeiten die Trauben zu Rohweinen der verschiedenen Typen bis zu einer Entwicklungsstufe, in der sie mit Tankwagen in die Betriebe der sekundären Weinerzeugung transportiert werden können. Diese befinden sich in großen Städten und übernehmen den Ausbau, die Lagerung und die Abfüllung. In den Betrieben der primären Weinverarbeitung werden Fließlinien, die 200000 bis 500000 dt Weintrauben in der Saison verarbeiten, kontinuierliche Gärung, Ultrakühler zur Kältebehandlung u. ä. eingesetzt. Mechanisiert und automatisiert laufen auch viele Prozesse in den sekundären Verarbeitungsbetrieben ab. – In der SU wurde ein prinzipiell neues Verfahren zur Schaumweinherstellung im kontinuierlichen Betrieb entwickelt und eingeführt, das auch in Bulgarien und in der ČSSR benutzt wird; Firmen aus Frankreich und Spanien haben Lizenzen erworben. Neue Technologien wurden auch für die Herstellung von Weinen des Sherry- und Madeiratyps sowie von Weinbrand entwickelt.

In der SU werden etwa 600 verschiedene Traubenweine hergestellt; 94% der Weine sind gewöhnliche, 6% Markenweine. Erstere gehen nach Fertigstellung ohne Lagerung, aber nicht früher als drei Monate nach dem Keltern an den Handel. Bei den Markenweinen handelt es sich um Qualitätsweine, die aus den besten Traubensorten in klimatisch begünstigten Weinbaugebieten hergestellt und je nach Typ eineinhalb bis vier Jahre gelagert werden. Markenweine von hervorragender Qualität, die nach Abschluß der Faßlagerung noch mindestens drei Jahre auf der Flasche gelagert werden, bezeichnet man als *Kollektionsweine.* Während in allen anderen Weinländern die Tischweine (in der SU keine Qualitätsstufe, sondern Weintyp mit dem niedrigsten Alkoholgehalt – 9–14 Vol.-% –, der durch Gärung des Mostes oder der Maische ohne Spritzusatz gewonnen wird) überwiegen, hat die SU einen sehr hohen Anteil sogenannter verstärkter (krepljonye), d. h. aufgespriteter Weine, wie sie dort die Mehrzahl der Verbraucher wünscht. Bei den verstärkten Weinen wird je nach Gesamtalkoholgehalt zwischen starken (krepkije) Weinen mit 17–20 Vol.-% und Dessertweinen mit 12–17 Vol.-% Alkohol unterschieden. Erstere gibt es je nach Zuckergehalt trocken (1–3%) und halbsüß (4–14% Zucker). Die Dessertweine werden in halbsüße (5–12%), süße (14–20%) und Likörweine (21–35% Zucker) eingeteilt. Der durch natürliche Gärung entstandene Alkoholgehalt muß zum Zeitpunkt der Spritung bei starken Weinen mindestens 3 Vol.-% und bei Dessertweinen mindestens 1,2 Vol.-% betragen. Verstärkte Weine werden nur aus solchen Traubensorten hergestellt, die von Natur aus hohe Mostgewichte bringen. Wie die Tischweine gibt es auch die verstärkten Weine als Weiß-, Rosé- oder Rotweine und als gewöhnliche und Markenweine. – Das Sortiment der sogenannten stillen Weine wird durch die aromatisierten Weine (Wermut) vervollständigt, ebenfalls in den Varianten „stark“ und „Dessert“.

Bei den kohlendioxidhaltigen Weinen muß auf eine Spezialität hingewiesen werden. Außer den durch Zusatz von Kohlensäure hergestellten *Imprägniersekten* (Schiputschije Wina oder Gasirowannyje Wina) gibt es zwei Arten von Schaumweinen, bei denen der Kohlendioxidgehalt durch eine zweite Gärung auf natürliche Weise entsteht: *Sowjetskoje Schampanskoje* und *Igristyje Wina*. Bei der erstgenannten Art besteht die Cuvée für die zweite Gärung aus durchgegorenen Weinen wie allgemein üblich, bei der zweiten Art sind außerdem abgestoppte Moste oder verstärkte Weine (oder beides) in der Cuvée enthalten. Dafür werden Traubensorten mit einem hohen Gehalt an Aroma-, Farb- und Extraktstoffen ausgewählt; die Ansprüche an den Reifegrad der Trauben sind höher als bei den Sektgrundweinen. Diese Schaumweine unterscheiden sich von den traditionellen durch eine größere Vielfalt der Farbe, des Buketts und des Geschmacks. Der Kohlendioxiddruck liegt etwas niedriger.

Der Beschluß zur Bekämpfung des Alkoholismus löste auch in der Weinindustrie eine Umgestaltung aus. Insbesondere wird die Herstellung verstärkter Weine drastisch zugunsten von Säften, Saftkonzentraten, Sirup, Kompott, Weinessig u. a. alkoholfreien Produkten eingeschränkt. Dazu ist es erforderlich, neue Technologien zu erarbeiten und Umrüstungen der Betriebe vorzunehmen.

Die technisch-rechtliche Dokumentation der Weinherstellung erfolgt in der SU durch eine ganze Reihe von Standards, Vorschriften u. ä., deren wichtigste die Grundvorschriften für die Produktion von Traubenwein von 1964 sowie GOST 7208–70 Traubenweine – Technische Forderungen sind. Die Schaumwein- und Weinbrandherstellung eingeschlossen, gibt es über 200 staatliche Standards, technologische Instruktionen, Vorschriften und Normative, die 1984 in einem Sammelband herausgegeben wurden. – Eine Verordnung über Weine mit kontrollierter Ursprungsbezeichnung wird vorbereitet.

Flaschenetikett aus Armenien

Die Etiketten sowjetischer Weine sind grafisch sehr unterschiedlich, vom In-

Flaschenetikett aus der Ukraine

halt her aber ziemlich einheitlich gestaltet. Als Bezeichnung des Weins wird oft die Traubensorte gewählt; in diesem Fall dürfen bis zu 15% andere Sorten enthalten sein. Sehr häufig erfolgt die Bezeichnung nach der Herkunft, oder es werden Phantasienamen gewählt. Wenn der Wein nicht aus der RSFSR kommt, wird die Bezeichnung in der Nationalsprache der Unionsrepublik und in russisch angegeben. Es kann sogar noch eine dritte Sprache hinzukommen, wenn der Wein aus einer autonomen Republik stammt; ein Wein aus Suchumi z. B. wird abchasisch, georgisch und russisch beschriftet. Weitere Angaben betreffen Weintyp, Alkohol- und Zuckergehalt, Flaschenvolumen, den zugrundeliegenden Standard (GOST), den Abfüllbetrieb, die Herstellerorganisation und das übergeordnete Ministerium. Üblich ist auch die Abbildung der Medaillen, mit denen der Wein ausgezeichnet wurde einschließlich des staatlichen Gütezeichens. Auf die Rückseite des Etiketts wird das Abfülldatum gestempelt. Handelt es sich um einen Markenwein, ist das im allgemeinen nicht auf dem Haupt-, sondern auf einem besonderen Halsetikett mit Angabe der Lagerungsdauer vor dem Abfüllen vermerkt. Der Jahrgang wird in der Regel nicht ausgewiesen. Auch ohne Sprachkenntnisse kann man bei vielen Weinen am Warenzeichen erkennen, aus welcher Unionsrepublik sie kommen:

Moldawien – Storch mit Traube;
Ukraine – bauchige Weinflasche mit Traube;
Georgien – Weinblatt, Weintrauben und Siegel;
Armenien – Berg Ararat mit Sonne und Weintraube (Abb.).

Sowjetische Weine werden durch die Allunionsvereinigung Sojusplodoimport des Ministeriums für Außenhandel der UdSSR in 24 Länder exportiert. Der Anteil der sozialistischen Staaten beträgt 61%. Im Vergleich zum Produktionsvolumen macht der Export nur einen sehr geringen Teil aus, obwohl viele sowjeti-

Flaschenetikett aus Georgien

sche Weine durchaus mit renommierten Firmen auf dem Weltmarkt konkurrieren könnten. Maßnahmen zur Erhöhung des Exports sind unter anderem darauf gerichtet, die Garantiefristen für die Stabilität der Weine zu verlängern. Der Übergang zu der international üblichen Klassifikation der Weine wird diskutiert.

Wissenschaftliche Einrichtungen, die sich mit Weinbau und Weinherstellung befassen, gibt es in allen elf weinbaubetreibenden Republiken. Als Zentralinstitut für Weinbau fungiert seit 1981 das Allrussische Forschungsinstitut für Weinbau und Weinbereitung „J. I. Potapenko" in Nowotscherkassk, Gebiet Rostow am Don. Neben umfangreichen eigenen Forschungsaufgaben koordiniert es die Forschungsarbeiten auf dem Gebiet des Weinbaus in der SU und kooperiert mit ausländischen Einrichtungen. Analoge Aufgaben auf dem Gebiet der Weinbereitung und Traubenverarbeitung nimmt das Allunions-Forschungsinstitut für Weintrauben und Weintraubenerzeugnisse (bis Mai 1986 Allunions-Forschungsinstitut für Weinbereitung und Weinbau) „Magaratsch" in Jalta wahr. Es wurde 1828 am Nikitaer botanischen Garten gegründet und besitzt auch eine große ampelografische Sammlung und ein Weinbaumuseum mit Önothek. Die größte ampelografische Sammlung der SU mit über 2800 Sorten befindet sich in Kodru bei Kischinjow (Moldawien), weitere große Weinbaumuseen in Tbilissi, Nowotscherkassk, Taschkent, Abrau-Djurso bei Noworossisk und Stawtscheny bei Kischinjow. In der zum Weinkombinat Massandra (Krim) gehörenden Önothek werden 400000 Flaschen einheimischer Kollektionsweine und berühmte ausländische Weine – die ältesten stammen aus dem Jahre 1775 – aufbewahrt.

Im folgenden wird ein kurzer Überblick über die Besonderheiten der elf Weinbaurepubliken und ihre Weine gegeben.

Russische SFSR. Weinbau und primäre Weinverarbeitung sind im nördlichen Vorland des Kaukasus mit dem Gebiet Krasnodar am Schwarzen Meer und Dagestan am Kaspischen Meer als Schwerpunkte konzentriert. Das nördlichste Weinbaugebiet liegt bei Zimljansk am Unterlauf des Don, und selbst im Fernen Osten, im Primorsker Gebiet, wird in bescheidenem Umfang Wein angebaut. Der Anteil des Weinbaus an der Pflanzenproduktion der RSFSR beträgt 0,14%. Etwa die Hälfte der Anbaufläche erfordert zur Überwinterung der Reben eine Abdeckung (Fröste bis −35 °C bei geringer Schneehöhe). In den letzten Jahren wurden deshalb verstärkt neue Sorten mit erhöhter Frostbeständigkeit (meist Rückkreuzungen mit Amur-Hybriden wie 'Saperawi Sewerny' oder 'Fioletowy Ranni') vermehrt. Große Gebiete müssen regelmäßig oder zeitweise bewässert werden. Die wurzelechte Rebkultur herrscht noch vor.

Am verbreitesten sind folgende Rebsorten: ↑ 'Rkaziteli', 'Riesling', ↑ 'Aligoté', 'Plawai', ↑ 'Clairette', Muskatsorten, 'Pinot Gris', 'Puchljakowski', ↑ 'Silvaner', ↑ 'Traminer', 'Aly Terski' (für Weißwein) und ↑ 'Cabernet', 'Matrasa', 'Asyl-Kara', 'Pinot Franc', ↑ 'Saperawi', 'Zimljanski Tschorny', 'Pletschistik' (für Rotwein).

– *Tischweine:* Riesling Abrau, Riesling Myßchako, Aligoté Gelendshik, Aligoté Dona, Rasdorskoje (aus 'Kokur belý'), Silvaner Beschtau (weiß) und Cabernet Abrau, Cabernet Myßchako (rot);

– *starke Weine:* Kisljar (aus 'Rkaziteli' u.a. weißen Sorten; Portweintyp), Tarki-Tau (Verschnitt aus 'Narma' und 'Rkaziteli'; Sherrytyp) und Madeira Dona (Verschnitt aus 'Aligoté', 'Bely Krugly' und 'Rkaziteli');

– *Dessertweine:* Naturskoje Dessertnoje (aus 'Rkaziteli'), Terskoje (aus 'Pinot Gris'), Muskat Kubanski (aus gleichnamiger Sorte), Muskat Drushba (aus 'Muskat weiß' und 'Ungarischer Muskat'), Cabernet Anapa;
– *Schaumweine:* Sowjetskoje Schampanskoje aus Abrau-Djurso, Zimljanskoje Igristoje (rot; halbsüß ud süß);
– *Weinbrände:* Lesginka, Dagestan, Jubilejny (die meisten Weinbrände der RSFSR kommen aus Dagestan).

Ukraine. Die Krim ist das wichtigste Weinbaugebiet der Ukraine mit gemäßigt warmem Klima im Landesinnern und subtropischem Klima an der Südküste. Hier befindet sich das traditionsreiche Weinkombinat Massandra, eines der größten Unternehmen der SU zur Herstellung hochwertiger Markenweine. Von dort kommen unter anderem
– *starke Weine:* Roter Portwein Liwadija (aus 'Cabernet-Sauvignon'), Cheres (Sherry) Massandra (Verschnitt aus 'Sercial' und ↑ 'Verdelho') und Madeira Massandra (Verschnitt aus 'Sercial' und 'Verdelho');
– *Dessertweine:* Muskat Bely Krasnowo Kamnja (= Weißer Muskat vom Roten Stein; ausgezeichnet mit zwei Grand-Prix-Pokalen und 18 Gold- und Silbermedaillen), Muskat Rosowy Jushnobereshny (aus 'Muskat Rosé' und 'Roter Muskat'), Tokai Jushnobereshny (aus 'Furmint' und 'Lindenblättriger').

In der Weinkellerei des Allunions-Forschungsinstituts für Weinbereitung und Weinbau Magaratsch in Jalta werden u. a. folgende Weine hergestellt:
– *starker Wein:* Sercial (aus der gleichnamigen Sorte; Madeiratyp);
– *Dessertweine:* Muskat weiß, Muskat rosé, Bastardo Magaratschski (aus der gleichnamigen Sorte; rot) und Dshalita (aus 'Rubinowy Magaratscha' und 'Dshalita').

Von der Krim kommen weiterhin
– *Tischweine:* Riesling Alkadar, Aligoté Solotaja Balka, Cabernet Katschinskoje, Aluschta (aus 'Cabernet-Sauvignon', 'Saperawi' u. a.);
– *Dessertweine:* Kokur Dessertny Surosh, Solnjetschnaja Dolina und Tschorny Doktor (alle drei aus lokalen Traubensorten hergestellt).

An die Krim schließen die Weinbauregionen der Gebiete Saporoshje, Cherson, Nikolajew und Odessa an. Die bekanntesten Erzeugnisse sind hier
– *Tischweine:* Perlina Stepu (aus 'Aligoté'), Naddniprjanske (aus 'Riesling') und Oksamit Ukrainy (aus 'Cabernet').

Das Transkarpatengebiet mit seinem Überfluß an Wärme und Niederschlägen und optimalen Hanglagen ist zwar relativ klein, bringt aber eine ganze Reihe interessanter Weine hervor, wobei die angebauten Sorten die Nachbarschaft zum ungarisch-slowakischen Weinbau erkennen lassen.
– *Tischweine:* Promeniste (aus 'Traminer'), Serednjanske (aus 'Leanyka'), Berigiwske (aus 'Welschriesling'), Kwiti Poloniny (aus 'Furmint' und ↑ 'Lindenblättriger').

In der Ukraine werden auch vorzügliche Schaumweine hergestellt. Weltberühmt ist die Sektkellerei von Nowi Swet (bei Sudak, Krim), die von dem russischen Önologen L. S. Golizyn am Ende des 19. Jh. begründet wurde und die bereits auf der Pariser Weltausstellung im Jahre 1900 den Gand Prix für ihren Sekt Nowi Swet erhielt. Andere bekannte Schaumweine von der Krim sind Muskatnoje Igristoje (weiß) und Sewastopolskoje Igristoje (rot). Die größte Schaumweinkellerei der SU befindet sich bei Artjomowsk (Gebiet Donezk im Osten der Ukraine) in den Stollen eines alten Gipsbergwerks. Hier wird außer klassischem Sekt auch eine im Ausland sehr beliebte Spezialität hergestellt, der rote halbsüße Kollektionsschaumwein *Artjomowskoje Igristoje* (unter anderem aus 'Cabernet' und 'Saperawi').

Moldawien. Seit 4000 bis 5000 Jahren wird im Gebiet zwischen den Flüssen Prut und Dnestr Wein angebaut und gekeltert. Heute ist der Weinbau in Moldawien wertmäßig mit 25–30% am Ergebnis der landwirtschaftlichen Produktion beteiligt; 10% der landwirtschaftlichen Nutzfläche sind mit Reben bepflanzt, und hier werden 25% des Gesamtaufkommens der SU an Trauben geerntet. Weinbau und Weinverarbeitung konzentrieren sich auf den zentralen Teil der Republik mit der Hauptstadt Kischinjow als Schwerpunkt. Im nördlichen Moldawien hat der Weinbau aufgrund des rauheren Klimas nur lokale Bedeutung. Der nichtbedeckte Weinbau mit Stammerziehung macht über 70% der Fläsche aus, Bewässerung ist kaum erforderlich.

In Moldawien werden weit über 100 verschiedene Weine und Weinbrände hergestellt.

– *Tischweine:* Aligoté, Fetjaska, Riesling, Sauvignon, Semillon (Sortenweißweine), Cabernet, Romaneschti (aus 'Cabernet', ↑ 'Merlot' und ↑ 'Malbec'), Negru de Pukar (aus 'Cabernet', 'Saperawi', 'Sereksija'; rot) und Cheres Moldowa (aus 'Aligoté', 'Traminer' u. a., ein Sherry, der offenbar nicht gespritet ist);

– *starke Weine:* Cheres Jantar (Verschnitt vom Sherrytyp);

– *Dessertweine:* Gratijeschty (aus 'Rkaziteli'; weiß) Trifeschty (aus 'Pinot Gris'; weiß) und Cahors Tschumai (aus 'Cabernet'; rot);

– *Schaumweine:* Kodrinskoje Igristoje (aus 'Cabernet-Sauvignon', 'Pinot Blanc' und 'Sauvignon'; rot) und Krikowskoje Igristoje (aus 'Cabernet-Sauvignon', 'Merlot' und 'Saperawi'; rot). Beide Marken sind Kollektionsweine.

– *Weinbrände:* Jubilejny, Doina und Sjurprisny.

Georgien. Georgien ist eines der ältesten und bedeutendsten Weinbaugebiete der Erde. Über viele Jahrhunderte erwies sich der Weinbau als wichtigster Wirtschaftszweig des Landes. Durch die starke tektonische Gliederung und die damit verbundenen klimatischen Besonderheiten und unterschiedlichen Bodentypen haben sich eine große Zahl lokaler Rebsorten, Anbaumethoden und verschiedene Technologien der Weinherstellung herausgebildet und bis heute erhalten. Der Anteil der Weinbaufläche an der gesamten landwirtschaftlichen Nutzfläche beträgt 5,5%. Von Ost nach West nimmt die Bedeutung des Weinbaus ab. Nach der Art der erzeugten Weine unterscheidet man die östlichen Weinbauzonen Kachetien und Kartli und die westlichen Imeretien, Ratscha-Letschchumi und die feuchte subtropische Zone am Schwarzen Meer. Der Sortenvielfalt wird durch wissenschaftlich begründete Anbauempfehlungen (Rajonirowanije) entgegengetreten. Die klimatischen Bedingungen lassen einen unbedeckten Weinbau zu. Es werden veredelte Reben gepflanzt. Die Erziehungsformen sind sehr unterschiedlich; auf den großen Rebpflanzungen setzt sich das vertikale Spalier durch. Etwa ein Drittel der Weinberge wird bewässert.

Die georgischen Tischweine erfreuen sich besonderer Beliebtheit. Sie werden auf drei verschiedene Weisen hergestellt. Neben der üblichen europäischen Technologie werden auch traditionelle Verfahren im industriellen Maßstab angewandt. Beim kachetischen Verfahren werden Weiß- und Rotweine mit Stielen auf der Maische vergoren. Nach Abschluß der Gärung wird der junge Wein noch drei bis vier Monate auf der Maische belassen. Die so hergestellten Weine zeichnen sich durch ein besonders deutliches Sortenaroma aus. Beim imeretischen Verfahren wer-

oben Traubenquetsche und Entrappmaschine mit zwei Maischegärbehältern · *Mitte links* Etikettieranlage, *rechts* Folieneinschweißanlage · *unten links* Weinarchiv · *rechts* Degustation

oben Traktor beim Spritzen von Pflanzenschutzmitteln · *Mitte links* Echter Mehltau · *rechts* Rebenpockenmilbe · *unten links* Grauschimmel · *rechts* Reblausblattgallen

oben links Erfrorene Rebanlage am Süßen See bei Halle · *rechts* Falscher Mehltau · *Mitte links* Hagelschäden am Rebstock · *rechts* Kräuselmilbenbefall der Triebspitze · *unten links* Blattrollkrankheit · *rechts* Schildläuse am Stamm

Weinberge im Elbtal bei Radebeul

Arbeiten im Weinberg; *oben* Auswahl des Pflanzgutes und Aufreben im Weinberg am Jacobstein bei Radebeul · *Mitte* Weinlese auf dem Dechantenberg (Saale/Unstrut) · *unten* Weinlese an den Südhängen der Elbe

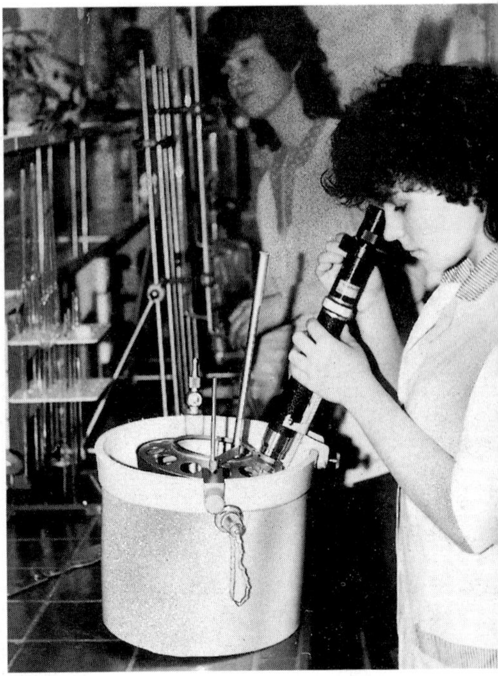

oben links Freitanklager mit Glaslaminatbehältern · *rechts* Laborrefraktometer zur Bestimmung der Dichte in Grad Oechsle · *unten* Tankhalle

oben Betriebsgelände der Sektkellerei Freyburg; im Hintergrund die Neuenburg · *unten* Kälteanlage in der Freyburger Sektkellerei

oben Küfer bei der Arbeit · *unten* Faßkeller in Tokaj

den die Stiele aus der Maische entfernt und nur der Seihmost und erste Preßmost mit einem bestimmten Zusatz der abgepreßten Rückstände vergoren. Gärung und Lagerung erfolgen bei beiden Verfahren in großen unterirdischen Tongefäßen (Kwewri).

– *Tischweine weiß, europäische Art:* Zinandali und Gurdshani (beide aus 'Rkaziteli' und 'Mzwane'), Zolikouri (aus der gleichnamigen Sorte und 'Semillon'), Muchranuli (aus 'Aligoté'), Napareuli (aus 'Rkaziteli');

– *Tischweine weiß, kachetische Art:* Tibaani und Telawi (beide aus 'Rkaziteli' und 'Mzwane');

– *Tischweine weiß, imeretische Art:* Swiri (aus 'Zolikouri', 'Zizka' und 'Krachuna');

– *Tischweine rot, europäische Art:* Teliani (aus 'Cabernet'), Mukusani und Napareuli (beide aus 'Saperawi');

– *Tischweine halbsüß, natur:* Tschchaweri (aus der gleichnamigen Sorte; weiß), Achmeta (aus 'Mzwane'; weiß), Chwantschkara (aus 'Aleksandrouli' und 'Mudshuretuli'; rot), Kindsmarauli und Achascheni (beide aus 'Saperawi'; rot);

– *starke Weine:* Saamo (aus 'Rkaziteli', 'Mzwane', 'Chichwi'; weiß), Kardanachi (aus 'Rkaziteli', 'Mzwane Kachetinski', 'Chichwi'; weiß);

– *Dessertweine:* Salchino (aus 'Isabella'; rot), Chichwi (aus gleichnamiger Sorte; weiß);

– *Schaumweine:* Atenuri (aus 'Tschinuri' und 'Budeschuri'; halbsüß; weiß), Aisi (aus 'Saperawi', 'Aleksandrouli' u. a.; rosé);

– *Weinbrände:* Eniseli, Tbilissi, Gremi, Warziche, Jubilejny.

Armenien. Armenien ist ein Gebirgsland; 90% der Fläche liegen über 1000 m hoch, und teilweise wird bis in 1700 m Höhe Weinbau betrieben. Durch Ausgrabungen ist belegt, daß Weinbau und -kelterung bereits im 7. Jh. v. u. Z. auf einer hohen Entwicklungsstufe standen. Durch die wechselvolle Geschichte des Landes erlitt der Weinbau immer wieder starke Rückschläge und hatte keine größere wirtschaftliche Bedeutung. Heute beträgt der Anteil des Weinbaus an der Pflanzenproduktion der Republik wertmäßig 22%. In den letzten Jahren wurden früher nicht genutzte Flächen für den Weinbau erschlossen, die von spezialisierten Sowchosen bewirtschaftet werden. Besondere Anstrengungen werden unternommen, um durch Einführung frostbeständiger Sorten den arbeitsaufwendigen bedeckten Weinbau, der auf über 80% der Weinbaufläche erforderlich ist, zugunsten der Hochstammerziehung abzubauen. Der Anteil der wurzelechten Reben beträgt 88%. Bewässerung ist fast für die gesamte Weinbaufläche erforderlich. Sie wird durch ein umfangreiches Kanalsystem ermöglicht. Die weinverarbeitende Industrie ist in der staatlichen Vereinigung Ararat zusammengeschlossen, zu der auch ein Teil der Weinberge gehört. In den folgenden fünf landwirtschaftlichen Zonen wird Weinbau betrieben: Araratebene, Vorgebirge der Araratebene, Nordöstliche Zone, Daralagesker und Sangesursker Zone. Den größten Anteil hat die Araratebene mit trocken-kontinentalem Klima.

Der Anteil der Weinbrände an der Gesamtproduktion der Weinindustrie ist in Armenien wesentlich höher als in den anderen Republiken. Armenische Weinbrände werden in 35 Länder exportiert. Die armenischen Tischweine haben von Natur aus wenig Säure; deshalb ist der Zusatz von Weinsäure zum Most und Zitronensäure zum Wein erlaubt.

– *Tischweine:* Etschmiadsin (aus 'Woskeat'; weiß) mit 14 bis 16% der alkoholreichste trockene Tischwein der SU; die Trauben werden bei einem Zucker-

gehalt von mindestens 25% (≙ 106 °Oe) gelesen, Woskewas (aus 'Woskeat'; weiß), Areni (aus 'Areni Tschorny'; rot), Noraschen (Verschnitt aus 'Kacheti' und 'Sew Chagog'; rot), Wernaschen (aus 'Areni Tschorny'; rot; halbsüß);
– *starke Weine:* Aschtarak (Verschnitt aus 'Woskeat' und 'Tschilar'; Sherrytyp), Oschakan (Verschnitt aus 'Woskeat' und 'Tschilar'; Madeiratyp), Aigeschat (aus 'Woskeat'; Portweintyp);
– *Dessertweine:* Muskat Bely (aus 'Muskat weiß'), Arewschat (aus 'Mßchalí', 'Kachet', 'Woskeat', 'Muskat weiß');
– *Schaumweine:* Sowjetskoje Schampanskoje;
– Weinbrände: Jubilejny, Dwin, Jerewan, Armenija, Nairi, Otborny, Ararat, Achtamar, Waspurakan.

Aserbaidshan. Weinbau und Weinbereitung gehen in Aserbaidshan bis in die vorgeschichtliche Zeit zurück. Seine geografische Lage bietet für die Rebkultur sehr günstige Bedingungen. Der Große Kaukasus hält die kalten Nordwinde ab, die Winter sind, von den Hochgebirgslagen abgesehen, mild. Für den Weinbau stehen große Landreserven zur Verfügung, insbesondere wenig genutzte Hänge, die sich zur Terrassierung eignen. Aufgrund der unterschiedlichen Höhenlagen sind alle Klimatypen von subtropisch bis kalt vertreten, so daß der Anbau von Traubensorten aller Reifeperioden möglich ist. Auf 7% der landwirtschaftlichen Nutzfläche wird Weinbau betrieben, der wertmäßige Anteil an der Pflanzenproduktion beträgt über 40%. Damit steht der Weinbau Aserbaidshans flächenmäßig an erster und ertragsmäßig an zweiter Stelle in der Sowjetunion. Seit 1970 wurde die Anbaufläche auf das 2,3fache vergrößert und dabei gleichzeitig der Flächenertrag von 47 auf über 100 dt/ha gesteigert. Nur auf 6% der Fläche ist bedeckter Weinbau erforderlich, 52% müssen bewässert werden, 85% sind mit wurzelechten Reben besetzt. Auf den Großanlagen werden 18 Kelter- und 10 Tafeltraubensorten kultiviert. Flächenmäßig beträgt der Anteil der Tafeltrauben nur 6,5%. Im Staatlichen Komitee Aserbaidshans für Weinbau und Weinerzeugung sind 80% aller Weinberge und fast die gesamte Weinindustrie zusammengeschlossen. Aserbaidshan ist in 10 Weinbauzonen eingeteilt. Die größten Rebflächen haben die Kirowabad-Kasachsker und die Schirawansker Zone.
Es werden 72 verschiedene Weine, Schaumweine und Weinbrände hergestellt.
– *Tischweine:* Sadylly (aus 'Bajan Schirej'; weiß), Martuni (aus 'Chindogny'; rot), Matrasa (aus der gleichnamigen Sorte; rot);
– *starke Weine:* Akstafa und Alabaschly (beide Verschnitt aus 'Bajan Schirej' und 'Rkaziteli'; Portweintypen);
– *Dessertweine:* Mil und Kara-Tschanach (beide aus 'Rkaziteli'; weiß), Kjurdamir (aus 'Schirwan Schachi'; rot), Aserbaidshan (aus 'Murweder', 'Malbec', 'Cabernet-Sauvignon' und 'Matrasa'; rot), Schemacha (aus 'Matrasa'; rot; Cahorstyp);
– *Schaumweine:* Sowjetskoje Schampanskoje, Shemtschushina Aserbaidshana (aus 'Matrasa'; rot; halbsüß);
– *Weinbrände:* Aserbaidshan, Moskwa, Baku, Gjandsha, Gek-gel.

Mittelasiatische Republiken. Für Mittelasien sind viele Weinbauzentren belegt, die vor 6000 Jahren und früher entstanden. Einschneidende historische Ereignisse brachten Weinbau und Weinherstellung aber immer wieder zum Verfall. Die Angliederung an Rußland im 19. Jh. hat sich günstig ausgewirkt; frische Weintrauben und Rosinen – die Produkte des Weinstocks unter den Bedingungen des Islam – konnten auf den europäischen Märkten abgesetzt werden. Größere wirtschaftliche Bedeutung erlangte der Weinbau aber erst in den letzten Jahrzehnten nach Gründung spezialisierter Kollektivwirtschaften und Staatsgüter sowie von Betrieben der primären und sekundären Weinverarbeitung einschließlich Sektkellereien und Weinbrennereien.

Kontinentales bis streng kontinentales Klima herrscht vor, so daß größtenteils der bedeckte Weinbau betrieben wird; nur in Tadshikistan und Kirgisien kommt man ohne Winterbau aus. Bewässerung ist fast überall erforderlich. Die lange Vegetationsperiode und der hohe Anteil an Sonnentagen ermöglichen den Anbau von Traubensorten aller Reifeperioden, so daß man vier Monate Trauben ernten kann. Zusammen mit der Lagermöglichkeit von sechs bis sieben Monaten ergibt sich damit ein Zeitraum für die Versorgung mit Tafeltrauben bis zu elf Monaten. Günstige Bedingungen liegen auch für die Rosinengewinnung vor, an der Usbekistan den größten Anteil hat (70% des Aufkommens der SU). In den heißen Sommern trocknen die Weinbeeren mitunter schon am Stock ein. 80% der Rosinenernte stammen aus samenlosen Sorten. Neben altbekannten Sorten für die Tafeltrauben- und Rosinenproduktion wurden auch mehrere Neuzüchtungen in das Sortiment der empfohlenen Sorten aufgenommen. Für die Kelterung werden neben einheimischen auch solche Sorten verwendet, die sich in den westlichen Anbaugebieten der SU bewährt haben. Die hohen Mostgewichte bieten die Grundlage für die Herstellung von Dessertweinen; Tischweine sind im Produktionsprogramm nur als Ausnahme zu finden. Außerdem wird in allen Republiken Weinbrand hergestellt und, bis auf Turkmenien, auch Schaumwein. Der Weinbau in den mittelasiatischen Republiken wächst ständig weiter an. Das geschieht durch Erweiterung der Bewässerungssysteme, aber auch durch die Nutzung steiniger Böden und Hänge. An der Erschließung von Bodenressourcen in Höhenlagen bis 2000 m wird gearbeitet.

Im folgenden wird eine Übersicht über die mittelasiatischen Weinbaugebiete und ihre Weine gegeben:

Kasachstan. Die Weinbauzentren liegen in den Gebieten Alma-Ata, Tschimkent und Dshambul.

Tischweine: Tschilikskoje (aus 'Kuldshinski'; weiß; trocken), Issykskoje (aus 'Rkaziteli'; weiß; halbsüß);

– *starke Weine:* Kysyl-Kum (aus 'Rkaziteli'; weiß; Portweintyp);

– *Dessertweine:* Ak-Bulak (aus 'Ungarischer Muskat'; weiß), Muskat Rosowy (aus gleichnamiger Sorte; rosé), Muskat Fioletowy (aus gleichnamiger Sorte; rosé), Kasachstan und Kysyl-Tan (beide aus 'Saperawi'; rot);

– *Weinbrände:* Shenis, Alma-Ata.

Usbekistan. Die Weinbauzentren liegen in den Gebieten Samarkand und Taschkent.

– *Dessertweine:* Buaki (aus der gleichnamigen Sorte; weiß), Schirin (aus 'Rkaziteli'; weiß), Gulja-Kandos (aus 'Ak Kischmisch' und 'Ungarischer Muskat'; weiß), Usbekiston (aus 'Saperawi', 'Morastell' und 'Cabernet-Sauvignon'; rot).

Turkmenien. Anbaugebiete sind Aschchabad, Mary und Tschardshou.

– *starke Weine:* Gulistan (aus 'Terbasch' und 'Kara Usjum'; weiß);

Dessertweine: Daschgala (aus 'Terbasch' und 'Kara Usjum'; weiß; Malagatyp), Besmein (aus 'Kara Usjum'; weiß).

Kirgisien. Anbaugebiete finden sich im Tschu-Tal (im Norden um die Hauptstadt Frunse) und im Gebiet Osch (im Südwesten).

– *starke Weine:* Semetej (aus 'Rkaziteli', 'Bajan Schirej' und 'Sereksija'; weiß; Portweintyp);

– *Dessertweine:* Muskat Kirgiski (aus

'Ungarischer Muskat'; weiß), Muskat Kirgiski Fioletowy (aus 'Muskat Fioletowy'; rosé);
– *Schaumweine:* Assel (aus 'Muskat Fioletowy' und 'Ungarischer Muskat'; rosé);
– Weinbrände: Manas.
Tadshikistan. Anbaugebiete sind Leninabad, Kuljab, Kurgan-Tjube, Gissar-Zone.
– *starke Weine:* Taifi (aus 'Taifi'; weiß);
– *Dessertweine:* Gissar (aus 'Rkaziteli'; weiß), Dshaus (aus der gleichnamigen Sorte; weiß), Ispisor (aus 'Obak', 'Chussaine', 'Taifi', 'Muskat Aleksandriski'; weiß), Gantschi (aus 'Kischmisch'; weiß), Orsu (aus 'Aleatiko'; rot), Schirini (aus 'Tagobi'; rot). ↑ Tafel 35 und 39 (5)

Spalierwein: ↑ Erziehungsform des Weins an Lattengerüsten, die meist an Gebäuden oder Mauern (↑ Talutmauern) lehnen. Heute wird S. weit über die klimatisch begünstigten Weinbaugebiete hinaus – in der DDR von Sonneberg bis Kap Arkona – an sonnigen, geschützten Gebäudewänden mit günstigem ↑ Lokalklima, meist zum Tafeltraubenanbau, aber auch zur Weinbereitung und Verschönerung der Häuser, genutzt. S. wird auch unter den genannten Bedingungen als freies Spalier (↑ Pergola) gezogen. Dementsprechend sind die Rebsorten meist frühreifende, reichtragende süße Tafeltrauben. (3)

Spanien. Der spanische Weinbau kann auf eine etwa 3000jährige Geschichte zurückblicken. 1101 v. u. Z. gründeten die Phöniker Gadir (Cádiz) und Malaga und brachten die Rebe mit; ↑ Jerez wird im 4. Jh. v. u. Z. urkundlich genannt. Unter den Römern wird der Rebenanbau kultiviert. Die moslemischen Kalifen, die im Jahre 781 S. besetzten, tolerierten den Weinbau und -handel ihrer christlichen Untertanen, nur Kalif Hakem II. ließ zwei Drittel aller spanischen Weinstöcke ausrotten. Der Rest durfte für die Gewinnung von Tafeltrauben, Rosinen, Sirup und Traubenhonig verwendet werden. Allerdings waren die Araber Hersteller bester Weindestillate. Valencia war zu dieser Zeit ein Gebiet hoher Destillationstechnologie. Die spanischen Eroberer brachten ihre Weinbaukenntnisse und -erzeugnisse auch nach Amerika und legten 1572 in Mexiko erste Weinberge an, 1770 in Kalifornien. Um 1600 begann durch die Hanse der Export nach Nordeuropa. Die Bürgerkriege des 19. und 20. Jh. hemmten die Entwicklung zur modernen Weinkultur, so daß auch heute noch eine sehr konservative Einstellung zum Weinbau herrscht.
Mit 1,6 Mill. ha Rebfläche ist S. das größte Weinbauland der Welt (17% der Weltweinbaufläche und 23% der europäischen). Damit stehen auf fast 4% der landwirtschaftlichen Nutzfläche Reben. Bei der Weinerzeugung steht S. nur an vierter Stelle in der Welt. Es bringt z. B. nur 50% des italienischen Ertrags aufgrund der z. T. noch bestehenden veralteten Anbautechniken.
Die Rebfläche gliedert sich auf in 92,9% für Wein, 3,8% für Tafeltrauben, 0,8% für Rosinen und 2,5% für Jungreben ohne Ertrag.
Innerhalb der EG entfallen auf S. ein Drittel der Rebfläche und etwa 18% des Produktionsanteils (Tab.). 50% aller erzeugten Weine sind Weißweine, 27% Rotweine und 23% Roséweine. Die

Weinanbau in Spanien (1985)

Rebfläche [1000 ha]	1633
Traubenproduktion [1000 dt]	53449
davon Keltertrauben	47774
Tafeltrauben	5225
Rosinentrauben	450
Weinproduktion [1000 hl]	31271
Weinexport [1000 hl]	6481
Tafeltraubenexport [1000 dt]	962
Pro-Kopf-Verbrauch [l]	48

Pro-Kopf-Produktion an Wein beträgt etwa 1 hl. Der Weinexport betrug mit 5–6 Mill. hl/Jahr (Mitte der 80er Jahre) etwa 13–18% der Produktion, wohingegen der Import 1976 bis 1984 mit durchschnittlich 10000–20000 hl/Jahr sehr gering war. Allerdings stieg er 1985 auf 41000 hl.

Neben den Ländern BRD, Österreich und Schweiz haben nun auch die sozialistischen Staaten große Mengen spanischer Weine eingeführt. Hauptsächlich wird ↑ Offenwein in Tanks bzw. Fässern exportiert, aber der Flaschenexport erhöht sich ständig, darunter vorwiegend Rioja-, Sherry- und Likörweine.

Weinbau ist in allen Provinzen S. zu finden, bevorzugt jedoch im Osten und Süden. Je nördlicher und höher die Reben angebaut werden, um so besser wird die Qualität der Weine. Im Gegensatz zum sonstigen europäischen Weinbau werden in S. die Reben vorwiegend in ebenen Flächen der Flußtäler oder an flachen Hängen kultiviert; nur in Katalonien sind sie im Gebirge bis 1200 m Höhe zu finden. Schwemmlandböden mit hohem Kalkgehalt, Sande und sandige Lehme bilden die Grundlage des Weinbaus. Im Wesentlichen gibt es drei Klimabereiche:

– die nördlichen und nordwestlichen Gebiete mit gemäßigtem Atlantikklima, die für beste Weiß- und Rotweine geeignet sind;

– das heiße und regenarme Landesinnere, das für die Reben häufig künstliche Bewässerung benötigt;

– die milden und regenarmen Küstengebiete des Mittelmeeres.

Aus ↑ Rioja und der Provinz Barcelona kommen beste Tisch- und Qualitätsweine. Der Süden S. erzeugt Aperitif- und Likörweine, die Mittelmeerregionen produzieren alkohol- und extraktreiche Weine, darunter auch Roséweine. Die Massenweine kommen vorwiegend aus dem Mittelteil S.; so produziert das Gebiet von La Mancha ein Drittel der gesamten Weinernte. Die Rebfläche in S. wird 14 Weinbaugebieten zugeordnet:

Castilla la vieja – León (Altkastilien und Leon) umfassen die DO-Weinbaugebiete Ribera del Duero (12000 ha) und Rueda (8500 ha). Außerdem gehören die Gebiete Cebreros, Cigales, El Bierzo, Fermoselle, Toro und Valdevimbre dazu. Ribera del Duero liegt längs des Duero und produziert Rot- und Roséwein (↑ Clarete). Überwiegend wird 'Tinto del Pais' (Grundlage für Qualitätsweine) angebaut. Weiterhin findet man ↑ 'Grenache', ↑ 'Cabernet Sauvignon', ↑ 'Malbec' und ↑ 'Merlot'. In Rueda werden fast nur weiße, frisch-fruchtige Tafelweine und Aperitif- oder Likörweine mit 14% Alkohol aus der 'Verdejo'-Traube gekeltert.

Aragón (Aragonien) umfaßt die DO-Weinbaugebiete Campo de Borja (10000 ha), Cariñena (22 000 ha) und Somontano.

Campo de Borja, ein sehr junges DO-Gebiet für rustikale, kräftige, fruchtige Rot- und Roséweine erzeugt Verschnittweine aus der 'Garnacha'-Traube. Aus Qualitätsgründen wird der Traubenertrag auf 5000 kg/ha begrenzt. Cariñena, eines der regenärmsten Gebiete der iberischen Halbinsel, produziert tiefpurpurrote, kräftige Weine mit einem intensiven herben Geschmack als Verschnitt- und Konsumweine. Weiterhin gibt es trockene Rosé- und Weißweine sowie Claretes, aber auch süße Weiß- und Rotweine. Die Rebsorten 'Viura', 'Garnacha Tinta' und 'Cariñena' dominieren. Der Traubenertrag ist auf 4000 kg/ha) begrenzt.

Extremadura umfaßt das DO-Weinbaugebiet Tierra de Barros (45000 ha) und die Gebiete Cañamero und Montánchez. In Tierra de Barros entstehen einfache, trockene, säurearme Weißweine mit neutralem Charakter als Verschnitt-

oder einfache Konsumweine. Die selteneren Rotweine weisen eine bessere Qualität auf. Cañamero und Montánchez erzeugen sherryähnliche Weiß- und Rotweine.

Galizia (Galizien) umfaßt die DO-Weinbaugebiete Monterrey Ribero (3100 ha), Valdeorras (3000–5000 ha) und die Gebiete Condado de Salvatierra, El Rosal und Albariño. Es verfügt über etwa 130 bis 140 Rebsorten. Seine Weine sind im allgemeinen leicht, spritzig, trocken und herb.

Das DO-Gebiet Monterrey erzeugt zwei Drittel Rotweine, der Rest ist Weißwein. Sie zählen zu den schweren Weinen Galiziens.

Das DO-Gebiet Ribero mit dem Weinzentrum in Ribadavia ist Erzeuger leichter Weine. Die Weißweine sind säurebetont, von blaß-strohgelber Farbe, die rassigen Rotweine von rubinroter Farbe bukettreich und spritzig.

Das DO-Gebiet Valdeorras erzeugt trockene, blaß-strohgelbe Weißweine und kirschrote, fruchtige Rotweine mit elegantem Aroma aus den Rebsorten 'Tintorero' und 'Alicante'.

Aus Albariño kommt der wohl beste galizische Weißwein, ein fruchtiger, trokken-herber Wein mit feinem Aroma.

Huelva ist ein DO-Weinbaugebiet (16000–18000 ha), das sherryähnliche Aperitif- und Likörweine herstellt, verschnitten und nach dem ↑ Solerasystem gealtert. Der größere Teil sind einfache, alkoholreiche Konsumweinsorten.

Die *Islas Baleares* und *Islas Canarias* umfassen die Weinbaugebiete Mallorca und Kanarische Inseln.

Auf Mallorca werden vorwiegend schwere, extraktreiche Rotweine und leichte Roséweine erzeugt, darunter der leicht erdig schmeckende, schwere rote Vino Corriente.

Die Kanarischen Inseln erzeugen alkoholschwere, würzige Rotweine (auf Teneriffa und Gran Canaria), trockene, alkoholreiche Weißweine (auf Teneriffa und Lanzarote) sowie trockene Claretes (auf La Palma).

↑ *Jerez* ist ein DO-Weinbaugebiet (23000 ha). Zentren sind die Städte Jerez de la Frontera, Puerto de Santa Maria und Sanlúcar de Barrameda. Durch Gesetz festgelegt, darf nur in diesen drei Städten ↑ Sherry hergestellt werden. Hier gedeihen die für den Sherry notwendigen Rebsorten 'Palomino' (80%), ↑ 'Pedro Ximénez', (15%) und 'Moscatel' (5%). Für die süßen Jerezweine Pedro Ximenez, Moscatel und Cream werden die Trauben auf Grasmatten in der Sonne eingedörrt (↑ Strohwein). Von der Sherryproduktion werden über 90% exportiert.

Echter Sherry wird vor Fälschungen durch ein Echtheitssiegel geschützt; für den Namen besteht allerdings kein Schutz.

Cataluña (Katalonien) umfaßt die DO-Weinbaugebiete Alella (350–400 ha), Ampurdán – Costa Brava (5600 ha), Conca de Barberá, Penedés (25000 ha), Priorato (3700 ha), Tarragona (23000 ha) und Terra Alta (16000 ha). Es erzeugt weiße, rote und Roséweine vom einfachen Tischwein bis zum besten Qualitätswein. Weiterhin gibt es Aperitif-, Likör-, Wermut- und Branntweine sowie Schaumweine (90% der spanischen Produktion). Besonderheiten sind *Rancio* und *Mistela*. Einige katalonische Weine zählen zu den besten Weinen S. Allela ist das kleinste spanische DO-Gebiet. Es werden vorwiegend Weißweine erzeugt. Die wenigen Rotweine sind rein, aber etwas sauer (Reifehöhepunkt nach etwa 3 bis 7 Jahren). Die gesetzlich festgelegte Erntemenge beträgt 65 dt/ha.

Ampurdán – Costa Brava ist vor allem durch seine frischen Roséweine von delikatem Aroma bekannt. Das Gebiet liefert auch Schaumweine und den beaujolaisähnlichen Rotwein Vino Novell.

Conca de Barberá, ein sehr junges DO-Gebiet, erzeugt Grundweine für Schaumwein und einfache weiße Konsumweine.

Penedés ist berühmt durch seine Schaumweine, die zu den besten der Welt gezählt werden (z. B. Cava und Gran-Vas). Außerdem sind kräftige Rotweine aus Bajo Penedés, die fast Rioja-Qualität erreichen, und trockene Weißweine mit kräftiger Säure und fruchtigem Charakter aus Alto-Penedés bekannt. Die Ertragsmengen sind aus Qualitätsgründen begrenzt – 65 hl/ha für weißen Traubenmost, 55 hl/ha für roten.

Das DO-Gebiet Priorato liegt innerhalb des DO-Gebietes Tarragona; wegen der schwierigen Steillagen werden nur 4 hl/ha erzeugt. Bekannt ist das Gebiet durch granatrote bis schwarze Rotweine, elegante Weine aus einem Gemisch von ‚Garnacha'- und ‚Cariñena'-Trauben. Es gibt daneben auch aufgespritete bernstein- bis rotbraunfarbene sherryähnliche Rancioweißweine.

Tarragona bietet aufgespritete Likörweine, Rancios sowie weiße und rote Massen-Verschnittweine.

Terra Alta, ebenfalls DO-Gebiet, liefert rassige-kräftige, bisweilen wuchtige Weißweine.

Levante umfaßt die DO-Weinbaugebiete Alicante (34000 ha), Jumilla (50000 ha), Utiel-Requena (50000 ha), Valencia (etwa 30000 ha) und Yecla (26500 ha).

Alicante bringt alkoholschwere, wuchtige Rotweine (13–16 Vol.-% Alkohol) mit hohem Extraktgehalt hervor. Im Küstengebiet wird Likörwein aus 'Moscatel' gewonnen. Die Roséweine sind fruchtig. Eine Spezialität des Gebietes ist der Vino de doble Pasta. Sämtliche Alicante-DO-Weine müssen mindestens zu 80% aus 'Monastrell'-Trauben gekeltert sein.

Jumilla, zu 90% mit 'Monastrell' bestockt, erzeugt tiefdunkle und extraktreiche, alkoholstarke Rotweine, die sehr gut zum Verschnitt geeignet sind.

Utiel-Requena produziert die besten Weine der Levante, darunter kirschrote Konsumweine aus 'Bobal-tinto' (95% im Anbau) und reine, sehr gute, fruchtige und delikate Roséweine. Als Besonderheit gibt es auch hier den Vino de doble Pasta.

Valencia baut Wein in Höhen von 300 m (Valentinogebiet) bis 1000 m (Alto-Turia-Gebiet) an. Die Alto-Turia-Weine sind aromatisch-fruchtige leicht säuerliche Weißweine mit Mandelaroma aus 'Merseguera'. Das Valentinogebiet erzeugt trockene Weißweine und Rancios aus 'Moscatel'. Aus dem Clarianogebiet kommen üppige, tanninreiche Rot- und Roséweine, während Weißweine selten sind.

Yecla (80% 'Monastrell'-Rebe) liefert extrakt- und alkoholreiche (bis zu 18 Vol.-%), tiefdunkle, teilweise wuchtige Rotweine, ebenso tiefschwarze Vinos de doble Pasta.

↑ *Malaga,* ebenfalls DO-Weinbaugebiet, ist berühmt durch Likörweine (Reifehöhepunkt nach 7 bis 10 Jahren) aus vollreifen 'Moscatel'- oder 'Pedro-Ximenez'-Trauben, die nach der Ernte noch auf Strohmatten getrocknet werden. Der Most muß unbedingt zum Ausbau in die Stadt Malaga gebracht werden und wird dort im klassischen Solerasystem unter Zufügen von ↑ arrope und Weinbrand auf 18–23% Alkoholgehalt aufgespritet.

Montilla-Moriles, ein DO-Weinbaugebiet mit 18500 ha Rebfläche, ist die heißeste Gegend S. (durchschnittlich 2800 Sonnenscheinstunden). Die beiden herausragenden Weine dieser Region, Montilla und Moriles, sind sherryähnlich und werden aus 'Pedro-Ximеnez'-Trauben hergestellt. Sie sind völlig durchgegoren, sehr alkoholreich, nur selten aufgespritet und zum sofortigen Verbrauch oder zum Verschneiden und Behandeln nach dem Solerasystem bestimmt.

Navarra ist ein DO-Gebiet (20000 bis 23700 ha Rebfläche) mit alkoholreichen Konsum- und Verschnittweinen. Bekannt ist es für seine Roséweine, die wie die Rotweine nur zwischen 10 und 15 Vol.-% Alkohol enthalten dürfen. Eine Besonderheit ist der frisch-spritzige und säurebetonte Chacoli.

↑ *Rioja* (etwa 40000 ha Rebfläche) wird in drei DO-Produktionszonen unterteilt: Rioja Alavesa (7000 ha), Rioja Alta (17000 ha) und Rioja Baja.

Rioja war das erste spanische DO-Gebiet, das 1926 diesen Status erhielt. Es wurde von französischen Winzern, deren heimatliche Weinberge durch die Reblaus vernichtet waren, zum Qualitätsweinbaugebiet entwickelt. Aus Rioja kommen im Durchschnitt jährlich 1,1–1,5 Mill. hl Wein, davon 75% Rotweine, 15% Roséweine und 10% Weißweine. Ein Charakteristikum der Riojaweine – der Vanilleduft und -geschmack – entsteht während der jahrelangen Reifung in Eichenholzfässern. Bei Flaschenreifung geht diese Eigenart zunehmend verloren. Die Ertragsmengen werden für Rotweine gesetzlich auf höchstens 42 hl/ha begrenzt, die Zuckerung ist streng verboten, ebenso die Bewässerung der Rebzeilen. Aus nur sieben Rebsorten entstehen etwa 170 unterschiedliche Weine, seit jeher schwere, glutvolle Mischweine. Die Rotweine sind kräftig bis wuchtig, gehaltvoll, rund und trotz langer Lagerung frisch und bukettreich (Reifehöhepunkt nach 6 bis 12 Jahren). Spitzenweine können 20 Jahre und älter werden. Die Weißweine sind meist leichte und trockene, frischspritzige, würzige Weine von goldgelber Farbe mit leicht grünlichem Schimmer. Roséweine, rosado genannt, gibt es trokken, halbsüß oder süß. Bessere Sorten stammen aus den blauen Trauben, billigere aus einem Gemisch blauer und weißer Trauben. Einfache Riojas lagern mindestens 6 Monate, kostbare zunächst im Faß, danach bis zu 6 Jahren auf der Flasche. „Sin crianza" bedeutet ohne Faßalterung, „con crianza" mit einer zwei-, drei- oder vierjährigen Alterung mit mindestens einem Jahr Faßlagerung. Reservas aus diesem Gebiet mit 5 bis 9 Jahren Faßlager und gran reservas mit mehr als 9 Jahren Faßlager sind rote Spitzenqualitäten.

Das *Zentrum,* die größte geschlossene Rebfläche (etwa 300000 ha), stellt ein Drittel der spanischen Weinproduktion. Es umfaßt die DO-Gebiete Almansa (10500 ha), La Mancha (126000 ha), Manchuela (74000 ha), Mentrida (33000 ha) und Valdepeñas (35000 ha) sowie die Weinbaugebiete Arganda – Comenar de Oreja und Tierra de Madrid. Große Mengen der erzeugten Weine werden zu Verschnitt- und Destillationszwecken verwendet.

Almansa erzeugt hauptsächlich schwere, tiefdunkle und extraktreiche Rotweine, die säurearm sind. Weißweine werden vorwiegend aus 'Merseguera'-Trauben gekeltert. Aus Qualitätsgründen sind folgende Ertragsmengen gesetzlich festgelegt: 'Monastrell' 30 dt/ha, 'Garnacha Tintorera' 50 dt/ha, 'Merseguera' 55 dt/ha.

La Mancha, eine trockene Gegend mit heißem Sommer, produziert Weißwein mit 13–14 Vol.-% Alkohol aus der 'Airen'-Rebe (90% im Anbau). Ein großer Teil der 4,2 Mill. hl Jahresproduktion wird zu Verschnitt und Destillationszwecken verwendet. Manchuela erzeugt jährlich 1,5 Mill. hl Weiß- und Rotweine, ebenso Mentrida, das halbtrokkene, farbintensive, körper- und alko-

holreiche Rot- und Roséweine mit fruchtigem Charakter produziert.
Valdepeñas (90% 'Airen'-Reben im Anbau) erzeugt jährlich 1,5 Mill. hl Weißweine, ↑ Claretes und blasse Rotweine aus dieser Traube. Aloque ist ein dunkelroter, weicher, trockener, säure- und gerbstoffarmer Schankwein aus einem Traubengemisch von 'Airen' und 'Cencibel'.
Die Gütekriterien spanischer Weine sind vom Nationalinstitut für Herkunftsbezeichnungen (I.N.D.O.) gesetzlich festgelegt und werden ständig geprüft. Unterste Qualitätsstufe ist der vino de calidad. Es werden Reifung (crianza), die Ernte (cosecha), die Lese (vendimia) und die Reserva-Angaben kontrolliert. Crianza en madera wird für Weine mit Lagerung in Qualitätsholzfässern bestimmten Volumens verwendet. Crianza en roble darf nur für die Lagerung in Eichenholzfässern verwendet werden, crianza en botella für Reifung auf der Flasche. Crianza bajo vela steht für Reifung unter Hefefilm. Criadero und Solera dürfen nur für Weine dieser Herstellungsart mit geschützter Herkunftsbezeichnung verwendet werden. Vino rancio gilt für Weine, die unter brüskem Temperaturwechsel in Holz- oder Glasbehältern gealtert wurden. Vino noble bezeichnet Weine, die in gebietstypischen Gefäßen reiften und mindestens vino de calidad mit zwei Jahren Alterung sind. Die Stufe reserva kann nur ein vino de calidad haben. Rotweine und Claretes dieser Sorte müssen mindestens drei Jahre Reife in Eichenholzfässern und Flaschen haben, während es bei Weiß- und Roséweinen mindestens zwei Jahre sind. Die Qualitätsstufe gran reserva wird für Weine verwendet, die während der Reifung

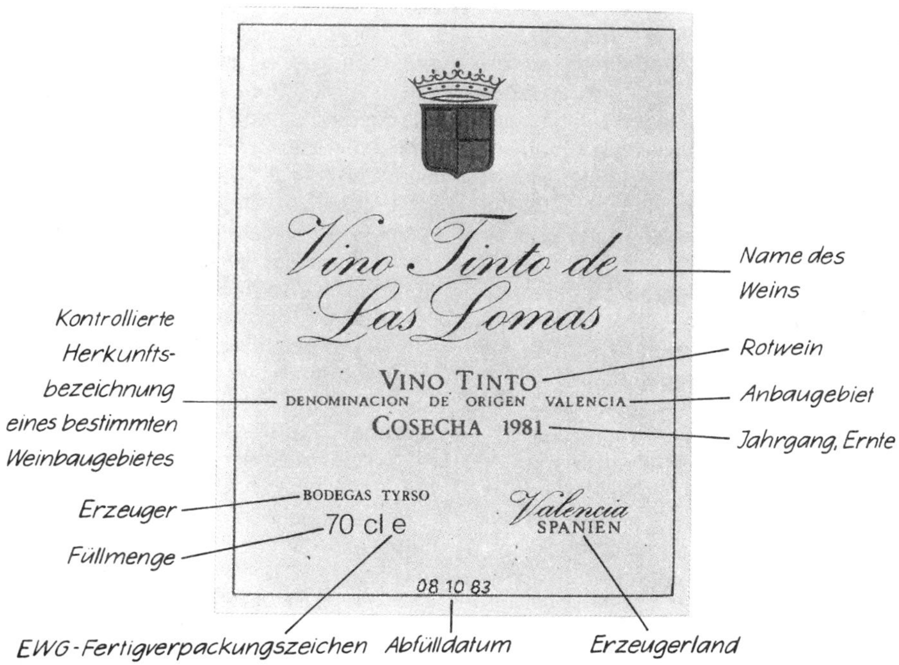

Spanisches Flaschenetikett

außergewöhnliche Qualitätseigenschaften erworben haben. Rotweine und Claretes dieser Sorte müssen mindestens zwei Jahre im Eichenfaß und drei Jahre in der Flasche reifen, während Weiß- und Roséweine mindestens vier Jahre gereift sein müssen.
Die Überwachung der Qualitätsweine erfolgt durch die Consejos Reguladores des I.N.D.O., von denen jeder sein eigenes DO-Gebiet kontrolliert und eine Verordnung herausgibt, das geografische Abgrenzung des Herkunftsgebietes, erlaubte Rebsorten, zulässige Hektarerträge, Rebschnitt, Alkoholwerte, Restzucker- und Trockenextraktgehalt, Lesetermine u. a. bestimmt. Erst nach erfolgter Prüfung in den Kontrolllabors mit positivem Ergebnis wird für eine bestimmte Weinmenge der Druck entsprechender Etiketten erlaubt (Abb.). Die Freigabe ist auf dem Etikett erkenntlich am DO-gebietstypischen Siegel.
Aus der Fülle der Bräuche hat sich in S. erhalten, zu jedem Glockenschlag der Jahreswende eine glückverheißende Weinbeere zu verzehren. ↑ Tafel 31 (4)

Spätlese: Weinernte, die frühestens sieben Tage nach Beginn der Hauptlese bzw. nach Abschluß der Normallese für die jeweilige Rebsorte und bei vollreifen Trauben durchgeführt wird. Sie ist in besonderem Maße Witterungsrisiken ausgesetzt. Der Most muß je nach Anbaugebiet und Rebsorte bestimmte Oechslegrade aufweisen. In Österreich 94 °, in der BRD zwischen 76 und 91° (Rheingau-Riesling z.B. 85°). S.weine zeichnen sich bei höheren Alkoholgehalten durch eine überaus reiche, vollmundige Geschmacksfülle aus, bei der der Rebsortengeschmack noch nicht durch die Überreife verdeckt wird. 'Riesling', 'Traminer', 'Ruländer' und 'Spätburgunder', aber auch manchmal 'Silvaner' und 'Gutedel' bringen gute S. S. können auch Verschnitte mehrerer Rebsorten sein und brauchen zum Ausbau mindestens drei Jahre. Sie erreichen erst nach fünf bis zehn Jahren ihren Höhepunkt. S. sind sicher schon so alt wie der Wein selbst und heute eine Prädikatsstufe bei Qualitätsweinen. (3)

Spätrot ↑ 'Roter Zierfandler'

Speisen und Wein. Der harmonische Zusammenklang von S. u. W. hebt die Bekömmlichkeit und den Genuß des Mahles und ist Ausdruck allgemeiner Eßkultur. Während früher Brot und Wein die Hauptnahrungsmittel waren, ist heute die Speisenvielfalt und der Zugriff zu den verschiedenartigsten Weinen fast unübersehbar geworden. Früher sehr strenge Regeln, nach denen z. B. zu weißem Fleisch und zu Fisch nur Weißweine getrunken werden durften, werden heute differenzierter gehandhabt. So ist in Ungarn, einem „Land das schmeckt", Karpfen und Rotwein ein Schlemmergericht. Dazugereichtes Gemüse und die mögliche Vielfalt der Gewürze und Soßen haben heute wesentlichen Einfluß auf die Auswahl der zum Essen gereichten Weine. Auch individuelle Geschmacksrichtungen prägen sich stärker aus, was durch das preislich attraktive Angebot problemloser Weine, die vielseitige Essenbegleiter sind, unterstützt wird.
Auch wenn sich nach einem Sprichwort über den Geschmack nicht streiten läßt – bei der individuellen Wahl des entsprechenden Weins zu bestimmten Speisen sind generelle Beziehungen zwischen S.u.W. sowie einfache Grundregeln zu beachten (Tab.). Wichtigste Voraussetzung ist eine klare geschmackliche Ausrichtung des Essens selbst, zu dem dann der angemessene, die Eßkultur hebende Wein gesucht wird. Er sollte stets als ein den Genuß steigerndes und nicht nur das Essen herunterspülendes Getränk geschätzt werden. Ein Glas entsprechender Güte

hebt selbst die einfachste Mahlzeit aus dem Alltäglichen heraus. Es ist jedoch auf jeden Fall zwischen einem Tages- und einem Festessen zu unterscheiden. Man wird weder zum alltäglichen Essen einen großen Jahrgang auserlesener Güte trinken, noch zum Festessen einen jungen, einfachen Tafelwein servieren. Es gilt die Regel: Je erstklassiger das Essen, um so erlesener der Wein.

Im Verlauf des Essens sollte, wie bei der ↑ Degustation, die Güte der Weine allmählich ansteigen. So stehen schwächere vor kräftigeren, trockene vor feurigen und süße sowie jüngere vor älteren Weinen. Bewährt hat sich der Übergang von Weiß- zu Rotweinen über eine Suppe, zu der – oder besser nach der – ein trockener Sherry gereicht werden kann. Generell sollte aber bis zum Dessert kein besonders lieblicher Wein serviert werden. Bier, Wein, Schaumwein, Branntwein und Likör ist eine Reihenfolge, die nicht rückläufig getrunken werden kann, wobei allerdings Schaumwein das gesamte Essen begleiten könnte.

Als Aperitif zur Eröffnung des Essens eignen sich elegante, spritzige Weißweine, trockene Likörweine, Wermut, weiße Auslese-, Perl- und Schaumweine. Harte Spirituosen als Aperitif betäuben nicht nur das Geschmacksempfinden für Weine, sondern auch das für Speisen. Würzige Vorspeisen, wie die großartigen russischen Zakuski, zu denen die klaren Wodka, Korn, Borowicka, Aquavit u. a. ideal passen, sollten deshalb wenigstens eine Stunde vor dem eigentlichen Essen gereicht werden.

Geschmacklich soll weder der Wein die Speise noch die Speise den Wein überdecken. Verschiedene Geschmacksrichtungen und -eindrücke dürfen auch nicht abrupt aneinandergereiht werden. Leichte Gemüse, mild gewürzte, helle Speisen vertragen und ergänzen sich mit halbtrockenen, milden, ja auch leicht lieblichen, helleren Weinen. Kräftige, gehaltvolle Soßen, herzhaft würzige Speisen harmonieren mit gehaltvollen, vollmundigen Weiß- und Rotweinen mit ausgeprägtem Aroma bis hin zu Spätlesen. Je würziger die Speise und je stärker auch speziell der Röstgeschmack, um so feuriger, gehaltvoller kann der Wein sein. Je feiner und exquisiter die Soße, desto feiner und eleganter die Weine.

Zu Suppen wird in der Regel kein Wein getrunken. Ist sie ein voller Gang, dann empfehlen sich trockene Sherry, Madeira und Portwein. Nach einer Suppe ist auch Tokaji Szamorodni geeignet.

Zu Gerichten anderer Länder sollte man entsprechend den Landessitten auch den regional üblichen Wein reichen. Wird nur e i n Wein zu Tisch gereicht – und dies wird meist der Fall sein – sollte er auf den Hauptgang abgestimmt werden. Natürlich können auch zu einem Gericht mehrere Weine gereicht werden.

Beeren- und Trockenbeerenauslesen, Eisweine, Jahrzehnte ausgebaute Rotweine, überhaupt alle Weine auserlesener Güte, sollten mit ungeteilter Geschmacksbeeinflussung für sich genossen werden. Allerdings wird nach alter, besonders französischer Tradition, der größte Wein zum Käse, dem Abschluß des Essens, serviert. Ob beides vor dem Dessert steht, ist umstritten.

Bestimmte Zutaten bei der Speisenbereitung vertragen sich generell nicht mit Wein. So der Essig, er macht den Wein selbst zum Essig. Auch stärker hervortretende Säuren von Zitronen, Limetten, Orangen, Mandarinen oder Grapefruit harmonisieren schlecht mit Wein. Zu öligen Gerichten, besonders zu Fisch und auch bei Eiergerichten, bekommt Wein einen metallisch-stahligen Ge-

Ausgewählte Beispiele für die Zusammenstellung von Speisen und Wein

Art der Speise	Beispiele	Art des Weins	Beispiele
leichte Vorspeisen mit zartem Aroma, wenig Gewürz und hellen, milden Soßen	Vorspeisen aus Schalentieren, gekochter Fisch, milde Fischsuppen, Geflügel oder Kalb- und mildes Schweinefleisch mit milder weißer Soße, Eierspeisen	leichte, zarte, dezent blumige und auch rassige Weine	Qualitätsweine aus 'Grünem Veltliner', 'Welschriesling', 'Ruländer', 'Silvaner' und 'Gutedel', also Weine wie Badacsony Kéknyelü, Somloer, Móri Ezerjó, Debröi Harslevelü, helle Rosé- und rassige Rotweine aus 'Blauem Portugieser' oder 'Blauem Trollinger', vor allem trokkene Weine, auch halbtrockene Rieslingweine und Schaumweine
würzig-pikante Gerichte	geräucherte Speisen, auch Fisch, gebratener Fisch, gewürztes helles und gegrilltes Fleisch bzw. Fleischtöpfe, würzige Käsegerichte	aromatische, sehr fruchtige, bukettreiche, nicht zu gehaltvolle, aber rassige Weiß- oder Rotweine	Qualitätsweine oder Spätlesen der Rebsorten 'Müller-Thurgau', 'Silvaner', 'Scheurebe', 'Gewürztraminer' oder 'Morio Muskat' und Weine wie Badacsony Szürkebarát sowie Spätburgunder Weißherbst, vor allem trockene Weine
kräftige, fette Gerichte mit nachhaltigem Aroma	pikantes Bratenfleisch jeder Art, Wildgerichte	kräftige, feurige, vollmundige Weine mit eleganter Säure und fruchtiger Süße	edle Weiß- und Rotweine bis zur Spätlese der Rebsorten 'Weißer Riesling', 'Ruländer', 'Blauer Spätburgunder' und Weine wie Egri Bikavér, Gamza, Beaujolais, Burgunder, Bordeaux, Chianti, Rioja oder Lemberger Rotweine
fernöstliche Küche		würzige Weine	Gewürztraminer
milde Käsesorten	Romkäse, Edamer oder Gouda	dezente Weine	halbtrockene und trockene Weine aus 'Weißem Riesling', 'Müller-Thurgau', 'Weißem Burgunder', 'Blauem Portugieser', 'Blauem Limberger', 'Cabernet'-Reben, 'Gewürztraminer', 'Morio Muskat', der 'Scheurebe', 'Blauem Spätburgunder', Weißherbst oder Lemberger Rotweine
Ziegenkäse		herbe, trokkene Rosé- und Weiß- sowie fruchtige Tafel- bzw. Landrotweine	Weine aus 'Muskat'-Reben, 'Silvaner', 'Müller-Thurgau', 'Blauem Portugieser'
weiche, kräftige Gärkäse	Edelpilz/Blauschimmel-Roquefort	große extraktreiche Rotweine, aber auch liebliche Likörweine	Blauer Spätburgunder, Tokaji Szamorodni

Art der Speise	Beispiele	Art des Weins	Beispiele
Weiß-schimmelkäse	Brie, Camembert	leichte fruchtige Weine mit nicht zu junger Säure	Weine aus 'Weißem Riesling', 'Silvaner', 'Weißem Burgunder'
Dessert (außer Schokoladengerichte)	nicht zu süße Nachspeisen, Eis, Früchte (außer Zitrusfrüchte), Gebäck	natursüße Weißweine, Likörweine, Schaumweine	Spät- und Auslesen, Weine aus 'Traminer', 'Muskat Ottonel' und Tokaji Szamorodni bzw. Tokaji Aszú, Sherry, Malaga, halbtrockene Schaumweine
Knabbergebäck	neutrales Gebäck, Mandeln, Nüsse, neutrale Chips	edle, reife Weine zum exklusiven Genuß	feine Spätlesen, Auslesen oder Beerenauslesen aller Rebsorten

schmack. Bei Frisch-, Sauermilch- und Sahnecremekäsen stört der quarkartige Geschmack den Weingenuß. Sehr süße Speisen und Desserts, besonders aber solche mit Schokolade, sind für Wein wenig geeignet. Auch mit Curry und sehr scharf nach lateinamerikanischer Art, z.B. mit Chillies gewürzte Speisen, vertragen sich nicht gut mit Wein. Herbe, scharf gewürzte Gerichte verlangen zumindest trockene, gehaltvolle Weine. Dagegen passen Mandeln und Nüsse zu jedem Wein.
Über alle bestehenden und einstmals starren Regeln hinweg gilt heute mehr und mehr: Erlaubt ist, was gefällt. ↑ Kochen mit Wein (3)

Spiel: nuancenreiches Zusammenwirken von Würze (Aroma) und Säure. (3)

Spindelkelter ↑ Baumkelter

Spitzengewächs, Spitzenwein ↑ Edelgewächs

Spitzenjahrgang: besonders durch den Jahreswitterungsverlauf bedingter Wein hoher Güte. Meist wird aber zur Charakterisierung als S. nicht direkt die entstandene ↑ Güte des Weins herangezogen, sondern das erreichte Mostgewicht. ↑ Jahrgang (3)

Spreeweine: Sammelbegriff für Weine, die in vergangenen Jahrhunderten in der Umgebung von Berlin gekeltert wurden. Schon im 13. und 14.Jh. pflanzten Mönche die ersten Reben an der Spree; 1193 wird schon Weinbau bei Werder belegt. 1565 sollen Berliner Bürger hauptsächlich südlich vom

Spreewein; Stadtwappen von Niederfinow, Kreis Eberswalde

Friedrichshain 96 Weinberge bewirtschaftet haben. Straßennamen wie Weinstraße, Weinbergsweg, Weinmeisterstraße und auch das Stadtwappen des noch weiter nordöstlich von Berlin liegenden Niederfinow mit der Weinrebe (Abb.), erinnern an diesen nördlichen Weinbau. Obwohl behauptet wird, daß die letzte Flasche Spreewein 1848 bei Mitscher und Caspary verkauft wurde, muß gesagt werden, daß auch heute noch in Berlin selbst Wein gebaut und gekeltert wird und daß im Havelländischen Obstbaugebiet südwestlich von Berlin die GPG Obstproduktion Werder 1985 am Wachtelberg etwa 10000 Rebstöcke neu gesetzt hat. Der populäre Schriftsteller und Journalist A. Glaßbrenner (1810–1876) sagte allerdings: „Wenn diesen in der herrlichen Gegend bei Brandenburg jewonnenen Traubensaft een Mann genießen soll, so müssen ihn zwee andere halten." (3)

Sprichwörter und Redensarten um Wein. Feste, meist doppelsinnige Wortfügungen mit bedeutenden Lebensweisheiten oder auch nur allgemeinen Redewendungen in bezug auf den Wein und besonders seine Wirkung entstanden in großer Anzahl vor allem während des ↑ Zechjahrhunderts der Deutschen. Im Vordergrund stand natürlich die berauschende Wirkung des Weins wie „Beim Wein geht die Zunge auf Stelzen", „Der Wein hält nichts geheim", „Je mehr Wein, je weniger Kopf", „Ist der Wein im Manne, so ist der Verstand in der Kanne", „Guter Wein macht böse Köpfe". Aber auch das Thema „Wer nicht liebt Wein, Weib und Gesang, der bleibt ein Narr sein Leben lang" ist unerschöpflich. Die Entwicklungsstadien des Weins gaben Anregungen für viele, z.T. doppelsinnige Redewendungen wie „Von sauren Trauben wird kein guter Wein", „Jugend muß gären", „Kein Wein ohne Hefe", „Der Wein schmeckt nach dem Faß", „Aus süßem Wein wird saurer Essig". Dem Wein huldigen auch Sprichwörter wie „Ohne Brot und ohne Wein friert die Liebe ein", „Die Gestalt sieht man im Spiegel, aber das Herz sieht man im Wein" und „Alten Wein zum Trinken, altes Holz zum Brennen und alte Bücher zum Lesen sind stets beliebt gewesen". (3)

Spritzer, *Gespritzter, Schorle (-Morle):* **1.** besonders in der heißen Jahreszeit beliebtes Getränk, das durch Mischen von einfachem, leichtem frischem, etwas herbem Weißwein mit Mineral- oder Brunnenwasser entsteht. S. wird vor allem in Österreich und Jugoslawien (Spricer) aber auch in Rumänien (Spritz) getrunken. Folgende Arten des S. sind gebräuchlich:

Klassischer 2 dl Wein, 1 dl Mineralwasser;

Kleiner 1 dl Wein, 1 dl Mineralwasser;

Langer Schritt 1 dl Wein, 2 dl Mineralwasser;

Hausmeister 3 dl Wein, 2 dl Mineralwasser.

2. Mixmaß mit etwa 1 cm^3 Löffelinhalt. (3)

Spruchweisheiten zum Wein ↑ Sprichwörter und Redensarten um Wein.

spumante [ital.]: Schaumwein

spumos [rum.]: schäumend

staatliche Prüfnummer: ab 1. Juni 1986 Kennzeichnung für alle Qualitäts- und Prädikatsweine in Österreich, die bestimmten Mindestqualitätsanforderungen genügen müssen. Sie wird von der Bezirksverwaltungsbehörde auf Antrag und nach einer analytischen und Sinnenprobe vergeben und in das staatliche Prüfnummernverzeichnis eingetragen. Die Banderole ist für ausländische Weine weiß, für österreichische rot-weiß-rot und besagt:

000	Kennziffer des politischen Bezirkes
1989	Ausgabejahr
0,75 l	Füllmenge der Flasche
Q	Qualitätsstufe
T	Tafel- bzw. Landwein
578796	Sechssteller zur Identifizierung des Weins
Q	Qualitätswein
P	Prädikatswein

↑ amtliche Prüfnummer (3)

Staatsweingüter: gesellschaftliche Organisationsform des Weinbaus und der Weinbereitung. S. sind in den sozialistischen Ländern sehr verbreitet und meist mit hoher Konzentration der Produktion (mehrere 100 ha Rebfläche und eigene Kellerwirtschaft) verbunden. In der Regel werden in S. auch andere landwirtschaftliche Produktionszweige einschließlich der Tierproduktion betrieben, was in mehrfacher Hinsicht günstig ist (Arbeitsausgleich, Humusversorgung, Rentabilitätsausgleich).
In den beiden volkseigenen Weinbaubetrieben der DDR, VEB Weinbau Naumburg, Sitz Bad Kösen, und VEG (Z) Weinbau Radebeul wird nur Wein angebaut und eine hochkonzentrierte Kellerwirtschaft betrieben, die vor allem Importweine verarbeitet.
In nichtsozialistischen Ländern ist die Weinproduktion in S. weniger hoch konzentriert. Oft sind dort staatliche Domänen mit Lehr-, Versuchs- und Forschungsanstalten verbunden. (3)

stafidirea boabelor [rum.]: Trockenbeerenauslese, Ausbruch

Standardwein: im Unterschied zum ↑ Markenwein durch Verschnitt von Inlandtraubenweinen oder durch Verschnitt von Inlandtraubenweinen mit Importtraubenweinen in gleichbleibender Qualität und Geschmacksrichtung hergestellter Wein (TGL 28032). S. wird unter einem gleichbleibenden Phantasienamen ohne Jahrgangs- und Lagenangabe in den Verkehr gebracht. Der Zusatz von Importtraubenwein ist nur bis zu einem Drittel des Gesamtvolumens des Fertigerzeugnisses gestattet, sofern der typische Charakter des Inlandtraubenweins erhalten bleibt. Bekannte S. der DDR sind: Freyburger Schloßkeller, Freyburger Winzerkeller, Neuenburger Kastellan, Meißner Domkeller, Meißner Ratskeller. (3)

Stapelwände ↑ Weinschränke

Steckholz, *Stupfer:* einjähriges, ein- oder mehrknospiges Rebholz zur Anzucht von unveredelten Jungpflanzen im Warmhaus oder Freiland. ↑ Pflanzgut (3)

Steinwein: früher Synonym für *Frankenweine,* eigentlich Wein der Lage Stein am Stadtrand von Würzburg (größte Einzellage der BRD). S. gilt als Goethes Lieblingswein. S.flaschen sollen zu seiner Zeit die ersten Flaschen mit Etikett (Lage und Herkunftsbezeichnung) gewesen sein. (3)

stichig ↑ Essigstich

Stillwein: natürlich durchgegorener Wein ohne Kohlendioxid, im Gegensatz zu Perl- bzw. Schaumweinen, die Kohlendioxid enthalten. (3)

stolno vino [jugosl.]: Tischwein, Tafelwein. Bei *s. v. sa geografikim poreklom* handelt es sich um Tafelwein mit geografischer Herkunftsbezeichnung. Er muß aus empfohlenen oder zugelassenen Rebsorten aus einem bestimmten Anbaugebiet stammen und gebietstypisch sein. (3)

stracecchio [ital.]: sehr alt

Straußwirtschaft, *Besenwirtschaft, Buschen-, Straußenschenke:* offiziell genehmigter Ausschank von selbstproduziertem Wein in den eigenen Räumen des Winzers, meist auf vier Monate des Jahres begrenzt. Dazu werden oft einfache herzhafte, in der Regel kalte Speisen, manchmal auch Hausschlachtenes, gereicht. Zum Zeichen der Öffnung dieses Nebenerwerbs können die Winzer Sträuße, Kränze, Zweige, Tafeln u.a. ↑ ausstecken. In den traditionellen Buschenschenken in Wien wird der ↑ Heurige ausgeschenkt. (3)

Strohwein: eine Art ↑ Trockenbeerenauslese, bei der voll- und überreife Trauben von allen kranken sowie nicht ausgereiften Beeren befreit und auf Lattengerüsten, Stroh oder anderen Matten in der Sonne bzw. im Winter in geschlossenen luftigen Räumen zum Trocknen ausgelegt werden, bis sie rosinenartig einschrumpfen. Schon Homer (etwa 8. Jh. v. u. Z.) in der Odyssee und auch Hesiod (um 700 v. u. Z.) schreiben über in der Sonne liegende Trauben zum Dorren. S. wird vor allem dort erzeugt, wo die ↑ Edelfäule am Stock durch die Herbstwitterung verhindert wird. Der Trocknungsprozeß kann bis zum Frühjahr dauern. Werden die Trauben schon zu den „Drei Königen" (6. Januar) gekeltert, spricht man vom Dreikönigswein. S. zeichnen sich durch hohe Zucker- und Extraktgehalte und ein kostbares Bukett aus. Sie bauen viele Jahre aus und halten sich sehr lange. S. werden vor allem in Italien (*vino passito* bzw. *santo*), in der Schweiz *(vin flêtri),* in Spanien und in Frankreich *(vins de paille)* hergestellt. (3)

Stück, *Stückfaß:* Volumenmaß unterschiedlichen Fassungsvermögens; heute meist 12 hl (DDR, Rheingau). (3)

stummer Most: Bezeichnung für besonders süßen Most (der Mittelmeerländer), dem einfach Alkohol zugesetzt wird, und der deshalb überhaupt nicht gärt. S.M. sind z.B. die „Weine" von Samos. ↑ Mistellen, ↑ Ratafia (3)

Stupfer ↑ Steckholz

Sturm [österr.]: Bezeichnung für ↑ Federweißer.

Südafrika. Der holländische Gründer der Kapkolonie pflanzte 1652 die ersten Reben am Fuße des Tafelberges, und Hugenotten setzten 1688 die ersten Weinstöcke im Franschhoek-Tal. Heute liegen alle Weinbaugebiete in S. im gemäßigten Klima zwischen 32° und 34° südlicher Breite, und von Kapstadt aus findet man 80% des Weinbaues in einem Umkreis von 200 km. Nachdem 1886 die Reblaus in S. einbrach, werden heute fast ausschließlich Pfropfreben angebaut. Die Anbaufläche ist mit 0,12% der landwirtschaftlichen Nutzfläche und 1,14% der Weltweinbaufläche relativ unbedeutend. Bei insgesamt steigender Produktion nimmt dabei die Fläche wie in den meisten Weinbauländern ab (Tab.).

Weinanbau in Südafrika (1985)

Rebfläche [1 000 ha]	110
Traubenproduktion [1 000 dt]	10 813
davon Tafeltrauben	773
Weinproduktion [1 000 hl]	8 314
Weinexport [1 000 hl]	64
Tafeltraubenexport [1 000 dt]	449
Pro-Kopf-Verbrauch [l]	10

Der gesamte Weinbau des Landes wird von der 1918 gegründeten Kooperative Wijinbowers Vereniging (KWV) kontrolliert. Die KWV ist eine halbstaatliche Dachorganisation für die etwa 6000 Farmer, 100 lokalen Winzergenossenschaften, 50 privaten Weingüter und 10 Handelskeltereien.

Vom Klima her kann man zwei Hauptweinbauregionen unterscheiden: das Küstengebiet, in dem ein gemäßigtes regenreiches Klima mit etwa 625 mm Niederschlag jährlich herrscht, und die Kleine Karrow im heißen und regenarmen Landesinnern (370 mm Niederschlag jährlich). Daneben gibt es einzelne kleinere Gebiete (Tafeltrauben und Rosinentraubenanbau) in der Gegend des Oranjeflusses und in Transvaal. Die Küstengegend ist das eigentliche Qualitätsweinbaugebiet. Angebaut werden die Sorten 'Stein', 'Green Grape', 'Clairette Blanche', 'White French' und ↑ 'Weißer Riesling', der hier körperreiche, herbe Weine mit auffälliger Säure ergibt. Die Rotweine der Sorten 'Hermitage', ↑ 'Cabernet Sauvignon, ↑ 'Pinot Noir' und 'Shiraz' liefern den algerischen und französischen Rotweinen nahezu ebenbürtige Weine. Dabei werden fast alle europäischen Weintypen hergestellt. So zeichnet sich der sogenannte Burgundy durch Körperreichtum und Weichheit aus und ist sehr alkoholreich und farbintensiv. Die

aus dem Tal von Constantia stammenden Weine waren schon bei Napoleon und Bismarck beliebt.
Im Gebiet der Kleinen Karrow werden auf großen Plantagen bei künstlicher Bewässerung zwar hohe Erträge, aber keine Qualitätsweine erzielt. Der größte Teil der Trauben wird verspritet, bei Ernteüberschüssen bis zu 40% der Gesamternte des Landes. Neben 'Muskateller' (↑ 'Gelber Muskateller') baut man hier Massenträgersorten wie 'White French', 'Saint-Emilion', 'Colombard' und ↑ 'Folle Blanche' an.
Im Jahre 1973 trat ein Weinkontrollgesetz in Kraft (basierend auf dem der EG). Grundlage dieses Gesetzes ist eine strenge Herkunftskontrolle. Es gibt danach fünf Anbaugebiete, 13 Bereiche, 22 Gemarkungen und etwa 60 Weingüter, von denen Wines of Origin stammen können. Werden Jahrgangs- und Rebsortenangaben gemacht, müssen 75% des Flascheninhaltes dem Aufdruck entsprechen. Die buchmäßige, analytische und organileptische Prüfung eines Weins wird durch eine AP-Nummer sowie das Siegel Certified-Gesertigisieer bestätigt.
Eine Staatliche Versuchsanstalt für Weinbau wurde 1963 in Nietboorbij gegründet. Sie verfügt über eine Rebfläche von etwa 200 ha. Ursprünglich wurden nur Eignungsprüfungen durchgeführt, seit 1973 laufen hier jedoch auch eigene Züchtungsversuche. Das genannte Siegel wird auf Antrag von diesem Institut vergeben; 3–4% der Weine erhalten zusätzlich die Bezeichnung Superior und etwa 5% werden abgelehnt und der Destillation zugeführt. (1)

Südwein: umgangssprachliche Bezeichnung für meist süßen und auch schweren Wein aus südlichen Ländern. Auch trockene Rotweine werden manchmal darunter verstanden. ↑ Likörwein (3)

suho [jugosl.]: trocken

Sultaninen: getrocknete Weintrauben aus weißen, kernlosen (parthenokarpen) Sorten. ↑ Rosinen (3)

superiore [ital.]: Weine höherer Qualität, ähnlich denen mit der Bezeichnung ↑ riserva, mit denen ↑ DOC-Weine gekennzeichnet werden können. (3)

sur lie: Bezeichnung für Weißweine, die direkt von der abgelagerten Hefe (ohne ↑ Abstich vom Gelager) auf Flaschen gefüllt werden. S. l.-Weine sind perlend, frisch und spritzig von der noch vorhandenen Kohlensäure, mit leichtem ↑ Hefegeschmack. (3)

Suser ↑ Federweißer

süß: nicht genau zu definierende Geschmacksrichtung als Gegenteil von trocken. S. Weine haben auf jeden Fall einen Restzuckergehalt um 45 g/l. In der BRD ist die Angabe s. seit 1977 auf den Etiketten zugelassen. (3)

Süßabdruck, *Süßdruck* [schweiz.]: in Graubünden (Schweiz) Bezeichnung für trockenen Rosé. (3)

Süße: Grad des empfundenen süßen Geschmacks eines Weins. Die S. kann als ↑ Restzucker durch hohen Zuckergehalt des Mostes (insgesamt etwa 100 bis über 200 g Traubenzucker – Glucose – und Fruchtzucker – Fructose – je Liter), ↑ Gärungsunterbrechung, ↑ Aufzuckern, Zusatz süßer Moste oder ein unausgeglichenes Zucker-Säure-Verhältnis entstanden sein und sagt generell nichts über die Qualität eines Weins aus. Auslesen haben meist eine natürliche S., die aber auch durch ↑ Süßreserve entstanden sein kann. Die S. wird dann unangenehm und ist grundsätzlich abzulehnen, wenn sie den Rebsorten-, Lagen- und auch Jahrgangsgeschmack verdeckt. (3)

Süße Welle: Ende der 50er, Anfang der 60er Jahre einsetzende Erscheinung, mit der neue Verbrauchergruppen durch Weine mit ↑ Süßreserve gewonnen wurden. Der Weinkonsum stieg erheblich an. Was die Natur nicht hergab, wurde durch z. T. unerlaubte Zusätze (unter anderem Naßzuckerung) ergänzt. Auch Auslesen und Spätlesen wurden entsprechend dem süßen Trend billig auf den Markt geworfen. Die klassischen (trockenen) Weine, die ohne kosmetische Süßreserve auskamen, wurden vom Markt verdrängt. In neuerer Zeit ist man bestrebt, durch Aufklärung wieder auf den Genuß der klassischen, mehr trockenen Weine zu orientieren. (3)

Süßkretzer ↑ Federweißer

Süßreserve: Erhöhen des Restzuckergehalts der Weine zur geschmacklichen Abrundung durch Zusatz von ausgesuchtem, haltbar eingelagertem, unvergorenem oder angegorenem Traubenmost mit einem Alkoholgehalt bis maximal 8 g/l. Die Zugabe von S., auch als ↑ Dosage bezeichnet, zu durchgegorenen Weinen ist technologisch besser zu realisieren als die Restsüßesteigerung durch Gärungsunterbrechung der Weine, die einen erhöhten Bedarf an Schwefliger Säure durch hohen Acetaldehydgehalt haben. Zu beachten ist, daß die einzelnen Weinqualitätsstufen nur mit ihnen gleichwertigen und sortengerechten S. dosiert werden dürfen; bei Kennzeichnung des Weins als Erzeugerabfüllung muß die S. aus Trauben des Erzeugerbetriebes stammen. Die S. muß unmittelbar nach der Kelterung so eingelagert werden, daß eine Gärung unterbunden wird. Sie muß bei Bedarf von Schwermetallen (↑ Blauschönung) und labilen Eiweißen (Bentonitschönung) befreit und durch Filtration geklärt werden.

Nachdem etwa ab 1950 die technischen Voraussetzugen für eine derartige Weinherstellung gegeben waren, wurden sehr viele Weine mit Restsüße angeboten (↑ Süße Welle).

Heute geht der Trend wieder zu den trockenen Weinen. Bei Tafel- und Qualitätsweinen kann die S. auch durch Zu-

Symposium; Gastmahl des Trimalchio (Schablithografie von Volker Wendt, 1987)

satz von Zucker erreicht werden. In Österreich ist ab 1986 die Herstellung von restsüßen Weinen nur noch durch Gärungsunterbrechung gestattet. (2)

Süßwein ↑ Likörwein

sweet [engl.]: süß; wird auch in Ungarn (Tokay) zur Geschmacksangabe benutzt. (3)

Symposium: im antiken Griechenland Weingelage nach gemeinsamem Mahl. (Abb.). Meist wurde durch Würfeln ein Symposiarch (Leiter) bestimmt, der das Mischungsverhältnis von Wein und Wasser, die Anzahl der Becher für jeden, die Art der Unterhaltung (Schabernack, Rätselraten, Rundgesänge), aber auch gelehrte Gespräche festlegte. An Symposien durften nur Männer und die freisinnigen Hetären teilnehmen. Vor allem unter Platon (427–347 v.u.Z.) nahm das S. eine literarische Form an, die in den folgenden Jahrhunderten auch von den Römern lebhaft gepflegt wurde. (3)

Syrah: sehr alte blaue Kelterrebsorte, die schon in römischer Zeit speziell nach Frankreich kam, aber auch in Australien als 'Shiraz' angebaut wird. S. ist nicht sehr ertragreich, ergibt aber Weine tiefroter Farbe mit hohem Extrakt- und Tanningehalt sowie ausgeprägtem (Veilchen-)Bukett. Die besten Rhôneweine werden aus der S.-Traube gekeltert. Auch Likörweine und Verschnitte werden aus dieser Sorte gewonnen. (3)

száraz [ung.]: trocken

Szürkebarát ↑ 'Ruländer'

T

Tafeltrauben: großbeerige, großtraubige, süße, aromatische, wohlschmekkende Sorten, die zum Frischverzehr im Freiland oder im Treibhaus kultiviert werden. Marktanbau im Freiland wird in der UdSSR, Ungarn, Rumänien, Bulgarien u.a. Ländern mit warmem Klima betrieben, Gewächshauskultur ist in Holland und Belgien verbreitet. Liebhaberanbau ist an geschützten Standorten der gemäßigten Zone möglich und verbreitet. T. werden auch zu ↑ Traubenkuren eingesetzt. ↑ Gesundheit und Wein (3)

Tafelwein, *vin de table, vino da tavola:* in der EG die unterste offizielle Qualitätsstufe von Wein, die nach den ↑ Qualitätsweinen steht und selbst noch in die gehobene Stufe ↑ Landwein und sonstige T. klassifiziert wird. Weitere Länder, unter anderem Österreich, haben sich dieser Einstufung angeschlossen. T. sind als einwandfreie, leicht erfrischende Weine besonders zur täglichen Kost und zu ungezwungenen, nicht so anspruchsvollen Festen geeignet. Je nach Weinbauzone müssen sie einen Mindestalkoholgehalt von 5 (Weinbauzone A) bzw. 6 Vol.-% (B) aufweisen. Französischer T. besitzt in der Regel einen Alkoholgehalt von 8,5–15 Vol.-%. T. sind meist verbessert, tragen keine Lagenbezeichnung und kommen oft als ↑ Markenweine in den Handel.

T. als Verschnitt von Weinen verschiedener EG-Länder trägt auf dem Etikett die Bezeichnung Verschnitt von Weinen aus verschiedenen Ländern. T. aus einem bestimmten (EG-)Land wird dementsprechend bezeichnet. Wurde der T. nicht aus Trauben des gleichen Landes hergestellt, dann wird er gekennzeichnet als Wein hergestellt in .... (Land), aus Trauben geerntet in ... (Land). T. aus gesetzlich festge-

legten T.anbaugebieten eines Landes (in der BRD Rhein-Mosel, Main, Neckar und Oberrhein) ist eine weitere Herkunftsbezeichnung. In der BRD, aber auch in Österreich, sollten T. nur aus inländischen Trauben hergestellt werden. In den EG-Ländern sind Verschnitte mit Weinen außenstehender Länder (nicht zur EG gehörend) verboten.
Die Anteile der T.produktion betrugen Anfang der 80er Jahre in Italien und Griechenland etwa 90%, in Frankreich 75%, in Spanien 60%, in Portugal 55% sowie in der BRD 5%. (3)

Talutmauern: eigens als Schutzmauern für Tafeltrauben, Pfirsiche u. a. Edelsorten errichtete Mauern mit und ohne Verglasung. Berühmtes Beispiel sind die Terrassen von Schloß Sanssouci (Potsdam, DDR). ↑ Spalierwein, ↑ Tafel 27 (3)

Tapete: Bezeichnung für eine rotbraune Kruste, die als dünne Ablagerung (↑ Depot) an der Flaschenwand von Rotweinen lagert. Weine mit T. müssen ↑ dekantiert werden. (3)

Tarawein ↑ Fruchtwein

Targel ↑ Torkel

tâstevin [franz.] ↑ Probierschale

Tatara: in Georgien eine Art Traubenbrot aus Traubenmostkonzentrat und Weizenmehl gekocht, das in ähnlicher Art auch in anderen Ländern bekannt ist. (3)

Taufen: Verwässern des Weins. ↑ Panschen (3)

Tausendgut, *Ezerjö:* alte ungarische reichtragende Keltertraube mit großen, dichtbeerigen Trauben und dünnhäutigen, gelblichgrünen, süßen Beeren. Sie ergeben alkoholreiche, kräftige Weißweine hoher Qualität, die als Exportweine außerhalb Ungarns gehandelt werden. (6)

Tavaweine: ältere, in Griechenland noch gebräuchliche Bezeichnung für Spitzenweine hoher Qualität, die eigentlich heute nur als ↑ Tafelwein eingestuft werden dürften. Tava [griech., Keller] deutet auf eine entsprechende Lagerzeit hin. (3)

Tavel ↑ Roséwein

Technisierung des Weinbaus: Ersatz lebendiger Arbeit durch Maschinen und Geräte, um insgesamt die ↑ Ökonomie der Weinproduktion zu verbessern. Haupthindernis der T. d. W. ist unter kapitalistischen Produktionsverhältnissen der zersplitterte Besitz, was durch Flurbereinigung und Konzentration der Winzerbetriebe gemildert werden soll. Außerdem versucht man über Maschinengemeinschaften und -ringe sowie Lohnunternehmen, die T. d. W. wirtschaftlicher zu machen. Nicht zuletzt behindert die ungünstige Entwicklung zwischen Technikkosten und Erzeugerpreisen die T. d. W. Während diese Probleme in sozialistischen Winzergenossenschaften und staatlichen Betrieben gegenstandslos sind, erschweren Steillagen (über 40% Steigung) und Hanglagen (20–40% Steigung) die Technisierung der Qualitätsweinproduktion nicht unerheblich. Flachlagen (unter 20% Steigung) sind, wenn auch nicht immer so günstig für die Qualitäsweinproduktion, so doch als Direktzuglagen besonders für die Technisierung geeignet, wenn die entsprechenden ↑ Erziehungsformen eingerichtet wurden. In den 60er Jahren wurde die T. d. W. durch die Einführung des Hochachstraktors vorangetrieben. Besonders der Aufwand an lebendiger Arbeit (600 bis 2500 Arbeitskräftestunden, darunter 600 bis 800 Akh in flacheren Lagen) und damit ihre Kosten sind außerordentlich hoch. Außerdem sind Handarbeitskräfte für den Saisoneinsatz in vielen Regionen äußerst knapp. In einer Reihe sozialistischer Weinbauländer werden deshalb Rebflächenteilstücke (etwa 0,3 ha für zwei Erwachsene) an Familien vergeben, die alle Handarbeiten ausführen. Außer den Lesearbeiten werden dafür von ihnen etwa 12 bis 14 Wochenenden benötigt. Die Genossenschaften und sozialistischen staatlichen Betriebe übernehmen alle mechanisierbaren Arbeiten. Die Vergütung der Familienarbeit ist sehr vielfältig geregelt. Neben direkter Bezahlung erhalten sie Wein bzw. Traubenkaufrechte an Wein bei Selbstkostenpreisen. Andere Regelungen sehen Anteile am erzielten Erlös vor.

Um den Direktzug bis zu 40% Hangneigung auszudehnen, werden Schmalspurtraktoren auch mit Allradantrieb oder Triebradanhänger mit Hydraulik sowie Hydro(Öl-)motoren, mit Ketten und Gürtelreifen um 37 kW (50 PS) Motorleistung eingesetzt (je höher die Motorleistung, um so mehr sind über Gerätekopplungen Arbeitsgänge einzusparen). In Steillagen ist das wichtigste Mechanisierungsmittel die Seilwinde, die zur Bodenpflege, Unkrautbekämpfung, Düngung und zum Transport eingesetzt wird. Auch tragbare Sprühgeräte, Motorhacken und Hangelwinden spielen immer noch eine Rolle. In Direktzuglagen können dagegen folgende Arbeiten mechanisiert durchgeführt werden:

Bodenpflege: Fräsen, Grubbern, Kreisel- und Scheibeneggen, Zu- und Abpflügen, Tiefenlockerung, Stockräumen, Mähen;

Pflanzenschutz: Spritzen, Sprühen, Feinsprühen mit Front-, Heck- und Zwischenachsanbau- sowie Einachsgeräten und Hubschraubern bzw. Starrflüglern;

Düngerstreuen: verschiedene Arten Anbau- und Zuggeräte sowie Hubschrauber und Starrflügler, Kompoststreuen;

Stockarbeiten: Laubschneiden (für Ausbrechen und Heften gibt es erste Mechanisierungsansätze);

Beregnen: Rohr- und Schlauchberegnung, Tröpfchen- sowie Unterflurbewässerung;

Transport: Anbautransporter (auch einachsig), Hänger, Anbauhubstapler, Entladevorrichtungen, Tankwagen;

Anlagearbeiten: Gerüstgrubenbohren, Aufwickeln und Auslegen der Drähte, Rebpflanzen.

Etwa 25–30% des Arbeitsaufwandes entfallen auf die Lese. Deshalb nimmt ihre Technisierung durch Traubenvollerntemaschinen ständig zu. Eine solche Maschine kann in etwa zwei bis fünf Stunden einen Hektar abernten (dafür benötigen zehn Handarbeitskräfte drei Tage). Besonders die ↑ Erziehungsform Vertiko eignet sich zur vollmechanisierten Ernte. Die ↑ Technologie der Weinherstellung ändert sich zwar im Gefolge, doch wird die Endqualität des Weins nicht beeinflußt. So wurden 1985 in Bordeaux schon 75% der Gesamtfläche (105000 ha) von etwa 1000 Maschinen abgeerntet. Allerdings lassen sich die Maschinen nicht zur Ernte edelfauler Beeren einsetzen. Die T. d. W. und zum großen Teil auch die Automatisierung der Technologie der Weinbereitung haben sich bis auf wenige Ausnahmen durchgesetzt. In hochkonzentrierten genossenschaftlichen und volkseigenen Weinbaubetrieben der sozialistischen Länder haben sich für eine Reihe von Arbeitsgängen die Hochachstraktoren mit freiem Durchgang der Rebstöcke bewährt. (3)

Technologie der Weinbereitung: alle Vorgänge der Verarbeitung von Trauben zu Wein (Abb.). Während die Traubenerzeugung dem Weinbau obliegt, wird die *Traubenlese* als erster Schritt der Weinbereitung angesehen und zählt schon zur Kellerwirtschaft. Der ↑ Reifeprozeß am Stock ist wesentlicher Qualitätsmaßstab und vom richtigen Zeitpunkt der ↑ Lese hängt weitgehend die ↑ Güte des Weins ab.

Die *Traubenannahme* schließt die Kontrolle der Traubensorte und des Lesegutes, das Verwiegen und Entladen

Technologie der Rotweinherstellung (Schema);
Prozente werden immer als Anteil von der entsprechenden Verarbeitungsstufe angegeben

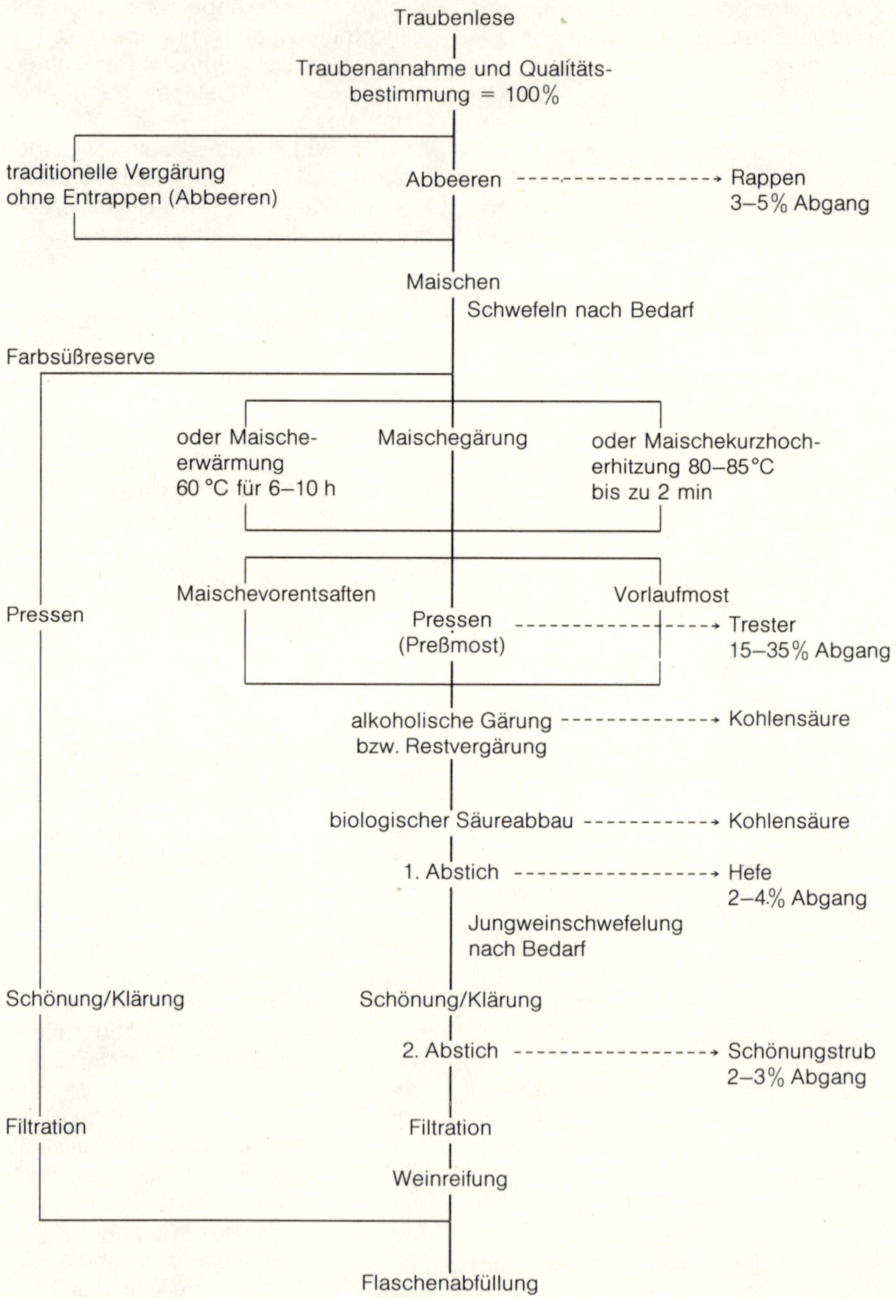

Technologie der Weißweinherstellung (Schema);
Prozente werden immer als Anteil von der entsprechenden Verarbeitungsstufe angegeben

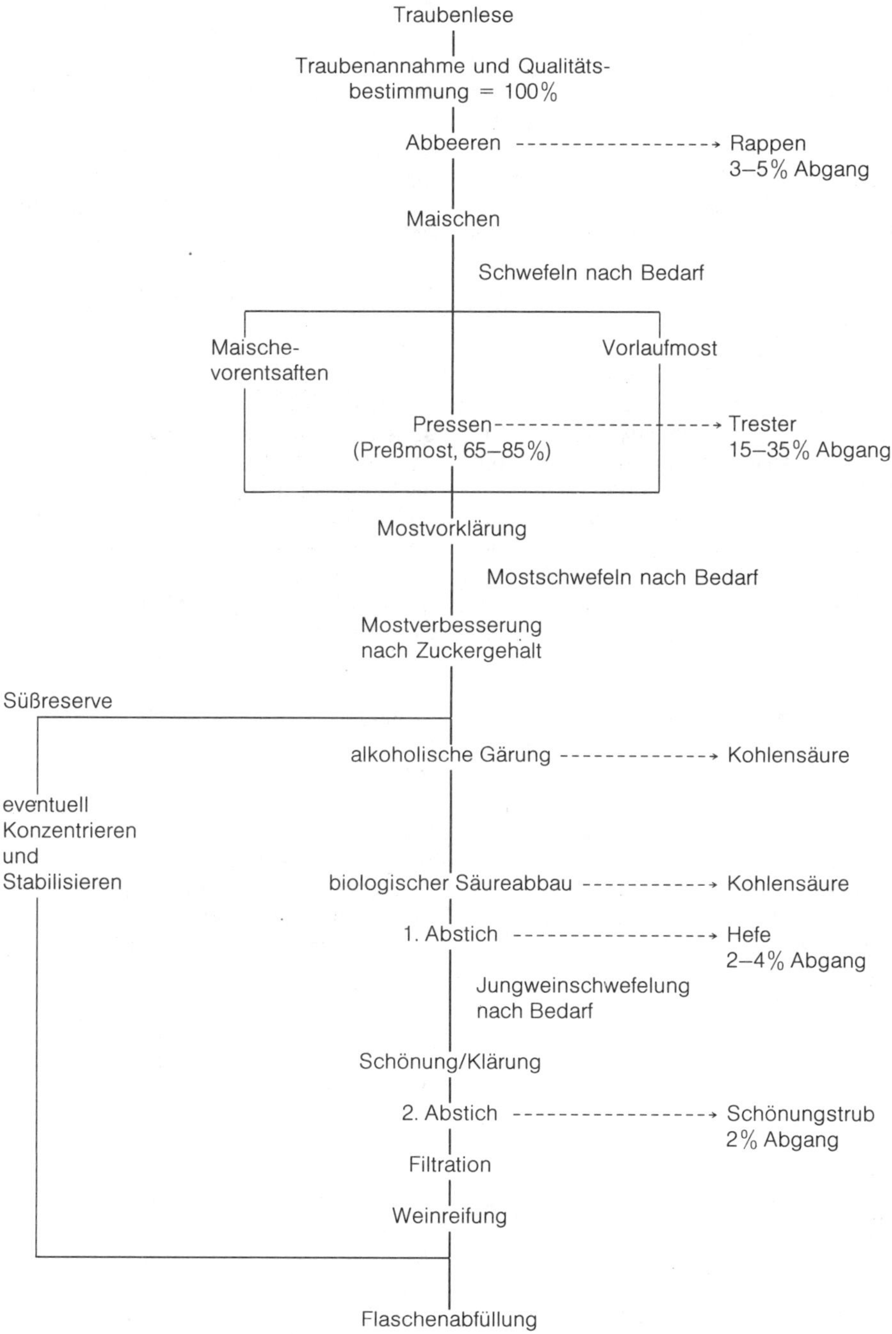

bzw. Entleeren ein. Das Entladen erfolgt in kleinen Betrieben noch von Hand, durchgesetzt haben sich mechanische Verfahren wie Greifersysteme, Elevatoren (Absaugeanlagen), Anheben von Bütten mit Aufzug, Hubstapler, kippbare Wagen und Maischetransporter. Mit der Traubenannahme unmittelbar verbunden ist meist das Abbeeren (↑ Entrappen), durch das die Abgabe von zu viel ↑ Gerbstoff an den Wein aus den stark gerbstoffhaltigen Stielen vermieden werden soll.
Dieser Prozeß tritt aber praktisch nur bei Vorhandensein von Alkohol als Extraktionsmittel ein, d. h. bei einer ↑ Maischegärung von Rotweintrauben. Bei Rotwein sollte daher ein Abbeeren durchgeführt werden, bei Weißwein besteht keine zwingende Notwendigkeit. Nach dem Abbeeren werden die Beeren meist durch zwei gegenläufige Walzen gemaischt, d. h. gemahlen oder gequetscht, um den Saft und die traubeneigenen Enzyme freizusetzen. Die Abfolge *Abbeeren* und dann *Maischen* wird fast immer mit einer Gerätekombination realisiert. Die ↑ Maische bleibt mehrere Stunden (aber nicht mehr als 24 Stunden beim Weißwein) in Maischegefäßen stehen. Diese Maischegefäße können Holzdösen (von 500 l bis mehrere 1000 l) und verschiedene dynamische Maischevorentsaftungssysteme sein. Bei der Vorentsaftung können bis zu 50% des Gesamtmostes abgeseiht werden. Bei Verarbeitungstechnologien ohne Vorentsaftung fällt beim Einfüllen der Maische in die Presse der Vorlaufmost an, der ohne Druckeinwirkung abläuft. Bei der Rotweinbereitung ist einer der wichtigsten Schritte die Gewinnung der in den Beerenschalen lokalisierten Farbstoffe. Klassisch ist die Methode der *Gärung auf der Maische,* um mittels des gebildeten Alkohols die Farbstoffe in die Flüssigkeit zu mazerieren. Eine andere Möglichkeit ist die *Wärmebehandlung der Maische,* in dem die Maische entweder 6 bis 10 Stunden bei 60 °C gelagert oder kurz – für 2 min – auf 80 °C erhitzt wird. Die Vorteile der ↑ Maischeerhitzung, wie sehr gute Farbstoffausbeute und hoher Extrakt des Weins, werden durch einige Nachteile, wie schlechtere Selbstklärung und Filtrationsschwierigkeiten relativiert. Sinnvoll ist auch der Weg über die Herstellung von Farbsüßreserve, die durch Erwärmung der Maische, Kelterung, Klärung und Einlagerung als Most gewonnen wird.
Der Normalfall des *Pressens* ist die Süßkelterung von unvergorener Maische bei Weißwein und die Kelterung der Rotweine von angegorener Maische bei einem Endvergärgrad von 10–20 °Oe. Die Technik des Pressens hat sich in letzter Zeit wesentlich verbessert, wobei die Ausbeutesteigerung nicht zu Lasten der Qualität gehen darf. Die Steigerung des Preßdruckes ist nicht so effektiv wie die neuerliche Krümelung der Maische und mehrmalige Pressung. Pneumatische Horizontalkorbpressen garantieren einen sehr guten Saftablauf bei kurzen Preßzeiten, Tankpressen einen niedrigen Trubgehalt bei geringem Sauerstoffeinfluß und Schneckenpressen große Ausbeuten bei kontinuierlichem Arbeitsprozeß. Der Trubgehalt des ↑ Mostes geht mit fortschreitender Pressung zurück. Der Saftgehalt der Maische ist von Jahrgang, Rebsorte, Reife und Maischevorbehandlung abhängig und deshalb ist eine Regel über die erzielbare Ausbeute schwierig (↑ Preßmost).
Der *Most* wird heute im allgemeinen auf Sammeltanks zwischengelagert, um notwendige Behandlungen durchzuführen, denn Mostbehandlungen sind schonender und wirkungsvoller als Weinbehandlungen. Die einfachste Behandlung ist das Absetzenlassen der Trubstoffe des Mostes, um reintönige

Weine zu gewinnen und die stürmische Gärung nicht so heftig verlaufen zu lassen. Diese Vorklärung, auch Entschleimung genannt, darf aber nicht zu weit gehen, da sonst ein schlechter Gärbeginn und meist auch eine unvollständige Gärung (↑ Gärungsunterbrechung) resultieren. Zur Mostvorklärung kann der Separator sehr gut eingesetzt werden. Weiterhin kann der Most mit Aktivkohle (bei krank- und fehlerhaftem Most), Bentonit (Eiweißentfernung; bei der Gärung entstandene Eiweißstoffe werden nicht erfaßt), Calciumcarbonat (↑ Entsäuern), Schwefliger Säure (↑ Schwefeln) und mit ↑ Enzymen behandelt werden. Die Wärmebehandlung des Mostes (Abtöten von Mikroorganismen, Inaktivierung von Enzymen) wird als Kurzhocherhitzung (KHE-Verfahren) bei 80–85 °C 2–3 min durchgeführt. Betriebe mit Reinzuchthefevergärung sind auf diese Behandlung angewiesen. Eine Mostverbesserung (↑ Verbessern) dient dem Erhöhen des Alkoholgehaltes im Wein. Der Most wird in die Gärgefäße gepumpt und nach zwei bis drei Tagen beginnt die ↑ alkoholische Gärung. Die Gefäße werden wegen der Schaumentwicklung nur zu etwa 80% gefüllt und mit einem ↑ Gärverschluß versehen.

Wichtig für die Bereitung reintöniger Weine ist ein zügiges *Vergären* und das Vermeiden schädlicher Gärstokkungen. Bei Beendigung der Gärung sind die ↑ Hefen zum Gefäßboden abgesunken und müssen vom Wein durch den ↑ Abstich abgetrennt werden. Bei säurereichen Jungweinen (über 11 g Gesamtsäure/l) wird man den Abstich verzögern, um den biologischen Säureabbau (Entsäuern) einzuleiten, während säurearme Weine umgehend zur Sicherung des Säuregehaltes abgestochen werden. Wesentlich nach dem Abstich ist das Beifüllen der Gefäße, um den schädlichen Sauerstoffeinfluß zu minimieren und die notwendige Zugabe Schwefliger Säure zur Sicherung des reduktiven Weincharakters. Es schließt sich der *Ausbau des Weins* an, der die kellertechnische Weinbehandlung mit Schönung, Klärung, zweitem Abstich und ↑ Filtration und der Weinreifung umfaßt. Die Kunst des ↑ Kellermeisters besteht darin, Eigenart und Qualität des Weines zu entwickeln, zu heben und zu verfeinern. Die erste Etappe des Weinausbaus besteht in der Schönung und Klärung, denn ein trüber Wein ist biologisch anfälliger als ein klarer Wein. Zudem werden an den Trubteilen viele Aromastoffe gebunden bzw. blockiert (↑ Blauschönung).

Der Begriff Klärung umfaßt im weitesten Sinne auch die Schönung, wird aber vor allem für die mechanischen Verfahren wie Filtration, Separation oder Spontanklärung (Absetzenlassen) verwendet. Der Wein wird chemisch nicht verändert. Als *Weinreifung* (↑ Reifeprozeß) bezeichnet man die Lagerung des Weins auf dem Faß, im Tank oder in der Flasche (↑ Bukett). Ist der Wein abfüllreif, dieser Zeitpunkt soll vor dem Erreichen des sensorischen Höhepunktes liegen, muß entschieden werden, ob dem Wein eine ↑ Süßreserve dosiert wird. Mit dem ↑ *Abfüllen* auf Flaschen ist die technologische Weinbereitung abgeschlossen. ↑ Tafel 17 und 22 (2)

Teinturier ↑ Färbertraube

Temperatur beim Lagern ↑ Lagerung von Weinen

Temperierschränke für Wein: spezielle Klimaschränke und Klimatüren für Lagerräume, die vibrationsfrei und ausreichend belüftet in den verschiedenen Lagen unterschiedliche Temperaturen (meist zwischen 6 und 18 °C) sowie entsprechende Luftfeuchtigkeit elektronisch geregelt halten und den Luftaustausch bei ihrer Entkeimung ermöglichen. (3)

Tempranillo: bedeutende spanische blaue Kelterrebsorte mit guten Erträgen, hohem Zucker- und ansprechendem Säuregehalt, die tiefrote, alkoholische, feine delikate und langlebige Weine hoher Güte ergibt. Am Verschnitt der berühmten Riojaweine ist sie besonders beteiligt. In Katalonien wird T. als 'de Liebre' oder 'Ojo de Liebre', in La Mancha als 'Censibel' und in Westspanien als 'Tinto fono' bezeichnet. (3)

tenuta viticola [ital.]: Weingut

termelte [ung.]: erzeugt

Terrassenkultur: Weinanbau auf Bergen mit eingerichteten waagerechten Geländestufen, die auch durch Mauern gestützt sein können. T. ist sehr kostspielig in der Anlage und auch in der Unterhaltung. Sie ist aber in klimatisch günstigen Steillagen die einzige Möglichkeit für den Weinanbau. T. behindert die Bodenerosion und kann bei breiten, zugänglichen Geländestufen, z. B. im Tokajerweinanbaugebiet Ungarn, die ↑ Technisierung ermöglichen. T. wird auch zur Erhaltung traditioneller Landschaftsbilder, in der DDR z. B. in Radebeul im Elbtal, trotz der hohen Aufwendungen bewahrt und gepflegt. (3)

Terravin [schweiz.]: gebräuchliche Gütebezeichnung für einen Gutedelwein besonderer Qualität aus dem Kanton Waadt. (3)

Tetrapack ↑ Kartonagenverpackung

Theophrast(os): griechischer Philosoph (372–288 v. u. Z.) und Schüler von Aristoteles. Er befaßte sich in seinen Schriften zur Naturkunde auch mit dem Wein und gab Empfehlungen für geeignete Dünger. T. soll den Rebstock auf die Insel Lesbos, seine Heimat, gebracht haben. Der Wein von Lesbos war bald dem von Chios überlegen. (3)

Thyrosstab: nach Vergil (70–19 v. u. Z.) ein mit Weinlaub und Efeu umrankter und in einem Pinienzapfen endender Stock aus der Nartexstaude. Den T. trugen die ↑ Bacchantinnen im Gefolge des Bacchus. Zum Pinien- bzw. Kiefernzapfen meinte Plutarch (46–119 u. Z.), daß die Kiefern Bacchus geweiht wurden, weil in der Nähe von Kiefernwäldern süßer Wein gedeiht. Vielleicht besteht aber auch eine Verbindung zu Harzweinen (↑ Retsina) oder zu der Tatsache, daß Pinienzapfen als phallisches Fruchtbarkeitssymbol gelten. Die Blätter des Efeu sollen nach Plutarch der Trunkenheit entgegenwirken. Möglicherweise ist auch die „innige Umarmung", mit der Efeu alles umschlingt, oder das Kühlende des Efeus das Symbolhafte für den T. (3)

tinto [port., span.]: rot; *tinta* ist ein gebräuchlicher Wortvorsatz für eine Reihe tieffarbener Rotweine, wie *Tinta Madeira.* (3)

tirage [franz.] ↑ Abfüllen

Tiragekorken: große Naturkorken, mit denen die Flaschen bei der Schaumweinherstellung vor der zweiten Gärung verschlossen werden. (3)

Tischwein: offiziell nicht mehr übliche Bezeichnung für einen billigen Konsumwein, der nicht den Anforderungen von Qualitätsweinen entspricht und etwa gleichbedeutend mit ↑ Tafelwein einfacher Qualität ist, meist aber mit ausländischen Weinen verschnitten wird. (3)

Toddy: süßer Saft aus den Blütenständen von Palmen, der auch zu ↑ Palmwein vergoren wird. (3)

Tokajer ↑ 'Gelber Furmint'

Tokajerweine: Sammelbegriff für die Spitzenweine aus dem ungarischen Weinbaugebiet ↑ Tokaj-Hegyalja und dem tschechoslowakischen Tokajskà oblast. Die hervorragende Qualität der T. ergibt sich aus den besonders günstigen Bedingungen des Boden-Klima-Komplexes, den vorzüglichen Rebsorten, den neuesten wissenschaftlich-technischen Erkenntnissen verbunden mit jahrhundertealten Winzererfahrungen, der Technologie der Weinbereitung und der speziellen Mikroflora sowohl auf den Weinbeeren als auch in den einmaligen Kellern des Tokaj-Hegyalja. Neben dem berühmtesten Wein, dem ↑ Tokaji Aszú, werden Tokaji Szamorodni, Tokaji Furmint und Tokaji Harslevelü produziert.

Tokaji Szamorodni wird als goldbrauner natursüßer Likörwein aus den 'Gelben Furmint'- und 'Harslevelü'-Trauben, die schon überreife und edelfaule Beeren mit etwa 113–114 °Oe enthalten, gekeltert. Die Maische preßt man erst nach etwa 12 Stunden ab. Für den oxidativen Ausbau im ↑ Gönczer-Faß benötigt der Wein wenigstens zwei Jahre. Abgefüllt in die besonderen 0,5-l-Flaschen beträgt sein Alkoholgehalt mehr als 13 Vol.-%, der zuckerfreie Extrakt 25–32 g/l und die Säure 7,8–8,5 g/l. Der trockene Szamorodni, als száraz oder dry gekennzeichnet, enthält bis zu 10 g/l natürlichen Restzucker, während der süße Szamorodni, als édes oder sweet bezeichnet, 50–55 g/l bei einem Mindestmostgewicht von 130 °Oe aufweist. Blumiges Bukett und der vollmundige, reife Geschmack kommen dem Tokaji Aszú sehr nahe. Der trokkene Szamorodni wird zu Fisch, Frikassee, gebratenen Fleischgerichten und besonders zu Wild getrunken, der süße mit 14–16 °C Trinktemperatur als Aperitif und zum Dessert.

Tokaji Furmint wird als grüngelber Weißwein in den Variationen Neufurmint, zweijähriger Furmint und vierjähriger Altfurmint aus den 'Gelben Furmint'-Trauben hergestellt, angeboten. Abgefüllt in Weißweinflaschen beträgt sein Alkoholgehalt 12 Vol.-%, der Restzucker 25–30 g/l, der zuckerfreie Extrakt 25–26 g/l und die sehr feine Säure 7–7,5 g/l. Auch er besitzt das typische Tokajerbukett. Er eignet sich als ausgezeichneter Tafelwein zu warmen Vorspeisen und zu leichtem Gebratenem bei einer Trinktemperatur von 14 °C.

Tokaji Harslevelü keltert man aus den 'Harslevelü'-Trauben (↑ 'Lindenblättriger') trocken und süß. Er lagert zwei bis drei Jahre in Holzfässern und zeichnet sich durch eine elegante, zarte Säure aus. Den trockenen serviert man besonders zu Suppen als die bekannte 40-Tropfen-Dosis sowie zu Kohlrouladen und Huhn, den süßen zu Vorspeisen und zum Dessert. (3)

Tokaj-Hegyalja: berühmtes, geschlossenes, gesetzlich auf 28 Gemeinden begrenztes Weinbaugebiet im Nordosten Ungarns, aus dem einige der edelsten Weine der Welt, die ↑ Tokajerweine, stammen und in das nur in Flaschen gefüllte gebietsfremde Weine eingeführt werden dürfen. Auf der über 7000 ha großen Rebfläche werden bei einem Ertrag von rund 60–70 dt Trauben bzw. über 40 hl Wein/ha jährlich durchschnittlich 300000 hl Wein erzeugt, wobei über 60% durch das ungarische staatliche, sozialistische Außenhandelsunternehmen Monimpex exportiert werden. Etwa 25% der Produktion stammen aus dem sozialistisch-staatlichen Sektor, der seit Anfang der 80er Jahre einen Teil seiner Flächen zur Durchführung der Handarbeiten an Familien verpachtet. 30% der Produktion kommen aus dem sozialistisch-genossenschaftlichen Sektor und 45% aus individuellen Wirtschaften. Auf 60–70% der Rebflächen stehen ↑ 'Gelber Furmint', auf 30–35% 'Harslevelü' (↑ 'Lindenblättriger') und auf etwa 5% 'Sárgamuskotály' (↑ 'Gelber Muskateller' bzw. 'Muscat Lunel') als vorbildlich selektionierte Kulturrebsorten.

Das 140–200 m über NN im Dreieck von Tokaj, Abaujszánto und Sátoraljauhely (Sitz des 1971 gegründeten sozialistisch-staatlichen Weinkombinats) liegende Gebiet wird vor Ost- und Nordwinden durch die Karpaten geschützt. Die für den Weinanbau hervorragend geeigneten, sanft nach Südosten abfallenden Hänge mit Rhyolithverwitterungsböden vulkanischen Ursprungs sind meist mit einer angewehten Lößschicht bedeckt. Zum Schutz vor Erosion wird begrünt und terrassiert. Durchschnittliche Jahresniederschläge von 574 mm, Sommer mit einer Julidurchschnittstemperatur um 21 °C und 1900 bis 2000 Sonnenscheinstunden im Jahr, eine 180- bis 200tägige Vegetationsperiode, mittlere Jahrestemperaturen von über 10 °C sowie ein sehr langer, trockener, mild-warmer Herbst ermöglichen eine sehr späte Lese (nach dem 28. Oktober bis Anfang Dezember), die hohe Mostgewichte garantiert. Morgentau und Frühreif im Herbst, denen ein sonniger Tag folgt, begünstigen die ↑ Edelfäule.

Neben den ausgezeichenten Rebsorten und dem optimalen Boden-Klima-Komplex bestimmt die hauptsächlich in den geologischen Verhältnissen begründete Eigenart der T.-Weinkeller die Qualität der Tokajerweine. Die in das Tuffgestein auch heute immer noch neu geschlagenen, oft kilometerlangen schmalen Kellerlabyrinthe mit den oberirdischen Lüftungsöffnungen stehen auch ohne Stützen fest, wie 600 bis 700 Jahre alte Keller beweisen (↑ Tafel 24). Ein Keller faßt bis zu 23000 Gönczerfässer in jeweils zwei Reihen. Er bietet mit seinen konstanten Temperaturen zwischen 8 und 12 °C und dem die Luftfeuchte zwischen 78 und 98% regulierenden, die Wände, Fässer und Flaschen bedeckenden samtenen ↑ Edelschimmel *Cladiosporium cellare,* ideale Bedingungen für den langjährigen Ausbau der Weine. Um die gewachsene Menge des Weins unterzubringen, schlagen verschiedene Genossenschaften in der arbeitsärmeren Zeit die Kellergänge ins Gestein und verpachten sie an das Weinkombinat.

Abgesehen davon, daß man bereits aus dem Trias (vor etwa 200 Mill. Jahren) einen Weinblattabdruck der Wildrebe *Vitis tokayensis* fand, läßt sich der Kulturrebbau im T. auf mehr als ein Jahrtausend belegen wobei Tokaj, das Städtchen, das diesem Gebiet den Namen gab, seit 1074 urkundlich genannt wurde. Vor der Zeitenwende haben hier schon Kelten Wein gebaut; die Magyaren, die selber Kenntnisse des Weinbaus mitbrachten, fanden ihn bei ihrer Landnahme um 896 schon vor. Später, in der Mitte des 11. und im 12. Jh., beeinflußten ins Land gerufene französische Siedler, nach dem kurzen Mongolensturm im 13. Jh. italienische und nach dem Türkenabzug im 18. Jh. deutsche Einwanderer den Weinbau im T. Aber erst im 16. Jh. erwarben Tokajerweine Ansehen. Um 1560 taucht die Bezeichnung Ausbruchtraube auf. 1650 wurde wegen der Aufstände im Lande die gesamte Lese auf November und damit in die Zeit der Edelfäule verschoben, was die ersten Ansätze der heutigen Tokaji-Aszú-Herstellung mit sich brachte. 50 Jahre später gab der große Förderer der Tokajerweine, Fürst Ferenc Rákóczi, dessen Wappen heute noch die Flaschen ziert, ein ausführliches Reglement der Herstellung heraus. Auch die genannten Kellerlabyrinthe wurden größtenteils aus Not vor Kriegsplünderungen als versteckte, niedrige Gänge, in die nur kleine Fässer paßten, angelegt.

Die Polen waren die ersten, die Weine aus T. bezogen, und zwar bis 1764 mit Hilfe sog. Weinpässe zollfrei für den Adel, wenn er unter Eid nur dem Eigenbedarf diente (Abb.). In der zweiten Hälfte des 16. Jh. gelangte der Tokajer nach Schweden, später nach Frankreich an den Hof Ludwig XIV., wo er als „Wein der Könige und König der Weine" verehrt wurde, und im 18. Jh. nach Preußen, wo ihn besonders Friedrich II. schätzte. Schon seit Anfang des

Tokay-Hegyalja; Holzschnitt von I. Drahos

17. Jh. kannten die Engländer und Russen den Tokajer, und Peter der Große pachtete sogar einen Weinberg, von dem aus bis 1798 die vollen Fässer mit Ochsenkarren nach Petersburg gebracht wurden.
Von 1890–1892 vernichtete die Reblaus fast alle Stöcke und erst Jahre später, nachdem die Weinberge mit amerikanischen Unterlagen saniert waren, gab es wieder Tokajer. Der erste und zweite Weltkrieg und dazwischen die Weltwirtschaftskrise schadeten dem Weinbau sehr. Ab Ende der 50er, Anfang der 60er Jahre erlebte der Weinbau im T. eine neue Blüte. Sie wurde möglich durch großangelegte Pläne der sozialistischen Staatsmacht zur Rekonstruktion und mit Hilfe beträchtlicher Mittel. Heute bemühen sich auch die Winzer, über die Verbesserung der Rebsorten sowohl Güte als auch Rentabilität der Tokajerweine weiter zu heben. (3)

Tokaji Aszú: berühmter gold- bis braungelber, natursüßer Likörwein aus dem ungarischen ↑ Tokaj-Hegyalja. Er wird aus den Kelterrebsorten ↑ 'Gelber Furmint', 'Harslevelü (↑ 'Lindenblättriger') und ↑ 'Gelber Muskateller' mit unterschiedlichen Anteilen Ausbruch, d. h. Trockenbeerenauslese, hergestellt. Für den Aszú werden edelfaule Trockenbeeren mit etwa 230–280 °Oe aus der Traube am Stock ausgebrochen oder am Sortiertisch ausgelesen und vorsichtig, ohne die Kerne zu zerstören, in jeweils kleinen Mengen in einer Spezialmaschine (↑ Traubenmühle) zu einem Ausbruchteig gequetscht. Wird hier der Selbstlauf abgefangen, dann ergibt er die Tokajiessenz (eszencia) mit über 250 g Zucker je Liter sowie 50 g zuckerfreiem Extrakt je Liter in einer Menge von 1,5 l aus einer 24-l-↑ puttony. Diese Essenz gärt jahrelang und braucht weit über ein Jahrzehnt zu ihrer Reife. Nach alter Tradition erhält

das englische Königshaus jährlich einige Kostproben daraus. In der Regel setzt man den Selbstlauf aber zur Veredlung des T. A. ein.
Dem Ausbruchteig wird gerade gekelterter Most oder Jung-, junger und sogar Altwein der Szamorodniart aufgegossen, so daß auf die 136-l-Gönczerfässer jeweils zwei bis fünf, selten auch sechs auf puttony berechneter Ausbruchteig entfallen, wobei alles unter Rühren bis zu 48 Stunden stehen bleibt, um dann abgezogen bzw. abgepreßt zu werden. Der oxidative Ausbau des T. A. vollzieht sich bei mäßiger Schwefelung in Gönczer Fässern von 136 oder 220 l, die im Stück gehalten werden. d.h. denen 20–30 l an der Füllmenge fehlen. Dadurch kommt der Wein noch mehr mit Sauerstoff in Berührung, als das ohnehin bei den genannten kleinen Fässern der Fall ist. Während einer etwa sechsmonatigen Lagerzeit bildet sich in diesen Fässern eine Oberflächenweinhefe (erevisiae), die reduktive Bedingungen hervorruft. Beim nachfolgenden Ausbau wird nach fünf bis sechs Jahren dann aber der Verdunstungsverlust wieder aufgefüllt. Eine alte Regel besagt, daß der Reifeprozeß zwei bis vier Jahre und zusätzlich soviel Jahre dauert, wie die Anzahl der zugesetzten puttony ausmacht. Bukett und Geschmack des T. A. werden weiterhin durch die Tuffsteinkeller mit ihrem samtenen ↑ Edelschimmel bestimmt. Nach dem Ausbau wird der T.A. in die bekannten 0,5-l-Flaschen abgefüllt. Der 5-puttony T.A. wird auch als *Vinum Tokajense Passum* in eckigen 0,7-l-Medizinalflaschen abgefüllt, weil er früher ob seiner gesundheitlichen Wirkung in dieser Art in vielen Apotheken stand. Die T.A.-Eszencia als Rarität aus besonders gelungenen Jahrgängen von speziellen Lagen, auch unter Verwendung der Selbstlauf-Essenz nach einem Ausbau bis zu 15 Jahren hergestellt, hat einen sehr hohen Restzucker- und Extraktgehalt bei nur 6–10 Vol.-% Alkohol. Sie wird erst nach 20 Jahren verkauft. Im ungarischen Weingesetz heißt es, daß sie eine Qualität besitzt die nicht mehr durch die Angabe von puttony ausgedrückt werden kann.
Der fertig ausgebaute T. A. besitzt 13,5–15,5 Vol.-% Alkoholgehalt und je nach der Anzahl der berechneten puttony bzw. als T. A.-Eszencia folgende Gehalte in Gramm je Liter:

3-puttony	*4-puttony*	*5-puttony*	*Eszencia*
Restzucker			
60–70	90–100	120–130	250
zuckerfreier Extrakt			
30–40	35–40	40–50	50
Säure			
8–8,5	8–8,5	9,5–10,5	

T.A. ist fast unbegrenzt haltbar und mit einer hohen Anzahl puttony baut er länger als ein Menschenalter aus. Er ist sehr bekömmlich, auch deshalb, weil er kaum geschwefelt wird. Duft und Aroma liegen dicht beieinander und erinnern an Brotgeschmack, Mandeln, Schokolade bzw. Johannisbrot. S. Petőfi nannte ihn die „in der Flasche verschlossene goldfarbene Flamme".
T.A. eignet sich hervorragend als Aperitif und zum Dessert, wird in kleinen, speziellen Gläsern ausgeschenkt und kann zu ganz besonderen Anlässen die auserlesene Krone des Festes sein. (3)

Tokay d'Alsace: im Elsaß irreführende Bezeichnung für ↑ 'Ruländer'. (3)

Tokayer: in der Ostschweiz irreführende Bezeichnung für ↑ 'Ruländer'. (3)

Topfpfropfrebe ↑ Pfropfreben

Topfrebe: unveredelte Jungrebe mit Wurzelballen. Sie wird aus einem oder zwei Augen in Warmhäusern der Baumschulen angezogen und als ein- und zweijährige T. gehandelt. ↑ Pflanzgut (3)

töppedt szölöböl készült bor [ung.]: Bezeichnung für Ausbruchwein, der als Trockenbeerenauslese hergestellt wurde. (3)

Torkel, *Kelter, Targel, Trotte, Trub:* traditionelle Bezeichnung für Geräte zur Mostgewinnung durch Auspressen der Weinbeeren. Schon die Römer nannten ihre ↑ Baumkeltern torcular. Heute werden auch die modernen Traubenpressen regional unterschiedlich noch mit diesen alten Namen bezeichnet. (3)

tot: Bezeichnung für einen Wein, der Bukett und überhaupt seinen Charakter verloren hat und in dem alle biochemischen Prozesse zum Stillstand gekommen sind. (3)

Traminac: in Jugoslawien Bezeichnung für ↑ 'Traminer'. (3)

Traminer, *Traminac:* sehr alte Keltertraube unbekannter Herkunft. T. ist verbreitet in der DDR, der BRD, Österreich, Ungarn, Jugoslawien, Rumänien, Frankreich, Italien, der ČSSR. Die Lese liegt sehr spät, kurz vor und mit ↑ 'Riesling'. Die Trauben sind klein bis mittelgroß, kurzstielig, walzenförmig und dichtbeerig, die Beeren klein, rundoval, dickschalig, bräunlichrot, graubläulich bereift, festfleischig und süßwürzig. Der Rebstock wächst nur mittelstark, er fordert beste Lagen wie der 'Riesling' und stellt hohe Ansprüche an tiefgründige, nährstoffreiche, immer genügend feuchte, gut mit Dünger versorgte Böden. Weiträumige Erziehung, die einen längeren Bogrebenschnitt erlaubt, ist ertragfördernd. Auf trockenen Böden besteht Chloroseneigung (Vergilben der Blätter), zu dichtes Laub fördert ↑ Verrieseln und Traubenfäule. Holzreife und Frostwiderstandsfähigkeit sind gut. Der Ertrag liegt bei 50 hl/ha, das Mostgewicht bei 80 °Oe, von Spätlesen bei 90 °Oe, der Säuregehalt um 8 g/l. Die Weine guter Jahrgänge sind alkohol- und körperreich, mildsüß, auch rassig, mit Fülle, würzig und mit einem an Rosenduft erinnernden Bukett. Spätlesen gehören zu den edelsten Weißweinen, geringere dienen zum Verschnitt mit bukettärmeren. Ungeklärt ist, ob *'Gewürztraminer'* eine Spielart oder eine eigene Sorte mit stärkerem Bukett ist. ↑ Tafel 1 (6)

Transportgefäße für Wein ↑ Lagergefäße

Transvasierverfahren ↑ Flaschengärung

Traube: der verschieden geformte, schmal- bis breitpyramidale, walzenförmige, verästelte oder geschulterte rispige Fruchtstand mit Beeren an Fruchtstielen, die an den Verzweigungen des T.stieles, genannt Kamm oder ↑ Rappen, sitzen (Abb.). ↑ Rebstock, ↑ Sortenmerkmale (3)

Traubenfest ↑ Winzerfest

Traubenkur: mehrere Wochen andauernder täglicher Genuß von 500–1 500 g reifen Weintrauben, meist bei gleichzeitiger Diät vor allem bei Leiden, die abführende und entschlakkende Wirkungen erfordern. Neben

Haupttypen der Traubenform; *a)* zylindrisch, *b)* verzweigt, *c)* geflügelt, *d)* konisch, *e)* zylindrisch-konisch (zweischultrig)

dem Nährwert wird auch die sekretionsfördernde Wirkung genutzt. Die therapeutische Wirkung von T. ist schon seit altersher bekannt und erlebte besonders gegen Ende des 19. Jh. einen erneuten Höhepunkt. (3)

Traubenlese ↑ Lese

Traubenmost: der aus frischen Weintrauben ohne Zusatz von Flüssigkeit abgepreßte, unvergorene Beerensaft mit maximal 1 Vol.-% Alkohol. Hauptsächliche Inhaltstoffe sind Wasser, Trauben- und Fruchtzucker, Wein- und Äpfelsäure, Mineral-, Gerb-, Farb-, Geruchs- und Geschmackstoffe sowie weitere in Kleinstmengen enthaltene Stoffe. Die entscheidenden, qualitätsbestimmenden Inhaltstoffe des T. sind Zucker und Säure. Mangelt es an Zukker, dann kann zur Weinherstellung reiner Kristallzucker oder Dicksaft zur Aufbesserung in solchen Mengen zugesetzt werden, wie es die landesüblichen Weingesetze zulassen (Trockenzuckerung). Naßzuckerung ist meist verboten. Ist der Säuregehalt zu hoch, kann der T. durch reinen Kohlensauren Kalk entsäuert werden. Verdünnung der Säure durch Wasserzusatz ist fast überall verboten. Eine größere Korrektur (↑ Verbessern) ist durch ↑ Verschnitt von Weinen möglich. T. ist nahrhaft und bekömmlich, wohlschmeckend und gesund; er wird zu ↑ Traubenkuren genutzt. (3)

Traubenmostkonzentrat ↑ Dicksaft

Traubenmühle: Gerät zum Zerkleinern der Trauben vor dem Pressen. Es besteht aus zwei gegeneinanderlaufenden Walzen aus Holz, Stein, Gummi, Metall oder Kunststoff, meist mit verstellbarem Abstand, um eine gute Zerkleinerung zu erreichen, ohne daß die Stiele oder Kerne gequetscht werden. (5)

Traubentrester ↑ Trester

Traubenvollerntemaschine: selbstfahrende Maschine, die die Weintrauben mechanisch entweder durch Abscheren, Abschütteln oder Absaugen bzw. Abblasen erntet. In der UdSSR, der ČSSR, Bulgarien und Ungarn sowie in Frankreich und den USA sind T. bereits im Einsatz. Sie können heute schon in etwa fünf Stunden einen Hektar Rebfläche abernten. Ihr Einsatz ist an bestimmte ↑ Erziehungsformen, sortenreinen Anbau und wenig geneigtes Gelände gebunden. ↑ Technisierung des Weinbaus. (3)

Trebbiano: sehr alte weiße Kelterrebsorte, die größte Verbreitung in Italien hat, aber auch in Südfrankreich als 'Ugni blanc' und im Cognacgebiet als 'Saint-Emilion' sowie in Argentinien und Australien verbreitet ist. T. liefert hohe Erträge und ergibt ausgeglichene Tafelweine mit angenehmer Säure aber geringen Alkoholgehalten. (3)

Treberkuchen ↑ Trester

Trester, *Traubentrester, Treber, Treberkuchen:* frische Preßrückstände mit 40% Trockensubstanzgehalt von etwa 160 g/kg Trauben nach dem Keltern. T. wird als Humus in den Weinberg zurückgeführt bzw. zu verkaufsfähigem Humusdünger aufgearbeitet oder getrocknet und als Energielieferant verbrannt, zur Herstellung von ↑ Tresterwein genutzt bzw. zu ↑ Tresterbranntwein destilliert oder als Abfall auf Deponien beseitigt. Bei zentralisierter Traubenverarbeitung entstehen sowohl für die Rückführung in die Weinberge als auch für die Ablagerung auf geordneten Deponien hohe Transportkosten und zusätzliche Umweltbelastungen. T.verbrennung kann wirtschaftlich sein, wenn außer den Weinkellereien noch andere Energieabnehmer versorgt werden können. Die T.destillation ist sowohl energiewirtschaftlich als auch kostenmäßig unwirtschaftlich, kann aber bei der Produktion von Tresterbranntwein in die Nähe der Wirtschaftlichkeit kommen. (3)

Tresterbranntwein, *Treberschnaps:* destillierter ↑ Tresterwein. Der gewonnene T. hat in der Regel erhöhte Gehalte an Aldehyden, Estern und höheren Alkoholen und schmeckt entsprechend scharf und ungeschliffen. Die Herstellung von T. ist besonders für große Kellereien geeignet, da bei entsprechend hohem Anfall von Trestern auch die Nutzung ihrer Restzuckergehalte ökonomisch wird. Vielfach wird der T. zu Primasprit weiter rektifiziert. Die Herstellung von T. für den Privatverbrauch ist aber auch eine alte Tradition der Winzer, die sich bis heute erhalten hat. T. wird in Frankreich und der Schweiz als *eau de vie de marc,* in Jugoslawien als *vinac* und als *grappa* in Italien offiziell produziert. (2)

Tresterhut: unerwünschte Erscheinung bei der ↑ Maischegärung. Durch das freiwerdende Kohlendioxid werden die Beerenbestandteile (Beerenschale, Fleisch, Kerne) nach oben gedrückt und bilden den T., der durch geeignete Maßnahmen immer wieder untergetaucht werden muß, da die Farbstoffe sonst oxidiert werden. Im aufgetauchten T. sammeln sich gern Essigfliegen und führen zu einem erhöhten Gehalt an flüchtiger Säure (↑ Essigstich). Durch geeignete technologische Lösungen, z. B. Handstampfen, Siebe oder Umpumpen, wird die Bildung des T. ausgeschlossen oder stark vermindert. (2)

Tresterwein, *Bubbel, Feldwasser, Fluppsel, Läure, Scheitermost, Treverwein:* Nachwein aus ↑ Trester. Dazu wird Trester mit etwa der doppelten Menge Wasser versetzt und nach zwei Tagen abgepreßt, durch Zuckerzusatz auf etwa 60 °Oe gebracht, eventuell noch mit Zitronensäure versetzt und danach wie üblich keltertechnisch behandelt. T. darf nicht in den Handel gebracht werden und gilt als billiger Gemeindewein bzw. Haustrank (↑ lara).
In Tokaj-Hegyalja wird der höherwertige Trester des ↑ Tokaji Aszú zum Most oder ↑ Jungwein normal gelesenen Traubengutes gegeben, um eine Qualitätsverbesserung zu erreichen. (3)

Tretkelter: Holzbottich zum ↑ Keltern der Trauben mit den Füßen. (3)

Treverwein ↑ Tresterwein

Trinkbranntwein: eine Spirituose, die in der DDR laut TGL aus ethanolhaltigen Rohstoffen, Trinkwasser und eventuellen Geschmackszusätzen (Gesamtextraktgehalt höchstens 180 g/l) besteht. Zum T. gehören auch Obstgeiste, Brände aus Wacholder u.a. (3)

Trinkgefäße für Wein: aus unterschiedlichem Material und in großer Formenvielfalt hergestellte alltägliche Gebrauchsgegenstände, die aber auch als Unikate zu besonderen Anlässen geschaffen werden. Gefäße, aus denen Wein getrunken wird, bringen in ihrer Gestalt oft auch den verbindenden, fröhlich-geselligen Charakter des gemeinsamen Weingenusses zum Ausdruck (↑ Trinkgesellschaften). Sie spiegeln neben den ↑ Trinksitten und Lebensgewohnheiten der Völker auch das ästhetische Empfinden und handwerkliche Können wider.
Als erste T. f. W. haben sicher natürliche Formen gedient, wie Früchtegehäuse (z. B. Kürbis, Melone, Kokos) oder aus Knochen, Holz oder Tierhäuten gefertigte. Die meisten sind im Lauf der Jahrtausende verfallen. Die ersten erhaltengebliebenen Tongefäße stammen aus der Jungsteinzeit; das bisher älteste fand man im Hochland von Iran und ordnet es in das 7. Jahrtausend v. u. Z. ein. In der Jungsteinzeit (4500–2000 v. u. Z. für Mitteleuropa) wurde die Bandkeramik von der Trichterbecherkultur und Schnurkeramik abgelöst. Etwa ab 2000 v. u. Z. breitete sich die Glockenbecherkultur aus, die bereits Kupfer verwendete. In der anschließenden Bronzezeit (2000–750 v. u. Z.) waren Bronze- und Goldbecher

Abb. 1 Mischkrug (Kelchkrater; 4. Jh. v. u. Z.)

im Gebrauch. Die unten runden Kummen (Kumpfe) hielten sich noch bis in das 1. Jh. u. Z. Auch Glas- und Silberkannen wurden nachweislich zum Weintrinken benutzt, ebenso Humpen und Trinkhörner. Allerdings gelangte Wein zu dieser Zeit nur sehr selten in den Norden Europas. Es ist wohl keine Sage, daß verschiedene Völker, unter anderem die Germanen, aus den mit Gold ausgefütterten Schädelkalotten, der schala, ihrer erschlagenen Feinde tranken.

Steinerne T. f. W. in strenger, geschlossener Form mit einem Steinbohrer hergestellt oder später aus Alabaster geschnitten, finden sich im alten Ägypten. In der jüngeren Zeit der 18. bis 20. Dynastie (1562–1085 v. u. Z.) kommen vor allem zinnglasierte Keramik in Lotosblütenform, Silber- und Alabasterkelche, aber auch Gläser auf. Über die tatsächliche Verwendung als T. f. W. ist kaum etwas Sicheres überliefert.

Griechische T. f. W., meist aus Keramik, aber auch aus Edelmetallen, von denen fast 100 verschiedene Arten bekannt sind, zeichnen sich durch die Harmonie der Maßverhältnisse und die oft reiche Verzierung aus. Vorherrschend sind die zweihenkligen bauchigen Amphoren als Vorratsgefäße, aber auch als Trinkamphoren und Mischgefäßte (Kelchkrater; Abb. 1) zweihenklige (Kantharos) und einhenklige (Olpe) Kannen und Krüge (auch mit Kleeblattöffnung; ↑ Oinochoe), zweihenklige (Skyphos) und einhenklige (Kyathos) Trinknäpfe bzw,. -becher oder -tassen und die am meisten genutzten Trinkschalen (Kythai). Gleichgeformte Kannen, Krüge, Näpfe, Becher, Tassen und Schalen werden heute noch in den Balkanländern, der ČSSR, Rumänien, Ungarn sowie im Süden der UdSSR (Georgien, Armenien, Usbekistan) hergestellt und genutzt (Abb. 2). In Georgien z. B. lagern die Winzer noch heute den Wein in ampho-

Abb. 2 Trinkgefäße; *von links nach rechts* Zweihenkliger Becher (Kantharos; 6./5. Jh. v. u. Z.); Trinkschale (Kylix; 5. Jh. v. u. Z.); Römische Trinkschale (Terranigra-Ware; 7./6. Jh. v. u. Z.)

Abb. 3 Römische Trinkkanne (1.–3. Jh. v. u. Z.) und Faltenbecher aus Ton (fränkisch; 4./5. Jh. u. Z.)

Abb. 4 Glaskumme mit Ringaugen (fränkisch; 4. Jh. u. Z.) und Sturzbecher (fränkisch; 5.–7. Jh. u. Z.)

renähnlichen Gefäßen (Kwewri) in der Erde eingebettet.
Im 7. Jh. v. u. Z. begann ein Wandel in der Gestaltung der T. f. W., der im 6. und 5. Jh. v. u. Z. seine höchste Blüte erreichte. Orientalische Einflüsse (Korinth) führten zu üppigeren, breiter geschwungenen Formen mit schwarz- bzw. rotfiguriger Malerei, die schließlich im 4. Jh. v. u. Z. durch einfache schwarze Firnisware abgelöst wurde. Daneben sind Becher und Kopfgefäße aus Bronze, Silber und Gold und vor allem das Trinkhorn (Rhyton auch aus Ton) in künstlerisch höchster Vollendung (bulgarischer Goldschatz von Panagjurischte, 3. Jh. v. u. Z.; ↑ Bulgarien) im Gebrauch. Schließlich begannen sich im 1. Jh. v. u. Z. auch schon T. f. W. aus Glas zögernd einzubürgern, obwohl das Glas vorerst Luxusartikel blieb.
Die alten römischen T. f. W. waren noch einfacher als die der Etrusker im 7. bis 4. Jh. v. u. Z. (Bucchero-Keramik mit reliefgeprägtem Dekor). Es waren meist rotglänzende, hartgebrannte Tonbecher. Nachdem vor der Zeitenwende im phönikischen Sidon die Glasmacherpfeife Eingang gefunden hatte, wurde das Metall allmählich durch Glas verdrängt. Besonders im 3. und 4. Jh. u. Z. gelangte die römisch-rheinische Glaskunst (Köln und Trier) zur Blüte. In Mitteleuropa gewannen nach den Kummen, Hörnern, den Holz- und Tonbechern sowie Krügen ab dem 12. Jh. nach und nach Glasbecher, -pokale sowie Gläser in den vielfältigsten Formen (einschließlich Scherz-, Vexier- und Phallusgläser) sowie die Trinkflaschen (16. bis 17. Jh.) an Bedeutung. Im ausgehenden Mittelalter sind nördlich der Alpen vor allem grüne und starkwandige Gläser mit Nuppen und Stacheln

verbreitet (Abb. 3). Allerdings war im Volk immer noch das Steinzeug als Haupttrinkgefäß (Beutelflaschen, Krüge, Trichterhalsbecher) gebräuchlich.
Neben dem volkstümlichen sog. Waldglas fanden im 16.–17.Jh. das begehrte dünnwandige, kunstvoll geblasene venezianische Flügel-, Netz- und Fadenglas und danach das geschliffene und geschnittene böhmische Kristallglas Eingang als T. f. W. Die trichterförmigen Fleuten mußten ähnlich wie die Kummen ausgetrunken und umgekehrt auf den Tisch gestellt werden. Daneben waren auch meist kunstvoll aus den verschiedensten Materialien gestaltete Pokale als besondere Tafelzier in Gebrauch. Meist wurden sie als Ehrenpokale von den Herrschenden untereinander verschenkt. Verbreitet waren ebenso Weinkannen aus Gelbguß, Zinn und Edelmetallen sowie aus Steinzeug, geschmückt mit farbigen Glasuren (Emaillierungen). Formen und Dekor waren im Wandel der Zeit und auch regional sehr vielfältig (Abb. 4–6). Nachdem das Zinngefäß Mitte des 18. Jh. an Bedeutung verlor, traten Fayencen (Majolika) und Porzellan in den Vordergrund. Mit dem 19. Jh. setzten sich dann die maschinell hergestellten ↑ Gläser in verschiedensten Formen für die unterschiedlichen Weinarten durch. Daneben aber brilliert das mundgeblasene und handgeschliffene Kristallglas. Für den Haustrunk sind in vielen, vor allem südlichen Ländern, noch die T. f. W. aus Keramik im Gebrauch, wobei sich vor allem die alten griechischen Formen immer wieder finden. ↑ Tafel 7, 14 und 15 (3)

Abb. 5 Römischer Glasbecher mit blauen Fäden (2./3. Jh. u. Z.) und Stangenglas mit Nuppen (deutsch; 15. Jh.)

Trinkgesellschaften, *Trinkorden:* Vereinigung von Menschen, die nach mehr oder weniger festgelegten Regeln gemeinsam den Weingenuß pflegten. Während Feiern und religiöse Kulthandlungen in der Regel allen offenstanden, wurden schon in alter Zeit T. mit Ausgewählten gegründet. Vielleicht entwickelten sie sich aus den Gastmählern und Symposien der oberen Klassen. Hier versammelten die Sklavenhalter und später die Feudalherren einen Kreis ihnen genehmer Menschen zu Trinkgelagen um sich, wie dies z. B. von ägyptischen Herrschern berichtet wird. Diese T. folgten einer bestimmten Etikette und waren oft nicht etwa auf entspannendes, geistreiches Gespräch und Zusammensein beim Wein, sondern vielfach von vornherein auf sinnlose Trunkenheit ausgerichtet.
So wurden auch bei den germanischen Stämmen Vereinigungen (gildoniae) gebildet, die von Zeit zu Zeit zusammenkamen, um den Göttern durch Trinkopfer Dank zu sagen. Zwar formte die Kirche diese „Teufelsgilden" in religiöse Vereine um, die sich auch dem Schutz eines Heiligen anvertrauten, doch änderte das nichts an der ausschweifenden Trunksucht (↑ Trinksitten). Bischof Fortunatas berichtet von einer T. im 6. Jh., daß „sie wie Rasende ‚Gesund-

Abb. 6 Weinkannen und -krüge; *von links nach rechts* Römisch-rheinischer Krug (3. Jh. v. u. Z.); Zinnkanne (Augsburg; 18. Jh.); Steinzeugkrug (17. Jh.)

heiten' um die Wette" tranken und man „sich glücklich preisen mußte, nach dem Trinken noch zu leben". 1580 gründete gar Bischof J. v. Manderscheid einen Sauforden. Besonders in den Zunftstuben des Mittelalters bildeten sich regelrechte Trinkzeremonien mit Trinkliedern, -sprüchen, -witzen, -wetten und -duellen heraus.

Im ↑ Zechjahrhundert der Deutschen entstanden vielerorts Sauforden und direkte Trinkstaaten, in denen die Oberherrschaft und alle anderen Posten „ertrunken" werden mußten. Das war besonders unter den Studenten weit verbreitet, wobei neben Wein auch Bier in ungeheuren Mengen hinuntergespült wurde und alle unaufhörlich darauf aus waren, den Fürsten „abzutrinken". August der Starke gründete sogar eine „Gesellschaft zur Bekämpfung der Nüchternheit".

Die ↑ Weinbruderschaften unserer Zeit sind in diesem Sinne keine T. mehr. Sie pflegen wohl den kulturvollen Weingenuß, stellen sich aber als wesentliche Aufgabe, den Wein ihres Anbaugebietes weiter zu verbreiten. (3)

Trinkgewohnheiten ↑ Weinkonsum

Trinkorden ↑ Trinkgesellschaften

Trinkreife der Weine: Stadium des ↑ Ausbaus der Weine, in dem sie ihre besten Geschmacks-, d. h. Qualitätseigenschaften zu entfalten beginnen. Die T. d. W. beginnt vor dem Höhepunkt ihrer Reife und hängt von vielen Faktoren ab, wie den Inhaltstoffen, der ↑ Lagerung und dem ↑ Altern. Am sichersten läßt sie sich durch Probieren bestimmen;

– Leichte, alkohol- und säurearme Weine erreichen ihre Trinkreife zwischen dem ersten und dem vierten Jahr nach der Lese (beispielsweise Gut-

edel, Müller-Thurgau, Blauer Portugieser);
– ↑ Qualitätsweine und ↑ Kabinettweine mit höherem Säuregehalt sind zwischen dem dritten und fünften Jahr trinkreif (z. B. Weißer Riesling, Weißer Burgunder, Traminer und die meisten Rotweine);
– ↑ Spätlesen erreichen ihre Trinkreife, außer bei sehr geringem Säuregehalt, zwischen dem dritten und zehnten Jahr;
– Auslesen, besonders ↑ Trockenbeerenauslesen, ↑ Ausbruch und auch ↑ Eiswein, können zwar auch schon nach dem vierten oder fünften Jahr trinkreif sein, entfalten aber ihre vollen Geschmackseigenschaften – wie auch manche Rotweine (Bordeaux, Burgunder, Rioja) – erst nach einem Jahrzehnt und später. Schillert z. B. der Rotwein beim Öffnen noch leicht violett, ist sein Bukett noch etwas arm und schmeckt streng rauh, ist er noch nicht trinkreif;
– Die meisten ↑ Heurigen und ↑ Primeurs sind als ↑ junger Wein wohl trinkbar, aber nicht trinkreif. ↑ Konsumreife (3)

Trinksitten: durch Tradition, Gewohnheit und bestimmte Regeln geprägtes Verhalten beim Weintrinken. In den einzelnen Ländern bildeten sich im Verlauf der Geschichte unterschiedliche T. bis zur ↑ Trunksucht aus. Sicherlich war überall zu Anfang der dargereichte Weinbecher, im alten Deutschland der „Willkomm", das Symbol der Gastfreundschaft. Allerdings besaßen im ↑ Zechjahrhundert der Deutschen die Willkommbecher oft furchterregende Ausmaße, und wenn sie den Gast nicht umwarfen, wurden solche Leistungen in eigens dazu geführten (Gäste-)Büchern vermerkt.
In Weinschenken war es zeitweise Sitte, Neuankömmlingen einen kostenlosen Grußbecher und beim Abschied einen Scheidetrunk zu kredenzen. Auch der Satteltrunk beim längeren Auszug, besonders in den Krieg, oder der Leichentrunk als Abschied von einem Verstorbenen bürgerten sich zeitweilig ein. Der Willkommenstrunk hat sich vielerorts bis heute gehalten, wenn auch leider aus dem Becher Wein meist ein harter Drink geworden ist. Das Becherleeren mit Trinksprüchen zum Preis von Gottheiten, Großen der Vergangenheit, verstorbenen Freunden oder schönen Frauen ist eine uralte T., die eng mit Kulthandlungen verbunden war und oft ein Gelage einleitete. Dieses Zutrinken oder Gedächtnistrinken auf die Götter versuchte später die Kirche in Deutschland vergeblich zu unterdrücken. Sie nahm es schließlich als Minnetrinken auf ihre Heiligen in das Ritual auf.
Die Sitte des Zu-, Vor-, Bescheid- oder Gesundheittrinkens hat sich bis heute erhalten. Auch schon im alten Ägypten wünschte man sich mit der Trinkschale in der Hand „einen schönen Tag" oder „Dir zum Wohle, trinke bis zur Trunkenheit". Wenn nicht auf jemandes Gesundheit getrunken wurde, wurde das als Beleidigung empfunden. Es galt auch als unehrenhaft, beim Zutrinken nicht mitzuhalten oder dabei das Glas nicht völlig zu leeren. Dafür wurde die sog. Nagelprobe eingeführt. Kreiste der große Humpen oder das Horn in der Runde, galt es als schwere Beschimpfung, wenn sie jemand zurückwies. Wein wurde in den Klöstern unter propinavimus (wir haben zugetrunken) abgerechnet.
Eine alte T. vieler Völker war es, nach dem Umtrunk den Pokal dem Gast als Freundschaftsbeweis zu schenken.
Im frühen Griechenland zu Beginn unserer Zeitrechnung war Wein mit Wasser vermischt das Hauptgetränk. Allenfalls nahm man zum Frühstück Brot und unvermischten Wein zu sich. Ähnlich verhielten sich die Römer. Meist wurde ein Becher mit drei Bechern Wasser

gemischt. Die Germanen dagegen mischten den Wein niemals mit Wasser, was auch von den Skythen behauptet wird. Wer ungemischten Wein trank, galt bei den Griechen als Barbare. Obwohl Mohammed den Wein verteufelte, eigentlich verboten hatte er ihn nicht, gehörte doch der Weingenuß in islamischen Ländern für alle sozialen Schichten mehr oder weniger zum Alltag.

Für den Verlauf von Trinksitzungen galt allgemein, sich in heiterer und entspannter Atmosphäre zu vergnügen. An den Höfen der Reichen fanden sie oft in geschützten Gärten oder versteckten Trinkzimmern, die luxeriös ausgestattet waren, statt. Trinkspiele, kreisende Becher, von einem wohlgestalteten und geistreichen Schenken für die sorgfältig ausgewählten Zechgenossen gefüllt, Musik und Tanz, aber nicht der rohe Zwang mehr zu trinken, als man vertragen konnte, gehörten zu den T. islamischer Völker. Auch im antiken Griechenland schätzte man maßvolles Trinken bei geistreichem Gespräch und musikalischer Unterhaltung (↑ Symposium).

War im alten Ägypten oft der Rausch das Ziel des Trinkens, mieden später auch die Araber die mehr groben T. und machten ihre Gelage zu entspannenden, geistig anregenden Zusammenkünften. Geistig anspruchslos waren dagegen die römischen Gelage, die zuerst mehr dem passiven Unterhaltenwerden dienten und später in Trinkorgien ausarteten (Abb.). Während die Griechen erst nach den Mahlzeiten tranken, wurde in Rom schon zum Essen getrunken und in der Zeit der Kaiser setzte sich das Trinken auf nüchternen Magen über die Sitte der Frühschoppen durch. Von Deutschen ist bekannt, daß sie zu allen Tageszeiten den Früh-, Vesper-, Unter- sowie Zwischen- und Schlaftrunk zu sich nahmen.

Trinksitten; Darstellung eines Trinkgelages im Alten Griechenland (nach antiken Vorlagen)

An den Höfen der Feudalherren waren noch im 12. und 13. Jh. die zierliche Rede, Musik und Liederstreit üblich. Im 14. Jh. setzten sich mehr und mehr grobe T. mit wüsten geistlosen Gelagen durch, die oft, z.B. nach der Belehnung eines Ritters, mit einer Trinkprobe, dem Leeren des großen Lehnsbechers, begannen und mit einem allgemeinen Besäufnis endeten. So bedankte sich Christian II., Kurfürst von Sachsen, der schließlich im Gefolge eines Rausches starb, bei Rudolf II. während seines Besuches in Prag 1610 mit den Worten: „Kaiserliche Majestät haben mich gar trefflich gehalten, also, daß ich keine Stunde nüchtern gewesen bin."

Auch das Kindvertrinken bzw. -verschenken bei Taufen mit Kindelwein als Sitte bis ins 19. Jh. erhalten, nahm solche Formen an. Da im Mittelalter Hochzeiten, Kindtaufen u. a. in den Ratskellern und Gastwirtschaften gefeiert wurden, hatte sich die Sitte eingebürgert, vorher die verschiedenen Weine zu probieren. Diese Proben arteten zu Gelagen aus, so daß Verordnungen erlassen werden mußten, die z.B. die Anzahl der zur Probe zugelassenen Personen beschränkten. Auch bürgerte sich schon im 13. Jh. zur Bestätigung für jeden abgeschlossenen Handel der sog. Weinkauf, das Begießen der Transaktion mit Wein, ein.

In den Wirtshäusern wurden die Zecher durch die sog. Würfelbecher zu Trinkwettbewerben angestachelt. Im Fuß des Glases war ein beweglicher Würfel eingeschlossen; die sich nach dem Austrinken zeigende Zahl bestimmte, wer die nächste Runde zu zahlen hatte. Die Trinkwettbewerbe der Deutschen, besonders im Zechjahrhundert, liefen nach ganz bestimmten Regeln ab, hatten aber als einziges Ziel, als Letzter den Becher noch heben zu können. Trinklieder, Trinksprüche und Trinkwitze waren das „geistige" Beiwerk. Strafen zwangen jeden, mitzumachen. Es sind keine T. bekannt, nach denen jemand durch Abzug eines Bechers bestraft wurde, im Gegenteil, die Verurteilungen liefen immer auf zusätzliches Trinken hinaus. Bezeichnenderweise gab es keine ↑ Trinkzeremonien zur Beendigung von Trinkgelagen, meist ging es im allgemeinen Trunk und im Schlaf unter. Im allgemeinen wird auch heute zu allen besonderen, sich aus dem Tagesgeschehen abhebenden Ereignissen getrunken (↑ Prost).

In Georgien sind bis auf den heutigen Tag fast noch die T. der Antike erhalten. Hier wird zu allen fröhlichen und traurigen Festen wie Geburt, Geburtstag, Hochzeit, Sterbetag sowie allen gesellschaftlichen Höhepunkten und in Freundesrunden „eine Tafel gemacht". Der Gastgeber schlägt einen Tamada, den Tischführer vor, wobei nach Einverständnis der Gäste sofort auf diese Würde das Glas erhoben wird. Findet die Tafel in mehreren Räumen statt, dann erwählt sich der Tamada Stellvertreter. Zu diesem Zweck waren die alten georgischen Häuser so gebaut, daß nach dem Herausnehmen der Wände ein Saal für 100 und mehr Personen entstand. Der Tamada muß trinkfest sein, über Geist, Witz und Redegewandheit verfügen, singen können sowie die strengen T. beherrschen. Der Tamada regelt während der sechs- bis achtstündigen Tafel, ohne daß er selbt von seinem Platz darf, wann getrunken, gegessen, gesungen und getanzt wird. Er setzt die Stimmen zusammen und bestimmt die Reihenfolge der Trinksprüche, die auf jeden einzelnen Gast ausgebracht und bei ihm angemeldet werden müssen. Dazu muß er die Wertschätzung jedes Gastes und auch seine Lieblingslieder kennen. Die Trinksprüche sind von reizender Poesie und sprühen von Geist und Witz wie „laßt uns auf euren Sarg trinken, der einmal aus dem Holz der hundertjährigen Eiche gemacht wird, die wir heute vor eurem Hause pflanzten". Getrunken wird aus fast allen ↑ Trinkgefäßen für

Wein, die die Menschheitsgeschichte kennt und die in Georgien noch heute im Gebrauch sind. Wird aus dem Horn getrunken, dann ist es ohne abzusetzen zu leeren. Der Tamada selbst trinkt aus mehreren Gefäßen und je höher der Gast geschätzt wird, um so größer das Gefäß, welches er für ihn wählt. Es wird nur Wein (auch kein Weinbrand), und zwar etwa drei Flaschen je Gast, getrunken. Die Trinksprüche aus dem Hauptraum werden in allen anderen Räumen von den Stellvertretern ausgebracht. Auf jeden Fall muß auf das Dach des Hauses getrunken werden, in dem man feiert. In Georgien gibt es auch einen Abschluß der Tafel; er ist mit dem Trinkspruch auf den Tamada gegeben. Bleiben kleine Gruppen auch weiterhin zusammen, wird ein neuer Tamada gewählt. Das Lied und die Musik beleben den poetischen Zauber jeder georgischen Tafel. (3)

Trinktemperatur. Die Verschiedenartigkeit der Weine verlangt für ihren Wohlgeschmack, insbesondere zum Entfalten der Geschmack- und Bukettstoffe, auch unterschiedliche Temperaturen, die oft bei besonderen Weinen sehr schwer zu finden sind. Generell gilt: je süßer und alkoholreicher und je erlesener der Wein ist, um so höher kann seine T. sein. Bei Wärme entfalten sich zwar die Geschmack- und Bukettstoffe, „verduften" aber auch rasch und der Weinkörper wird zersetzt. Die Weine werden schal, fad, kurz, unharmonisch kratzig und die Säuren sowie der Alkohol treten stärker hervor. Niedrige Temperaturen schwächen unangenehme Gerüche sowie den herben Geschmack der Säure ab, verdecken unerwünschte Bestandteile wie Wasser und Zucker und kristallisieren Trübungen, frieren aber auch Geschmack und Bukett ein. Deshalb sollte man den Wein eher zu warm als zu kalt trinken (Tab.). Das gilt besonders für die ↑ Degustation, bei der nicht nur die guten Eigenschaften, sondern auch die Mängel erkannt werden sollen. Aus dieser Sicht werden andererseits minderwertige Weine oft unterkühlt ausgeschenkt. Rotweine bei Zimmertemperatur zu trinken ist also nicht zu empfehlen, wenn die Zimmer 20–25 °C warm sind. Generell sollte jeder Wein etwas kühler als die Umgebungstemperatur getrunken werden, um eine gewisse Frische zu vermitteln. Mit kellerkühlen Weinen bewegt man sich meist in einem akzeptablen Temperaturbereich. Manchmal ist auf den Rückenetiketten die richtige T. angegeben.

Auch ein Weinbrand (Kognak) gehört auf keinen Fall in den auf 4 °C eingestellten Kühlschrank oder in die Kühltruhe (wie oft in Gaststätten zu sehen). Ein guter Tropfen wird unter diesen Umständen nie sein Bukett und Aroma entfalten. Nicht der T. entsprechende Weine sind auf keinen Fall im heißen Wasserbad oder eiskalten Kühlschrank schockartig zu temperieren. Sie müssen in einer entsprechend temperierten Umgebung, auch in verschiedenen Hö-

Orientierende Temperaturangaben für bestimmte Weinarten

Weinart	empfohlene Trinktemperatur
Schaumweine	5–8 °C (auch die Gläser können gekühlt werden)
Rosé- und Weißweine	10–12 °C (je leichter, um so kühler)
Spät- und Auslesen	14–15 °C
Likörweine	14–16 °C (trockene können etwas kühler getrunken werden)
Rotweine	14–18 °C (je weniger erlesen, um so kühler trinken)
Spitzenrotweine	bis 20 °C

hen eines Raumes, keinesfalls aber an einer Heizquelle, l a n g s a m auf die gewünschte Temperatur gebracht werden. Möglich ist auch, den Wein in vorher im Wasserbad temperierte Glasgefäße zu füllen, temperierte Tücher um die Flasche zu legen oder diese unter fließendes Wasser zu stellen – es sei denn, man verfügt über einen ↑ Temperierschrank. ↑ Frottieren (3)

Trinkzeremoniell: einzuhaltende Vorschriften zum Trinken bei feierlichen Anlässen. Allgemein üblich ist, daß der Gastgeber das Heben des ersten Glases mit einem Trinkspruch (Toast) bzw. einer kurzen Rede auf die Gäste oder den besonderen Ehrengast verbindet und danach die Gäste Trinksprüche ausbringen. Das T. spielt innerhalb der ↑ Trinksitten eine besondere Rolle. ↑ Prost (3)

Triumphrebe: sehr früh reifende Tafeltraube des Züchters Urbanski, die 1888 in den Handel kam. Die Trauben sind mittelgroß, verästelt, die Beeren rundlich, mittelgroß, oft mit verrieselten, kleinen kernlosen Beerchen durchsetzt wie bei 'Magdalene Angevine', dünnschalig, gelb, süß und saftig. Der Rebstock wächst nur mittelstark, trägt schon am Zapfen und reift in wärmeren Lagen auch freistehend, ohne Wandschutz aus. Die Blüte ist witterungsempfindlich. Gegen Pilzkrankheiten ist T. nicht besonders anfällig, doch sind die frühreifenden Trauben gegen Wespen und Vögel zu schützen. (6)

trocken: Bezeichnung der Geschmacksrichtung für einen herben Wein ohne erkennbare Süße (nicht mehr als 4 g Zucker/l). T.Wein enthält bei höherem Säureanteil maximal 7–9 g unvergorenen ↑ Restzucker je Liter. Allerdings darf der Zuckergehalt nur um maximal 2 g höher sein als der Säuregehalt. T. Weine werden zum Essen bevorzugt. (3)

Trockenbeerenauslese: einzeln mit der Hand ausgelesene, rosinenartig eingeschrumpfte edelfaule Beeren (↑ Edelfäule) des höchstmöglichen Reifegrades, die einen Spitzenwein mit bernsteinfarbenem, öligem Aussehen und hoher Lagerfähigkeit ergeben. Obwohl schon aus der Antike Andeutungen über die T. bekannt sind, wurde nachweislich 1526 in Donnerskirchen (Österreich) die erste registriert. In der BRD und Österreich bezeichnet T. die höchste offizielle Stufe von Qualitätsweinen (in der BRD nur noch von ↑ Eiswein übertroffen). T. können nur in Klimagebieten mit Sonnenschein, Wärme und hoher Luftfeuchtigkeit im Herbst erzeugt werden und sind deshalb sehr risikoreich. Der Most muß in der BRD 150 °Oe aufweisen (etwa ein Drittel des Mostes ist dann Zucker). Die (natürliche) Restsüße beträgt je nach den Ausgangswerten 120–500 g Zucker/l; die Alkoholgehalte sind geringer. Geschmackseigenschaften und Bukettfülle sind unübertroffen.
T. sind sehr teuer (zwanzigmal höher im Preis als Kabinettweine). Ihre Produktion ist auch in günstigen Jahren sehr gering. Sie brauchen 15 bis 20 Jahre, um ihren ↑ Höhepunkt zu erreichen und halten sich fast unbegrenzt (50 bis 100 Jahre und mehr). Getrunken werden sie wie Likörweine aus kleinen Gläsern. ↑ Sauternes, ↑ Tokaji Aszú (3)

Trockenmauer: aus großen Steinen ohne Mörtel errichtete Mauer, die Weinbergen mit schweren Böden zur Stützung der Terrassen dient und auch Entwässerung und Bodendurchlüftung begünstigt. (3)

Trockenverbesserung ↑ Verbessern

Trotte ↑ Torkel

Trub ↑ Bodensatz, ↑ Torkel

Trübung ↑ Weinfehler, ↑ Weinkrankheiten

Trunksucht: der über jedes Maß hinausgehende Genuß von Alkohol (↑ Alkoholismus). Nach der Überlieferung hat fast jedes Volk eine Periode besonderer T. durchgemacht bzw. seine Trinksüchtigen gegeißelt. In China wurde vor 4000 Jahren der Erfinder des Reisweins aus dem Lande verbannt, im alten Ägypten dagegen (19. und 20 Dynastie, 1308–1085 v. u. Z.) galt Trunkenheit als den Göttern gefälliges Tun und gehörte zum Osiriskult. Der Tempel der Liebesgöttin Hathor wurde Stätte der Trunkenheit genannt. Auf Wandgemälden tragen Sklaven ihre betrunkenen Herren nach Hause (5. Dynastie in Beni Hassan) oder halten Näpfe für sich erbrechende „Töchter der Trunkenheit" bereit.

Schon altägyptische Sittenprediger wetterten gegen den „Saufteufel". Andererseits soll Ptolemäus XI. während der makedonisch-griechischen Herrschaft der Ptolemäer (323–30 v. u. Z.) sogar das Nichttrinken unter Strafe gestellt haben. Herodot (484–425 v. u. Z.) schildert die Trinkliebe der Perser; Skythen und Trunkenbolde waren für die Griechen ein und dasselbe. Plinius (23/24–79 u. Z.) zählt alle Laster der Trunkenheit im damaligen Rom auf und verurteilt solche barbarischen ↑ Trinksitten. Im Hause der römischen Herren räumten die Sklaven nicht nur die Überreste der Gelage, sondern ebenso auch den Herren und die Herrin weg und der Dominus nahm auf seine Trinkgelage gleich einen Schleppsklaven mit. Der Bulgaren-Khan Krum (um 800) ließ, um die T. zu dämmen, Weinberge roden.

Aus der Edda läßt sich entnehmen, daß Wein bei den Germanen sehr geschätzt, aber rar war und die schlachtenmüden Helden vorwiegend Met und Bier tranken. Tacitus schilderte die Germanen als Menschen, die Hunger, Frost und Hitze, aber keinen Durst ertrugen.

Campanus (1191–1250) schrieb: „Der Tod sagte Seneca, ist Nichtsein; der Germane aber glaubt, daß er Nichttrinken ist." Noch Lorenzo de Medici (1443–1492) meinte, „Wenn die Deutschen das Wasser liebten wie den Wein, so wäre die Welt bald auf dem Trockenen." ↑ Zechjahrhundert der Deutschen (3)

Tschechoslowakei. In der Geschichte wird der römische Kaiser Probus (3. Jh.) als Initiator eines ausgedehnten Weinbaus in der römischen Provinz Pannonien und damit auch in der heutigen Slowakei angesehen. Der Weinbau konnte sich bis in spätere Jahrhunderte erhalten und im Großmährischen Reich Bedeutung erlangen. Nach Überlieferungen schickte der großmährische Fürst Svatopluk im 9. Jh. ein Faß Wein an den böhmischen Fürsten Bořivoj, dessen Frau Ludmila daraufhin Rebstöcke aus Mähren kommen ließ, die zum Ausgangsmaterial für den Weinbau in Böhmen wurden. Ludmilas Enkel, Fürst Wenzel, befaßte sich bereits selbst mit Weinbau. Beider Namen werden für die Bezeichnung böhmischer Markenweine verwendet. Durch Schenkungen von Weingärten an Klöster in Böhmen und Mähren im 12. Jh. dehnte sich der Weinbau bis in das 15. Jh. weit über das heutige Gebiet aus und erreichte eine hohe Blüte. Der Wein wurde Handelsartikel und gelangte bis nach Brandenburg. Besondere Beachtung widmete Kaiser Karl IV. dem böhmischen Weinbau im 14. Jh. durch die Einfuhr von Reben aus Frankreich und den enorm extensiven Weinanbau. Er ließ nicht nur an der Elbe neue Weinberge anlegen, sondern auch um die Stadt Prag, wovon heute noch der Stadtteil Královské Vinohrady kündet. Im 16. Jh. – zur Zeit der höchsten Entwicklung – betrug die Rebfläche allein in Böhmen etwa 10000 ha und in Mähren Anfang des 17. Jh. etwa 20000 ha. Jedoch durch Kriege, Frostschäden, Reblausbefall und Weinkrankheiten so-

wie aus wirtschaftlichen Gründen ging die böhmische und mährische Weinbaufläche stark zurück. Alte große Keller in Prag, Velké Žernoseky, Litoměřice und Mělnik zeugen vom einstigen umfangreichen Weinbau Böhmens.
Eine andere Entwicklung nahm der Weinbau in der Slowakei. Zu den ältesten Weinbaugemeinden der ČSSR gehört das heutige Bratislava (früher Preßburg), in dessen Umgebung sich seit dem 5. Jh. Weingärten nachweisen lassen. Im 13. Jh. wurde nicht nur der Weinbau, sondern auch die Bevölkerung weiter Gebiete der Slowakei durch den Einfall der Tataren vernichtet. Die vom ungarischen König aus dem Rheinland angeforderten Siedler legten im Westen der Slowakei erneut Weinberge an. Im 17. Jh. betrug die Rebfläche in der Slowakei etwa 50000 ha. Durch die Kriege und die im Jahre 1877 einsetzende Reblausinvasion ging der Weinbau in der Slowakei stark zurück. Jedoch die deutschen Winzer gründeten 1884 die Weinbauschule von Preßburg, legten Versuchsanlagen an und erreichten große Fortschritte auf dem Gebiet des Weinbaus. So konnte die Rekonstruktion der befallenen Rebflächen um Preßburg mittels Pfropfreben in kurzer Zeit realisiert werden. Preßburg war zu dieser Zeit auch wegen des Weinhandels eine bedeutende mitteleuropäische Weinstadt. In den anderen Landesteilen jedoch reduzierte sich allmählich die Rebfläche. In Böhmen, Mähren und der Slowakei gab es 1945 nur noch etwa 19000 ha. Die zum Erliegen gekommene Weinwirtschaft wurde in der ČSSR – insbesondere seit des Regierungsbeschlusses von 1953 – schrittweise zur sozialistischen Großproduktion aufgebaut.
Die ČSSR hat eine landwirtschaftliche Nutzfläche von 6,8 Mill. ha. Die Gesamtrebfläche betrug 1985 46906 ha, das entspricht 0,7%, die ertragsfähige Rebfläche umfaßte 38869 ha. Von den insgesamt angebauten Traubensorten sind 80% weiße, 5% blaue Keltertrauben und 15% Tafeltrauben.
Die strengen Winter 1984–1987 hatten starke Frostschäden zur Folge, so daß die ertragsfähige Rebfläche und die Hektarerträge erheblich zurückgingen (Tab.). Der Export ist geringfügig, der Import belief sich 1985 auf 327000 hl (vorwiegend aus Ungarn, Bulgarien, Sowjetunion, Rumänien). Die Bewirtschaftung der Rebflächen erfolgt durch staatliche Weingüter, Landwirtschaftliche Produktionsgenossenschaften und auf gepachteten Weinbergen durch Nebenerwerbswinzer. Die Weinherstellung und die Vermarktung werden hauptsächlich durch volkseigene Weinbetriebe besorgt; aber auch Genossenschaften und Forschungseinrichtungen besitzen eigene Kellereien. Zahlreiche Kleinwinzer keltern ihren eigenen Wein in kleinen Weinkellern, die oftmals reihenweise an Hangausläufern angelegt wurden.

Weinanbau in der ČSSR (1985)

Rebfläche [1000 ha]	47
Traubenproduktion [1000 dt]	269
davon Keltertrauben	264
Tafeltrauben	5
Weinproduktion [1000 hl]	181
Weinexport [1000 hl]	158
Pro-Kopf-Verbrauch [l]	15

Die weinbauliche Forschung und Ausbildung sind in der ČSSR sehr gut entwickelt. Die Forschungstätigkeit auf dem Gebiet des Weinanbaus und der Kellerwirtschaft obliegt dem gut ausgestatteten Forschungsinstitut in Bratislava, das bereits 1924 gegründet wurde. Die Landwirtschaftliche Hochschule in Brno besitzt eine Fakultät für Wein- und Gartenbau. Im ganzen Land befinden sich zahlreiche Weinbaufachschulen, Veredlungs- und Versuchsstationen. Das Forschungsinstitut in Bratislava und auch andere wissenschaftliche Einrichtungen veranstalteten mehrere Internationale Weinwettbewerbe zum Vergleich ausländischer mit einheimischen Weinen.

Die tschechoslowakischen Weine werden in zwei Kategorien unterteilt. Die ↑ Markenweine machen den größten Marktanteil aus. Sie sind meist patentrechtlich geschützte, für eine bestimmte Region von ihrer Art her typische ↑ Verschnittweine. Sie werden selten trokken, sondern meist halbtrocken bis süß hergestellt. Äußerlich erkennbar sind sie an ihrer Phantasiebezeichnung sowie den zusätzlichen Angaben Známkové vino bzw. Značkové vino (tschech. bzw. slowak. Markenwein) oder Přirodni vino bzw. Prirodné vino (Naturwein) auf dem Etikett und manchmal an den eigenwilligen Flaschenformen. Meist sind sie aber in den in der ČSSR typischen Literflaschen abgefüllt. Die Etiketten tragen prinzipiell keine Jahrgangsangabe, aber in der Regel das Abfülldatum. Die Markenweine können in die Güteklassen Ia, Ib, II oder III eingeteilt werden.

Eine höhere Kategorie stellen die ↑ *Sortenweine* (Odrůdové vino bzw. Odrodové vino) dar. Sie werden meist trocken, aber auch in manchen Jahren und Regionen mit milder Restsüße ausgebaut. Die jeweilige Rebsorte ist immer auf dem Etikett angegeben, der Jahrgang (Rok výroby bzw. Ročnik) dagegen in der Regel nicht. Die geringe Haltbarkeit der Weine läßt jedoch aus dem Abfülldatum (Stáčeno) den Jahrgang vermuten. Die Abfüllung (Obsah) erfolgt in ↑ Schlegelflaschen (0,7 l) oder in Literflaschen, weswegen meist beide Preise (MC oder SMC) auf dem Etikett zu finden sind. Die Rebsorten werden in Güteklassen (Jakostni skupina) eingestuft.

– Güteklasse Ia: 'Gewürztraminer', ↑ 'Weißer Riesling', ↑ 'Weißer Burgunder', ↑ 'Ruländer', ↑ 'Blauer Spätburgunder', ↑ 'Gelber Furmint', ↑ 'Lindenblättriger', ↑ 'Gelber Muskateller', ↑ 'Sauvignon';

– Güteklasse Ib: ↑ 'Welschriesling', 'Grüner Veltliner', ↑ 'Müller-Thurgau', 'Mädchentraube', ↑ 'Neuburger', ↑ 'Semillon Blanc', ↑ 'Silvaner', ↑ 'Blaufränkisch', ↑ 'St. Laurent;

– Güteklasse II: ↑ 'Blauer Portugieser', ↑ 'Tausendgut'.

Bei einigen Weinen sind Besonderheiten bei der Bezeichnung der Rebsorte auf dem Etikett zu beachten. Die Burgunderweine kommen nicht immer unter dem Namen ihrer Rebsorte in den Handel. So steht bei 'Weißburgunder' auf dem Etikett 'Rulandské Bilé' bzw. 'Rulandské Biele', bei 'Spätburgunder' 'Rulandské Modré' bzw. 'Rulandské Červené' und bei 'Ruländer' nur 'Rulandské' bzw. 'Rulandské Šedé'. In Mähren werden diese Bezeichnungen nicht einheitlich verwendet; 'Burgundské Bilé' kann für 'Weißburgunder' stehen und 'Rulandské Bilé' für 'Ruländer'. Die als 'Tramin' etikettierten Weine stammen von der Rebsorte 'Gewürztraminer'.

Die Marken- und Sortenweine in der ČSSR kommen generell trinkreif auf die Flasche. Die genaue Herkunft eines Weins ist aus dem Etikett nur dann ersichtlich, wenn das Staatsgut (Státni statek bzw. Štátny majetok), die LPG (JZD bzw. JRD) oder die Kellerei (Vinařstvi, Vinné sklepy oder Sklepni hospodářstvi bzw. Pivnica) ausgewiesen ist. Aus der Angabe der Hauptkellerei geht zwar das Weinbaugebiet Böhmen, Mähren oder Slowakei hervor, aber der Abfüllbetrieb (Závod), der dann zusätzlich notiert ist, läßt nur selten auf die Weinbauregion, in der die Trauben gelesen wurden, schließen. Der Weinstandard ČSN 567741, nach dem die Kellereien arbeiten müssen, ist ebenfalls auf jedem Etikett vermerkt. Manchmal ist

auf dem Etikett der Hinweis „Původni plněni“ (Originalabfüllung) zu finden.
Die Rebflächen liegen in der ČSSR zwischen 47,7° (Donauniederung) und 50,5° nördlicher Breite (Nordböhmen) und gehören damit zu Nordeuropa. Sie werden in drei Weinbaugebiete mit insgesamt zwölf Regionen unterteilt.
Böhmen. Die Region *Česká* mit 617 ha Rebfläche (1985) umfaßt im Elbtal die traditionellen Weinbauorte Velké Žernoseky, Litoměřice, Roudnice und Mělnik. Aber auch bei Prag befinden sich etwa 10 ha. Die jüngsten Rebpflanzungen wurden bei den Rekultivierungsmaßnahmen der ehemaligen Braunkohlentagebaue bei Most angelegt. Hier sind in den letzten Jahrzehnten über 100 ha Haldenfläche aufgerebt worden. Die Höhenlage der Rebflächen beträgt an der Elbe etwa 200 m und bei Most etwa 300 m. Die klimatischen Bedingungen für den böhmischen Weinbau sind nicht sonderlich günstig. Die Weinbergböden an der Elbe bestehen aus Basalt oder Kalkmergel.
Die wichtigsten Rebsorten sind ‘Müller-Thurgau‘, ‘Ryzlink Rýnsky‘, ‘Tramin‘ und ‘Burgundské Bilé‘ für Weißweine sowie ‘Svatovavřinecké‘ (bzw. ‘Vavřinecké‘), ‘Burgundské Modré‘ und ‘Portugalské Modré‘ für Rotweine. Die böhmischen Sortenweine werden in kleinen Weinkellereien (Vinařstvi) in Mělnik, Velke Žernoseky, Žalhostice, Roudnice und Chrámce produziert und abgefüllt. In Mělnik entsteht auch ein weißer und roter Markenwein Ludmila, abgefüllt in einer eigenen Formflasche, sowie in Flaschengärung der Sekt Château Mělnik.
Die Hauptkellerei Böhmens nennt sich České vinarské závody, k.p., Praha. Ihr sind einige Betriebe angegliedert, die in- und ausländische Trauben und Weine zu Most, Markenweinen, Schaumweinen, weinhaltigen Getränken u. a. verarbeiten. Von den zahlreichen lieblichen Markenweinen sollen nur die Weißweine Pražské Karlovo, Primátor und Svatý Václav sowie die Weiß- und Rotweine Pražský Výbĕr und Dalibor genannt werden. Aus Importweinen entstehen die halbtrockenen Schaumweine Château Radyně, Château Belveder, d’Artagnan und Bohemia Sekt.
Mähren. Die 15221 ha große Rebfläche (1985) liegt im Süden Mährens. Die Region *Znojemsko-Mikulovská* reicht von Znojmo über Mikulov bis nach Valtice entlang der österreichischen Grenze. Die Region Hustopečsko-Hodoninská wird von Břeclav, Hodonin, Kyjov, Hustopeče und Velké Pavlovice umgrenzt. Die Region *Bzenecko-Strážnická* erstreckt sich im Tal der Morava von Uherské Hradišté bis nach Strážnice und dehnt sich nach Westen bis Bzenec aus. Abb.
Die Höhenlage der Rebflächen beträgt zwischen 150 m (in den Flußtälern) und 300 m (in der Hügellandschaft). Die klimatischen Bedingungen im Süden Mährens sind sehr günstig, so daß her-

Mährisches Flaschenetikett

vorragende Weine in diesem Gebiet gedeihen. Die Weinbergböden bestehen aus tertiärem Mergel, Sand oder Schotter; um Mikulov liegen mächtige Kalkklippen des Jura.
Die flächenmäßig wichtigsten Rebsorten Mährens sind: 'Müller-Thurgau', 'Vavřinecké', 'Veltlinské', 'Ryzlink vlašský', 'Burgundské Bilé', 'Neuburské', 'Frankovka' sowie 'Tramin', 'Ryzlink Rýnsky', 'Sauvignon', 'Burgundské Šedé', 'Burgundské Modré' und 'Portugalské Modré'.
Zur Hauptkellerei Mährens, Moravské vinařské závody, k.p., Mikulov, gehören einige große Betriebe sowie zahlreiche kleinere Weinkellereien. Die besten Markenweine Mährens sind Poesie, Bzenecká Lipka, Zlatý Hrozen, Znojemský Bakchus, Maryša Červená.
Die mährischen Schaumweine werden meist aus einheimischen Grundweinen produziert, z.B. Venuše, Elite Sekt, Niké und der Muskatsekt Premier. In Bzenec wurde der erste Schaumwein aus inländischem Wein bereits 1875 erzeugt. Die Marke Château Bzenec entsteht bei guter Qualität im Flaschengärverfahren. Eine seltene Spezialität ist *Venuše brut,* ein Schaumwein ohne Süße. An weinhaltigen Getränken werden unter der Marke Metropol mit zusätzlichen Bezeichnungen Wermutweine, Dessertweine, Aperitifs und Weincocktails hergestellt. Ein Diabetikerwein Mährens trägt den Namen Dia vino. Mit der Bezeichnung Archivni vino und einem schlichten Etikett mit Jahrgangsangabe sind die sehr seltenen ↑ Archivweine ausgestattet. Diese qualitativ hochwertigen, ausgereiften, sortenreinen Weine stehen unter ständiger staatlicher Kontrolle.
Slowakei. Die Rebfläche mit 31068 ha (1985) dehnt sich in der Südhälfte der Slowakei aus. Die Region *Skalicko-Záhorská* liegt zwischen dem Grenzfluß Morava und den Kleinen Karpaten und reicht von Skalica bis Bratislava (Ortsteil Záhorská Bystrica). Die Rebflächen liegen in einer Höhe von etwa 100 m (in der Flußniederung) bis 300 m (am westlichen Gebirgsrand). Hier werden zu etwa 10% Tafeltrauben angebaut. Die Region *Malokarpatská* ist eine der ältesten und die am intensivsten für den Weinbau genutzte der Slowakei. Eng beieinander liegen die steilen Weinberge in den Südostausläufern der Kleinen Karpaten in einer Höhe bis zu 300 m, von Bratislava (Ortsteil Rača) über Pezinok bis Modra, und weniger dicht im Osten bei Šamorin und Senec in einer Höhenlage um 150 m. Die Weinbergböden um Bratislava bestehen aus Granit, Gneis und deren Verwitterungsprodukten. Dieser Region schließt sich nach Südosten die weite Region *Podunajská* (Donauniederung) von Lehnice über Komárno und Nové Zámky bis Strúrovo an. Die auf Sandböden stehenden, meist wurzelechten Reben der weit gestreuten und ebenen oder schwach hügeligen Weinfelder (bei einer Höhenlage zwischen 100 und 200 m) bringen leichte Weine. Weiter nördlich liegt die kleine Region *Hlohovecko-Trnavská,* die sich von Galanta über Sered, Trnava und Hlohovec bis Pieštany ausbreitet. In diesem hügeligen Landstrich sind die Rebflächen bei einer Höhenlage zwischen 150 und 300 m zu finden. Eine sehr alte, schon im Großmährischen Reich bedeutende Weinbauregion heißt *Nitrianská.* Sie wird etwa durch die Orte Nitra, Želiezovce, Levice, Topolčianky und Topolčany umgrenzt. Die Weinberge haben eine Höhenlage von 150–300 m und liegen an den Ausläufern und Südhängen der zahlreichen Bergrücken und Höhenzüge. An den Südhängen des Slowakischen Erzgebirges erstreckt sich die Region *Modrokamenská* entlang der ungarischen Grenze von Šahy über Modrý Kamen bis Šafárikovo. Die Land-

schaft ist durch eine Vielzahl kleiner Flußtäler geprägt, in denen die Weinberge bei Höhenlagen zwischen 150 und 300 m zu finden sind. Die Region Východoslovenská (Ostslowakei) beginnt westlich von Košice, etwa bei Moldava n. B., und dehnt sich über die Südausläufer des Gebirges Vihorlat bis östlich Sobrance aus. Die Weinberge haben eine Höhenlage zwischen 100 und 200 m. In der Ostslowakei liegt auch die kleinste Weinbauregion *Tokajská.* Sie bildet die nordöstliche Fortsetzung des ungarischen Weinbaugebietes ↑ Tokaj-Hegyalja. An den steilen Hängen der Zempliner Berge liegen die Rebflächen in einer Höhe von 200 m. Auf vulkanischem Tuff gedeihen auch hier die Rebsorten 'Furmint', 'Lipovina' und 'Muškát Žltý'. Mit der gleichen Technologie und unter den gleichen Kellerbedingungen wie in Ungarn entstehen die typischen ↑ Tokajerweine: Tokajské Samorodné suché und sladké (trockener und süßer Szamorodni), Tokajský Výber 2-, 3-, 4putnový (2- bis 4buttiger ↑ Tokaji Aszú). Die klimatischen Bedingungen und Bodenverhältnisse in den slowakischen Weinbauregionen sind sehr günstig. Typische Rebsorten sind:

– *für Weißweine:* 'Rizling Vlašský', 'Rizling Rýnsky', 'Veltlinske Zelené', 'Tramin', 'Burgundske Biele', 'Burgundske Sedé', 'Silvánske Zelené', 'Sauvignon', 'Dievčie Hrozno', 'Neuburgské', 'Müller-Thurgau', 'Ezerjó', 'Semillon', 'Muskát Ottonel';

– *für Rotweine:* 'Frankovka', 'Svätovavrinecké', 'Portugalske Modré', 'Cabernet Sauvignon'.

Der größte weinverarbeitende Betrieb der ČSSR ist zugleich die Hauptkellerei der Slowakei, Vinárske závody, o. p., Bratislava. Diesem Leitbetrieb gehören zahlreiche große Betriebe mit angeschlossenen kleineren Kellereien an. Die Vielfalt der slowakischen Markenweine ist sehr groß, insbesondere in der Region Malokarpatská. Aus Rača kommen die halbtrockenen Weißweine Posonium und Bratislavské Hrozno. In Pezinok werden die beliebten halbtrokkenen Weißweine Limbašský Silván, Pezinské Zámocké, die lieblichen Weißweine Modranské Královské, Modranské Zlatá Perla und die beliebten, lieblichen Rotweine Kláštorné Červené, Orešianské Červené hergestellt. In Nitra entstehen die lieblichen Weine Venušino Čaro (weiß), Nitrianske Knieža (weiß und rot) und aus Weißweinen der Donauniederung der halbtrockene Svätopeterský Rizling. Aus der Ostslowakei kommen die Weißweine Vihorlatská Perla (halbtrocken) und Muškátový Skvost (lieblich).

In Bratislava wurde 1825 die erste Fabrik in Europa außerhalb Frankreichs zur Herstellung von Schaumwein – nach französischen Rezepturen – gegründet. Die Produktionsstätte selbst befindet sich in Sered und verarbeitet einheimische Grundweine. In Erinnerung an einen der ehemaligen Firmeninhaber erhalten bis heute die Schaumweine die Markenbezeichnung Hubert, und zwar mit den Zusatzangaben suché (trocken), polosladké (halbsüß), sladké (süß), de luxe (mit Muskataroma), červené (aus dem Rotwein Frankovka), ružové (rosé), dia (für Diabetiker) u. a. Die slowakischen weinhaltigen Getränke wie Wermutweine, Likör- und Aperitifs werden in Rača produziert und mit der Marke Primát und zusätzlichen Bezeichnungen versehen.

Der Weinverbrauch ist trotz hohen Bierkonsums (insbesondere in Böhmen) von 10 l pro Kopf in den 70er Jahren auf 16 l im Jahr 1985 gestiegen. In den meisten Städten des Landes gibt es attraktive Weinstuben (Vinárna bzw. Vinná pivnica), oftmals in Hotels oder separat zu den Restaurants.

In Bewahrung alter Traditionen werden

in manchen Weinbauzentren, wie Mělník, Bzenec, Znojmo und Pezinok im Herbst Wein- bzw. Winzerfeste durchgeführt. Sehr gute Gelegenheiten, sich über den historischen Weinbau zu informieren, bieten die Weinmuseen des Landes. Das größte und am besten gestaltete Weinbaumuseum befindet sich im Apponyi-Palais in Bratislava, Radničná ul. l. In zahlreichen Räumen, im Keller und im Freien wird auf sehr anschauliche Weise die Geschichte des Weinbaus und der Kellerwirtschaft von Bratislava und Umgebung dargestellt. Ein weiteres Weinbaumuseum in der Slowakei gibt es in Pezinok (nahe des Marktplatzes) für das Gebiet der Kleinen Karpaten (Malokarpatské vinohradnicke múzeum). Auf engstem Raum im Keller und Hof wird die Regionalgeschichte der Weinherstellung anschaulich gemacht. Eine Besonderheit ist das Faß aus dem Jahre 1891 mit dem verzierten zwölfeckigen Faßgesicht.
Auch Mähren hat eine eigene Weinbauausstellung; im Schloß Mikulov ist ihr innerhalb des Regionalmuseum eine besondere Abteilung gewidmet. Fotos, Modelle und Kopien geben einen Einblick in die allgemeine Weinbaugeschichte. Leben und Arbeit der Winzer Südmährens werden in gedrängter Form charakterisiert. Das im Schloßkeller stehende Riesenfaß (101 000 Liter) ist noch sehr gut erhalten.
Für den böhmischen Weinbau befindet sich ein sehr kleines Museum im Schloß Mělnik, direkt neben der ehemaligen Schloßweinkellerei. ↑ Tafel 32/33, 37 und 38 (7)

Tschurtschcheli [georg.]: Nüsse und getrocknete Weintrauben, die in die ↑ Tatara (Traubenbrot) getaucht und dann getrocknet werden. Diese Art geliertes Früchtebrot wird auch in anderen Ländern hergestellt. (3)

Tunesien. Die Geschichte des tunesischen Weinbaus geht in der Antike auf das 4. Jh. zurück. Mago, der erste Verfasser eines Winzerlehrbuches, stammt aus Karthago, das damals schon für seine Weine berühmt war. Unter der Herrschaft Roms wurden auch die Weinberge vernichtet und das Land in eine Kornkammer verwandelt. Die nachfolgende arabische Herrschaft und die Türkenherrschaft unterdrückten einen neuerlichen Weinanbau. Erst im 19. Jh. wurde durch französische Kolonisten und italienische Siedler wieder aufgerebt. Ende des 19. Jh. vernichtete die Reblaus die Rebkulturen fast völlig.

Weinanbau in Tunesien (1985)

Rebfläche [1 000 ha]	32
Traubenproduktion [1 000 dt]	1 278
davon Keltertrauben	812
Tafeltrauben	450
Rosinentrauben	16
Weinproduktion [1 000 hl]	567
Weinexport [1 000 hl]	394
Pro-Kopf-Verbrauch [l]	3,2

In den vierziger Jahren dieses Jahrhunderts begann man wieder mit der Aufrebung. Mit derzeit 34 000 ha sind 0,68% der landwirtschaftlichen Nutzfläche mit Reben bestückt, das entspricht 0,33% der Weltweinbaufläche. 59% sind mit Keltertrauben, 25% mit Tafeltrauben und 13% mit noch nicht tragenden Jungreben bestockt; 3% dienen der Rosinengewinnung. Die Pro-Kopf-Produktion an Wein beträgt 11 l, der Pro-Kopf-Verbrauch aufgrund des hohen mohammedanischen Bevölkerungsanteils nur 3,18 l (Tab.). Die durchschnittliche Jahresproduktion von 700 000 hl verteilt sich wie folgt:
350 000 hl Rotwein (davon 200 000 hl Qualitätswein);
300 000 hl Roséwein (davon 150 000 hl Qualitätswein);
30 000 hl Weißwein (davon 20 000 hl Muskat);

20000 hl Spezialprodukte (Traubensaft, Mistelle, Mostkonzentrat).
45% der Wein- und Tafeltraubenproduktion kommen aus dem staatlichen Sektor. Der genossenschaftliche Sektor, vertreten durch 14 Kellereigenossenschaften, repräsentiert 40% der Produktion; der private Sektor umfaßt 15% der Produktion. Die hauptsächlichen Abfüller haben eine jährliche Produktionskapazität von 35 Mill. Flaschen.
Export und Versorgung des Binnenmarktes sind ein Monopol des Nationalen Weinbüros. Im Hinblick auf den Export in europäische Länder hat sich T. den weinrechtlichen Verordnungen der EWG angepaßt.
Der Weinanbau beschränkt sich aufgrund der trockenen und heißen Schirokkowinde hauptsächlich auf die nördlichen Landesteile, die ausreichend Feuchtigkeit besitzen. Er hält sich nur in küstennahen Gebieten, die ein mildes, maritimes Klima aufweisen und nur einen begrenzten Ertrag (20 hl/ha) erlauben. Zu einem geringen Teil wird auch eine künstliche Bewässerung durchgeführt.
Aus geografischer Sicht ist der Weinbau auf fünf Regionen verteilt:
Cap-Bon (20000 ha), Bizerte (6000 ha), Carthage (Karthago) (4000 ha), Tebourba (3000 ha) und Béja-Jendouba (1000 ha).
Im Kerngebiet Mornag, das sich auf die Regionen Cap-Bon und Carthage verteilt, sind 80% der tunesischen Weinbaufläche konzentriert. Es erzeugt mit die besten nordafrikanischen Rotweinqualitäten, während die Region Béja-Jendouba die besten Weißweine und auch Schaumwein hervorbringt.
Der den Klima- und Bodenbedingungen angepaßte Rebenbestand besteht im wesentlichen aus französischen Rebsorten. Der Rotwein ist auf etwa 85% der Weinbaufläche vertreten. Die häufigsten Rotweinsorten sind ↑ 'Carignan', 'Cinsault', ↑ 'Grenache', 'Mourvedre', ↑ 'Cabernet Franc' und 'Bouschet'.

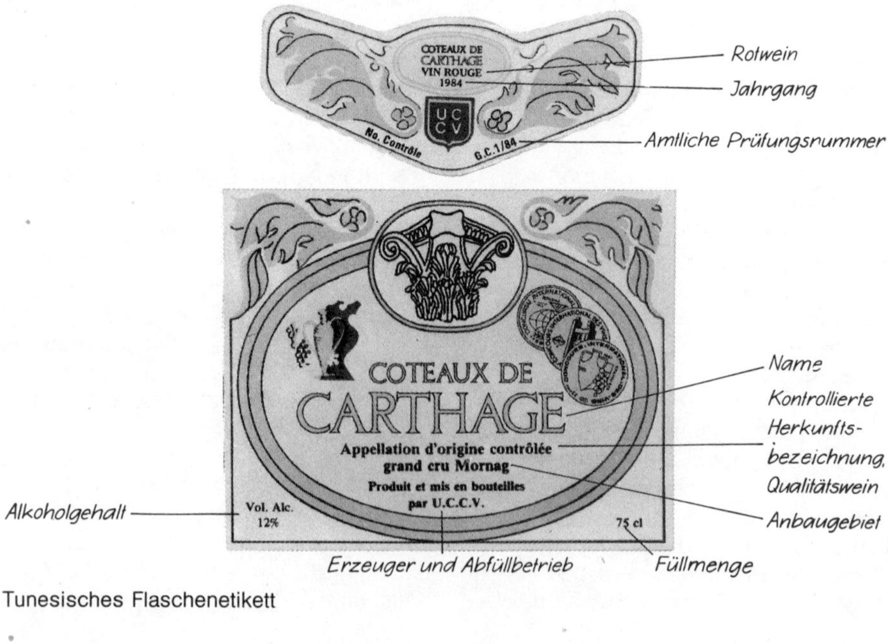

Tunesisches Flaschenetikett

Für Roséweine werden 'Grenache', 'Cinsault', 'Carignan' und 'Mourvedre' verwendet. An Weißweinreben existierten ↑ 'Pedro Ximenes', 'Clairette' und 'Merseguerra', während Muskatwein aus 'Muscat d' Alexandrie' hergestellt wird. Bei den Tafeltrauben überwiegen 'Madelaine Royale', ↑ 'Magdalene Angevine', 'Madelaine Celine' und 'Chasselas Doré'. Vorwiegend werden in T. Rotweine und Roséweine erzeugt, dabei überwiegen Verschnittweine. Eine Besonderheit des Landes sind der Muskateller und Likörweine.

Die Rotweine sind reich an Farbe, Alkohol (durchschnittlich 11,5–12,5%) und Extrakt. Die Mostzuckerung ist verboten und auch nicht notwendig, da das Mindestmostgewicht wenigstens 90 °Oe beträgt. Aufgrund ihrer Eigenschaften wurden die tunesischen Weine viele Jahre in Frankreich zur Verschnittweinproduktion verwendet. Die tunesischen Rotweine der Spitzenqualität können mit den besten algerischen Kreszensen konkurrieren.

Der Wein wird in 14 staatlichen, 14 genossenschaftlichen und 10 privaten Kellereien hergestellt. Die Abfüllung erfolgt in modern ausgerüsteten Weinlagern. Aufgrund seiner früheren Rolle als französische Kolonie und dem daraus resultierenden großen Export nach Frankreich hat sich T. ein Weingesetz nach französischem Vorbild geschaffen, das die Qualitätsstufen ↑ vin de table, vin superieure, ↑ Vin Delimité de Qualité supérieure (VDQS), ↑ Apellation d'Origine Contrôleé (AOC) und Qualite Exceptionelle (QE) umfaßt. Die Einstufung der Qualitätsweine erfolgt durch eine Prüfungskommission des Nationalen Ausschusses, der unter Aufsicht des Landwirtschaftsministeriums steht. Abb., ↑ Tafel 31 (4)

Türkei. Die Kultur des Weins hat nach neueren Forschungen offenbar in den an Wildreben reichen Flußtälern Vorderasiens ihren Ursprung. Wie Ausgrabungen zeigen, verstanden es die Bewohner bereits 7000 v. u. Z. aus Beeren Wein herzustellen. Große Blüte erlebte die Weinkultur unter den Phrygiern im 12. bis 11. Jh. v. u. Z. Die römischen Kaiser rühmten vor 2000 Jahren die Weine aus Kleinasien. Infolge der zahlreichen Kriege ging der Weinbau in der Seldschuken- und Osmanenzeit stark zurück, nicht zuletzt auch deshalb, weil der Koran sich gegen den Weingenuß wendet. Damals wie heute spielt die Rebe als Zuckerlieferant eine große Rolle unter der Bevölkerung. Neben dem Rohverzehr wird Traubenmost zu Sirup (*Pekmez*) eingedampft. Einen erneuten Aufschwung erhielt der Weinbau, als im vorigen Jahrhundert die Reblaus die europäischen Weinberge zum großen Teil vernichtete und Vorderasien zum Weinlieferant wurde.

Mit einer Anbaufläche von etwa 794000 ha (2% der landwirtschaftlichen Nutzfläche) steht die Türkei an fünfter Stelle der Weltliste (8% der Weltweinbaufläche). Durchschnittlich werden 37 Mill. dt Trauben erzeugt (Tab.). Dieser geringe Ertrag ist auf die veralteten Anbaumethoden zurückzuführen. Von diesen Trauben werden nur 2% zu Wein verarbeitet, 20% zur Herstellung von Rosinen und Korinthen, 3% für Pekmez und die restlichen 75% werden als Tafeltrauben verwendet. Der Pro-Kopf-Weinbauverbrauch ist in den letzten Jahren auf 1 l angestiegen. Die T. exportiert nur 7–16% ihrer Produktion;

Weinanbau in der Türkei (1985)

Rebfläche [1000 ha]	794
Traubenproduktion [1000 dt]	37410
davon Tafeltrauben	8021
Weinproduktion [1000 hl]	390
Weinexport [1000 hl]	38
Tafeltraubenexport [1000 dt]	80
Pro-Kopf-Verbrauch [l]	0,4

hauptsächlich nach Schweden, der Schweiz und der BRD.
Das Land ist entsprechend den Wachstumsbedingungen der Reben in sieben Weinbaugebiete eingeteilt.
– *Gebiet um Marmara und Thracien* (erste Stelle in der Weinproduktion),
– *Ägäis* (vorwiegend Anbau von Traubensorten zur Verwendung als Tafeltrauben und zum Trocknen),
– *Schwarzmeergebiet,*
– *Mittelanatolien* (zweite Stelle in der Weinproduktion),
– *Mittelmeergebiet,*
– *Ostanatolien* (kleinstes Anbaugebiet),
– *Südostanatolien* (größte Weinbaufläche und Traubenproduktion).
Insgesamt befinden sich etwa 1000 verschiedene Rebsorten, meist rote, im Anbau. In den Anbaugebieten überwiegen noch die einheimischen Rebsorten (Tab.).

Für die Erzeugung von Qualitätsweinen verwendete Sorten

heimische Sorten	ausländische Sorten
rote Qualitätsweine	
Papazkarasi	↑ Pinot Noir
Öküzgözü	↑ Gamay
Bǒgazkere	Cinsant (Senso)
Kaleccikkarasi	↑ Carignan
Çalkarasi	↑ Grenache
	↑ Alicante Bouschet
	↑ Cabernet Sauvignon
weiße Qualitätsweine	
Hasandede-Sungurlu	↑ Semillon Blanc
Narince	Blaue Clairette
Misket	↑ Weißer Riesling
Emir	
Dökülgen	

Trotz aller Vielfalt werden Rebsorten, deren Trauben speziell der Weinherstellung dienen sollen, wenig angebaut. Die Weinproduktion erfolgt in vielen Fällen aus den Traubensorten, die am günstigsten auf dem Markt zu haben sind. Deshalb schwankt auch die Qualität der türkischen Markenweine von Jahr zu Jahr. Die Lesezeit beginnt im allgemeinen Mitte August und dauert bis Ende Oktober. Aufgrund der ungünstigen klimatischen Bedingungen (Frost, Dürre, Hagelschlag) schwanken die Erträge stark. Die Weinherstellung erfolgt in staatlichen und privaten Betrieben. Im staatlichen Unternehmen MONOPOL sind 17 Kellereien zusammengeschlossen; sie sind für etwa 90% des Weinexports verantwortlich. Die bekanntesten Weine sind:
– *Trakya:* weißer, trockener Qualitätswein; 'Semillon'-Traube; aus dem Marmaragebiet;
– *Trakya:* roter, trockener Qualitätswein; 'Papazkarasi'-Traube; aus dem Marmaragebiet;
– *Buzbağ:* roter, trockener Qualitätswein; 'Öküzgözü'- und 'Boežkere'-Traube); aus Ostanatolien;
– *Narbağ:* weißer, halbtrockener Qualitätswein; 'Narince'-Traube; aus Mittelanatolien;
– *Hoşbağ* (roter, trockener Qualitätswein; 'Gamay'-Traube; aus dem Marmaragebiet.
Im Privatsektor gibt es etwa 100 Keltereien. Nur selten ist der Anbauer oder Winzer auch Weinproduzent.
Qualitätsweine werden jährlich sowohl sensorisch als chemisch geprüft. Die Etiketten enthalten neben dem Namen die Angaben Qualitätswein oder Tischwein, Rebsorte, Anbaugebiet, Alkohol- und Zuckergehalt (Abb.).
Solange religiöse Traditionen den Weinkonsum einschränken, kann sich die Weinwirtschaft der T. wegen des fehlenden Inlandmarktes nicht entwikkeln. (7)

T.W.: übliche Abkürzung für Tafelwein.

Typenwein: durch Verschnitt von Weinen verschiedener Rebsorten und Herkünfte in größeren Mengen hergestellter Wein, der im Geruch, Geschmack

Türkisches Flaschenetikett

und Charakter gleichbleibend und bis zu einem gewissen Grad vom Jahrgang unabhängig ist. T. werden von den einzelnen Herstellern unter gleichbleibenden ↑ Phantasienamen in den Verkehr gebracht. Hierzu gehören neben den sogenannten Hausmarken und Jubiläumsweinen vor allem so bekannte Bezeichnungen wie Zeller schwarze Katz, Liebfrauenmilch u. a. Liebfrauenmilch war ursprünglich nur die Bezeichnung für den Wein, der bis zum Jahre 1909 von der knapp 10 ha großen Anbaufläche des Liebfrauenstiftes bei Worms stammte. Heute können in der BRD solche Verschnitte von Rheinweinen, d. h. Weinen aus Rheinhessen, Rheinpfalz, dem Rheingau und Mittelrhein, die lieblich und mild sind, als Liebfrauenmilch bezeichnet werden. In der Schweiz dürfen Phantasienamen für T. nur zusammen mit der Rebsorte (z. B. Römerblut aus Pinot Noir) oder der Herkunftsangabe verwendet werden. Allerdings werden weltbekannte Namen europäischer T. außerhalb Europas, insbesondere in den USA, häufig zur Bezeichnung von dortigen entsprechenden Erzeugnissen mißbraucht. In der DDR werden T. als ↑ Standardweine bzw. ↑ Markenweine hergestellt und verkauft. (3)

U

Ugni Blanc ↑ 'Trebbiano'

Umfüllen ↑ Dekantieren

Umgeld, *Ungelt, Unrecht:* alte Bezeichnung für die Steuer, die wie für andere landwirtschaftliche Produkte auch für Wein erhoben wurde. (3)

Ungarn. Fossile Funde belegen, daß die Urrebe, *Vitis tokayensis,* bereits im Tertiär im Karpatenbecken verbreitet war. Ob die ersten Weinstöcke von den Kelten, Römern oder Dakern gepflanzt wurden, ist nicht nachweisbar. Die landerobernden Ungarn fanden um 896 bereits die Weinkultur vor, sie brachten aber aus ihrer früheren Heimat auch Kenntnisse des Weinanbaus und der Weinbereitung mit. Darauf deutet z. B. das ungarische Wort für Wein „bor" hin, das nicht den indoeuropäischen Sprachen, sondern dem Türkischen entstammt. Die Magyaren haben die Weinkultur zu hoher Blüte entwickelt und schon im 13. Jh. mit Österreich und Deutschland einen lebhaften Weinhandel betrieben. In den folgenden Jahrhunderten kam es infolge zahlreicher Kriege, durch die Türkenherrschaft, die habsburgische Unterdrückungspolitik und eingeschleppte Rebkrankheiten zu manchen Rückschlägen, der Weinanbau konnte sich jedoch immer wieder erholen.

Die klimatischen Bedingungen für den Weinbau in U., der auf 2,5% der landwirtschaftlichen Nutzfläche betrieben wird, sind ideal. Die Sonnenscheindauer in den einzelnen Gebieten beträgt 1750 bis 2050 Stunden im Jahr, die Niederschlagsmenge liegt bei 500–700 mm. Die günstige Verteilung der Temperaturen und des Niederschlages, vor allem die sonnigen, warmen Herbste, lassen die Trauben gut ausreifen, so daß sich ein optimales Zucker-Säure-Verhältnis entwickeln kann. Die einzige Gefahr sind mögliche extreme Wintertemperaturen (z. B. 1984/85; 86/87).

Mit den Erträgen anderer Länder verglichen ist der Durchschnittsertrag infolge der geringen Bodenfruchtbarkeit relativ gering (Tab. 1). Hierfür ist vor allem die Erschließung der ungarischen Landebene für den Weinbau verantwortlich.

Tab. 1 *Weinanbau in Ungarn* (1985)

Rebfläche [1 000 ha]	154 (2,5% der LN)
Traubenproduktion [1 000 dt]	4660
davon Keltertrauben	4269
Tafeltrauben	391
Weinproduktion [1 000 hl]	2890
Weinexport [1 000 hl]	3221
Pro-Kopf-Verbrauch [l]	24,8

Man ist jedoch sehr bemüht, die Erträge durch Züchtungen neuer Sorten und durch verbesserte Anbaumethoden weiter zu steigern. Der Qualitätssicherung und ihrer weiteren Verbesserung ist es zu verdanken, daß ungarische Weine überall in der Welt einen ausgezeichneten Ruf genießen. An der Weltweinproduktion ist U. mit 1,6% beteiligt.

In U. gibt es fünf Hauptweingebiete mit insgesamt 14 Weinbaugebieten:

Ungarische Tiefebene

1. *Alföld.* Mit etwa 100000 ha umfaßt die ungarische Tiefebene faßt zwei Drittel der Gesamtweinanbaufläche. Größtenteils werden die Reben auf reinen Sandböden angebaut, bieten also der Reblaus keine Lebensmöglichkeit. Die produzierten Weine sind sehr vom Bodeneinfluß geprägt und meist leichter und milder als Weine anderer Gebiete. Alföld ist das große Konsumweingebiet U. Im Laufe des Wiederaufbaus werden die Qualitätsunterschiede zwischen den im Flachland und im Bergland erzeugten Weinen, die vorher hauptsächlich sorten- und erziehungsbedingt waren, immer geringer.

Die verbreitetsten Weißweinreben sind ↑ 'Welschriesling' und ↑ 'Tausendgut' ('Ezerjo') und bei den Rotweinsorten ↑ 'Kadarka' und ↑ 'Blauer Limburger' ('Kekfrankos'). Bekannte Weinorte sind Kecskemét (Forschungsinstitut für Weinbau und Kellerwirtschaft), Kiskörös, Kiskunhalas, Solt, Hajos, Vaskut, Kunbaja und Szeged.

Nord-Transdanubien

2. *Aszar-Neszmely.* Ein kleines Anbaugebiet mit etwa 1700 ha südlich der Donau in der Nähe der Stadt Györ. Die Reben wachsen vorwiegend auf sandigen Ton- oder Lößböden und ergeben leichte und fruchtige Weine. Es ist kein deklariertes Qualitätsweingebiet.

3. *Badacsony.* Dieses traditionelle Weinbaugebiet am westlichen Nordufer des Balaton dehnt sich auf etwa 2500 ha an den Hängen dreier Berge (Badacsonybol, St. Györgybol, Szigigletbol) aus. Der vulkanische Ursprung (Basaltgestein) des Bodens, die windgeschützte Lage und die durch die Spiegelung der Seefläche intensivierte Sonneneinstrahlung schaffen ideale Bedingungen für das Rebenwachstum. Dieses Gebiet bringt viele der besten Weißweine U. hervor (Abb.). Die verbreiteste weiße Rebsorte ist der 'Welschriesling', die wertvollsten Weine werden aber von den ↑ 'Ruländer'- ('Szürkeba-

rat', ↑ 'Grauer Mönch') und ↑ 'Blaustengler'-Reben ('Keknyelü') gewonnen. Der Blaustengler ist ein gelbgrüner, aromatischer, extraktiver und alkoholreicher Wein mit außerordentlich feiner und eleganter Säure. Er wird überwiegend trocken ausgebaut, gilt als „Männlicher" Wein und als einer der besten Begleiter der ungarischen Küche. Der Ruländer ist eine goldgelbfarbene, nach Honig duftende Weinspezialität mit hohem Glycerolgehalt und überdurchschnittlichem Extrakt. Da diese Rebsorte die Fähigkeit hat, viel Zucker zu produzieren, ist der Wein Charakter gewonnen, die jedoch weniger extraktiv, dafür aber in der Regel lieblicher und süffiger sind. Bei den Weißweinsorten ist der 'Welschriesling' vorherrschend, besonders in der Gegend von Csopak, aber es gibt auch 'Silvaner' ('Zöldszilvani'), 'Müller-Thurgau' ('Rizling-szilvani'), 'Gelber Furmint' und 'Muskat Ottonel'. Der Rotweinanbau konzentriert sich hauptsächlich auf die Halbinsel Tihany, wo ↑ 'Blauer Limburger' und ↑ 'Cabernet Franc' angebaut werden, die duftige, aromatische, dunkelrubinfarbene und gerbstoffreiche Rotweine ergeben.

Ungarisches Flaschenetikett

trotz des hohen Alkoholgehaltes lieblich. In besonders guten Jahren wird in numerierten Flaschen abgefüllt und es werden auch Ausbruchweine (Aszú) erzeugt. Andere angebaute Weißweinsorten sind der ↑ 'Silvaner', ↑ 'Müller-Thurgau', ↑ 'Muskat Ottonel' und in den letzten Jahren auch ↑ 'Sauvignon Blanc' und ↑ 'Chardonnay'.

4. *Balatonfüred – Csopak.* Dieses Weinbaugebiet mit einer Fläche von 2000 ha schließt sich direkt an das Badacsonygebiet am Nordufer des Balaton an. Es werden Weine mit ähnlichem

5. *Balatonmellek.* Auf einer Fläche von etwa 3000 ha werden bis an das Ufer des Balatons Reben angebaut. Hier findet man neben den Hauptsorten 'Welschriesling', 'Silvaner', 'Tausendgut' auch 'Chardonnay', 'Gelber Furmint', ↑ 'Rheinriesling' und 'Muskat Ottonel'. Die erzeugten Weine sind etwas leichter und einfacher als die von Badacsony und Balatonfüred, stellen aber eine eigene Qualitätsklasse dar.

Eine der modernsten Weinplantagen des Landes befindet sich am südlichen Ufer des Balaton, in und um Balatonboglar. Das Staatliche Gut von Balatonboglar wurde 1950 gegründet und beschäftigte sich zuerst mit Unterlagenaufzucht, Rebzüchtung und der Pfropfrebenherstellung, um den landesweiten Bedarf an Reben der im zweiten Weltkrieg vernichteten Rebflächen und der neu aufzurebenden Flächen abzusichern. Das Staatsgut wurde dann weiter ausgebaut und befaßt sich nun vorwiegend mit der Erprobung effektiver und rationeller Weinanbaumethoden und der Einführung von internationalen Sorten bzw. von eigenen Neuzüchtungen. In der Kellerwirtschaft war man bemüht, einen Weintyp zu erzeugen, der sich durch niedrigen Alkoholgehalt, fruchtig feines Aroma, elegante, frische Säure und einen konsequent reduktiven Charakter auszeichnet. Diese Pionierarbeit hat für die ganze ungarische Weinwirtschaft Früchte getragen und die Palette der ungarischen Weine weiter verbreitert. Auf fast 3000 ha werden heute ↑ 'Grüner Veltliner', ↑ 'Semillion Blanc', ↑ 'Sauvignon Blanc', 'Prinzessinnentraube' ('Kipalyleanyka'), 'Muskat Lunel', ↑ 'Traminer', ↑ 'Mädchentraube' ('Leanyka'), 'Muskat Ottonel', 'Chardonnay' als weiße Sorten angebaut. Rote Sorten werden durch 'Blauer Limburger', ↑ 'Merlot', ↑ 'Blauer Spätburgunder' ('Pinot Noir') und ↑ 'Blauer Portugieser' ('Oporto') vertreten.

6. *Mór.* Das etwa 1100 ha große Gebiet liegt westlich von Budapest zwischen den nördlichen Ausläufern des Bakony- und Verlesgebirges. Auf über 80% der Anbaufläche ist die altungarische Sorte 'Tausendgut' ('Ezerjo') zu finden, die sich durch ihre typische, fruchtige, harte Säure auszeichnet. Der daraus bereitete Wein hat einen herben, „männlichen" Charakter und ist seiner Säure wegen gut lagerfähig. Auf den Restflächen sind 'Müller-Thurgau' und 'Mädchentraube' zu finden.

7. *Somló.* Es ist mit 400 ha das kleinste Anbaugebiet U., in dem sich der Somlóberg und der Sagaberg etwas über 400 m aus der Ebene erheben. Die Hänge dieser beiden Berge bestehen aus verwittertem Basalt vulkanischen Ursprungs. Die berühmteste angebaute Rebe ist der 'Furmint', der einerseits einen trockenen, grünlichgelben, aromatisch duftenden Wein mit voller Säure hervorbringt, aus der aber auch hochedle Naturdessertweine in der Art der ↑ Ausbruchweine bereitet werden. Beide Weintypen brauchen eine zwei- bis dreijährige Lagerung, um ihr charakteristisches ↑ Bukett voll zu entfalten. Als regionale Spezialität gilt die uralte Sorte 'Schafschwanz' ('Juhfark'), die es nur hier noch gibt. Daneben werden auch 'Welschriesling' und 'Tausendgut' angebaut. Die hier gekelterten Weine sind als Somloer weithin bekannt.

8. *Sopron.* An der Westgrenze U., auf den Hügeln um den ungarischen Teil des Neusiedlersees liegt dieses nur 1300 ha große Anbaugebiet, das die Stadt Sopron (Ödenburg) und fünf Gemeinden umfaßt. Die auf über zwei Drittel der Fläche angebaute Rebsorte ist der 'Blaue Limburger', aus der ein tiefroter, gerbstoffreicher, jedoch samtiger Rotwein, aber auch ein milder, süffiger Roséwein erzeugt werden. Von den weißen Rebsorten wird der 'Grüne Veltliner' am meisten angebaut, der sehr schöne, grünweiße, frische, duftige Weine ergibt.

Süd-Transdanubien

9. *Mecsek.* An den südlichen Hängen des Mecsekgebirges liegt das 1500 ha große Weinbaugebiet gleichen Namens. Der berühmte Anbauort ist die Bezirksstadt Pecs (Fünfkirchen). Für den Weinbau herrschen hier sehr günstige Bedingungen, z. B. beträgt die Jahresmitteltemperatur über 11,4 °C. Das Gebiet ist durch seine Weißweine berühmt. Ein typischer Vertreter ist der ↑ 'Rote Zierfandler' ('Cirfandli'); es wer-

den auch 'Welschriesling', 'Gelber Furmint', 'Müller-Thurgau' und 'Weißer Burgunder' angebaut. Entsprechend den klimatischen Bedingungen werden alkoholreiche, füllige und würzige Weine erzeugt, die jedoch nicht ganz das Niveau der Balatonweine erreichen.

10. *Szekszárd.* Auf rund 2000 ha werden von Szekszard bis zur Donau fast ausschließlich Rotweinsorten angepflanzt. Vorherrschend sind 'Blauer Portugieser', 'Kadarka', 'Blauer Limburger', ↑ 'Cabernet Sauvignon' und 'Blauer Spätburgunder'. Alle Weine zeichnen sich durch rubinrote Farbe, würziges Aroma und hohe Gehalte an Gerbsäuren aus. Dabei sind sie sehr harmonisch und mild. Ein hier erzeugter Verschnitt trägt den Namen Stierblut (Bikavér). Bis auf den heutigen Tag konnten die Weine ihren ausgezeichneten Ruf im In- und Ausland wahren und vermehren.

11. *Villany-Siklós.* Das südlichste Anbaugebiet von U. liegt im Villanygebirge und umfaßt etwa 2000 ha. Das hier bereits herrschende mediterrane Klima, die südlichen, sonnenreichen Hänge und der zum Weinbau ausgezeichnet geeignete Löß- und Kalkboden sichern optimale Bedingungen. Das Gebiet ist vor allem durch seine Rotweine bekannt. Hochwertige Weine werden aus den Sorten 'Cabernet Sauvignon', 'Cabernet Franc', 'Blauer Spätburgunder', 'Merlot', ↑ 'Blauburger', 'Blauer Limburger', ↑ 'Malbec', 'Kadarka' und 'Blauer Portugieser' bereitet. Viele dieser Weine kann man mit Spitzenrotweinen anderer Länder auf eine Stufe stellen.
Auf den Siklóser Hügeln werden vornehmlich weiße Sorten wie 'Welschriesling', ↑ 'Lindenblättriger' ('Harslevelü') und 'Traminer' angebaut.

Nord-Ungarn

12. *Matraalja.* Dieses Anbaugebiet wurde 1959 durch Zusammenschluß der beiden Gebiete Gyöngyös-Visonta und Debrö gebildet und ist mit etwa 15000 ha das größte Bergweingebiet und das zweitgrößte Anbaugebiet U. Die bis zu 1000 m hohen Berge des Matragebirges schützen vor kalten Nordwinden und garantieren ein günstiges, sonnenreiches Klima. Das Gebiet hat vorwiegend vulkanisches und sedimentäres Grundgestein, das mit Mergel, Löß und Kies bedeckt ist und hohe Erträge zuläßt. Die Weinberge wurden bis auf eine Höhe von 400 m angelegt. Die Lage des Anbaugebietes und die klimatischen Verhältnisse führen zu einer ausgewogenen Reife der Trauben, die besonders durch langanhaltende, warme, sonnige Herbste gefördert wird.
Der größte Weinbauort ist Gyöngyös, gleichzeitig auch Sitz eines großen Staatsgutes. Andere bekannte Weinbauorte sind Nagyrede, Abasar, Visonta, Domoszlo, Debrö, Kompolt und Verpelet. Der bekannteste Wein aus Gyöngyös ist die 'Mädchentraube' ('Leanyka'), aus der grünlichweiße, nach Traubenblüten duftende, harmonisch weiche Weine, aber bei Überreife auch goldgelbe ↑ Naturdessertweine von der Art der Aszúweine mit vollendeter Edelsüße gewonnen werden. Bei Nagyrede werden vor allem 'Welschriesling' und 'Mädchentraube' angebaut.
Die Weinorte Domoszlo, Kompolt, Visonta und Abasar sind besonders durch ihre Muskatweine der Sorte 'Muskat Ottonel' bekannt geworden. In guten Jahren werden auch hochwertige Naturdessertweine daraus bereitet.
Einer der berühmtesten Weinbauorte ist das kleine Debrö, aus dem der international anerkannte Lindenblättrige kommt, ein Wein mit einer vollkommenen Harmonie von Süße, Säure und Alkohol. Charakteristisch ist der Duft, der an Lindenblüten erinnert und der Sorte auch ihren Namen gab. Aus Verpelet

kommt ein beachtenswerter Welschriesling.

In den letzten Jahren wurden erfolgreich Rebsorten, wie 'Chardonnay', 'Sauvignon Blanc', 'Veltliner', 'Traminer', und 'Ruländer' eingeführt und mit daraus hergestellten Weinen bei nationalen und internationalen Weinwettbewerben zahlreiche Medaillen gewonnen.

13. *Eger.* Unterhalb des Bükkgebirges zieht sich ein Weinanbaugebiet hin, das den, nach dem Tokajer, vielleicht bekanntesten ungarischen Wein hervorbringt – Egerer Stierblut (Egri Bikavér). Es werden vornehmlich blaue Rebsorten wie 'Kadarka', 'Malbec', 'Blauer Limburger', 'Blauer Portugieser', 'Cabernet Franc', ↑ 'Zweigeltrebe' und 'Blauburger' angebaut.

Stierblut wurde in früheren Jahrzehnten und Jahrhunderten aus zwei Dritteln 'Kadarka' und einem Drittel 'Blauer Limburger' und 'Malbec' komponiert, während heute der Anteil des 'Kadarka' zugunsten des 'Blauen Limburger' zurückgeht. Zur Abrundung werden auch etwas 'Merlot', 'Cabernet' oder 'Blauer Portugieser' verwendet. Der Ursprung des Namens Stierblut geht auf die Zeit der türkischen Eroberungszüge um 1550 zurück und ist bis heute nicht ganz geklärt. Eine Version besagt, daß den Türken die Nachricht von der Beimischung von echtem Stierblut zum Erlauer Rotwein hinterbracht wurde, die bei den Verteidigern der Burg Eger einen unerschütterlichen Kampfeswillen auslöste. Nach einer anderen Überlieferung sollen die Türken diese Nachricht selbst in Umlauf gesetzt haben, um auf diese Weise das mohammedanische Verbot des Alkoholgenusses umgehen zu können.

Die Eigenschaften des Egerer Stierblutes sind seine tiefdunkle, granatrote Farbe, der volle, samtige, dabei leicht herbe Geschmack und seine duftige Würze, die sich zu einer perfekten Harmonie vereinen und den Wein in eine Reihe mit den Großen der Welt stellen.

Tab. 2 Qualitätsstufen ungarischer Weine

deutsche Bezeichnung	ungarische Bezeichnung	Zuckergehalt in %	Zuckergehalt in ° Oe	mind. Alkoholgehalt in Vol.-%	mind. zuckerfreier Extrakt in g/l Weißwein	mind. zuckerfreier Extrakt in g/l Rotwein
einfacher Wein	Kimért bor	unter 13	unter 64	unter 8	unter 16	unter 18
Tafelwein	Asztali bor	13	64	8	16	18
Bratenwein	Pecsenye bor	15	73	—	—	—
Qualitätswein	Minöségi bor	17	83	10	21	22
Hochwertiger Qualitäswein:	Különleges minöségi bor					
Trockenbeerenauslese	Tokaji Aszú					
Spätlese	Kesöi szüretelesü bor	19	94	8	24	24
Auslese	Valogatott szüretelesü bor	20,5	100	8	25	25
Beerenauslese/ Ausbruch	Töppedt szölobel kenült bor/Aszú	22	108	max. 16,5	26	26

Egerer Stierblut ist gut lagerfähig und entwickelt dabei ein an Gewürznelken und Vanille erinnerndes Lagerbukett.
Darüber hinaus werden aber auch hochgeschätzte Weißweine der Sorten 'Mädchentraube', 'Welschriesling' und 'Traminer' erzeugt. Besonders die Weine aus der 'Mädchentraube' gelten als eine der besten dieser Sorte im ganzen Land.
14. ↑ Tokaj-Hegyalja
Das ungarische Qualitätssystem wird durch das Weingesetz von 1970 und eine Ergänzung von 1977 geregelt (Tab. 2). Alle Qualitätsweine dürfen nicht mehr durch Mostzuckerung verbessert werden. Die hochwertigen Qualitätsweine kommen nur mit einem staatlichen Kontrollzeichen (rot-weiß-grüne Banderole mit Kontrollnummer) in den Handel.
Auf den in U. gehandelten Weinen ist immer der Alkoholgehalt in Vol.-% angegeben. Weitere Angaben auf dem Etikett sind:
– Jahrgang auf der Halsschleife;
– Anbauort und Rebsorte, wobei an den Namen des Anbauortes immer der Buchstabe -i- angefügt wird, z. B. Somloi Furmint;
– Lage oder Weinberg bei wenigen ausgesuchten, meist hochwertigen Qualitätsweinen, z. B. Abrahamsberger Grauer Mönch (Badacsony) – Abrahamhegyi Szürkebarat;
– Erzeuger bzw. Abfüller;
– Volumenangabe in Liter (l)–
– Preis – Fogy ar;
– Weine für den Export tragen immer den Aufdruck Monimpex Budapest (Staatliches Außenhandelsunternehmen);
– Bei allen Qualitätsweinen wird im allgemeinen die Geschmacksrichtung und die Weinart (feher-weiß, rosé und vörös-rot) angegeben, z. B. Minösegi felszaraz vörös bor – halbtrockener Qualitätsrotwein (Tab.).

deutsche Bezeichnung	ungarische Bezeichnung	Zuckergehalt in g/l
trocken	száraz	0– 4
halbtrocken	félszáraz	4–15
halbsüß	félédes	15–25
süß	édes	ab 25

Die Klassifizierung der ↑ Tokajerweine ist speziell auf das Gebiet abgestimmt.
↑ Tafel 32/33, 36 und 37 (2)

Unterlagen: der Wurzelstock, auf den die Edelsorte gepfropft wird. ↑ Veredlung ist notwendig, um dem Reblausbefall mit widerstandsfähigem U.pflanzgut vorzubeugen. Besonders die 'Berlandieri'-'Riparia'-U. haben sich als reblausfest, kalkresistent, wüchsig und gesund erwiesen. Die U.sorte ist abhängig von der Ertragssorte, dem Standort, dem Reihenabstand und der Erziehungsform zu wählen. U. mit kräftigem Wuchs sind für größere Reihen- und Stockabstände bzw. für ärmere Böden, aber auch für Ertragssorten mit hohen Erträgen geeignet. (3)

Urreben ↑ Wildreben

Ursprungsbezeichnung ↑ Herkunftsbezeichnung

uşor [rum.]: leicht

V

Varro, M. Terentius: bedeutender römischer Gelehrter (116–27 v. u. Z.). Von seinen zahlreichen Büchern sind drei über den Landbau erhalten geblieben, in denen er, an Cato anschließend, praktische Ratschläge gab. V. führte acht geografisch bezeichnete, bis dahin noch nicht beschriebene Weinsorten auf und wandte sich gegen die Meinung, Weinbau sei unwirtschaftlich. Er empfahl rationellere Anbauverfahren, z. B. sortengerechte Anpflanzung, um entsprechend der Reifezeit lesen zu können, und Varianten der Reberziehung. (3)

VCC [franz.]: früher offizielle Abk. für **v**in ordinaire de **c**onsomation **c**ourante, d.h. ↑ Konsumweine, die jetzt als unterste Qualität von Tafelweinen (↑ vin de table) gelten. (3)

VDQS [franz.]: Abk. für ↑ **V**in **D**élimité de **Q**ualité **S**upérieure. (3)

veccio [ital., alt]: höhere Qualitätsstufe für ↑ DO/C-Weine durch gesteigerte Qualitätsanforderungen und längere Ausbauzeiten. V. liegt unter der Qualität von ↑ riserva. (3)

vendanges tardives [franz.]: Bezeichnung für Spätlesen. (3)

vendimia [span.]: Jahrgang, Weinlese

Verbessern, *Anreichern, Aufbessern, Veredeln:* Sammelbegriff für kellertechnische Methoden, um die Güte, speziell die Harmonie von Weinen zu heben. Die wichtigste und natürlichste Methode ist der Verschnitt, bei dem neben gewünschten Farbtönungen, Geschmacks- und Buketteigenschaften vor allem Restzucker, Alkohol- und Säuregehalt reguliert bzw. harmonisiert werden. Restzucker bzw. ↑ Restsüße kann auch durch ↑ Gärungsunterbrechung, aber dann auf Kosten des Alkoholgehaltes erhöht werden. Eine Erhöhung des Alkoholgehaltes durch Aufspriten der fertigen Weiß- und Rotweine ist in der DDR und vielen anderen Ländern gesetzlich verboten.

Im engeren Sinne versteht man unter V. im Sinne von Anreichern die Zugabe von Kristallzucker (Saccharose) zum Most als Trockenverbesserung, um in Jahren mit ungünstigem Witterungsverlauf einen natürlichen Mangel an Traubenzucker vor der Gärung auszugleichen und so den gewünschten oder geforderten ↑ Alkoholgehalt des Weins, nicht aber eine höhere Restsüße zu erreichen.

Angereicherte Moste müssen durchgären, d.h., sie dürfen nach Abschluß der Gärung keinen Zucker in schmeckbarer Konzentration mehr enthalten. Diese Zuckerung der Moste wurde 1892 mit dem früheren Deutschen Weingesetz erlaubt, da in mehreren witterungsungünstigen Jahren Mitte des 19. Jh. die Winzer vor dem Ruin standen. Das V. der Moste ist heute generell in allen weinbauenden Ländern gestattet, unterliegt aber strengen Festlegungen. In vielen Ländern darf neben Kristallzukker auch Traubenmost, -dicksaft oder -saftkonzentrat zum V. verwendet werden, nicht dagegen z.B. in der DDR und der BRD, weil derzeit kein exakter Nachweis möglich ist.

Die TGL der DDR geht bei der Bemessung der Trockenzuckerung vom durchschnittlichen Mostgewicht guter Jahrgänge aus. Es beträgt für den Traminer, Ruländer und Spätburgunder 105 und für alle anderen 95 °Oe. Von Natur aus darüberliegende Moste dür-

gelangten aber nicht direkt nach Kalifornien, sondern über Mexiko im Verlauf der Missionierung durch die Spanier. Um 1850 erweiterte A. Haraszthy das Rebsortiment durch Einfuhr bewährter Sorten aus mehreren europäischen Weinbauländern. Rückschläge gab es 1873 durch das Auftreten der Reblaus in Kalifornien und durch die ↑ Prohibition, die 1919 verfügt und erst 1933 wieder aufgehoben wurde. Nach dem zweiten Weltkrieg vollzog sich ein Wandel in den Trinkgewohnheiten der Amerikaner zugunsten der Tafelweine, der den einheimischen Qualitätsweinbau nachhaltig beeinflußte. Allein im Napa Valley, dem bekanntesten kalifornischen Weinbaugebiet, haben sich die Zahl der Weinbaubetriebe und die Weinbaufläche zwischen 1972 und 1982 verdreifacht. Einen ähnlichen Aufschwung haben auch die übrigen Weinbaugebiete in Kalifornien und die anderen Bundesstaaten mit Weinbau zu verzeichnen.

Weinanbau in den USA (1985)

Rebfläche [1 000 ha]	341
Traubenproduktion [1 000 dt]	55819
Weinproduktion [1 000 hl]	17203
Weinexport [1 000 hl]	242
Tafeltraubenexport [1 000 dt]	915
Pro-Kopf-Verbrauch [l]	9,1

Der Anteil der USA an der Weltweinbaufläche beträgt 3,6% (Tab.). 90% davon entfallen auf Kalifornien (304000 ha), mit großem Abstand folgen die Bundesstaaten New York (14500 ha), Washington (7000 ha), Michigan (6500 ha), Ohio (2500 ha) u. a. In größerem Umfang werden auch Trauben für die Rosinengewinnung und Tafeltrauben angebaut (Anteil an der Weinbaufläche Kaliforniens 42 bzw. 11%).

Folgende Traubensorten werden hauptsächlich angebaut:

Keltertrauben, weiß: ↑ 'Chardonnay', ↑ 'Chenin Blanc', ↑ 'Weißer Riesling', ↑ 'Silvaner', ↑ 'Traminer';

Keltertrauben, rot: ↑ 'Barbera', ↑ 'Cabernet Sauvignon', ↑ 'Carignan', ↑ 'Grenache', 'Zinfandel', 'Cabernet-Rubin';

Tafeltrauben: 'Thompson Seedless' ('Kischmisch weiß oval'), 'Emperor', 'Cardinal';

Trauben für die Rosinengewinnung: 'Thompson Seedless', 'Muskat von Alexandria', 'Korinthe schwarz'.

Dazu kommen in den Weinbaugebieten an der Ostküste die alten *Vitis-labrusca*-Hybriden ↑ 'Catawba', 'Concord', 'Delaware', 'Isabella', 'Niagara' und die neueren französischen Hybriden 'Aurora', 'Baco Noir', 'Chambourcin', 'Seyve-Villard' u. a. und die nur im Südosten des Landes gedeihende 'Scuppernong' ('Muscadine'), die von *Vitis rotundifolia* abstammt. Um eine optimale Standortwahl für die einzelnen Sorten zu ermöglichen, werden die Weinbaugebiete Kaliforniens in fünf Klimazonen eingeteilt, die auf der Messung von Wärmesummen beruhen. Größtenteils werden die *Vitis-vinifera*-Sorten auf reblausfeste Unterlagen veredelt. Beregnung ist fast überall erforderlich. Oft werden Bewindung und Beheizung von Rebflächen eingesetzt, um klimabedingte Standortnachteile auszugleichen. Die Hochstammerziehung mit großen Stockabständen ist allgemein üblich, der Grad der Mechanisierung und Chemisierung hoch; selbst die Lese wird mit Maschinen (Rüttlertyp) durchgeführt, wenn auch die Spitzenweine nach wie vor von Hand gelesen werden.

Ein Höchstmaß an technischer Perfektion besitzen auch die etwa 1200 Weinkellereien, deren Zahl ständig weiter ansteigt. Die größten Betriebe können während einer Saison bis 150000 dt Trauben zu Markenweinen, bis 400000 dt zu Weinen mittlerer Qualität und bis 2 Mill. dt zu Massenwein verar-

beiten. Dabei werden die neuesten Erkenntnisse aus firmeneigener Forschung und von staatlichen Institutionen berücksichtigt. Die größte Weinkellerei des Landes und im Weltmaßstab befindet sich im Besitz von E. und J. Gallo in Modesto/Kalifornien. Sie hat eine Kapazität von 8 Mill. hl (etwa ein Drittel des Weinverbrauchs der USA); am Anfang der Abfüllstraße steht eine große Glasfabrik.
Eine amtliche Klassifizierung der USA-Weine gibt es noch nicht. Es ist aber üblich, zwischen den *Generic-* oder *Country-Weinen* und den Varietals zu unterscheiden. Zu ersteren gehört die große Masse der Weine, die sich oft an berühmten Vorbildern orientieren und deren Namen tragen wie Chablis, Burgundy, Port, Sherry u. ä. Bei ihrer Herstellung sind Zusätze von Zucker, Wasser und Alkohol erlaubt; dabei darf das Volumen aber nicht um mehr als 35%, der Alkoholgehalt nicht über 13% ansteigen und die Säure nicht unter 5 g/l sinken. Die *Varietals* sind Sortenweine. Von der auf dem Etikett angegebenen Traubensorte müssen mindestens 75% enthalten sein. Bei Angabe eines Weinbaugebietes müssen mindestens 85% der Trauben aus dem genannten Gebiet stammen.
Die kalifornischen Weine haben in den letzten Jahren bei internationalen Vergleichen sehr gut abgeschnitten, am besten von den roten der Cabernet-Sauvignon – in Amerika oft kurz *Cabs* genannt – und von den weißen der Chardonnay aus dem Napa Valley und der Sonoma County. Sehr beliebt im Lande sind Rotweine aus der 'Zinfandel'-Traube mit an Himbeeren erinnerndem Aroma und Angelica, ein gespriteter Süßwein, der aus der alten Missionstraube hergestellt wird. Von den außerkalifornischen Weinbaugebieten sei hier nur die Finger-Lakes-Region im Staate New York mit Hammondsport als Zentrum genannt. Dort gibt es neben Verschnitten eine ganze Anzahl sortenreiner Hybridweine wie Baco Noir, Verdelet und Aurora de Chaunac. Aus alten und neueren Hybriden wird auch Sekt hergestellt, wobei sich der Fuchsgeschmack weitgehend verliert. Obwohl der Anteil der *Vinifera*-Sorten an der Anbaufläche der Staaten an der Ostküste ständig steigt und kalifornische und Importweine zur Verfügung stehen, sind die *Labrusca-* und Hybridweine dort nach wie vor sehr beliebt. Insgesamt wird in den USA anstelle von Whisky, Gin, Rum u. a. Getränken immer mehr Traubenwein getrunken, der in zunehmendem Maße aus eigener Produktion stammt.
Inzwischen ist der Wein so populär geworden, daß andere Branchen davon profitieren. So gibt es Weingelee und -marmelade mit verschiedenen Geschmacksrichtungen – bevorzugt Cabernet-Sauvignon –, aus dem Napa Valley oder California Weinseife mit Gewürztraminerduft. Als besondere Attraktion für Weintouristen wird eine Ballonfahrt über das Napa Valley angeboten.
Geringe Mengen Wein werden nach Kanada exportiert. Etwa 24% (1984) des Weinkonsums werden durch Importe, hauptsächlich aus Frankreich, Italien, Spanien, Portugal und der BRD, gedeckt.
Mit wissenschaftlichen Untersuchungen auf den Gebieten Weinbau und Kellerwirtschaft befassen sich die Kalifornische Universität in Davis, die Staatliche Universität Fresno/Kalifornien und eine Reihe von Versuchsstationen in Kalifornien u. a. Bundesstaaten. ↑ Tafel 40 (5)

Vergilius: römischer Epiker (70–19 v. u. Z.), er preist in seinem künstlerisch hochrangigem Lehrgedicht Georgica (Landbau) die friedliche und mühevolle Arbeit des Bauern. Hauptthema eines der vier Bücher ist der Weinstock. (3)

Vergruben: im alten Wurzelrebenanbau in den Weinbergen das Einlegen oder ↑ Absenken (Abb.) einjähriger verholzter Ruten des alten Stocks in eine 30–40 cm tiefe Erdgrube, um aus ihm durch vegetative Vermehrung einen oder mehrere Stöcke neu aufzubauen. (3)

Verkoster: 1. in der Sklavenhalter- und Feudalgesellschaft Personen, die vor allem den Wein, aber auch alle anderen Getränke und Speisen vor den Herrschern probieren mußten, um diese vor Vergiftungen zu bewahren.
2. ↑ Degustator (3)

Verkostungsraum ↑ Probierstube

Vernatsch ↑ 'Blauer Trollinger'

Verordnungen zum Wein ↑ Weingesetzgebung

Verrieseln, *Durchrieseln, Rieseln:* Abfallen der Blüten und Fruchtansätze, ausgelöst durch kaltes, nasses Wetter (unter 15 °C), gefördert durch Nährstoff- und Spurenelementemangel sowie sortenbedingte Anfälligkeit (↑ 'Magdalene Angevine'). V. mindert die Erträge. (3)

Verschnitt: Mischen von Weinen, Mosten sowie Wein mit Mosten zu den verschiedensten Zwecken. Die nicht selten anzutreffende Meinung, der kellertechnische V. bedeute generell Minderung der Qualität und ↑ Panschen ist falsch. Der Hauptzweck ist das ↑ Verbessern, das Heben der Qualität von Weinen. Viele große Weine wie der ↑ Bordeaux, ↑ Chianti, ↑ Egri Bikavér, ↑ Rioja, ↑ Tokaji Aszú u. a. sind nur durch den V. [franz. assemblage] möglich, dessen Güte besser ist, als die seiner einzelnen Komponenten. Der V. ist auch die Hauptmethode, um über Jahre ↑ Markenweine gleicher Geschmacksrichtung und Qualität zu erzeugen. Das trifft auch für die meisten Likör- und Schaumweine (↑ Cuvée) zu. Allerdings werden auch Weine, die aufgrund des Jahreswitterungsverlaufs nicht befriedigend gelingen, mit Weinen höherer Güte verschnitten, um z. B. fehlende Säure oder auch mangelnden ↑ Restzucker auszugleichen. Restzukker kann auch durch Verbessern über Zusatz von unvergorenem oder angegorenem Traubenmost erreicht werden. Diese ↑ Süßreserve gilt in einigen Ländern rechtlich nicht als V., wenn sie mit anderen Fremdanteilen nicht mehr ausmacht als 25%. Die meisten Länder haben entsprechende Rechtsvorschriften erlassen, um möglichst klare Grenzen zwischen V. und Panschen zu setzen. Fast überall ist gesetzlich verboten, verdorbene Weine mit gesunden zu verschneiden. In der DDR sind folgende V. nach TGL verboten: Traubenwein mit Wein aus amerikanischen Ertragskreuzungen, Weiß- und Rotwein, deutscher Weißwein und ausländische Weißweine – ausgenommen bei Grundweinen für die Schaumwein- und Perlweinerzeugung sowie bei Standardwein, der bis ein Drittel Importtraubenwein enthalten darf. Auch Weiß-, Rot- und Likörwein sowie Traubenwein und Haustrunk und schließlich Traubenwein mit Fruchtwein u. a. weinähnlichen Getränken dürfen nicht verschnitten werden. Ein deutscher Rotwein darf höchstens bis zu 25% mit ausländischem als Deckwein verschnitten werden. Nach den EG- und BRD-Ordnungen darf der Deckwein höchstens 13% und bei Qualitätsrotweinen maximal 9% am Endvolumen – unter Beachtung weiterer Qualitätsmaßstäbe – betragen. Ein V. darf nur dann nach einem der Anteile benannt werden, wenn dieser mehr als zwei Drittel der Gesamtmenge ausmacht. Für V. sind Phantasienamen zulässig. So besteht z. B. der Freyburger Schloßkeller aus der DDR aus den Rebsorten 'Gutedel', 'Müller-Thurgau', 'Silvaner'. Das Zusetzen von ↑ Füllwein rechnet nicht als V.
Gezielte V. können durch ↑ Degustation oder Berechnung des Mischungsver-

hältnisses auf einen bestimmten Alkohol-, Säure- und Restzuckergehalt hin auch mit Hilfe von Mischungskreuzen ermittelt werden. Dies wird mit steigendem Anteil der Mischungskomponenten, um z. B. auch gewünschte Farbtönungen und Buketts zu erreichen, immer komplizierter. Außerdem dauert es eine bestimmte Zeit, ehe die einzelnen Komponenten ihre innere Bindung eingehen und der Wein beurteilt werden kann. Schließlich können neue kellertechnische Maßnahmen notwendig werden, weil Trübungen durch Eiweißausscheidung auftreten oder bei Traubensaftzusätzen Sterilfiltrationen erforderlich werden. (3)

Vertriebsformen von Weinen: die verschiedenen Warenwege, auf denen der Wein vom Erzeuger zum Konsumenten gelangt. Beim Direktabsatz wird der Wein unmittelbar vom Erzeuger (auch der Großkellerei) an den Verbraucher geliefert. Beim indirekten Warenweg werden die Weine vom Erzeuger über den Groß- und Einzelhandel sowie Export- und Importhandel an den Verbraucher abgesetzt. Oft wird schon die unmittelbare Belieferung des Einzelhandels oder der Gastronomie zum Direktabsatz gerechnet. Obwohl die große Menge des Weins über den Weingroß- und -einzelhandel einschließlich Export- und Importhandel geht, gewinnt der direkte Bezug vom Erzeuger, den Genossenschaften und auch einzelnen Winzern sowie den großen Weingütern mit eigenen Kellereien und Abfüllanlagen an Bedeutung. Nachteil ist dabei, daß der Winzer (Erzeuger) verstärkte Funktionen des Handels und das damit verbundene Risiko der Vorratshaltung übernimmt. In der DDR verkaufen die drei Großkellereien, die einheimisches Lesegut verarbeiten, sowohl an den Großhandel als auch an Einzelhandelsgeschäfte und (vertraglich gebunden) an bestimmte gastronomische Einrichtungen. Da es im Weinbau zahlreiche Klein- und Kleinstbetriebe gibt, verkaufen bereits schon sehr viele ihr Lesegut ganz oder teilweise an winzergenossenschaftliche bzw. private Kellereibetriebe. In der BRD sind dies von etwa 100000 Weinbaubetrieben zwei Drittel und nur etwa ein gutes Drittel (meist Betriebe über 5 ha) bauen ihren Wein selbst aus. Dieser Wein und auch der der großen Kellereien kann wieder als Faß- (etwa 36% der Betriebe) oder Flaschenwein (etwa 13%) vertrieben werden. Damit gelangt ein Jahrgang als Lesegut (Herbstmarkt) sowie als Faß- und Flaschenwein auf den Markt.

In der Regel übernehmen große Kellereien im Erzeugergebiet den Wein und verkaufen an den Weingroßhandel und dieser an den Einzelhandel bzw. die Gastronomie oder sie beteiligen sich am Exportgeschäft. Der Großhandel übernimmt meist den Import. In den sozialistischen Ländern hat der Staat das Außenhandelsmonopol. Dem Großhandel wie auch den Großkellereien obliegt dabei Lagerung, Abfüllung, Verpackung sowie Transport. Besondere Aufgabe des Großhandels ist es, die territorialen, zeitlichen mengen- und sortimentsmäßigen Unterschiede in der Bereitstellung auszugleichen. Im Handel sichern, außer beim Versand, die speziellen Weinfachgeschäfte, oftmals verbunden mit Weinrestaurants, eine individuelle, beratende Versorgung. Erhebliche Mengen Wein, oft bis zu 50% des gesamten Weinverkaufs, werden über die Kaufmärkte und die Discountgeschäfte verkauft. In einigen Ländern, besonders in Frankreich und Italien, wird der Weinverkauf auf zentralen Handelsplätzen, ↑ Weinauktionen bzw. Weinbörsen (Messen), aber auch durch Weinkommissionäre als Absatzvermittler zwischen Erzeuger und Weinhandel unterstützt. Auch Subskriptionsverkäufe von noch in Kellern reifenden

Weinen, verbunden mit Übersendung von Schriften zum Wein, Kellerbüchern u. a., mit Vorausbezahlung und manchmal auch mit zeitlich begrenzten Rückgaberechten sowie die Gründung von Gesellschaften, deren Mitglieder regelmäßig Degustationssendungen erhalten, nehmen zu. (3)

very dry [engl.]: sehr trocken

Vexierkrüge: Scherzgefäße mit versteckten und zu verdeckenden Öffnungen, aus denen der Wein unter Beachtung besonderer Vorgehensweisen getrunken werden kann. So stellen die keramischen Werke in Modra (Slowakei) solche V. her. ↑ Jungfrauenbecher (3)

vide [ital. vedere, sehen]: Bezeichnung auf einer numerierten Kontrollbanderole einiger Spitzenweine. Sie weist darauf hin, daß sie von Mitgliedern einer Vereinigung renommierter Winzerbetriebe geprüft wurden. (3)

vieux [franz.]: alt; Bezeichnung von Weinen, die nicht aus der letzten Ernte stammen. (3)

vin [franz., rum.]: Wein;
v. d' amour ↑ amouröse Weine;
v. de paille ↑ Strohwein;
v. fin – nicht an gesetzliche Bestimmungen gebundene Prädikationsbezeichnung von Weinen ähnlich ↑ grand cuveé vin bzw. vin nobel;
v. fletri ↑ Strohwein
v. gris clairet – weißgekelterter Wein aus blauen Rebsorten (↑ Weißherbst);
v. nobel – nicht an gesetzliche Bestimmungen gebundene Prädikatsbezeichnung von Weinen;
v. ordinaire ↑ Konsumwein; (3)

viña [span.]: Weinberglage, Weinflur

vinage [franz.] ↑ Gemarkung

vin de călitate [rum]: Qualitätswein. Entsprechende Zusätze weisen die einzelnen Qualitätsstufen aus.
– *v. d. c. superioară* (VS): unterste (3.) Stufe mit wenigstens 10,5 Vol.-% Alkohol;
– *V. d. c. superioară cu denumire de origine* (VSO): zweithöchste (4.) Stufe mit wenigstens 11 Vol.-% Alkohol und kontrollierter Ursprungsbezeichnung;
– *V. d. c. superioară cu denumire de origine si trepte de călitate* (VSOC) höchste (5.) Stufe mit kontrollierter Ursprungsbezeichnung und weiteren Prädikatsstufen. ↑ CSB, ↑ CMD, ↑ CMI (3)

vin de l'année [franz., Wein des Jahres]: Wein, der im ersten Jahr getrunken wird bzw. getrunken werden soll. ↑ Primeur (3)

vin de masă [rum.]: Tafelwein unterster (1.) Qualitätsstufe mit etwa 8–9 Vol.-% Alkohol. Der Zusatz *superior* kennzeichnet Tafelwein gehobener (2.) Qualitätsstufe mit etwa 9–10 Vol.-% Alkohol, die mit dem Landwein vergleichbar ist. (3)

Vin Délimité de Qualité Supérieure, VDQS [franz.]: Qualitätswein mit kontrollierter Herkunftsbezeichnung. Mit etwa 3–4% Anteil an der Gesamtproduktion und etwa 60 möglichen regionalen bzw. lokalen Ursprungsbezeichnungen repräsentiert er die zweithöchste Qualitätsstufe. Er unterliegt ähnlichen Qualitätsanforderungen wie der AC, aber mit einem geringerem Grad der Strenge. Nach und nach wird versucht, die VDQS-Weine in die Gruppe der AC-Weine aufzunehmen. (3)

vin de pays [franz.]: gehobener ↑ Tafelwein als ↑ Landwein mit gebietstypischem Geschmack. V. d. p. müssen:
– aus einem abgegrenzten geografischen Raum stammen (Départment, Produktionszone oder Gebiet – *v. d. p. regionaux*), der auf dem Etikett angegeben ist;
– aus bestimmten Rebsorten gekeltert sein;
– einen natürlichen Mindestalkoholgehalt von 10 Vol.-% (in den Mittelmeergebieten) bzw. 9–9,5 Vol.-% (in allen anderen Gebieten) besitzen;
– nur mit gleichfalls bestimmten Zusät-

Gütezeichen für vin de pays

zen angereichert oder gewürzt sein, wenn dies in dem betreffenden Gebiet erlaubt ist;
– festgelegten Normen beim Gehalt an chemischen Zusätzen entsprechen und
– Qualitätstests sowie einer ↑ sensorischen Prüfung unterworfen werden, bevor sie anerkannt werden.
V. d. p. aus einer Produktionszone unterliegen noch schärferen Bestimmungen. Diese können auch durch ↑ côte, ↑ coteau, mont, val und innerhalb einzelner Winzerbetriebe auch als mas und ↑ domaine gekennzeichnet werden. Allerdings sind die Begriffe château und clos nicht erlaubt. Anerkannte v. d. p. dürfen das abgebildete Gütezeichen tragen und sind gute Weine für alle Tage, die vom Verbraucher identifiziert werden können. Sie kommen als Weiß-, Rot- und Roséweine zu 85% aus den südlichen Anbaugebieten in den Handel. Abb. (3)

vin de table [franz.]: **1.** zusammenfassende Bezeichnung für die Tafelweine ↑ vin de pays u. a. Tafelweine (autre vins de table). Sie entspricht den EG-Bestimmungen für ↑ Tafelwein.
2. Tafelwein (autre vin de table bzw. Konsumweine ↑ VCC) unterer Qualitätsstufe nach dem vin de pays. Es können Weine und auch ihre Verschnitte aus verschiedenen Anbaugebieten Frankreichs sein, und sie können auch mit Weinen der EG-Länder (↑ mélange de vin de différents pays de la communauté Européenne) bzw. aus importierten Mosten in Frankreich (↑ vino obtenu en France à partir de raisins ricoltis en ...) verarbeitet worden sein. Sind sie nur französischen Ursprungs, können sie die Bezeichnung *v. d. t. francais* tragen. V. d. t. wird in der Regel unter Markennamen mit gleichbleibender Qualität und Geschmacksrichtung sowie unter Angabe des Alkoholgehaltes verkauft, der mindestens 8,5 und höchstens 15 Vol.-% betragen darf. (3)

vin doux naturel [franz.]: Likörwein

vinho [port.]: Wein;
v. branco – Weißwein;
v. de consume – einfacher Konsumwein (↑ Tafelwein);
v. de mesa – Tischwein (↑ Tafelwein);
v. do Porto ↑ Portwein;
v. espumante – Schaumwein;
v. generoso – gespritete Weine höherer Qualität;
v. tino – Rotwein. (3)

Vinho verde [port.]: **1.** gesetzlich abgegrenztes bedeutendes Weinbaugebiet mit dem Recht der ↑ Herkunftsbezeichnung ↑ região demarcada an der Atlantikküste Nordportugals. Im gemäßigten und relativ feuchten Klima erfolgt der Weinbau oft in Mischkultur mit Mais und Gemüse, wobei die Reben sich meist frei an Bäumen emporranken (enforcado) oder an Drähten in Form der ↑ Pergola über Wege gezogen werden (ramadas oder latadas). Da der Arbeitszeitaufwand bei diesen Erziehungsformen sehr hoch ist (es muß mit Leitern geerntet werden), kommen sie allmählich außer Gebrauch.
2. Bezeichnung für Weiß- (30%) und Rotweine (70%) mit etwa 8–11,5 Vol.-% Alkohol aus dem Gebiet V. v. Die starke vegetative Ausbreitung der Reben, die Besonderheiten des Bodens (vorwiegend Granit) und des Klimas sowie die entwickelte Technologie machen den Charakter des V. v. aus, der mit jährlich etwa 230 Mill. l von 100000 Winzern erzeugt wird. Warum er V. v. – grüner Wein heißt, ist nicht genau bekannt, da

die Trauben voll ausreifen. Am wahrscheinlichsten ist die Erklärung, daß er jung, gleich im Jahr nach der Lese, getrunken wird und in der Art frisch, spritzig, säurebetont und leicht moussierend ist. Er schmeckt vorzüglich zu den öligen Landesspeisen und wird für den Export oft durch Mostkonzentrat lieblicher gemacht. Er soll kühl zwischen 8–12 °C ohne langes Lagern getrunken werden. (3)

Vinifikation: Umwandlung der Weinbeeren in Wein, d. h. die Technologie der Weiß- und Rotweinherstellung. (3)

Vinimpex [bulg.]: abkürzende Bezeichnung des staatlichen bulgarischen Außenhandelsunternehmens für Weine mit Sitz in Sofia. (3)

vinjak [jugosl.]: Weinbrand

vin jaune: französischer Qualitätswein höchster Stufe aus der Rebsorte 'Savagnin' und zwar nur aus allerbestem Traubengut des Juragebietes (230 bis 350 über NN) im Burgund. Nach der Gärung wird der Wein in 220-l-Fässern gelagert, deren Schwund nicht ausgeglichen wird, weshalb der Wein sich mit einem besonderen Hefeflor bedeckt. Das führt zu einer gelben Tönung und zu einem cremigen Nußgeschmack. Nach sechs Jahren sind noch etwa zwei Drittel des ursprünglichen Volumens vorhanden.
V. j. wird in portweinähnlichen Clavelinflaschen (65 cl) abgefüllt und kann ein hohes Alter, bis zu 100 Jahren, erreichen. Er erinnert im Charakter an einen leichten ↑ Sherry. (3)

vin liquoreux [franz.]: süßer, nicht gespriteter Weißwein, der etwa Beeren- und Trockenbeerenauslesen vergleichbar ist. (3)

vino [span., ital.]: Wein;
– *v. anejo* – Qualitätswein mit mindestens dreijähriger Lagerzeit;
– *v. bianco* – Weißwein;
– *v. bianco della perla* – weißer Perlwein;
– *v. corriente* – Tafelwein, einfacher Konsumwein, dem französischen vin ordinaire entsprechend;
– *v. da tavolo* – Tafelwein unterster Stufe der Qualitätsklassifizierung, auch *v. da pasto* genannt. Diese einfachen Tisch- oder Tafelweine können allerdings oft eine bessere Qualität als DOC-Weine haben. Sie müssen auf dem Etikett Name und Ort des Abfüllers, den Alkoholgehalt und die Füllmenge tragen. Die v. da tavolo machen etwa 70% der italienischen Weinproduktion aus. Tafelweine höherer Stufe, *v. da tavolo con indicazione geografica* tragen eine geografische Herkunftsbezeichnung. Da diese Kategorie erst 1977 geschaffen wurde und 1983 die entsprechenden Bestimmungen herauskamen, macht dieser Wein bisher nur etwa 15% der italienischen Gesamtproduktion aus. Lagen werden für ihn nicht angegeben, sondern nur Gemeinden und Regionen.
– *v. de calidad* – Qualitätswein;
– *v. de cosecha propria* – vom Weingut erzeugte Weine;
– *v. de doble pasta* – körperreicher, fast schwarzer, alkoholstarker Rotwein für Verschnittzwecke. Man gewinnt ihn, indem vor dem Vergären der Maische die Hälfte des Mostes entnommen wird. Aus dem verbleibenden Beerenschalenkonzentrat vergären verstärkt Farb- und Gerbstoffe, die den Charakter dieses Weins ausmachen;
– *v. del paese* – eine der Bezeichnungen für Landwein;
– *v. de mesa* – Tafelwein;
– *v. frizzante* – Perlwein, der meist im Ergebnis einer zweiten Gärung in der Flasche leicht schäumt;
– *v. giovane, v. novello* – junger Wein; ↑ Heuriger, ↑ Primeur;
– *v. liquoroso* – Likörwein; süßer Wein mit einem Alkoholgehalt von mindestens 16 Vol.-% und nicht über 22 Vol.-%;

– *v. nostrano* – eine der Bezeichnungen für Landweine speziell im Tessin der Schweiz;
– *v. passito (santo)* – Trockenbeerenwein, der aus überreifen, eingeschrumpften Trauben gewonnen wird und auch als ↑ Strohwein erzeugt werden kann;
– *v. rosato* – Roséwein;
– *v. rosso* – Rotwein;
– *v. santo* ↑ Strohwein;
– *v. spumante* – italienischer Schaumwein (↑ Refosco von Triest);
– *v. tipico* – Qualitätsstufe, die dem ↑ Landwein im EG-Bereich entsprechen soll. Die Abgrenzung vom v. da tavolo con indicazione geografica ist problematisch, deshalb finden sich gegenwärtig kaum Weine mit dieser Bezeichnung;
– *v. vecchio* – Weine, die sich im Stadium ausgeprägter Reife befinden. (3; 4)

Vinobox ↑ Kartonagenverpackung

vin obtenu en France à partir de raisins ricoltis en ... [franz.]: Tafelwein, in Frankreich verarbeitet, mit Traubenmost aus ... (3)

Vinophile ↑ Önophile

Vinoproizvoditel [bulg.]: Weinbaubetrieb, Weinerzeuger

Vinothek: Weinkeller höherer Ordnung zur ↑ Lagerung von Weinen für den persönlichen Bedarf, der auch eine Sammlung im Sinne eines persönlichen ↑ Archivs umfassen kann bzw. überhaupt eine Präsentation ausgewählter Weine ist. Solche Sammlungen können auch thematisch angelegt sein, z. B. Weine eines Anbaugebietes, eines Jahrganges, einer Rebsorte verschiedener Jahrgänge bzw. verschiedener Anbaugebiete, typische Weine eines Landes, Weine seltener Rebsorten und Sherry- bzw. Portweine aufbewahren. Die Weine sollten übersichtlich geordnet, z. B. Sorten vertikal, Jahrgänge horizontal, und so gelagert werden, daß nach Möglichkeit noch das Etikett zu lesen ist, damit dazu nicht jede Flasche herausgenommen werden muß. Bei einer größeren V. ist ein Kellerbuch nützlich, das am besten nach Jahrgängen als erstem Ordnungsaspekt geführt wird (Lagerfähigkeit). Dazu können Weinsorte, Herkunft und Preis verzeichnet sowie nach dem Trinken der Reifegrad und Geschmackseindruck festgehalten werden, vielleicht auch die Namen derer, die ihn verkosteten. Dazu könnte ein Etikett, eventuell mit den Namenszügen der Gäste, aufgehoben werden. Das Kellerbuch, nach Jahren durchblättert, weckt nicht nur schöne Erinnerungen, sondern kann auch Aufschluß geben für die künftige Auswahl und die Behandlung der Weine. Wer seine V. erhalten will, sei bestrebt, für jede entnommene Flasche bald wieder eine neue einzulagern. Allerdings sollte, und dies betrifft besonders die schnell zu verbrauchenden Weine, der Bedarf richtig geplant werden (durchschnittlicher Eigenbedarf je Woche, zu erwartender Verbrauch der Gäste, für besonders festliche Stunden und als Geschenk). Besonders für den alltäglichen Hausgebrauch (Tafelweine und einfachere Qualitätsweine verschiedener Geschmacksrichtungen) sind die Weine höchstens für ein Jahr einzulagern. Von Weinen, die älter als vier Jahre sind, sollte halbjährlich immer einmal eine Flasche probiert werden. Schaumwein sollte höchstens zwei Jahre alt werden. Bei Weinen, die länger lagern, kann ↑ Umkorken notwendig werden. Beim ↑ Einkauf von Weinen für die V. könnte nach vier Gesichtspunkten vorgegangen werden. Die folgenden Beispiele sind lediglich als Anregung für die mögliche individuelle Auswahl in der DDR gedacht.

Alltagsvorrat

Weißweine

– trocken, herb (spritzig) mit harmoni-

scher Säure: z. B. Gutedel, Müller-Thurgau, Silvaner, Weißburgunder, Riesling, Traminer, Ruländer von Saale/Unstrut und Elbtal; Blaustengler (Badaczony Kekneyelü) und Riesling aus Ungarn; Grüner Veltliner aus Österreich;
– mild bzw. lieblich: die Standardweine von Saale/Unstrut und Elbtal wie Freyburger Schloßkeller und Winzerkeller, Meißner Domkeller und Domherr, Saalhäuser Sonnenwinkel; Perla de Tarnava, Muskat Ottonel, Perinitza und Koketaler aus Rumänien; Hemus, Misket und Targowischte Losniza aus Bulgarien; Lindenblättriger (Debroi- und Villanyer Harslevelü) aus Ungarn.

Rotweine

– leicht, trocken, herb (aber nicht kratzig rauh): z. B. Blauer Portugieser oder Spätburgunder von Saale/Unstrut und Elbtal; Ödenburger Blaufränkischer (Soproni Kèkfrankos) aus Ungarn; Gamza und Mavrud aus Bulgarien; Burgenländischer Blaufränkischer aus Österreich;
– hell, blumig und freurig: z. B. Sophia Melnik aus Bulgarien; Roter (Vörös) aus Szekszárdi aus Ungarn;
– herb, kräftig, gerbsauer und schwer: z. B. Stierblut (Egri Bikavér) aus Ungarn; Mascara aus Algerien.

Likörweine

– z. B. natürsüßer Cotnari und Murfatlar aus Rumänien; Tokaji Szamarodny aus Ungarn; Malaga oder Madeira.

Weine für Gäste (als Tafelweine besserer Qualität und Qualitätsweine)

Weißweine

– leicht, bekömmlich mit harmonischer Säure (spritzig); guter Riesling allgemein: Sophia Riesling aus Bulgarien; Feteaska aus Moldawien; Villányi Chardonnay und Mädchentraube (Leányka) aus Ungarn;
– ausdrucksvoller, herber trockener Tafelwein: beispielsweise Weißburgunder, Muskateller, Morio Muskat, Silvaner allgemein; Aligote aus Moldawien; Morer Tausendgut (Móri Ezerjo) aus Ungarn;
– ausgeglichener, gefälliger Tafelwein: z. B. Gutedel, Silvaner, Veltliner allgemein; weißer Chianti aus Italien; Somloi und Tokaji Furmint (halbtrocken) aus Ungarn;
– ausdrucksreich, reif und wuchtig: z. B. Traminer, Gewürztraminer und Ruländer allgemein; Gumpoldskirchner aus Österreich; Grauer Mönch (Szürkebarat; halbtrocken), Muskatweine (Abasari und Balaton Boglari Moscotaly) aus Ungarn;
– süßherb, schwer mit feinem Säurespiel: z. B. Pfälzer- oder Rheinriesling und Silvaner.

Rotweine

– herb und erdig-kernig, kräftig, schwer, gerbsauer: z. B. Stierblut (Egri Bikavér) und trockene Cabernet Sauvignon aus Ungarn
– blumig, füllig, würzig, abgerundet: z. B. rumänischer oder ungarischer Pinot Noir; Asseniza aus Bulgarien;
– samtig, duftig, glutvoll, dunkel: z. B. Kadarka, Cabernet oder Spätburgunder aus Rumämien, Ungarn und Bulgarien;
– dunkel, harmonisch halbsüß: z. B. Rujno Wino, Sophia Maritza-Rubin und Trojaner Tröpfchen aus Bulgarien; Boglari Merlot aus Ungarn.

Likörweine

– qualitätsvolle Naturlikörweine: z. B. Cotnari und Murfatlar aus Rumänien; Gratieschti aus Moldawien; Tokajer aus der ČSSR und Ungarn;
– schwere aufgespritete Weine: z. B. Madeira, Portwein oder Xeres aus der UdSSR; Sherry aus Ungarn.

Festtagsweine (gehobene Qualitätsweine als lagengerechte Spät- und Auslesen)

Weißweine

– herb, charaktervoll, trocken: z. B. Archivweine aus der ČSSR; Spätlesen der DDR und Ungarn; Zinandali aus Georgien;

– elegant, rassig, blumig: z. B. Oppenheim-Niersteiner aus der BRD; Ruster Spätlese aus Österreich; Grauer Mönch (Badaczonyi Szürkebarat), Sauvignon (lieblich), Olaszrizling und hochwertige Qualitätsweine (Különleges minöségi bor) aus Ungarn;
– ausdrucksvoll, körperreich, würzig: Spätlesen wie Morio Muskat aus Bulgarien; Gurdshaani aus Georgien; Egerer Traminer (Egri Tramini különleges minöségi fehér bor).

Rotweine

– extraktreich, duftig, tanninherb: z. B. Stierblut (Egri Bikavér als Különleges minöségi bor) aus Ungarn; Mukusani-Saperawi aus Georgien;
– sanft, würzig, feurig, füllig: z. B. Sophia Cabernet Sauvignon, Merlot und Melnik aus Bulgarien; Balaton- und Csongradi Cabernet sowie Villanyi Merlot (halbtrocken) aus Ungarn; Teliani und Napareuli-Saperawi aus Georgien;
– schwer, fruchtig, vollblumig, samtig: z. B. Spätburgunder ausgezeichneter Lagen und Jahrgänge allgemein; Spätburgunder Különleges minöségi bor von Tihany und Villány aus Ungarn; Tschumai aus Moldawien; Tereziánska Frankovka von der Genossenschaft IRD/Bratislava-Raca (ČSSR).

Likörweine

– z. B. drei- und mehrbuttiger Tokaji Aszú aus Ungarn; alle Madeira, Portweine, Sherry oder Kokur aus Massandra (Krim).

S c h a t z k a m m e r- bzw. A r c h i v w e i n e

Weine höchster Güte der besten Lagen und Jahrgänge als Auslese, Trockenbeerenauslese, Eisweine allgemein; vier- und fünfbuttiger Tokaji Aszú bzw. Essenz aus Ungarn; Vyber Weine (Auslesen) der ČSSR; beste alte Sherry (z. B. aus der Massandrakellerei Krim/UdSSR). (3)

Vin Primeur ↑ Primeur

vins de marque [griech.]: Bezeichnung für Markenweine mit problemlosem Typ, d. h. neutralem Geschmack, die meist Verschnitte sind. (3)

Vins de Qualité Produit dans (provenant) de Régions Delimitées (determinées) (VQPRD) [franz.]: zusammenfassende Bezeichnung für ↑ Qualitätsweine bestimmter Anbaugebiete entsprechend den QbA-Weinen der EG-Bestimmungen.
In Frankreich gehören die AC- und VDQS-Weine dazu. (3)

Vin Specialement Recommandé, VSR [franz.]: ein Wein, der aufgrund seiner Qualität besonders empfohlen wird, bei dem man aber nicht den Jahrgang angeben kann oder will. (3)

vintage [engl.]: **1.** Ernte; wird mit Ziffern für Jahrgangsangaben benutzt.
2. bei Portweinen eine Abfüllung aus einem einzigen außergewöhnlich guten Jahrgang mit Datum des Erntejahres und der Bezeichnung v. auf dem Etikett. Die Faßabfüllung liegt etwa zwischen dem zweiten und dritten Jahr, während sie beim *Late Bottled Vintage* (L. B. V.) zwischen dem vierten und sechsten Jahr liegt, bevor die Flaschenlagerung beginnt. (3)

visokokvalitetno [jugosl.]: hohe Qualität

VITI [schweiz.]: Kurzwort aus **vi**ni **ti**cinesi; seit 1948 amtliche Qualitätsbezeichnung mit Gütezeichen für mindestens einjährigen roten Merlot besserer Qualität aus dem Tessin, die von einer Prüfungskommission nach analytischer und sensorischer Kontrolle vergeben wird. Die betreffenden Weine werden in Bordeauxflaschen verkauft. (3)

Vitis labrusca L. ↑ Fuchsrebe

Vitis vinifera L.: Europäische Weinrebe (↑ Rebstock)

Volkseigene Güter Weinbau ↑ Staatsweingut

Vorklären ↑ Entschleimen

Vorlauf, *Seihmost:* Most, der im Gegensatz zum ↑ Preßmost aus der Kelter oder dem Entsafter ohne mechanischen Druck abläuft. V. ist meist ein Most besonders günstiger Zusammensetzung, der harmonische Weine ergibt. (3)

Vorlese: Herausschneiden von schon früh gefaulten Beeren, damit die gesunden nicht gefährdet werden. ↑ Lesearten (3)

vörös [ung.]: rot

Vöslauer ↑ 'Blauer Portugieser'

VQPRD [franz.]: Abk. für ↑ **V**ins de **Q**ualité **P**roduit dans (provenant) de **R**égions **D**elimitées (déterminées). (3)

vrunsko (čuveno vino) [jugosl.]: Spitzenwein (beste Qualität) (3)

VS, VSO, VSOC [rum.] ↑ vin de călitate

VSR [franz.]: Abk. für ↑ **V**in **S**pecialement **R**ecommandé

vyber [tschech.]: Auslese als höchste Güteklasse, wobei die Moste mindestens 230 g Zucker/l aufweisen müssen. (3)

W

Wachstumswein: Bezeichnung für einen Wein hoher Güte. (3)

Wein: Getränk, das ausschließlich durch teilweise oder vollständige Gärung der frischen, auch gemaischten Weintrauben gewonnen wird. Die für Weinbereitung geeigneten ↑ Rebsorten bzw. Traubenmoste müssen je nach Rebsorte einen unterschiedlichen bestimmten Mindestgehalten an Zucker (etwa um 40 °Oe) aufweisen, die entsprechenden Weine einen dementsprechenden Alkoholgehalt (Trockenbeerenauslesen z. B. mindestens 5,5 Vol.-%, sonst etwa ab 7 Vol.-%).

W. ist nachweislich ein schon über 10000 Jahre altes Genußmittel (↑ Geschichte des Weins), das zugleich Nahrungsmittel, Naturheilmittel, bei übermäßigem Genuß aber auch Gift ist (↑ Gesundheit und Wein). W. enthält mehr als 400 Inhaltstoffe in wechselnder Konzentration. (3)

weinähnliche Getränke: Gruppe weinhaltiger alkoholischer Getränke, die durch Vergären von Früchten u. a. zukkerhaltiger oder mit Zucker angereicherter Rohstoffe, aber nicht aus Weintrauben hergestellt werden. Dazu gehören alle ↑ Fruchtweine einschließlich der Fruchtschaum- und -perlweine, der ↑ Honigwein und der ↑ Reiswein. (3)

Weinanalyse: zusammenfassende Bezeichnung für alle Kontrollmaßnahmen während des Herstellungsprozesses von Wein. Chemisch-physikalische und mikrobiologische Untersuchungsmethoden, die als messende oder Variablenprüfungen eingeordnet werden, sowie die sensorische Analytik als nicht messende oder Attributprüfung dienen der Sicherung der Gütevorschriften des Lebensmittelgesetzes als Rahmengesetz, der Fachbereichstandards (TGL – Technische Normen, Gütevorschriften und Lieferbedingungen) und der Vorschriften des ASMW (Amt für Standardisierung, Messung und Warenkunde). Die *chemisch-physikalischen Untersuchungsmethoden* umfassen bei Most:

– Zuckergehalt in Grad Oechsle (°Oe) durch die Mostwaage (Senkspindel) oder das Refraktometer;
– Gehalt an titrierbarer Säure (Gesamtsäure, berechnet als Weinsäure; g/l);
– Ethanolgehalt (g/l bzw. Vol.-%);
– zuckerfreier Extrakt (g/l);
– Gesamtextrakt (g/l);
– flüchtige Säure, berechnet als Ethansäure (Essigsäure; g/l);

– freie Schweflige Säure (mg/l);
– gesamt Schweflige Säure (mg/l).

Bedeutsam ist die W. auch für die Identifizierung von Trubstoffen und Trübungen und deren Ursachen, um einerseits die erforderlichen Schönungen beim Jungwein durchzuführen und andererseits im Verlauf der Weinreifung auftretende eventuelle Nachtrübungen behandeln zu können. Zu nennen wären hier der Gehalt an gelösten Metallen im Wein (Eisen, Kupfer, Zinn, Aluminium), Eiweißen, Calciumsalzen der Wein-, Schleim- oder Oxalsäure, Polyphenolverbindungen (Gerbstoffe) u. a. (↑ Bodensatz).

Wichtige *mikrobiologische Untersuchungsmethoden* sind:
– Nachweis von Hefen und säurebildenden Mikroorganismen im Wein und ihre Identifizierung;
– Thermostatprobe zur mikrobiologischen Stabilität des Weins;
– Stufenkontrolle zur Aufdeckung eventueller Infektionszentren bzw. Prüfung der Effektivität von Reinigungs- und Desinfektionsmaßnahmen.

Neben den genannten Methoden haben die *sensorischen Prüfungen,* unterteilt in visuelle (Sehen), haptische (Tasten), akustische (Hören), olfaktorische (Riechen) und degustatorische (Schmecken), große Bedeutung aufgrund der einzigartigen Fähigkeit des Menschen, Lebensmittel und ihre Qualität mittels seiner Sinne komplex zu identifizieren und einzustufen, d.h. auszusagen, ob und wie ein Lebensmittel schmeckt.

Nach neueren Anschauungen wird die sensorische W. auch als ein Prüfungsverfahren mit Anspruch auf Meßfähigkeit verstanden, das nach wissenschaftlichen Grundsätzen mittels geschulter Sinne durchgeführt und möglichst objektiv reproduzierbar gestaltet werden kann.

Über diese analytischen Methoden hinaus, die vorwiegend der Qualitätssicherung des Weins dienen, werden analytische Prüfungen zur Sicherung der lebensmittelrechtlichen Fragen bzw. zum Schutz des Verbrauchers vor Weinfälschungen vorgenommen. Alle Roh-, Zusatz- und Hilfsstoffe müssen den lebensmittelrechtlichen Forderungen entsprechen. Es werden W. auf Rückstände von Pflanzenschutzmitteln, Zusatz von künstlichen Farbstoffen und nichtzulässigen Konservierungsmitteln, Anwesenheit von Diethylenglycol und viele andere Substanzen durchgeführt.

In der Weinforschung beschäftigt man sich zur Zeit vorwiegend mit der Identifizierung der ↑ Bukettstoffe, vor allem mittels Einsatz gaschromatographischer Methoden. (2)

Weinanbauregelungen: Anleitungen und rechtsgültige Vorschriften zum Anbau von Wein. Bereits im Alten Testament (5. Buch Mose) wird gefordert, daß du deinen Weinberg „nicht mit mancherlei besäen sollst". Auch heißt es dort im Sinne diesseitigen Friedens: „Wer einen Weinberg gepflanzt hat und sein noch nicht genossen, der bleibe daheim aus dem Kriege, auf das er nicht sterbe und ein anderer genieße seines Weinbergs". Im 6. und 7. Jh. v. u. Z. wurde im antiken Griechenland die mutwillige Zerstörung von Weinbergen mit dem Tode bestraft. Der legendäre König Pompilius erließ eine W. zum Rebschnitt. In der Zeit des römischen Kaisers Antoninus Pius (86–161 u. Z.) und seiner Nachfolger (Kaiser der Antonine 138–192) wurden W. zum Schutz der Weinreben im Norden des heutigen Bulgariens erlassen. 91 u. Z. dagegen hatte Domitian zur Förderung des Getreidebaus den gallischen und germanischen Weinbau verboten (↑ Geschichte des Weins). Die Loi Gombette, ein Gesetz vom Burgunderkönig Gundobad 502 u.Z. in Genf erlassen, enthält Regelungen zum Weinbau,

zu Schäden im Weinberg, zu Erbteilungen u. a.
In der Capitulare de villis (812) Karls des Großen finden sich detaillierte Anweisungen, wie Reben anzupflanzen und Sorgfalt und Reinlichkeit zu erzielen sind (z. B. das Verbot, Wein mit bloßen Füßen zu treten und stattdessen die Anweisung, die Trauben zu pressen).
Eine fränkische Urkunde von 1400 schreibt vor, was zu welcher Zeit im Weinberg zu tun ist (z. B. „... nach St. Jörgen soll ich Mist zu den Stöcken machen, jährlich je in einem Acker Weingartens VIII Fuder guten Mistes ...").
1578 legte eine Weinmeisterordnung des Kurfürsten von Brandenburg (!) die anzubauenden Rebsorten fest. Karl IV. ordnete Enteignung von für Rebbau geeigneten Flächen an, wenn sie vom Besitzer nicht als solche genutzt wurden. Schon im 18. Jh. erließen die Landesfürsten erste Anordnungen zum ↑ Rebschutz (z. B. Absammeln vor allem des Rebstichlers). Arsenhaltige Pflanzenschutzmittel wurden in Deutschland ab 1942 gesetzlich verboten und Klärschlamm mit hohem Schwermetallanteil durfte nicht mehr zur Düngung eingesetzt werden. ↑ Herbstordnung und Rebschutz schreiben heute bestimmte Arbeiten zu festgesetzten Terminen vor.
In jüngerer Zeit kam es in einigen Ländern aus Gründen der Marktregelung und um die Güte bestimmter Weine gegen Massenträger behaupten zu können, zu Rebanbaubegrenzungen bzw. zum Festlegen territorial begrenzt anzupflanzender Rebsorten. Die meisten weinanbauenden Länder erlassen heute Gesetze als W., die fordern, daß Neu- und Wiederbepflanzungen durch behördliche Sachverständige nach Boden-Klima-Bedingungen, geeigneten, in Sortenlisten anerkannten Rebsorten und nach den Marktverhältnissen zu prüfen und zu genehmigen sind, damit nur qualitätsgerechte und wirtschaftlich absetzbare Weine produziert werden.
Nach der EG-Weinmarktordnung (1970) können und wurden für Länder, die mehr als 5000 hl Wein jährlich erzeugen, zeitlich befristete und sachlich begrenzte Anbaustopps ausgesprochen. Außerdem werden Prämien gezahlt für Rodungen und auch für Neubepflanzungen mit qualitätsgerechten Sorten.
In der DDR werden durch verschiedene Rechtsvorschriften, unter anderem auch durch das Landeskulturgesetz, zugelassene Sorten, zu erhaltende Anbaugebiete u. a. geregelt. Die planmäßige Wirtschaftsführung sieht eine Erweiterung der Anbauflächen vor. (3)

Weinansprache ↑ Fachausdrücke der Weinansprache

Weinarchiv ↑ Archiv

Weinarten: in den einzelnen Ländern meist voneinander abweichende Einteilung der Weine nach verschiedenen Kriterien, z. B. der Grundfarbe der Rebsorten, aus denen die Moste stammen und den damit verbundenen Basistechnologien. Allgemein unterscheidet man ↑ Rotwein, ↑ Weißwein, ↑ Roséwein und ↑ Rotling. Eine weitergehende Gliederung der W. umfaßt ↑ Perlwein, ↑ Likörwein und ↑ Schaumwein. Zusätzliche Gliederungen sind z. B. Naturlikör- bzw. -dessertweine wie Murfatlari und ↑ Tokajerweine oder auch ↑ Wermut oder ↑ Kräuterweine. (3)

Weinauktion: öffentliche Versteigerungen von einzelnen Flaschen, Kisten oder Chargen sehr wertvoller Weine an den Meistbietenden. Die W. kann auch als schriftliches Fernbieten nach einem vorher versandten Angebotskatalog und nach den verschiedensten Regeln ablaufen. Vor der W. werden die einzelnen Posten geschätzt oder die Preislimite (Taxpreise) von den Verkäufern vorgegeben. Auf W. ist wichtig zu wissen, aus welchen Kellern (besonders letzte Lagerstätte) die Weine stammen. (3)

Weinausstellungen. In fast allen Weinbauländern, aber auch in Anbaugebieten und teilweise auch in den großen Weinkellereien, besonders in den sozialistischen Ländern, werden Muster der erzeugten Weine als Kollektion der Produktion zur Schau gestellt. In der UdSSR z. B. befindet sich solch eine Muster-W. meist auf der Volkswirtschaftsausstellung in Moskau. Oft werden auf W. auch Produktionsverfahren dargestellt und Erfahrungen ausgetauscht. Darüberhinaus gibt es Verkaufs-W. auf ↑ Weinmessen. (3)

Weinbauer ↑ Winzer

Weinbaugebiet, *Weinbauregion:* zusammenhängendes Territorium mit relativ gleichartigen natürlichen Standortbedingungen (Klima und Boden) für den Weinanbau. Je vielfältiger die Standortbedingungen eines weinanbauenden Landes sind, desto zweckmäßiger ist eine Einteilung in W., um aus der Herkunft auf die Merkmale der Weine schließen zu können. In der BRD werden z. B. die 11 W. weiter in Bereiche und diese in verschiedene Großlagen mit Einzellagen untergliedert. In Österreich werden vier Weinbauregionen in 13 W. und diese in Großlagen eingeteilt. Außerdem werden Gemeinden (Gemeindeteile) und Riede (Weinbaufluren in Gemeinden) als Gliederung genutzt. Sie ergeben sich aus natürlichen (Höhenzüge, Berge, Täler) und künstlichen Grenzen. Je weiter die Untergliederung reicht, um so gleichartiger werden Boden- und Kleinklimaverhältnisse und dementsprechend auch die Geschmacksarten der Weine. Andererseits werden Weine aus gleichen Rebsorten in unterschiedlichen W. und Lagen anders geartet sein. Mit wachsender Vielfalt der Standortbedingungen wird es deshalb auch für den Weinkenner immer schwieriger, die zunehmende Mannigfaltigkeit der typischen Merkmale der Weine zu erfassen, zu bestimmen und zu beschreiben. Außerdem erschwert der fast jährlich unterschiedliche Witterungsverlauf die Orientierung. (3)

Weinbauzonen: 1. allgemeine Bezeichnung für eine Zusammenfassung von Weinbaugebieten.
2. in der EG vorwiegend nach dem ↑ Klima getroffene Zuordnung der Anbaugebiete mit dem Zweck, für jede W. vereinheitlichte gesetzliche Rechtsvorschriften zu schaffen:
A: BRD (außer Baden), Belgien, Luxemburg, Niederlande und England;
B: Baden in der BRD, Elsaß, Lothringen, Champagne, Jura, Savoyen und Loire-Tal in Frankreich;
C: Ia: Bordeaux, Burgund, Rhône-Tal und an der Loire in Frankreich;
C Ib: Aostatal, Veltlin und Südtirol in Italien;
C II: Südfrankreich bis auf einige Enklaven an der Mittelmeerküste, nördlichere Qualitätsweingebiete Italiens wie Piemont, Veneto und Toskana;
C III a: südlichste Mittelmeerküstenenklaven Frankreichs und Korsika, Basilicata, Apulien, Sardinien und Sizilien in Italien sowie Nordgriechenland;
C III b: Südgriechenland. (3)

Weinbeere ↑ Beere

Weinbeißer: scherzhafte Bezeichnung für einen herausragenden Weinkenner. (3)

Weinbereitung ↑ Technologie der Weinbereitung

Weinberg, *Weingarten, Hauergarten, Rebgarten:* eine in der Regel zusammenhängende landwirtschaftliche Nutzfläche, die mit Reben bepflanzt ist, gleich ob sie an einem Berg liegt oder nicht. (3)

Weinbergaufseher, *Schützen, Bannhüter:* Personen, die die fast reifen Weintrauben vor Vögeln, Wild und wildernden Menschen schützen. So sieht man in Moldawien oft Hochsitze, auf denen mit Schrotflinten bewaffnete Wächter den Wein hüten. (3)

Weinbergfest ↑ Winzerfest

Weinbergrecht: der Teil der ↑ Weingesetzgebung, der sich speziell auf die Weinberge (↑ Weinanbauregelungen, Erwerb und Schutz der Berge u. a.) bezieht. (3)

Weinbergrolle: in der BRD amtliches Dokument, in das alle offiziell bestätigten Einzel- und Großlagen nach Bundesländern, Anbaugebieten und Bereichen geordnet eingetragen werden. ↑ bA (3)

Weinbeutel ↑ Weinschläuche

Weinbewertungsschemata: quantitative Bewertungsrahmen zur Beurteilung einzelner Komponenten der Weine und ihrer Gesamteindrücke im Ergebnis einer ↑ Degustation. W. gibt es in größerer Anzahl und mit öfter sich ändernden Bewertungsrahmen. Lange Zeit herrschte (hier und dort mit geringen Abweichungen) ein auch heute noch öfter praktizierter, international weitestgehend anerkannter Rahmen mit 20 Maximalpunkten vor (Tab. 1). Gegenwärtig tauchen neben vielen gebietsspezifischen immer neue W. auf, die sich um generelle Anerkennung bemühen. Seit 1. Januar 1984 wird in der BRD nach einem ↑ Fünf-Punkte-Prüfverfahren vorgegangen. In der DDR gilt die TGL 29868 zusammen mit der Vorschrift des Amtes für Standardisierung, Meßwesen

Tab. 1 Vereinfachtes internationales 20-Punkte-Weinbewertungsschema

Bewertung	Aussehen	Geruch	Geschmack
nicht entsprechend	0–1	0–1	0– 9
entsprechend gut	1–2	1–2	9–10
entsprechend sehr gut	2–3	2–3	10–11
entsprechend	3–4	3–4	11–12
mögliche Punkte	4	4	12

Tab. 2 Weinbewertung nach Punkten

Bezeichnung	Punktzahl
Farbe	
Weißwein	
blaß	0
hochfarbig	0
hellgelb-grünlich	1
typisch	2
Rotwein	
hellrot	0
braunrot	0
rubinrot	1
typisch (dunkelrot)	2
Mindestpunktzahl für Handelsfähigkeit	1
Klarheit	
blind/stumpf	0
blank	1
glanzhell, kristallklar	2
Mindestpunktzahl für Handelsfähigkeit	1
Geruch	
fehlerhaft, fremd	0
ausdruckslos	2
reintönig, wenig fruchtig	2
duftig, blumig, typisch	3
vollduftig-blumig, feinaromatisch, würzig	4
Mindestpunktzahl für Handelsfähigkeit	2
Geschmack	
fehlerhaft	0
fehlerfrei, sauber	1–3
harmonisch, weinig, aber kurz	4–6
ausgereift, vollmundig, gutharmonisch	7–9
edel, füllig, harmonisch, große Eleganz bzw. füllig, wuchtig	10–12
Mindestpunktzahl für Handelsfähigkeit	6
mögliche Punktzahl insgesamt	20
Mindestpunktzahl für Handelsfähigkeit insgesamt	10

und Warenprüfung ASMW-VM 1149 mit jeweils 0 bis 5 möglichen Punkten für Farbe, Klarheit, Geruch und Geschmack. Die von den Degustatoren vorgegebenen Punkte werden je Merkmalsgruppe addiert, durch die Anzahl der Prüfer geteilt und diese Mittelwerte werden für Farbe und Klarheit mit 0,4, für Geruch mit 1,2 und für Geschmack mit 2,0 gewichtet. Die Gesamtpunktzahl des Weins ergibt sich aus der Summe der gewichteten Mittelwerte. Dabei müssen für die Handelsfähigkeit mindestens 7,2 gewichtete Gesamtpunkte und bei jedem Merkmal mindestens ein ungewichteter Punkt erreicht werden. Verschiedene Punkte-W. auch für Frucht-, Schaum- und Kräuterweine nutzen ↑ Fachausdrücke der Weinansprache als detaillierte Beurteilungskriterien (Tab. 2).

In der Praxis sind W. sehr problematisch, weil sie für kellertechnische Maßnahmen zu starr und zu wenig brauchbar für die Ansprache sind. Hier sind die Fachausdrücke der Weinansprache zu ihrer Beurteilung zweckmäßiger. (3)

Weinbibliothek ↑ Archiv

Weinbörse: zentraler Markt für den Verkauf von Weinen unter kapitalistischen Produktionsverhältnissen. Die W. wird oft als ↑ Weinauktion ausgerichtet. (3)

Weinbrand: alkoholisches Getränk, dessen Alkoholgehalt ausschließlich aus Wein erzeugt wird und meist 32–45 Vol.-% beträgt. Die Herstellungsverfahren variieren in den verschiedenen Ländern und Regionen, besonders auch nach der Art der Weine und ihrer Destillation, den Zusätzen sowie der Art und Zeitdauer der Lagerung. In der DDR ist nach TGL neben dem Weindestillat der Zusatz von Zucker bzw. Zuckercouleur insoweit erlaubt, als der Gesamtextraktgehalt bei 20 °C nicht mehr als 20 g/l beträgt. An Auszügen und Likörweinen dürfen dem W. nicht mehr als 1 l/100 l zugesetzt werden. W. kann auch mit Filtrations- und Schönungsmittel sowie Sauerstoff versetzt werden.

Eine Unsitte ist, W. aus im Kühlschrank bzw. in Kühltruhen gelagerten Flaschen auszuschenken. Ein hochwertiger W. entfaltet sein Bukett und seinen Geschmack meist erst bei Zimmertemperatur. ↑ Cognac, ↑ Trinkbranntwein (3)

Weinbrandverschnitt: alkoholisches Getränk, das neben Weindestillat (↑ Weinbrand) auch anderen Alkohol (Prima- oder filtrierten Sprit) enthält. Beim W. nach TGL der DDR muß das Weindestillat mindestens 10 Vol.-% und beim W.-Spezial mindestens 20 Vol.-% des Gesamtethanols ausmachen. (3)

Weinbruderschaften, *Weingesellschaften:* Vereinigung von Freunden des Weins aus allen Berufen, besonders von Winzern u. a. Weinfachleuten. W. entstanden meist in bestimmten Herkunftsgebieten, sind aber in der Regel offen für alle Landesteile und auch für Ausländer. Sie sind keinesfalls ↑ Trinkgesellschaften wie im Mittelalter. W. setzen sich in erster Linie für die Güte und den guten Ruf ihrer Weine, das traditionelle Brauchtum, das Verständnis für den Wein und seine Geschichte, die Kultur beim Trinken und die Beziehungen der Kunst zum Wein ein.

Die W. unserer Zeit haben ihren Ursprung in Frankreich, das heute um 50 solcher Gesellschaften [franz. Confréries Vineuses] zählt. In insgesamt 15 Ländern, z. B. in Belgien, der BRD, der Schweiz, in Italien, Luxemburg, Österreich, Ungarn, den USA, entstanden W. Sie haben sich lose im Internationalen Verband der Bacchus-Weinorden (F.I.C.B.), der ordentliche Jahresversammlungen durchführt, zusammengeschlossen. W. sind fast immer an ein Statut, meist mit einem speziellen Ordenszeremoniell, gebunden. Mit dem feierlichen Eid der Aufnahmezeremonie verpflichten sich die Mitglieder, ihrem

Anbaugebiet verbunden zu bleiben, die Traditionen zu wahren, die Qualität ihrer Weine zu erhalten und zu verbessern, seinen Absatz zu fördern und ihn selbst immer zu lieben.
Oft tragen die Mitglieder der W. besondere Trachten und geben sich einen speziellen Namen wie die Gentilhommes de Fronsac (Edelleute von Fronsac) oder der Weinfreundeorden Pax Corporis von Vaskut in Ungarn. Manche extravagante W. halten Versammlungen mit glanzvollen Gastmählern ab, auf denen die Eleganz und Vorzüglichkeit der Weine, Speisen und Garderoben miteinander wetteifern. Vielfach knüpfen die W. an alte Traditionen an. Zu der weltberühmten burgundischen W. Confrérie des Chevaliers du tastevin de Bourgogne (Ritter der Feinschmekker) gehören fast 10000 Mitglieder aus der ganzen Welt. Die W. hat ihren Sitz in den Gebäuden des Clos de Vougeot, einer Weinberglage, die seit 1098 bis zur französischen Revolution den Mönchen von Cîteaux gehörte. Sie feiert das St.-Vincenz-Fest jedes Jahr in einer anderen Rebbaugemeinde. Bei Zusammenkünften sind Essen und Trinken häufig mit humorvollen Umzügen und Theaterspektakeln sowie wortgewandten Lobgesängen auf ihren Wein verbunden. Auch ernsthafte Weinbergbegehungen sowie Weinverkostungen mit Vergabe von Prämien an verdienstvolle Winzer und Spitzenweine finden statt.
Verschiedentlich arbeiten die regionalen Gesellschaften in Landesvereinigungen zusammen (z. B. Schweizerische Vereinigung der Weinfreunde). In der DDR haben sich Freunde des Weins in Arbeitsgemeinschaften des Kulturbundes der DDR zusammengefunden. (3)
Daneben wirken Vereinigungen, die sich spezielle Aufgaben in bezug auf den Wein stellen, wie die Gesellschaft für Geschichte des Weines e. V. in der BRD, die durch die Erforschung der Geschichte des Weins das historische Bewußtsein vertiefen will und neben Forschungsergebnissen auch eine Bibliographie zur Geschichte des Weins veröffentlicht sowie Literatur, Münzen, Medaillen, Etiketten, Weinkarten, Briefmarken, Exlibris und überhaupt Arbeiten der bildenden Kunst zum Wein sammelt.

Weincocktail ↑ weinhaltige Getränke

Weindestillat ↑ Weinbrand, ↑ Weinbrandverschnitt

Weinen ↑ Bluten

Weinfehler: durch chemisch-physikalische Veränderungen eingetretene, unerwünschte Erscheinungen, die dem Aussehen, dem Geruch und Geschmack abträglich sind. Man unterscheidet Trübungen, ↑ Bodensatz, Farb-, Geruchs- und Geschmacksfehler. Metalle (Eisen, Kupfer, Zink, Zinn) können weißen und schwarzen ↑ Bruch (Schwarzwerden) bewirken. Bei Metallgehalten von über 4 mg/l wird eine Schönung mit Kaliumhexacyanoferrat (II) (↑ Blauschönung) als vorbeugende kellertechnische Maßnahme vorgenommen. Eiweißverbindungen verursachen *Weintrübungen* in Form thermolabiler Eiweiße. Trübungen entstehen auch durch Reaktion mit ↑ Gerbstoffen und Schwermetallen zu ausfallenden Komplexverbindungen. Solche Trübungen werden durch eine Bentonit- oder Blauschönung bzw. eine thermische Weinbehandlung vermieden oder beseitigt. Kristalltrübungen entstehen durch Bildung von Kaliumhydrogentartrat (↑ Weinstein), Calciumtartrat (Weinsaures Calcium) und Calciummucat (Schleimsaures Calcium) in Folge von Temperaturschwankungen u. a. Faktoren (Ethanolgehalt, *p*H-Wert, Mineralstoffgehalt). Vorbeugend kann eine Regulierung des Weinsäuregehaltes (↑ Entsäuern), eine Kaltbehandlung des

Weins oder die Zugabe von Stoffen sein, die Weinsäureausscheidungen verhindern oder stark verzögern (Metaweinsäure, in Erprobung Carboxymethylcellulose, CMC).
Kristallausfällungen beeinträchtigen in den meisten Fällen nicht die Weinqualität und werden vom weinkundigen Verbraucher als Zeichen einer weiteren Weinentwicklung auf der Flasche gewertet. Bei verstärkter Kristallausfällung kann es jedoch durch *p*H-Änderung zu nachfolgenden Trübungen (z. B. Eiweiße) kommen. Ursache von Trübungen kann auch die falsche Behandlung von Naturkorken vor dem Verschließen der Flasche sein.
Zu den *Farbfehlern* bei Weinen zählt das ↑ Braunwerden, das manchmal durch eine Hefe- oder Aktivkohleschönung beseitigt werden kann. Wird ein Wein an der Luft oder nach Verschnitt mit einem anderen Wein nach kurzer Zeit bläulich, so liegt eine Überschönung durch Kaliumhexacyanoferrat vor.
Zu den *Geruchs-* und *Geschmacksfehlern* zählt der ↑ Böckser, wobei es Hefeböckser (zerfallende Hefe und Schwefelwasserstoffbildung; ↑ Abstich) und Faulböckser gibt.
Der Fehler wird durch Mostklärung, ordnungsgemäßes Einschwefeln und Hefeabstich zur rechten Zeit verhindert und durch ↑ Belüften, Hefe- oder Aktivkohleschönung beseitigt oder stark zurückgedrängt. Bei der Weinlagerung unter Luft und nicht genügender Schwefelung kann es zum Luftgeschmack und in der Steigerung zum Mäuseln kommen. Dabei werden die Geruchs- und Geschmackstoffe oxidiert und anfänglich schale Weine werden später widrig stechend und riechen nach Mäuseharn (Mäuseln). (2)

Weinfest ↑ Winzerfest
Weingalerie ↑ Archiv
Weingarten ↑ Weinberg
Weingelage ↑ Symposium
Weingesellschaften ↑ Weinbruderschaften

Weingesetzgebung: Verordnungen und Gesetze (↑ Weinbauregelungen) zum Weinbau, seiner Erzeugung, dem Handel und Konsum. Solange Schriftliches zum Wein überliefert ist, sind auch entsprechende offizielle Regelungen bekannt. Sie bezogen sich auf seine Verfälschung, den Handel und Ausschank, den Schutz der Weinberge, aber auch auf ihre Vernichtung und Neuanlage. Später gab es Gesetze über Produktionsverfahren, den ↑ Rebschutz, die Sicherung der Güte und ihre Kontrolle sowie zu Marktregelungen. Immer dann, wenn der Wein zu einer ertragreichen Einnahmequelle wurde, nahmen Regelungen zu Steuern, Zöllen, Preisen und ↑ Panschen großen Raum ein.
So wird z. B. im 2. Jh. v. u. Z. in der römischen Lex Aquilia (§ 13) der Verkauf von mit Wasser versetztem Wein schwer geahndet. Gleichfalls im alten Rom und besonders im Mittelalter häuften sich Verbote gegen Konservierung und „Verbesserung" der Weine mit Bleiacetat, dem sog. Bleizucker ($Pb(CH_3COO)_2$), während man zur Schwefelung geteilter Meinung war und zulässige (z. B. Eier) von unzulässigen Schönungsmitteln (Spießglas, Alaun, Speck, Senf, Kalk u. a.) schied. Im 15. Jh. wurden durch die Ordnung und Satzung über den Wein (1409) und ihre Erneuerung (1495 und 1498) allgemeine Grundlagen auch für deutsche Landesverordnungen gegeben. Im 18. Jh. waren auch Apotheker und Ärzte angewiesen, sowohl den Bezug verdächtiger Stoffe anzuzeigen, als auch Weine auf Bleiacetat zu untersuchen. Bücher mit Rezepten für „verbottene Weinkünste" wurden öffentlich verbrannt. So gibt z. B. „Der verbesserte öconomische Tausendkünstler" (Ulm 1767) Rezepte, wie „Geringe Weine gut und stark zu ma-

chen, trübe und übelfarbige Weine zu läutern, abgestandene Weine wiederum zurecht zu bringen ..." sind, um sie „desto besser und teurer an den Mann zu bringen ...".
Gegen Ende des 19. Jh. wurde die Naßzuckerung verboten und um den Begriff Verfälschung gerungen. 1892, 1901 und 1902 ging es mit ausgefeilteren Verordnungen um erste definitive Begriffsbestimmungen, erlaubte Stoffzusätze, Herkunftsregelungen und Kontrollrechte. In den 20er und 30er Jahren sind mit Lebensmittelgesetzen und Durchführungsbestimmungen zum Weingesetz weitere Regelungen, insbesondere zur kellerwirtschaftlichen Behandlung und zu Zollschutzmaßnahmen sowie schärfere Strafbestimmungen, erlassen worden.
Nach 1945 erließen beide deutsche Staaten neue Verordnungen, auch gegen Fälschungen. In der DDR wird heute mit der TGL im Rahmen der Lebensmittelgesetzgebung gearbeitet.
Mit und neben den Weinfälschungen befaßte sich die W. von jeher auch mit der Kennzeichnung der ↑ Güte des Weins. So heißt es schon in ägyptischen Steuerlisten zu gesiegelten Weinen „Jahr 9 des Königs Thutmosis, Qualität 4 mal gut, syrischer Rebstock aus dem Weingut des Tempels des Amenophis in Theben". Im Mittelalter mußten Weinschenken schwören, daß ihre Weine echt seien und keinerlei Zusätze enthielten (Ulm 1487). Die erste amtliche Regelung in Deutschland scheint das Preußische Edikt wider das Wein- und Bierfälschen (1. Januar 1722) zu sein. Es wandte sich unter anderem gegen die täuschende Verwendung von Gebiets- und Landesbezeichnungen.
Zu Beginn des 19. Jh. empfahlen Behörden die Qualitätsweinerzeugung (württembergischer Ministerialerlaß vom 19. September 1807) im Zusammenhang mit der Durchführung von Spätlesen, Auslesen und zum ↑ Entrappen. 1855 wurde in Frankreich eine erste Klassifizierung (offiziell aber noch nicht mit Gesetzescharakter) für Bordeaux erlassen, die noch im 19. Jh. Gesetzeskraft erhielt.
In der DDR werden die zu erreichende Güte des Weins und die Gehalte an Säure, Zucker, Alkohol und auch Kohlendioxid für die verschiedenen Typen des Inland- und Importweins in den Fachbereichstandards und weiteren Rechtsvorschriften geregelt und amtlich kontrolliert.
1970 wurde die EG-Weinmarktordnung erlassen. So entsprechen die Qualitätsweine bestimmter Anbaugebiete den Bezeichnungen DO/C (Italien), MN (Luxemburg), QbA (BRD) und VDQS (Frankreich). Alle diese Weine können die EG-Länder z. B. mit Zucker in gesetzlich festgelegter Menge anreichern (Kristallzucker in Most vor der Gärung). Die vor diesen Regelungen in den weinanbauenden Ländern erlassenen Landesgesetze wurden dieser Weinmarktordnung angepaßt. In der BRD wurde die amtliche Qualitätsprüfung 1971 eingeführt. Die W. bezieht sich heute auf die Erzeugung von Weintrauben (als Ausgangsstoffe), die Verfahren der Weinproduktion, die zugesetzten Stoffe, die Qualitätsbestimmungen, die Bezeichnung der Weine und die Überwachung bis zum Verbraucher.
Von jeher richteten sich Verordnungen zum Wein auch gegen übermäßiges Trinken. Sie reichten von der Beschränkung bis zum Verbot des Weingenusses und der Bestrafung für Trunksucht. Selbst die Vernichtung der Rebanlagen wurde verfügt. König Hammurapi (1728–1686 v. u. Z. in Babylon) verbot z. B. während der Erntezeit das Trinken alkoholischer Getränke. Auch im alten Ägypten kam es zu Trinkverboten. Im frühen Rom war zeitweise den Frauen

ganz und den Männern bis zum 35. Lebensjahr das Weintrinken verboten.
Der Koran wurde als weltliches Gesetzbuch mit seinem Weinverbot unterschiedlich interpretiert; in der Praxis wurde jedenfalls getrunken. Ein totales Verbot gibt es heute in Saudi-Arabien, Kuweit und Libyen.
In neuerer Zeit kam es in einigen Ländern zur absoluten Prohibition bzw. zur Beschränkung des Alkoholverkaufs auf festgelegte Zeiten. Zuwiderhandlungen werden allgemein mit Berufsverbot und Geldstrafen geahndet. In der UdSSR wurde 1985 ein Beschluß über Maßnahmen zur Überwindung der Trunksucht und des Alkoholismus gefaßt. (3)

Weingrünmachen: Auslaugen der im Wein löslichen Gerb- und Farbstoffe aus dem Eichenholz neuer Fässer, damit der Wein nicht den Eichenholzgeschmack (↑ Holzgeschmack) annimmt und faßblank wird. Der Prozeß des W. zieht sich über Monate hin und umfaßt das Belegen des Fasses mit Laugen- und Säurelösungen, welches von Wässern und Dämpfen unterbrochen wird. Ehe man ein behandeltes Faß mit besseren Weinen belegt, werden Heferückstände und kleine, geringe Weine aufgefüllt. (2)

Weingut: wirtschaftliche Organisationsform der Weinproduktion, die zusammenhängende oder nicht zusammenhängende Rebflächen mit oder ohne Kellerwirtschaft umfaßt. Der Name des W. darf auf dem Flaschenetikett erscheinen und ist ein Hinweis darauf, daß der Wein aus den eigenen Weinbergen des Abfüllers stammt. (3)

Weingutbesitzer: Besitzer von Parzellen in einer oder mehreren verschiedenen ↑ Lagen. W. haben in deutschsprachigen ↑ Weinbaugebieten insofern Bedeutung, als oft vom Namen des Besitzers auf die Qualität der Weine geschlossen werden kann. Auf den Etiketten können deshalb sowohl der Ort der Abfüllung als auch der Name des W. erscheinen. (3)

weinhaltige Erfrischungsgetränke: alkoholhaltige Erfrischungsgetränke, deren qualitätsbestimmende Anteile Traubenwein und Kohlendioxid sind (TGL 83-6.7). W. E. werden aus weißen oder roten Traubenweinen mit einem Mindestalkoholgehalt von 10 Vol.-% unter Zusatz von Trinkwasser und 6,38 kg Zucker/hl und Imprägnierung mit Kohlendioxid hergestellt. Der Weinanteil muß 20% betragen. Der Alkoholgehalt des Fertigerzeugnisses muß mindestens 2,0 Vol.-% und darf höchstens 2,5 Vol.-% betragen. Hergestellt werden die Sorten Vipa (mit 20% Weißwein) und Virola (mit 20% Rotwein). Wegen des Alkoholgehalts dürfen w. E. von Kraftfahrern vor Fahrtantritt nicht getrunken werden. (2)

weinhaltige Erzeugnisse: unter Verwendung von Traubenwein, Wermutgrundwein, Likörwein, Perlwein oder Sekt – auch in Vermischung miteinander – und Destillaten, Auszügen, Säften, Konzentraten oder Likören aus verschiedenen Pflanzen oder Pflanzenteilen sowie von rektiviziertem Ethanol (Alkohol) und Saccharose (Zucker) hergestellte alkoholische Getränke. (TGL 37810/01). Der Alkoholgehalt von w. E. liegt im Bereich von 9,0–18,0 Vol.-%. Die Fertigerzeugnisse müssen den jeweiligen Rezepturen des Preiskarteiblattes entsprechen. Zu den w. E. gehören die ↑ weinhaltigen Getränke und die ↑ Wermutweine. (2)

weinhaltige Getränke: weinhaltige Erzeugnisse, deren Weinanteil mindestens 50% betragen muß (TGL 37810/02). Eine Imprägnierung mit Kohlendioxid ist zulässig, muß aber auf dem Etikett angegeben werden. W. G. werden auf dem Etikett als Weinhaltiges Getränk, Weinhaltiger Aperitif oder Weincocktail ausgewiesen. Beträgt der Weinanteil über 70%, so dürfen die Benennungen ↑ Aromatisierter Wein bzw. ↑ Kräuterwein gebraucht werden. Ein bekannter Weincocktail ist der Naumburger Ratssiegel. (3)

Weinhaltiger Aperitif ↑ weinhaltige Getränke

Weinheber: Weinbehälter meist aus Glas mit Metallgestell zum Rotweinausschenken (Abb.). Zum Weinausschenken ist am unteren Teil des W. ein Hahn bzw. Ventil zu betätigen. W. werden auch zum Umfüllen von Faß zu Faß, oder vom Faß in die Kanne sowie als ↑ Probenheber genutzt. (3)

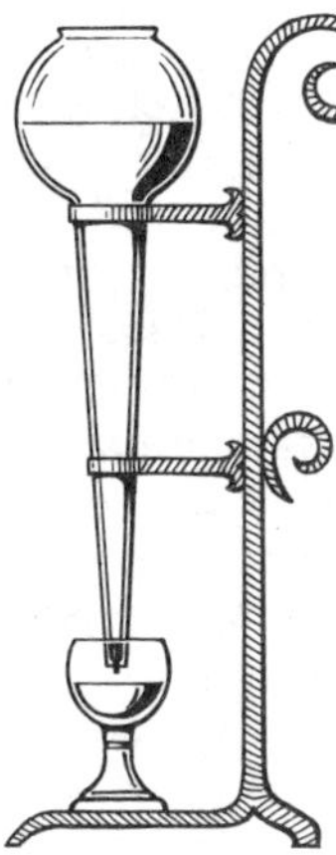

Weinheber

Weinheilige ↑ Schutzpatrone des Weins und der Winzer

Weinkabinett ↑ Archiv

Weinkarte: Angebotsübersicht zu Weinen in Gaststätten und ↑ Weinschenken, um mit entsprechenden Angaben dem Gast die Auswahl zu ermöglichen. Die älteste Form der W., ein schon in sehr früher Zeit vor oder in der Weinschenke aufgehängtes Täfelchen, findet sich vereinzelt noch heute in italienischen Gaststätten. In Ungarn wurde früher das Anzapfen neuer Fässer auch mit Bezeichnung des Weins durch ein Aushängeschild angezeigt. Teilweise kündeten auch Turmwächter neu angezapfte Weine an. Durch ↑ Ausstecken gibt man mancherorts auch heute noch bekannt, welche Weine ausgeschenkt werden (↑ Heuriger).

W. sollen handlich und entsprechend dem Milieu der Gaststätte, aber immer auch künstlerisch ansprechend gestaltet sein. Werden die Weine in einer allgemeinen Getränkekarte aufgeführt, ist folgende Reihenfolge einzuhalten: Aperitifs, Biere, Weine, Schaumweine, Mischgetränke und alkoholfreie Getränke.

Die W. oder der Weinabschnitt einer Getränkekarte benötigt eine bestimmte Ordnung: Es muß nach offenen Schoppen- und Flaschenweinen, Rot-, Weiß-, Landes- und ausländischen Weinen untergliedert werden. Auch Unterteilungen nach Jahrgängen werden bei gleichzeitiger Charakterisierung ihrer Merkmale praktiziert. Jeder Wein ist entsprechend den Angaben auf seinem Flaschenetikett (Herkunft, Merkmale) mit Preis (in Verbindung zur Menge) in der W. aufzuführen. Dazu muß auf der W. vermerkt sein, ob und wann besondere Zuschläge zum Preis erhoben werden.

Schenkt die Gaststätte speziell Weine eines Anbaugebietes aus, ist eine kurze Charakterisierung besonders angebracht, wie beispielsweise für das Elbtal auf der W. von Lehmanns Seußlitzer Weinstuben. Handelt es sich um eine historisch, baukünstlerisch oder überhaupt vom Ruf her bedeutende Gaststätte, sind Angaben zur Geschichte, zu berühmten Gästen u. a. aufschlußreich. Aber auch Ratschläge zum ↑ Genuß beim Weintrinken, wie sie z. B. auf der W. der Gaststätte Vincenz Richter in Meißen zu finden sind, oder Sprüche zum Wein sind üblich.

W. werden in der Regel als Faltblätter gestaltet, wobei die Formenvielfalt sehr groß ist. Es gibt W. in Trauben-, Flaschen-, Krug-, Faß-, Landkarten- und auch in Form alter Aushängeschilder.

Auch W. als Steckalben mit Trinksprüchen in den freibleibenden Anzeigen sind eine ansprechende Lösung.
Reproduktionen alter Holzschnitte, Kupferstiche, Darstellungen der Gaststätte, aber auch Originallithographien sowie Arbeiten zeitgenössischer bildender Künstler, wie die von L. Sell gestaltete W. vom Meißner Weinkeller in Dresden, machen W. zu eigenständigen Kunstwerken, die man gern als Erinnerung an einen schönen Abend erwirbt. Künstlerisch hervorragend gestaltete Speise- und W., teilweise mit Originalgrafiken, wurden einmalig für Gastmahle, Bankette, Festessen, Empfänge, Familien- und Hochzeitstafeln geschaffen. (3)

Weinkeller: 1. Produktions- und Lagerstätten für Wein, die meist unterirdisch angelegt werden, weil sie das ganze Jahr über Temperaturen etwas über 10 °C, gleichbleibend höhere Luftfeuchtigkeit, Dunkelheit und Erschütterungsfreiheit garantieren. Zur Durchlüftung werden meist senkrechte Abzüge zur Oberfläche gehauen.
Schon aus dem frühen Altertum ist die Lagerung von Wein in W. überliefert. In Mykene (Peloponnes) fand man einen W., in dem 6000 l Wein lagern konnten und am Vesuv wurde ein W. ausgegraben, der 84000 l fassen konnte. Im alten Rom müssen riesige Kellereien bestanden haben. Hortensius (1.Jh. v.u.Z.) sprach von 10000 Krügen Wein zu je 25 l in seinen Kellern. Je weiter nördlich gelegen, um so wichtiger waren unterirdische W. Besonders in Kalk-, Mergel- und vulkanisches Tuffgestein wurden nicht nur kleine Winzerkeller, sondern auch weitläufige Kellersysteme gehauen, die gleichzeitig Baumaterial lieferten und Schutz vor Überfällen boten. W. dieser Art sind nicht nur einfach Lagerräume, sondern bestimmen durch ihr Kellerklima und eine entsprechende Mikroflora die Güte des Weins entscheidend mit, wie die Keller von Eger und ↑ Tokaj-Hegyalja. Gerade in Ungarn finden sich auch in Budapest, Pécs, Szekszárd und Szentendre kilometerlange, weitverzweigte Kellersysteme, die heute noch genutzt bzw. wieder rekonstruiert werden. Aber auch Speyer, Wien u. a. Städte besitzen solche unterirdischen W.
In Rumänien, in der Slowakei und in Ungarn trifft man heute noch auf viele private kleine W. ausgangs des Dorfes, bzw. direkt im Rebland oft verbunden mit dem Preßhaus, die einen Hauch Romantik ausströmen, besonders im Herbst, wenn die Luft vom gärenden Wein geschwängert ist. Mancher Winzer hat den eigenen Keller auch im Wohngehöft (↑ Hausweinkeller).
In Süd- und Südosteuropa, im östlichen Mittelmeerraum und in Transkaukasien werden auch schon seit alters her die W. oberirdisch oder nur halb in die Erde eingelassen gebaut. Auch heute, z. B. im spanischen ↑ Jerez und in Portugal, reifen die Weine in diesen oberirdischen Lagerhäusern. Die moderne isolierende Bauweise ermöglicht es, solche oberirdischen W. auch im Norden Europas zu bauen. So verfügt unter anderem das VEG Weinbau Naumburg, Sitz Bad Kösen, neben einem traditionellen Faßkeller über einen solchen, allen Ansprüchen genügenden oberirdischen W.
2. spezielle Bezeichnung für ein Weinrestaurant, das aber nicht in unterirdischen Kellerräumen untergebracht sein muß. ↑ Weinschenke (3)

Weinkellner(in), *Flaschenbewahrer, Mundschenk, Schenk(e), Weinschenk(e):* männliche oder weibliche Person, die den Wein ausschenkt. Heute vorwiegend Bezeichnung für Bedienungspersonal in traditionellen Weinstuben, -kellern, -restaurants und Weinschenken wie der ungarischen Csárda.

In der Antike und im Mittelalter war der Stand des Schenken etwas verrufen. An den Fürstenhöfen des Mittelalters dagegen wurde das Amt des obersten Mundschenk, eine hohe Stellung, nur an Adlige vergeben, die oft zugleich Räte und Kanzler der Fürsten wurden.

W. sollen Mittler zwischen dem Wein, seinem Produzenten und dem Gast sein. In kultivierten Gaststätten schaffen sie eine Atmosphäre, die den Weingenuß hebt und beraten den Gast über den zu wählenden Wein. Außerdem sollten sie Goethes Worte beherzigen: „Setze mir nicht, du Grobian, / den Krug so derb vor die Nase! / Wer mir den Wein bringt, / sehe mich freundlich an, / sonst trübt sich Eifer im Glase." (3)

Weinklassifizierung ↑ Qualitätsstufen beim Wein

Weinkollektion ↑ Archiv

Weinkonsum: Pro-Kopf-Verbrauch von Wein einschließlich Schaumwein als Getränk gemessen in Liter. Daneben wird Wein zu Most, Kompott, Früchtebrot, ↑ Trinkbranntwein, ↑ Weinbrand und Essig verarbeitet sowie in geringen Mengen für die Speisenzubereitung genutzt. Der W. war und ist von Land zu Land und auch zu verschiedenen Zeiten sehr unterschiedlich. So spielte im Zweistromland von Euphrat und Tigris neben dem Wein schon immer das Bier als Getränk eine große Rolle und in Ägypten wie auch später bei den Germanen scheint der Wein nur das Alltagsgetränk der Herrschenden gewesen zu sein. Dagegen war im antiken Griechenland und bei den romanischen Völkern der Wein, meist mit Wasser vermischt, das Hauptgetränk zu den Mahlzeiten.

Im Mittelalter erreichte der W. auch im mitteleuropäischen Raum eine hohe Blüte, er soll in Deutschland 150 l je Kopf und Jahr betragen haben. Die Gründe für den starken Rückgang des W. im Spätmittelalter waren sicherlich vielfältig. Auf alle Fälle verlor der Wein in Deutschland seine Bedeutung als Nationalgetränk. Mit dem Dreißigjährigen Krieg, der frühbürgerlichen Revolution und wirtschaftlichen Veränderungen einschließlich verbesserten Transport- und Handelsbedingungen wurde der Weinbau besonders aus dem Norden verdrängt. Damit änderten sich auch die Trinkgewohnheiten. Schon im 15. Jh. setzte die Branntweinherstellung

Weinkonsum pro Kopf der Bevölkerung in Litern für ausgewählte Länder

Land	1952/53	1979	1985
Portugal	99,0	75,0	87,0
Italien	95,0	90,0	81,6
Frankreich	131,0	92,0	80,0
Argentinien	—	77,0	60,1
Luxemburg	27,0	39,0	57,3
Spanien	66,0 (1964)	65,0	48,0
Schweiz	—	45,5	47,9
Chile	—	46,0	40,0
Griechenland	44,0 (1955)	40,5	37,3
Österreich	—	35,5	34,3
Rumänien	—	35,0	28,0
Jugoslawien	—	26,0	26,5
BRD	8,0	24,0	25,6
Ungarn	—	34,0	24,8
Bulgarien	—	22,0	22,5
Australien	—	16,0	21,3
Dänemark	—	13,5	20,7
Belgien	5,0	20,0	19,7
ČSSR	—	15,5	15,0
Niederlande	0,8	—	14,8
Neuseeland	—	11,0	14,5
UdSSR	—	14,0	13,0
Zypern	—	9,0	12,0
DDR	—	9,0	10,3
Kanada	—	8,0	9,7
Großbritannien	0,7	4,0	9,5
USA	—	7,5	9,1
Polen	—	9,0	6,0
Finnland	—	8,0	4,5
Norwegen	—	3,5	4,4
Brasilien	—	2,5	2,5
Algerien	—	1,5	1,2
Japan	—	0,5	0,5
Türkei	—	0,6	0,4

ein. Im 17.Jh. wurde das Bier billiger als der Wein. Tee, Kaffee, Milch und alkoholfreie Getränke begannen sich durchzusetzen. Die Gewohnheit, Wein zu den Mahlzeiten zu trinken, hielt sich meist nur noch in den Weinanbaugebieten. Wein wurde in Deutschland mehr und mehr ein Genußmittel für besondere Anlässe. Um 1900 lag der Pro-Kopf-Verbrauch schließlich unter 5 l.

In den Hauptweinbauländern (Italien, Frankreich, Portugal und Spanien) aber auch in den Weinbaugebieten aller Länder wird generell mehr Wein (70–100 l/Kopf) getrunken als in den nicht Weinbau betreibenden Ländern (3–15 l/Kopf; Tab.). In Frankreich und Spanien betrug Anfang der 80er Jahre der W. 90% des Verbrauchs aller EG-Länder. Im Norden der BRD wurden 1976 nur 17 l, in Württemberg dagegen 43 l für den Hausverbrauch gekauft. Im Durchschnitt wird etwa ein Drittel des Weins in Gaststätten getrunken.

In der BRD, DDR, in Luxemburg, Belgien, Dänemark, Großbritannien, den Niederlanden, in Japan und den USA stehen Bier und Spirituosen vor Mineralwasser, alkoholfreien Erfrischungsgetränken sowie Milch und diese vor Wein an der Spitze des Getränkekonsums. Besonders im Norden Europas und auch in der DDR werden – speziell auf dem Lande – neben Bier (141 l) vorwiegend hochprozentige Alkohole (1987 in der DDR je Kopf 15,9 l Spirituosen) getrunken.

Generell und tendenziell zeichnet sich in Ländern mit bisher niedrigem W. ein langsamer Anstieg und in Ländern mit bisher hohem Pro-Kopf-Verbrauch ein Rückgang ab (↑ Tab.). So nimmt im EG-Bereich der W. um etwa 0,6% ab, während die Produktion jährlich um 1% steigt. In der BRD trinken etwa 70–75% der Erwachsenen Wein, aber nur 10–15% davon regelmäßig. Die regelmäßigen Weintrinker finden sich vorwiegend in Weinbaugebieten. Besonders auffällig ist der wachsende Schaumweinkonsum (1985 etwa 4,2 l je Kopf). Schwankungen und Entwicklungen des W. hängen meist von der Einkommensentwicklung, den Verkaufspreisen für Wein und dessen Substitution sowie den Preisen weiterer Konsumgüter ab. Gute Ernten und ↑ Weinskandale vermindern den W. Beispielsweise sank der Pro-Kopf-Verbrauch in der BRD 1985 zu 1986 um über 2 l. Aber auch traditionelle Gewohnheiten des W., insbesondere persönliche Bindungen zum Wein und die Beeinflussung der Trinkgewohnheiten durch werbende Reklame auch für andere Getränke sowie Antialkoholkampagnen regulieren den W. Speziell der Tourismus in Weinbauländer fördert den W. maßgeblich.

Die Trinkgewohnheiten im Sinne abnehmenden W. ändern sich auch durch die Urbanisierung, die Abnahme körperlicher Arbeiten und das wachsende Angebot einer immer vielfältigeren Palette anderer Getränke sowie die sinkende Qualität der Weine. Nicht zuletzt hat in vielen Ländern das weitgehend manipulierte Freizeit- und Konsumdenken einen großen Einfluß auf den W.

In der DDR ist der Wein weder Durstlöscher noch täglicher Begleiter der Mahlzeiten, sondern vornehmlich ein Genußmittel, das aus besonderen Anlässen, wie Feiertagen, Empfängen, Ehrungen, zu anspruchsvollen Essen in Restaurants, aber auch in gemütlicher Runde und zu feucht-fröhlichen Veranstaltungen getrunken wird. Der Pro-Kopf-Verbrauch an Wein und Sekt stieg von 1,7 l (1955) und 5,2 l (1971) auf 11,7 l (1987). Die DDR deckt 98% des W. durch Importe von etwa 1 Mill. hl jährlich vor allem aus Bulgarien, Ungarn und Rumänien, aber auch aus der UdSSR und ČSSR. Weitere Weine bezieht die DDR aus Österreich, Alge-

rien, der BRD, Frankreich, aus Jugoslawien, Spanien, Portugal, Italien u. a. Länder.
Getrunken wird vor allem ein leichter, anregender, mehr entspannender und weniger beschwerender Weißwein mit spürbarem Geschmackserlebnis (fruchtigem Duft und pikantem Aroma) mehr lieblicher Art und nur leichter spritziger Säure. Aber der Anteil der Weinkenner, die trockene und halbtrockene Weine mit nachhaltigem Körper bevorzugen, nimmt zu. Elbtal- sowie Saale/Unstrut-Weine guter Jahrgänge gehören bei Weinkennern zu den gefragtesten Weinen in der DDR.
Bei Rotweinen tendiert der Geschmack zu den samtigen, nicht so stark gerbstoff- und alkoholreichen wuchtigen, sondern mehr restsüßen Weinen, wenn auch diese Tendenz nicht allzustark betont ist. So wurde einer der gefragtesten Rotweine der bulgarische Rosenthaler Kardarka. Aber auch die Weine der Sophia-Serie werden gern getrunken. Auch die Jugend wendet sich mehr dem Wein zu. Besonders beliebt sind die etwas billigeren Obstweine in verschiedenen Geschmacksrichtungen geworden. Unkenntnis und davon abhängig Unsicherheit im Umgang mit dem Wein beeinflussen den W. in der DDR bedeutend, besonders wenn das Angebot sehr vielfältig ist. Verkäuferschulungen, ein entsprechend kontinuierliches Sortimentsangebot, die richtige ↑ Lagerung der Weine beim Handel und Verbraucher sowie die fachmännische Unterrichtung der Verbraucher, insbesondere auch zu ↑ Gesundheit und Wein, könnten kulturvolleren W. bewirken und den höheren Pro-Kopf-Verbrauch an hochprozentigen Alkoholen zurückdrängen. (3)

Weinkostglas ↑ Probeglas

Weinkrankheiten: durch die Tätigkeit von Bakterien oder Hefen verursachte Beeinträchtigung von Aussehen, Geruch und Geschmack des Weins. Beim *Milchsäurestich* werden durch die den biologischen Säureabbau verursachenden Bakterien aus Kohlehydraten (↑ Fruchtzucker und ↑ Traubenzucker) Milchsäure, Essigsäure und der Alkohol Mannit erzeugt, die dem Wein einen kratzenden, süßsauren Geschmack verleihen. Die Milchsäure kann auch bis zum Diacetyl abgebaut werden; der Wein hat dann einen molkeartigen Geruch. Eine sorgfältige Gärführung und -überwachung, besonders bei den gefährdeten säure- und alkoholarmen Weinen, beugt größerem Schaden vor. Infizierte Weine können durch Umgärung oder Verschnitt behandelt werden.
Fließt ein Wein beim Ausschenken lautlos und fadenförmig dickflüssig ins Glas und wird Kohlendioxid frei, spricht man von *zähgewordenem Wein.* Ursache ist die Tätigkeit schleimbildender Bakterien speziell bei säurearmen Weinen, die noch dazu nicht ausreichend geschwefelt wurden. Behandelt werden derart infizierte Weine durch Ablassen über eine Brause (Zerreißen des Schleimes), Einschwefeln und sorgfältiges Filtrieren.
Gerbstoffreiche Rotweine können *bitter werden,* wenn Bakterien vorhandenes Glycerol zu Acrolein abbauen, das mit Gerbstoffen reagiert und bitterschmekkende Stoffe hervorbringt. Bei schwach befallenen Weinen kann durch Schönung Abhilfe geschaffen werden, stark bittere Weine sind verdorben.
Ein *Kahmigwerden* von Wein wird durch Kahmhefen verursacht, die auf der Weinoberfläche einen weißlichen Rasen bilden. Da die Kahmhefen Sauerstoff benötigen, werden vorwiegend nicht spundvoll gelagerte Weine mit einem niedrigen Gehalt an Alkohol und Schwefliger Säure befallen. Kahmige Weine sind auch immer essigstichgefährdet. Geschmacklich leiden befallene Weine durch absinkende Kahm-

teile, die zu Trübungen führen. Verhindert wird die W. durch ständige Kontrolle des Schwefelhaushaltes. Eine schwache Kahmdecke kann durch Beifüllen aus dem Spundloch herausgeschwemmt werden, sicherer ist jedoch eine Sterilfiltration mit anschließender Kontrolle des Gehaltes an Schwefliger Säure.

Eine *Hefetrübung* wird durch Vermehrung von Hefen im Gebinde oder auf der Flasche verursacht. Es werden vornehmlich restsüße Weine betroffen. Erkannt wird die W. an der Entwicklung von Kohlendioxid, der starken Eintrübung und dem geringen Gehalt an freier Schwefliger Säure (unter 10 mg/l). Sie ist zu beheben durch Aufziehen der Flaschen, das Abwarten bzw. Beenden der Nachgärung und die sterile Filtration bei Nachstellen des Schwefelhaushaltes. Eine Hefetrübung kann zu erheblichen Behandlungsschwierigkeiten führen, da durch die Nachgärung zusätzlich Acetaldehyd gebildet wird, der große Mengen freier Schwefliger Säure abbindet. Nicht selten werden dann Mengen an Schwefliger Säure gebraucht, die den Wein über die zulässigen Grenzwerte belasten und Verschnitte mit anderen Weinen nach sich ziehen. ↑ Essigstich (2)

Weinkultur bei Tisch: verfeinerter Genuß von ↑ Speisen und Wein sowie die Art und Weise des Bereitstellens und ↑ Einschenkens von Wein. Bei einem etwas anspruchsvollen gehobenen Essen muß insgesamt mit einer halben bis ganzen Flasche je Person gerechnet werden. Die Anzahl der zu servierenden Weinsorten hängt in erster Linie von der Anzahl der Gänge ab. Bei einem festlichen Mahl sollten aber kaum mehr als drei bis vier Weine getrunken werden. Die ↑ Gläser, in der Regel nicht mehr als drei, sind entsprechend den Weinsorten zu wählen und stehen rechts oberhalb des Gedecks in der Reihenfolge ihres Gebrauchs. Das Glas für den Digestif wird mit dem Dessert serviert. Ein einzelnes Glas steht rechts über der Spitze zwischen großem Messer und großem Tellerrand. Das Ein- und Nachschenken erfolgt immer von der rechten Seite des Gastes her; die Gläser werden nur etwas über die Hälfte (Weißwein ⅔, Rotwein ½) gefüllt. Vor dem ersten Trinken wartet man die Aufforderung des Gastgebers ab und reinigt vor jedem erneuten Trinken die Lippen mit der Serviette. Sollte jemand aus irgendeinem Grund nicht trinken können, gibt er dies dem Gastgeber möglichst vorher zu erkennen. Auch aus diesem Grund ist es zweckmäßig, wenn neben den Weingläsern immer auch ein Glas für alkoholfreie Getränke mit eingedeckt wird. Die Gläser werden beim Trinken immer am Stiel angefaßt. ↑ Genuß beim Weintrinken (3)

Weinlaube: eine besondere, uralte Form von ↑ Weinspalier. In vielen Gräbern der ägyptischen Pharaonen und ihrer Würdenträger wird schon Mitte des 3. Jahrtausends v. u. Z. die enge Verbindung von Haus, Garten und W. dargestellt. Auch griechische Vasenmalerei aus dem 6. Jh. v. u. Z. und Holzschnitte des Mittelalters stellen W. und Laubengänge dar.

Die W. als freies Spalier, ↑ Pergola, Pergel oder Pataune genannt, ist heute noch besonders in Südtirol und Portugal zu finden. Auch in den Weinbergen um Radebeul bei Dresden in der DDR wird diese Form des Weinspaliers heute noch genutzt. In südlichen Weinbaugebieten, vor allem in Bulgarien, dienen W. besonders am Wohnhaus nicht nur zur Tafeltraubenerzeugung, sondern auch als Schattenspender. (3)

Weinlese ↑ Lese

Weinmarkt: Zirkulationssphäre des Weins mit allen Preisbildungen, Verkaufs- und Kaufakten sowie den unterschiedlichen ↑ Vertriebsformen. In den sozialistischen Ländern sind sowohl die nationalen Binnenmärkte als auch der Export und Import weitgehend geplant. Aufgrund der großen jährlichen Ertragsschwankungen, besonders in den nördlichen Anbaugebieten (bis zu 1000%) sowie der zeitweisen Vernichtung enormer Rebflächen durch Winterfröste (unter −20 °C) schwankt das Angebot erheblich bei meist konstanten, geplanten Verbraucherpreisen. Außerdem hängt das Angebot von Importweinen zwischen den sozialistischen Ländern vom Stand der jeweiligen Außenhandelsbilanzen und Exportmöglichkeiten in das nichtsozialistische Wirtschaftsgebiet (NSW) ab. Der Import von, aber auch der Export nach Ländern des NSW wird gleichfalls von den Handelsbilanzen und wechselnden Preisen der Weine in diesem Bereich bestimmt. In allen Ländern werden sowohl Erzeuger und Händler durch entsprechende Verordnungen (↑ Weingesetzgebung) gegen unlauteren Wettbewerb auf dem Markt als auch die Verbraucher gegen irreführende Bezeichnungen und mangelhafte Qualität geschützt.

Im NSW wird die Ausdehnung des Marktes vor allem durch die begrenzte Zahlungsfähigkeit der breiten Masse der Konsumenten reguliert. Die Überproduktion an Wein aus dieser Sicht ruft einen harten Konkurrenzkampf mit intensivem Marketing hervor.

Die oft weder voraussehbare noch für den Verbraucher durchschaubare ↑ Preisbildung ist sowohl Ergebnis als auch Regulator des W. Mitte der 80er Jahre haben ↑ Weinskandale den W. erheblich beeinflußt. Österreichische und italienische Weine verloren an Boden, französische Weine gewannen Marktanteile. (3)

Weinmesse, *Weinwoche:* zentrale Verkaufsangebote von Weinen, auf denen meist kleine Posten sofort gekauft werden können. ↑ Verkostungen gehören zu den W., die auch dazu genutzt werden, neue Weine aus bisher nicht bekannten Weinbaugebieten und Ländern anzubieten. (3)

Weinmotive. Der Rebstock, die Arbeiten im Weinberg und die dazu benötigten Geräte bis hin zur Weinkelterung sowie Mythologie und Trinksitten boten den Menschen von jeher beliebte Motive für alle Gattungen der bildenden Kunst und des Kunsthandwerks (↑ Kunst und Wein). Sie werden auch in unserer Zeit z.T. in künstlerisch hervorragender Weise dargestellt und z.B. auf Briefmarken oder Exlibris weit verbreitet.

Die älteste *Briefmarke mit einem W.* ist wahrscheinlich eine französische Ceres-Ausgabe von 1849/50, auf der die Fruchtbarkeitsgöttin eine Weintraube im Haar trägt. 1851 kam dann im da-

Ex libris von F. Deák

Ex libris von P. Upitis

maligen Königreich Württemberg eine Freimarkenserie heraus, die mit Rebranken geschmückt war. Das Spektrum der Motive reicht heute von der Mythologie und der Geschichte des Weins, der Weinlandschaft mit ihren Weinschenken und -bauten, dem Rebstock und der Traube, dem Weinbau und der -herstellung, den Weingerätschaften, Riesenfässern und Trinkgefäßen sowie den Weingelagen bis hin

Ex libris nach A. Dürer

zum Wein in der Heraldik und in der Kunst (↑ Tafel 6). Die Vielfalt der Motive ist für viele Philatelisten Anreiz, Briefmarken mit W. zu sammeln.

W. auf Exlibis spiegeln in besonderem Maße den stilistischen Reichtum der künstlerischen Ideen und Techniken wider (Abb.). Zu der über 4000 Grafiken umfassenden Sammlung von N. Lippoczy, dem Budapester Landwirtschaftsmuseum gestiftet, gehören auch die ersten handgemalten Exlibis aus dem 15. Jh. Albrecht Dürer und Lucas Cranach stellten Traube und Rebstock vorwiegend als Holzschnitt und Kupferstich dar. Von Dürer stammt auch das Exlibris für seinen Freund Pirckheimer, den großen bürgerlichen Humanisten und Büchersammler und Namenspatron der Gesellschaft der Bücher- und Grafikfreunde im Kulturbund der DDR. Im Barock und insbesondere im galanten Rokoko findet die amouröse Mythologie mit Bacchus, aber auch die idyllische Weinlandschaft zunehmend Eingang in die Gestaltung von Exlibris. Mit dem allmählichen Rückgang des Weins als Hauptgetränk verliert auch das W. seine überragende Bedeutung. Erst Ende des 19. Jh. tritt Weinornamentik wieder in der Heraldik auf. Die Jugendstilepoche brachte das W. besonders im Thema Wein und Weib zur Entfaltung. Mit den wachsenden technischen Möglichkeiten der Gestaltung und Vervielfältigung entstanden Luxus- und Sammelexlibris, zunehmend auch von bekannten Künstlern wie F. v. Bayros, G. Farago, M. Fingsten, K. Michel, F. Schwimmbeck, R. Schott u. a. geschaffen. Sie haben allerdings weitgehend ihre eigentliche Funktion als Bucheignerzeichen verloren und sind zum Sammel- und Tauschobjekt kunstliebender Weinfreunde geworden. (3)

Weinmuseum: 1. in einigen Ländern, z. B. Ungarn, Begriff für eine Sammlung hochwertiger Weine. ↑ Archiv

Ex libris von W. Richter

2. staatliche oder regionale Dauerausstellung von Sammlungen über den Wein, seine Geschichte, Anbau, Verarbeitung und Lagerung sowie das gesamte Umfeld des Weins. Einige Weinmuseen besitzen Spezialsammlungen z. B. von Trinkgefäßen, Faßböden oder Keltern. Weinmuseen werden aber auch gekoppelt mit Verkaufsräumen von Weinhandlungen, z. B. das Musée des vieux outils vignerons an der Straße nach Avignon.
In der DDR sind Weinmuseen in der Stadt Radebeul (Museum Berg- und Lusthaus Hoflößnitz) sowie im Schloß Neuenburg bei Freyburg (Unstrut) eingerichtet. In allen weinanbauenden sozialistischen Ländern können Weinmuseen besichtigt werden. Die bekanntesten sind in Preslaw (Bulgarien), in Bratislava (ČSSR), in Murfatlar (Rumänien) und in Ungarn im Landwirtschaftsmuseum Budapest und speziell für den Tokajer in Tokaj. In der BRD befinden sich Weinmuseen unter anderem in Meersburg (Bodensee), Rüdesheim (Rhein) und besonders zur Geschichte des Weins im Historischen Museum der Pfalz in Speyer. England hat in Bristol ein W., Italien in Pessione (Turin) sowie in Schloß Ringberg am Kalterer See und Spanien in Vila Franca del Panadès. Eine große Anzahl von Weinmuseen finden sich in Frankreich, allein vier davon in der Gironde und in Épernay ein W. für Champagner. In Ehnen (Luxemburg) befindet sich in einem älteren Winzerhaus ein W., das die Arbeitsgänge beim Weinbau, bei der Weinbereitung, einen Musterweinberg, eine Küferei, ein Eichamt und eine Schmiede sowie Historisches zum Wein vorstellt. (3)

Weinprobe ↑ Weinverkostung

Weinpunschextrakt: flüssiger, konzentrierter Auszug aus Fruchtsäften und Aromen, der mit Wein (in der DDR nach TGL wenigstens 20 l auf 100 l Fertigerzeugnis) und Alkohol auf insgesamt etwa 40 Vol.-%, Ethanolgehalt aufgefüllt wird. ↑ Punsch (3)

Weinrebe ↑ Rebstock

Weinrecht ↑Weingesetzgebung

Weinrestaurant ↑ Weinschenke

Weinrichter: Kontrolleur für die angegebene Güte der Weine. Im 17. bis 19. Jh. war es z. T. üblich, z. B. in Ungarn, laut Verordnung (↑ Ausschankrechte) die Weine vom W. prüfen zu lassen. ↑ Weinüberwachung (3)

Weinsammlung ↑ Archiv

Weinsäure, *Dihydroxybernsteinsäure:* eine der beiden wertbestimmenden Säuren, die im Wein in der Größenordnung von 2–12 g/l vorkommen (↑ Äpfelsäure). Ausgereifte und spätreife Trauben enthalten mehr W. als Äpfelsäure. Eine Verminderung des Gehaltes an W. ist nur auf chemischem Wege möglich

(↑ Entsäuern). Ursache ist die Löslichkeit von W. in Abhängigkeit vom Alkoholgehalt und von der Temperatur. Als Folge der Verminderung von W. entsteht ↑ Weinstein. Er wird vom Weinkenner nicht abgelehnt, auch wenn die Kristalle noch auf der Flasche ausfallen. (2)

Weinschenke: verschiedenartige Räumlichkeiten und Gebäude mit wechselnder Ausstattung für den Ausschank von Wein, teils verbunden mit Beköstigung, Beherbergung, öffentlicher Lustbarkeit und allgemeinem Warenverkauf. Dementsprechend gibt es für W. bzw. ihr ähnliche Einrichtungen eine Fülle von Bezeichnungen, z. B. Weinkeller, -kneipe, -krug, -lokal und -stube, Einkehr-, Gast-, Probier-, Schank- oder Trinkstube, Gasthaus, -hof und -wirtschaft, Pinte [schweiz.], Schank- oder Schenkwirtschaft, Csárda [ung.], Taverna oder Taberna [ital.], Vinárna [tschech.], Vinnapivnica [slow.].

In der Urgemeinschaft wurden Getränke, Kost und Herberge ausschließlich als Zeichen der Gastfreundschaft gewährt. Erst sehr viel später wurde es üblich, daß z. B. Stationen an Reisewegen neben dem Pferdewechsel, der Unterkunft und Beköstigung auch Wein gegen Entgelt ausschenkten. Mit zunehmender gesellschaftlicher Arbeitsteilung entwickelte sich auch das öffentliche Schank- und Herbergswesen (↑ Ausschankrechte, ↑ Weinkellner). Über Jahrtausende wurde in W. die weitaus größte Menge des Weins getrunken. Überall, wo man Straßen, Handelsplätze, Kultstätten, Kur- und Badeorte baute, wurden öffentliche gewerbsmäßige W., sog. Einkehrstuben, eröffnet.

Daneben entstanden in allen Städten des Altertums verschiedenartige Einrichtungen, die Wein ausschenkten. In Griechenland z. B. die Oinopolien (Weinhandlungen) und Oinonen (Weinläden). Die Anzahl der W. im antiken Rom muß außerordentlich groß gewesen sein. In Pompeji z. B. fand man auf 700 m Straße zwanzig davon. Demnach wären auf 20000 Einwohner 119 Wirtshäuser gekommen. Die W. des Altertums standen in nicht allzu gutem Ruf. Die Schenkinnen galten als Buhlerinnen.

Im alten Rom scheuten sich die Oberen nicht, selbst W. zu unterhalten und daß sie auch die öffentlichen Tabernen besuchten, ist z. Z. von Kaiser Claudius (10 v. u. Z. – 54 u. Z.) und Nero (37–68 u. Z.) überliefert.

Auch heute noch gibt es in Italien einige dieser alten W. mit ihren rohgezimmerten Bänken und Tischen. Die Osteria, Bottiglierie, die Taberna mit ihren Verkaufsständen oder die schon moderne Trattaria oder gar das Ristorante setzen die alten Traditionen fort, wenn auch vieles vom Tourismus geprägt ist.

In ähnlicher Weise vollzog sich die Entwicklung der W. nördlich der Alpen. Neben der unentgeltlichen Gastfreundschaft entstanden Tabernen. Weltliche und geistliche Feudalherren ließen Wein ausschenken, insbesondere der Klerus richtete Hospize, Stifts- und Domschenken oder -keller ein.

Seit dem 13. Jh., besonders mit der Entwicklung der Städte, entstanden zahlreiche W. und Wirtsstuben, die auch Bier und Met ausschenkten, Speisen verabreichten, Fremde beherbergten und „lichte Fröwlein" zur Hand hatten. Zwischen Feudalherren und Wirten begannen schließlich Auseinandersetzungen über das Ausschankrecht, zu deren Schlichtung man in Köln sogar den Papst einschaltete.

Eine besondere Rolle für den Weinausschank spielten die Ratskeller, die ab dem 13. Jh., zunächst in den Hansestädten entstanden und in denen die Ratsherren als Weinmeister oder Weinherren die Aufsicht über den Ausschank führten. Meist hatten die Rastkeller den Alleinvertrieb und damit die Kontrolle für alle Weine und in den norddeutschen Städten also auch das Monopol auf Rhein- und Moselweine. Sie waren deshalb Umschlagmarkt für Wein schlechthin und standen unter Burgfriedenschutz. Später gelangten die Ratskeller oft in Privathand. Hatten die Städte keine Ratskeller, dann richteten sie meist Herrentrinkstuben unter Aufsicht eines Stubenherren ein – oft der Bürgermeister persönlich –, der einen Wirt bestellte. Neben diesen Trinkstuben für Patrizier wurden zunehmend auch Zunft- oder Trinkstuben der Zünfte gegründet. Hier zechten nicht nur die Zunftmitglieder, es wurden auch Fremde empfangen und Familienfeiern begangen. Auch die Bursen, die Kosthäuser der Studenten, schenkten Wein aus. Daneben betrieben Winkel-, After-, Neben- und Heckenwirte bzw. -zepper ohne Erlaubnis und oft an versteckten, unheimlichen Orten, die auch Treffpunkt der Strauchdiebe waren, den Ausschank.

Im 15. Jh. vollzog sich allmählich der Übergang von einfachen W., den Tabernen, zur Gastwirtschaft. Nach und nach bildeten sich unterschiedliche Klassen von Wirtshäusern heraus. Um den Ruhm der ältesten deutschen Fürstenherberge streiten sich der „Anker", vormals die „Güldene Gans" in Saalfeld mit dem „Riesen" in Miltenberg. Solch eine vornehme Gastwirtschaft besaß auch L. Cranach in Wittenberg.

Im 16. und 17. Jh. hatten besonders die Gasthöfe in England einen guten Ruf und der Weinausschank spielte neben dem von Bier eine bedeutende Rolle. Für den Engländer war wie für den Deutschen „ein Stuhl im Wirtshaus der Thron menschlicher Glückseligkeit". Wahrscheinlich konnte nur hier die klassische Gestalt solch eines Trunkenbolds wie die des John Falstaff geboren werden.

Gegen Ende des 18. Jh., besonders im Gefolge der französischen bürgerlichen Revolution (1789), entwickelten sich vor allem in den großen Städten neben den W. und Gastwirtschaften Restaurants bzw. Hotelrestaurants und im Laufe der Zeit spezielle Weinrestaurants.

Trotz Aufschwung des Gaststättenwesens im 19. Jh. ging der Weinausschank zurück. Ursachen sind neben dem steigenden Bier- und Branntwein-(Kartoffelschnaps)ausschank die enorme Schädigung des Weinbaus durch die Reblaus, der steigende Konsum von Kaffee, Tee, Fruchtsäften und sonstigen alkoholfreien Getränken sowie der im 20. Jh. von Nordamerika überschwappende Barbetrieb.

Heute ist in fast jeder Gaststätte Wein im Angebot. Der eigentliche Weinausschank ist jedoch nur als Eigengewächsausschank in den Anbaugebieten, in Weinschenken auf dem Lande, Weinstuben und Weinhäusern, in Weinkellern, -restaurants, Ratsweinkellern sowie Weinabteilen in Restaurants und Hotels zu genießen. Die Einrichtungen des Weinhandels halten nicht nur wie die renommierten Weinrestaurants an den guten Traditionen des Weinausschanks fest, sondern bemühen sich vielerorts auch um eine höhere Kultur des Weingenusses.

Leider geht die natürliche, ursprüngliche Ausstrahlung der alten W. nach und nach in der dem Tourismus gezollten künstlichen Folklore unter. Nur wenige W. können sich diesem Zug der Zeit entziehen und ihre eigentliche Atmosphäre bewahren. Besonders bemüht sich darum auch die ungarische Heideschenke, die Csárda (überdachter Rastplatz), trotz aller Zugeständnisse, die an den Tourismus zu machen sind. Winzergenossenschaften, Staatsgüter und Weinkombinate Ungarns besitzen heute nicht nur für ihre eigenen Mitglieder W., sondern unterhalten öffentliche Weinkeller, Wirtshäuser sowie die eigene Csárda, in denen sie ihren Wein verbunden mit einem Imbiß in traditioneller Atmosphäre ausschenken. Solche althergebrachten W., in denen man im Sommer im kühlen Schatten eines Gartens sitzt, finden sich auch in Budapest besonders im Stadtteil Óbuda, in Szentendre, Eger, im Tokajergebiet, am Balaton und vielen anderen Orten Ungarns.

Auch in der DDR konnten sich die W. von Vincenz Richter in Meißen und von Lehmanns in Seußlitz direkt im eigenen Weinberg gelegen, solch eine traditionelle Atmosphäre bewahren. ↑ Tafel 10, 13 und 16 (3)

Weinschläuche, *Weinbeutel:* traditionelle Lederbehälter zum Transport und zur Lagerung von Wein. Sie wurden früher aus Tierhäuten hergestellt und vor allem von Reisenden genutzt. Im Altertum bewahrte man meist die billigeren Weine in W. auf. Heute werden W. auch aus Kunststoffen mit Vakuumverschlüssen, allerdings mehr in Beutelform, hergestellt. (3)

Weinschmecker ↑ Degustator

Weinschmieren ↑ Panschen

Weinschränke: Bezeichnung für Flaschengestelle bzw. -regale, in denen die ↑ Lagerung der Weine standfest, bruchsicher, liegend, luftig und bei guter Übersicht (Draufsicht auf die Weine) möglich ist, ohne daß mehrere Flaschen bei der Entnahme bewegt werden müssen. Sie werden sowohl im ↑ Weinkeller zur Lagerung als auch in den Geschäften zur besseren Übersicht und Entnahme genutzt. W. und andere Lagergestelle können aus Metall, Holz, Plaste oder besser noch aus Tonröhren und Ziegeln gemauert sein. Plaste und Ton sind korrosionsbeständig, und wenn sie als Röhren geformt sind, kann der optimale Temperaturbereich besser eingehalten werden (allerdings ist die Draufsicht auf die Weine erschwert). Röhren sollen zur Lüftung immer beidseitig offen sein. Es werden auch Regale als Stapelwände empfohlen, mit ausgesparten Öffnungen, in die nur der Flaschenhals gesteckt wird. Auch übereinander gestapelte kleine Kisten, eventuell ausgekleidet mit gegipsten Jutesäcken, sowie ausgediente Kühlschränke ergeben brauchbare W. ↑ Temperierschränke für Wein (3)

Weinseminar: von verschiedenen Institutionen getragene Einrichtung, die Kenntnisse über die Weinproduktion, Lagerung, Degustation und das genußvolle Weintrinken sowie die Geschichte des Weins vermitteln will. W. werden z.B. von Winzern, Kellereien, Handelsfirmen, Gaststätten und Reisebüros, aber auch von wissenschaftlichen sowie kulturellen Organisationen abgehalten. Das W. ist in der Regel mit ↑ Verkostungen verbunden und kann auch mehrere Tage oder mehrere Kurse umfassen.

Im Kulturbund der DDR führen Interessengemeinschaften „Wein“ Seminare und Exkursionen in diesem Sinne durch. (3)

Weinskandal: in der Öffentlichkeit aufgedecktes betrügerisches ↑ Panschen, bei dem Weine niederer Qualität für höhere ausgegeben bzw. verboten manipuliert werden. W. gibt es, solange Wein angebaut wird. Allerdings sind in den letzten Jahren Getränke als Wein verkauft worden, die ohne jegliche Trauben aus Wasser, diversen Säuren, Aromastoffen, Farben, Zucker, Alkohol und eventuell verschiedenen Früchten gemischt wurden.

In der Regel geht es aber bei W. um Volumenvergrößerung durch Wasserzugabe auch als Naßzuckerung und Säureverdünnung, um unerlaubtes ↑ Verbessern durch überhöhte Zucker-, Diethylenglycol- und Methanolzusätze und auch um Nitratanreicherung über zugesetztes Wasser. Auch verbotene bzw. nicht angegebene Verschnitte und Verkauf von Weinen niederer Qualität unter Etikettierung höherer bzw. ausländischer als Landesweine führten zu W. Besonderes Aufsehen erregten 1958 größere Weinfälschungen, insbesondere bei Spätlesen, und 1967 in Italien Kunstweine, wobei es um Mengen von Hunderttausenden bis Millionen Hektolitern ging. Der Vinegateprozeß in Bordeaux 1974 deckte auf, daß billiger Landwein aus Marseille als Bordeaux Superior – auch durch Verkoster gestützt – verkauft wurde. In den 80er Jahren löste der ehemalige bundesdeutsche Weinbauverbandspräsident einen W. aus. Von 1971 bis 1983 hatte er etwa 100000 l Wein durch Zuckerung zu Beerenauslesen, Auslesen, Spätlesen und Kabinettweinen gesetzwidrig verbessert, mit fingierten Prüfungsnummern versehen und durch eine betrügerische Kellerbuchführung seine Machenschaften verschleiert. Weitere W. waren der 1985 in Österreich aufgedeckte um Diethylenglycol, das zur Fälschung von Prädikatsweinen verwendet worden war, einschließlich verschiedener gesetzwidriger Dokumentenmanipulationen, und der W. 1986 in Italien, wo es um Methanol und auch Kunstwein ging.

Sehr oft geraten nichtbeteiligte Weinproduzenten, Abfüller und der Weinhandel unbewußt in den Strudel der W., wenn es um Verschnitte verschiedener Weine geht, von denen letzlich nur einer gefälscht zu sein braucht. Durch einen W. wurden oft als Ergebnis der angesetzten Tiefenanalysen weitere aufgedeckt.

Hauptleidtragende der W. sind neben den Konsumenten immer, gleich auf welcher Produktionsstufe die Verfälschungen inszeniert wurden, die unbeteiligten Winzer als unmittelbare Rohstoffproduzenten. W. haben meist harte marktwirtschaftliche Interessenkämpfe als Hintergrund. Sie werden oft vorbereitet oder genutzt, um den Markt für den eigenen Wein freizumachen. Dazu werden sogar bewußt nicht nur die Weine des Marktkonkurrenten, sondern auch die Analysenergebnisse gefälscht. Mit Unterstützung der Massenmedien werden toxikologische Wirkungen vorgetäuscht, indem unter anderem noch bestehende Unklarheiten über toxische Konzentrationen gewissenlos ausgenutzt werden. So schwankten beim österreichischen Diethylenglycol-W. die angegebenen, für den Menschen gefährlichen Konzentrationsgrade zwischen 30 und 100 mg/l; andererseits sollten aber erst Mengen von 50–100 mg/kg Körpermasse zu gesundheitlichen Schäden führen, was wahrscheinlich richtig ist, denn der gleichzeitig mit dem Wein aufgenommene Ethylalkohol wirkt als Gegengift. Bei einem Sicherheitsfaktor von 100 wäre dann eine Aufnahme von 0,5–1,0 mg/kg Körpermasse die tägliche Aufnahmegrenze. Obwohl nur etwa 80 Personen in diesen W. verwickelt waren und er keine Opfer forderte, ist er durch pauschale Verdächtigungen der Presse stark aufgebläht worden. Die verantwortungslosen Weinpanscher erhielten hohe Strafen und das österreichische Parlament erließ ein neues Weingesetz mit verschärften Vorschriften.

Die unmittelbaren wirtschaftlichen Folgen zeigten sich nicht nur im Zurückgehen des Konsums österreichischer Weine (im November/Dezember 1985 zwischen 92 und 98% gegenüber den gleichen Monaten 1984), sondern des Weins überhaupt. So sank im August 1985 der Weißweinverkauf in der BRD schlagartig um 44% gegenüber dem gleichen Monat des Vorjahres. Dagegen stieg der Rosé- und Rotweinverbrauch, besonders an französischen

Weinen, steil an. 1985 stieg der Export französischer AOC-Weine um 7,6% gegenüber 1984. Insgesamt verloren die lieblichen Weißweine erhebliche Marktanteile und der Trend ging wieder zu den trockenen und halbtrockenen Weinen bzw. Qualitätsweinen insgesamt. (3)

Weinsorten: die verschiedenen Sorten trinkfertiger ↑ Weinarten, oft auch aus der gleichen Rebsorte. Die fast unüberschaubare Zahl der W. ändert sich ständig. Nur ein Teil, und zwar besonders solche mit traditioneller Qualität, bleibt mit angestammtem Namen und etwa gleicher Geschmacksrichtung und Grundqualität auf dem Markt. Oft ändert sich die Zusammensetzung von Verschnitt-W., indem neue Rebsorten hinzukommen und andere ausscheiden, wie etwa beim Stierblut (Egri Bikavér). Andererseits führen W. völlig gleichen Inhalts verschiedene Namen, wie auch W. gleichen Namens ganz verschiedenen Inhalt verkörpern, wie das z. B. bei der Liebfrauenmilch der Fall ist. Das alles trifft auch für Schaum-W. zu. (3)

Weinspalier: Unterstützungsvorrichtung mit formgeschnittenem Wein meist an der Südseite von Gebäudewänden, aber auch freistehend. Die Spalierfläche erweitert sich, wenn das Gerüst an Wänden – etwa in ausgestreckter Handhöhe – waagerecht zur ↑ Pergola erweitert wird.

Bewährt haben sich folgende W.formen: einfacher senkrechter, ein- und zweiarmiger waagerechter Kordon, auch mit verschiedenen Verzweigungshöhen sowie als H-Form und mehrstufige Fächerspaliere. Das häufig anzutreffende formlose W. erschwert die Übersicht und den ↑ Rebschnitt. Das Spaliergerüst kann aus Holz und verzinktem Draht oder Plaste im Abstand von etwa 15 cm zur Wand mit Mauerhaken befestigt werden. Freistehende W. müssen fest im Boden verankert werden und bei Laubengängen können die waagerechten Holzlatten ebenfalls durch Drähte ersetzt werden.

Die Rebsorten sollten nach Tafel- und Keltertrauben, frühen oder späten, starkem oder schwächerem Wuchs (je nachdem, ob man pergolaartige Spaliere wählen will) und besonders nach ihren Standortansprüchen gewählt werden. Als Tafeltrauben können unter anderem ↑ 'Celine', ↑ 'Früher Malingre', ↑ 'Königliche Magdalenentraube', ↑ 'Königin der Weingärten', ↑ 'Mitschurinski', ↑ 'Perran-Traube' und als Keltertrauben ↑ 'Müller-Thurgau' sowie als Kelter- und Tafeltrauben ↑ 'Blauer Portugieser' und ↑ 'Weißer Gutedel' angebaut werden. (3)

Weinsprache ↑ Fachausdrücke der Weinansprache

Weinstein: saures Kaliumsalz (Kaliumhydrogentartrat) der Weinsäure. Neben W. können sich grießige Kristalle des Calciumsalzes der Schleimsäure als Calciummucat im Wein finden. W. fällt während der Gärung, aber auch durch Erschütterung und Kälte als völlig geruch- und geschmacklose durchsichtig-farblose Kristalle in Flaschen aus bzw. setzt sich am Korken fest. W. beeinträchtigt die Güte der Weine in keiner Weise. Er gilt als „Edelstein" wertvoller Weine und ist bei älteren Weinen meist unvermeidlich. Beim Einschenken ist darauf zu achten, daß der W. in der Flasche zurückbleibt. ↑ Depot (3)

Weinstock ↑ Rebstock

Weintaufe: der erste Genuß von ↑ Jungwein oder ↑ jungem Wein, der vielerorts als Festlichkeit begangen wird. Bei der W. werden die verschiedenen Weine des neuen Jahrgangs auch der breiten Öffentlichkeit vorgestellt. Oft sind damit Auszeichnungen von Weinen und Persönlichkeiten verbunden. So wird in Österreich bei der W. am 11. November, dem Martinitag, an drei Persönlichkeiten, die sich um den Wein

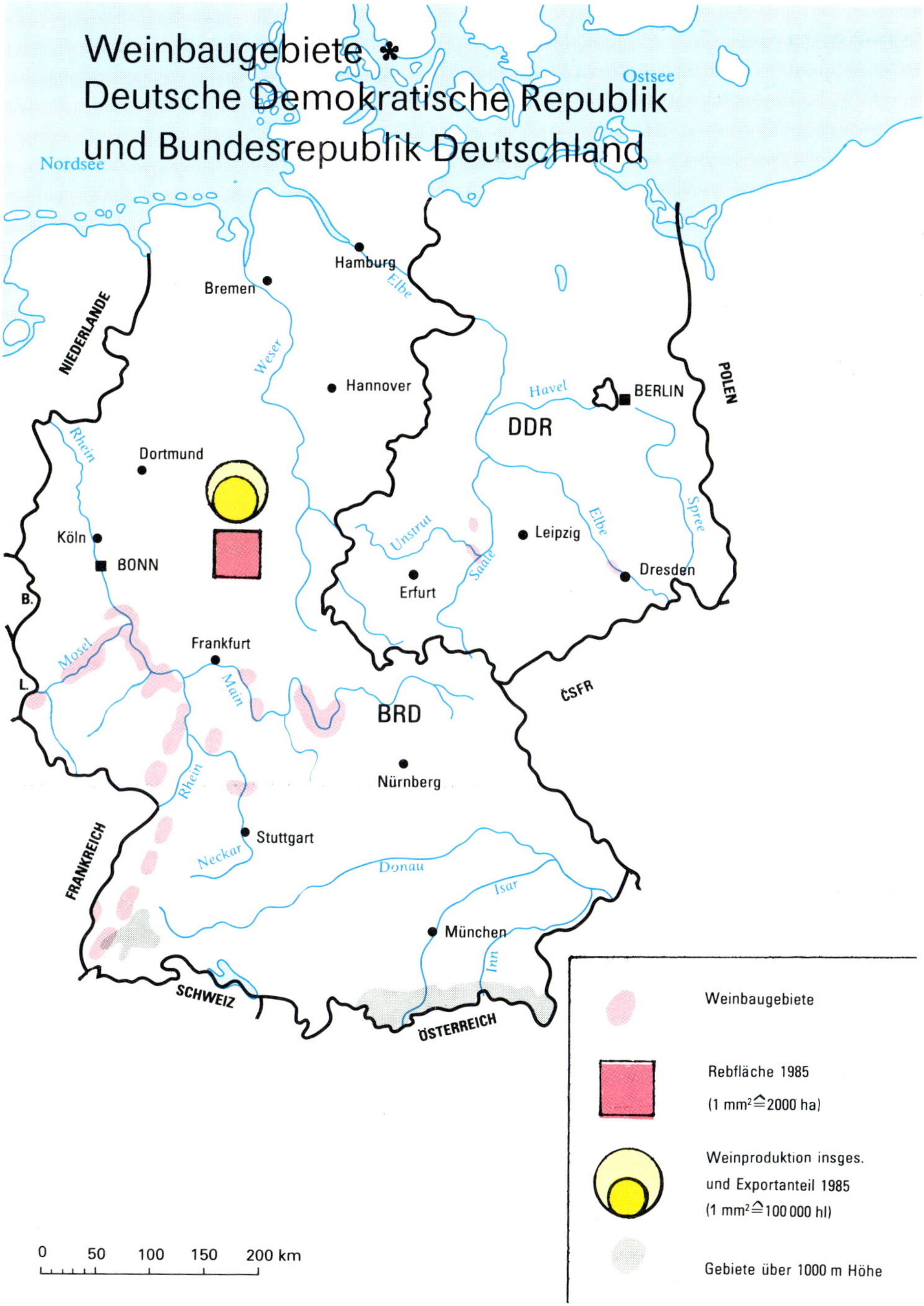
Weinbaugebiete *
Deutsche Demokratische Republik
und Bundesrepublik Deutschland
Nordsee
Ostsee
Hamburg
Bremen
Elbe
Weser
NIEDERLANDE
Hannover
Havel
BERLIN
POLEN
DDR
Rhein
Dortmund
Köln
BONN
B.
Unstrut
Leipzig
Elbe
Spree
Saale
Erfurt
Dresden
Mosel
Frankfurt
Main
L.
ČSFR
BRD
Nürnberg
Rhein
Stuttgart
Neckar
FRANKREICH
Donau
Isar
München
Inn
SCHWEIZ
ÖSTERREICH
Weinbaugebiete
Rebfläche 1985
(1 mm² ≙ 2000 ha)
Weinproduktion insges.
und Exportanteil 1985
(1 mm² ≙ 100 000 hl)
Gebiete über 1000 m Höhe
0
50
100
150
200 km

oben links Weinberg in der Niederlößnitz; Wackerbarts Ruh · *rechts* Tor zum Weinberg „Goldener Wagen" Hoflößnitz bei Dresden · *unten links* Schweigenberg bei Freyburg/Unstrut · *rechts* Weinberge unterhalb der Neuenburg/Unstrut

Talutmauern im Park Sanssouci (Potsdam); *oben* Terrassenanlage · *unten* Feigenbäume (hinter Glas) und Rebstöcke

oben Weinberge an der Mosel · *Mitte* Rebanlage mit Vogelschutznetzen bei Reichenau (Baden) · *unten* Weinberge bei Zettlingen (Mosel-Saar-Ruwer)

oben Weingärten in der Wachau (Österreich) · *Mitte links* Heidelberger Faß · *rechts* Baumkelter am Neusiedlersee (Österreich) · *unten* Kelterhalle im Kloster Eberbach

Weinbaugebiete * Frankreich und Schweiz

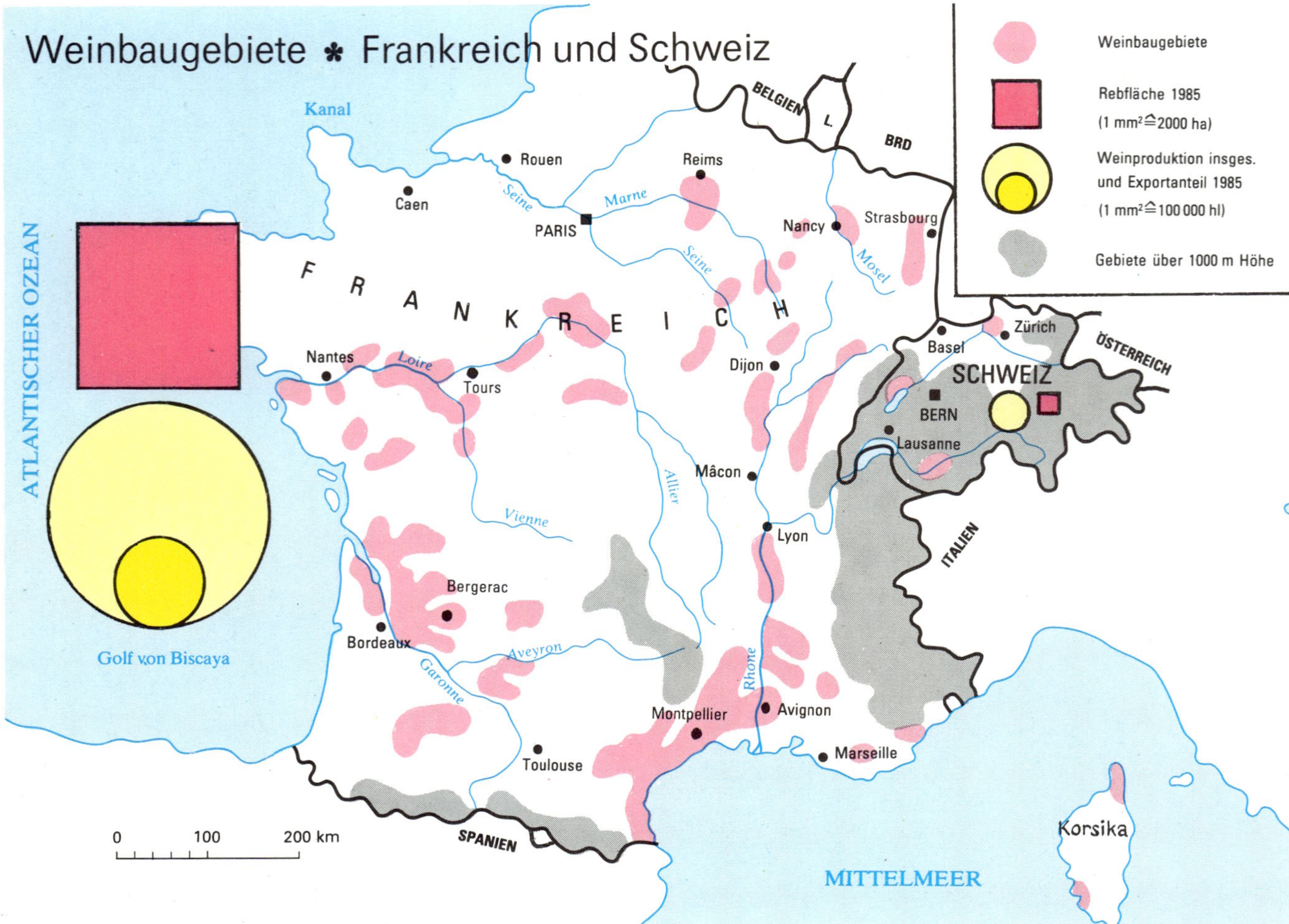

Weinbaugebiete * Spanien, Portugal, Algerien, Tunesien und Marokko

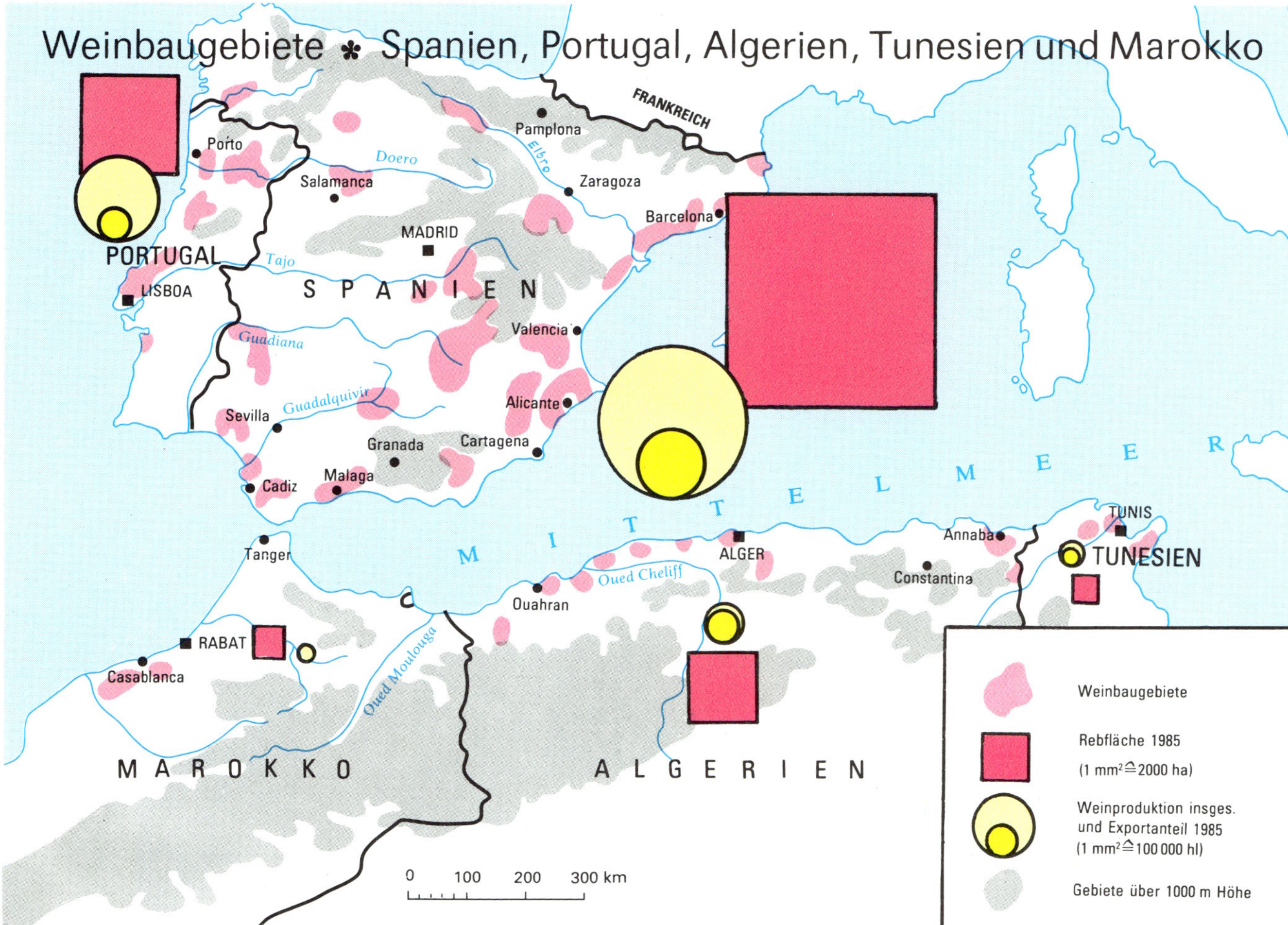

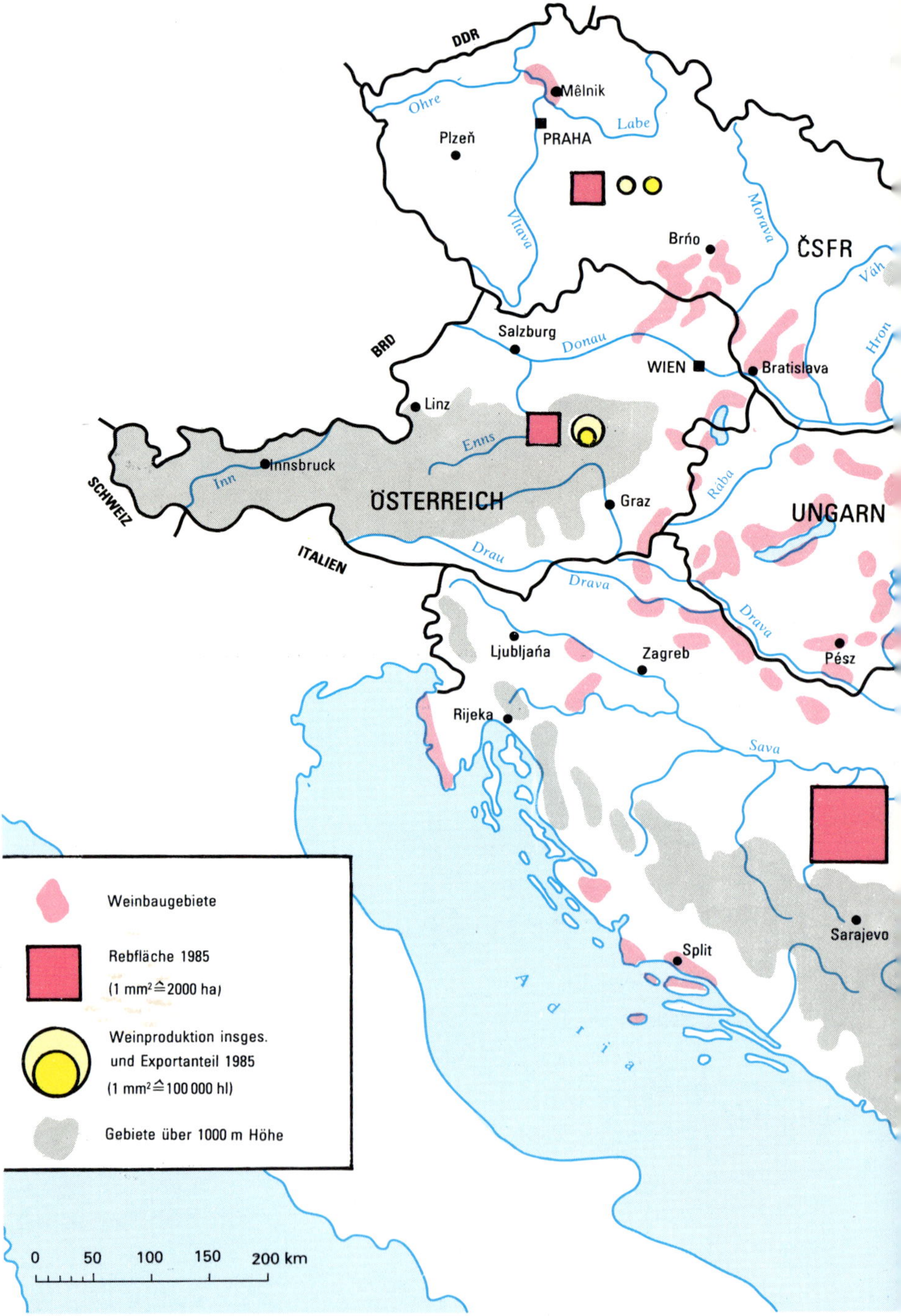
DDR
Ohre
Mêlnik
Labe
PRAHA
Plzeň
Vltava
Morava
Brńo
ČSFR
Váh
Hron
BRD
Salzburg
Donau
WIEN
Bratislava
Linz
Enns
Innsbruck
Inn
SCHWEIZ
ÖSTERREICH
Graz
Rába
UNGARN
ITALIEN
Drau
Drava
Drava
Ljubljańa
Zagreb
Pész
Rijeka
Sava
Split
Sarajevo
A d r i a
Weinbaugebiete
Rebfläche 1985
(1 mm² ≙ 2000 ha)
Weinproduktion insges.
und Exportanteil 1985
(1 mm² ≙ 100 000 hl)
Gebiete über 1000 m Höhe
0 50 100 150 200 km

Weinbaugebiete * ČSFR, Ungarn, Rumänien, Jugoslawien, Bulgarien und Österreich

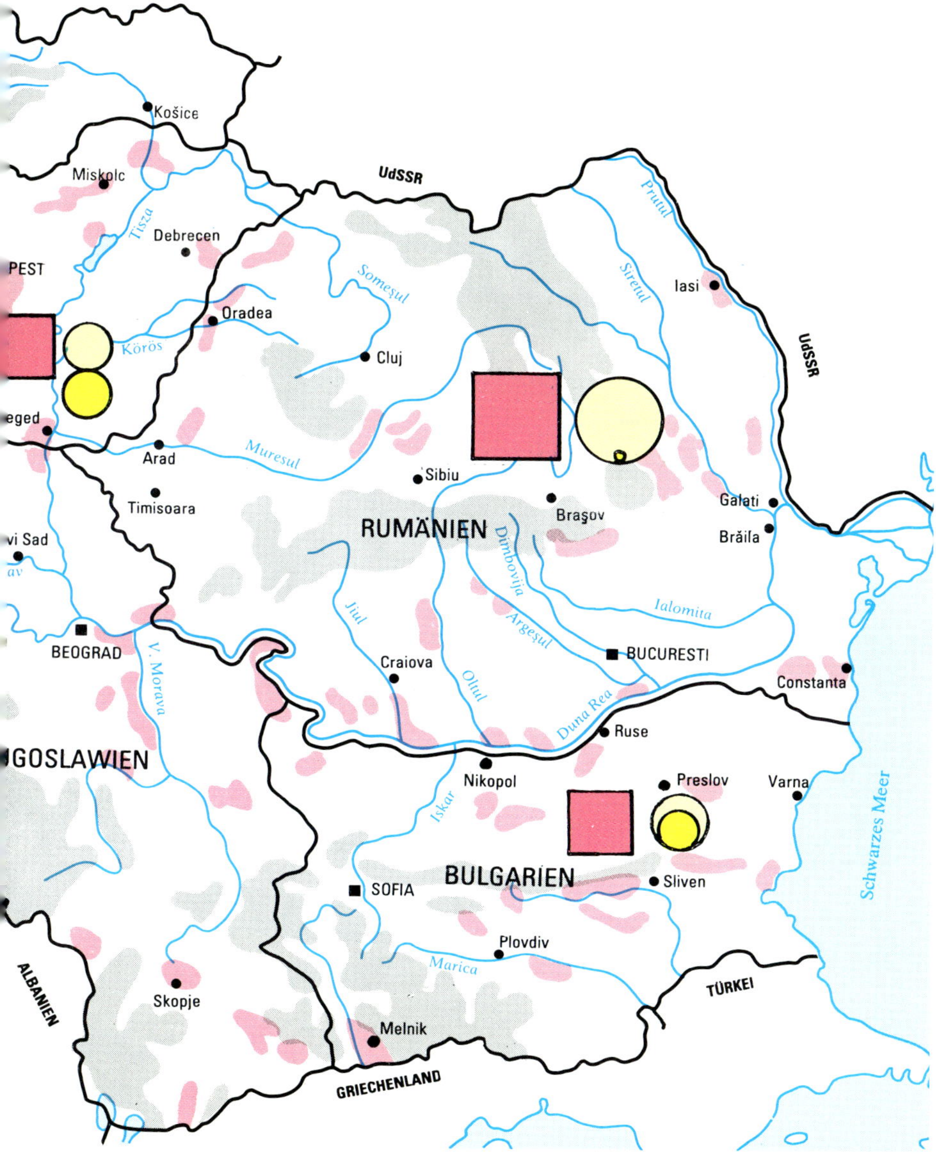

Weinbaugebiete * Italien und Griechenland

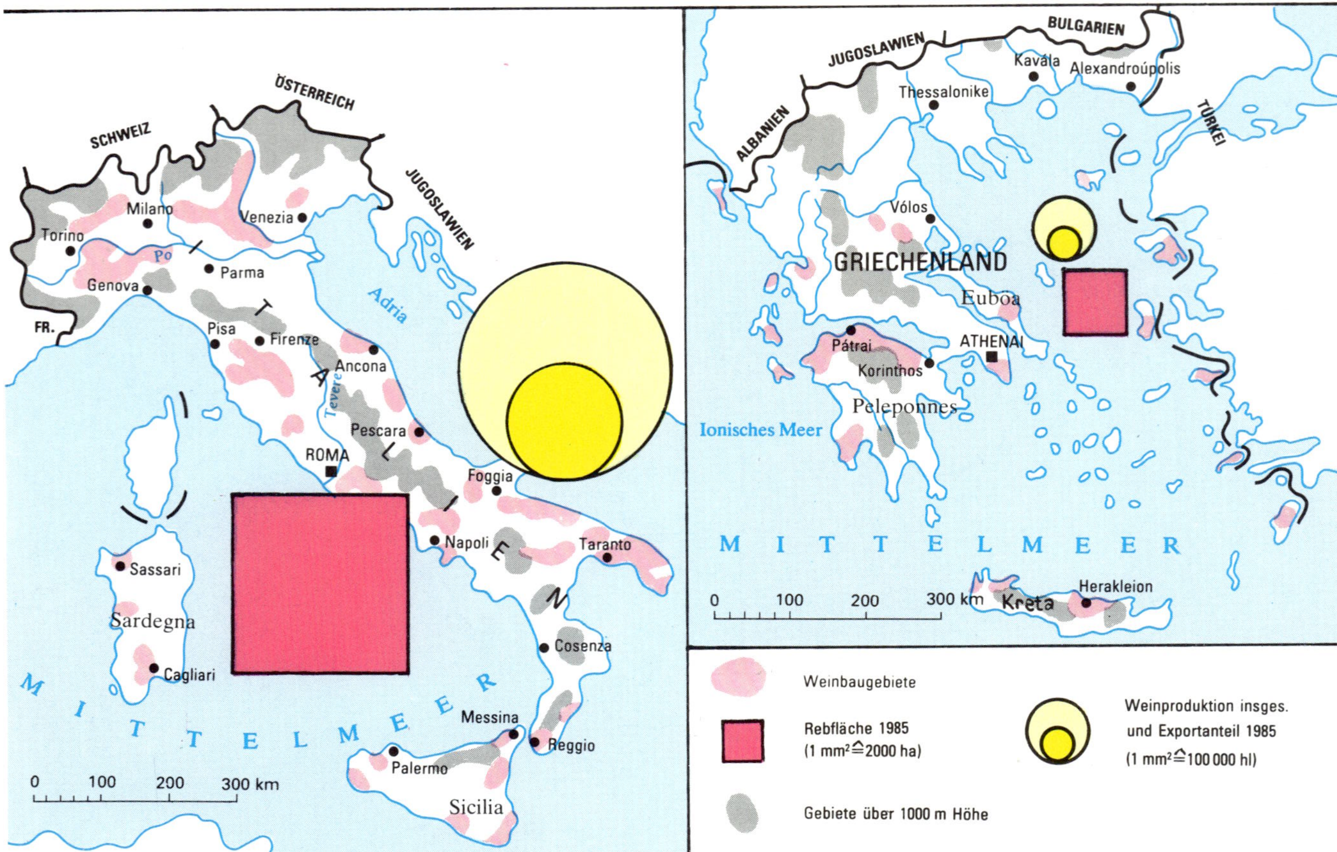

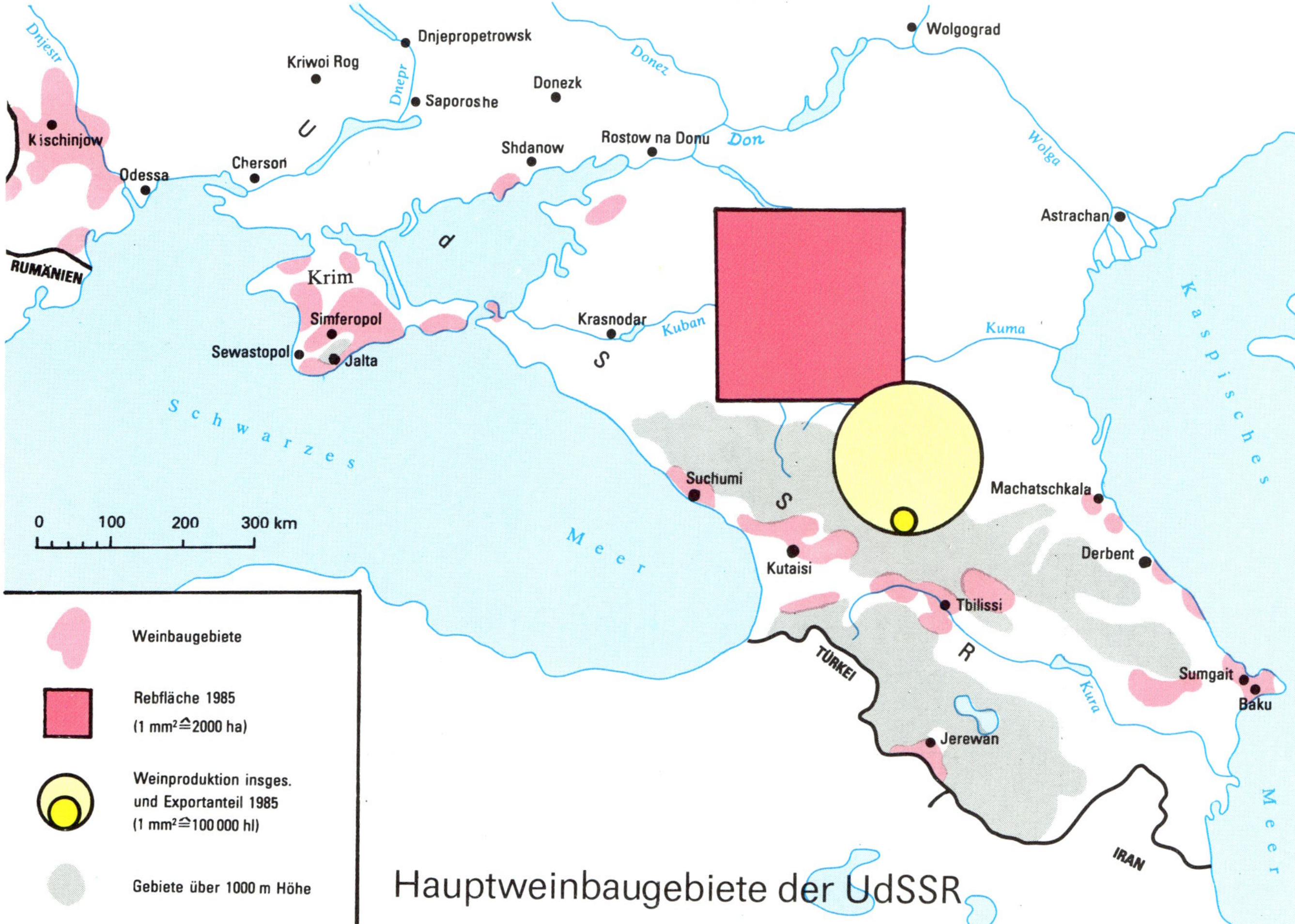

Hauptweinbaugebiete der UdSSR

oben und Mitte Rebgarten und Weingut in Burgund (Frankreich) · *unten* Weinberg auf Tihany (Ungarn)

oben Blick zum Badacsony (Ungarn) · *Mitte links* 200 Jahre altes Kelterhaus am Badacsony (Ungarn) · *rechts* Balatoner Oberland am Szent-György-hegy (Ungarn) · *unten links* Tokaj · *rechts* Mělnik (ČSFR)

oben Weinlese in Südmähren · *Mitte links* Mönche bei der Ernte am Berg Áthos (Griechenland) · *rechts* Weinbauer auf Zypern · *unten* Weinernte in der Thrakischen Ebene (Bulgarien)

oben Weinanbau in der Ukraine · *Mitte* Weinberge in Griechenland *(links)* und auf Korsika *(rechts)* · *unten* Rebanlage nach der Lese (Algerien)

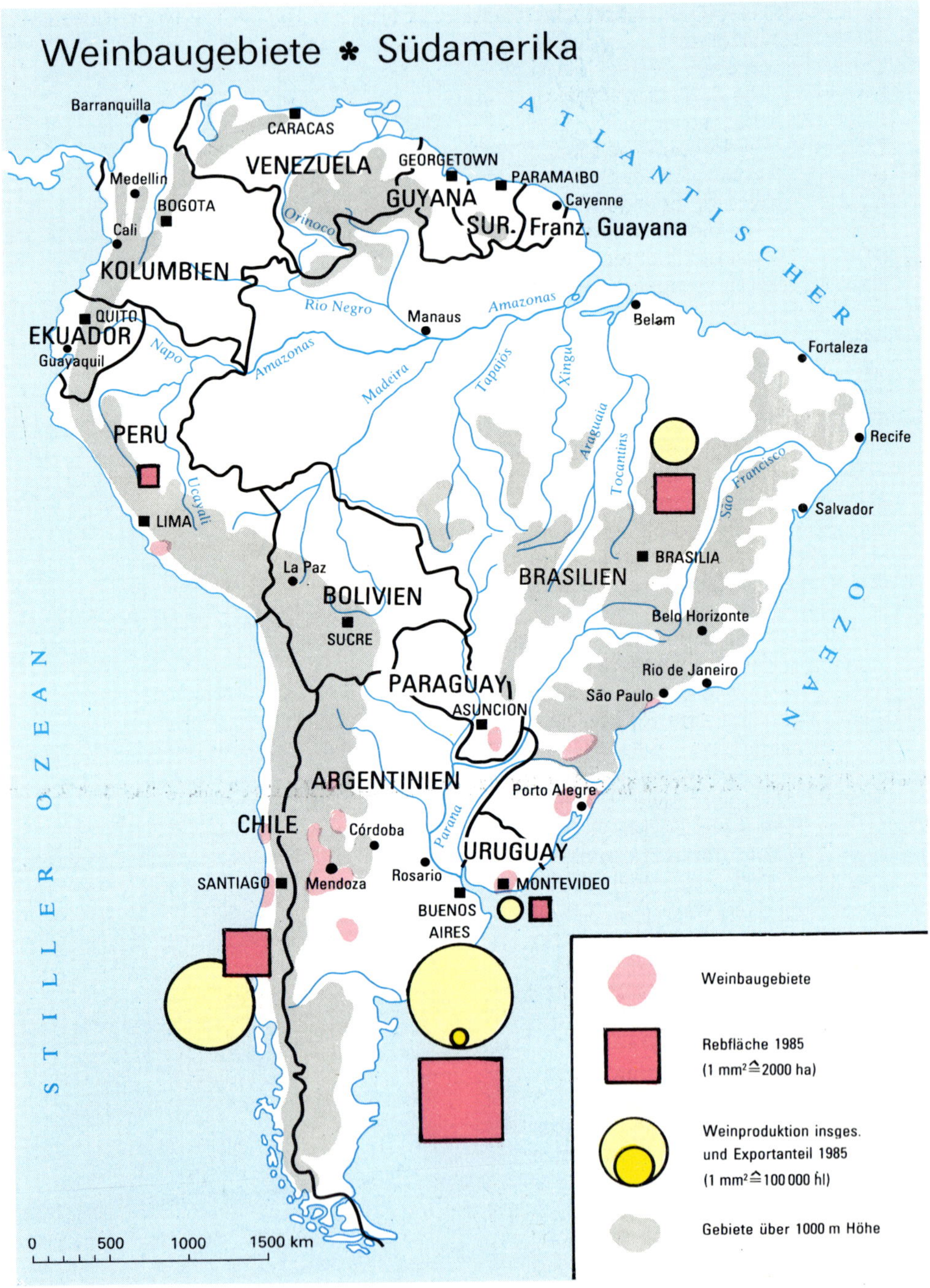
Weinbaugebiete * Südamerika
ATLANTISCHER OZEAN
STILLER OZEAN
Barranquilla
CARACAS
VENEZUELA
GEORGETOWN
PARAMAIBO
Cayenne
GUYANA
SUR.
Franz. Guayana
Medellin
BOGOTA
Cali
Orinoco
KOLUMBIEN
QUITO
EKUADOR
Guayaquil
Napo
Rio Negro
Manaus
Amazonas
Belam
Fortaleza
Madeira
Tapajós
Xingu
Araguaia
Tocantins
São Francisco
Recife
Salvador
PERU
LIMA
Ucayali
BRASILIA
La Paz
BOLIVIEN
BRASILIEN
SUCRE
Belo Horizonte
Rio de Janeiro
São Paulo
PARAGUAY
ASUNCION
ARGENTINIEN
Porto Alegre
CHILE
Córdoba
Parana
URUGUAY
SANTIAGO
Mendoza
Rosario
MONTEVIDEO
BUENOS AIRES
0
500
1000
1500 km
Weinbaugebiete
Rebfläche 1985
(1 mm² ≙ 2000 ha)
Weinproduktion insges. und Exportanteil 1985
(1 mm² ≙ 100 000 hl)
Gebiete über 1000 m Höhe

Verdienste erworben haben, der Bacchus-Preis verliehen. (3)

Weinthermometer: verschiedenartige Meßgeräte, die genutzt werden, um die richtige ↑ Trinktemperatur zu ermitteln. Es gibt W., die in das Probeglas gehalten werden oder sich im Stiel von Degustationsgläsern befinden bzw. als Manschette um die Flasche gelegt werden und über aufleuchtende Flüssigkeitskristalle die Temperatur anzeigen. (3)

Weintourismus: organisierte Tages- oder längere Ferienreisen in Weinbaugebiete. Sie sind entlang von Weinstraßen mit Besichtigungen der Weinberge, Kellereien, mit Verkostungen und ↑ Weinseminaren verbunden. Mit der Zeit ist auch der W. in den kommerziellen Sog geraten und oft an gekünstelte Folklore der ↑ Winzerfeste sowie umsatzsteigernde Zechereien gebunden. (3)

Weintraube: sich aus Beeren zusammensetzender Fruchtstand der Weinrebe (*Vitis vinifera*), im botanischen Sinne eigentlich eine Rispe. Die W. ist die bedeutendste Obstart unserer Erde. Die Weltproduktion betrug Anfang der 70er Jahre etwa 55 Mill. t, zehn Jahre später über 60 Mill. t (Orangen etwa 30 Mill. t, Bananen etwa 28 Mill. t). Ungefähr 85% der Welttraubenernte werden zu Wein vergoren, 10% als Tafeltrauben und 5% als getrocknete Weinbeeren (↑ Korinthen, ↑ Rosinen, ↑ Sultaninen) sowie als Most, ↑ Dicksaft, Kompott, Früchtebrot u. a. verzehrt. ↑ Weltweinproduktion (3)

Weinüberwachung: Kontrolle des Einhaltens der Verordnungen zum Wein, meist im Zusammenhang mit den Lebensmittelgesetzen. Schon seit altersher ist es üblich, entsprechende staatliche Kontrolleure (↑ Weinrichter) zur W. einzusetzen. Heute haben solche Beauftragte das Recht, Grundstücke, Betriebs- und Wohnräume zu inspizieren, geschäftliche und technologische Unterlagen einzusehen sowie sensorische und analytische Untersuchungen von Stoffen und Weinen vorzunehmen bzw. ihre Sicherstellung zu veranlassen. In der DDR obliegt die W. dem Bereich Lebensmittel der Staatlichen Hygieneinspektionen. (3)

Weinverkostung, *Verkostung, Weinkost, Weinprobe:* das Probieren von Weinen zur möglichst objektiven Qualitätsbestimmung und Preistaxe. Für verschiedene professionelle Zwecke wird die W. als ↑ Degustation bezeichnet. Eine W. ist auch üblich zum Antrinken von Jungweinen, Vorführen bzw. einfachen Bekanntmachen von Weinen als Werbung und beim Probieren von Weinen durch den Weinkellner (im Lager) und Gast bzw. Gastgeber beim Servieren. Eine nicht berufliche W., z. B. als Überraschung zu besonderen Anlässen gedacht, wird oft mit heiter-belehrenden Erläuterungen zum jeweils eingeschenkten Wein, der Weinkellerei, dem Anbaugebiet u. a. sowie mit Anekdoten und Liedern zum Wein gewürzt. Solch eine W. geht meist in beschwingte Fröhlichkeit über.

Bei einer geselligen W. sollten sechs, höchstens zwölf Weine verkostet werden, weil oft schon nach dem sechsten Wein aufgrund der allgemeinen Heiterkeit kaum noch Aufmerksamkeit zu erreichen ist. Dem kann etwas entgegengehalten werden, wenn der Inhalt einer 0,7-l-Flasche auf acht bis zehn Personen aufgeteilt wird. Außerdem sollte stets ein Rest von jeder Sorte übrigbleiben, der es jedem ermöglicht, nach der Verkostung zu seinem Lieblingswein zurückzukommen.

Bei der Sortenzusammenstellung werden meist Weine eines Anbaugebietes im Vordergrund stehen. Aber auch verschiedene Rebsorten, Qualitätsstufen oder Jahrgänge sind reizvolle Zusammenstellungen. Besonders lehrreich

kann das Nacheinander von ausdruckslosen süßen zu ausgeprägten trockenen Weinen sein.
Ansonsten ist die Reihenfolge der Weine die gleiche, wie bei der beruflichen ↑ Degustation. Es werden Klarheit, Farbe, Geruch, Geschmack sowie Harmonie aller Sinneseindrücke, wenn auch etwas weniger anspruchsvoll, geprüft. Zum anspornenden Wetteifer können die Weine nach vorgegebenen ↑ Weinbewertungsschemata in vergnüglicher Art verbal bewertet werden. (3)

Weinverschnitt ↑ Verschneiden

Weinvorrat ↑ Einkauf von Wein, ↑ Vinothek

Weinwettbewerb: Bewertung und Ausscheid der Weine mit der besten Güte, meist verbunden mit Weinausstellungen und -kongressen. W. entwickelten sich in der 2. Hälfte des 19. Jh. im großen Stil. Auch auf den Pariser Weltausstellungen fanden W. statt. Der erste internationale W. wurde von Ungarn in Budapest 1958 und der erste Welt-W. 1972 ebenfalls in Budapest ausgerichtet. 1972 entsandten 34 Länder 1382 Weine nach Budapest. Die besten Ergebnisse erzielten Ungarn, die BRD und Portugal. Die DDR erhielt für 27 eingesandte Erzeugnisse 17 Diplome, darunter acht Silber- und zwei Goldmedaillen (von insgesamt nur 22 vergebenen Goldmedaillen). Fast alle bedeutenden Weinländer organisieren regelmäßig W. auf Landesebene, zu denen die Weine zugelassen werden, die auf lokaler und regionaler Ebene entsprechend abschnitten. Bestimmte Reglements sorgen für die Zulassung und den Ablauf der W.
Eine Jury von Degustatoren beurteilt nach vorher fixierten Methoden mit Hilfe von ↑ Weinbewertungsschemata die ↑ Güte der Weine. Nach dem Reglement werden bei Erreichen bestimmter Punktzahlbereiche meist Sonderpreise, Große Goldmedaillen, Gold-, Silber-, Bronzemedaillen, Diplome, Urkunden, Teilnahmedokumente u.a. verliehen. Mit verschiedenen W. ist auch das Verleihen von Gütezeichen, wie Weinsiegeln, verbunden. W. mit internationalem Charakter finden außer in Budapest auch in anderen Städten sozialistischer Länder wie in Bratislava, Lubljana, Mikulow und Sofia statt. Berühmte W. richteten Montpellier und Langenlois aus.
W. fördern den Erfahrungsaustausch und lassen Entwicklungstendenzen und geforderte Geschmacksrichtungen erkennen. Weinbauern, Önologen und Rebzüchter können den Stand ihrer Weine, Rebsorten und kellertechnologischen Methoden vergleichen. Dem Weinfachhandel und dem Konsumenten werden Informationen über die Güte der Weine geboten. ↑ Prämierung von Weinen (3)

Weinwoche ↑ Weinmesse

Weinzapfer: Bezeichnung für einen Schankwirt im Mittelalter, der das ↑ Ausschankrecht besaß. (3)

Weißburgunder ↑ 'Weißer Burgunder'

Weißer Burgunder, *Pinot Blanc, Pinot Chardonnay, Fehér Burgundii, Biela Klevanjka:* weitverbreitete Keltertraube, eine Mutante vom ↑ 'Ruländer'. Sie ist seit dem 14. Jh. in Frankreich bekannt und dort heute noch eine Haupt- und Spitzensorte. Die mittelspäte Lese fällt kurz vor dem 'Riesling' mit dem 'Silvaner' zusammen. Die Trauben sind kaum mittelgroß, in der Form variabel, kurz, rundlich, walzenförmig, dichtbeerig, die Beeren klein, rundoval, dünnhäutig, gelbgrün, fein punktiert, hell bereift, der Saft ist säurearm, neutral bis süß und zart aromatisch. Der Rebstock wächst mittelstark und braucht gute, tiefgründige, nährstoffreiche, immer genügend feuchte Böden für weiträumige Erziehung mit langen Bogreben. Bei enger Pflanzung besteht Neigung zum ↑ Verrieseln. Der Ertrag von guten Klonen kann 85 hl/ha, das Mostgewicht 80–90 °Oe, der Säuregehalt 10–12 g/l betragen. Das Holz ist genügend frostwiderstandsfähig ähnlich dem 'Ruländer'. Besondere Krankheitsanfälligkeit besteht nicht, jedoch ist die Sorte bei nasser Witterung blühempfindlich und neigt dann im Herbst zur Traubenfäulnis. Die Weine aus guten Lagen – häufig als *Weißburgunder* bezeichnet – sind fein, lieblich, feinaromatisch, vollmundig bei geringem Säuregehalt, extrakt- und alkoholreich. Sie können vorteilhaft mit bukettreichen Weinen aus ↑ 'Siegerrebe', ↑ 'Scheurebe' und ↑ 'Gelber Muskateller' verschnitten werden. ↑ 'Chardonnay', ↑ Tafel 1 (6)

Weißer Elbling, *Kleinberger, Alben:* sehr alte, vielleicht noch aus der Römerzeit stammende Keltertraube, die im Mittelalter Hauptkeltertraube war und Massenerträge von 100–200 hl/ha brachte. Wegen der sehr späten Ernte und der geringen Weinqualität ist der Anbau rückläufig. Der Rebstock wächst stark, hat geringe Ansprüche an Lage und Böden, ist anfällig für Pilzkrankheiten und Holzfrost. Heute noch geerntete Trauben dienen der Sektbereitung und dem Verschnitt säurearmer Weine. Als Mutanten bestehen 'Roter Elbling' und 'Gelbelbling' neben anderen, die sich in den Sortenmerkmalen nur durch die Schalenfarbe unterscheiden. (6)

Weißer Gutedel, *Chasselas, Fendant, Markgräfler, Moster:* eine wahrscheinlich uralte, weltweit verbreitete Tafel- und Keltertraube, deren Ursprung nicht mehr feststellbar ist und vielleicht bis in das alte Ägypten zurückführt. Der lange Kulturanbau brachte viele Spielarten hervor, einige rotschalige werden jetzt als eigene Sorten geführt, wie *'Roter Gutedel'* und *'Königsgutedel'*. Weißschalige Sorten sind z. B. *'Diamant Gutedel'* und *'Muskatgutedel'*, andere laufen im Typengemisch als 'Weißer Gutedel' mit unterschiedlichem Anbauwert. Die mittelfrühe Reife als Tafeltraube liegt im September bis Oktober, als Keltertraube nach ↑ 'Müller-Thurgau', vor ↑ 'Silvaner'. Die großen, kegelförmigen, ein- oder zweiseitig geschulterten, mitteldichtbeerigen Trauben haben große, runde, gelbgrüne, sonnenseits gebräunte, dünn- aber festschalige Beeren mit süßem, feinwürzigem Fleisch. W. G. ist eine der geschmacklich edelsten Tafeltrauben. Der Rebstock wächst mittelstark und braucht tiefgründige, nährstoffreiche, genügend feuchte Böden zur Erhaltung der Wuchskraft. Am Wandspalier beansprucht W. G. die Südseite, im Weinberg warme, möglichst windgeschützte Lagen. Er ist gut geeignet für Weitraumerziehung und kurze Schnitte bei vollsonnigem Stand im Berg. Am Spalier an Gebäuden ist er nicht immer schon am Zapfen fruchtbar. Die Erträge sind variabel (80–150 hl/ha), auch die Mostgewichte (65–85 °Oe) und der Säuregehalt (5–6 g/l). Gut frostwiderstandsfähig ist das Holz, gefährdet jedoch die Blüte bei naßkalter Witterung, sie kann ↑ Verrieseln auslösen. Für Pilzkrankheiten ist die Sorte weniger anfällig, für Traubenfäule kaum, jedoch für Blattrollkrankheit und Sauerwurm. Die Weine sind leichte, süffige, säurearme, milde, liebliche, harmonische Tafel- und Schoppenweine; sie sind möglichst als junge Weine zu trinken. ↑ Tafel 1 und 3 (6)

Weißer Neuburger: Keltertraube, die vermutlich aus der Kreuzung 'Weißer Burgunder' × 'Silvaner' entstanden ist. Sie wird vor allem noch in Österreich angebaut und gibt angenehme, feinsäuerliche Tafelweine mit kräftigem Bukett. (6)

Weißer Pikolit ↑ 'Blaustengler'

Weißer Räuschling: alte Keltertraube, die ehemals im Elsaß und in Baden angebaut, heute noch in der Schweiz zu finden ist, wo sie jedoch zunehmend durch 'Müller-Thurgau' verdrängt wird. Die Weine sind leichte, milde, harmonische Tafelweine. (6)

Weißer Riesling, *Rheinriesling, Rizling rýnský, Ryzlink:* sehr alte Keltertraube ungeklärter Herkunft. W. R. ist in allen Weinbauländern weit verbreitet, doch nur in den deutschen Weinbaugebieten ist er die Keltertraube, die die edelsten und teuersten Weißweine der Welt liefert. Die Trauben reifen sehr spät; die Lese ist die letzte in unseren Weinbergen. Die Trauben sind klein bis mittelgroß, dichtbeerig, teils auch geschultert, die Beeren klein, rund, weißgrünlich, schwarz punktiert, vollreif bis gelbbräunlich, würzig, süß, mit feinem, zartem, muskatartigem Bukett. Der Rebstock wächst kräftig. Die späte Reife erfordert als Anbauvoraussetzung die besten und wärmsten Lagen. Die Bodenansprüche sind wesentlich geringer. W. R. gedeiht auf den verschiedensten Böden; sie beeinflussen allerdings Güte und Bukett des Weins wie bei kaum einer anderen Sorte. W. R. braucht eine weiträumige Erziehung, die der Wuchskraft entspricht und auf lokalen Anbauerfahrungen beruht. Der Ertrag wurde durch Klonauslesen verbessert und schwankt zwischen 70 und 110 hl/ha. Die Mostgewichte liegen, je nach Lage und Jahr im Durchschnitt bei 60–80 °Oe, der Säuregehalt, der entscheidend ist für die fruchtige Qualität der Weine, bei 10–15 g/l. Das Holz reift sehr gut aus und verleiht den Reben eine hohe Frostresistenz. W. R. ist nur mäßig anfällig für Echten und Falschen Mehltau, auch nicht für Grauschimmel, stärker jedoch, lagebedingt, für Roten Brenner und für Stiellähme und Stielfäule in überdüngten Böden.

Die Weine können in den Jahrgängen und nach ihrer Herkunft die ganze Palette der Weinattribute mit all ihren Nuancen umschließen, vom anregenden, fruchtigen Tischwein bis zu den rassigen, eleganten, duftigen, bukettreichen Weißweinen als Inbegriff der edelsten Weine der Welt. ↑ Tafel 1 (6)

Weißherbst: Weißwein, der durch alkoholische Gärung aus dem Saft (Most) frischer und für die Weinbereitung geeigneter blauer Weintrauben ohne Vergärung der Maische (↑ Maischegärung) hergestellt wird. Im Gegensatz zu den ↑ Roséweinen sind W. z. B. in der BRD immer Qualitätsweine (QbA). W. darf nur aus einer Rebsorte, die auf dem Etikett zu nennen ist, gekeltert werden. (3)

Weißwein: Getränk, das durch alkoholische Gärung von Most aus der Maische frischer weißer, für die Weinbereitung geeigneter Kelterrebsorten, aber auch aus blauen Rebsorten weißgekeltert (↑ Weißherbst) gewonnen wird. Je nach Rebsorte, Herkunft, Alter und Herstellungsverfahren, besonders nach dem reduktiven und oxidativen Typ, zeigen W. eine Farbpalette von blaßfarben über Grünschattierungen sowie alle Gelb- und Goldtöne bis zum dunklen bernsteinfarbenen Braun. Alkohol-, Restzucker- und Säuregehalte weisen eine ähnlich große Palette auf. Gegenüber dem ↑ Rotwein sind die Gerbstoffgehalte in der Regel niedriger.

Die besondere Güte der W. aus Ungarn, Rumänien, der ČSSR sowie DDR, aber besonders der Spitzenweine aus der BRD, beruht auf einem sehr günstigen Säure-Zucker-Verhältnis. (3)

Welschriesling, *Olaszriesling:* Rebsorte, die nicht mit dem 'Riesling' identisch oder verwandt ist und vermutlich aus Frankreich stammt. Sie ist in Süd- und Südosteuropa ziemlich stark verbreitet. Der spätreife Massenträger braucht wärmere Lagen als sie der deutsche Weinbau aufzuweisen hat. Die in der DDR eingeführten Weine sind milde, neutrale, auch vollmundige, würzige, duftige Tafelweine. (6)

Weltweinproduktion: absolute Produktionsmengen an Weintrauben in der

Welt, die primär durch den Umfang der in Produktion stehenden Rebflächen und deren jährlich schwankenden ↑ Ertrag bestimmt werden. Die geernteten Trauben werden nicht nur zu Wein gekeltert, sondern auch als Tafeltrauben sowie Korinthen, Rosinen und Sultaninen verbraucht bzw. zu Most, Kompott, Früchtebrot u. a. und zu Weinbrand, Weinalkohol und Weinessig verarbeitet. In den Jahren 1974/79 soll dieser Anteil in den EG-Ländern etwa 13% der Inlandweinverwendung ausgemacht haben. Je nach nicht absetzbaren Mengen an Wein und der entsprechend staatlich geförderten Destillation zu ihrem Abbau schwanken besonders die Destillationsraten stark. Außerdem gibt es einen erheblichen Anteil an Rebflächen, die nicht ständig in Produktion stehen bzw. aus Absatzgründen nicht geerntet werden, wie beispielsweise in Argentinien. Schließlich wird die Statistik in den einzelnen Ländern nicht nur differenziert geführt, sondern die Datenerfassung ist z. T. auch recht ungenau, so daß die Angaben verschiedener Institutionen zum selben Sachverhalt und zum gleichen Zeitabschnitt erheblich differieren (Tab.). Von etwa 9,5 Mill. ha Rebfläche auf der Welt Mitte der 80er Jahre waren etwa 250000 ha ohne Produktion. Von etwa 400000 ha wurden Tafeltrauben geerntet, etwa 200000 ha dienten der Produktion von Rosinen, Sultaninen und Korinthen. Insgesamt machte die Jahresproduktion etwa 600–650 Mill. dt Weintrauben sowie 300–325 Mill. hl Wein von den dafür verbleibenden Traubenmengen aus. Dabei entfallen etwa 80% der W. auf Europa. In den Jahren 1971 bis 1985 schwankte die W. in den drei Fünfjahrzeiträumen zwischen 300 und 350 Mill. hl (in Europa zwischen 240 bis 280 Mill. hl). Die vor allem durch den wissenschaftlich-technischen Fortschritt erreichte Ertragssteigerung ist größer als der steigende Verbrauch, so daß die Menge des nichtverkauften Weins wuchs. Sie soll Anfang der 80er Jahre bereits 76 Mill. hl betragen haben. Obwohl die dadurch in Not geratenen Winzer verschiedene Regelungen, wie Mindestpreisgarantien, Preisstützungen, Preisstabilisierung durch subventionierte Lagerhaltung und Destillation, durchgesetzt haben, verschärfte sich ihre Lage weiter. Allerdings ist die Nachfrage nach Wein auf dem Weltmarkt, gemessen am Export, von etwa 18 Mill. hl 1934 bis 1938 über 40 Mill. hl 1971 bis 1975 auf über 50 Mill. hl 1985 gestiegen.

Nach der Anbaufläche steht ↑ Spanien mit etwa 1,6 Mill. ha an der Spitze aller Länder, gefolgt von der UdSSR (↑ Sowjetunion), ↑ Italien, ↑ Frankreich, ↑ Türkei, ↑ Portugal, USA (↑ Vereinigte Staaten von Amerika), ↑ Rumänien und ↑ Argentinien. Bei den absolut erzeugten Traubenmengen war 1985 die Reihenfolge Italien, Frankreich, UdSSR, USA, Spanien, Türkei, Argentinien, ↑ Griechenland und Rumänien. Bei den jährlich erzeugten Weinmengen stand 1985 Frankreich an der Spitze, gefolgt von Italien, der UdSSR, Spanien, den USA, Argentinien, Portugal, ↑ Chile und Rumänien. Hauptexporteure sind Italien, Frankreich, Spanien, ↑ Ungarn, BRD (↑ Bundesrepublik Deutschland), ↑ Bulgarien, Portugal, ↑ Jugoslawien, Griechenland (etwa gleich mit ↑ Algerien). Damit stehen Frankreich und Italien, gefolgt von der UdSSR und Spanien, an der Spitze aller Weinproduzenten, wobei aber Italien vor Frankreich, Spanien, Ungarn und der BRD als größter Weinexporteur auf dem Weltmarkt auftritt. Frankreich, Italien, UdSSR, Spanien, USA, Argentinien, Portugal und Rumänien haben auch absolut einen hohen Inlandverbrauch der eigenen Produktion. Entgegen dieser Tendenz bestreitet unter anderem Algerien mit nur 0,6%

Weltweinproduktion 1985 (nach Office international de la vigne et du vins, Paris)

Land	insgesamt in 1000 ha absolut	relativ	Traubenproduktion in 1000 dt absolut	relativ	Wein in 1000 hl absolut	relativ	Weinexport in 1000 l absolut	relativ
Albanien	12	0,12	754	0,12	220	0,07	115	0,22
BRD	100	1,04	10631	1,73	5402	1,78	2919	5,47
Bulgarien	165	1,71	8054	1,31	3400	1,12	2074	3,89
Frankreich	1064	11,04	91572	14,92	69249	22,82	11617	21,76
Griechenland	168	1,74	16507	2,69	4559	1,50	1308	2,45
Italien	1108	11,49	100189	16,32	63000	20,76	17988	33,70
Jugoslawien	232	2,41	9623	1,57	3660	1,21	1369	2,56
Luxemburg	1	0,01	134	0,02	107	0,04	86	0,17
Malta	1	0,01	34	0,01	19	0,01	44	0,08
Österreich	58	0,60	1126	0,18	1126	0,37	269	0,50
Portugal	387	4,01	13470	2,19	9744	3,21	1389	2,60
Rumänien	301	3,12	14234	2,32	8700	2,87	132	0,25
Schweiz	14	0,15	1603	0,26	1164	0,38	11	0,02
Spanien	1633	16,94	53449	8,71	31271	10,31	6481	12,14
UdSSR	1337	13,87	81390	13,26	34025	11,21	546	1,02
Ungarn	154	1,60	4660	0,76	2890	0,95	3221	6,03
ČSSR	47	0,49	269	0,04	181	0,06	158	0,30
andere Länder	—	—	42	0,01	12	0,004	514	0,96
Europa insgesamt	6782	70,35	407741	66,42	238729	78,67	50241	94,12
Argentinien	295	3,06	22529	3,67	15741	5,19	196	0,37
Brasilien	61	0,63	6850	1,12	2750	0,90	—	—
Chile	106	1,10	7161	1,17	9000	2,97	89	0,17
Mexiko	59	0,61	6500	1,06	147	0,05	—	—
USA	341	3,54	55819	9,09	17203	5,66	242	0,45
andere Länder	49	0,51	2942	0,48	1988	0,66	77	0,14
Amerika insgesamt	911	9,45	101801	16,58	46829	15,43	604	1,13
Ägypten	29	0,30	3435	0,56	15	—	—	—
Algerien	192	1,99	3631	0,59	1750	0,58	1300	2,44
Marokko	45	0,47	2120	0,35	300	0,10	98	0,19
Südafrika	110	1,14	10813	1,76	8314	2,74	64	0,12
Tunesien	32	0,33	1278	0,21	567	0,18	394	0,74
andere Länder	13	0,14	4330	0,71	106	0,03	91	0,17
Afrika insgesamt	421	4,37	25607	4,18	11052	3,64	1947	3,66
China	34	0,90	4278	0,70	—	—	—	—
Indien	92	0,95	2450	0,40	—	—	—	—
Irak	34	0,35	736	0,12	—	—	—	—
Iran	186	1,94	8978	1,46	—	—	—	—
Israel	9	0,09	794	0,13	190	0,06	54	0,10
Japan	28	0,29	3112	0,51	459	0,15	—	—
Libanon	19	0,20	1610	0,26	50	0,02	—	—
Syrien	106	1,10	3886	0,63	8	—	—	—
Türkei	794	8,24	37410	6,10	390	0,13	38	0,07
Zypern	33	0,34	2159	0,35	980	0,32	342	0,64
andere Länder	122	1,27	6019	0,98	143	0,05	59	0,11
Asien insgesamt	1457	15,11	69014	11,24	2220	0,73	493	0,92

Land	insgesamt in 1 000 ha absolut	relativ	Traubenproduktion in 1 000 dt absolut	relativ	Wein in 1 000 hl absolut	relativ	Weinexport in 1 000 l absolut	relativ
Australien	64	0,66	8896	1,45	4026	1,33	90	0,17
Neuseeland	6	0,06	780	0,13	596	0,20	—	—
Ozeanien insgesamt	70	0,72	9676	1,58	4622	1,53	90	0,17
Welt insgesamt	9641	100	613839	100	303452	100	53375	100

des W. etwa 2,4% des Weinexports und steht mit Griecheland auf dem 9./10. Platz der Weltexporteure. Ähnlich stellt Ungarn mit knapp 1% der W. über 6% des Exports, während die UdSSR mit ihrem 3. Platz des Weltproduzenten (über 11% Anteil) nur etwas über 1% bestreitet.
Hohe Anteile von Tafeltrauben- und Rosinenproduktion, gemessen an der Gesamttraubenproduktion, verändern die Stellung in der Weltproduzentenliste erheblich. So steht die Türkei an sechster Stelle der Traubenproduzenten, aber am Tabellenende bei den Weinproduzenten. Bemerkenswert ist auch das Verhältnis von Hektarerträgen zu produzierten Weinmengen. Frankreich beispielsweise erzeugt auf mehr als 1 Mill. ha jährlich etwa 70 Mill. hl Wein, die BRD auf etwa 100000 ha in guten Jahren 8–10 Mill. hl.
Außer den genannten werden folgende Weinbauländer bzw. -gebiete in einem selbständigen Stichwort behandelt:
↑ Ägypten, ↑ Äthiopien, ↑ Albanien,

Chemisch-physikalische Merkmale für Deutsche Wermutweine nach TGL 37 810/03

Sorte	Alkoholgehalt in Vol.-% mindestens	höchstens	Gesamtextrakt in g/l mindestens	höchstens	Gesamtsäure als Weinsäure in g/l mindestens	Flüchtige Säure als Essigsäure in g/l höchstens
Weiß, Diabetiker	15,5	16,0	15	40	4,5	1,0
Weiß, extra trocken	15,5	16,0	35	45	4,5	1,0
Weiß, trocken	15,5	16,0	50	60	4,5	1,0
Weiß, halbtrocken	15,5	16,0	90	115	3,5	1,0
Weiß, zartbitter oder feinbitter	15,5	16,0	100	230	3,5	1,0
Weiß, süß	15,5	16,0	120	200	3,5	1,0
Weiß, bitter	17,0	18,0	100	230	3,5	1,0
Rot, halbtrocken	15,5	16,0	90	115	3,5	1,2
Rot, süß	15,5	16,0	120	180	3,5	1,2
Rot, zartbitter oder feinbitter	15,5	16,0	100	230	3,5	1,2
Rot, bitter	17,0	18,0	100	230	3,5	1,2

↑ Australien, ↑ Bordeaux, ↑ Brasilien, ↑ Burgund, ↑ China, ↑ Champagne, ↑ Deutsche Demokratische Republik, ↑ England, ↑ Japan, ↑ Kanada, ↑ Luxemburg, ↑ Malta, ↑ Marokko, ↑ Naher Osten, ↑ Neuseeland, ↑ Österreich, ↑ Polen, ↑ Schweiz, ↑ Südafrika, ↑ Tschechoslowakei, ↑ Tunesien, ↑ Zypern. ↑ Karte im vorderen Vorsatz (3)

Wermut [franz. Vermouth]: aufgesprites weißes, rotes oder roséfarbenes ↑ weinhaltiges Erzeugnis, das mit Kräutern (bis zu 30), speziell den geschmacksbestimmenden Wermutblüten, und mit Bitterstoffen sowie aromatischen Essenzen gewürzt und von süß bis trocken in verschiedenen Varianten hergestellt wird. Vorläufer des W. sind sicher die ↑ Kräuterweine des Mittelalters. Die heutigen W.weine stammen aus den Voralpen beiderseits der italienischen und französischen Grenze, wobei der französische W. der trockene W. war. Heute stellen alle Länder W. der verschiedenen Varianten her und setzen teilweise auch noch Fruchtsäfte, z. B. von Erdbeeren, zu. Die Alkoholgehalte schwanken von 15,5–20 Vol.-%. In der DDR hergestellter W. muß nach TGL 26 395 als Deutscher Wermutwein bezeichnet werden und wird in 11 verschiedenen Typen von weiß bis rot, extra trocken bis süß, zartbitter bis bitter und als Diabetikerwein produziert (Tab.). Phantasienamen sind zulässig, z. B. Gothano, Amaro, Miramaro, Calypso.

W. sollte kühl und dunkel gelagert werden; seine beste Trinktemperatur liegt bei 12–13 °C. Er eignet sich besonders als Aperitif, wird aber auch zur Erfrischung – besonders die süßen – mit Eiswürfeln, Soda- oder Selterwasser getrunken. W. ist ein beliebter Bestandteil vieler Cocktails. (3)

Wildreben, *Urreben:* Wildform der Europäerreben mit kleinen blauen, sauren Beeren. W. sind vereinzelt noch in Auewäldern am Rhein, der Donau, häufiger im Kaukasus zu finden; sie sind also keine verwilderten Kulturreben und auch kein Wilder Wein wie die Jungfernrebe *Parthenocissus quinquefolia.* ↑ Geschichte der Weinrebe (3)

Willkommbecher: in der Frühzeit und im Mittelalter verbreitete ↑ Trinksitte, dem ankommenden Gast einen Begrüßungsbecher bzw. -trank mit Wein zu kredenzen. Auch heute werden zu Empfängen oder entsprechenden Anlässen Gläser mit Empfangswein oder -sekt gereicht. Die Weine sind vielfach Likörweine wie Tokaji Szamorodni oder Aszú, Portweine u. ä. Auch milde Weißweine werden zum Willkommen ausgeschenkt. (3)

wine cooler [engl.]: Weine mit Fruchtsäften, die sehr geringe Alkoholgehalte aufweisen. ↑ Sangria (3)

Winiak [poln.]: Weinbrand

Winzer, *Häcker, Hauer, Weinbauer, Weingärtner, vinitor* [lat.]: generell der Arbeiter im Weinberg. W. wird aber auch als Bezeichnung für den Weingutbesitzer verwendet, unabhängig davon, ob er die Arbeit allein macht oder Lohnarbeitskräfte beschäftigt.

In den sozialistischen Ländern sind die W. Facharbeiter in sozialistischen ↑ Staatsgütern bzw. Mitglieder von ↑ Winzergenossenschaften oder landwirtschaftlichen Produktionsgenossenschaften und teilweise auch kleine Warenproduzenten, wie in Jugoslawien, sowie ↑ Nebenerwerbswinzer, die ihre individuellen Rebflächen nutzen bzw. – wie in Ungarn – vertraglich gebunden nebenberuflich in Winzerbetrieben arbeiten. In der DDR ist eine weitere Aufstockung der Rebflächen geplant und mit der Agrarpreisreform der 80er Jahre sind wachsende Einkommen gesichert.

In den kapitalistischen Ländern überwiegen neben wenigen Staatsweingütern und Genossenschaften die kleinen Warenproduzenten und die Nebenerwerbswinzer. 1979/80 besaßen in der BRD 48% der W. nur Rebflächen zwischen 0,10 bis 0,50 ha und nur 3,8% bewirtschafteten 5 ha und mehr. Von Mitte der 60er bis Mitte der 80er Jahre nahm die Anzahl der W.betriebe in den EG-Ländern um fast ein Drittel, das waren fast 3 Mill. Betriebe, ab. (3)

Winzerbrauchtum: traditionelle Sitten der Weinbauern. Über Jahrtausende hinweg haben sich in den verschiedenen Weinbaugebieten und bei verschiedenen Völkern im Zusammenhang mit dem Weinbau bestimmte Bräuche entwickelt, die teils erhalten blieben, teils verlorengingen oder auch wieder belebt wurden. Besonders die ↑ Dionysien und ↑ Bacchanalien der Antike wirken bis in unsere Zeit hinein, wenn sie auch von der Kirche besonders im Mittelalter umgeformt und umgewertet wurden.

Auf Erfahrung beruhendes, oft aber auch verstandesmäßig nicht faßbares W. stellen die vielen ↑ Winzerregeln zum Weinbau und zur Kellerwirtschaft dar. So war das Gewitterschießen mit Mörsern im 19. Jh. zunächst – wenn auch erfolglos – gegen Hagel gerichtet, später aber Brauch zu allen möglichen Anlässen im Weinbau. Auch die Amtseinführung bzw. -ausübung der ↑ Weinbergaufseher war an bestimmte Bräuche gebunden, wie das Niederbrennen der Wächterhütten, untermalt mit Böllerschüssen, nach dem Lesen der letzten Traube. Oft ist der Beginn der Lese, unabhängig von der Witterung, an einen bestimmten Tag und bestimmte Riten gebunden (↑ Sherry). Auch für die Lese selbst gilt so manches W. In Georgien z. B. treffen sich auch heute noch alle Verwandten zur Lese auf dem heimischen Winzerhof. In der Schweiz darf der nächststehende Erntehelfer eine Winzerin küssen, wenn sie eine Traube hängen läßt. Bannrecht bei Weinbergschluß, Pflichtwein für Leser, Faßreifentänze in Tokaj, Winzermahl und Winzerball, Wahl der Winzerkönigin und die verschiedensten ↑ Trinksitten und ↑ Weinbruderschaften haben sich bis in unsere Zeit als W. erhalten. (3)

Winzerfeste, *Herbstfest, Traubenfest, Wein(berg)fest:* feierliche oder fröhlich-ausgelassene Ereignisse zur Eröffnung oder meist zum Ende der Weinlese. Sie werden als Erntedankfeste, wie auch das Laubhüttenfest der alten Israeliten, als Feste des letzten Wagens bzw. der letzten Rebe, aber auch als Blütenfest oder aus Anlaß des Rebschnittes, der Verkostung des neuen Mostes, des Federweißen und des jungen Weins, als Most- und Weinfeste sowie als Sausersonntage begangen.

Die Tradition der W. reicht wahrscheinlich bis zu den Anfängen des Weinbaus, wobei die Art außerordentlich vielfältig ist. Sie wurzeln aber sicher alle in den W. der alten Ägypter, Griechen und Römer. Besonders die ↑ Bacchanalien und die ↑ Dionysien können als Vorläufer dieses ↑ Winzerbrauchtums gelten.

Symbolfiguren sind bis heute Bacchus, meist auf einem Flußschiff oder Wagen, der dickbäuchige, auf einem Esel reitende Silen, die Erdgöttin Ceres, die Weinkönigin und Maskierte, die oft Faune, Satyrn und lustiges Volk darstellen sowie Musikanten und nach der Folklore gestaltete Berufsgruppen um den Wein.

Außer den griechischen und römischen Überlieferungen liegt ein farbenprächtiger Bericht über einen großen Winzerzug des ägyptischen Königs Ptolemaios II. in Alexandria um etwa 275 v. u. Z. vor, in dem Dionysos auf einem Festwagen sitzend, Silen, Satyrn, Musikanten, weinausschenkende Begleiter u. a., eine Tretkelter mit sich führend, singend und tanzend durch die Volksmenge zogen.

In den 80er Jahren unseres Jahrhun-

derts hat die Kooperationsgemeinschaft VEG(Z) Weinbau Radebeul/ VdGB Sächsische Winzergenossenschaft Meißen die Etiketten ihrer Weißweine mit dem Winzerzug von 1840, der von M. Retsch gezeichnet wurde, geschmückt (Abb.). Auch von 1746 ist solch ein großes W. mit Winzerzug aus Radebeul überliefert. Heute feiern die Elbtalwinzer mit ihren Gästen genauso wie die Freyburger und die Winzer anderer Weinbauorte meist mit großen Festumzügen an einem Wochenende im Herbst.
Die Wahl der ↑ Weinkönigin ist in der DDR etwa ein Jahrhundert alt, und rührt vielleicht aus der sehr viel älteren Tradition des georgischen Rtweli-W., bei dem das schönste Dorfmädchen den Festumzug auf einem Wagen anführt.
In Bulgarien wird der Tag des Winzers, anknüpfend an die Dionysosfeste der alten Thrakier und nach den Regeln des Mönches Trifon Zarezan, am 14. Februar gefeiert. Zum Anführer der Festlichkeiten wählen die Winzer ihren Besten, der symbolisch im Weinberg Reben beschneidet, sie mit Wein begießt und allen eine reiche Ernte wünscht. Ähnlich werden in Wallis (Schweiz) die Frühjahrsarbeiten begonnen. Auch den Beginn der Weinlese feiern die Bulgaren. Junge Mädchen und Frauen, mit Weintrauben schwer behangen, bringen, von der Dorfmusik begleitet, auf Lastkraftwagen die ersten Trauben zur Kelter.
In Frankreich sind vielerorts Kellerbesichtigungen beliebt, bei denen von Faß zu Faß gezogen und reihum der Wein gekostet wird.

Winzerfest; Weißweinetikett der Sächsischen Winzergenossenschaft Meißen nach dem von M. Retsch gezeichneten Winzerzug 1840

Oft sind die W. Anziehungspunkt für Menschen aus allen Landesteilen. Radebeul und Freyburg (DDR), Melnik (ČSSR), Vevey (Schweiz), Grevenmacher (Luxemburg) und Limassol (Zypern) seien als Beispiele genannt. Leider sind viele W. zu pomphaften, mehr oder weniger kommerziellen Attraktionen geworden, die vor allem die Touristen in die Gaststätten zur Umsatzsteigerung locken. Aus den gleichen Gründen finden – von Reisebüros veranstaltet – vielfach während des ganzen Jahres Wein- und Traubenfeste statt. (3)

Winzergenossenschaft: 1. unter sozialistischen Produktionsverhältnissen zwei unterschiedliche Formen der genossenschaftlichen Zusammenarbeit. Die bedeutendste Form der W. ist die durch freiwilligen Zusammenschluß von Winzern, Bauern, Gärtnern u. a. gebildete juristisch und ökonomisch selbständige, auf der Grundlage der wirtschaftlichen Rechnungsführung arbeitende traubenproduzierende landwirtschaftliche Produktionsgenossenschaft. Zur gemeinsamen sozialistisch-genossenschaftlichen Großproduktion von Wein bringen die Mitglieder ihre Rebanlagen und weitere Produktionsmittel ein, um – allseitig gefördert durch den sozialistischen Staat – ihre materiellen und kulturellen Bedürfnisse, bei Erleichterung und größerem Nutzeffekt ihrer Winzerarbeit, zu befriedigen. Mit der genossenschaftlichen Traubenproduktion ist meist auch die genossenschaftliche Kellerwirtschaft, oft gemeinsam mit anderen W. oder staatlich-sozialistischen Winzerbetrieben, verbunden; anderenfalls werden die Trauben an staatliche Kellereien verkauft. Viele W. betreiben neben dem Hauptproduktionszweig Weinbau auch noch andere landwirtschaftliche Produktionszweige. Verschiedene Produktionsgenossenschaften vergeben – wie auch staatlich-sozialistische Betriebe in der UdSSR – vertraglich 1–6 ha Rebfläche an Familien, die die Handarbeit oder alle Arbeiten, bei Bereitstellung von Dünger, Pflanzenschutzmitteln und Maschinen, übernehmen. Den Anteil am wirtschaftlichen Ergebnis der W. erhalten die Mitglieder in der Regel nach dem Leistungsprinzip.

Bei einer zweiten Form der W. schließen sich auch weiterhin individuell traubenproduzierende Kleineigentümer zusammen, um im Interesse eines effektiveren Weinbaus, gleichfalls durch den sozialistischen Staat gefördert, einige Prozesse, z. B. Pflanzgutbereitstellung, sortengerechte Kelterung, effektive Kellerwirtschaft, gemeinsam durchzuführen. Dazu schaffen sich diese genossenschafltich organisierten ↑ Nebenerwerbswinzer meist zusammen mit Produktionsgenossenschaften und volkseigenen Betrieben juristisch und ökonomisch selbständige genossenschaftliche Beratungszentren, Rebschulen und Weinkellereien sowie weitere Gemeinschaftseinrichtungen. Die Mitglieder bringen nur teilweise Produktionsmittel oder finanzielle Anteile bzw. Arbeitsleistungen zum Aufbau der gemeinsamen Einrichtungen ein. Sie verkaufen ihre Trauben an ihren genossenschaftlichen Verarbeitungsbetrieb und besitzen Rückkaufrecht für Wein. Außerdem schließen sie sich territorial zu Weinbau- bzw. Berggemeinschaften sowie Ortsorganistionen zusammen, die unter anderem bestimmte Erschließungs- sowie mechanisierte Arbeiten gemeinsam durchführen. Die Einrichtungen der W. zur Verarbeitung der Trauben sind in der DDR Bestandteil der Vereinigung der gegenseitigen Bauernhilfe (VdgB) und leisten außer der Steigerung der Weinproduktion Beiträge zur Landeskultur und zum Umweltschutz sowie zum traditionellen geistig-kulturellen Leben im Weinbaugebiet.

2. unter kapitalistischen Produktionsverhältnissen werden W. in erster Linie gebildet, um im Konkurrenzkampf bestehen zu können. Die in irgendeiner Form mit der Weinproduktion beschäftigten Mitglieder beabsichtigen, mit Hilfe gemeinschaftlicher Einrichtungen wie Einkauf, Kreditvergabe, Traubenverarbeitung, Weinlagerung und -abfüllung sowie Absatz, Neuaufbau von Rebanla-

gen und Beratung ihre Erwerbsinteressen zu fördern. Wirtschaftliche Schwierigkeiten und Notlagen der Winzer waren der Anlaß für die Gründung der ersten W. in der ersten Hälfte des 19. Jh. Während der Weltwirtschaftskrise der 20er Jahre entstanden Hunderte neuer W. In der BRD gehören heute etwa ein Drittel der Rebflächen zu W.
Durch eigene Satzungen auf der Grundlage jeweiliger staatlicher Gesetze regeln sie ihre Beziehungen (Traubenabnahmebedingungen, Traubengeldauszahlung, innere Betriebsordnungen der Kellereien). In der Regel übernehmen die W. als Kellereigenossenschaften die Kelterung, den Ausbau und den Vertrieb der Weine. W. in kapitalistischen Ländern gehen immer mehr vom Faßweinverkauf zur Flaschenweinvermarktung mit Weinen hoher Güte und modernem Marketing über. Dazu werden hochkonzentrierte (Zentral-)Kellereien auf der Basis der Fusion kleiner W. zur Gebiets-W. gegründet.
Wenig verbreitet und kaum gefördert sind W. als Produzentengenossenschaften, die gemeinschaftlich Trauben produzieren. Sie werden meist nur in Entwicklungsländern oder wie 1975 in Portugal mit der Agrarreform staatlich gefördert. Dagegen werden Erzeugergemeinschaften und ihre Vereinigungen als Zusammenschlüsse von Winzerbetrieben aller Größenordnungen gebildet, um die individuelle Produktion besser nach einheitlichen Erzeugnis- und Qualitätsregeln zu gestalten sowie durch Unterrichtung und Beratung wirtschaftlich zu heben und damit an die Marktverhältnisse anzupassen. Rebaufbaugenossenschaften übernehmen meist zusammen mit ↑ Flurbereinigungen die Wiedereinrichtung von Rebanlagen nach modernsten Gesichtspunkten. (3)

Winzerkönigin, *Weinkönigin.* In weiten Teilen europäischer Weinbaugebiete wird auf den ↑ Winzerfesten zum Abschluß der Lese eine W. aus den Reihen der Winzerinnen erwählt. Sehr alt ist der Brauch in Georgien, wo die Winzer nach Einbringen des Lesegutes das schönste Mädchen des Dorfes als Königin des Herbstes ihren Festzug anführen lassen. Meist ist es heute nicht nur einfach die Schönste, sondern eine, die sich im zurückliegenden Jahr besonders hervorgetan hat oder nach Prüfung der fachlichen Kenntnisse als Beste abschnitt, wie das bei den Winzerfesten in Freyburg und Radebeul in der DDR der Fall ist. Die W. herrscht über den Umzug auf dem Winzerfest, die Abendveranstaltungen und schenkt auch oft den Wein aus.
Vielerorts aber steht heute die gewachsene Attraktivität der W. für die spektakulären touristischen Großveranstaltungen im Vordergrund. (3)

Winzerregeln: aus überlieferten Beobachtungen der Natur ableitbare Maßnahmen oder zu erwartende Ergebnisse im Weinbau, die oft als Sprichwörter bekannt sind:
„Ist der März recht kalt und klar, brauchst du der Fässer ganze Schar" oder „Kühler Mai gibt guten Wein und vieles Heu." (3)

Winzerverein: in kapitalistischen Ländern Interessenvertretung der Winzer zur Förderung des Weinbaus, der Kellerwirtschaft und des Absatzes der Weine. Oft wird ein W. zur Erzeugung und Verbreitung von Qualitätsweinen gegründet, z. B. der Verein „Der klassische Deutsche Wein" in der BRD, in dem sich die Anhänger durchgegorener, trockener Weine zusammengeschlossen haben. Aus einigen W. des 19. Jh. gingen in der Folge ↑ Winzergenossenschaften hervor. (3)

Winzerwy [schweiz.]: eine Qualitätsbezeichnung für sortentypische ostschweizer Weine, die von einer Kommission nach sensorischer Prüfung vergeben wird. (3)

Wurzelreben: alle aus Steckholz angezogenen unveredelten, wurzelechten Reben. Sie werden als Jungrebenpflanzgut von Freiland-, Korb-, Topf- und Ablegerreben gewonnen. (3)

Wustzeit: die Zeit, in der ein gerodeter Weinberg bis zu seiner Wiederbepflanzung brach liegt. (3)

X/Z

Xeres: Bezeichnung für ↑ Sherry aus der UdSSR. Anfang der 30er Jahre wurden auf der Krim und in Georgien erste Muster von X. produziert, die es erlaubten, eine eigene Technologie mit X.florhefen und oxidativem Ausbau zu verarbeiten. Die industrielle Produktion wurde Mitte der 40er Jahre auf der Krim, in Armenien, Turkmenien sowie Usbekistan und später dann auch in Moldawien, Rostow am Don, Dagestan, Krasnodar und Kasachstan eingeführt. Qualitativ besonders hochwertig und international ausgezeichnet sind die X.weine der Krim-Kellereien Massandra, Simferopol und Magaratsch. Sie sind warm-golden in der Farbe, vollmundig mit ausgeprägtem Sherrygeschmack und besitzen 18–20 Vol.-% Alkohol sowie 2,5–3% Restzucker. (3)

xeros [griech.]: trocken

Zähwerden: eine Weinkrankheit, auch als *Lang-, Lind-, Weich-* und *Schwerwerden* bezeichnet. Z. entsteht durch Bakterien bei ungenügend entkeimten Weinen. Der Wein schmeckt fade und ölig und fließt zähsträhnig (wie Öl) aus der Flasche. Z. macht den Wein ungenießbar, kann aber durch kellertechnische Maßnahmen meist behoben werden. (3)

Zapfen: kurze einjährige Rebe mit zwei Augen auf zweijährigem Holz stehend (Abb.a). Aus dem oberen Auge wird die Bogrebe (b) und aus dem unteren der Z. für das kommende Jahr gewonnen (c). Der Z. ist das wichtigste Erneuerungsorgan und bei einigen Rebsorten auch *Tragholz* am ↑ Rebstock (↑ Zapfenschnitt als Ertragsschnitt). Er wird daher auch als *Ersatzholz, Reserve-* oder *Ersatz-Z.* bezeichnet. Landschaftsgebunden wird der Z. bei Winzern auch Knebel, Knecht, Logelträger, Nägeli, Nagel, Stift, Warze (ein Auge), Stürzling und Schürzling (drei bis vier Augen) genannt. (3)

Zapfenschnitt als Ertragsschnitt: Rebschnitt, der besonders dann ausgeführt wird, wenn kein längeres Tragholz ausschneidbar ist, so daß der Zapfen als Tragholz genutzt wird (z. B. bei zu kleinen Wandflächen für ↑ Spalierwein). Bei bestimmten Rebsorten, wie 'Alicante', 'Früher Malingre', 'Mitschurinski' und 'Siegerrebe', sind die zwei Augen

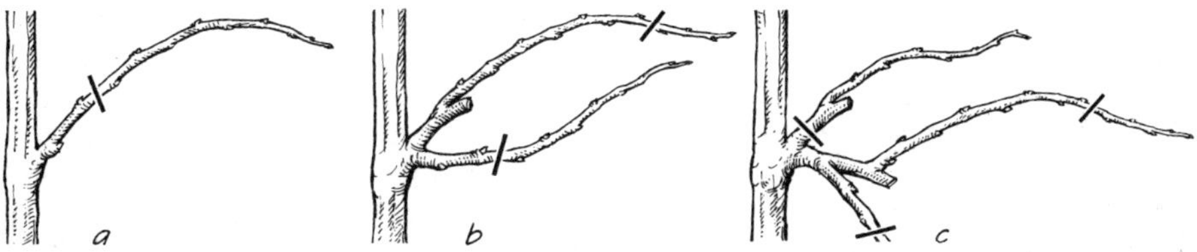

Zapfenschnitt nach dem ersten *(a)*, zweiten *(b)* und dritten *(c)* Jahr

des Zapfens schon fruchtbar und ergeben Qualitätstrauben. (3)

Zechjahrhundert der Deutschen: nach der Überlieferung das 16. Jh., in dem nicht nur der Weinverbrauch (etwa 120 l/Kopf und Jahr), sondern auch der Bierkonsum unerhörte Formen annahm. Der größte Zecher genoß das allerhöchste Ansehen; niemandem im Trinken das Feld zu räumen, könnte der Wahlspruch dieser Epoche gewesen sein.

Im Mittelalter war die Sitte des Zutrinkens und Wetttrinkens so verbreitet, daß Verbote ausgesprochen wurden, andererseits galt die Verweigerung des Zutrunks als Beleidigung. Je höher der Geehrte stand, um so größer die Anzahl der Becher, die zugetrunken wurden. Allgemeines Lebensziel schien, wie Hutten (1488–1523) sagte, zu sein, sich um den Verstand zu trinken und den Rausch nur deshalb auszuschlafen, damit man sobald als möglich in einen neuen verfallen konnte. Dabei behaupteten die geistlichen Höfe fast überall den ersten Rang im Saufen, schon deshalb, weil ihnen andere Ablenkungen fehlten. Im Volksmund hieß es, die Weinfässer der Mönche wären größer als ihre Zellen. Aus Württemberg sind sogar sog. Weiberzechen überliefert, die an ↑ Dionysien erinnern.

Das Saufen wurde soweit getrieben, daß selbst die „hochherrschaftlichen Potentaten" an den Folgen starben und selbst der Kaiser wurde vor seiner Krönung gefragt: „Willst du mit Gottes Hilfe dich nüchtern halten?"

Das Volk hielt im Trinken nicht nur mit, es wurde auch vom Adel dazu angestachelt und genötigt. So war es bei fürstlichen Hochzeiten im mittelalterlichen Württemberg üblich, für das Volk aus öffentlichen Brunnen Wein springen zu lassen.

1540, einem guten Weinjahr, sollen in Württemberg über 400 Personen beim Zechen ums Leben gekommen sein. Im gleichen Jahr soll ein Feudalherr seine Leibeigenen gezwungen haben, seinen nicht absetzbaren Wein zu trinken. Nachdem sie sich die Köpfe in der Trunkenheit blutig schlugen, hat er als Gerichtsherr eine so hohe Geldbuße verlangt, daß er sich letztlich besser stand, als wenn er den Wein verkauft hätte.

Auch an den Universitäten, besonders unter den Studenten, nahmen die Trinksitten recht rohe Formen an. Willkommenstrinken, Brüderschaften, Rundgesänge, Sauf- und Liebchenkomments, Zutrinken, Wett- und Straftrinken mit „gelehrten" Reden, auf wessen Gesundheit nicht zu trinken sei bzw. Klassifizierungen, mit wieviel Zügen der Humpen getrunken werden soll, standen hoch im Kurs. Daß die Professoren mithielten, zeigt eine Verordnung von 1562, in der den Fakultäten eingeschärft wurde, keine versoffenen Professoren zu wählen. In Jena konnten Professoren aus dem der Universität gehörenden Rosenkeller Wein ohne Steuern beziehen. 1616 erscheint gar das Jus Potandi als Deutsches Zechrecht mit den verschiedensten Zechmethoden und Zechgründen. Luther (1483–1546), selbst kein Weinverächter, meinte: „... ein jegliches Land habe seinen eigenen Teufel, der Deutsche aber sei ein Weinschlauch und heiße Sauff ...". Schoppenstechereien sind auch heute noch nicht aus der Mode. Das Unter-den-Tisch-trinken ist noch in manchem Land und manchem Weinbaugebiet nicht außer Kraft und damit es sich nicht zu lange hinzieht, werden hochprozentige Obstbrände davor oder zwischendurch gereicht.

Die deutsche Sprache kennt eine Fülle von Synonymen für Trinken, was sicher aus dieser Zeit rührt, Lichtenberg (1742–1799) führte etwa 150 auf. Auch Ausdrucksformen wie Tatendurst, freudetrunken, Liebesrausch, Sinnentaumel sind Umschreibungen, die vor allem in die Poesie Eingang gefunden haben. (3)

Zechwein ↑ Schoppenwein

Zeile: die gepflanzte Reihe in der Rebanlage. (3)

Zibeben: am Stock getrocknete, längliche, dunkelhäutige Weinbeeren mit Kernen. (3)

zickender Wein: eine Weinkrankheit, die bei Milchsäuregärung entsteht. Der Wein schmeckt säuerlich wie Essig (zickicht), er zickt. (3)

Ziselieren: Ausbeeren zu dichtbeeriger Trauben nach der Blüte. Im Hausweinbau der Tafeltrauben ist Z. auch heute noch üblich, man verwendet dazu eine schmale Ziselierschere. (3)

Zisterzienser: 1098 in Frankreich gegründeter Mönchsorden, der nicht nur die Baukunst stark beeinflußte, sondern sich auch um eine höhere Kultur des Weinbaus verdient machte. Z. waren es auch, die vom Kloster Pforta, heute Schulpforta zwischen Naumburg und Bad Kösen, den Unstrut-Saale-Weinbau förderten. Erzbischof Rudolf von Magdeburg sicherte ihnen 1254 unter anderem den zollfreien Absatz ihres Weins nach Halle zu. 1540, bei der Aufhebung großer Teile des katholischen Kirchen- und Klostergutes, wurden über 100 eigene Weinberge und 11 Jahre später nach einer vorsichtigen Schätzung eine jährliche Weinproduktion von 200000 l für das ehemalige Kloster ausgewiesen. Davon haben die Klosterbrüder für den eigenen Bedarf jährlich 7000 l, den Ertrag von elf Weinbergen, reserviert. (3)

zona di produzione [ital.]: Erzeugergebiet, d. h. der Wein wurde im Erzeugergebiet abgefüllt, jedoch nicht unbedingt vom Erzeuger. (3)

Züchtung von Reben: die Erhaltung aller nützlichen Eigenschaften und ihre Verbesserung durch Selektion (Auslese) besonders wertvoller Rebstöcke und Klone sowie die Kreuzungszüchtung zur Rekombination wertvoller Eigenschaften verschiedener Rebsorten oder Klone von ihnen. Auch spontane Mutationen, d. h. plötzliche, ohne erkennbare äußere Einflüsse auftretende Änderung genetischer Informationsgehalte der Zellen bzw. das künstliche Induzieren solcher Mutationen können für die Züchtung bedeutsam sein. Sie ist sowohl auf die Pfropfreben (Edelreiser) als auch die Unterlagen in ihrer Kombination gerichtet. Sie strebt qualitätsvolle, sichere hohe Kelter- und Tafeltraubenerträge bei zuverlässiger Boden- und Klimaanpassaung (besonders Frosthärte) sowie Widerstandsfähigkeit gegen abiotische Schadursachen und Schaderreger, speziell auch Virusfreiheit, an. Aktuelle Rebzüchtungen versuchen, hohe Mostausbeuten bei nicht so hohem Säureanteil, gleichmäßigem Austrieb und Wuchs, schnellere Holzausreifung sowie bei den amerikanischen reblausresistenten Unterlagenarten bessere Anpassung an kalkhaltige Böden und höhere Veredlungsfähigkeit sowie größere Reblausresistenz zu erzielen (z. B. 'Berlandieri' und 'Riparia').
Die Selektion ist sicher so alt wie der Rebbau. Columella gab bereits 50 u. Z. eine ausführliche Anleitung zur Auswahl geeigneter Setzhölzer und Ausmerzung weniger ertragreicher Stöcke. Heute werden über drei bis fünf Jahre die besten sortenechten Rebstöcke nach den gewünschten Merkmalen herausgesucht und erst dann werden von ihnen Reiser zur Vermehrung genommen. Die Entwicklung einer neuen Sorte durch Kreuzungszüchtung (ohne Meristemvermehrung) dauert heute etwa 15 bis 30 Jahre. Die von Professor Müller-Thurgau gegen Ende des 19. Jh. gezüchtete neue Sorte stellt bis heute den größten Kreuzungszuchterfolg dar. Rebsorten-Neuzüchtungen für nördli-

che Anbaugebiete, z. B. ↑ 'Morio-Muskat', ↑ 'Scheurebe', ↑ 'Kerner', ↑ 'Bacchus' und 'Faber', die schon einen gewissen Anbauumfang erreicht haben, sind in ihrem Wert umstritten. Alte Kultursorten konnten vor allem qualitativ noch nicht übertroffen werden. Mehrere Dutzend weiterer aus Kreuzungen hervorgegangener Zuchtstämme stehen in verschiedenen Ländern in der Prüfung. Dagegen hat die Selektion wertvoller, d. h. ertragreicher, qualitätsvollen Wein liefernder sowie krankheitsresistenter Stöcke zu Hochzuchten geführt. Positive Klonselektion als vegetative (ungeschlechtliche) Vermehrung der durch Stecklinge und Veredlung entstandenen erbgleichen Nachkommenschaft einer besonders ausgelesenen wertvollen Mutterpflanze, die auch Ergebnis einer Kreuzung bzw. Mutation sein kann, spielt in der Züchtung eine bedeutende Rolle. Die charakteristischen Qualitätsmerkmale und Geschmackseigenschaften der Weine wurden verstärkt ausgebaut, wobei der Sortencharakter der Weine trotzdem beibehalten werden konnte. Beispielsweise konnte durch Klonselektion beim ↑ 'Weißen Riesling' 35% Ertragssteigerung, 10% höhere Mostausbeute, 8% geringere Säure und 25% geringere Traubenfäule erreicht werden. (3)

Zuckern, Zuckerung ↑ Verbessern

Zweigeltrebe: in Österreich angebaute Rotweinkeltertraube aus der Kreuzung 'Blauer Limberger' × 'Saint Laurent'. Ihre Erträge sind gut, beachtlich ist die hohe Frostwiderstandsfähigkeit der Rebe. Die Trauben ergeben einen qualitativ ausgezeichneten Rotwein. (6)

Zypern. Der Weinbau auf der Insel Z. ist uralt und geht auf die Phöniker, Griechen und Römer zurück. Man findet die Rebkultur sowohl an den vulkanischen Bergen als auch in den Ebenen auf steinigen Kalkböden. Besonders die regenreichen Südhänge des Troodosgebirges sind seit dem Altertum berühmt. Von hier kommen auch die schweren und süßen ↑ Commandariaweine. Sie wurden schon im 12. Jh. von den Kreuzrittern unter Verwendung von getrockneten roten und weißen Trauben bereitet. Die besten Sorten dieser Weine müssen bis zu 25 Jahre zur Reifung auf dem Faß lagern. Daneben werden Likörweine und Weine von der Art des Sherry hergestellt, die im Ausland als Zypern-Sherry bekannt sind und besonders nach England exportiert werden. Zwei Drittel aller Weine sind jedoch rot oder rosé. Es sind kräftige, feurige und alkoholreiche Tafelweine, die unter verschiedenen Markennamen in den Handel gebracht werden (Abb.). Die weißen Weine werden z. T. wie die griechischen Weine geharzt. Sie sind im übrigen kräftig und aromatisch sowie trocken bis halbtrocken. Rote Rebsorten sind ↑ 'Mavron', 'Ophthalma' und 'Marathefrika'. An weißen Sorten werden neben 'Xinisteri' auch Muskatsorten (↑ 'Gelber Muskateller') angebaut. Größter Weinexporthafen ist Limassol; diese Stadt ist zugleich der Sitz der größten Kellereien. Tab., ↑ Tafel 38 (1)

Weinanbau in Zypern (1985)

Rebfläche [1000 ha]	33
Traubenproduktion [1000 dt]	2159
davon Keltertrauben	1687
Tafeltrauben	320
Rosinentrauben	152
Weinproduktion [1000 hl]	980
Weinexport [1000 hl]	342
Tafeltraubenexport [1000 dt]	117
Pro-Kopf-Verbrauch [l]	12

TREBBIANO
DI ROMAGNA
DENOMINAZIONE DI ORIGINE CONTROLLATA
ITALIA
Dómaine
St Raphaël
RÉCOLTÉE, ÉLEVÉE ET MISE EN BOUTEILLE AU DOMAINE ST-RAPHAËL
DU VALAIS
BEAUJOLA
Schloß
Wackerbarth
Sekt
WEISSER MUSKATELLER·DEMI SEC
SAALE
1983
UNSTRUT
J. Thorin
PONTANEVAUX (S.-&-L.)
Цинандали
МПП ГССР
САМТРЕСТ
CABERNET
RED DRY WINE
700 ml alcohol min. 11,5% by volume
PRODUCED AND BOTTLED IN BULGARIA
EXPORTED BY VINIMPEX – SOFIA
ПОРТВЕЙН
БЕЛЫЙ
СУРОЖ
1984
Bad Kösen
1983
Portugies
DELLA STAFFA
PINOT GRIGIO DELL'ALTO ADIGE
DENOMINAZIONE DI ORIGINE CONTROLLATA
750 ml e
Château
19
86
SAALE-UNSTRUT
Commanderie
St. John
Cyprus Dessert Wine
contents 0,75 L
ALCOHOL 15% BY VOL.
LIMASSOL – CYPRUS
INTERNATIONALE AUSZEICHNUNGEN FÜR ROTKÄPPCHEN SEKT
BETRIEB DER AUSGEZEICHNETEN QUALITÄTSARBEIT
INTERHOTEL
ROTKÄPPCHEN
DOMKELLER
HALBTROCKEN
VEB ROTKÄPPCHEN SEKTKELLEREI FREYBURG/U
EVP 28,- M
DEUTSCHER SEKT
INH. 0,75 L
DELLA STAFFA